Walter Bungard/Ingela Jöns (Hrsg.)

Mitarbeiterbefragung

Arbeits- und
Organisationspsychologie
in Forschung
und Praxis

10

Herausgegeben von
Prof. Dr. Walter Bungard

Walter Bungard/Ingela Jöns (Hrsg.)

Mitarbeiterbefragung

Ein Instrument des Innovations- und
Qualitätsmanagements

BELTZ

PsychologieVerlagsUnion

Anschrift der Herausgeber:

Prof. Dr. Walter Bungard
Dr. Ingela Jöns
Universität Mannheim
Lehrstuhl Psychologie I,
Schloß, Ehrenhof Ost
68131 Mannheim

Anschrift des Herausgebers der Reihe
„Arbeits- und Organisationspsychologie in Forschung und Praxis“:

Prof. Dr. Walter Bungard
Lehrstuhl Psychologie I
Wirtschafts- und Organisationspsychologie
Universität Mannheim
Schloß, Ehrenhof Ost
68131 Mannheim

Lektorat: Gerhard Tinger

Umschlaggestaltung: Dieter Vollendorf, München
Layout: Susanne Steimer, Mannheim
Druck und Bindung: Druckhaus Thomas Müntzer, Bad Langensalza
Gedruckt auf säurefreiem Papier

© 1997 Psychologie Verlags Union, Weinheim

ISBN 3-621-27387-5

Inhaltsverzeichnis

III.   Erfahrungsberichte aus verschiedenen Organisationen

IV.   Mitarbeiterbefragungen im Kulturvergleich

V.   Perspektiven und Kritik

Einführung

Walter Bungard und Ingela Jöns

Vielleicht wundern Sie sich, wie SPRENGER in seinem Beitrag in diesem Reader, „daß die Mitarbeiterbefragung (MAB) immer noch aktuell genug ist, um den Titel eines Readers zu zieren". Die Antwort auf diese Grundsatzfrage haben wir an den Anfang gestellt. BUNGARD geht in seinem einleitenden Beitrag auf die Gründe für die Reaktivierung von MAB ein. Heutzutage kommt MAB in Unternehmen vor allem als Instrument modernen Qualitäts- und Innovationsmanagements zentrale Bedeutung zu, so auch der Titel dieses Readers und des ersten Beitrags.

Mit dieser Reaktivierung unter neuen Vorzeichen geht einher, daß die Konzeption und Durchführung von MAB im Hinblick auf die Anforderungen eines modernen Qualitäts- und Innovationsmanagements grundlegend neu ausgerichtet werden müssen. Dabei sollen MAB im ersten Schritt vor allem einen Beitrag zu dem angestrebten Führungs- und Kulturwandel in den Unternehmen leisten.

Im *ersten Teil des Readers* werden die verschiedenen Grundsatzfragen, die sich generell und aktuell bei der Durchführung von MAB stellen, sowie bisherige und neuere Grundmodelle der MAB, wie sie in der Praxis zur Anwendung kommen bzw. kommen sollten, einleitend diskutiert.

Im Anschluß an den Überblick von BUNGARD zur Aktualität und Bedeutung von MAB, in welchem aber auch die Grenzen dieses Instruments aufgezeigt werden, geht JÖNS in ihrem Beitrag vor allem auf die verschiedenen Funktionen ein, die mit der Durchführung von MAB in einem Unternehmen - gewollt und ungewollt - verbunden sein können. MAB sind keine amorphen Instrumente, sondern soziale Interventionen, die zudem von allen Beteiligten - von der Unternehmensleitung über die Personalabteilung bis hin zu jedem einzelnen befragten Mitarbeiter - für ihre jeweiligen Zwecke instrumentalisiert werden (können). Am Beispiel des Einsatzes von Befragungen im Zusammenhang mit der Bewerbung um Qualitätspreise werden die Gefahren einer dysfunktionalen Instrumentalisierung des Instrumentes MAB aufgezeigt. Mitarbeiter werden heute zu diesem und morgen zu jenem Aspekt befragt, was häufig nur noch wenig mit dem angestrebten Kulturwandel zu tun hat oder zumindest nur noch wenig dazu beiträgt. Man möchte fast sagen, Mitarbeiter werden mit Fragebögen bombardiert - zur Arbeitszufriedenheit, zur Kundenzufriedenheit, zum Kantinenessen und zum Vorgesetztenverhalten. Kann man angesichts dieser Flut von Fragebögen nicht zumindest die MAB mit der Vorgesetztenbeurteilung, die schließlich beide den angestrebten Führungs- und Kulturwandel fördern sollen, miteinander verknüpfen? - Nein, so die klare Antwort von JÖNS. Wenn überhaupt, dann nur die Erhebung, aber auf keinen Fall die Ergebnisrückmeldung mit den anschließenden Verbesserungsprozessen.

Die Rückmeldung der Ergebnisse zur Initiierung von gemeinsamen Verbesserungsprozessen stellt das Kernstück heutiger Konzeptionen von MAB dar. Dies veranschaulichen die drei folgenden Beiträge, in welchen MAB eingebettet in verschiedene Programme vorgestellt werden. Bei COMELLI werden MAB im Sinne der klassischen Survey-Feedback-Methode der Organisationsentwicklung betrachtet. In zehn Thesen werden die Überlegungen zur Vorbereitung und Durchführung eines Survey-Feedback-Projektes zusammengefaßt. BORG berichtet anschließend über seine Erfahrungen mit

MAB im Rahmen des Auftau- und Einbindungsmanagement-Programms, durch welches ein umfassendes Veränderungsmanagement unterstützt werden soll. Vor diesem Hintergrund werden Empfehlungen zur Art der Daten, zu ihrer Analyse und Präsentation bis hin zum Umgang mit "kritischen" Argumenten in der Präsentation abgeleitet. Ergänzend werden Möglichkeiten der Einbindung von Kundenbefragungen in dieses Veränderungsmanagement aufgezeigt. Eine theoretische Integration zeigen LADWIG und DOMSCH im Kultur-Markt-Modell als Erklärungsansatz auf. In ihrem Beitrag stellen sie den datengestützten "Culture Change", der sich je nach Unternehmenssituation auf spezifische Themenschwerpunkte konzentrieren wird, und dessen Einbettung in zukunftsorientierte Strategien in den Vordergrund.

Im Anschluß an die vorgestellten Konzeptionen, in welchen die zentrale Bedeutung der Einbettung von MAB in einen umfassenden Veränderungsprozeß herausgearbeitet wird, schließt sich im *zweiten Teil des Readers* die Diskussion einzelner Gestaltungsaspekte und Problemfelder an.

Ausgangspunkt bilden Beiträge, in denen die Anforderungen an MAB und die Gestaltung von Befragungsinstrumenten aus verschiedenen Blickwinkeln erörtert werden. Wie Instrumente auf der Basis eines Kommunikationsmodells der Befragung und mit Hilfe der Facettenanalyse wissenschaftlich fundiert entwickelt werden können, zeigen BÖGEL UND ROSENSTIEL in ihrem Beitrag, bevor FETTEL auf die Anforderungen aus der Sicht von Mitarbeitern und auf ihre Berücksichtigung bei der Planung von MAB eingeht. In der Praxis dominiert zwar nach wie vor der Einsatz von Fragebögen, doch stellen Gruppendiskussionsverfahren - nicht nur für Vorstudien - eine alternative Erhebungsmethode dar. Die Vor- und Nachteile dieses Verfahrens werden von SCHULTZ-GAMBARD UND BUNGARD diskutiert. Bei mündlichen Interviews, aber vor allem bei standardisierten Fragebögen stellt sich bei der Ergebnisinterpretation die Frage: Wie antworten Mitarbeiter und wie sind diese Antworten zu verstehen? Oder wie sollten Fragen konstruiert werden, um sie anschließend auch richtig interpretieren zu können? Der Beitrag von TROST sensibilisiert den Leser zunächst für die verschiedenen Aspekte und Prozesse, die beim Antwortverhalten befragter Mitarbeiter aus kognitionspsychologischer Perspektive eine Rolle spielen, bevor Implikationen für die Konstruktion von Instrumenten und für die Interpretation von Befragungsergebnissen abgeleitet werden.

Der Fragebogen ist entwickelt und verschickt. Hunderte oder Tausende von Mitarbeitern haben geantwortet - und was nun? Der nächste Schritt - die Auswertung und Aufbereitung der Daten - bis zum Vorliegen fertiger Ergebnisberichte wird angesichts moderner EDV-Programme häufig unterschätzt. Der Beitrag von TROST verdeutlicht nicht nur die Komplexität und Systematik eines Datenmanagements, sondern zeigt auf, wie bei der Planung von MAB unnötige Sisyphusarbeit vermieden werden kann. Während man das Datenmanagement zumeist externen Spezialisten überläßt, sind vor allem die Führungskräfte eines Unternehmens gefordert, wenn es um die Rückmeldung der Ergebnisse, die Ableitung und Umsetzung von Maßnahmen in den einzelnen Arbeitsbereichen geht. Für den Erfolg von MAB kommt dieser Phase - der Ergebnisrückmeldung an Führungskräfte und Mitarbeiter - entscheidende Bedeutung zu, um die erhobenen Daten als Initialzündung für einen gemeinsamen Verbesserungsprozeß zu nutzen. Zur Gestaltung dieser Phase, einschließlich der Vorbereitung der Führungskräfte bis hin zum Controlling der Verbesserungsprozesse, werden in dem Beitrag von JÖNS konkrete Hinweise gegeben, die anhand beispielhafter Abläufe der Veranstaltungen und Workshops veranschaulicht werden. Ein aktuell häufig eingesetztes Verfahren zur Analyse und Interpretation eigener, technischer und wirtschaftlicher Kennzahlen stellt der Vergleich anhand von (externen) Benchmarks dar. FIES und SCHMITT diskutieren in ihrem Beitrag die Möglichkeiten und Grenzen, wenn man dieses in Mode gekommene Verfahren bei MAB, d.h. auf die weichen Daten bzw. subjektiven Mitarbeiteraussagen, anwenden will.

Anhand von zwei Modellen, die dem Qualitätsmanagement sowie dem Innovationsmanagement zugeordnet werden können, werden die Möglichkeiten aufgezeigt, wie MAB einerseits zur Messung und andererseits zur Unterstützung der jeweiligen Managementkonzepte herangezogen werden können. Nachdem in dem Beitrag von BECKER die Bedeutung von Befragungen, die im Zusammenhang mit dem TQM-Modell der European Foundation for Quality Management erörtert wird, vor allem auf der Messung des Ergebniskriteriums Mitarbeiterzufriedenheit basierend, werden Befragungen in dem Beitrag von HÜBBE zur Messung der Voraussetzungen bzw. der Hemmnisse von Veränderungsprozessen herangezogen. Gegenstand und Ziel dieser vorgestellten, themenzentrierten Befragung sind die Veränderungsprozesse selbst, um die angestrebten Veränderungen auf der Basis der Befragungsergebnisse effizienter zu gestalten und umzusetzen.

Bei der Planung und Durchführung von MAB sollten neben den theoretischen und methodischen Grundlagen, neben den angestrebten und partizipativen Verbesserungsprozessen die juristischen Rahmenbedingungen - der Datenschutz und der Betriebsrat - nicht vergessen werden, die in dem letzten Beitrag zu den einzelnen Gestaltungsfragen von BÖHM erläutert werden.

Der Zielsetzung des Readers folgend steht in allen Diskussionsbeiträgen zu den einzelnen Grundsatz- und Gestaltungsfragen die praktische Anwendung von MAB im Vordergrund. Den ganz konkreten Blick in die Praxis liefern deshalb im *dritten Teil* die zahlreichen Fallbeispiele.

Nach einem Überblick über die gängige Praxis bei den 100 umsatzgrößten Unternehmen (BUNGARD, FETTEL UND JÖNS) werden die verschiedenen Ziele, Themen und Vorgehensweisen bei MAB anhand der Erfahrungen aus unterschiedlichen Unternehmen veranschaulicht. Nach Branchen betrachtet finden sich hierunter Beispiele aus der chemischen Industrie (BASF von SÜSSENGUTH, Henkel von POBEL UND KLANN), aus der pharmazeutischen Industrie (TROPON von GROH), dem Banken- und Dienstleistungssektor (Bayerische Vereinsbank von GANSERER, Lufthansa von PITTNER), aus der Energie- und Metallindustrie (IBM von BÖTTCHER UND REIMERS, Siemens AG - Bereich Energieerzeugung von BOCHEN UND STILL) und der Automobilindustrie (Porsche von BUNGARD), die um Beispiele aus einem Krankenhaus (LEHNERT, MÜHLBAUER UND STRACK) und aus beruflichen Schulen (JÖNS) ergänzt werden.

Die Schwerpunkte lassen sich an dieser Stelle nicht im einzelnen zusammenfassen, so daß nur exemplarisch einige Akzente der Beiträge genannt seien: Qualitätsmanagement bzw. TQM-Strategien bilden den Hintergrund der Befragungen bei der Siemens AG - Bereich Energieerzeugung (BOCHEN UND STILL) sowie in dem Fallbeispiel im Krankenhaus (LEHNERT, MÜHLBAUER UND STRACK). Den Fokus auf die Ergebnisrückmeldung und Maßnahmenableitung legen die Beispiele von der BASF (SÜSSENGUTH), der Bayerischen Vereinsbank (GANSERER) und der Lufthansa (PITTNER). Die Führungskräfte stehen im Mittelpunkt des Beitrags von WIENDIECK. Methodische Varianten, die Kombination von mündlichen und schriftlichen Befragungen, wurden bei der Porsche AG (BUNGARD) und an den Schulen (JÖNS) eingesetzt. Erfahrungen mit weltweiten Befragungen, die zudem online erfolgen, werden von IBM (BÖTTCHER UND REIMERS) berichtet. Auf die methodischen Besonderheiten einer weltweit durchgeführten Führungskräftebefragung bei der Henkel AG gehen POBEL UND KLANN ein.

Im Anschluß an die Erfahrungsberichte aus Unternehmen - mit zwei Beiträgen zu weltweiten Befragungen - werden MAB im Kulturvergleich im *vierten Teil des Readers* diskutiert.

Als erstes betrachtet LÜCK die Zufriedenheit deutscher Mitarbeiter in europäischer Perspektive und geht möglichen Ursachen für die spezifischen Unterschiede nach. Warum ein Vergleich von Ost- und West-Deutschland unter der Rubrik Kulturvergleich einzuordnen ist und welche Probleme damit verbunden sind, wenn man dies bei der Durchführung und Interpretation von Befragungen nicht berücksichtigt, erläutert anschließend BUNGARD. MAB besitzen im konfuzianischen Kontext Japans eine ganz andere Bedeutung, wie der Beitrag von ZOTZ aufzeigt.

Nach so viel Euphorie, wenn auch stets mit Realismus gepaart, kommen im fünften Teil noch zwei Kritiker oder zumindest Skeptiker zu Wort.

NEUBERGER betrachtet MAB als symbolische Politik, welche zum Beispiel als „Legitimation für ohnehin geplante Maßnahmen" und vor allem den Interessen der Personalabteilungen dienen. Solange die hierarchische Kluft besteht, sind MAB nach NEUBERGER „künstliche und asymmetrische Kommunikations-Inszenierungen, die besser sind als nichts," - hier möchte man mit dem Zitat aufhören, aber wir können uns auch dem zweiten Hinweis anschließen, wonach sie „aber auch nicht bessergeredet werden sollten". Die Verwunderung von SPRENGER über die erneute Aktualität dieses Instrumentes hatten wir zu Beginn dieser Einführung bereits angeführt. Unter der Überschrift "Wie geht's?" - als Kernparadigma der MAB - wird das Spiel von Befragern und Befragten wie im wirklichen Leben beschrieben, welches doch hoffentlich nicht ganz so pessimistisch ausfällt.

In den abschließenden Bemerkungen, welche die in diesem Reader aufgezeigten Möglichkeiten und Grenzen von MAB abrunden, fassen BUNGARD, JÖNS UND SCHULTZ-GAMBARD die verschiedenen Fehler und Fallgruben bei MAB als Sünden zusammen, die immer noch häufig begangen werden. Stehen derartige Fehler grundsätzlich einer erfolgreichen MAB entgegen, so gilt zudem bei den meisten Sünden, daß man sich als Unternehmens- oder Personalleitung auf gar keinen Fall von den Mitarbeitern erwischen lassen sollte, wenn man das Vertrauen der Mitarbeiter nicht gänzlich verlieren will. Und das bedeutet, daß man diese Sünden grundsätzlich erst gar nicht begehen sollte.

An dieser Stelle darf ein herzlicher Dank nicht fehlen: An alle Autorinnen und Autoren aus den verschiedenen Unternehmen und an alle Kolleginnen und Kollegen aus den verschiedenen Instituten, die nach ihrer Bereitschaft zur Mitwirkung befragt, spontan zusagten und sich dann trotz hoher Arbeitsbelastung nicht den Mühen der Umsetzung entzogen, sondern mit ihrem Engagement zum Gelingen dieses Readers beitrugen. An unsere Mitarbeiterinnen Klaudia Mataja und Susanne Steimer, welche die Aufgaben der Koordination und Fertigstellung des Readers nicht nur mit der notwendigen Sorgfalt, sondern auch mit dem erforderlichen Nachdruck bei uns als Herausgebern forcierten. Und last but not least an Herrn Tinger von der Psychologie Verlags Union für die ausgezeichnete Betreuung.

Walter Bungard und Ingela Jöns   Mannheim, im Juni 1997

I. Grundsatzfragen und Grundmodelle der Mitarbeiterbefragung

Mitarbeiterbefragungen als Instrument modernen Innovations- und Qualitätsmanagements

Walter Bungard

1 Einleitende Bemerkungen

Auf dem Markt soziotechnischer Instrumente werden mit immer kürzerem Innovationstakt ständig neue Erfolgsrezepte präsentiert, die Organisationen ihre Existenz sichern und ihre Wettbewerbsfähigkeit stärken sollen. Sie verheißen unter wechselnden Etikettierungen die permanente Ausschöpfung von Verbesserungspotentialen, wobei die Suggestivkraft der Begriffe wie Employee-Empowerment, Kaizen-Philosophie, Muda-Workshops usw. dabei sicherlich ein wesentlicher Erfolgsfaktor für diese Modewellen ist.

Im Gegensatz dazu klingt das Thema Mitarbeiterbefragung (MAB) geradezu langweilig. Es wird schnell als altbekannte organisationstheoretische Hausmannskost zur Seite geschoben, denn diese biedere Fragestellung aus den Niederungen der eher praktischen Alltagsroutine erscheint auf den ersten Blick kaum neue Perspektiven zu eröffnen. Sie wird allzu oft mangels Attraktivität kurzerhand zum Ladenhüter abgestempelt.

Vor diesem Hintergrund muß eine Publikation zum Thema MAB im Jahre 1997 zunächst einmal gerechtfertigt werden, wenn man sich als Herausgeber bzw. Autor nicht dem Vorwurf aussetzen möchte, daß man die aktuellen Tagesprobleme der Arbeitswelt hinter den dicken Mauern des Elfenbeinturms der Wissenschaft verschlafen würde.

Um das Ergebnis vorwegzunehmen: Hinter der harmlos erscheinenden Thematik "MAB" verbirgt sich eine höchst aktuelle und teilweise auch brisante Problematik, die insbesondere in den letzten zwei bis drei Jahren virulent geworden ist. Es geht dabei im Vergleich zu früher primär um die strategische Bedeutung von MAB im Rahmen übergreifender Organisationskonzepte, wobei die Handhabung der Daten und die Einbindung der Ergebnisse in laufende Veränderungsprozesse im Vordergrund steht. Insofern handelt es sich um einen zentralen Aspekt des Qualitäts- und Innovationsmanagements, der eng verbunden ist mit den Überlegungen im Rahmen von Vorgesetztenbeurteilungen (Hofmann, Köhler & Steinhoff, 1995; Jöns, 1995; Scholz & Scholz, 1995), den sog. 360-Grad-Bewertungen (Pfaller, 1993; Weider, 1995), des Management-Audits (Walch & Weber, 1996) und weiteren ähnlich ausgerichteten Ansätzen. Insofern spielen MAB auch eine zentrale Rolle im Rahmen der Bewertung von Qualitäts- und Innovationsprozessen, wie sie sich u.a. auch in den verschiedenen zur Zeit populären Qualitätswettbewerben niederschlagen. Angesichts dieser aktuellen Bedeutung von MAB erscheint es also mehr als gerechtfertigt, dieses Thema unter die Lupe zu nehmen.

In diesem ersten Einleitungsartikel soll zunächst ein allgemeiner Überblick zum heutigen Stellenwert der MAB gegeben werden. Folgende Fragen werden dabei behandelt:

- Was versteht man ganz allgemein unter MAB? (2. Kapitel)
- Welches sind die Gründe für die erneute Aktualität? (3. Kapitel)

- Nach welchen Grundsätzen können MAB bewertet werden? (4. Kapitel)
- Wo liegen die Möglichkeiten und Grenzen? (5. Kapitel)

2   Definition von Mitarbeiterbefragungen

Bevor in den weiteren Ausführungen das Instrument der MAB weiter diskutiert wird, ist es sinnvoll, kurz zu definieren, was darunter im einzelnen verstanden werden soll.

Zunächst einmal kann ganz allgemein festgestellt werden, daß die Befragung nicht nur die in den Sozial- und Verhaltenswissenschaften am meisten eingesetzte Methode ist, sondern, sie ist auch die Informationserfassungsmethode, die in alltäglichen Lebenssituationen eingesetzt wird. Befragungen sind universell für sehr unterschiedliche Zielsetzungen und je nach Befragungsart nahezu voraussetzungslos einsetzbar.

Bei Befragungen in Organisationen verfolgt man im Prinzip die gleiche Absicht: Man möchte Informationen sammeln, man möchte sich orientieren, man möchte etwas verstehen. Formal betrachtet handelt es sich bei MAB innerhalb einer Organisation um eine "Prozedur", bei der Mitarbeitern systematisch ein Stimulus (z.B. eine Frage oder eine Abbildung) vorgegeben wird und die Reaktion darauf ebenso systematisch erfaßt und ausgewertet bzw. interpretiert wird.

Das Spektrum der Möglichkeiten, wie nun konkret diese Stimuli präsentiert und die Effekte analysiert werden, ist dabei extrem groß. Angesichts dieses breiten Handlungsspielraums ist es nicht verwunderlich, daß methodische und theoretische Grundpositionen darüber entscheiden, wie einzelne Autoren das Instrument der MAB genauer definieren und weiter präzisieren, wie konkret eine Befragung "ordnungsgemäß" durchgeführt werden soll. Die einen werden projektive Verfahren, bei denen man den Betroffenen Bilder (Tintenkleckse) zeigt und die dann sagen sollen, was ihnen dazu einfällt, als wissenschaftlich höchst suspekt ablehnen, andere halten ein solches indirektes Vorgehen für wesentlich effektiver als "plumpe" direkte Befragungsaktionen, weil sie u.U. weniger anfällig gegenüber Verzerrungseffekten, z.B im Sinne der sozialen Erwünschtheit, sind. An diesen Punkten entfacht sich regelmäßig die periodisch immer wieder neu aufgelegte Kontroverse um den Stellenwert von qualitativen und quantitativen Methoden in den Sozialwissenschaften.

Es entspricht nicht der Zielsetzung dieses Einleitungsartikels diese "uralte" Grundsatzdiskussion nochmals aufzugreifen, geschweige denn, wertend dazu Stellung zu beziehen, denn in der aktuellen Situation kann man den Begriff der MAB pragmatisch und deskriptiv auf das reduzieren, was in den Betrieben unter diesem Stichwort konkret zur Zeit gemacht wird. Und daraus ergibt sich folgende Beschreibung: Unter MAB versteht man ein personal-politisches Instrument, das von der Geschäftsführung in Abstimmung mit der Arbeitnehmervertretung wie folgt eingesetzt wird:

- Es werden alle oder eine zufällig ausgewählte Stichprobe von Mitarbeitern und Führungskräften mit Hilfe eines mehr oder weniger standardisierten Fragebogens befragt.
- Die Befragung erfolgt auf freiwilliger Basis.
- Ziel ist die systematische Erfassung der Einstellungen, Wünsche und Erwartungen.
- Die Auswertung erfolgt anonym.
- Die Ergebnisse werden in differenzierter Form an die Betroffenen zurückgespiegelt.
- Die Analyse der Daten soll Problembereiche und Handlungsnotwendigkeiten offenlegen, um konkrete Verbesserungsmaßnahmen planen und umsetzen zu können.

- Die dadurch eingeleiteten Veränderungsmaßnahmen können wiederum im Zuge nachfolgender MAB bewertet werden.
- MAB dienen von daher als Instrument einem kontinuierlichen Verbesserungsprozeß im Rahmen einer Total-Quality-Strategie.

Wenn man die einschlägige Literatur zum Stichwort MAB durchsieht, dann kann man feststellen, daß sich der Fokus im Laufe der Jahrzehnte deutlich verschoben hat.

Zu Beginn, also vor dem 2. Weltkrieg und in der Zeit danach in den 50er und 60er Jahren, lag der Schwerpunkt zunächst eher auf der Erfassung der individuellen Arbeitszufriedenheit, um daraus evtl. direkte Interventionen am Arbeitsplatz vornehmen zu können. In den 70er Jahren kam dann das Thema Betriebsklima in Mode, in den 80er Jahren erfolgte eine Ausweitung im Sinne der Organisationskulturforschung. Der Schwerpunkt dieser Analysen war eher global ausgerichtet, indem Aussagen über die gesamte Organisation getroffen wurden. Der Ansatz war eher statisch, indem im Sinne einer Querschnittsanalyse der Status quo festgehalten wurde.

In den 90er Jahren hat sich dann der Schwerpunkt deutlich verlagert: Man will primär laufende Prozesse in Form von Longitudinalstudien beschreiben; es sollen nachwievor individuelle Einstellungen und Bewertungen, verstärkt aber auch innerbetriebliche Prozesse evaluiert werden, indem z.B. interne Lieferanten-Kunden-Ketten jeweils in Fremd- und Selbstwahrnehmung untersucht werden. Und schließlich sollen die Fragen und später die Berichte so formuliert und erstellt werden, daß konkrete Maßnahmen abgeleitet werden können. D.h. MAB sind notwendigerweise in Personal- und Organisationsentwicklungsprozesse eingebunden (Borg, 1995a; Freimuth & Kiefer, 1995; vgl. auch den Beitrag von Ladwig & Domsch in diesem Band). Sie sind ein zentraler Bestandteil eines Aufbau- und Einbindungsmanagement-Programms, wie Borg (1995a) es nennt (vgl. hierzu den Beitrag von Borg in diesem Band). Und genau diese Akzentverschiebungen sollen in der oben formulierten Definition des MAB-Instruments zum Ausdruck kommen.

Aus der gegenwärtigen Bedeutung von MAB ergeben sich zwangsläufig eine Fülle von konkreten Implikationen für die Konstruktion des Instruments und für die Planung und Durchführung von MAB, auf die Jöns im nachfolgenden Beitrag näher eingeht, so daß an dieser Stelle diese Konsequenzen nicht näher vertieft werden.

3 Gründe für die Reaktivierung von Mitarbeiterbefragungen

Wenn man sich den universellen Charakter von Befragungen vor Augen führt, dann wird sofort deutlich, daß es MAB im weitesten Sinne seit der Geburtsstunde der Organisationsforschung immer schon in verschiedenen Varianten gegeben hat, und jeder Praktiker hat in den Betrieben bei seinen Entscheidungen in der Regel auch irgendwelche "Reaktionen" von Mitarbeitern als Basisinformationen zugrunde gelegt.

Warum aber sind gerade in den letzten Jahren, wie gesagt, MAB wieder besonders populär geworden? Folgende Gründe scheinen dabei eine wichtige Rolle gespielt zu haben:

- Zunächst einmal haben die turbulenten Veränderungsprozesse in der Arbeitswelt, induziert durch technologische Innovationen, verschärften internationalen Wettbewerb, dem Rationalisierungsdruck usw. die Promotoren der Strategien allmählich davon überzeugt, daß die Prozesse von Organisations- und Personalentwicklungs-Programmen begleitet werden müssen. Eine primär technologisch-administrativ gesteuerte Innovationsstrategie ist meistens zum Scheitern verurteilt, die zahlreichen Lean-Management- und Business-Reengineering-Leichen in den Kellern der Unternehmen legen ein beredtes Zeugnis davon ab (Bungard, 1996, Reiß, 1995). Angesichts dieser Erkenntnisse ist die seit den 70er Jahren bekannte Organisationsentwicklungs-Philosophie nach einer zwischenzeitlichen Desavouierung (als basisdemokratische Umtriebe) wieder hoffähig geworden. Und im Zuge dieser Rehabilitierung ist folglich auch die "uralte" klassische Survey-Feedback-Methode (Greiner, 1972; French & Bell, 1977) wiederentdeckt worden. Wobei insbesondere die Bedeutung der Feedback-Phase und die Einbindung des Instruments in den Gesamtprozeß gesehen wird (Domsch & Schneble, 1992; Borg, 1995a; Freimuth & Kiefer, 1995; vgl. auch den Beitrag von Jöns in diesem Band). Insofern hat die Renaissance des Organisations- und Personalentwicklungsansatzes automatisch die erneute Belebung der MAB bewirkt (vgl. hierzu den Beitrag von Comelli in diesem Band).

• Im Zusammenhang damit ist in den letzten Jahren immer deutlicher geworden, daß Implementierungsstrategien vor allem die Akzeptanz von Veränderungen sicherstellen sollen. Die Mitarbeiter haben sehr oft die „Nase restlos voll" von den Innovationsphantasien der Führungsriegen (Bungard, 1996). Der allgemein verbreiteten Skepsis gegenüber jeglichen Veränderungen muß deshalb mit einem erheblichen Aufwand an Informationen begegnet werden. Zu einer solchen internen PR-Kampagne gehört auch die systematische fortlaufende Evaluierung der Mitarbeitermeinungen und des Veränderungsprozesses. MAB sind in diesem Sinne ein zentraler Baustein zur Akzeptanzsicherung im Rahmen einer Implementierungsstrategie bzw. eines Cultural-Change-Prozesses; vorausgesetzt, daß die Ergebnisse konsequent zurückgespiegelt und entsprechende Verbesserungsmaßnahmen jeweils abgeleitet werden. Domsch und Ladwig (1996) haben in diesem Zusammenhang das Kultur-Markt-Modell zur Erklärung eines mitarbeiterinduzierten Kulturwandels im Rahmen eines innerbetrieblichen Organisationsentwicklungsprozesses enwickelt.

• Unabhängig von den ersten beiden Punkten hat der Siegeszug der Total-Quality-Management(TQM)-Philosophie einen großen Einfluß auf die rasche Verbreitung von MAB in den 90er Jahren gehabt. Ein zentraler Gedanke dieses Ansatzes besteht bekanntlich darin, der Qualität von Produkten und Dienstleistungen im weitesten Sinne oberste Priorität einzuräumen und durch kontinuierliche Verbesserungsprozesse diese sukzessiv zu verbessern (Imai, 1992). Eine derartige Strategie setzt notgedrungen voraus, daß zur Bewertung der Qualität Indikatoren, Maßzahlen und entsprechende Vergleichsdaten zur Verfügung stehen. Das neue Zauberwort heißt Prozeßcontrolling. Die Qualität von Produkten wurde schon seit langem anhand von Ausschußquoten, Pannenstatistiken usw. gemessen. Relativ neu ist dagegen insbesondere der Versuch, auch die Güte der (internen) Dienstleistungen zu operationalisieren. Der Erfolg einer solchen systematischen Beurteilung von Wertschöpfungsketten, der Kundenzufriedenheit, dem Service von indirekten Abteilungen im Rahmen der TQM-Ansätze hat entscheidend dazu beigetragen, grundsätzlich den Wert von Datenerhebungen im allgemeinen und von weichen, eher qualitativen Faktoren im besonderen hoch bzw. höher als bisher einzuschätzen. Mit zunehmender Internalisierung der TQM-Perspektive sind also zwangsläufig einige höchst relevante Fragen enttabuisiert worden: Wie steht es um die Qualität des Managements eines Unternehmens? Wie wird ein Veränderungsprozeß von den internen Kunden einer Organisation bewertet? Wie beurteilen sich interne Kunden und Lieferanten gegenseitig? Eine Antwort auf diese Fragen erlauben u.a. auch systematische MAB, so daß die aktuelle MAB-Welle Ausdruck eines neuen Organisations-Verständnisses im Sinne des TQM-Gedankens ist.

- Zur Corporate Identity von modernen Unternehmen gehören zunehmend Kundenzufriedenheitsmessungen, um sich als fortschrittliche, marktorientierte und wettbewerbsfähige Organisation (selbst) darstellen zu können. Zu diesem Image paßt auch, quasi zur Abrundung des Bildes, eine stark ausgeprägte bzw. demonstrierte Mitarbeiterorientierung, wie sie in einer Vielzahl von Aktivitäten zum Ausdruck kommen kann. Man denke an Incentive-Reisen, professionell gedruckte Betriebszeitschriften u.v.m. In den Kanon solcher Image fördernden Maßnahmen sind in den letzten Jahren auch MAB aufgenommen worden. Denn solche Umfragen - vorausgesetzt sie werden entsprechend administriert - signalisieren eindringlich das Interesse der Unternehmensleitung an der Meinung der Mitarbeiter, und dies entspricht zunehmend der Erwartungshaltung der Öffentlichkeit an ein modernes Management. Vor allem bei Großunternehmen sind die eigenen Mitarbeiter effektive Werbeträger, die außerhalb der Arbeit von derartigen Meinungsumfragen berichten und damit ein entsprechendes Bild des Unternehmens kolportieren. Sehr viele Unternehmen haben sich diesem PR-Sog nicht entziehen können und haben in letzter Zeit allein deshalb MAB eingeführt, weil es sich "gut anhört" und im übrigen die Konkurrenten ebenfalls praktizieren. Wie auch immer dann die MAB vielleicht halbherzig konkret appliziert werden, es bleibt an dieser Stelle festzuhalten, daß die Popularität von MAB auch etwas mit Selbstdarstellung von Unternehmen zu tun hat.
- Es gibt schließlich noch einen weiteren Grund, der für den derzeitigen MAB-Boom mitverantwortlich ist, nämlich die Implikationen der Qualitätswettbewerbe, die zur Zeit "in" sind. So wurde z.B. in Anlehnung an den bekannten amerikanischen Malcom-Baldrige-Award für den europäischen Bereich der European-Quality-Award (EQA) von der European Foundation for Quality Management (EFQM) ins Leben gerufen. Zentrale Faktoren in dem Bewertungssystem sind u.a. die Mitarbeiterorientierung als ein "Befähiger-Kriterium" und die Mitarbeiterzufriedenheit als ein "Ergebnis-Kriterium". In beiden Fällen sind MAB zwar nicht verbindlich vorgeschrieben, aber de facto unumgänglich. Wer sich um den EQA bewerben will, muß z.B. nachweisen, daß in seiner Organisation über drei Zeitpunkte hinweg systematisch die Mitarbeiterzufriedenheit erfaßt wurde und aus den Befunden eine konsequente Verbesserung der innerbetrieblichen Prozesse im Sinne der TQM-Philosophie bewirkt wurde (vgl. hierzu die Beiträge von Becker, sowie von Still & Bochen in diesem Band).

Die hohe Bedeutung und Akzeptanz des EQA in deutschen Unternehmen, die vielleicht auch der deutschen Variante in Form des Ludwig-Erhardt-Preises zu Teil werden wird, haben einen großen Einfluß auf die explosionsartige Verbreitung der MAB gehabt.

Fazit dieses Kapitels: Es gibt eine Vielzahl miteinander zusammenhängender Gründe, warum MAB zur Zeit eine weite Verbreitung finden. Sie sind Ausdruck eines veränderten Verständnisses von innerbetrieblichen Abläufen und der Notwendigkeit einer

kontinuierlichen Bewertung dieser Vorgänge, sie sind symptomatisch für eine mitarbeiterorientierte eher partizipative Führungsphilosophie, und sie sind sicherlich auch
typisch für eine "instrumentalistische" Übergangssituation, in der Mitarbeiter und Führungskräfte gemeinsam lernen müssen, mit dem Instrument effektiv umzugehen. Analog
zu den Qualitätszirkeln in den 80er Jahren (Bungard, 1992a) haben MAB wahrscheinlich in erster Linie eine "Eisbrecher-Funktion", bis der offene Dialog auch ohne
"Krücken", in Form von Fragebögen, zur Selbstverständlichkeit wird (vgl. hierzu die
kritischen Anmerkungen zu diesem "Widerspruch" bei Neuberger und Sprenger in ihren
Beiträgen am Ende dieses Bandes).

4   Gütekriterien zur Bewertung von Mitarbeiterbefragungen

Durch MAB soll die Qualität eines Unternehmens bzw. Arbeitsplätze und Tätigkeiten
bewertet werden, was aber macht die Qualität von MAB aus? In den Lehrbüchern der
empirischen Sozialforschung bzw. der psychologischen Methodenlehre wird die Frage
der Gütekriterien bezüglich einzelner Erhebungsinstrumente schon seit langem intensiv
behandelt. Dabei hat sich die klassische Differenzierung zwischen der Validität und der
Reliabilität von Meßverfahren etabliert (Brandstätter, 1978; Lienert, 1989; Müller-
Böling, 1991). Die Validität sagt etwas darüber aus, ob wirklich das gemessen wird, was
vom Konstrukt her erfaßt werden soll, ob also z.B. ein Intelligenztest tatsächlich auch
Intelligenz mißt. Die Reliabilität bzw. Zuverlässigkeit weist darauf hin, ob ein Verfahren z.B. bei Wiederholungsmessungen stabil, bei ansonsten gleichen Bedingungen, auch
zum gleichen Ergebnis führt. D.h. wiederum z.B. auf einen Intelligenztest bezogen, daß
die Werte bei Intelligenzmessungen bezüglich eines Individuums, bei Mehrfachmessun-
gen nicht allzu stark um einen Mittelwert variieren dürfen, andernfalls ist der Test nicht
zuverlässig. Im Zuge empirischer Forschungsaktivitäten ist die Optimierung dieser beiden Gütekriterien von elementarer Bedeutung, da andernfalls Hypothesen nicht sinnvoll
überprüft werden können. Valide und reliable Meßinstrumente sind unabdingbare und
notwendige Voraussetzungen für die Durchführung empirischer Studien.

Nun soll an dieser Stelle nicht weiter vertieft werden, wie ernsthaft diese Kriterien
tatsächlich im Forschungsalltag beherzigt werden. Es kann z.B. eine Schieflage dahingehend beobachtet werden, daß der Erfassung der Reliabilität häufig eine höhere Priorität beigemessen wird, weil sie sich relativ leicht berechnen läßt, während die Validität
praktisch schwer nachweisbar ist. Die sog. face-validity wird in der Regel unterstellt,
d.h. man proklamiert tautologisch, daß z.B. der Intelligenztest X deshalb Intelligenz
mißt, weil Intelligenz das ist, was der Intelligenztest mißt. Damit dieser "Kunstgriff"
nicht allzu transparent wird, versucht man diese Argumentationskette in wissenschaftlich verbrämter Form mit Hilfe komplizierter Formulierungen zu verschleiern.

Im Zusammenhang mit MAB stellt sich nun analog die gleiche Frage: Welches sind
die Gütekriterien für diese Art von Erhebungsinstrument?

Ein Blick in die einschlägige Literatur zeigt, daß in vielen Fällen offenbar reflexartig
viele Autoren vor dem Hintergrund ihrer "methodischen Sozialisierung" die
"bewährten" Kriterien, nämlich Validität und Reliabilität hervorheben, um auch MAB

entsprechend zu bewerten. Ein solches Vorgehen scheint aus verschiedenen Gründen nicht unproblematisch zu sein:

- Die Validität spielt insofern nur eine eingeschränkte Rolle, da bei MAB z.B. explizit spezifische Sachverhalte direkt bewertet werden, insofern also keine abstrakten hypothetischen Konstrukte erfaßt werden sollen. Wenn man wissen möchte, ob die Mitarbeiter mit dem Kantinenessen zufrieden sind oder nicht, dann muß man eine entsprechende Frage formulieren und die Antworten analysieren. Natürlich sollte die Frage verständlich und eindeutig formuliert werden, und man sollte das typische Antwortverhalten von Probanden beachten (vgl. den Beitrag von Trost in diesem Band), aber das Validitätsproblem stellt sich per definitionem nicht in der sonst üblichen Form.

- Das Reliabilitätsproblem ist aus den gleichen Überlegungen auch nur begrenzt sinnvoll. Selbstverständlich sollten bei Wiederholungsmessungen möglichst identische Resultate erzielt werden, aber bei den üblicherweise gestellten Fragen ist dies in der Praxis kein Problem.

- Die Situation ändert sich, wenn verschiedene Fragen im Sinne einer Likert-Skalierung per Addition zu einem Index zusammengefaßt werden. Eine solche ex-post konstruierte Skala entspricht nicht den erforderlichen Skalen-Konstruktionsmerkmalen, weil z.B. keine Trennschärfenanalyse vorgenommen wurde. Eine derartige Analyse wäre aber auch in vielen Fällen nicht sinnvoll, da es z.B. durchaus von Interesse sein kann, in einer MAB zu erfahren, daß über 95% der Mitarbeiter der Meinung X sind. Eine solche Frage würde bei einer Trennschärfenanalyse durch das methodische Rost fallen, obwohl der Befund im Sinne der Zielsetzung einer MAB wichtig sein könnte.

- Die rigide Orientierung an dem Validitäts- bzw. Relabilitätskriterium fördert im übrigen die Tendenz, möglichst auf fertige und überprüfte, evaluierte Instrumente zurückzugreifen. Solche universellen Fragebögen werden aber den spezifische Anforderungen an eine MAB in einem konkreten Unternehmen nur selten gerecht (vgl. den Beitrag von Bögel & Rosenstiel in diesem Band).

Es wird also deutlich, daß die Zielsetzung von MAB mit den Intentionen bei Forschungsaktivitäten nur bedingt kompatibel sind. Von daher sollten weitere bzw. andere Gütekriterien herangezogen werden:

- Ein sehr wichtiger Aspekt betrifft die *Relevanz* der Fragen für den Zweck der MAB. Es geht nicht darum möglichst valide und reliabel irgendwelche akademisch interessanten Variablen zu erfassen, sondern die Fragen müssen für die Zielsetzung einer MAB relevant sein. Eine MAB bemißt sich u.a. danach, inwiefern die zentralen Bewertungsdimensionen und betrieblichen Prozesse durch die Auswahl der Fragen abgebildet werden. Entscheidend ist dabei vor allem auch die Perspektive der Mitarbeiter. In der Praxis läuft dieser Aspekt darauf hinaus, daß die Relevanz durch Partizipation von Mitarbeitern bei der Fragebogenkonstruktion, z.B. aufgrund von diesbezüglichen vorweg geschalteten Gruppengesprächen, eruiert bzw. sichergestellt wird. Eventuell können auch z.B. bei mündlichen Interviews interne Mitarbeiter die Rolle von Interviewern übernehmen, um die Relevanz sicherzustellen (Lauterburg, 1995).

- Zuvor wurde bereits die Bedeutung von Feedbackprozessen und der anschließenden Ableitung von Veränderungsmaßnahmen bei MAB hervorgehoben. Aus dieser zentralen Zielsetzung leitet sich ein weiteres Gütekriterium ab, nämlich das *Verände-*

rungspotential einer MAB durch die entsprechende Auswahl von Fragen. Der Fragebogen sollte Inhalte betreffen, die beeinflußbar, also veränderbar sind. Das wiederum setzt voraus, daß die Ergebnisse interpretierbar und auch vergleichbar sind. Interne und externe Benchmarks können hierbei eine Hilfe darstellen. Bei Wiederholungsmessungen sollten Veränderungen erfaßbar und darstellbar sein.

- Der Erfolg einer MAB hängt letztlich entscheidend davon ab, daß das Instrument auch von allen Beteiligten akzeptiert wird. Die *Akzeptanz* von MAB wird damit zu einem zentralen Gütekriterium. Sie läßt sich u.a. an der Beteiligungsquote ablesen, wenn die Freiwilligkeit gewährleistet ist. Die Sicherung bzw. Erhöhung der Akzeptanz hängt von einer Fülle verschiedener Faktoren ab: Transparenz des gesamten Prozesses, Einbeziehung des Betriebsrats, Partizipation bei der Instrumentenentwicklung, Zusicherung der Publikation der Ergebnisse, Garantie des Top-Managements, daß Maßnahmen abgeleitet werden und der Erfolg evaluiert wird u.v.m. Die Akzeptanz hängt letztendlich von den Vorerfahrungen der Betroffenen und der Glaubwürdigkeit der Durchführenden ab.

Folgende Kriterien sollten deshalb als goldene Regeln allen Mitarbeitern zu Beginn der Aktionen zugesichert werden:

- Freiwilligkeit der Teilnahme
- Anonymität der Auswertung
- Offenlegung der Prozesse und aller Befunde
- Garantierte Ableitung von Maßnahmen und deren Controlling

An diesen Prinzipien und dem Gebot der Akzeptanz sollten sich dann die einzelnen Schritte bei der Planung, Durchführung und Auswertung einer MAB orientieren.

5   Möglichkeiten und Grenzen von Mitarbeiterbefragungen

Wie gut ein Instrument zusammenfassend betrachtet ist, hängt in erster Linie davon ab, wie es vom Benutzer gehandhabt wird. Diese Weisheit trifft auch für die MAB zu. Einen Fragebogen kann man relativ leicht ad hoc erstellen oder sogar aus einer anderen Studie übernehmen, entscheidend ist vor allem der adäquate Umgang mit dieser Methode. Und hier werden des öfteren trotz aller Lippenbekenntnisse zu den Gütekriterien einer MAB gravierende Fehler gemacht. In diesem Kapitel sollen deshalb zusammenfassend einige wichtige Problemfelder aufgezeigt werden, um die Möglichkeiten aber auch Grenzen von MAB abschätzen zu können.

Eine wichtige Voraussetzung für den effektiven Einsatz von MAB im Sinne der oben beschriebenen Funktionen ist, wie bereits mehrfach herausgestellt, daß die Ergebnisse im Rahmen eines Survey-Feedback-Ansatzes an die Mitarbeiter adäquat zurück gespiegelt werden und, daß in den einzelnen Bereichen konkrete Maßnahmen aus den Befunden abgeleitet werden. Dabei ist eine angemessene Interpretation der Befunde wichtig. Folgende Punkte sollten hierbei berücksichtigt werden:

- Befragungen sind ein Instrument der Einstellungsmessung. Die Angaben der Probanden reflektieren deren Meinungen, Hoffnungen und Wünsche. Sie müssen nicht immer mit der "objektiven" Realität übereinstimmen. Und dennoch schaffen sie eine "eigene" Realität, die z.B. von Vorgesetzten beachtet werden muß. Ob ein interner Kunde zu Recht mit einer anderen Abteilung unzufrieden ist, ist nicht entscheidend. Fakt ist, daß er möglicherweise in einer MAB seine Unzufriedenheit zum Ausdruck gebracht hat und man folglich weiter eruieren sollte, warum dies so ist. Dieser Aspekt von MAB sollte allen Beteiligten deutlich vor Augen geführt werden.

- Aus Befragungen kann man nicht mehr herausholen, als man als Frager per Fragebogen hinein gesteckt hat. Neuberger spricht in diesem Zusammenhang vom Ostereier-Effekt (Neuberger, 1996). Man findet die Eier, die man selber vorher versteckt hat. Gemeint ist damit, daß durch die Auswahl der Items eine starke Einschränkung stattfindet. Um so wichtiger also, in der Vorphase sicherzustellen, daß die für die spezifische Organisation relevanten Aspekte abgefragt werden.

- Befragungsergebnisse müssen weiterhin insofern relativiert werden, als die Fragen mit dem Bewußtsein beantwortet werden, daß es sich um eine MAB handelt, daß die Ergebnisse zu Veränderungen führen sollen. Man spricht in diesem Kontext von der sog. Reaktivitätsproblematik (Bungard, 1984; Esser, 1986). Befragte antworten tendenziell sozial erwünscht, sie betreiben Self-Impression-Management, sie wollen sich als funktionsfähige Organisationsmitglieder präsentieren, sie nutzen vielleicht die Chance, einem anderen eins auszuwischen. Die Ergebnisse sind deshalb nicht wertlos, sondern man sollte diesen Aspekt bei der Interpretation im Auge behalten, um keine falschen Interpretationen vorzunehmen.

- Die Aussagekraft von Befragungen hängt weiterhin von der Anzahl der Beteiligten bzw. von der Rücklaufquote ab. Je höher der Anteil der Verweigerer, desto größer die Gefahr durch entsprechende Verzerrungseffekte. Denn man weiß in der Regel nicht, in welcher Art und Weise eine Stichprobe verzerrt ist. Haben eher die Zufriedenen oder eher die Unzufriedenen teilgenommen? Legt man bisherige Erfahrungen zugrunde, so ist eine Rücklaufquote von über 50% akzeptabel, über 70% ein hervorragendes Ergebnis. Bei einer Quote von unter 50% sollte man die Ergebnisse mit großer Vorsicht interpretieren und nur bedingt generalisieren.

- Die Präsentation von MAB-Ergebnissen erlaubt einen Überblick über das Spektrum der Meinungen einer Belegschaft zu vielfältigen Themen. Es lassen sich aber aus solchen Umfragen keine Kausalschlüsse ableiten. Insbesondere die in solchen Fällen oft angewendete statistische Prozedur, einzelne Variablen miteinander in Beziehung zu setzen um Korrelations- oder Regressionsanalysen zu berechnen, birgt die Gefahr einer Überinterpretation der Daten. Wer kausale Beziehungen überprüfen möchte, z.B. als Folge interessanter Ergebnisse einer MAB, muß eine grundsätzlich andere Erhebungslogik beachten (Bungard, Holling & Schultz-Gambard, 1996).

- In der TQM-Literatur wird immer wieder auf die große Bedeutung von Benchmarks hingewiesen. Durch systematische Vergleiche mit anderen Organisationen oder dem "best in class" sollen Anhaltspunkte für eigene Verbesserungen abgeleitet werden (vgl. den Beitrag von Fies & Schmitt in diesem Band). Dieser Gedanke läßt sich naheliegenderweise auch auf MAB übertragen. Wenn eine bestimmte Frage, z.B. zu den Arbeitsbedingungen, auf einer 5-Skala (1 = sehr gut, 5 = sehr schlecht) in einem Unternehmen mit 2,3 bewertet wird, dann interessiert die Betroffenen in der Regel, wie die vergleichbaren Werte in anderen Organisationen aussehen. Liegt man über oder unter dem "deutschen" Mittelwert? Wie weit ist man von dem besten Wert entfernt? Derartige Vergleichswünsche sind verständlich und durchaus auch nützlich. Man sollte allerdings die Validität solcher Gegenüberstellungen nicht überschätzen. Selbst wenn identische Fragen in verschiedenen Organisationen im Rahmen von MAB gestellt wurden, es gibt meistens eine unübersehbare Anzahl von divergierenden Einflußfaktoren auf das Antwortverhalten: Zeitpunkt der Befragung, Stellung der Fragen im Fragebogen, unterschiedliche Vorerfahrungen mit MAB in den eigenen Organisationen, sonstige Rahmenbedingungen. Kurzum: Als grobe Orientierungshilfe sind Benchmarks hilfreich, ansonsten sollte man eher im Rahmen von Panel-Studien MAB mit früheren MAB im eigenen Hause vergleichen, um Veränderungsprozesse abbilden zu können.

Soweit einige methodische Aspekte zur Handhabung des MAB-Instruments. Darüber hinaus gibt es aber noch weitere über das Instrument als solches hinausgehende Aspekte, die man in der Praxis im Zuge der Durchführung einer MAB überdenken sollte:

- MAB stoßen notgedrungen auf Widerstände und Ängste bei den Beteiligten (vgl. den Beitrag von Comelli in diesem Band). Wer in mikropolitischen Auseinandersetzungen Gefahren für die eigene Machtposition wittert, wird entsprechend reagieren: Für viele Vorgesetzte haben MAB insofern ein enormes Bedrohungspotential. Wer als Führungskraft in stark ausgeprägten hierarchischen Strukturen denkt, für den sind MAB grundsätzlich eine Gefahr.

- Widerstände gegen MAB können auch von Betriebsräten, Personalvertretern und Vertrauensleuten herrühren. Sie befürchten u.U., daß die Anonymität verletzt wird, die Ergebnisse keine oder falsche Maßnahmen nach sich ziehen, nicht nach Ursachen sondern in gewohnter Manier nach Schuldigen gesucht wird. Vielleicht hat der eine oder andere Angst, daß seine Machtposition als Betriebsrat bzw. Personalvertreter geschmälert werden könnte, weil die Basis seiner Tätigkeit gerade aus der Unzufriedenheit der Mitarbeiter resultiert, die sich früher nicht in MAB manifestieren konnte, weil es keine gab. Einfacher ausgedrückt: Wenn durch MAB ein fruchtbarer Dialog zwischen Mitarbeitern und Führungskräften induziert wird, könnte ein Teil der üblichen Funktionen von Personalvertretungen obsolet werden.

- Nicht zuletzt haben schließlich auch die Mitarbeiter selbst Ängste vor MAB. Auch sie haben die Befürchtung, daß die Anonymität nicht gewahrt bleibt, daß sie bei kritischen Äußerungen "entlarvt" werden. Sie sind in der Regel skeptisch, daß aus den Ergebnissen ernsthaft Konsequenzen gezogen werden. In ihren Augen sind MAB oft symbolische Machtdemonstrationen der Fragenden, sie sind u.U. eine Absicherungs- bzw. Beschaffungsmethode für die Personalabteilung, die Berichte dienen der Selbstbeweihräucherung von Vorstudien, nur nicht der Verbesserung der eigenen Arbeitssituation, so eine weitverbreitete eher "zurückhaltende" Erwartungshaltung.

Soweit ein erster kurzer Überblick über die Möglichkeiten und Grenzen von MAB. In den nachfolgenden Beiträgen werden diese und weitere Aspekte intensiv diskutiert. Bleibt abschließend nochmals festzuhalten, daß eine MAB aus den zuvor erörterten Überlegungen ein zur Zeit sehr oft und vielseitig eingesetztes Instrumentarium darstellt, das adäquat verwendet einen erheblichen Beitrag im Rahmen eines Qualitäts- und Innovationsmanagements leisten kann, das aber bei falscher Handhabung sehr schnell auch zu einer Politik der verbrannten Erde degenerieren kann. Für den zweiten Fall würde dann die Wahrheit gelten, daß die Verantwortlichen für eine derartige MAB-Aktion organisationale Philosophen geblieben wären, wenn sie geschwiegen hätten.

Formen und Funktionen von Mitarbeiterbefragungen

Ingela Jöns

1   Einleitende Bemerkungen

Wenn von Mitarbeiterbefragungen (MAB) die Rede ist, dann weiß im Normalfall jeder, was - zumindest in etwa - damit gemeint ist. In den einschlägigen Publikationen ist man sich allgemein darüber einig, daß es sich um systematische Erhebungen handelt, von denen informelle Gespräche mit den Mitarbeitern abzugrenzen sind. Als synonyme Begriffe werden häufig angeführt: Betriebsumfragen, innerbetriebliche Meinungsumfrage, Belegschaftsbefragungen, innerbetriebliche Einstellungsforschung, soziologische Betriebsuntersuchungen, Betriebsklima-Analysen usf. Zusätzliche Präzisierungen betreffen dann den Auftraggeber und den Zweck sowie den Inhalt und die Form der Durchführung im einzelnen.

Dabei erfolgt im allgemeinen eine Einschränkung auf betriebliche MAB, die im Auftrag der Unternehmensleitung im weitesten Sinne durchgeführt bzw. als Führungsinstrument eingesetzt werden. Mit anderen Worten: Belegschaftsbefragungen von Seiten der Arbeitnehmervertretung und allgemeine Befragungen im Betrieb (z.B. zur Werkszeitung), aber auch Befragungen im Rahmen von Forschungsarbeiten, die primär wissenschaftlichen Zwecken dienen, werden zumeist aus der Betrachtung ausgeklammert. Allerdings nicht aus paradigmatischen Gründen, sondern um eine Vermischung unterschiedlicher Zwecksetzungen bei der Diskussion zu vermeiden.

Die Unterschiede in den Auffassungen beginnen aber bereits, wenn es darum geht, welche Konzepte von der MAB abzugrenzen sind. Nach Scholz und Scholz (1996) sind beispielsweise Aufwärtsbeurteilungen streng von MAB zu trennen, während Aufwärts- bzw. Vorgesetztenbeurteilungen (VGB) nach Domsch (vgl. Domsch & Siemers, 1995; Domsch & Ladwig 1995 sowie in diesem Band) oder auch nach Töpfer und Funke (1985) durchaus als spezifische MAB oder auch als Teil der MAB anzusehen sind. Eine zentrale Frage, die daher in diesem Beitrag ausführlich diskutiert werden soll.

Abgesehen von dem Konsens darüber, daß es sich um systematische Erhebungen im Auftrag der Unternehmensleitung handelt, wird unter dem Thema MAB in der Literatur ein breites Spektrum an Befragungen mit unterschiedlichen Zwecken und Formen behandelt.

Im folgenden Beitrag wird ausgehend von allgemeinen Zielen und Merkmalen einer MAB ein Überblick über verschiedene Funktionen gegeben, die mit der Durchführung von MAB in einem Unternehmen - gewollt und ungewollt - verbunden sein können. Danach folgt eine Übersicht über verschiedene Formen, wobei auf typische Einsatzformen in der Praxis eingegangen wird. Abschließend wird auf zwei spezielle Problemfelder eingegangen: der Durchführung von MAB im Zusammenhang mit aktuellen Wettbewerben um Qualitätspreise sowie der Verknüpfung von MAB mit VGB.

2   Funktionen von Mitarbeiterbefragungen

Einen anschaulichen Überblick über die unterschiedlichsten Ziele und Funktionen, die
unter inhaltlichen Gesichtspunkten mit einer MAB angestrebt werden können, wie z.b.
die Verbesserung des Qualitätsmanagements oder die Unterstützung des Kulturwandels
in einem Unternehmen, geben die zahlreichen Fallbeispiele in diesem Band. Im folgenden geht es daher um die allgemeinen und instrumentellen Funktionen, die einer MAB
im Rahmen dieser betriebsspezifischen Zielsetzungen generell zukommen können.

2.1   Allgemeine Ziele und Funktionen

Ganz allgemein sind MAB zunächst durch zwei zentrale Funktionen zu kennzeichnen.

Mitarbeiterbefragung als Diagnoseinstrument und als soziale Intervention

Die erste Funktion als Erhebungs-, Analyse- oder Diagnoseinstrument ist unbestritten.
Durch die MAB sollen Informationen über die Zufriedenheit, die Einstellungen, die
Meinungen etc. der Mitarbeiter gewonnen werden.

Ebenso wird die zweite Funktion - allerdings häufig mit einem anderen Akzent - allgemein hervorgehoben. So ist z.B. nach Borg (1995, S. 9), die Klassifikation von MAB
unter der Rubrik OE oder Change Management bzw. als Interventionen "selbst dann
sinnvoll, wenn eine MAB vordergründig nur der Diagnose dient. Stets ist nämlich die
Absicht gegeben, auf Probleme ggf. korrigierend zu reagieren oder zumindest die ermittelten Kennwerte in die Planungen einzubeziehen". Dieser intendierte Interventions-
charakter der Auftraggeber ist hier nicht gemeint, sondern die ebenso von Borg diskutierte Tatsache, daß die Planung und Durchführung einer MAB stets eine soziale Intervention darstellt, auf welche die Mitarbeiter reagieren, durch welche sich die Organisation als soziale Einheit verändert oder zumindest in Bewegung gerät. Abgesehen von
den meßtheoretischen Problemen, die mit dieser Reaktion verbunden sind, folgt hieraus
für MAB in Unternehmen, daß die Befragung „per se ein gestalterischer Eingriff in die
Organisation mit verschiedenen Folgewirkungen" (Domsch & Reinecke, 1982, S. 131)
darstellt.

Problematisch ist in diesem Zusammenhang, wenn ex ante bzw. normativ von spezifischen Wirkungen ausgegangen wird, d.h. wenn unterstellt wird, daß MAB zum Beispiel zur Verbesserung der Partizipation, weil "Mitarbeiter an den Belangen des Unternehmens beteiligt [werden] und das Gefühl [haben], "zu Wort zu kommen", "gehört zu
werden"...", oder zur Erhöhung der Arbeitszufriedenheit bzw. zur Verbesserung des
Betriebsklimas beitragen (Domsch & Reinecke, 1982, S. 131f.). Dies mag intendiert
und wünschenswert sein, doch zunächst bleibt unabhängig von der konkreten Durchführung einer MAB allgemein festzuhalten, Mitarbeiter reagieren auf eine Befragungsaktion, so daß diese - zumindest vorübergehend - nicht folgenlos bleibt. Positive Wirkungen
stellen sich nur unter bestimmten Voraussetzungen ein und selbst dann nicht immer.
Eine noch so gut geplante und durchgeführte MAB mit anschließenden Verbesserungsprozessen kann immer auch zu einer Verschlechterung der Arbeitszufriedenheit führen,
wenn "schlafende Hunde" geweckt wurden (vgl. Nieder, 1991), wenn eine resignative
Zufriedenheit in eine konstruktive Unzufriedenheit übergeht.

Ziele einer MAB: Produktivitäts- oder Humanisierungsziele

Im Anschluß an die angeführte Problematik normativer Annahmen hinsichtlich der Wirkungen von MAB sei kurz auf die Frage der Ziele einer MAB eingegangen, für welche ebenso keine grundsätzlichen Aussagen getroffen werden können. MAB dienen nicht per se der Produktivitätsverbesserung oder der Humanisierung in Unternehmen. Grundsätzlich werden MAB zunächst einmal mit spezifischen Zielen von der Unternehmensleitung im weitesten Sinne in Auftrag gegeben, worauf wie erwähnt die Betrachtung von MAB in der Literatur zumeist eingeschränkt wird. Es soll an dieser Stelle nicht auf die klassische, häufig polarisiert geführte Diskussion eingegangen werden, ob in Unternehmen mit bestimmten Aktivitäten primär Produktivitäts- oder Humanisierungsziele verfolgt, oder ob beide gleichzeitig angestrebt werden, weil eine Erhöhung der Arbeitszufriedenheit bzw. eine Verbesserung des Betriebsklimas letztlich zur Leistungssteigerung beitrage - eine Rechnung, die bekanntermaßen nicht aufgeht. Es bleibt eine empirische Frage, welche Ziele die jeweiligen Auftraggeber mit der MAB verfolgen.

Vor dem Hintergrund der Erfahrungen, die im Zusammenhang mit anderen Instrumenten und Konzepten - z.B. der Einführung von teilautonomen Arbeitsgruppen - gesammelt wurden, die als Humanisierungsansätze keine Verbreitung in der Praxis fanden, aber in der aktuellen Wirtschaftssituation verstärkt umgesetzt werden, kann ebenso für MAB angenommen werden, daß das aktuelle Interesse von Unternehmensleitungen in einem erhofften Nutzen bzw. Beitrag zur Erreichung der allgemeinen Unternehmensziele begründet liegt. Diese Ziele werden auch heute noch Wettbewerbs- oder Produktivitätsziele sein, wobei unter den aktuellen Managementstrategien sicherlich neben Qualitätszielen häufig auch Interessen im Sinne der Erhöhung der Innovationsfähigkeit oder der kontinuierlichen Verbesserung mit einer MAB verbunden sein dürften (vgl. auch den einleitenden Beitrag von Bungard in diesem Band).

Ziele einer MAB im mikropolitischen Prozeß

Die Ziele einer MAB werden aber letztlich nicht allein durch die Auftraggeber - die Unternehmensleitung - bestimmt. Vielmehr werden von allen an der MAB Beteiligten - und das sind immer auch die Befragten selbst - Ziele mit der MAB verbunden. So mögen Personalabteilungen mit der Durchführung von MAB das Interesse verbinden, ihre Existenzberechtigung als Abteilung zu untermauern. Führungskräfte einzelner Bereiche hegen vielleicht die Hoffnung, längst in der Schublade liegende Pläne durch die MAB endlich umsetzen zu können. Mitarbeiter streben möglicherweise durch ihr Antwortverhalten beim Ausfüllen des Fragebogens oder in den späteren Gruppengesprächen an, daß bestimmte Mißstände endlich abgestellt werden, sich mit dem Vorgesetzten gut zu stellen oder auch den Führungskräften einmal deutlich die Meinung zu sagen (vgl. auch den Beitrag von Trost in diesem Band).

Wenn MAB in einem Unternehmen geplant und durchgeführt werden, sind sie Gegenstand und Medium mikropolitischer Prozesse (vgl. hierzu den anschaulichen Beitrag von Neuberger in diesem Band) wie alle anderen Aktivitäten in einem Unternehmen. Ein anschauliches Beispiel für die vielfältigen Ziele und Interessen, die von den Akteuren mit MAB verbunden werden, liefern stets entsprechende Sitzungen von Projektgruppen oder Steuerkreisen, wenn es um die Gestaltung von Fragebögen oder Ergebnisberichten geht, d.h. welche Fragen zu welchen Themen aufgenommen werden sollen oder wer welche Ergebnisse erhalten soll.

MAB können weder als ein spezifisches Instrument betrachtet, noch für ein spezifisches Ziel ein- und umgesetzt werden. Sie entwickeln ein Eigenleben im Unternehmen, dessen Entwicklungsprozeß man zu steuern versuchen, aber nicht technisch abwickeln kann. Man mag dies bedauern, aber genau hierin liegt das Spannende eines solchen Projektes bzw. die Chance für Unternehmen, wirklich neue Prozesse in Gang zu setzen.

Nicht verschwiegen werden soll an dieser Stelle, daß die jeweiligen Berater oder Institute selbst bestimmte Ziele mit der Durchführung der MAB - über den Auftrag und mögliche Folgeaufträge hinaus - verbinden, für deren Verwirklichung sich dann im mikropolitischen Verhandlungsprozeß Lücken erschließen lassen. Da MAB durchaus als politisches Instrument nicht nur gebraucht, sondern auch mißbraucht werden können, bedarf es allerdings auf Beraterseite auch Eigeninteressen im Sinne ethischer Grundsätze, auf deren Einhaltung man achten muß.

2.2   Instrumentelle Funktionen von Mitarbeiterbefragungen

Nach dieser grundsätzlichen Diskussion der Funktionen und Ziele von MAB werden im folgenden die instrumentellen Funktionen von MAB zusammengefaßt. Die MAB wird dabei als Erhebungsinstrument betrachtet, ohne daß der gesamte OE-Prozeß, in welchen eine MAB eingebettet werden sollte und der gleichzeitig weitere Interventionen (z.B. Rückmeldeworkshops) umfaßt, berücksichtigt wird. Vielmehr interessiert gerade, welche Funktionen einer MAB im Hinblick auf OE-Prozesse und Innovationsprozesse zukommen (können).

Tabelle 1: Instrumentelle Funktionen von MAB.

- *Diagnosefunktion:*
  - Allgemeine Information über die gegenwärtige Situation im Unternehmen (z.B. Arbeitszufriedenheit, Betriebsklima, Führungsstil etc.)
  - Allgemeine (strategische) Stärke-Schwächen-Analysen (z.B. Personalpolitik, Informationspolitik, Weiterbildungsangebote, etc.)
  - Bestandsaufnahme und Bedarfsermittlung für konkrete Gestaltungsprojekte (z.B. bei Einführung von Gruppenarbeit, Umstrukturierung)
  - Analyse zu spezifischen Problemstellungen (z.B. Fehlzeiten, Qualitätsbewußtsein)
- *Evaluationsfunktion:*
  - Allgemeine Information über Veränderungen und Entwicklungen im Unternehmen
  - Allgemeine Beurteilung von Managementstrategien und -instrumenten
  - Beurteilung von konkreten Einzelmaßnahmen oder Gestaltungsprojekten
- *Kontrollfunktion:*
  - Überprüfung der Durchführung und Umsetzung von konkreten Maßnahmen
  - Überprüfung von (verändertem) Verhalten von Vorgesetzten / Führungskräften
- *Interventionsfunktion:*
  - Kommunikation - unternehmensweit, zwischen top und down
  - Umsetzung bzw. Vermittlung der Unternehmens- bzw. Führungsphilosophie
  - Initiierung des Dialogs und von Verbesserungsprozessen

Die verschiedenen Funktionen sind in der Tabelle 1 aufgeführt, wobei nach dem Gegenstand und Zweck der Befragung vier Grundfunktionen unterschieden werden.

Diagnose- und Evaluationsfunktion

Als klassische Funktionen von Befragungen können die Diagnose und Evaluation angesehen werden, die sich durch den Zeitpunkt der Erhebung im Vorfeld oder im Anschluß von Veränderungsprozessen und damit in Verbindung durch die Zielsetzung unterscheiden. Bei regelmäßiger Durchführung können die erhobenen Informationen sowohl der Evaluation bisheriger Prozesse als auch der Diagnose weiterer Verbesserungsansätze dienen. Sie lassen sich weiterhin danach unterscheiden, welche Informationen erhoben werden bzw. zu welchem Zweck die Informationen herangezogen werden sollen. Zu den aufgeführten Diagnose- bzw. Evaluationsfunktionen ist anzumerken, daß die allgemeine Informationsgewinnung und Stärken-Schwächen-Analyse die traditionelle Funktion von MAB kennzeichnet, daß sich aber heute ein Trend zu einer stärkeren Fokussierung auf einzelne Themen oder Problemfelder feststellen läßt (vgl. auch Freimuth & Kiefer, 1995). Im Hinblick auf den Einsatz bzw. die Bedeutung von MAB für betriebliche Innovationsprozesse stellen die Diagnose- und Evaluationsergebnisse Informationsgrundlagen für die weitere Planung dar, sei es daß diese zentral oder dezentral erfolgt.

Kontrollfunktion

Von der Evaluation, worunter die Beurteilung von allgemeinen Maßnahmen und Veränderungen aus Sicht der Mitarbeiter als Planungsgrundlage aufgeführt ist, wird hier die Kontrollfunktion abgegrenzt, bei welcher es um die Überprüfung der Durchführung von Maßnahmen bzw. des Verhaltens von Personen geht. Wenn beispielsweise Zielvereinbarungen als neues Führungsinstrument eingeführt werden, dann kann durch die MAB z.B. erhoben werden, ob diese überhaupt durchgeführt werden. Mit dieser Frage kann eine Kontrolle der tatsächlichen Durchführung verbunden sein oder auch eine Evaluations- bzw. Verbesserungsfunktion in dem Sinne, daß man die Einführungsstrategie dieses Instrumentes verbessern will. Die Unterscheidung knüpft daran an, welche Konsequenzen abgeleitet bzw. wofür die Ergebnisse herangezogen werden. In der Praxis - und insbesondere von Seiten des Personalbereichs - ist eine gewisse Tendenz festzustellen, mit der MAB gleichzeitig die Überprüfung der Umsetzung von verschiedenen Führungsinstrumenten zu verbinden, da dies häufiger das einfachere Verfahren darstellt, als beispielsweise die Personalakten nach der Durchführung von Mitarbeitergesprächen zu durchforsten. Aus der Perspektive zentraler Bereiche stellt der Umsetzungsgrad gleichzeitig eine wichtige Informationsgrundlage für die Planung von Einführungsstrategien dar. Problematisch wird diese Kontrollfunktion immer dann, wenn die Ergebnisse und Konsequenzen auf einzelne Personen oder Verantwortungsbereiche heruntergebrochen werden. Auf die spezifische Problematik der Verknüpfung mit einer VGB wird später eingegangen. An dieser Stelle soll zunächst generell festgehalten werden, daß MAB als Kontrollinstrument eingesetzt werden können.

Interventionsfunktion

Von den vorherigen Funktionen ist die Interventionsfunktion von MAB abzugrenzen, die nicht an der Zielsetzung und Weiterverwendung der Ergebnisse, sondern an der Befragung selbst anknüpft. Die Befragung, sei es in Form von Interviews oder Fragebögen, stellt ein Kommunikationsinstrument dar, wobei im ersten Schritt die Befrager - und das heißt die Unternehmensleitung - kommuniziert. Sie teilt mit, was sie interessiert und worüber sie Informationen von den Mitarbeitern wünscht. Damit eng verbunden ist die Vermittlung der Unternehmens- bzw. Führungsphilosophie. Es macht einen Unterschied, ob man 2 oder 10 von 100 Fragen dem Qualitätsthema widmet. In MAB wird nicht nur danach gefragt, was die Mitarbeiter bewegt, sondern was sie bewegen soll. Der Interviewleitfaden oder Fragebogen ist insofern als ein Informationsblatt der Unternehmensleitung an die Mitarbeiter zu verstehen, wobei sicherlich schwer zu unterscheiden ist, was mit welchem Ziel darin enthalten ist. Zu manchen Fragen möchte man die Meinung der Mitarbeiter erfahren, auf manche Fragen möchte man die Aufmerksamkeit lenken, über manche Fragen möchte man darüber informieren, daß man als Unternehmensleitung darauf Wert legt oder daß bestimmte Aktivitäten laufen, und schließlich werden Fragen gestellt, weil man glaubt, daß Mitarbeiter hierzu gerne eine Antwort geben möchten. Im zweiten Schritt kommunizieren die Befragten ihre Meinung zu den Fragen. Diese Botschaft richtet sich zunächst an die Unternehmensleitung als Auftraggeber oder je nach Konzeption der Ergebnisrückmeldung an die jeweiligen Verantwortlichen.

Da die Mitarbeiter die Chance erhalten, ihre Meinung über die MAB in weitere Planungsprozesse einzubringen, wird in diesem Zusammenhang häufig von der MAB als Partizipationsinstrument gesprochen. Betrachtet man aber die Erhebung an sich, dann bleibt zunächst offen, inwieweit die Mitarbeitermeinung überhaupt bei weiteren Planungen berücksichtigt wird. Dadurch, daß man jemanden nach seiner Meinung fragt, beteiligt man ihn noch nicht, aber wenn man jemanden erst gar nicht fragt, kann man ihn auch nicht beteiligen. Insofern kann die Durchführung einer Befragung durchaus als erster Schritt der Umsetzung einer partizipativen Führungsphilosophie verstanden werden. Allerdings wird sie diese Funktion nur behalten, wenn die weiteren Schritte dieser Philosophie entsprechen. Die Minimalanforderung hieße, daß die Meinungen und Interessen der Mitarbeiter in den weiteren Planungen - im positiven und nicht im manipulativen Sinne - berücksichtigt werden.

Im vorangegangenen Abschnitt war bereits auf den Aspekt eingegangen worden, daß Befragungen stets soziale Interventionen darstellen, die "etwas" gewollt oder ungewollt auslösen bzw. bewirken. Eine zentrale Funktion, die mit der MAB vor allem heutzutage verbunden wird, ist die Initiierung des Dialogs und die Einleitung von Verbesserungsprozessen, weshalb die Befragung auch in umfassendere OE-Prozesse eingebunden wird. Hierdurch versucht man diese Wirkung einer Befragungsaktion, die immer Gespräche innerhalb der Belegschaft auslösen wird, zumindest im Rahmen der Ergebnisrückmeldung zu kanalisieren.

Geht man nun davon aus, daß sich entsprechende Rückmelde-Workshops an die Befragung anschließen, dann können folgende Funktionen mit der MAB verbunden sein. Der Befragung als vorgeschaltete Intervention kommt zunächst eine Informationsfunktion zu, d.h. sie informiert über die aktuellen bzw. potentiellen Themen anschließender Veränderungsprozesse. Gleichzeitig bewirkt sie, daß jeder einzelne Befragte über die verschiedenen Themen, ihre Bedeutung und Bewertung für sich nachgedacht hat, d.h. sie besitzt eine Vorbereitungs- und Sensibilisierungsfunktion. Die (anonymen) Ergebnisse der Befragung bilden den Einstieg in die Diskussion und die gemeinsame Grundlage im Sinne der Diagnose oder Evaluation, aus der bereits die Stärken und Schwächen hervorgehen, so daß sie die Schwerpunkte für Verbesserungsansätze verdeutlichen bzw. die Auswahl erleichtern. Vor allem sind mit den Ergebnissen bereits die Probleme ausgesprochen, sie sind öffentlich und nicht mehr tabu, so daß man nun auch eher über sie reden kann. Gleichzeitig finden sich die Befragten in dieser gemeinsamen Grundlage, vor allem bei einer Auswertung für kleine Einheiten, auch eher wieder, d.h. es sind ihre Ergebnisse.

Insofern kommt ihnen zusammenfassend vor allem eine Akzeptanzsicherungs- und Eisbrecherfunktion für den Einstieg in die Verbesserungsprozesse zu.

Es ließen sich noch zahlreiche Funktionen anführen, die durchaus mit der MAB als Instrument verbunden werden können, die aber zumeist ihre Bedeutung aus der (mikropolitischen) Perspektive der Anwender oder erst durch die anschließenden OE-Maßnahmen erhalten. So können MAB eine Dokumentations- und Legitimationsfunktion, eine Alibi-Funktion oder auch eine echte Partizipationsfunktion usw. erhalten. Hierauf soll an dieser Stelle aber nicht weiter eingegangen werden.

3 Formen von Mitarbeiterbefragungen

Die Durchführung von MAB bedeutet im Anschluß an die oben angeführten Definitionen vor allem, daß man die Meinungen, Einstellungen und Bedürfnisse der Mitarbeiter in systematischer Weise erhebt. Nach der Art dieser Erhebung, d.h. was wird bei wem in welcher Weise erhoben bzw. wer wird zu was in welcher Weise gefragt, lassen sich unterschiedliche Formen der MAB unterscheiden, die im folgenden im Überblick dargestellt werden.

Die angeführten Fragen zur Unterscheidung verschiedener Formen von MAB lassen sich weiter verfeinern, so daß man zusammen mit den alternativen Ausprägungen zu einer umfangreichen morphologischen Matrix kommt, wie sie im Beitrag von Domsch und Ladwig in diesem Band abgebildet ist. Die methodischen Fragen werden in späteren Beiträgen noch differenziert behandelt, so daß an dieser Stelle die drei globalen Fragen genügen sollen.

3.1 Wer wird gefragt?

Zunächst kann nach der Organisationseinheit und der Zielgruppe der MAB unterschieden werden. Befragungen können im gesamten Konzern oder Unternehmen durchgeführt werden oder sich auf einzelne Werke oder Funktionsbereiche beschränken. Eine andere Unterscheidung knüpft an den verschiedenen Mitarbeitergruppen an. So können z.B. die Auszubildenden, die gewerblichen Mitarbeiter, die mittleren Führungskräfte etc. befragt werden. Diese beiden Abgrenzungen folgen organisatorischen bzw. inhaltlichen Überlegungen der Durchführung einer MAB und der angestrebten Veränderungsprozesse.

Interessanter ist hier die Frage nach der Stichprobe. Aus methodischer Sicht reicht die Befragung einer repräsentativen Stichprobe, um valide Ergebnisse zu erhalten.

Wenn aber Ergebnisberichte bis auf die unterste Ebene bzw. für kleine Einheiten erstellt werden sollen, dann gelangt man auch aus methodischer Sicht zu einer Vollerhebung. Wichtiger ist hier aber das Argument, daß MAB soziale Interventionen darstellen, die von jedem Mitarbeiter erlebt und interpretiert werden (Warum werde ich nicht gefragt, aber meine Kollegin? usw.).

Zudem werden wie gesagt die Ergebnisse eher akzeptiert, wenn man selbst gefragt wurde. Daraus folgt, daß man auf jeden Fall eine Vollerhebung durchführen sollte, wenn man einen unternehmensweiten Veränderungsprozeß einleiten will. Wenn man aber eine MAB im Sinne einer generellen Meinungsumfrage oder Stärken-Schwächen-Analyse für das oberste Management durchführen will, dann könnte es sogar empfehlenswert sein, sich auf eine Stichprobe zu beschränken, um mit der Befragung nicht größere Erwartungen zu wecken, als man einlösen möchte.

Entscheidet man sich für die Erhebung in Form von Einzel- oder Gruppeninterviews dann wird man ohnehin ab einer bestimmten Unternehmensgröße gar nicht vermeiden können, sich auf eine repräsentative Stichprobe zu beschränken. Unter Akzeptanzgesichtspunkten ist anzumerken, daß in diesem Fall auch die Mitarbeiter die Beschränkung auf eine Stichprobe leicht nachvollziehen können. Das Auswahlverfahren wird dabei allerdings immer noch genügend Diskussionsstoff geben. Letztlich ist es eine Frage der bestehenden Kultur bzw. der bisherigen Erfahrungen der Mitarbeiter, wie eine Beschränkung auf eine Stichprobe erlebt wird.

In der Praxis werden inzwischen überwiegend Vollerhebungen bei schriftlichen Befragungen bevorzugt, wie aus den Umfrageergebnissen und den Fallstudien in diesem Band hervorgeht.

3.2   Was wird gefragt?

Im Zusammenhang mit der Diagnosefunktion wurde bereits auf mögliche Inhalte von MAB kurz eingegangen. Demnach werden zum einen allgemeine MAB eingesetzt, die ein breites Themenspektrum von den konkreten Arbeitsbedingungen über den Führungsstil und die Informationspolitik bis hin zur Entlohnung umfassen. Zum anderen können sich die Themen der MAB auf bestimmte Projekte oder Problemfelder konzentrieren. Nach wie vor scheinen in der Praxis eher noch allgemeine MAB zu dominieren bzw. nur diese Form wird als MAB im engeren Sinne verstanden. Die Tendenz einer Konzentration auf bestimmte Themen oder Probleme findet sich eher darin wieder, daß der allgemeine Fragenkatalog um einzelne Themen ergänzt bzw. einzelne Themen stärker vertieft werden als andere.

Ein anderer Aspekt ist in diesem Zusammenhang, wonach gefragt wird, d.h. geht es um die Erfassung der Zufriedenheit mit, der Beschreibung von oder der Meinungen über bestimmte Aspekte und Praktiken im Unternehmen (vgl. die Ausführungen zur Facettenanalyse von Bögel & Rosenstiel in diesem Band). Wiederum spielt hier die Zielsetzung der Befragung eine zentrale Rolle, welche Form gewählt wird bzw. wonach gefragt werden soll.

Im Hinblick auf die Initiierung von Veränderungsprozessen in einzelnen Abteilungen soll als Auswahlkriterium die abteilungsbezogene Handlungsrelevanz hervorgehoben werden. Damit ist gemeint, daß nach solchen Aspekten gefragt werden sollte, welche für die einzelnen Abteilungen von Bedeutung sind und grundsätzlich von ihnen zumindest beeinflußt werden können. Sicherlich wird man zumeist z.B. nach der Zufriedenheit mit der Entlohnung fragen, nicht zuletzt aus der weiter oben genannten Überlegung heraus, daß Mitarbeiter hierzu ihre Meinung sagen dürfen sollen, aber welche Einflußmöglichkeiten hat beispielsweise ein Abteilungsleiter, wenn es sich um tariflich festgelegte Löhne handelt? Anders verhält es sich sicherlich mit Fragen zur übergreifenden Informationspolitik, da man hier zumindest in einem bottom up - Prozeß aktiv werden kann. Problematisch ist vor allem, wenn Fragen zu Aspekten gestellt werden, die grundsätzlich geändert werden könnten, die aber aus politischen Gründen gar nicht verändert werden sollen. Der Auswahl der Fragen unter diesem Aspekt kommt entscheidende Bedeutung zu, da von den anschließend erlebten Möglichkeiten und Maßnahmen die Glaubwürdigkeit des partizipativen Veränderungswillens seitens der Unternehmensleitung abhängt.

3.3   Wie wird gefragt?

Die zentrale Entscheidung zur methodischen Form der MAB ist, ob die Erhebung anhand von Fragebögen oder in Form von Einzel- oder Gruppeninterviews erfolgt. In der Praxis werden umfassende MAB überwiegend in Form schriftlicher Befragungen durchgeführt, obgleich die Erhebung in Form von Gruppendiskussionen durchaus vorteilhafter sein kann, wenn es um die Initiierung von Veränderungsprozessen geht (vgl. ausführlich den Beitrag von Schultz-Gambard & Bungard in diesem Band). Dabei kann man sich nicht ganz des Eindrucks erwehren, daß es häufig weniger eine grundsätzliche, gut überlegte Entscheidung ist, sondern daß überhaupt nur die anscheinend einfachere Form eines schriftlichen Fragebogens in Betracht gezogen wird.

An dieser Stelle seien kurz alternative Erhebungsformen angeführt, die zumeist gar nicht erwogen werden. So können beispielsweise die Einzel- und Gruppeninterviews durchaus auch von internen Mitarbeitern erfolgreich durchgeführt werden (vgl. Lauterburg, 1991). Dies setzt eine intensive Schulung und Vorbereitung der eigenen Mitarbeiter voraus, vor allem aber auch das Vertrauen der Befragten in die Gewährleistung der Anonymität durch die eigenen Kollegen.

Die Frage der Anonymität stellt insgesamt wohl eine ausschlaggebende Komponente für die Entscheidung zu sein, die Befragungen schriftlich durchzuführen, die dann zudem von externen Instituten ausgewertet werden. Hebt man die Anonymität auf, dann eröffnen sich noch ganz andere Formen für eine systematische Erhebung der Mitarbeitermeinungen (vgl. auch Becker & Martin, 1993). So könnten z.B. Vorgesetzte im Rahmen von Mitarbeitergesprächen oder Gruppenbesprechungen ihre Mitarbeiter befragen, was sich derart systematisieren ließe, daß die Ergebnisse auch übergreifend zusammengeführt werden könnten. Ebenso könnte anstelle der Rückmelde-Workshops auf der Basis der Ergebnisberichte, die Erhebung direkt im Workshop erfolgen. Die erstellten Themenlisten oder Aktionspläne könnten übergreifend ausgewertet werden. Will man eine Quantifizierung, dann kann dies durch Punktekleben oder Kurzfragebögen ebenso in diesem Rahmen erfolgen.

Wenngleich es zu vielen Themen geeigneter erscheint, bis zum Rückmelde-Workshop den anonymen Weg zu wählen, so scheint es doch etliche Themen zu geben, bei welchen die Mitarbeiter sich durchaus offen äußern würden. Unter dem Aspekt, daß die Fragebögen sowieso meist zu lang ausfallen, sollte man gerade auf solche Fragen verzichten. Für den Einstieg in die Verbesserungsprozesse würde häufig ein vergleichsweise kurzer Fragebogen ausreichen, der sicherlich auch für Evaluationszwecke vollkommen genügen würde. Bei der Konstruktion der Fragebögen spielen aber anscheinend häufig andere Interessen und Zwecke der MAB eine Rolle.

Zusammenfassend gilt, daß es nicht die geeignete Form der MAB gibt, sondern man sich je nach Zielsetzung für eine Form oder Kombination in der Praxis entscheiden wird. Über die Vielfalt der eingesetzten Formen vermitteln die Fallbeispiele in diesem Band einen Eindruck. Dabei gilt es aber nicht nur die MAB nach Inhalt und Form zu entwickeln, sondern das Instrument MAB als Teil eines OE-Prozesses bzw. eines Programms des Change Managements zu konzipieren, worauf vor allem Comelli bzw. Borg in ihren Beiträgen eingehen (vgl. auch die Unterscheidung von drei Typen der MAB nach ihrer Einbindung in Programme von Borg).

4 Aktuelle Anwendungsfelder und -fragen

In diesem Band werden MAB als Instrument eines Innovations- und Qualitätsmanagements - so der Titel - aufgefaßt. Damit wird den aktuellen Entwicklungen beim Einsatz von MAB in der Praxis Rechnung getragen. Innovationsmanagement zielt vor allem auf die Prozeßorientierung von MAB ab, durch welche Veränderungsprozesse in Unternehmen gesteuert werden sollen. Qualitätsmanagement fokussiert zusätzlich zur Prozeßunterstützung durch MAB, auf die inhaltliche Ausrichtung aktueller Managementstrategien bzw. auf den angestrebten Kulturwandel in Unternehmen. Diese Entwicklungen und Ansätze sind in dem vorangegangenen Beitrag von Bungard ausführlich diskutiert worden. Hier soll ein Punkt nochmals aufgegriffen werden:

MAB haben gerade auch im Zusammenhang mit den verschiedenen Wettbewerben um Qualitätspreise an Bedeutung gewonnen, auch wenn dies von den Initiatoren nicht intendiert war. Bei den Wettbewerben spielen Daten, Meßwerte bzw. Nachweise durchaus eine zentrale Rolle, die im sozialen Bereich eben zumeist nur durch Befragungen gewonnen werden können. Auf die Vor- und Nachteile dieser Verbindung von MAB mit Qualitätswettbewerben wird im nachfolgenden Abschnitt eingegangen.

Mit dem angestrebten Kulturwandel in Unternehmen läßt sich ebenso die Frage nach der Durchführung bzw. Verknüpfung von MAB mit VGB in Verbindung bringen, die anschließend behandelt wird, denn warum sollte man zwei verschiedene Befragungen durchführen, wenn doch letztlich ein Führungswandel mit beiden Instrumenten intendiert wird.

4.1 Mitarbeiterbefragungen im Zusammenhang mit Qualitätswettbewerben

Warum spielen MAB im Zusammenhang mit Qualitätsmanagement und -wettbewerben eine Rolle? Als ein Argument wurde angeführt, daß die Beteiligung an Wettbewerben häufig Nachweise erfordert, wozu dann im sozialen Bereich zumeist MAB durchgeführt werden. Dies ist ein eher pragmatisches Argument und wird dem Anliegen der Initiatoren dieser Wettbewerbe mit Sicherheit nicht gerecht.

Auf die Bedeutung der Mitarbeiterzufriedenheit im TQM-Modell des europäischen Qualitätspreises der EFQM und auf MAB im Rahmen dieses Qualitätspreises geht Bekker in seinem Beitrag ausführlich ein und ein Fallbeispiel zum Kulturwandel vor dem Hintergrund dieses TQM-Modells bietet der Beitrag von Still und Bochen. Faßt man die zentralen Gedanken zusammen, dann sind drei Anknüpfungspunkte hervorzuheben:

- Mitarbeiterzufriedenheit im weitesten Sinne ist Teil von TQM-Modellen, d.h. sie soll durch die TQM-Strategien im Unternehmen gefördert bzw. verbessert werden.
- Die Steuerung der Verbesserungsprozesse im Rahmen von TQM-Modellen erfolgt durch ein systematisches, vor allem datengestütztes Controlling aller Prozesse und Ergebnisse im Unternehmen.
- Durch die Ausschreibung von Wettbewerben soll die Akzeptanz und Einführung von TQM-Strategien in den Unternehmen gefördert werden.

Greifen wir zunächst den letzten Punkt auf. Die Einführung von TQM in Unternehmen stellt ein Beispiel für einen erforderlichen Veränderungsprozeß bzw. Kulturwandel dar, der durch MAB als Instrument eines umfassenden Change Managements-Programmes unterstützt werden kann. Der normative Rahmen, die Ziele bzw. die Bewertungskriterien werden in den TQM-Modellen festgelegt. Unter Humanisierungsaspekten ist es dabei sicherlich erfreulich, daß Mitarbeiterzufriedenheit als eigenständiges Kriterium aufgenommen wird, ohne hier auf die Gewichtung einzugehen, über welche man sicherlich lange philosophieren könnte.

Wichtiger scheint hier der zweite Punkt zu sein: TQM-Strategien verlangen ein systematisches Controlling - anhand eines einheitlichen Bewertungsmodells für alle Prozesse und Bereiche, worin gleichzeitig die dynamische Ausrichtung von TQM zum Ausdruck kommt. TQM-Strategien sind keine statischen - one best way - Konzepte, wie sie in der tayloristischen Tradition verbreitet waren, sondern die permanente Veränderung und kontinuierliche Verbesserung steht im Vordergrund. Und wiederum normativ wird dabei die Mitarbeiterorientierung bzw. -beteiligung als ein wichtiger Ansatzpunkt herausgestellt. Hierunter findet sich dann in der Praxis häufig der Einsatz von MAB und VGB als Partizipationsinstrumente. Kommen wir aber zur Frage des systematischen Controlling zurück, in welchem dann MAB zur Erfassung verschiedener Aspekte eingesetzt werden können.

Abgesehen von den Stärken, die eine TQM-Strategie für die Unternehmen im Hinblick auf Wettbewerbsvorteile besitzen mag, bilden die (normativen) TQM-Modelle durchaus eine Grundlage für einen sinnvollen Einsatz von MAB, wie sie in diesem Band als Instrument eines modernen Innovations- und Qualitätsmanagements diskutiert werden. Worin liegt dann aber die Kritik oder Problematik?

Erstens ist kritisch zu den TQM-Modellen im Rahmen von Qualitätswettbewerben anzumerken, daß sie sehr stark ergebnisorientiert ausgerichtet sind. Damit ist gemeint, daß das Ziel und nicht der Weg im Vordergrund steht, womit der Unterschied z.B. zur OE-Philosophie direkt ersichtlich ist. Dies bedeutet nicht, daß die Einführung von TQM nicht im Rahmen von OE-Prozessen erfolgen kann, aber letztlich ist entscheidend, daß man anhand der Ergebnisse den Einsatz der Instrumente im Hinblick auf eine Verbesserung überprüft und steuert. - Und es gibt viele Wege ein besseres Ergebnis bei MAB zu erzielen.

Zweitens, und hierin liegt die zentrale Problematik, kommt es auf die Umsetzung bzw. auf die Wirkung an, die mit der Bewerbung um derartige Qualitätspreise in der Praxis verbunden ist. Dabei gewinnt man den Eindruck, daß die Bewerbung zu einem Selbstläufer wird. Bezogen auf die Durchführung von MAB kann dies zum Beispiel bedeuten:

- MAB werden in erster Linie zur Messung durchgeführt, weil man Mitarbeiterzufriedenheit erfassen muß. Dabei sei dies nicht den jeweiligen TQM-Beauftragten in den

Unternehmen unterstellt, aber wird die Überzeugung einer kontinuierlichen Arbeit zur Verbesserung der Mitarbeiterzufriedenheit auf der Grundlage dieser subjektiven Befragungsdaten auch von den Führungskräften vor Ort geteilt?

• MAB werden zu Dokumentationszwecken eingesetzt, weil dies bei der einfachere Weg für den Nachweis von Maßnahmen und Instrumenten ist. So werden Mitarbeiter gefragt, ob sie an TQM-Weiterbildungsmaßnahmen bereits teilgenommen haben, ob sie die Geschäftspolitik kennen, ob die Kunden mit den Leistungen zufrieden sind usf. Im Einzelfall mögen diese Fragen durchaus ihre Berechtigung für die Verbesserungsprozesse im Unternehmen haben. Wenn man sich aber die Fragebögen im einzelnen ansieht, dann kommt doch der Verdacht auf, daß sich hinter mancher Frage ein EFQM-Kriterium verbirgt, für welches man einen Nachweis bei der Selbstbewertung braucht, ohne daß die Meinung und Zufriedenheit der Mitarbeiter wirklich interessiert bzw. von Bedeutung ist.

• Damit eng zusammenhängend ist der Effekt, daß Mitarbeiter zu den verschiedensten Themen und „am laufenden Band" befragt werden. So werden MAB nach den Zeitplänen der Selbstbewertung durchgeführt, um möglichst rasch die geforderten Meßzeitpunkte nachweisen zu können. Hinzu kommen dann Befragungen im Rahmen der internen Kundenzufriedenheit - von der Werkskantine über die Personalabteilung bis hin zur Nachbarabteilung - und schließlich noch die VGB.

Diese Beispiele ließen sich noch erweitern, wenn man die mikropolitische Instrumentalisierung der MAB im Rahmen der ausgelösten internen Wettbewerbe bzw. Konkurrenzkämpfe berücksichtigt.

Zusammenfassend bleibt festzuhalten, daß MAB ein wichtiges Instrument im Rahmen von TQM darstellen können, daß aber - insbesondere ausgelöst durch Wettbewerbe - eine Funktionsverschiebung stattfinden kann, die dann nur noch wenig mit der Einführung von Qualitätsmanagement und der Unterstützung von Verbesserungsprozessen unter Beteiligung der Mitarbeiter zu tun haben.

4.2   Verknüpfung von Mitarbeiterbefragungen mit Vorgesetztenbeurteilungen

An verschiedenen Stellen ist bereits auf die Verknüpfung von MAB und VGB als eine zentrale Frage bzw. Problematik hingewiesen worden, die nun aufgegriffen werden soll.

Zur Diskussion der Gemeinsamkeiten und Unterschiede bzw. der Problematik einer Verknüpfung sind in der Tabelle 2 typische Merkmale von MAB und VGB einander gegenübergestellt, wie sie zumeist in der Praxis eingesetzt werden (vgl. auch die morphologische Matrix zu Formen der MAB bei Domsch & Ladwig in diesem Band, in welcher die VGB als spezifische Form sowie allgemein der Führungsbezug von MAB berücksichtigt wird).

Ganz allgemein gilt, daß VGB eine spezifische Form der MAB darstellen. Im Rahmen einer VGB werden die Mitarbeiter zum Verhalten ihres direkten und/oder nächsthöheren Vorgesetzten befragt. Wie bei allgemeinen MAB lassen sich verschiedene, schriftliche und mündliche, aber auch alternative Erhebungsformen z.B. in Workshops unterscheiden, doch dominiert bei VGB in der Praxis ebenso die schriftliche, anonyme Erhebung anhand von Fragebögen (vgl. Hofmann, Köhler & Steinhoff, 1995). Umgekehrt gilt für allgemeine MAB, daß die Beurteilung des Führungs- bzw. Vorgesetztenverhaltens ein zentrales Thema darstellt, welches daher in fast allen Fragebögen berücksichtigt wird. Insofern enthalten MAB zumindest implizit oder indirekt immer auch eine VGB.

Berücksichtigt man zudem, daß der Einsatz der beiden Instrumente letztlich zum angestrebten Führungs- und Kulturwandel beitragen soll, dann stellt sich die Frage, ob MAB und VGB nicht miteinander verbunden werden können. Hauptargumente für eine Verknüpfung sind der hohe Aufwand derartiger Befragungsaktionen sowie die Frage der Akzeptanz einer Vielzahl verschiedener Befragungen (vgl. auch Jöns, 1995), die in diesem Fall zudem noch ähnliche Themen umfassen.

Tabelle 2: Typische Merkmale von MAB und VGB.

Merkmale	*MAB*	*VGB*
Übergreifende Ziele	Kulturwandel	Führungswandel
Gegenstand	Verschiedene Themen, u.a. Führung allgemein, Vorgesetztenverhalten	Vorgesetztenverhalten, z.T. Führung allgemein
Durchführung	organisationsweit und verbindlich	organisationsweit und verbindlich oder vorgesetztenbezogen und freiwillig
Erhebung	Fragebogen	Fragebogen
Auswertung	bereichsbezogen	personenbezogen
Zielgruppen der Rückmeldung	Management, Führungskräfte, Mitarbeiter	(Personaler, höhere VG) Vorgesetzte, Mitarbeiter
Formen der Rückmeldung	schriftliche Berichte,. Führungskräfte-Workshops, Bereichs-Workshops	schriftliche Berichte, 4-Augen-Gespräche, Team-Workshops
Maßnahmenart	technisch-organisatorisch, sozial-qualifikatorisch	sozial-qualifikatorisch
Maßnahmenbezug	bereichsbezogen	personen- und teambezogen
Einbettung / Programme	Organisationsentwicklung / Change Management	Führungskräfteent- wicklung / Coaching und Teamentwicklung

Auf den ersten Blick wird man sich schnell darüber verständigen können, daß dies für die Erhebung der Daten ein ökonomischeres Vorgehen aus Sicht der Befragten wie aus Sicht der Unternehmensleitung darstellt. Wenn es aber um die Frage der Auswertung und Rückmeldung geht, wird man die Unterschiede berücksichtigen müssen.

Der zentrale Unterschied ist der personenbezogene oder "persönliche" Charakter einer VGB verbunden mit dem "Beurteilungscharakter". Wenngleich man in der Praxis inzwischen häufig die Bezeichnung "Führungsfeedback" bevorzugt, um die Assoziation mit einer Beurteilung zu vermeiden, weil dies nicht in der Form wie bei klassischen Personalbeurteilungen zutrifft (vgl. Hofmann, Köhler & Steinhoff, 1995), so ist doch ein stärkerer Beurteilungscharakter mit einer VGB als mit einer allgemeinen MAB verbunden. In der VGB sollen Mitarbeiter ihrem direkten Vorgesetzten darüber Rückmeldung geben, wie sie sein persönliches, aufgaben- und mitarbeiterorientiertes Verhalten beurteilen. Hauptansatzpunkt für mögliche Verbesserungen, wobei durch die Befragung sozusagen prinzipiell ein Bedarf bzw. den Vorgesetzten hierbei ein Defizit unterstellt wird, ist nach wie vor der Vorgesetzte als Person, der sein Verhalten ändern soll, wenngleich dies heutzutage vermehrt in entsprechende Teamentwicklungsansätze eingebettet wird.

Auf die spezifischen Besonderheiten bei der Rückmeldung wird an anderer Stelle ausführlich eingegangen (vgl. Jöns sowie das Fallbeispiel von Wiendieck in diesem Band; auch Jöns, 1997a), so daß hier nur einige Punkte aufgegriffen werden sollen. Der persönliche Charakter der Ergebnisse erfordert, daß mit den Ergebnissen auch "vertraulich" umgegangen wird, d.h. nur der Vorgesetzte und seine Mitarbeiter erfahren die Ergebnisse. Die Einbindung von Personalverantwortlichen und von nächsthöheren Vorgesetzten wird in der Praxis zumeist als problematisch erlebt, aber teilweise wird auch die Hinzuziehung von "neutralen" Moderatoren zu den Teamgesprächen als eher hemmend eingestuft (vgl. Hofmann, Köhler & Steinhoff, 1995). VGB sind ein Diagnoseinstrument für die Beziehung zwischen einem Vorgesetzten und seinem Team, die ihre eigene Form der Zusammenarbeit finden bzw. entwickeln sollen. Andernfalls tritt an die Stelle der Entwicklungsfunktion die Kontrollfunktion, wie sie oben beschrieben wurde, und damit rückt auch die klassische Beurteilungsfunktion wieder stärker in den Vordergrund.

Wenn die Ergebnisse an andere Stellen weitergegeben werden, dann hat das auch Konsequenzen für das Antwortverhalten der Mitarbeiter. In dem einen Fall möchte man als Mitarbeiter nämlich seinem eigenen Vorgesetzten eine Rückmeldung geben, damit er sein Verhalten überdenkt; während man in dem anderen Fall den Personalverantwortlichen oder höheren Führungskräften etwas über den Vorgesetzten (im Vergleich zu anderen) sowie über die Rolle und den Beitrag dieser beiden Zielgruppen für die Führung und Zusammenarbeit in den Bereichen mitteilen möchte. Insofern ist es nicht unproblematisch bzw. mit anderen Zielsetzungen und Antworten verbunden, wenn man die VGB im Rahmen einer MAB erhebt, selbst wenn man die Rückmeldung gesondert durchführt.

Als ein Argument war weiter oben zudem die Akzeptanzproblematik angeführt worden, und zwar unter dem Aspekt der Vielzahl von Befragungen in den Unternehmen. Nun kommt den Führungskräften bei der Durchführung von MAB und vor allem bei den anschließenden Veränderungsprozessen eine zentrale Rolle zu. Wenn diese Prozesse mit einer persönlichen Kritik (oder sogar mit einer personenbezogenen Kontrolle durch höhere Führungskräfte bzw. mit der Vermutung oder dem Verdacht einer derartigen Kontrolle) für die Vorgesetzten einhergehen, dann wird die Akzeptanz auf Seiten der Führungskräfte nur schwerlich sicherzustellen sein.

Eine MAB tendiert dann dazu, zu einer 360 Grad-Beurteilung für Führungskräfte zu werden (vgl. Pfaller, 1993; Weider, 1995), denn es kommen ja noch die Rückmeldungen der internen Kunden und Lieferanten hinzu. Selbst wenn es im Sinne einer umfassenden oder ganzheitlichen Verbesserung erforderlich ist, daß man sich mit den Erwartungen und Einschätzungen aus den unterschiedlichen Perspektiven auseinandersetzt, stellt dies doch zu einem einzigen Zeitpunkt eine Überforderung dar. Da man nicht allen gleichzeitig gerecht werden kann, wird man mit einer derartigen Konfrontation mit dieser komplexen und widersprüchlichen Situation möglicherweise eher Rückzugs- oder Resignationstendenzen fördern, als eine sukzessive Auseinandersetzung und Verbesserung der einzelnen Beziehungen.

Weiterhin liegt bei einer Kopplung von MAB und VGB für die Rückmeldeprozesse und anschließenden Maßnahmen nahe, daß man sich als Vorgesetzter vor allem auf die "neutralen", die technischen und organisatorischen Bereiche konzentriert, weil dies zum einen einem leichter fällt und sich dies zum anderen auch nach außen hin besser vertreten läßt. Schließlich gilt allgemein, daß man sich bei der Ableitung und Umsetzung von Maßnahmen aufgrund der Befragungsergebnisse zunächst auf einige Hauptpunkte konzentrieren soll. Man stelle sich nur vor, daß ein Vorgesetzter seinen nächsthöheren Führungskräften gegenüber mitteilt, daß als wichtigste Konsequenzen aus der MAB für seinen Bereich abgeleitet wurden, daß er selbst seine Mitarbeiter besser über die Ziele informiert und regelmäßiger Rückmeldungen gibt, Mitarbeitergespräche vor allem konstruktiver durchführt, auf Kritik besser eingeht und Besprechungen nicht mit seiner Eloquenz dominiert. Hierzu wolle er Führungsseminare besuchen und einen Workshop durchführen, in welchem die Spielregeln für die Zusammenarbeit aufgestellt werden sollen.

Zusammenfassend wird für eine klare Entkopplung der VGB und MAB zumindest in der Rückmeldephase plädiert - und letztlich auch in der Erhebungsphase (vgl. auch Jöns, 1995). Bei der Erhebung sind aber bei entsprechender Gestaltung - zum Beispiel durch einen angehängten, separaten VGB-Bogen - durchaus organisatorische Vereinfachungen denkbar. Es bleibt dann aber die Frage, womit in welcher zeitlichen Reihenfolge weitergearbeitet werden soll. Beginnt man mit der MAB und läßt die VGB während dieser Zeit, was zumindest ein paar Wochen wären, liegen - oder umgekehrt. Mehrere Workshops in kurzer Zeit sind eben zumeist nicht durchführbar.

Nachdem die Frage einer Kopplung der VGB mit einer MAB unter der Voraussetzung erörtert wurde, daß eine VGB beabsichtigt ist, soll nun noch der umgekehrte Fall bzw. die anzutreffende Praxis betrachtet werden, daß MAB zumeist Fragen zur Führung oder zum Vorgesetztenverhalten und damit letztlich immer auch eine VGB umfassen. Dabei gilt sogar generell, daß MAB, selbst wenn sie diese Themenbereiche nicht enthalten, eine Rückmeldung oder Beurteilung für Vorgesetzte bedeuten, denn es wird ihr Verantwortungsbereich von den Mitarbeitern beurteilt.

Zunächst einmal ist dabei zu berücksichtigen, auf welcher Ebene bzw. für welche Einheiten eine Auswertung erfolgt, denn davon hängt der Bezug zu einer direkten VGB ab. Beschränkt sich die Auswertung auf größere Einheiten, welche die Einschätzung vieler oder zumindest mehrerer Vorgesetzten umfaßt, dann ist die "Betroffenheit" der einzelnen Vorgesetzten nicht so groß bzw. nur indirekter Art. Wird aber auf Abteilungs- oder Gruppenebene ausgewertet, dann erfolgt immer gleichzeitig auch eine VGB. Im Vergleich zur expliziten Kopplung handelt es sich in diesem Fall um eine implizite VGB.

Angesichts der festzustellenden Tendenz kleinerer Auswertungseinheiten bei der Durchführung von MAB in der Praxis ist davon auszugehen, daß dadurch zunehmend MAB mit einer impliziten VGB verbunden sind (vgl. auch die Ergebnisse der Umfrage von Bungard, Fettel & Jöns in diesem Band). Und damit gelten die oben angeführten Probleme der spezifischen "persönlichen Beurteilungsdimension" bei fast allen MAB.

Wenn aus den verschiedenen Gründen eine Entkopplung von VGB und MAB für sinnvoll erachtet wird, dann ergibt sich daraus für Fragebögen zur MAB, daß man auf Fragen zum Verhalten des direkten Vorgesetzten verzichten bzw. sich auf allgemeine Führungsfragen beschränken sollte. Die VGB stellt ein Instrument mit einer anderen Zielsetzung und Zielgruppe dar, gleichwohl es sich um die gleichen Personen handeln kann.

Wichtig ist aber vor allem, daß man sich bei der Durchführung von MAB über den generell engen Bezug zum Führungsbereich und über die generell hohe persönliche Betroffenheit der Führungskräfte im klaren ist und diesem Aspekt explizit Rechnung getragen wird (vgl. hierzu im Zusammenhang mit der Ergebnisrückmeldung Jöns in diesem Band).

5   Zusammenfassende Diskussion

Wenn man ein Fazit zu der Frage nach den Formen und Funktionen von MAB ziehen will, dann kommt man einerseits zu dem fast trivialen Schluß, daß dies von Fall zu Fall in den Unternehmen - in Abhängigkeit von den angestrebten Zielen bzw. Interessen der Auftraggeber - zu entscheiden sein wird. Andererseits lassen sich zumindest drei zentrale Aussagen zusammenfassen, die bei der Planung und Durchführung von MAB beachtet werden sollten:

1. MAB sind soziale Interventionen - Man kann nicht einfach nur eine Befragung durchführen und dann glauben, daß nichts weiter passiert. Insofern ist es wichtig, daß MAB in ein umfassendes Programm des Change Managements eingebettet werden, um die ausgelösten Diskussionen, die freigesetzten Energien bzw. das vorhandene Innovationspotential entsprechend der OE-Philosophie zu kanalisieren.

2. Neben den Diagnose-, Evaluations- und Interventionsfunktionen im Zusammenhang mit betrieblichen Verbesserungsprozessen werden MAB von allen Beteiligten nicht nur mit unterschiedlichen Funktionen verbunden, sondern auch für andere Zwecke (mikropolitisch) instrumentalisiert. Diese Instrumentalisierung gehört einerseits zum (Eigen-)Leben einer MAB im Unternehmen, doch sind andererseits vor allem jene Funktionsverschiebungen durch zentrale Projektgruppen oder höhere Führungskräfte zu vermeiden, die der Akzeptanz der MAB und den angestrebten Verbesserungsprozessen direkt entgegenstehen. Gemeint sind hier insbesondere Kontrollfunktionen, aber auch Dokumentations- und Legitimationsfunktionen, wenn hiermit nicht auch Verbesserungsprozesse angestrebt werden.

3. MAB sind vor allem für Führungskräfte mit einer hohen persönlichen Betroffenheit verbunden, ob nun direkt nach dem Vorgesetztenverhalten gefragt wird oder nur allgemein der Verantwortungsbereich von Vorgesetzten beurteilt wird und nur für größere Bereiche ausgewertet wird. Insofern sind insbesondere die Führungskräfte auf die Durchführung der MAB, auf die Kosequenzen der MAB für sie als Betroffene und auf ihre eigene Rolle als Beteiligte bzw. als Change Agents in den angestrebten Verbesserungsprozessen vorzubereiten. Bei der Durchführung von MAB ist dabei zu vermeiden, daß bei den Führungskräften der Eindruck entsteht, daß die MAB zur personenbezogenen Kontrolle oder Schuldigensuche eingesetzt wird - und als Grundlage für personalpolitische Entscheidungen herangezogen werden soll. Die

Anonymitäts- und Akzeptanzproblematik gilt insofern für Führungskräfte häufig in noch stärkerem Maße als für Mitarbeiter.

Unter dem zweiten Punkt lassen sich die Problemfelder subsumieren, die im Zusammenhang mit Qualitätswettbewerben diskutiert wurden.

- MAB können einen bedeutenden Beitrag zu einem modernen Qualitätsmanagement und kontinuierlichen Innovationsmanagement leisten. Der Einsatz von MAB im Hinblick auf die verschiedenen aktuellen Qualitätswettbewerbe birgt in der Praxis jedoch häufig die Gefahr, daß MAB als reine Meß- und Dokumentationsinstrumente mißbraucht werden, ohne daß hiermit partizipative Verbesserungsprozesse verbunden werden.

Als eine weitere aktuelle Anwendungsfrage wurde in diesem Beitrag die Kopplung von MAB und VGB diskutiert, deren Problematik sich hier unter dem dritten Punkt wiederfindet.

- MAB und VGB stellen beide wichtige Instrumente dar, um den angestrebten Führungs- und Kulturwandel in Unternehmen zu unterstützen. Kennzeichnend für VGB im Vergleich zu allgemeinen MAB ist vor allem, daß die "persönliche" Dimension sowohl für die Vorgesetzten als Beurteilte als auch für die Mitarbeiter als Beurteiler im Vordergrund steht und auch stehen soll. Eine Kopplung mit einer MAB birgt daher die Gefahr, daß erstens Mitarbeiter den Vorgesetzten in einer MAB kein persönliches Feedback mehr geben, daß zweitens die Akzeptanz der MAB und dieses Feedbacks auf Seiten der Vorgesetzten nicht mehr gewährleistet ist und daß drittens in den anschließenden Auseinandersetzungen mit den zahlreichen Ergebnissen der MAB dieser spezifische Bereich zurückgedrängt, wenn nicht verdrängt wird.

Die skizzierten Problemfelder und ihre Berücksichtigung bei der Durchführung von MAB werden in den folgenden Beiträgen aus theoretischer und methodischer Sicht diskutiert, bevor die verschiedenen Fallbeispiele die Vielfalt unterschiedlicher Varianten von MAB und die Beiträge von MAB zu einem Innovations- und Qualitätsmanagement sowie zu einem Kultur- und Führungswandel in der Praxis veranschaulichen.

Mitarbeiterbefragungen und Organisationsentwicklungsprozesse

Gerhard Comelli

Dieser Beitrag möchte darlegen, wie das Instrument der Mitarbeiterbefragung (MAB) im Rahmen von Organisationsentwicklung (OE) gehandhabt werden kann. Zu diesem Zweck werden - ausgehend von den Quellen der Organisationsentwicklung - zunächst einige Grundprinzipien organisationsentwicklerischen Handelns geschildert. Anschließend folgen in Thesenform und unter Bezug auf die Survey-Feedback-Methode eine Reihe von Empfehlungen. Diese beziehen sich sowohl auf die Vorbereitung des Einsatzes dieser diagnostischen Intervention als auch auf die Durchführung und anschließende Nutzung einer MAB als Element eines OE-Prozesses.

1 Das Konzept der Organisationsentwicklung

1.1 Quellen und "Philosophie" der Organisationsentwicklung

Unter dem Begriff Organisationsentwicklung (OE) wird eine ausgesprochen partizipative Methode zur Veränderung in und von Organisationen verstanden. Dieser - so eine der ziemlich zahlreichen und keineswegs immer deckungsgleichen Definitionen - „geplante, gelenkte und systematische Prozeß zur Veränderung der Kultur, der Systeme und des Verhaltens einer Organisation mit dem Ziel, die Effektivität der Organisation bei der Lösung ihrer Probleme und der Erreichung ihrer Ziele zu verbessern" (Rush 1973, S. 2), fußt historisch auf mindestens vier Wurzeln. Comelli (1985, S. 45 ff.) nennt unter Bezug auf French und Bell (1977, S. 37 ff.) hier zunächst die Ende der 40er Jahre erfolgte Entdeckung der Gruppendynamik als neue Lehr- und Lernmethode (Laboratoriumsmethode, Sensitivity-Training) und die etwa zeitgleich erstmals in der Praxis erprobte Survey-Feedback-Methode. Als weitere Quellen benennt er die Aktionsforschung, die als eine problemorientierte und problemlösende Forschungsstrategie aufgrund ihrer Vorgehensweise in einigem Kontrast zur traditionellen Sozialforschung steht, sowie die im Tavistock Institute of Human Relations in London entwickelte Theorie soziotechnischer Systeme.

Nicht jede Art von Veränderungsmaßnahmen in Organisationen kann als Organisationsentwicklung bezeichnet werden. Unter OE wird vielmehr nur eine ganz spezielle Vorgehensweise verstanden, die durch bestimmte und für dieses Konzept typische Grundannahmen bzw. Grundüberzeugungen gekennzeichnet ist. Comelli nennt in diesem Zusammenhang die folgenden sechs Grundpositionen, die er als die "Philosophie" der Organisationsentwicklung bezeichnet (1985, S. 143 ff.):

- *Eine möglichst weitgehende und transparente Beteiligung der Betroffenen bei der Planung, Durchführung und Bewertung des Veränderungsprozesses* (Betroffene zu Beteiligten machen!)
- *Die Betonung des Prozesses* (Das "Wie" ist mindestens so wichtig wie das "Was")

- *Die Anwendung sozialwissenschaftlicher Erkenntnisse bei der Vorbereitung, Durchführung und Bewertung von Veränderungsprozessen* (Wenn es um Veränderungen für Menschen oder sogar um Veränderung von Menschen geht, sollte es eigentlich selbstverständlich sein, die Erkenntnisse der einschlägigen Fachdisziplinen zu nutzen)
- *Die Bindung an ein bestimmtes, der Humanistischen Psychologie entliehenes Menschenbild* (Der Mensch wird als ein im wahrsten Sinne des Wortes wert-volles Wesen verstanden, der fähig ist zu Initiative, Engagement und Eigenverantwortlichkeit)
- Die Betonung des Erfahrungslernens (Experimentelles Lernen am "echten" Leben, einschließlich Lernen "am eigenen Leib")
- *Die Betonung des Systemdenkens* (Denken in Netzen, Denken in komplexen Zusammenhängen)

Zumindest zwei Quellen der Organisationsentwicklung, die Survey-Feedback-Methode und die Aktionsforschung, haben unmittelbar mit der Befragung von Mitarbeitern zu tun. Bei der Survey-Feedback-Methode (auch: 'survey guided feedback' oder 'survey research and -feedback') geht es um die Durchführung von Einstellungs- und/oder Meinungsumfragen bei den Mitgliedern einer Organisation verbunden mit der anschließenden Rückkopplung der Ergebnisse an die Befragungsteilnehmer zur Diskussion und Aufarbeitung in Workshops. In der Regel handelt es sich hierbei um eine Totalbefragung der gesamten Organisation oder eines ganzen Organisationsbereiches, wobei die Ergebnisse dann kaskadenartig und top-down in die Organisation zurückfließen. Verschiedene Autoren berichten allerdings auch vom Einsatz der Survey-Feedback-Methode auf der Team- bzw. Gruppenebene. Der prinzipielle Unterschied besteht darin, daß sich auf der Organisationsebene allein aus Gründen der Durchführungsökonomie in erster Linie eine schriftliche MAB mit einem "vorkonfektionierten" oder einem selbst entwickelten Befragungsinstrument anbietet, während auf der Gruppenebene wohl eher mündliche Formen (Einzel- oder Gruppeninterviews) zum Einsatz kommen werden.

Was die Aktionsforschung angeht, sollte man sie nicht im Gegensatz zur "klassischen" Sozialforschung sehen, sondern vielmehr als eine Ergänzung. Die traditionelle Sozialforschung ist darauf bedacht, methodisch eine klare Trennung zwischen dem Forscher (oder Berater) auf der einen und dem Objekt seiner Forschung, dem "Forschungsgegenstand" (z.B. in Gestalt von Betroffenen und/oder dem gesamten Klientensystem), auf der anderen Seite einzuhalten. Das typische Kennzeichen der Aktionsforschung hingegen ist die Aufhebung dieser strikten Subjekt-Objekt-Trennung. Aktionsforschung spielt sich "im Feld" ab und versteht sich als problemorientiert. Sie greift konkrete akute oder potentielle Probleme auf und ist insofern im wörtlichen Sinn anwendungswissenschaftlich. Zugleich ist Aktionsforschung prozeßorientiert: French und Bell (1977, S. 110) beschreiben diesen Prozeß als eine „systematische Sammlung empirischer Daten über ein System in Bezug auf dessen Ziele und Bedürfnisse; aus dem Feedback dieser Daten an das System und aufgrund zusätzlicher Hypothesen werden Aktionen zur Veränderung einzelner Systemvariablen entwickelt; durch neue Datensammlung werden die Ergebnisse dieser Aktionen überprüft und ausgewertet.".

1.2   Aktionsforscherisches Vorgehen

Für die Organisationsentwicklung, die sich ganz klar als partizipative Veränderungsstrategie versteht, bietet sich der aktionsforscherische Ansatz geradezu an. Wer als Forscher und/oder Berater "vor Ort" empirisch arbeiten will, muß sich der ungeheuren Komplexität der Realität stellen. Diese Realität jedoch läßt sich in der Regel weder im Laborexperiment noch im Feldexperiment so exakt abbilden, daß das Forschungsdesign den Bedingungen "strenger" Forschung in zufriedenstellendem Maße genügt. Nur in Ausnahmefällen und bei sehr begrenzten Fragestellungen wird das der Fall sein. Aus der Komplexität der Realität resultiert in den meisten Fällen ein so starker Zwang zur Vereinfachung, daß dadurch Scheinergebnisse (Artefakte), die ihre Entstehung ausschließlich den künstlichen Bedingungen der Versuchsanordnung verdanken und die anschließend nie mehr reproduzierbar sind, geradezu vorprogrammiert werden. Dem weicht der Aktionsforscher aus, indem er die Distanz zu seinem Forschungsgegenstand überspringt und sich sozusagen mit ihm verbündet. Den Aktionsforscher leitet die Überzeugung, daß er gut beraten ist, wenn er sich mit seinen Forschungen an den Bedürfnissen, Problemen und Fragestellungen der Betroffenen orientiert, seine Vorgehensweise ebenso wie sein Forschungsdesign auf deren Realitäten abstimmt und dabei auch deren Erfahrungen und Anregungen aufnimmt. Fengler (1978, S. 378) skizziert Aktionsforschung als alternative Art der Forschung wie folgt:

- „Versuchsleiter und Versuchspersonen arbeiten gleichberechtigt zusammen;
- die Untersuchungssituation ist für jedermann durchschaubar;
- das Instrumentarium wird gemeinsam entwickelt oder zumindest in seiner Funktion erläutert;
- der Forscher ist selbst ein Teil des Forschungsprozesses und u.U. auch Gegenstand desselben;
- erhobene Daten verschwinden nicht mehr in Aktenschränken und EDV-Anlagen, sondern werden den Betroffenen zur Verfügung gestellt und in ihrer Bedeutung für die Fragestellung mit ihnen erörtert;
- vielleicht fassen Versuchsleiter und Versuchspersonen gemeinsam den Forschungsbericht ab".

Wenngleich wahrscheinlich nicht bei allen Aktionsforschungsprojekten alle genannten Merkmale realisiert werden können, wird doch auf jeden Fall deutlich, daß bei einem solchen Ansatz Forscher- und Betroffenensystem für die Projektdauer ein gemeinsames Handlungssystem bilden.

In der Abbildung 1 ist in Anlehnung an Sievers und Trebesch (1980, S. 54) dargestellt, wie nun aktionsforscherisches Vorgehen im Rahmen eines OE-Prozesses aussieht. Jedes OE-Projekt beginnt mit einer Art Datenerhebung (= Forschung) insofern, daß im Rahmen der ersten Kontaktnahme zunächst Informationen über die derzeitige (Problem-)Situation, mögliche Ziele und Rahmenbedingungen des ins Auge gefaßten Projektes, wechselseitige Erwartungen usw. erfragt bzw. ausgetauscht werden.

Dieser erste Schritt endet im positiven Fall mit der Vorentscheidung über eine mögliche Zusammenarbeit. Als erste "Aktion" folgt im zweiten Schritt das Aushandeln eines Kontraktes. In diesem werden die Arbeitsbeziehungen zwischen Auftraggeber und Berater geklärt, der Rahmen des Projektes abgesteckt, die Beteiligung der Betroffenen definiert sowie die einzusetzenden Datenerhebungs- und -feedbackmethoden festgelegt.

Danach folgt wieder "Forschung" in Form der Erfassung des Ist-Zustandes bzw. der Problemlage durch entsprechende Datenerhebungsmethoden (z.B. durch eine Befragung). Die Rückmeldung der aufbereiteten Erhebungsdaten an das Klientensystem (Datenfeedback) ist dann der nächstfolgende Aktionsschritt, während die anschließende

Diagnose der Organisation und ihrer "inneren Verfassung" sowie die Analyse der Problemvernetzungen innerhalb des Gesamtsystems und seiner Subsysteme wiederum der Forschungsebene zuzurechnen sind.

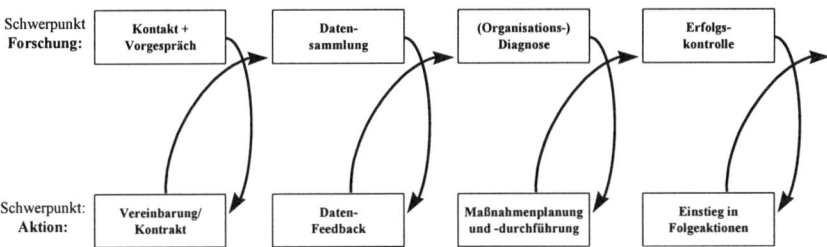

Abbildung 1: Der Organisationsentwicklungsprozeß als Aktionsforschung (Ablaufphasen).

Als weitere Aktionsphase folgen nun die Entwicklung geeigneter Maßnahmenpläne, die Organisation ihrer Durchführung (einschließlich der Auswahl geeigneter Methoden zur Erfolgsmessung) und natürlich die Umsetzung der beschlossenen Maßnahmen. Die abschließende Erfolgskontrolle - also wieder Forschung - macht schließlich den ersten Prozeßzyklus komplett, wobei die Erfolgskontrolle zugleich eine Datensammlung für den nächsten Prozeßtakt darstellen kann bzw. mit einiger Wahrscheinlichkeit sogar wird. Die Bezeichnung "rollierender Prozeß gemeinsamen experimentellen Lernens" beschreibt den aktionsforscherischen Ansatz absolut zutreffend.

1.3 Verschiedene diagnostische Interventionen bei Organisationsentwicklungen

Für die Forschungsaktivitäten bei OE-Projekten, d.h. für die Diagnose, bieten sich grundsätzlich viele unterschiedliche Datenquellen an. Die betroffenen oder involvierten Mitarbeiter sind *eine* dieser Quellen. Relevante Informationen lassen sich ebenso gewinnen durch die Beobachtung und Auswertung betrieblicher Vorgänge (z.B. Analyse von 'critical incidents' oder generell von 'life items'), durch unmittelbare Beobachtung im Feld (verdeckt oder offen), durch Inhaltsanalysen betrieblicher Dokumente, durch Auswertung von Kundenreaktionen, durch Kundenbefragungen, durch sogenannte Kraftfeldanalysen, durch projektive Verfahren u.a.m. Die vorstehende, nur beispielhafte Auflistung macht zugleich deutlich, daß die Befragung (mündlich oder schriftlich) ebenfalls nur eine von mehreren, zum Teil recht unterschiedlichen Datenerhebungsmethoden ist. So sind die Inhaltsanalyse von Dokumenten, die teilnehmende oder nichtteilnehmende Beobachtung sowie gruppenorientierte Verfahren wie zum Beispiel Mind-Mapping oder Sensing-Meetings - um nur einige zu nennen - weitere diagnostische Interventionen und nicht zu unterschätzende Methoden, um Organisationsprobleme zu erfassen und/oder auszuleuchten. Es bleibt jedoch festzustellen, daß die MAB (auch) im Rahmen von Organisationsentwicklung nach wie vor der klassische Weg der Datensammlung ist. Je nach Größe des Betroffenensystems und damit Anzahl der Befragungsteilnehmer wird zu entscheiden sein zwischen der MAB in schriftlicher Form oder der Durchführung von mündlichen Einzel- und/oder Gruppeninterviews. - Eine ausführliche Darstellung verschiedener diagnostischer Interventionen im Rahmen von Organisationsentwicklung findet sich bei Comelli (1985, S. 268 ff. und 1991a/1995, S. 602 ff.).

2   Die Mitarbeiterbefragung im Organisationsentwicklungsprozeß

Organisationsentwicklung kann auf drei verschiedenen Ebenen betrieben werden. Interventionen auf der *individuellen Ebene* beziehen sich auf das einzelne Organisationsmitglied als Zielperson. Typische Maßnahmen auf dieser Ebene sind zum Beispiel: Individuelles Feedback, Coaching, Erarbeiten eines persönlichen Entwicklungsplanes oder Vorbereitung auf den Ruhestand. Auf der *Team- bzw. Intergruppenebene* geht es schwerpunktmäßig um gemeinsame Problemlösung, um den Aufbau und die Verbesserung der Zusammenarbeit in und zwischen Gruppen, um die Verbesserung von Arbeitstechniken, Klärung von Kommunikationsproblemen und um Konfliktlösung. Im weitesten Sinne wird der größte Teil dieser Interventionen durch den Begriff Teamentwicklung abgedeckt (Comelli 1991b und 1994). Bei Veränderungsprojekten, die ganze Unternehmen oder zumindest größere Teilbereiche tangieren, spricht man von Interventionen auf der *Organisationsebene.* Hier geht es u.a. um Prozeßberatung, Veränderung der Unternehmenskultur (z.B. in puncto Führung), Implementierung neuer Wertorientierungen (z.B. Qualität oder Kundenfocussierung), Einführung neuer Systeme oder "policies" (z.B. Personalentwicklung, Mitarbeiterbeurteilung), aber auch um die Optimierung, Veränderung oder Anpassung von Strukturen.

Auf allen drei Ebenen gibt es bei OE eine Datenrückkopplung, ein "Survey-Feedback", denn organisationsentwicklerisches Vorgehen ist grundsätzlich durch den Zyklus Datensammlung → Datenfeedback → Diagnose → Maßnahmen → Evaluation (= Datensammlung) → usw. gekennzeichnet (s. Abbildung 1). So kann auf der individuellen Ebene das Ergebnis einer systematischen Vorgesetztenbeurteilung an den betreffenden Vorgesetzten rückgekoppelt werden, und auf der Teamebene wird man der/den im Prozeß stehenden Gruppe(n) die Resultate der Befragungen von Beteiligten und/oder von internen und auch externen Kunden zur Kenntnis bringen. Auf der Ebene der Gesamtorganisation werden die Ergebnisse von umfassenden betrieblichen Meinungsumfragen an alle Organisationsmitglieder zurückgemeldet.

2.1   Die Survey-Feedback-Methode als Intervention auf der Organisationsebene

In der relativ frühen OE-Literatur wird noch sehr häufig von der Anwendung der Survey-Feedback-Methode auch auf Teamebene berichtet (Greiner, 1972). Heute assoziiert man diese Methode fast nur noch mit einer organisationsumfassenden Intervention. Aus diesem Grund ist im Nachfolgenden nur die Ebene der Gesamtorganisation angesprochen, wenn von Survey-Feedback-Methode die Rede ist. Gemeint ist damit der organisationsumfassende Einsatz des Instrumentes der MAB als Element eines OE-Prozesses. Der Bezug zur Teamebene bleibt dennoch erhalten. Wie bereits eingangs kurz beschrieben, ist es gerade das markante Merkmal der Survey-Feedback-Methode, daß das gesamte Datenmaterial aus der Befragung an alle Beteiligten rückgekoppelt wird (und nicht nur an das Top-Management und den oberen Führungskreis) und daß die Interpretation der Ergebnisse sowie die Ausarbeitung von Aktionsplänen in den betrieblichen "family groups" erfolgt (anstelle von Vorgaben durch das Management über "zu ergreifende Maßnahmen"). Nur bei dieser Vorgehensweise bezeichnen denn auch French & Bell (1977, S. 163) den zu erwartenden Umfang an Veränderungen und Verbesserungen als "hoch", während sie gegenüber der traditionellen betrieblichen Einstellungsforschung skeptisch sind und ihre Veränderungswirkung als "niedrig" bezeichnen.

2.2   Die Erfolgsaussichten

Wirksamkeit und Erfolg der Survey-Feedback-Methode sind - Glaubwürdigkeit der Maßnahme bei den Betroffenen vorausgesetzt - ziemlich unbestritten. Schon 1973 legte Bowers eine recht umfassende Studie über die Wirkung verschiedener Strategien der Organisationsentwicklung vor, in der die Survey-Feedback-Methode außerordentlich gut abschneidet. Diese Studie, die nicht ganz ohne methodologische Kritik (Kahn, 1974; Pasmore, 1976) blieb, repräsentiert immerhin 23 Organisationen und die Befragungsergebnisse von über 14.000 direkt oder indirekt in die Veränderungsprozesse involvierten Personen. Kirsch et. al. (1979, S. 217) fassen die Bowers-Studie zusammen: „Die meisten und absolut höchsten signifikant positiven Wirkungen räumen die Befragten dem Survey Feedback ein. Negative Wirkungen treten überhaupt nicht auf.". In einer weiteren Untersuchung, die in ihrem Design mehr auf unterschiedliche betriebliche Gegebenheiten wie hierarchische Unterschiede, unterschiedliche Aufgabenstruktur, verschiedene Arbeitsbedingungen etc. abstellte, finden Bowers und Hausser (1977) erneut bestätigt, daß die Survey-Feedback-Methode in den verschiedensten Konstellationen anderen Interventionen überlegen ist. Als unabdingbare Erfolgsvoraussetzung wird im übrigen von Forschern wie Praktikern ziemlich einhellig gefordert, daß alle Beteiligten vom Management über die Mitarbeiter bis hin zur betrieblichen Arbeitnehmervertretung sich voll mit dem Befragungsinstrument *plus* Vorgehensweise identifizieren und die ggf. notwendigen Veränderungen wirklich *wollen.* Ist das gegeben, können als positive Auswirkungen der Methode erwartet werden:
- Anstieg der Identifikation mit dem Unternehmen,
- Verbesserung und Intensivierung der innerbetrieblichen Kommunikation, lateral wie über die hierarchischen Ebenen hinweg (wobei gelegentlich diese Kommunikation durch die Intervention erst richtig angestoßen wird und nicht selten anfangs unter Anleitung externer Moderatoren eingeübt werden muß),
- Höhere Identifikation der Mitarbeiter mit ihren Aufgaben,
- Erhöhung der Arbeitszufriedenheit,
- Verbesserung von Klima und Arbeitsmoral,
- Schärfung des Problembewußtseins bei den Mitarbeitern in Bezug auf bekannte Themen,
- Schaffung von Problembewußtsein in Bezug auf neue Themen.

Die überwiegend positive Berichterstattung über die Wirkung der Survey-Feedback-Methode ergänzen Pasmore & King (1978) durch den etwas einschränkenden Hinweis, daß nach ihren Erfahrungen die Methode zwar Einstellungsänderungen bringe, nach ihrer Meinung jedoch in der Regel Veränderungen in den sozio-technischen Systemen hinzukommen müßten, um direkt meßbare Produktivitätsverbesserungen zu erzielen: „Improvements in employees attitudes are not enough to improve productivity" (S. 466). Eigentlich beschreiben sie damit die bekannte Wechselwirkung zwischen Verhältnissen und Verhalten. Verhältnisse prägen Verhalten; und wer erfolgreich Verhalten ändern möchte, kommt nicht daran vorbei, die dazu passenden bzw. notwendigen Verhältnisse zu schaffen. Eine Survey-Feedback-Intervention sollte deshalb nur dann ins Auge gefaßt werden, wenn - vom Top-Management gewollt und gestützt - wirklich

Handlungs- bzw. Veränderungsspielräume zur Verfügung stehen bzw. gestellt werden sollen (Staehle, 1990, S. 849).

In den letzten Jahren ist auch bei den sogenannten "klassischen" Befragungen zu beobachten, daß man sich bei ihrer Vorbereitung und Durchführung zunehmend an Denkweisen und Prinzipien der Organisationsentwicklung orientiert. Das verspüren beispielsweise Unternehmensberater bzw. Unternehmensberatungen als deutliche Tendenz bei ihrer Klientel. Viele Kunden geben sich nicht mehr allein mit der Durchführung der Befragung, ihrer Auswertung und der Abfassung eines Abschlußberichtes plus Empfehlungen zufrieden. Vielmehr wird von externen (wie internen!) Beratern neben der Analyse auch kompetente Implementierungshilfe erwartet. Zahlreiche Berater haben inzwischen auf diese Entwicklung reagiert und legen selbst Wert darauf, nach durchgeführter Situationsanalyse an der Entwicklung von Maßnahmen und ihrer Umsetzung mitzuwirken. Damit stehen sie vor der (OE-)Aufgabe, Betroffene zu Beteiligten zu machen, denn eine Durchsetzung von Maßnahmen und Entscheidungen "per ordre de Mufti" besitzt in der heutigen Führungslandschaft nur noch relativ geringe Erfolgsaussichten. Nach heutigem Führungsverständnis drängt die Durchführung einer MAB geradezu auf eine weitere Einbeziehung der Befragten bzw. Betroffenen. Als bestätigendes Beispiel sei hier die von Ganserer & Große-Peclum (1995, S. 99) berichtete Erfahrung zitiert, wonach der "entscheidende Durchbruch" erst mit einer Mitarbeiter-Meinungsumfrage gelang, die unternehmensweite „Dialogveranstaltungen zur Verbesserung der Kommunikation und einen Nachfrageschub nach Team- und Organisationsentwicklungsmaßnahmen für kleine bis sehr große Einheiten nach sich zog".

2.3   Das Befragungsinstrumentarium

Es soll an dieser Stelle darauf verzichtet werden, die verschiedenen standardisierten Fragebögen zu beschreiben, die inzwischen für MAB und damit auch für eine Survey-Feedback-Intervention zur Verfügung stehen. Es wird statt dessen auf die verschiedenen Beiträge in diesem Band sowie auf die einschlägige Literatur u.a. bei Jeserich & Opgenoorth (1977), Neuberger & Allerbeck (1978), Holm (1982), von Rosenstiel et. al. (1982), Töpfer & Zander (1985), Domsch & Schneble (1991/1995 und 1992) und auf Domsch & Siemers (1995) verwiesen.

Die Standardfragebögen für MAB sind in der Regel ziemlich umfassend. Die Fragenkomplexe sind meist auf acht bis zehn Kernbereiche der Organisation bzw. des Organisationslebens ausgerichtet. Angesprochene Inhalte sind z.B. die Tätigkeit, die Arbeitsbedingungen, die persönlichen Entfaltungsmöglichkeiten bei der Arbeit, innerbetriebliche Information und Kommunikation, die Beziehungen zum Vorgesetzten, persönliche Entwicklungsmöglichkeiten, die Organisation, die Identifikation mit bzw. die Einstellung zum Unternehmen, das Gehalt bzw. die Bezahlung, die Arbeitsplatzsicherheit usw. Bei der Auswertung werden dann die problematischen Bereiche schnell augenfällig. In der Zusammenfassung lassen sich Aussagen zur allgemeinen Arbeitszufriedenheit, zum Betriebs- oder Organisationsklima oder auch zur "Gesundheit" der Organisation machen. Das vorliegende Befragungsinstrumentarium wird weiterhin noch ergänzt durch spezialisiertere, ebenfalls standardisierte Befragungsinstrumente wie etwa Fragebögen zur Führungsstilanalyse, zur betrieblichen Kommunikation, zum Informationswesen oder zur Kooperation und Teamarbeit.

Den Standardfragebogen, der alle nur denkbaren Problembereiche um- bzw. erfaßt, gibt es nicht. Ein solcher Fragebogen verbietet sich ohnehin, da er unzumutbar umfangreich ausfallen würde. In der Planungsphase einer Befragung (siehe Abschnitt 3) muß darüber entschieden werden, ob man einen "vorkonfektionierten" Fragebogen einsetzen will oder ob man - selbstverständlich nach vorheriger Definition der relevanten bzw. interessierenden Problemfelder - ein auf das betreffende Unternehmen speziell zugeschnittenes Befragungsinstrument entwickeln möchte. Letzteres sollte sinnvollerweise mit (externer) professioneller Hilfe geschehen, wobei dies üblicherweise mit vorbereitenden qualitativen (Gruppen-)Interviews und einem Pre-Test verbunden ist.

Zahlreiche Autoren treten dafür ein, daß bei einer Survey-Feedback-Intervention das Befragungsinstrument "maßgeschneidert" sein und deshalb organisationsspezifisch entwickelt werden sollte. Auf diese Weise sei es am ehesten zu erreichen, daß der Fragebogen die innerorganisatorischen Verhältnisse und Strukturen richtig widerspiegelt (Sorensen & Baum, 1977, S. 69) und daß das Instrument für die Befragten eine ausreichende "face-validity" besitzt, d.h. der Fragebogen vermittelt den Befragten überzeugend, daß seine Inhalte sich wirklich und konkret auf die von ihnen erlebte lokale betriebliche Realität beziehen (Putti, 1989, S. 270). Auch wird die Gefahr gesehen, daß bei der Befragung mit einem "vorkonfektionierten" Fragebogen wichtige relevante Problembereiche, die durch das betreffende Instrument nicht erfaßt werden, eventuell "under-cover" bleiben, während vielleicht gleichzeitig andere Problempunkte in der Auswertung überdimensioniert erscheinen, weil sie nicht durch positive Antwortreaktionen aus weiteren (nicht abgefragten) Inhaltsfeldern relativiert werden. Schließlich bietet der maßgeschneiderte Fragebogen auch noch die Chance, den bewußtmachenden Effekt einer Befragung dahingehend zu nutzen, daß man über den Einbau von entsprechenden Fragekomplexen (etwa zu Themen wie Qualität, Geschäftsprozesse oder Verhalten gegenüber Kunden nach außen wie innen) bei den Befragten gezielt ein gewisses Problembewußtsein initiiert.

Der Einsatz eines fertigen Standardfragebogens bietet sich am ehesten zu Beginn eines OE-Prozesses und als Einstieg in ein Survey-Feedback-Projekt an. Im ersten Schritt kann es durchaus angebracht sein, mit Hilfe einer globalen Befragung zunächst einmal die betriebliche Großwetterlage zu erkunden. Im weiteren Prozeßverlauf wird sich von selbst der Wunsch (oder die Notwendigkeit) ergeben, das Befragungsinstrument zu spezialisieren und/oder es auf neue, besonders interessierende Problemfelder auszurichten. Ein durchaus gangbarer (Kompromiß-)Weg ist es auch, situativ und problembezogen aus vorhandenen Standardinstrumenten bestimmte Kernbereiche für eine MAB auszuwählen, daraus einen speziellen Fragebogen zusammenzustellen und diesen bei Bedarf noch durch Fragenkomplexe zu ergänzen, die von seiten des Klientensystems (Management, Mitarbeiter, Arbeitnehmervertretung) zusätzlich vorgeschlagen werden.

2.4   Die Auswertung der Befragung

Zwischen der Datensammlung durch die Befragung und dem Datenfeedback an das Klientensystem liegt noch ein mühsamer Weg: Die Befragungsdaten müssen EDV-gerecht aufbereitet, eingegeben (oder eingelesen) und mit Hilfe entsprechender Statistikprogramme verrechnet bzw. ausgewertet werden. Dabei ist es mit einer schlichten Häufigkeitsauszählung und der Errechnung von Mittelwerten und Prozentzahlen nicht getan. Eine auf einer solchen Basis fußende Interpretation von Befragungsdaten muß man angesichts der vielfältigen und anspruchsvollen Statistikverfahren, die inzwischen für die Datenanalyse und -interpretation zur Verfügung stehen, als höchst unbefriedigend, wenn nicht sogar als fahrlässig bezeichnen. Um wirklich repräsentative, fundierte und auch handlungsorientierte Ergebnisse vorlegen zu können, müssen die Daten nicht nur komprimiert, sondern vor allem in Bezug auf eventuelle Zusammenhänge zwischen den einzelnen Merkmalen analysiert werden. Bei festgestellten oder vermuteten Zusammenhängen ist weiterhin zu prüfen, ob der Zusammenhang signifikant (d.h. bedeutsam und nicht zufallsbedingt) ist und ob bzw. welche Kausalitäten vorliegen (d.h. ob ein bestimmtes Merkmal einem anderen kausal vorangeht). Für solche und weitere vertiefende Rechnungen benötigt man heute keinen Großrechner mehr, sondern es stehen extrem leistungsfähige Statistikprogramme für die PC-Anwendung zur Verfügung. Das Problem ist eher die Auswahl der richtigen Auswertungs- und Analyseverfahren, die angesichts des vorliegenden Datenmaterials bzw. der Datenqualität gerechtfertigt sind. Schließlich müssen die Ergebnisse für die Präsentation auch noch in eine aussagefähige und wirkungsvolle grafische Form gebracht werden. Auch das geschieht heute mit Hilfe entsprechender EDV-Programme.

Dies alles gehört in professionelle Hände! Deshalb geschieht die Datenauswertung und -analyse ebenso wie die präsentationsgerechte Aufbereitung der Ergebnisse im Regelfall extern. Die meisten Unternehmen, die sich einer größeren MAB unterziehen, haben intern ohnehin nicht das notwendige professionelle Know-how und/oder auch die für eine Auswertung kurzfristig notwendige (Personal-)Kapazität zur Verfügung. Für eine externe Auswertung der Befragung spricht außerdem, daß sich auf diese Weise bei den Befragten viel leichter Vertrauen in die (übliche) Anonymitätsgarantie gewinnen läßt, als wenn die Befragungsdaten intern verarbeitet werden.

Es ist nicht das Anliegen dieses Beitrages, intensiv in die Probleme und Schwierigkeiten bei der Auswertung und Interpretation betrieblicher Umfragedaten einzuführen. Wer sich in statistische Fragen vertiefen möchte, sei hier in erster Linie auf das Standardwerk von Friedrichs (1982) verwiesen. Für den statistisch und methodisch nicht oder nur wenig versierten Laien bietet sich in dem gut verständlichen Überblick von Jesske-Müller (1995) eine fundierte Informationsgrundlage bezüglich der Auswertung betriebsinterner Fragebogenaktionen (vgl. auch den Beitrag von Trost in diesem Band).

3   Zehn Thesen zur Vorbereitung und Durchführung eines Survey-Feedback-Projektes

Eine MAB, die im Rahmen der Survey-Feedback-Methode als Element eines OE-Prozesses zu verstehen ist, wird sich bei Vorbereitung und Durchführung an den eingangs skizzierten Prinzipien der Organisationsentwicklung orientieren. Wie dies im konkreten Fall aussehen kann, soll nachfolgend in Form von zehn Thesen mit empfehlendem Charakter dargestellt werden. Die MAB wird dabei - ganz im Sinne der Aktionsforschung - als diagnostisches Instrument (= Forschung) verstanden, die zu Beginn des Survey-Feedback-Prozesses einen ersten Dateninput für die Entwicklung und Durchführung von Maßnahmen (= Aktion) durch die Betroffenen liefert. Alle nachfolgenden Befragungen dienen dann im Prozeßzyklus der doppelten Zielsetzung, einerseits die bisherigen Aktionen zu evaluieren und andererseits wieder Anstöße zu weiterführenden oder neuen Maßnahmen zu liefern.

These 1: Keine "isolierte" Befragung ausschließlich zur Informationserhebung

Zunächst: Eine MAB als einzelner isolierter Schritt nach dem (unverbindlichen) Motto „Schau'n wir mal...“ verträgt sich nicht mit OE-Denken. Organisationsentwicklung ist immer ein Prozeß, d.h. eine Folge von geplanten Schritten. Außerdem muß man sich darüber klar sein, daß die Durchführung einer MAB einen sehr intensiven Eingriff in das soziale System einer Organisation darstellt. Es läßt sich gar nicht ausschließen, daß sich allein durch die Tatsache einer Befragung der "Befragungsgegenstand" verändert. Jede MAB hat im wahrsten Sinne des Wortes "anstoßende" Wirkung. Sie kann bestimmte Dinge oder auch Themen bewußtmachen, sie kann Einstellungen beeinflussen bzw. aktivieren, sie kann Ansprüche verändern, und sie erweckt vor allem Erwartungen bei den Befragten. So kann man davon ausgehen, daß durch eine Befragung mit Sicherheit aufseiten der Befragten die Erwartungshaltung provoziert wird, daß nach der Diagnose auch eine "Therapie" folgt. Konkret bedeutet dies, daß die Mitarbeiter mit einer umfassenden Information über die Befragungsergebnisse allein nicht mehr zufrieden sein werden. Sie erwarten konkrete Aktionen und Maßnahmen mit dem Ziel, den in der Befragung geäußerten Kritikpunkten beizukommen. Läuft diese Erwartung ins Leere, besteht mit hoher Wahrscheinlichkeit die Gefahr, daß zumindest diejenigen Mitarbeiter, die durch eine Teilnahme an der Befragung ihr Engagement bezeugt haben, sich getäuscht fühlen. Frustration und Reduzierung der Identifikation mit dem Verfahren, wahrscheinlich aber auch mit dem Unternehmen, sind in der Regel die Folge.

Daß Befragungsergebnisse gänzlich in der Schublade verschwinden, vielleicht weil sie dem Management nicht passen, ist heutzutage kaum noch vorstellbar. Jedes Unternehmen, das eine MAB in Auftrag gibt, muß sich jedoch unbedingt darüber klar sein, daß eine Veröffentlichung der Befragungsergebnisse allein nicht ausreichen wird, den teilnehmenden Mitarbeitern glaubwürdig das Gefühl zu vermitteln, ihre Mitwirkung bei der Befragung habe einen Sinn gemacht. Wenn schon der beträchtliche Aufwand einer MAB betrieben wird, dann erwarten die Mitarbeiter auch, daß das Unternehmen aus "seinen" Befragungsergebnissen lernt. Dies wird für die Mitarbeiter am ehesten erlebbar durch zügig eingeleitete, spürbare und überzeugende Aktivitäten zur Veränderung bzw. Verbesserung jener Punkte bzw. Verhältnisse, die sich aufgrund der Befragung als problematisch herausgestellt haben. Eine MAB, aus der keine greifbaren Aktionen oder Prozesse abgeleitet werden und die mehr oder weniger verpufft, bewirkt mit Sicherheit nur eines: Die Quote der Nicht-Teilnehmer, die ja immer schon gewußt haben, daß „das nur eine Schauveranstaltung ist“, und die von Anfang an sicher waren, daß „da doch nichts passiert“, erhöht sich für die Zukunft.

MAB erzeugen - wie ausgeführt - Erwartungen bei den Befragten. Dies schließt aber auch eine ausgesprochen positive Dynamik ein: Wenn sich Mitarbeiter bei einer Befragung engagieren, dann signalisiert das ihre Bereitschaft für Veränderungen. Mit anderen Worten: Hier zeigen sich Mitarbeiter motiviert; hier werden konstruktive Energien mobilisiert! Nicht allein wegen der zuvor beschriebenen negativen Konsequenzen ist es deshalb schade, wenn ein Unternehmen ein solches Energieangebot ungenutzt verpuffen läßt.

| These 2: Die Einbindung sozialwissenschaftlicher Kompetenz muß gesichert sein |

Diese These zielt nicht allein auf die in Abschnitt 2.4 gestellte Forderung ab, sich bei der Auswertung betrieblicher Umfragen professioneller Hilfe zu bedienen. Sie bezieht sich vielmehr auf den gesamten OE-Prozeß. Veränderungen in Organisationen berühren nicht nur betriebswirtschaftliche Dimensionen. Sie wirken immer auch auf die in den Organisationen agierenden Menschen ein, die von allen Veränderungen im wahrsten Sinne des Wortes "betroffen" sind. Da wäre es eigentlich nur konsequent, sich bei be-trieblichen Veränderungsprojekten der Erkenntnisse der einschlägigen Fachdisziplinen zu bedienen. Das sind die Sozialwissenschaften. Doch nicht alle Unternehmen haben dafür bereits ein entsprechendes Bewußtsein entwickelt.

Die Durchführung einer MAB ist ein ziemlich markanter und die Kultur einer Orga-nisation berührender Eingriff in das Organisationsleben. Für den Auftraggeber einer solchen Befragung sollte es überhaupt keine Frage sein, sich hier fachkompetente Be-ratung zu sichern. Dabei ist es ziemlich unerheblich, ob man sich das notwendige Fach- und Methodenwissen mittels eines externen Beraters zugänglich macht oder ob man sich eigener, firmeninterner Spezialisten (soweit vorhanden) bedient. Firmen, die mit Organisationsentwicklung erst am Anfang stehen, ist sehr zu empfehlen, mit externer Beratungshilfe zu starten. Es geht nicht allein darum, daß ein externer Experte (selbstverständlich auch eine Expertin!) ggf. das komplette Befragungsinstrumentarium zur Verfügung stellen könnte. Mindestens ebenso wichtig ist, daß der erfahrene Externe gleichzeitig auch ein umfangreiches Anwendungs- und Prozeßwissen aus anderen Orga-nisationen mit einbringt. Schöpfend aus dem Fundus seiner Erfahrungen kann er wert-volle Hinweise und Empfehlungen geben, beispielsweise bei der Klärung der Ziele, für die Einbindung der Mitarbeiter, für den Umgang mit eventuellen Widerständen, für die Auswertung und Darstellung der Ergebnisse, für das Datenfeedback an die Beteiligten sowie für die Steuerung und Aufrechterhaltung des Veränderungsprozesses. Eine Irrita-tion allerdings muß der Auftraggeber aushalten können: Die Einbindung sozialwissen-schaftlicher Kompetenz macht das Prozedere in der Regel nicht leichter. Die Sehnsucht mancher Praktiker nach einfachen Lösungen oder gar Patentrezepten wird sicherlich nicht bedient werden. Der Komplexität der betrieblichen Realität ist nicht mit einigen Tips, Tricks oder Rezepten beizukommen. Gerade das unterscheidet - extern wie intern - den seriösen Berater vom Scharlatan.

Die Einbindung sozialwissenschaftlicher Experten in den Prozeß widerspricht kei-nesfalls der Idee, Betroffene zu Beteiligten zu machen. Ganz im Gegenteil. Gerade da-bei, wie man Betroffene als Beteiligte gewinnt oder auch wie man - bei Bedarf - Betei-ligte zunächst erst einmal zu Betroffenen macht (sprich: Problembewußtsein schafft), kann der psychologische Experte beratend helfen. Es geht aber keinesfalls darum, dem Berater möglichst viele Aktivitäten zu übertragen. Der OE-Berater selbst wird seine Rolle in erster Linie so verstehen, daß er die Mitglieder des Klientensystems möglichst schnell, weitgehend und eigenverantwortlich in den Prozeß einbindet. Entsprechend der "Philosophie" der Organisationsentwicklung ist es nicht sein Ziel, die Organisation "beratungsabhängig", sondern sich selbst überflüssig zu machen. Deshalb wird er von Beginn an versuchen, der Organisation und den Organisationsmitgliedern die richtige Anleitung und Hilfestellung zu geben, möglichst vieles selbst zu tun. Wie weit dies im Rahmen eines OE-Prozesses gehen kann, berichtet zum Beispiel Lauterburg (1995) in einer Fallstudie von der Schweizerischen Bundesbahn. Hier wurden einige Hundert

Mitarbeiterinnen und Mitarbeiter aus den wichtigsten betrieblichen Bereichen umfassend über ihre Arbeitssituation, ihre Motivation sowie über Stärken und Schwachstellen in ihrem Arbeitsumfeld befragt. Befragt wurden sie nicht von Sozialforschern, sondern von eigenen Kolleginnen und Kollegen (!), die für die Durchführung der insgesamt 600 Einzel- und Gruppeninterviews geschult worden waren und denen übrigens auch die Auswertung der Befragung oblag.

> **These 3:** Die entscheidenden Weichenstellungen für den Erfolg geschehen in der Kontaktphase

Üblicherweise geht der Impuls zu einem Survey-Feedback-Projekt von dem Top-Management oder der oberen Führungsebene eines Unternehmens aus. Nicht selten ist es zunächst eine Einzelperson, die initiativ wird. Allerdings steht in den wenigsten Fällen bereits am Anfang eine Anfrage, die konkret auf eine Survey-Feedback-Intervention Bezug nimmt. Vielmehr besteht der Erstkontakt meist darin, daß sich jemand - eigeninitiativ oder beauftragt - entweder an eigene Fachleute im Unternehmen oder an einen externen Berater wendet und dabei mehr oder weniger diffuse Eindrücke und Empfindungen schildert wie: „Uns mangelt es an Schwung in der Organisation, „Es fehlt die Identifikation", „Da stimmt 'was nicht bei den Mitarbeitern" oder „Wir haben das Gefühl, wir müssen irgend etwas machen - vielleicht erst einmal eine Befragung". Der Angesprochene wird dann vielleicht als mögliche Maßnahme die Survey-Feedback-Methode vorschlagen.

Diesem ersten, sicherlich noch sehr unverbindlich gehaltenen Kontaktgespräch wird bei positivem Ausgang ein weiteres Gespräch zur Konkretisierung eines eventuellen Survey-Feedback-Projektes folgen. Damit ist die sogenannte Kontaktphase formal eröffnet. Sie wird sich mit einiger Sicherheit über mehrere Gesprächsrunden erstrecken. Ziele dieser Kontaktphase, die sich übrigens vom Grundsatz her für den internen Berater nicht anders gestaltet als für den externen, sind die Prüfung der Voraussetzungen für eine Zusammenarbeit, die Klärung der Zielsetzung(en) und der damit verbundenen gegenseitigen Erwartungen sowie das Erarbeiten konkreter Vereinbarungen über die Rahmenbedingungen und die Durchführung des ins Auge gefaßten Projektes. Es ist eigentlich selbstverständlich, daß zumindest die entscheidenden Gespräche dieser Phase auf Top-Ebene (Vorstand, Geschäftsführung bzw. -leitung) geführt werden müssen.

Alle Beteiligten sollten in diese Phase genügend Zeit und Energie investieren, weil hier die wichtigsten Weichenstellungen für den Erfolg der Maßnahme stattfinden. Die Kontaktphase endet damit, daß die getroffenen Vereinbarungen in Form eines Kontraktes schriftlich fixiert werden. Ein solcher Kontrakt ist nie endgültig, denn „er bezieht sich immer nur auf eine 'historische' Erkenntnislage und Problemdefinition und öffnet einen Handlungskorridor (der für alle Beteiligten auch Sicherheit bietet), der aber sehr oft neu definiert werden muß, um nicht den Grundauftrag zu verlieren" (Saar, 1995, S. 96).

Im Rahmen der Kontaktphase sollten folgende Punkte unbedingt behandelt und dabei die entsprechend notwendigen Klärungen bzw. Vereinbarungen herbeigeführt werden:

- *Prüfung der "Biochemie" zwischen Auftraggeber und Berater*
Grundvoraussetzung für eine erfolgreiche Projektdurchführung ist eine tragfähige Vertrauensbasis zwischen Auftraggeber und Berater. Ein nicht zu unterschätzender erster Aspekt dieses Vertrauens ist das beidseitige Empfinden, daß man miteinander "kann".

Gemeint ist damit die (ausgesprochen subjektive) zwischenmenschliche Wechselwirkung. Sie muß gekennzeichnet sein von gegenseitiger Akzeptanz, wahrscheinlich sogar von einem gewissen Maß an Sympathie. Der zweite Aspekt des Vertrauens ist eher sachbezogen. Er bezieht sich einerseits auf das Vertrauen des Auftraggebers in die Kompetenz und die Professionalität des Beraters und andererseits auf das Vertrauen des Beraters in den Auftraggeber dahingehend, daß dieser eine Veränderung wirklich will und den Prozeß auch voll mittragen und stützen wird. Im Verlauf der Kontaktphase werden sich die gegenseitigen Bilder konkretisieren, zum Beispiel bei den Diskussionen über die Vorgehensweise, über die Festlegung der Ziele oder über Ablauf und Organisation der Befragung. Dabei sollte sich das notwendige Vertrauen aufbauen und verstärken - oder auch nicht. Festgestellte Diskrepanzen, zum Beispiel in den Vorstellungen über die Vorgehensweise oder in den Grundauffassungen über Partizipation, Führung und den Umgang mit Mitarbeitern (bzw. grundsätzlich mit Menschen), werden die "Biochemie" belasten. Zumindest eine der beiden Seiten sollte dann prüfen, ob eine Zusammenarbeit bei dem Projekt Sinn macht.

• *Aufklärung über die Methode und die Vorgehensweise*
Zunächst wird der Berater seinen Gesprächspartnern die Survey-Feedback-Methode in einer kleinen Präsentation vorstellen und mit ihnen die Voraussetzungen für ihren Einsatz, die Vorgehensweise sowie Anspruch und Konsequenzen, die damit verbunden sind (Die Methode tritt Maßnahmen los!), diskutieren. Dabei wird er selbstverständlich auch die Grundprinzipien der Organisationsentwicklung und des aktionsforscherischen Vorgehens erläutern. Vor diesem Hintergrund wird er außerdem seine Rolle als OE-Berater deutlich machen und (er)klären, daß er sich in erster Linie als Spezialist für das "Wie" und nicht für das "Was" versteht („Ich bin die Hebamme, nicht das Kind."). Weiterhin wird der Berater zu prüfen haben, ob die betreffende Organisation für Organisationsentwicklung bzw. für eine Survey-Feedback-Intervention ausreichend "reif" ist (Comelli 1991a/1995, S. 607). Das berührt beispielsweise Fragen wie: Sind das Management und die übrigen Führungskräfte überhaupt fähig, kritisches Feedback von den Mitarbeitern zu akzeptieren, und wollen sie das wirklich? Können sie "subjektive Realitäten" akzeptieren (denn nichts anderes wird ihnen aus den Befragungsergebnissen als Meinung der Mitarbeiter entgegentreten)? Ist der kommunikative Quantensprung zu schaffen, daß die Mitarbeiter im Anschluß an die Befragung bei der Diskussion der Ergebnisse und bei der Entwicklung von Maßnahmen aus dem Schutz der Anonymität heraustreten und den offenen Dialog "nach oben" beginnen? Sind Management und Führungskräfte wirklich entschlossen, den Mitarbeitern neue Kooperations- und Handlungsspielräume einzuräumen? Welche berechtigten oder auch unberechtigten Ängste (siehe These 4) sind zu berücksichtigen? usw. Damit klärt der Berater wichtige Positionen in seiner Arbeitsbeziehung zum Auftraggeber.

• *Anforderungen an das Top-Management*
Im Hinblick auf das Top-Management sind es eigentlich nur zwei, allerdings entscheidende Punkte, die für den Erfolg einer Survey-Feedback-Maßnahme gegeben sein müssen und über die Klarheit erzielt werden muß: (1) Der Wille zur Veränderung muß beim Top-Management (Vorstand, Geschäftsführung) gegeben sein. (2) Das Top-Management muß sich laufend und prozeßbegleitend für den Fortgang der eingeleiteten Maßnahmen interessieren und im Prozeß engagieren. Harrison & Pietri (1991, S. 72)

bezeichnen diese beiden Punkte als „two primary learnings for consultants". Damit ist ganz klar das Commitment des Managements angesprochen. Mit nur verbalem Commitment (Motto: „Macht mal schön!") ist es nicht getan. Es muß top-down und für alle wahrnehmbar persönliches Engagement demonstriert werden. Konkret sieht dies so aus, daß das Top-Management Wert auf ständige Rückmeldungen über die initiierten Maßnahmen legt, erfolgreiche Teilschritte bekräftigt (reinforcement) und bei weniger erfolgreichen Maßnahmen zur Modifizierung ermuntert. Damit wird auch den nachfolgenden Führungsebenen modellhaft verdeutlicht: Wir stehen voll hinter der Befragung; wir wollen die Veränderung; es ist unser Prozeß!

• *Klärung der Zielsetzung*
Die Befragung im Rahmen eines Survey-Feedback-Projektes kann völlig unterschiedliche Zielsetzungen haben. So kann sie beispielsweise der Erfassung der allgemeinen Problemlage dienen („Wo drückt der Schuh?") oder sich mit spezialisierteren Fragestellungen auseinandersetzen wie z.B. Einstellung der Mitarbeiter zum Unternehmen, Führungsklima- bzw. Führungsstilanalyse, Hinterfragen von Organisationsstrukturen oder -prozessen, Analyse der Organisationskultur usw. Grundsätzlich dient die Befragung stets der Zielsetzung des Gesamtprojektes. Entsprechend ist sie inhaltlich unterschiedlich auszurichten. Wenn auf der Basis der Befragung beispielsweise Unternehmensleitlinien entwickelt werden sollen, wird das Befragungsinstrument selbstverständlich anders aussehen, als wenn es das Ziel ist, Lernprozesse anzustoßen (z.B. Problemlösetechnik), Entscheidungsprozesse zu optimieren oder über bestimmte Befragungsinhalte Bewußtmachungsprozesse in Gang zu setzen (Befragung als "trojanisches Pferd"). Es würde dem Prinzip der Mitarbeiterorientierung widersprechen, wenn in der Kontaktphase bereits eine detaillierte Zielfestlegung stattfindet. Es geht vielmehr darum, die generelle Zielsetzung des Projektes und damit der Befragung abzustimmen. Damit wird dann auch der Rahmen für die Mitwirkung und inhaltliche Beteiligung der Mitarbeiter sowie auch der Mitarbeitervertretung abgesteckt. Ohne diese Konkretisierung ist eine Auswahl bzw. die Entwicklung eines geeigneten Befragungsinstrumentes nicht möglich.

• *Organisation der Durchführung*
Hier wird zunächst zu klären sein, in welchem Maß die Mitarbeiter bereits bei der Entwicklung des Befragungsinstrumentes einbezogen werden können. Gleiches gilt für die Einbindung und den Partizipationsspielraum der Mitarbeitervertretung (Betriebsrat /Personalrat). Eventuell muß geprüft werden, ob eine Betriebsvereinbarung abzuschließen ist. Es ist (nicht nur als Geste) zu empfehlen, gegenüber der Mitarbeitervertretung eine ausgesprochen offene Informationspolitik zu betreiben und den Betriebs- bzw. Personalrat deutlich über das gesetzlich vorgeschriebene Maß hinaus in das Projekt mit einzubinden. Extrem wichtige Punkte sind weiterhin die (Zu-)Sicherung der Anonymität sowie der Freiwilligkeit gegenüber den Befragungsteilnehmern. In der Diskussion über die Wahrung der Anonymität wird auch zu vereinbaren sein, wie detailliert die Datenauswertung erfolgen soll, d.h. welche Mindestgröße eine Auswertungseinheit nicht unterschreiten darf. Es wird empfohlen, die Daten nicht auf weniger als acht bis zehn Personen herunterzubrechen. Damit sind auch meist die Zulässigkeitsgrenzen bestimmter statistischer Methoden erreicht. Weiterhin wird man sicherlich ins Auge fassen, eine oder mehrere gemischte Arbeitsgruppen zu installieren, die bei der Entwicklung des Befragungsinstrumentes mitwirken und Einfluß nehmen auf die weitere Vorbereitung

der Befragung sowie auf die Form der Datenrückmeldung. Schließlich ist noch der Rahmen abzustecken, wie und mit welchem Aufwand im Unternehmen für die Befragung geworben werden und wie sich die spätere "Vermarktung" der Ergebnisse gestalten soll. Letzteres schließt die Klärung der nicht unproblematischen Frage ein, ob bzw. wie weit die Vorgesetzten der einzelnen Ebenen und die Mitarbeiter - über die sie unmittelbar betreffenden Auswertungsdaten und das Gesamtergebnis hinaus - noch detaillierten Dateneinblick erhalten sollen (siehe These 5). Schließlich sollte zumindest bereits angedacht werden, wie der weitere Umgang mit den Befragungsergebnissen in den einzelnen organisatorischen Einheiten aussehen soll (z.B. Problemlöseworkshops) und ob dafür ggf. externe Moderatoren benötigt werden.

• *Organisation der Fortführung des Prozesses*
Es muß allen Beteiligten klar sein, daß es um einen längerfristigen Prozeß geht. Dieser Prozeß braucht, damit er nicht versandet, Stützung in Form von prozeßerhaltenden Aktivitäten, und er benötigt Lenkung, damit er zielgerichtet bleibt. In der Regel wird man zu diesem Zweck ein Koordinationsteam oder einen Lenkungsausschuß ins Leben rufen, dessen Zuständigkeit sich nicht nur auf die Befragung, sondern auf den gesamten Survey-Feedback-Prozeß erstreckt. Dieser Ausschuß bzw. dieses Team sollte sich aus Vertretern der verschiedenen Unternehmensbereiche (einschließlich Betriebs- bzw. Personalrat!) zusammensetzen und unbedingt einer Person im Top-Management zugeordnet sein. Dieses Mitglied des Vorstandes bzw. der Geschäftsführung gilt als "Prozeß-Owner". Wird das Projekt zusammen mit einem externen Berater durchgeführt, gehört dieser unbedingt in ein solches Team. Übrigens: Nachdem der Zielrahmen für die Befragung abgesteckt und die Organisation des Projektes vorgeplant ist, kann bereits in dieser frühen Phase ohne weiteres überlegt werden, in welchen aus dem Befragungsergebnis heraus zu erwartenden Problemfeldern man sich schon auf Maßnahmen zur Problemlösung vorbereiten kann. Dadurch würde es möglich, schon relativ kurz nach Bekanntgabe der Befragungsergebnisse erste (Problemlöse-)Aktivitäten einzuleiten und damit zu beweisen, wie ernst man das Befragungsfeedback nimmt.

Nach Diskussion und einverständlicher Abklärung dieser genannten Punkte ist es wahrscheinlich nur noch ein formaler Akt, den zusammenfassenden Kontrakt zu formulieren, in dem selbstverständlich auch so profane Dinge wie Zeitrahmen, vereinbarte Termine und Kosten(rahmen) des Projektes festgehalten werden.

These 4: Ängste und Widerstände nicht unterschätzen

Wer verändern und verbessern möchte, muß bereit sein, Probleme ins Auge zu sehen. Wer Probleme leugnet (oder alles unter den großen "Harmonieteppich" kehrt), wird nichts bewegen. Identifikation mit den Problemen - das ist der erste notwendige Schritt für jede Veränderung. Insofern ist es diagnostischer Zweck einer jeden Befragung, (auch) kritische Dinge und Verhältnisse offenzulegen. Offenlegen bedeutet aber auch immer "ans Licht kommen" oder "zu Tage fördern". Das erzeugt Ängste. Diese Ängste, die bei jeder Befragung in irgendeiner Form wenigstens bei einem Teil der Beteiligten vorhanden sind, artikulieren sich in den meisten Fällen in Form von offenen oder verdeckten Widerständen. Die verdeckten Widerständen verbergen sich in der Regel hinter "sachlich" begründeten und anscheinend "logischen" Gegenargumenten.

Beim *Management* bzw. der *Unternehmensleitung* sind typische Ängste, mit der Befragung "schlafende Hunde zu wecken" oder Prozesse loszutreten, die später nicht mehr zu beherrschen sind und außer Kontrolle geraten. Damit eng verbunden ist auch die Angst, bei den Mitarbeitern kritische Prozesse unangemessen zu verstärken und/oder bei ihnen durch die Befragung überhaupt erst Probleme zu schaffen. Schließlich geht auch die Furcht um, die Mitarbeiter könnten die Befragung als Chance nutzen, sich in unfairer Weise am Management zu rächen. Die Top-Manager können beruhigt werden: In der überwiegenden Zahl aller untersuchten Fälle hat sich gezeigt, daß die Mitarbeiter Befragungen keinesfalls dazu mißbrauchen, dem Management „endlich einmal eins 'reinzuwürgen". Und in den wenigen Ausnahmefällen, in denen das beobachtet werden konnte, hatte das immer eine organisationsklimatische Vorgeschichte. Im Normalfall nutzen die Mitarbeiter die gebotene Chance, über die Befragung ihre subjektive Problemsicht "nach oben" zu transportieren. Allerdings müssen Management und alle Führungskräfte lernen, mit dieser kritischen "Öffentlichkeit von unten" umzugehen. Offenheit für Feedback ist das entscheidende Merkmal einer lernenden Organisation. Das Management wird hier als Vorbild gebraucht. Es muß nicht nur Feedback-Möglichkeiten eröffnen, sondern auch beweisen, daß es die im Feedback formulierten "subjektiven Realitäten" verkraften kann. Gerade auf Top-Ebene drängt sich immer wieder die Frage auf, warum eigentlich soviel Widerstandsarbeit aufgewendet wird, diese *nicht* zur Kenntnis zu nehmen. Ein nachvollziehbarer Grund dafür ist, daß das Management fürchtet, von nächsthöherer Ebene (z.B. Aufsichtsrat, Konzernleitung) oder von anderer Seite (Gewerkschaft, Presse, Öffentlichkeit) für schlechte Befragungsergebnisse verantwortlich gemacht zu werden. Deshalb werden MAB auch gerne in "Schönwetterperioden" durchgeführt oder nach Umstrukturierungen, die man (am besten) nicht selbst oder wenigstens nicht allein zu verantworten hat. Im letztgenannten Fall kann die Survey-Feedback-Methode den Aufbruch zu neuen Ufern symbolisieren.

Im übrigen steht bisher der wissenschaftliche Beweis dafür noch aus, daß durch eine Befragung wirklich die berühmten "schlafenden Hunde" geweckt oder bisher nicht vorhandene Probleme durch die Intervention sozusagen erst in eine Organisation "injiziert" werden. Im Regelfall kann man sicher davon ausgehen, daß (a) Problempunkte, die hochkommen, auch wirklich vorhanden sind, (b) Mitarbeiter im Rahmen einer fairen Befragung auch fair reagieren und (c) die Mitarbeiter sich mit eventuellen Forderungen nicht unangemessen weit von der vorhandenen Realität bewegen werden.

Die Ängste der *Mitarbeiter* drehen sich hauptsächlich um die Frage, ob die zugesagte Anonymität wirklich gewährleistet ist und ob vor allem von seiten ihrer Vorgesetzten nicht möglicherweise mit Sanktionen zu rechnen ist, falls die Anonymität doch durchbrochen wird bzw. wenn sie sich in der späteren Diskussion über die Ergebnisse "outen". Möglicherweise haben einige auch Bedenken, mit ihrer persönlichen Meinung und Sichtweise zu weit von der Gruppenmeinung abzuweichen. Andere Befragte werden, vielleicht aufgrund negativer Vorerfahrungen, Zweifel haben, daß die Befragung mit positiven Auswirkungen verbunden sein wird. Hier muß versucht werden, durch eine kompromißlos praktizierte Anonymitätsgarantie neues Grundvertrauen aufzubauen. Außerdem muß peinlichst vermieden werden, bestehende kritische Grundhaltungen nicht ungewollt noch zu bestätigen.

Aufseiten der *Vorgesetzten* kommen Ängste vor allem dann auf, wenn sie befürchten müssen, daß vorhandene persönliche Schwächen oder Defizite im Führungsverhalten durch die Befragung bloßgelegt werden. Mancher dieser Vorgesetzten sieht es in seiner Phantasie regelrecht vor sich, wie seine Mitarbeiter bei der Befragung gleichsam über ihn zu Gericht sitzen. Damit verbunden ist die Vorstellung, persönliches Fehlverhalten und/oder Führungs- bzw. Managementfehler würden durch die Befragung an höherer Stelle bekannt und das führe zu negativen Konsequenzen. Daraus resultiert selbstverständlich Angst. Bei dem einen Vorgesetzten ist es eher die Angst, seine Funktion als Führungskraft könne durch die Befragung unterlaufen werden, bei anderen ist es die Angst vor Gesichts- oder Machtverlust, wenn nicht sogar die Angst vor Verlust der Position. Alle diese Ängste können eskalieren und beträchtliche Intensität gewinnen. Sie werden ganz selten direkt und offen artikuliert. Meist verbergen sie sich hinter sogenannter "Objektkritik" (d.h. Kritik an der Methode, am Verfahren oder am Befragungsinstrument). Der beste Weg, hier beruhigend zu wirken, ist - ein Mindestmaß an Vertrauen vorausgesetzt - eine ausführliche Information über die Philosophie der Vorgehensweise sowie darüber, wem welche Daten zugänglich sein werden.

Bezüglich der *Arbeitnehmervertretung* ist vorab festzuhalten, daß es zu ihren originären Aufgaben gehört, penibel darauf zu achten, daß in "ihrem" Unternehmen alle einschlägigen gesetzlichen Vorschriften (z.B. Mitbestimmung / Betr.VG.) eingehalten werden. Hier liegt aber zugleich der Nährboden für vielerlei Ängste und Mißtrauen, zum Beispiel vom Management nicht voll informiert, nicht entsprechend den gesetzlichen Bestimmungen einbezogen oder schlicht "über den Tisch gezogen" zu werden. Ängste und Mißtrauen kristallieren sich dabei hauptsächlich um die folgenden vier Punkte: Da existiert zunächst ein generelles (und gelegentlich durch entsprechende Vorerfahrungen leider begründetes) Mißtrauen, daß von der Unternehmensleitung die für die Befragung zugesagte Anonymität und die vertrauliche Behandlung der Befragungsdaten nicht gewahrt wird. Auch die Freiwilligkeit der Teilnahme wird zuweilen in Frage gestellt. Zum zweiten mißtraut man der Informationspolitik nach der Befragung, weil man Zweifel hegt, ob wirklich alle Befragungsergebnisse - vor allem die kritischen - bekanntgegeben werden. Wird dieser Punkt mit der Mitarbeitervertretung diskutiert, kontert das Management übrigens sehr gerne und fast reflexartig mit dem Vorwurf, die Arbeitnehmervertreter würden ihrerseits vertraulich überlassene Informationen nicht vertraulich handhaben. Der dritte Punkt ist die Befürchtung, vom Management könnten bestimmte Befragungsergebnisse dazu mißbraucht werden, Arbeitnehmerinteressen zu blockieren. Dies hängt - viertens - sehr eng mit der Angst zusammen, durch das Projekt könnten die Position und der Einfluß der Arbeitnehmervertretung geschwächt werden. Das ist nicht ganz von der Hand zu weisen. Immerhin zieht das Management durch das Survey-Feedback-Projekt die Verantwortung für die Lösung (auch) von Mitarbeiterproblemen an sich, ruft zu einer gemeinsamen Problemlösung auf und bietet dazu die direkte Kommunikation zwischen Mitarbeiterschaft und Unternehmensleitung an. Durch diese ausgesprochen mitarbeiterorientierte Vorgehensweise kann natürlich leicht der Eindruck entstehen, die Funktion des Betriebs- bzw. Personalrates werde auf diese Weise unterlaufen bzw. ausgehebelt. Die gelegentliche Befürchtung von Mitarbeitervertretern, daß sie durch ein solches Projekt "ihre" Themen verlieren oder daß ihnen sozusagen die "Kunden" entzogen werden, ist nachvollziehbar.

Es soll an dieser Stelle nicht der Hinweis vergessen werden, daß Widerstände keinesfalls nur destruktiver Natur sind. Widerstände haben auch eine ausgesprochen positive Funktion: Sie sind eine Art Schutzmechanismus für die Betroffenen, damit diese nicht allzu schnell von Veränderungen überrollt werden, die sie im Moment (noch) nicht überblicken bzw. verkraften können. Für den Betreiber einer Veränderung haben sie also Signalfunktion. Es lohnt sich deshalb unbedingt, die diversen Ängste sowie die daraus resultierenden Widerstände ernst zu nehmen und auf sie einzugehen. Geschieht dies nicht oder nicht ausreichend, führt das mit Sicherheit zu einer Reduzierung der Teilnehmerquote, wenn nicht - im schlimmsten Fall - sogar zu einer völligen Blockierung des Projektes. Für den Projekterfolg gilt: Alle Beteiligten müssen wollen.

These 5: Mitarbeiter und Mitarbeitervertretung für die Befragung gewinnen
---

Die vorstehend geschilderten möglichen Ängste und Widerstände leiten direkt zu der Frage, wie man Menschen für eine Veränderung gewinnt und ihre Widerstände überwindet. Eine grundlegende Empfehlung läßt sich aus der "Theorie des dynamischen Gleichgewichtes" ableiten, die Lewin (1947) für Innovations- und Veränderungsprozesse formuliert hat. Er unterscheidet in sogenannte Antriebskräfte, die auf einen neuen, veränderten Zustand hindrängen, und sogenannte Hemmkräfte, die der Veränderung entgegenwirken. Ebenso wie es unsinnig ist, ein Auto, das nicht anspringen will, mit angezogenen Bremsen anzuschieben (= Antriebskraft), ist es unsinnig, Mitarbeiter gegen offene oder verdeckte Widerstände für eine Befragung zu motivieren. In beiden Fällen ist es sinnvoller, zunächst die Bremsen zu lösen. Für den Umgang mit Widerständen heißt das: Als erstes die Hemmkräfte (sprich: Widerstände) aus dem Weg räumen oder wenigstens mindern, um danach den vollen Schub der aus den unterschiedlichen Motivationen der Beteiligten erwachsenden Antriebskräfte zu nutzen.

• *Die Einbeziehung der Betroffenen*
Ein Königsweg, Widerstände abzubauen, ist die frühestmögliche Einbindung der Betroffenen. Der OE-Ansatz versucht, diese Einbindung nach Möglichkeit bereits in der Konzeptionsphase zu realisieren. Ein Beispiel dafür ist die Mitbeteiligung der Betroffenen bei der Entwicklung des Befragungsinstrumentes. In großen Organisationen wird es in der Regel aus ökonomischen und wahrscheinlich auch aus Zeitgründen unmöglich sein, jedem einzelnen Mitarbeiter eine umfassende Mitwirkungschance einzuräumen. Üblicherweise geschieht die Einbindung der Mitarbeiterschaft dann über repräsentativ ausgewählte Vertreter der verschiedenen Unternehmensbereiche oder sogar über gewählte Delegierte. Aber selbst in Großunternehmen ist die Einbindung aller z.B. mit Hilfe von bereichs- bzw. standortbezogenen Informationsmärkten oder von Workshop-Ketten in gewissen Grenzen möglich. Falls der Einsatz "vorkonfektionierter" Fragebögen geplant ist, muß dies den Mitarbeitern gegenüber ausdrücklich und überzeugend begründet werden. In einem solchen Fall wäre es jedoch auf jeden Fall besser, den Fragebogen um einen "maßgeschneiderten" Teil zu erweitern, indem man der Mitarbeitervertretung, den Bereichen oder sogar Abteilungen anbietet, sich mit (fünf bis zehn) eigenen Fragen an den Standardfragebogen "anzuhängen". Bei der Formulierung der einzelnen Items könnte bzw. sollte der Berater helfen.

• *Anonymität und Freiwilligkeit*
Weiter oben wurde bereits angesprochen, daß die Garantie einer anonymen und absolut freiwilligen Teilnahme an der Befragung einen beträchtlichen Teil der Ängste bei den Mitarbeitern abfangen kann. So reduziert beispielsweise die Übertragung nicht nur der Datenauswertung, sondern der gesamten Befragungsaktion an ein externes Institut herrschende Mißtrauen und wirkt vertrauensbildend, weil auf diese Weise die ausgefüllten Bögen gar nicht erst in "betriebliche Hände" kommen. Weiterhin muß unbedingt garan-

tiert sein, daß die Kodierung der Daten so erfolgt, daß bei der EDV-Auswertung keine Zuordnung von individuellen Antwortreaktionen zu einzelnen Befragten möglich ist und nur noch zusammengefaßte Antworten mehrerer Mitarbeiter ausgewertet werden. Die kleinste Auswertungseinheit sollte nicht weniger als acht bis zehn Personen umfassen.

Die Mitarbeiter müssen davon überzeugt werden, daß Anonymität und Freiwilligkeit kompromißlos gewahrt werden. Sonst werden sie entweder unzutreffende Antworten geben oder sich dem "Befragungsrisiko" ganz entziehen, so daß die Teilnahmequote entsprechend sinkt. Aus diesem Grund stehen auch einige Bedenken dem gelegentlich gemachten Vorschlag entgegen, die Befragung in Form einer Art Wahlveranstaltung mit Wahlkabinen und "Abhaken" der erfolgten Teilnahme in Listen durchzuführen. Auf diese Weise wird recht eindeutig ein sanfter Zwang zur Teilnahme ausgeübt, wodurch sehr schnell Mißtrauen (nicht nur) gegenüber der Freiwilligkeitszusage generiert werden kann.

Eine gewisse Anonymitätsgarantie muß sich auch auf die spätere Handhabung der Ergebnisse erstrecken. Vor allem für die Vorgesetzten erhebt sich immer wieder die Frage, wer außer ihnen selbst Zugriff auf die Befragungsergebnisse ihrer eigenen Gruppe oder Abteilung hat. Hier wird folgende Vorgehensweise vorgeschlagen: Die Unternehmensleitung erhält alle Ergebnisse. Unternehmensweit veröffentlicht werden die zusammengefaßten Ergebnisse aus der Gesamtorganisation und/oder aus den Unternehmensbereichen. Dieses Gesamtergebnis gilt zugleich als Bezugsmaßstab für die Detailergebnisse der einzelnen Auswertungseinheiten. Die Detailergebnisse werden hingegen nur den Mitgliedern der jeweiligen Auswertungseinheit (d.h. dem Vorgesetzter und seinen Mitarbeitern) sowie außerdem dem zuständigen Vorgesetzten der nächsthöheren Ebene mitgeteilt. Letzterer ist aufgrund seiner Funktion zur Einsichtnahme in die Ergebnisse legitimiert. Schließlich muß er im Rahmen seiner Führungsverantwortung bei Bedarf dem oder den ihm unterstellten Vorgesetzten bei ihrer Aktionsplanung mit den Mitarbeitern beratend zur Seite stehen sowie die spätere Umsetzung der beschlossenen Maßnahmen stützen und fördern. Detailergebnisse gehen somit nur an die Nutzanwender und an involvierte Beteiligte. Schlichte Neugierde oder allgemeines Interesse sind grundsätzlich kein Argument, eine Einsichtnahme in Detailergebnisse zu gewähren.

• *Aufklärungsarbeit*
Ein Großteil von Widerständen hat seine Ursache in Informationsdefiziten, die bekanntlich gern zu Fehleinschätzungen und zu falschen "Phantasien" führen. Ein Teil des Informationsmangels wird über die Einbeziehung von Betroffenen behoben werden können. Das wird jedoch nicht genügen. Deshalb müssen in einer unternehmensweiten Aufklärungsaktion Sinn und Zweck der Befragung, die Ziele, die Prinzipien der Vorgehensweise sowie Organisation und Ablauf (nicht nur der Befragung, sondern des gesamten Survey-Feedback-Projektes) allen Mitarbeitern bekanntgemacht werden. Für diesen Informationsprozeß gibt es kein Patentrezept. Die Unterschiedlichkeiten der jeweiligen Situation, speziell das Vorhandensein von "einschlägigen" Erfahrungen in der betreffenden Organisation, sind zu berücksichtigen. Generell ist dringend zu empfehlen, sämtliche im Unternehmen zur Verfügung stehenden Medien und Informationswege zu nutzen. Zum Beispiel: Informationsveranstaltungen über die Führungsebenen hinweg (top-down), Informationsmarkt, Präsentationen in Sitzungen, Rundschreiben, Werkszeitung/Mitarbeiterzeitschrift, Poster, Eröffnungsveranstaltung usw. Das Ziel aller dieser Maßnahmen ist es, eine breite innerbetriebliche Diskussion über das Projekt in Gang

zu setzen und durch Aufnehmen und Abarbeiten von Fragen und Bedenken möglichst viele Mitarbeiter für eine Teilnahme zu gewinnen. - Später wird man die gleiche Informationsmaschinerie bei der "Vermarktung" der Ergebnisse erneut in Gang setzen.

• *Kooperation mit der Arbeitnehmervertretung*

Was den Betriebs- bzw. Personalrat angeht, soll hier noch einmal die Empfehlung wiederholt werden, die Mitarbeitervertretung von Beginn und weit über den gesetzlich vorgeschriebenen Rahmen hinaus in die Konzeption und Durchführung des Survey-Feedback-Projektes einzubinden. Je früher diese Einbindung geschieht, desto größer ist die Chance, daß eventuelle Bedenken oder Befürchtungen rechtzeitig auf den Tisch kommen und behandelt werden können. Diese extrem weite Kooperation schließt das Angebot ein, inhaltliche Ergänzungen zum Befragungsinstrument mit einzubringen bzw. zur Diskussion zu stellen. Mit einer solchen Vorgehensweise wird die partnerschaftliche und partizipative Grundüberzeugung der Organisationsentwicklung demonstrativ unter Beweis gestellt und - hoffentlich - glaubwürdig gemacht. Im Fall von besonders verhärteten Fronten zwischen Unternehmensleitung und Arbeitnehmervertretung hat sich bewährt, der Arbeitnehmervertretung anheim zu stellen, sich - auf Firmenkosten - einen (ausgewiesenen) externen Spezialisten als wissenschaftlichen Berater zur Seite zu stellen.

Das Gewinnen der Mitarbeiter bzw. der Mitarbeitervertretung für das Survey-Feedback-Projekt ist mit Beginn der Befragung keinesfalls beendet. Während des gesamten Projektes muß durch eine umfassende und transparente Informationspolitik und durch zügiges Einleiten von überzeugenden Maßnahmen ("Es tut sich 'was!") der Vertrauenskredit bei den Mitarbeitern prozeßbegleitend "gepflegt" und sie zum weiteren Mitmachen motiviert werden.

These 6:   Die MAB in andere (evtl. bereits laufende) Projekte einbinden

Der Nutzen einer MAB bzw. des Survey-Feedback-Ansatzes wird sinnfälliger und gewinnt zusätzlich an Glaubwürdigkeit, wenn die Intervention eingebettet werden kann in den Kontext anderer, am besten bereits erfolgreich laufender Projekte. Das können Maßnahmen zur Verbesserung der Qualität (TQM) oder zur Installation kontinuierlicher Verbesserungsprozesse (KVP) ebenso sein wie Projekte im Trainingsbereich (z.B. Problemlösetechnik, Teamentwicklung) und/oder im Personalbereich (z.B. Führungskräfteentwicklung, Mitarbeiter- oder Vorgesetztenbeurteilung). Auch Projekte zur Entwicklung von Leitlinien, zum Erarbeiten von Visionen oder zur Veränderung der Unternehmenskultur lassen sich hervorragend einbinden. Selbstverständlich ist zu prüfen, wie viele Projekte zu gleicher Zeit die Organisation überhaupt "verkraften" kann. Im übrigen ist allein wichtig, daß in den verschiedenen Projekten nicht nach widersprüchlichen "Philosophien" verfahren wird. Nur unter dieser Voraussetzung wird den Organisationsmitgliedern deutlich, daß hinter den verschiedenen zeitgleichen Maßnahmen ein ganzheitlicher Ansatz und ein gewisses strategisches Konzept stehen.

These 7:   Schnelle Ergebnis-Rückmeldung und Maßnahmen

Nach Durchführung der Befragung wird bei den Mitarbeitern im Unternehmen eine hohe Erwartungsspannung herrschen. Es sollte nicht zu lange Zeit bis zur Bekanntgabe der Ergebnisse vergehen, einerseits um die Dynamik des Prozesses nicht zu gefährden, andererseits um falscher Gerüchtebildung (z.B.: Ergebnisse werden 'überarbeitet' oder sind schon längst in der Schublade verschwunden) zuvorzukommen. Bei einer Befragung von beispielsweise 2.000 Mitarbeitern müßte es bei entsprechender Planung und angesichts der inzwischen gegebenen elektronischen Auswertungsmöglichkeiten machbar sein, nach etwa vier Wochen dem Unternehmen das Gesamtergebnis, die Ergebnisse der einzelnen Auswertungseinheiten und die dazugehörenden Berichte vorzulegen. Die Präsentation bzw. "Vermarktung" der Ergebnisse im Unternehmen könnte sich sofort anschließend in folgenden Schritten vollziehen:

1. Präsentation des Gesamtergebnisses vor der Unternehmensleitung zusammen mit der Übergabe des Auswertungsberichtes sowie der Übergabe aller Einzelberichte für die vorher definierten Auswertungseinheiten. Die gleiche Präsentation wird möglichst unmittelbar anschließend vor der Mitarbeitervertretung gemacht. Gelegentlich wird der Vorsitzende der Mitarbeitervertretung zusätzlich auch zur Präsentation vor der Unternehmensleitung gebeten, damit er sich davon überzeugen kann, daß beide Berichterstattungen identisch sind. Ist ein Koordinationsteam bzw. ein Lenkungsausschuß vorhanden, sollte dieses Team neben dem Gesamtbericht ebenfalls alle Einzelergebnisse erhalten.

2. Unverzügliche Rückmeldung des Gesamtergebnisses an die Mitarbeiterschaft (= Survey-Feedback). Dies geschieht üblicherweise in Form einer Ergebnisbroschüre oder einer Sonderausgabe der Mitarbeiterzeitschrift, wobei der Bericht selbstverständlich mit veranschaulichenden Grafiken und erläuternden Kommentaren versehen sein wird. Damit sollte man sich aber nicht zufrieden geben. Bei einer Veröffentlichung der Ergebnisse ausschließlich in gedruckter Form besteht die Gefahr, daß ein solcher Bericht - gerechtfertigt oder nicht - leicht den Touch von "Hofberichterstattung" bekommt. Dies kann u.a. daran liegen, daß bei einer solchen Veröffentlichung in Bezug auf die Darstellungsweise wie auch auf die Formulierungen selbstverständlich berücksichtigt werden muß, daß der Leserkreis mit Sicherheit über den Kreis der unmittelbar Beteiligten hinausgeht. Wenn irgend möglich, sollte deshalb zusätzlich noch unbedingt eine mündliche Präsentation des Unternehmensergebnisses im Rahmen von Betriebs- oder Bereichsversammlungen durchgeführt werden. Bei einer Betriebsversammlung ist der Zuhörerkreis exakt definiert. Das hat nicht nur den Vorteil, daß man in einem solchen Rahmen viel offener (auch) zu kritischen Punkten Stellung nehmen kann, sondern die mündliche Präsentationsform bietet zugleich die Chance, unmittelbar auf spontane Fragen der Mitarbeiter einzugehen.

3. Praktisch zeitgleich mit der unternehmensweiten Veröffentlichung sollte das Gesamtergebnis vor dem Führungskreis ausführlich präsentiert und diskutiert werden (bei größeren Unternehmen unter Umständen top-down in mehreren Veranstaltungen). Bei dieser Gelegenheit können dann auch gleich - kaskadenartig, wie unter These 5 beschrieben - die präsentationsfertigen Ergebnisberichte der einzelnen Auswertungseinheiten an die jeweils zuständigen Vorgesetzten übergeben werden. Dies sollte unbedingt mit einer Instruktion verbunden sein, wie die Detailergebnisse an die Mitarbeiter weiterzugeben sind, wie die Vorgesetzten auf persönliches Feedback in ihrem Detailergebnis reagieren sollten und wie man am besten in den danach vorgesehenen Teamprozeß einsteigt (wenn dafür nicht sogar eigens eine Schulung vorgesehen ist).

4. Nachdem die Informationsbasis gelegt ist, beginnen nun die Teamrunden in den verschiedenen Auswertungseinheiten. Die Vorgehensweise orientiert sich an der Systematik der klassischen Problemlösetechnik und erstreckt sich über folgende Stufen:
   - Präsentation der (Team-)Ergebnisse in den einzelnen Items des Fragebogens (Mittelwerte und Streuungen) per Overhead-Folien,
   - Diskussion der Ergebnisse, Vergleich mit dem Gesamtergebnis und Definition der Hauptprobleme, die sich für das Team aus der Befragung ergeben,
   - Ursachenforschung bezüglich des Ist-Zustandes und Definition eines gewünschten bzw. anzustrebenden Soll-Zustandes (problemloser Zustand),
   - Entwicklung und Prüfung von konkreten Maßnahmen zur Lösung der definierten Probleme,
   - Auswahl geeigneter Maßnahmen und Erstellung eines Aktionsplanes,
   - Ausführliche Präsentation des Aktionsplanes (mit namentlicher Benennung von Umsetzungsverantwortlichen!) auf nächsthöherer, besser noch auf Top-Ebene.

Während der Befragung war die Zusicherung der Anonymität als "Anschubhilfe" unbedingt notwendig. Bei der Problemdiskussion auf Teamebene müssen die Mitarbeiter nun aber aus ihrer Anonymität heraustreten, falls sie sich einbringen und nicht darauf verzichten wollen, bei der Problemlösung mitzuwirken. Es wird jetzt sehr stark von dem jeweiligen Vorgesetzten abhängen, ob er ein Vertrauensklima aufbauen kann (oder schon längst aufgebaut hat), indem eine kritische Diskussion über die Ergebnisse offen und angstfrei stattfinden kann. Die Erfahrung zeigt, daß die Vorgesetzten hier unterschiedlich erfolgreich sind. Je nach Trainingsstand und/oder praktizierter Kommunikationskultur kann es deshalb hilfreich sein, die Teamrunden extern moderieren zu lassen (wobei 'extern' in diesem Fall heißt, daß es sich bei dem Moderator um einen nicht beteiligten "neutralen Dritten" handelt).

Noch einige ergänzende Anmerkungen zur Rückmeldung der Ergebnisse an die Mitarbeiter: Geradezu tödlich für den weiteren Prozeß ist es, wenn das Management (oder auch einzelne Vorgesetzte) auf kritische Befragungsergebnisse mit Abwehr oder sogar regelrecht beleidigt reagieren. Ähnlich wie man sich in der Marktforschung gelegentlich mit wenig erfreulichen Daten auseinandersetzen muß (und froh ist, daß man es wenigstens weiß), müssen das Management, aber auch alle anderen unternehmerischen Willensträger einer Organisation lernen, kritische Ergebnisse innerbetrieblicher Personalforschung an- und aufzunehmen. Ohne Kenntnis der Situation ist kein Management möglich! Das gilt auch für die "innere" Steuerung eines Unternehmens. Der bessere Weg, auf kritische Befragungsergebnisse zu reagieren, ist deshalb ein unverzügliches und demonstratives Einleiten von Maßnahmen. Ohne den Ergebnissen der Teamrunden vorzugreifen, kann man beispielsweise schon bei der Veröffentlichung der Gesamtergebnisse erste grundsätzliche Aktivitäten bekanntgeben, mit denen besonders häufig genannten Problempunkten begegnet werden soll (z.B. neue Trainingsmaßnahmen, Teamentwicklung, Verbesserung von Arbeitsverhältnissen, Beseitigung von Störungen im Informationsfluß u.ä.). Man sollte sich übrigens auch nicht scheuen, gegenüber den Mitarbeitern klar und deutlich diejenigen Punkte anzusprechen, in denen (zur Zeit) keine Veränderung oder Verbesserung möglich ist. Auch das Unabänderliche gehört schließlich zur Realität. Eine Akzeptanz solcher weniger schönen Seiten der Realität ist bei den Mitarbeitern am ehesten zu erreichen, wenn wirklich überzeugende Argumente vorgetragen werden können.

Sehr gerne wird von Management und Vorgesetzten der Vergleich mit anderen Unternehmen gesucht; sei es, um zu festzustellen „wie gut man ist", sei es, um kritische Ergebnisse zu relativieren. Solche Vergleiche zwischen Unternehmen sind ziemlich irrelevant (Comelli, 1985, S. 276 ff.), weil schon allein die situativen Rahmenbedingungen, die Mitarbeiter und andere konkrete Tatbestände in der Regel nicht vergleichbar sind. Zwar suggerieren Prozentzahlen, Mittelwerte, Schwankungsbreiten etc. ebenso wie die grafischen Darstellungen leicht eine Art "Objektivität" der Daten, jedoch darf nicht vergessen werden, daß die Befragungsergebnisse nichts anderes darstellen als die Zusammenfassung der durch den Fragebogen ausgelösten *subjektiven* Reaktionen der Befragten. Jeder Befragungsteilnehmer hat bei der Befragung seine persönlichen Sichtweisen und seine Einschätzung der innerorganisatorischen Verhältnisse kundgetan. In diesen Aussagen spiegeln sich naturgemäß individuelle Einstellungen, Erfahrungen, Motive, Erwartungen, Ansprüche, persönliche Wertsysteme usw. wider. So wäre es beispielsweise bei einem Firmenvergleich keine Überraschung, wenn die Mitarbeiter der einen Firma eine bestimmte Arbeitssituation als „gerade noch normal" oder als „befriedigend" bezeichnen, während die Mitarbeiter einer anderen Firma die exakt gleiche Situation als „sehr gut" oder sogar als „hervorragend" erleben, weil sie ihr mit einem geringeren Anspruchsniveau begegnen. Statt an anderen Unternehmen Maß zu nehmen, liegt der bessere Vergleichsmaßstab im eigenen Unternehmen. Aus diesem Grund werden die einzelnen Auswertungseinheiten aufgefordert, die eigenen Ergebnisdaten mit den Ergebnissen ihres Bereiches bzw. der Gesamtorganisation zu vergleichen und daraus entsprechende Schlüsse abzuleiten. Bei regelmäßig stattfindenden Befragungen bieten natürlich auch die Ergebnisse der vorangehenden Befragung ausgezeichnete Vergleichsmöglichkeiten (Was hat sich verändert bzw. verbessert?)

These 8: Prozeß-Controlling organisieren

Angenommen, in einem Unternehmen gibt es etwa fünfzig Auswertungseinheiten (= Teamrunden), und jede dieser Gruppen beschließt nur fünf Maßnahmen für ihren Aktionsplan, dann ergeben sich unternehmensweit bereits zwei- bis dreihundert kleinere und größere Aktivitäten. Da werden Projektteams gegründet, Strukturen in Frage gestellt bzw. untersucht, Abläufe optimiert, Vereinbarungen zur Verbesserung von Kommunikation und Zusammenarbeit getroffen, Arbeitsbedingungen geändert, die Sitzungskultur überprüft, Konflikt- oder Problemlöseworkshops ins Leben gerufen, individuelle Feedback-Gespräche vereinbart, Coaching-Maßnahmen gestartet u.v.a.m.

Die Verfolgung aller dieser Maßnahmen muß organisiert werden! Die große Gefahr für den Erfolg des Survey-Feedback-Ansatzes besteht nämlich darin, daß die Motivation des Managements (und in Folge auch die der Mitarbeiter) bei der Verfolgung des Prozesses zu schnell nachläßt. Das geschieht oft schon kurz nach der Befragung. Vielleicht wird noch die Präsentation der Befragungsergebnisse "zelebriert", und möglicherweise werden auch noch ein paar "Schnellschüsse" als demonstrative Aktionen durchgeführt. Dann aber droht bereits das Engagement zu erlahmen. Das gern zitierte "Tagesgeschäft" sorgt für neue Prioritätensetzungen und ist als Entschuldigungsgrund willkommen. Dabei muß die Devise lauten: Durchhalten! Ohne ein institutionalisiertes Prozeß-Controlling wird dies kaum gelingen. Die formale Zuständigkeit für die Aufrechterhaltung des Prozesses liegt bei dem zu Beginn als "Prozeß-Owner" nominierten Mitglied des Top-Managements (siehe These 3) zusammen mit dem gleichzeitig ins Leben gerufenen Koordinationsteam bzw. Lenkungsausschuß. Von hier müssen ständig prozeßfördernde bzw. prozeßerhaltende Impulse ausgehen. Das sind in erster Linie laufende Erfolgsüberprüfungen (z.b. regelmäßige Reviews auf Top-Ebene), die Herausstellung und Anerkennung von erfolgreich abgeschlossenen Maßnahmen (reinforcement) sowie zügige Unterstützung und Hilfestellung bei Umsetzungsproblemen. Nach frühestens ein bis zwei Jahren wird man in dem Koordinationsteam mit ersten Überlegungen und Vorbereitungen für eine nächste Befragungsrunde beginnen. Und nach dem zweiten, eher noch nach dem dritten Survey-Feedback (s.u.) kann man zu Recht von einem Organisationsentwicklungsprozeß reden.

These 9: *Eine* MAB ist keine Organisationsentwicklung

Es ist unter anderem besonders dem Einfluß der Aktionsforschung zuzuschreiben, wenn Organisationsentwicklung als längerfristiger und partizipativ angelegter Prozeß zur Veränderung von und in Organisationen definiert wird. Es entspricht deshalb nicht dem Geist organisationsentwicklerischen Handelns, es mit einer einzigen Datensammlung bewenden zu lassen, so daß die erste Durchführung einer MAB gleichzeitig auch die letzte ist. MAB im OE-Prozeß heißt vielmehr, daß dieses Instrument wiederholt und in regelmäßigen Abständen eingesetzt wird. Unternehmen, die hier bereits einige Erfahrung haben, führen solche Befragungen in der Regel im Turnus zwischen drei und (spätestens) fünf Jahren durch. Bei solchen periodisch stattfindenden Befragungen wird - ganz im aktionsforscherischen Sinn - jeweils die zurückliegende Aktionsphase evaluiert und damit gleichzeitig ein neuer Dateninput für zukünftige Aktionen erhoben.

Bei periodischen Befragungen stellt sich für manche Firmen gelegentlich ein Dilemma. Einerseits bietet sich an, bei der nachfolgenden Befragung exakt das gleiche Befragungsinstrument in Anwendung zu bringen wie zuvor. Andererseits ist es nicht nur reizvoll, sondern der inzwischen stattgefundene Lernprozeß legt dies nahe, die neue Befragung auf zusätzliche und neue Aspekte auszurichten bzw. sie zumindest in Teilbereichen zu spezialisieren. Ein sinnvoller Kompromiß besteht darin, in jeder Befragungsrunde einen größeren Anteil besonders relevanter Items "stabil" zu halten und den restlichen Teil der Items auszublenden. Auf diese Weise gewinnt man Raum für neue Fragenkomplexe und sichert gleichzeitig eine gewisse Kontinuität des Instrumentariums, so daß Entwicklungen verfolgt werden können. In der Vorbereitungsphase zur nachfolgenden Befragungsrunde und bei der Festlegung der Befragungsziele muß über die Beibehaltung bzw. Ausblendung von Items jeweils neu entschieden werden. Dies alles gilt für den Fall, daß sich nicht ohnehin aus innerorganisatorischen oder externen Gründen völlig andere inhaltliche Schwerpunktsetzungen aufdrängen. Das würde eine Neukonstruktion oder einen Wechsel des Befragungsinstrumentes notwendig machen. Sozusagen synchron mit dem Wandel "ihrer" Organisation verändern sich also auch die Befragungsinstrumente.

Ohnehin ist der Einsatz eines absolut identischen Befragungsinstrumentes bei der Evaluation von OE-Prozessen keine Gewähr dafür, daß die mit dem unveränderten Instrument festgestellten Veränderungen ausschließlich den durchgeführten Maßnahmen aus der Aktionsphase zuzurechnen sind. Am Wandel einer Organisation wirken neben den geplanten und initiierten Veränderungsaktivitäten zu jeder Zeit vielfältige andere externe wie interne Einflüsse mit. Ein Beispiel dafür sind die Erfahrungen, die einige Firmen in den letzten Jahren im Rahmen von Führungsstilanalysen oder bei Untersuchungen zum Führungsklima gemacht haben. Sie mußten feststellen, daß sie trotz durchgeführter intensiver Maßnahmen zur Verbesserung des Führungsverhaltens bei Wiederholungsbefragungen schlechtere Resultate erzielten. Die Ursache für diese zunächst überraschenden Ergebnisse ist schnell erläutert: Bei vielen Mitarbeitern ist in den letzten Jahren der Anspruch an die soziale Kompetenz und an die Führungsfähigkeit ihrer Vorgesetzten schneller gestiegen, als die Vorgesetzten mit ihrem Verhalten "nachkommen" konnten. Von außen betrachtet hatte sich das Verhalten der Vorgesetzten gegenüber früher wirklich verbessert; von ihren inzwischen deutlich anspruchsvoller gewordenen Mitarbeitern erhielten sie dennoch schlechtere Noten.

These 10: Die Tendenz geht in Richtung mehr Befragungen, spezialisiertere Befragungen und noch schnelleres Datenfeedback

---

Organisationen werden zunehmend kommunikativer. Oder vielleicht zutreffender: Sie können sich in unserer heutigen Medien- und Kommunikationswelt diesem Trend kaum entziehen. Bislang war bei den meisten von ihnen der Schwerpunkt der Unternehmenskommunikation nach außen gerichtet (Markt, Kunden, Öffentlichkeit). Inzwischen erkennen Organisationen auch die Wichtigkeit kommunikativeren Verhaltens nach innen. Die Identifikation der Mitarbeiter mit dem Unternehmen und seinen Zielen steigert man nicht mit einem Rundschreiben. Und eine Veränderung der Unternehmenskultur und die Ausrichtung auf neue Werteschwerpunkte wie z.B. Qualität, Kundenorientierung, Arbeitssicherheit, Umwelt u.a. gelingt nicht durch Verkünden von Leitlinien oder durch Verteilen einer noch so toll aufgemachten Broschüre. Hier muß der Dialog zum Mitarbeiter gesucht werden. Zweiweg-Kommunikation statt "Musik von oben" ist geboten. In der Regel müssen in solchen Fällen recht aufwendige Kommunikationsprozesse initiiert werden. Doch wer Mitarbeiter gewinnen will, muß erst einmal wissen, wo er sie "abholen" muß. Die MAB ist hier das Verfahren der Wahl. Sie ermöglicht eine Standortbestimmung oder Status-Feststellung ebenso wie sich durch eine Befragung Intensität und Reichweite bisheriger Veränderungsbemühungen erfassen lassen. Die Zahl der Unternehmen, die sich solche "Geschäftsberichte von unten" (Freimuth & Kiefer, 1995) erstellen läßt, statt wichtige Signale aus der Mitarbeiterschaft zu übersehen und/oder ins Ungewisse zu kommunizieren, wird deshalb weiter steigen.

Außerdem ist nicht zuletzt durch die immer bessere Verfügbarkeit der elektronischen Datenverarbeitung (insbesondere PC's) und aufgrund der immer komfortabler werdenden Auswertungssoftware in den Unternehmen eine stark steigende Tendenz festzustellen, neben den periodisch stattfindenden "großen" MAB zwischendurch und immer häufiger zusätzliche "Blitzumfragen" in Teilbereichen der Organisation bzw. in kleineren Organisationseinheiten durchzuführen. Solche Befragungen sind zum Teil sehr gezielt auf bestimmte Problemstellungen ausgerichtet.

Auch das Datenfeedback kann und wird in Zukunft immer schneller erfolgen. Dies gilt zumindest für kleinere und zahlenmäßig überschaubare Organisationseinheiten. So verfügen einzelne Firmen bereits über ein Equipment ("Votometer") für die Durchführung von schnellen Umfragen und deren sofortige Auswertung. Ein solches Votometer (von to vote = abstimmen) besteht zum Beispiel aus hundert kleinen Infrarot-Sendern mit einem Tastenfeld (ähnlich einer TV-Fernbedienung), mit denen - etwa bei einer Befragung im Rahmen einer größeren Führungskräftetagung - die Antwortreaktionen der Teilnehmer unmittelbar in einen entsprechend ausgerüsteten PC eingespeist werden können. Dabei reagieren die in diesem Beispielfall bis zu hundert Befragten spontan auf Fragen, die - mit entsprechenden Antwortalternativen versehen - per Overhead- oder Videoprojektor vorgegeben werden. Die Differenzierung der Antworten kann in Multiple-Choice-Form oder über Skalen erfolgen. Bei jeder Frage drücken die Teilnehmer die für sie zutreffende Antworttaste und senden auf diese Weise ihre Daten direkt in den Rechner. Die einzelnen Sender sind numeriert. So kann der Rechner selbstverständlich feststellen, welche "Nummern" bei einer Frage (noch) nicht geantwortet haben. Allerdings bleibt die Anonymität gewährleistet, solange jeder Teilnehmer zu Beginn der Sitzung seinen Sender aus einer Vielzahl ausgelegter Geräte frei auswählen kann, und damit eine feste (und den Auswertern bekannte) Zuordnung zwischen den Sendernummern und bestimmten Personen nicht möglich ist.

Zu Beginn der Befragung wird der Rechner übrigens auf die Zielgruppe "geeicht", d.h. die Teilnehmer werden gebeten, über das Tastenfeld ihres Senders jene Informationen, die für eine differenziertere Auswertung notwendig sind (z.B. Abteilungs- oder Bereichszugehörigkeit, Geschlecht, Alter, Betriebszugehörigkeit o.ä.), in den Rechner einzugeben. Die Auswertungssoftware gestattet sofort nach der Abfrage und mit nur wenigen Rechenbefehlen eine vielfältige Verrechnung der Daten sowie auch eine grafische Umsetzung der Ergebnisse. Mit Hilfe eines angeschlossenen Videoprojektors können Daten und Ergebnisse sofort und für alle einsehbar auf eine Leinwand projiziert werden. Ebenso gut kann man die Befragungsergebnisse ausdrucken lassen und hat damit einen Dateninput, der sozusagen noch in gleicher Minute (instant feedback!) den Befragten zur weiteren Bearbeitung in Kleingruppen bzw. Workshop-Runden in die Hand gegeben werden kann.

4 Statt einer Zusammenfassung

Eine gesunde Organisation ist in erster Linie eine kommunikative Organisation: Die Informationsprozesse sind vertikal wie horizontal so organisiert, daß jeder Mitarbeiter schnell und bedürfnisgerecht (!) mit relevanten und verläßlichen Informationen versorgt ist. Das Kommunikationsklima ist geprägt von einem ausreichenden Maß an Vertrauen und gegenseitiger Akzeptanz. Außerdem ist eine gesunde Organisation gekennzeichnet durch "informierte Entscheidungen", d.h. die Entscheidungen stehen auf einer soliden Informationsbasis. Erreicht wird dies nicht zuletzt dadurch, daß betroffenen und/oder interessierten Mitarbeitern *vor* der endgültigen Entschlußbildung die Chance eingeräumt wird bzw. sie aufgefordert werden, ihre Ideen oder auch Bedenken rechtzeitig einzuspeisen. Auf diese Weise können sie an der Optimierung der Entscheidung mitwirken. Zwei weitere Kennzeichen einer gesunden Organisation sind Offenheit für Feedback und die Grundhaltung "Konflikt als Chance". Die beiden letztgenannten Merkmale signalisieren die ständige Lern- und Veränderungsbereitschaft der Organisation.

In diesem Kontext betrachtet, kann und soll eine MAB keinen der vielfältigen und notwendigen innerbetrieblicher Kommunikationsprozesse ersetzen. Aber sie ist ein großartiges ergänzendes Instrument, Einstellungen und Meinungen der an der Befragung mitwirkenden Mitarbeiter zu erkunden und sich mit ihrer Hilfe eine fundierte und differenzierte Gesamtschau innerbetrieblicher Verhältnisse zu verschaffen. Mit der unternehmensweiten Diskussion über die Befragungsergebnisse (Survey-Feedback) verbindet sich die Riesenchance, die innerbetriebliche Kommunikation in alle Richtungen zu intensivieren - von oben nach unten, von unten nach oben und lateral.

Wir leben in einer Welt, in der eine Orientierung an den Prinzipien von Partizipation und Mitwirkung zunehmend erwartet wird. Das erwarten heute Mitarbeiter von ihrem Vorgesetzten wie von ihrem Unternehmen. Und das erwarten ebenso die Bürger in ihrem Gemeinwesen und von ihren gewählten Mandatsträgern. Es geht hier nicht allein um den motivationalen Aspekt der Mitwirkung oder um die Reduzierung von Widerständen durch die Einbeziehung der Betroffenen. Vielmehr gilt die Nutzung des Potentials der Mitarbeiter sowie die Schaffung von organisatorischen und klimatischen Rahmenbedingungen, in denen sich dieses Potential entfalten kann, in vielen Unternehmen inzwischen als hochkarätiger strategischer Wettbewerbsfaktor. Insofern müßte in den Unternehmen "Forschung nach innen" (beispielsweise Personalforschung durch MAB) eigentlich schon längst ebenso selbstverständlich sein wie die "nach außen" in Form von Markt- und Konsumentenforschung. Erfolgreiches Management ohne solide Informationsbasis und ohne Kenntnis der Probleme ist schlecht vorstellbar! Das gilt "drinnen" wie "draußen". Wer mitdenkende und eigenverantwortlich handelnde Mitarbeiter haben will, wer das enorme Potential ihrer Fähigkeiten, Kenntnisse und Erfahrungen aktivieren möchte, der muß den Dialog zu ihnen suchen und sie (be)fragen.

Eine betriebliche Umfrage bietet die große Chance, daß Mitarbeiter zu Mit-Arbeitern werden. Wenn die Mitarbeiter für eine Befragung gewonnen worden sind, werden sie sich öffnen und ihre Ideen und Anregungen zur Verfügung stellen. Aber sie werden ebenso "Störmeldungen" geben, mehr oder weniger herbe Kritik äußern und wahrscheinlich mit Hinweisen auf bestehende Schwachstellen nicht sparen. Danach ist das Unternehmen in doppelter Hinsicht gefordert: Seine Willensträger müssen zum einen die geäußerten Ideen und Anregungen interessiert und dankbar (!) aufnehmen und umzusetzen suchen. Zum anderen müssen sie die vielleicht recht schmerzliche Kritik akzeptieren und über einen glaubwürdigen Dialog mit den Mitarbeitern versuchen, die der geäußerten Unzufriedenheit innewohnende Dynamik in konstruktive Veränderungsenergien bzw. -maßnahmen zu verwandeln. Mit einer MAB endet also nicht die innerorganisatorische Kommunikation über die Befragungsthemen, sondern sie beginnt gerade erst richtig - zumindest wenn die Befragung als Teil eines OE-Prozesses geplant und verstanden wird.

Mitarbeiterbefragungen im Rahmen des Auftau- und Einbindungsmanagement-Programms (AEMP): Entwicklungen und Erfahrungen

Ingwer Borg

1 Drei Typen von Mitarbeiterbefragungen und das AEMP

Das Interesse deutscher Industrieunternehmen an Mitarbeiterbefragungen (MAB) ist in den letzten Jahren deutlich gestiegen. Der Grund hierfür ist nicht immer ganz deutlich. Vielfach entsteht ein erster Kontakt einfach dadurch, daß eine wichtige Führungskraft gehört hat, daß einige für ihn/sie relevante Referenzunternehmen eine MAB durchgeführten oder sogar ganze Reihen solcher Befragungen für die kommenden Jahre angesetzt haben. Die ersten Kontakte zeigen dann, daß das Verständnis dafür, welche Möglichkeiten das Instrument MAB bietet, noch recht vage ist. Um hier eine erste Orientierung zu ermöglichen, hat sich eine Unterscheidung in drei Typen als sehr nützlich erwiesen. Die drei Typen sind in Tabelle 1 charakterisiert. Oben in der Tabelle steht die Benchmarking-Umfrage, die man von ihrer Funktion her als eine Art *Thermometer* bezeichnen könnte. Sie soll vor allem Kennzahlen liefern. Im Vordergrund steht also das Messen von Meinungen und Einstellungen wie in einer sozialwissenschaftlichen Umfrage. Das Medium (d.h. die Befragten) soll durch den Meßvorgang nicht verändert werden. Im Gegensatz dazu ist beim Auftau- und Einbindungsmanagement-Programm (Borg, 1995a) eine Veränderung des Mediums nicht nur zulässig und wünschenswert, sondern vielmehr zielgerichtet geplant. Das Messen hat nur noch eine instrumentelle Rolle im Rahmen einer *Intervention zur Unternehmensentwicklung*. Fragen an die Mitarbeiter werden daher nicht nur gestellt um Informationen zu bekommen sondern auch um neue Themen anzureißen (sog. Transportitems oder "Trojanische Pferde") oder um damit später ertragreiche Gruppengespräche führen zu können (sog. Aktionsitems). So ist z.B. die Frage „Wie viel produktiver könnten Sie selbst sein, wenn die Rahmenbedingungen für Ihre Arbeit entsprechend verbessert würden?" vom Ergebnis her für den erfahrenen Befrager relativ uninformativ, weil sich die Antworten gut vorhersagen lassen. Trotzdem ist die Frage im Rahmen eines AEMP nützlich, weil sich die Antworten dazu eignen, die Befragten in den Nachfolgeprozessen zu motivieren, konkrete Stellungnahmen abzugeben und in Priorisierungsüberlegungen einzutreten. Die Umfrage selbst richtet sich zudem nicht nur an die "Basis", sondern an alle Ebenen. Zudem sind die Themen der Umfrage mitgeprägt von der allgemeinen Zielsetzung Veränderungen zur Stärkung der Wettbewerbsfähigkeit (vor allem im Bereich der Führungs- und Produktivitätssysteme) voranzutreiben, während z.B. in der klassischen MAB nur vorgesehen ist, auf die von den Mitarbeitern identifizierten Schwachstellen mit eventuellen Verbesserungsmaßnahmen (meist: Reparaturmaßnahmen oder "hygienischen" Aktionen) zu reagieren.

Tabelle 1: Drei Typen von MAB und ihre Hauptcharakteristika.

Programm	Absicht	Inhalt	Ausrichtung	Methode
Benchmarking Umfrage	Vergleiche (Geschäftsbereiche, Zeitverläufe, andere Firmen)	Betriebsklima, Arbeitszufriedenheit, Einstellungen, Meinungen	Retrospektiv: Standort- und Kursbestimmung	Stichprobenbefragung, die kein großes Aufsehen erregt
Klassische Miarbeiterbefragung mit Feedback	Klimaverbesserung, Zufriedenheit; Beseitigung von Schwachstellen vor Ort	Breites, traditionelles Themenspektrum (Arbeitsplatz, Tätigkeit, Vorgesetzter usw.)	Heute und nähere Zukunft, ohne geplante Weiterverfolgung innerhalb des Programms	Vollbefragung mit Nachfolgegesprächen in Abteilungen, Verbesserungsmaßnahmen "vor Ort" durch unmittelbare Vorgesetzte
Auftau- und Einbindungsmanagement-Programm (AEMP)	Veränderungsmanagement: Transportieren und Umsetzen strategischer Ziele nach unten, Ausgestaltung, Rückkoppelung	Breites Themenspektrum, mit Informations-, Transport- und Aktionsitems	Nähere Zukunft (ca. 1 Jahr incl. Aktionsplanung, Umsetzung, Controlling, Bewertung), mit strategischer Ausrichtung	Vollbefragung mit Nachfolgegesprächen in Abteilungen, gesonderte Gruppengespräche für Führungskräfte, Verbesserungsmaßnahmen und Ausbau der Systeme auf allen Ebenen

In diesem Artikel konzentriere ich mich auf das AEMP als dem Typus von MAB, der heutzutage in der Praxis eine dominante Bedeutung hat. Abbildung 1 zeigt die Hauptelemente des Programms. Ein AEMP unterscheidet sich von anderen MAB dadurch, daß bei ihm die Umfrage nur ein Schritt in einem von der Zielsetzung bis zur Evaluation integrierten Prozeß darstellt. Dieser ist in Abbildung 1 als Zyklus dargestellt, weil das AEMP i.d.R. wiederholt durchlaufen wird.

Die acht Phasen des AEMP sind aus den Stichworten in Abbildung 1 relativ leicht zu verstehen. Sie sind ausführlich beschrieben in Borg (1995a). Hier genügen daher einige Anmerkungen. Die erste Phase (*Zieldefinition*) dient vor allem dazu, der Führungsspitze des Unternehmens die Möglichkeiten eines AEMP zu verdeutlichen und dann eine klare Zielsetzung für das AEMP zu formulieren. Meist wird ein Mix von Zielen vereinbart, z.B. Verbesserung der Kommunikation, Einbindung, Mobilisierung aller Ebenen, u.ä.

Solche eher allgemeinen Ziele werden i.d.R. verbunden mit besonderen Zielsetzungen wie etwa der, eine Legitimierung für die Einführung eines Leistungsbeurteilungssystems zu bekommen. Diese soll dadurch geschaffen werden, daß durch entsprechende Fragen an die Mitarbeiter ein Einstieg in die Diskussion der Problemsituation erreicht wird, zu deren Lösung diese Maßnahme erforderlich ist. Eine Form der Leistungsbeurteilung soll dann - das ist die Zielsetzung - "von unten her" eingefordert werden. In der zweiten Phase (*Planung und Vorbereitung*) steht die Planung des AEMP-Prozesses, die Information von Mitarbeitern und mittleren Führungskräften, die Einbindung des Betriebsrats und die Erarbeitung des Fragebogens im Vordergrund. Die dritte Phase (*Umfrage und Datenanalyse*) beinhaltet die Datenerhebung und die Auswertung der Daten bis zur Präsentationsreife. Die vierte Phase (*Feedback und Diskussion*) umfaßt die Präsentation der Umfragebefunde für die verschiedenen Gruppen der Organisation und die Auseinandersetzung mit diesen Daten. Hierbei geht es zunächst um die Akzeptanz der Daten als "Fakten", dann um Erörterungen von Zusammenhängen und Verursachungen ("Hintergründe") und Bewertungen. Diese Diskussion ist Voraussetzung für Phase fünf (*Problem- und Handlungsbedarfsanalyse*), in der Stärken und Schwächen analysiert und in Beziehung zu Chancen und Risiken gesetzt werden. Hierauf aufbauend werden in Phase sechs (*Aktionsplanung*) Maßnahmen konzipiert und ihre Umsetzung geplant. In Phase sieben (*Umsetzung und Vermarktung*) werden die Aktionspläne umgesetzt. Dabei werden die verschiedenen Gruppen ständig über den Stand der Umsetzung so unterrichtet, daß sie diese nicht nur verstehen, sondern auch befürworten und unterstützen. In Phase sieben (*Evaluation*) wird die Zielerreichung bewertet. Der AEMP-Zyklus ist damit abgeschlossen.

Auch wenn alle Aktionen erfolgreich waren, haben sich in der Regel wieder neue Handlungsfelder ergeben, neue Probleme und Herausforderungen sind akut geworden, so daß dann bereits wieder mit der Planung des nächsten AEMP-Zyklus begonnen wird. Daher der gestrichelte Pfeil in Abbildung 1, der den AEMP-Kreis schließt.

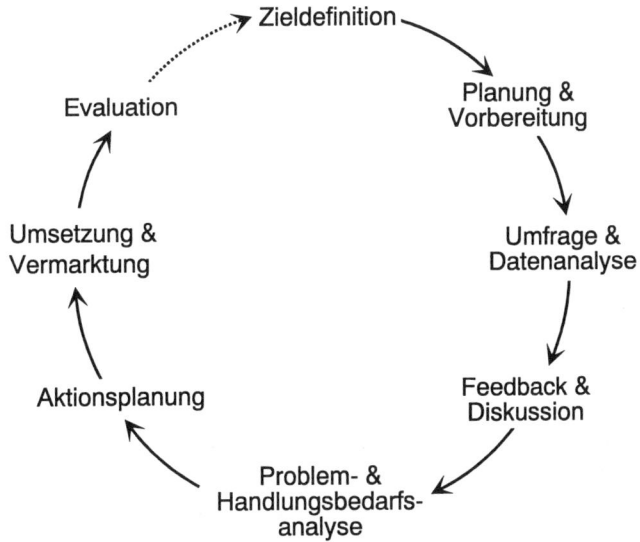

Abbildung 1: Hauptphasen des AEMP-Zyklus.

2   Entwicklungen des AEMP

Die ausführliche Darstellung des AEMP in Borg (1995a) basiert vor allem auf den in der Organisationsentwicklungs-Literatur dargestellten Erkenntnissen und auf Erfahrungen mit dem AEMP in vorwiegend kleineren und mittleren Organisationen der Computer- und Automobilbranche. Mittlerweile liegen zu den dort beschriebenen Methoden weitere Forschungen und zusätzliche Befunde aus vielen anderen Branchen vor, insbesondere auch solche aus großen und sehr großen Unternehmen. Diese Ergebnisse, die z.T. auch für andere Formen von MAB relevant sind, werden im folgenden ausschnittartig dargestellt.

2.1   Voraussetzungen für ein erfolgreiches AEMP

Für ein erfolgreiches AEMP ist es wichtig, daß die Geschäftsleitung (GL) die Potentiale des AEMP grundsätzlich versteht. Ist das nicht der Fall, übernimmt die GL nicht die richtige "ownership" und betrachtet i.d.R. das AEMP als ein eher hygienisches Programm der Personalabteilung. In diesem Fall ist nicht damit zu rechnen, daß auch auf globaler Ebene Aktionspläne erstellt werden. Vielmehr reduziert sich das AEMP auf eine Meinungsumfrage, auf die nur mit vereinzelten Aktionen innerhalb der Geschäftsbereiche reagiert wird bzw. das sogar ganz in der Schublade verschwindet. Das kann dazu führen, daß die Mitarbeiter, die ihren Beitrag zum Gelingen des Programms geliefert haben, den diesem Programm zugrunde liegenden psychologischen Kontrakt als nicht erfüllt betrachten.

Von Seiten der GL muß zudem ein Commitment darüber abgegeben werden, daß kritische Äußerungen in der Umfrage nicht zu negativen Konsequenzen für den Kritisierenden führen. Dazu sollte u.a. die Rolle von Kritik definiert werden. Typischerweise wird hier gefordert, daß Kritik "konstruktiv" sein sollte. Diese Forderung ist ganz unsinnig, weil (a) der Kritisierende möglicherweise keine Problemlösungen, aber sehr wohl eine Schwachstelle aufzeigen kann, und (b) weil Lösungsvorschläge oft unausgereift sind und dann einer sinnvollen Lösung sogar im Wege stehen. Werden die Lösungsvorschläge dann nicht so wie vorgeschlagen umgesetzt, entsteht ein lästiger (weil meist aufwendiger) Erklärungsbedarf, warum die Vorschläge so nicht realisierbar waren.

Die Rolle des Betriebsrats (BR) in einem AEMP wird oft überbetont. Ein AEMP muß seinen Auftraggeber in der GL haben, weil es vor allem strategischen Unternehmenszielen dient, ohne dabei irgendeine besondere Interessensgruppe zu bevorzugen. Der BR ist per Rollendefinition mitarbeiterorientiert und versteht daher ein AEMP vielfach als Programm der Basis zur Durchsetzung seiner Interessen „gegen die da oben". Er versucht meist anfangs eine führende oder sogar entscheidende Rolle innerhalb des AEMP zu übernehmen. Der Betriebsrat Pauli (1992) argumentiert entsprechend: „Ohne den Betriebsrat geht gar nichts". Die richtige Betonung (für ein erfolgreiches AEMP) bekommt man aber eher durch die Aussage: „Gegen den BR wird es schwer". Es ist zu empfehlen, den BR sehr frühzeitig über das AEMP und seine Intentionen zu informieren; die Rolle der verschiedenen Interessensgruppen gegenüber dem BR zu klären; und ein Mitglied des BR in das AEMP-Projektteam ("Koordinationsteam") einzuladen - als Linking Pin und Mitarbeiter dieses Teams (nicht als sein Beobachter!).

Eine weitere Voraussetzung ist die, daß der gesamte AEMP-Prozeß von A bis Z durchgeplant werden muß. Der Plan sollte aber flexibel abgearbeitet werden, weil sich während des AEMP-Prozesses vielfach neue Einsichten ergeben können (z.B. auf Grund der Gruppengespräche mit den Führungskräften), die es nötig machen, die Schwerpunkte und ggf. sogar die Methoden anzupassen.

2.2 Themen und Items

Die Themen, die in einer MAB angesprochen werden, sollten breit angelegt sein und sowohl traditionelle und mitarbeiterrelevante Inhalte (Arbeitsplatzbedingungen, Tätigkeit, Vorgesetzte, Firma, Entwicklung und Aufstieg usw.) wie auch Managementdimensionen (Produktivität, Wettbewerb, Kunden, Kosten usw.) umfassen. Die Gründe für ein solch breites Themenspektrum sind i.allg. aber erklärungsbedürftig, insbesondere gegenüber der GL. Ein Beispiel wie das folgende kann hierfür nützlich sein. In einem Geschäftsbereich eines großen Computerunternehmen war das Hauptziel des AEMP die Verbesserung der Veränderungsmentalität der Mitarbeiter. Trotzdem wurde das übliche breite Themenspektrum angesprochen, wenn auch mit einem Schwerpunkt im Bereich Veränderung. Die Daten und die Beschäftigung damit in den nachfolgenden Gruppengesprächen zeigten dann, daß einige Schwachstellen in den Arbeitsplatzbedingungen so viele Ressourcen der Mitarbeiter verbrauchten, daß sie keine Kapazitäten für Neuerungen hatten. Ein weiterer Grund für ein breites Spektrum vor allem bei den traditionellen Themenbereichen ist der, daß nicht der Eindruck von Zensur entstehen darf. So wird z.B. manchmal überlegt, ob man nicht das Thema Bezahlung weglassen könne, etwa deshalb, weil dort sowieso kein Handlungsspielraum bestehe. Das unterstellt aber zum einen von vornherein, daß der einzig interessante Aspekt der Bezahlung ihre Höhe und nicht z.B. ihre Leistungsbezogenheit, Gerechtigkeit oder Billigkeit ist. Zum anderen wird man durch Ausklammerung eines so zentralen Interessengebietes des Mitarbeiters dieses erst recht thematisieren - jetzt aber mit negativen Konsequenzen für das AEMP insgesamt.

Wenn wir uns nun den Items der Umfrage zuwenden, dann fällt auf, daß, ganz allgemein bei MAB, Methoden zur systematischen und theoriegeleiteten Konstruktion der Items relativ wenig beachtet wurden. Borg (im Druck) zeigt, wie man mit Hilfe einer Design-Methode ("Facettentheorie") zunächst das Universum der Items abgrenzen, dann schichten und strukturieren, und schließlich hieraus eine Itemstichprobe auswählen kann. Beispiele für derartig systematisch konstruierte Items zum Thema Vertrauen in Organisationen finden sich in Borg & Braun (1995): Unterschieden werden hier verschiedene Formen des Vertauens, u.a. durch die Facetten 'Gegenstand des Vertrauens' (z.B. Vorgesetzter, Kollegen, Firma), 'kausale Attribution für das Verhalten des Gegenstands' (z.B. Kompetenz, Moral, Berechnung des Nutzens) und 'Nutznießer' (z.B. Befragter selbst, Team, Firma). Die begriffliche Differenzierung solcher Itemklassen erlaubt eine gezieltere Konstruktion von einzelnen Items für den Fragebogen als es durch einen rein intuitiven oder gar einen itemanalytischen Ansatz möglich wäre (Borg, 1995b; Borg & Mohler, 1994).

Ergänzend dazu ist empfehlenswert, nicht nur unverbundene "Dimensionen" (wie z.B. in den eher von der älteren Arbeitszufriedenheitsforschung angeregten MAB) ins Auge zu fassen, sondern vor allem auch Theorien über Verursachungszusammenhänge in Betracht zu ziehen. Theorien, die sich hierbei anbieten, sind insbesondere solche, die

die Variablen der (beobachteten oder vermuteten) naiven Theorien der GL enthalten. Die GL unterstellt z.b. oft einen Zusammenhang zwischen Arbeitszufriedenheit und Leistung in dem Sinn, daß Zufriedenheit zu Leistung führt. Sie wird in diesem Fall im weiteren Verlauf des AEMP den Zufriedenheitsitems besondere Aufmerksamkeit schenken und ihre Aktionsplanung entsprechend auf das Thema Zufriedenheit ausrichten. Innerhalb des Modells von Porter & Lawler (1968) ist aber Zufriedenheit eher als Folge von Leistung und ihrer Ergebnisse zu verstehen, wie in Abbildung 2 gezeigt. Insbesondere besteht kein kausaler Zusammenhang von Zufriedenheit zu Leistung, sondern eine Rückkoppelung von Arbeitsergebnissen zu Leistungsbereitschaft. Im Rahmen dieses Modells - das natürlich noch ergänzt werden kann z.B. durch Kontextvariablen und Facetten, die sich weniger auf individuelle als auf Team-Leistung beziehen - sollte man also Items für jedes dieser "Kästchen" formulieren, insbesondere auch für Items zum Selbstvertrauen und zu Selbstwirksamkeitsüberzeugungen (und ihren Bedingungen), also Items, die in den Bereich des subjektiven Empowerments (Conger & Kanungo, 1988; Menon & Borg, 1995; Pierce et al., 1989) fallen. Zusätzlich ist es interessant, Fragen darüber zu stellen, wie die Mitarbeiter die Wirkungszusammenhänge in diesem Modell sehen, vor allem welcher Nutzen als Folge von Anstrengung erwartet wird.

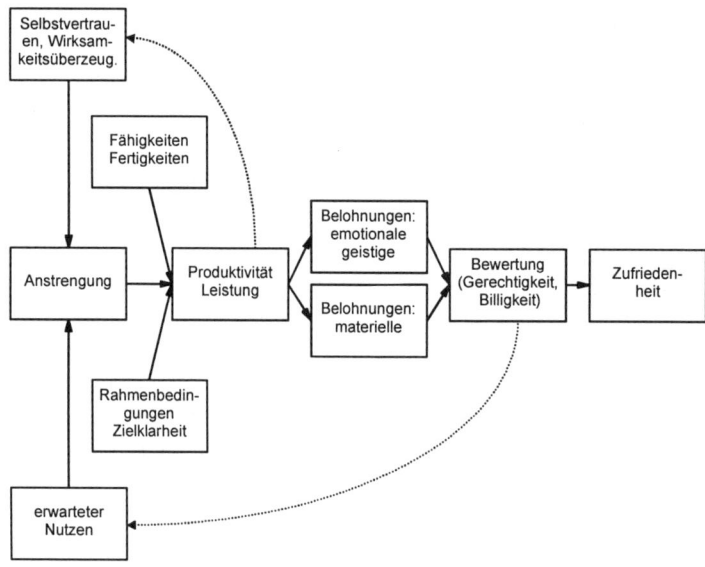

Abbildung 2: Eine modernisierte Variante des Porter-Lawler-Modells.

2.3   Freie Kommentare in der Umfrage

In vielen MAB werden die üblichen Items ergänzt durch die Bereitstellung von Feldern für "in eigenen Worten" zu formulierende "weitere Kommentare". Die Möglichkeit, diese zusätzlichen Daten zu erheben, erscheint zunächst keine schlechte Idee zu sein. Sie eröffnet die Möglichkeit, weitere qualitative Informationen zu bekommen, auch zu Themen, die nicht direkt von den Items angesprochen werden. Die Erfahrung zeigt aber, daß solche Kommentarfelder nicht verwendet werden sollten.

Die offensichtlichste Problematik offener Kommentare ist ihre Erfassung und Auswertung. Meist wird zugesagt, die Kommentare zu kategorisieren und auszuzählen oder zumindest Trends anzugeben. Die Kategorisierung erweist sich aber in der Praxis als schwierig, weil die Kommentare vielfach in einem für den Außenstehenden unverständlichen betriebsspezifischen Jargon formuliert sind. So sind z.B. viele Kommentare aus dem Entwicklungsbereich der Software-Industrie nur für denjenigen verständlich, der selbst beträchtliches Fachwissen in Informatik hat.

Die anschließende Identifikation von Trends bei den Kommentaren ist z.T. eine methodische Verdrehung, weil hier aus eigentlich qualitativ gemeinten Informationen wieder Quantitäten abgeleitet werden sollen. Man kann aber diese Linie trotzdem einmal systematisch verfolgen. Beimel (1990) hat dies für 367 Mitarbeiter einer Elektronikfirma untersucht. Er fand zunächst deskriptiv, daß

- sehr wenig positive Kommentare abgeben wurden (höchstens ca. 10%, je nach Themenbereich, Rest überwiegend negativ-kritisch oder „kann ich nichts zu sagen");
- weniger zufriedene Befragte deutlich mehr Kommentare abgaben als Zufriedene;
- die meisten Kommentare zu Arbeitsplatzbedingungen, Entwicklungsmöglichkeiten, dem unmittelbaren Vorgesetzten und zur Tätigkeit abgegeben wurden, die wenigsten zu Kollegen und zu Information und Kommunikation allgemein.

Interessant ist aber vor allem die Frage nach dem Zusatznutzen der Kommentare. Um hierauf eine Antwort geben zu können, ordnete Beimel (1990) die Items des Fragebogens zunächst einer Batterie "semantischer Kategorien" (z.B. Lohngerechtigkeit und Arbeitseinsatz) zu und ließ dann von zwei unabhängigen Beurteilern skalieren, in welchem Ausmaß die Kommentare den Inhalten dieser semantischen Kategorien entsprachen. Es zeigte sich, daß

- „die Kommentare keine neuen, über die Items hinausgehenden Informationen enthalten" (S. 79).

Das ist ein angesichts des hohen Aufwands der Erhebung, Erfassung und Auswertung dieses Materials enttäuschender Befund. Er bedeutet schlicht, daß sich der Aufwand nicht zu lohnen scheint.

Mindestens ebenso schwerwiegend spricht aber folgendes gegen die Erhebung freier Kommentare. Schriftliche Umfragen basieren wesentlich auf der Zusage von Anonymität in der Datenauswertung. Man kann Kommentare daher nicht einfach verbatim wiedergeben, weil sonst i.allg. leicht (z.B. wegen der gewählten Formulierungen in Verbindung mit den Inhalten) auf den Verfasser geschlossen werden kann: Das ist nicht nur psychologisch ungünstig und im Widerspruch zur vereinbarten Anonymität, sondern auch datenschutzrechtlich bedenklich. Zudem sind die Kommentare bisweilen unsachlich, spekulativ und im Rahmen des AEMP-Prozesses kontraproduktiv (z.B.: „Herr Müller hat ein Verhältnis mit seiner Sekretärin!"). Das Editieren von Kommentaren ist andererseits für den Außenstehenden schwierig, weil oft einfach nicht klar wird, was gesagt wird, und weil eine Anonymisierung des Kommentars verfälschend sein kann oder den Kommentar gänzlich verwässert. Zudem kann es dazu kommen, daß sich der Kommentator später beschwert, daß man seine Aussagen "zensiert" oder überhaupt bearbeitet habe („Mit welchem Recht? Ich stehe dazu, was ich sage!").

2.4   Darstellung von Umfragebefunden als Schnittstelle versus Einschleusen von Befunden in den AEMP-Prozeß

Erhebliche Erfahrungen mit dem AEMP über das hinaus, was in Borg (1995a) ausgeführt ist, konnten im Bereich von Datenanalyse und Präsentation gesammelt werden.
Zusammenfassend kann man sagen, daß die Befunde darauf hinauslaufen, daß es weniger sinnvoll erscheint, die Darstellung der Umfragebefunde vor dem oberen Management ("Präsentation") als vertikale Schnittstelle zwischen Datenanalyse und Aktionsplanung zu verstehen. Vielmehr sollte zunächst extern-unabhängig eine nüchtern-
unbewertete Präsentation erstellt werden und diese dann in mehreren Stufen und top
down angereichert werden mit Bewertungen (auch solchen mit politischer Absicht),
Bildern, Skizzen von Handlungsfeldern, der Benennung von hierfür verantwortlichen
Personen und Projektteams, u.ä. Die Daten werden hierbei also eher langsam in den
AEMP-Prozeß eingeschleust, zunächst als reine Statistiken, die dann aber immer mehr
zu Handlungsparametern umgearbeitet werden.

Zunächst zur "nüchtern-unbewerteten" Präsentation. In Borg (1995a) hatte ich noch
vorgeschlagen, in Managementpräsentationen die Ergebnisse zu bestimmten Themenbereichen (wie z.B. Effizienz, Qualität oder Führung) danach zu klassifizieren, ob sie
"positiv" oder "verbesserungsfähig" sind. Allerdings habe ich auch geschrieben, daß
„eine bewertende Gruppierung .. erhebliche Expertise voraus[setzt] und ... in jedem Fall
nur als Anregung oder Einstieg in eine Diskussion, nicht als gesicherte Aussage verstanden werden [sollte]" (S. 98). Weitere Erfahrungen haben inzwischen gezeigt, daß
diese (wenn auch vorläufigen) Bewertungen nicht nur schwierig, sondern vielfach auch
hinderlich für das weitere AEMP sind. So reagierte z.B. die GL einer Informatikfirma
gereizt auf die Klassifikation von Befunden als "verbesserungsfähig", die sich gegenüber einer vorausgegangenen MAB infolge großer Anstrengungen massiv verbessert
hatten. Einfacher und gleichzeitig informativer ist es, die Befunde danach zu gruppieren,
ob sie im Vergleich zu anderen Umfragen eher im oberen, mittleren oder unteren Feld
liegen. Man verzichtet also lediglich auf das Reizwort "verbesserungsfähig" - je nach
Perspektive und Absicht kann auch "positiv" ein Reizwort sein! - und verwendet statt
dessen statistische Normen zur Klassifikation. Voraussetzung ist allerdings, daß solche
Normen vorliegen und daß diese nicht zu alt und einigermaßen repräsentativ für die
Branche des Unternehmen sind. Die Bedeutung der Normen wird fast immer thematisiert: „Aus welchen Branchen stammen die Normen? Wie viele Firmen wurden befragt?
Waren das deutsche Firmen? Wann waren die Umfragen? usw." Es ist wenig fruchtbar,
eine absolute Vergleichbarkeit der Normen nachweisen zu wollen. Man sollte vielmehr
gleich einräumen, daß diese Normen nur einen gewissen Anhalt bieten und daß letztlich
Vergleiche innerhalb der Firma (z.B. zwischen den Geschäftsbereichen oder zwischen
den hierarchischen Ebenen) interessanter sind. Zudem müssen die Ergebnisse natürlich
auch danach bewertet werden, welche Ziele das Unternehmen verfolgt. Diese Bewer-
tungsdiskussion einmal geführt zu haben, ist allerdings nützlich für die weitere Präsentation.

Nun zum Prozeß der Datendarstellung. Als höchst effizient hat sich, vor allem auch
bei größeren Unternehmen, die folgende Vorgehensweise erwiesen. Die erste Präsentation der Daten erfolgt in kleinstem Kreis bei den Change Agents und beim Geschäftsführer bzw. Vorstandsvorsitzenden (GF), jedoch nicht vor der GL. Es hat sich gezeigt,
daß Change Agents und GF die präsentierten Daten nicht nur weiter "befragen", um zu

Bewertungen zu kommen, die der Außenstehende nicht leisten kann, sondern auch gleich überlegen, wie diese Befunde weiter präsentiert werden sollten.

Betrachten wir ein Beispiel. Dem GF eines sehr großen deutschen Unternehmens, das sich in einem fundamentalen Transformationsprozeß befindet, wurden die Ergebnisse einer MAB an einer umfangreichen repräsentativen Stichprobe dargestellt. Die Mitarbeiter stimmten in dieser Umfrage z.B. den Aussagen „Ich erwarte für meine Tätigkeit in den nächsten Jahren erhebliche Veränderungen" und „Ich bin bereit, diese Veränderungen voll mitzutragen" in großem Umfang zu. Wie soll man dies bewerten? Der GF bemerkte, daß die erste Aussage für den Geschäftsbereich X unzutreffend ist, während für den Geschäftsbereich Y tatsächlich große Veränderungen zu erwarten sind. In beiden Fällen ergibt sich Handlungsbedarf. In X müssen die Zukunftserwartungen korrigiert werden, weil sonst, verstärkt noch durch die hohe Bereitschaft der Mitarbeiter zur Mitarbeit, Unruhe entsteht und gefragt wird, wann denn jetzt endlich von oben her gehandelt wird. Im Bereich Y dagegen müssen die Mitarbeiter so weit wie möglich in die Planung und Umsetzung der Veränderungsmaßnahmen eingebunden werden.

Wie sollten Befunde wie diese dem Vorstand präsentiert werden? Der GF glaubte, daß die Daten ohne besondere Wirkung bleiben würden, wenn man nicht Bezugswerte aus wichtigen Referenzindustrien für möglichst alle Items anführen könne. Geringe Zustimmung z.B. zu dem Item „Ich habe volles Vertrauen zum Vorstand" lassen sich leicht wegerklären. Ist der Wert dagegen deutlich schlechter als in anderen Firmen, wird das schon schwieriger. Im Beispielfall wurde vereinbart, die Präsentation in den Teilen, die den Erfolg des Transformationsprozesses bewerteten, stark zu dramatisieren, um Selbstgefälligkeiten bestimmter Vorstände vorzubeugen. Im Anschluß an die Präsentation gab sich der GF beeindruckt und sagte, daß man dies alles auf keinen Fall unkommentiert und ohne Commitments für bestimmte Maßnahmen der Belegschaft gegenüber publizieren dürfe, weil sonst unter anderem Gewerkschaft, Presse und auch politische Institutionen in einer für das Unternehmen schädlichen Weise reagieren würden. Es wurde beschlossen, eine neue Präsentation zu erarbeiten, die kompakt und handlungsorientiert ist. Gleichzeitig wurden auf oberster Ebene Projektteams angesetzt, die sich sofort mit Überlegungen zu globalen Maßnahmen beschäftigen sollten. Die handlungsorientierte Kompaktpräsentation wurde, zusammen mit einer Skizze der bereits konzipierten Aktionsrichtungen, auf der nächsten Ebene (oberes Management) dargestellt. Dies geschah in einem Gesamtplenum, das anschließend nach Geschäftsbereichen in verschiedene Workshops aufgespalten wurde. Dort erfolgten wiederum Präsentationen, die ausgerichtet waren auf den Nachweis allgemeiner und besonderer Handlungsfelder und auf die Planung von Sofortmaßnahmen. Erst dann wurden die Befunde, wiederum handlungsorientiert und in Absprache mit dem BR, an die Mitarbeiter kommuniziert.

Das Beispiel zeigt ein gestuftes und diszipliniertes Vorgehen im Gegensatz zu der oft üblichen Weitergabe von Tabellenbänden an die Vorgesetzten "weiter unten" mit vagen Maßgaben, daraus ggf. etwas zu machen (Makridou, in Vorbereitung). Die Befunde der Umfrage werden hier vielmehr mit gezielter Absicht und unter Berücksichtigung der vermuteten mikropolitischen Strömungen verwendet, um in bestimmter Richtung etwas zu bewegen bei Zielgruppe Z, ausgehend von einer Situation S, in der die Umfragedaten nur eine von vielen anderen Information darstellen.

2.5   Der Umgang mit den üblichen "kritischen" Argumenten in der Präsentation

Ein wichtiges Ziel von Mitarbeiterumfragen ist es, die dabei entstehenden Befunde an die verschiedenen Gruppen der Organisation so zu vermitteln, daß sie verstanden und als Fakten akzeptiert werden. Auf der Ebene der Führungskräfte ergeben sich dabei erfahrungsgemäß die größten Schwierigkeiten. Man kann drei typische Argumente beobachten, die alle den Effekt haben oder sogar bezwecken sollen, die Daten abzuwerten.

Argument 1 ist, daß die Befunde nur weiche Daten sind, "nur Meinungen und Einstellungen", die oft sogar objektiv "falsch" sind. Hierfür ein Beispiel. Nehmen wir an, die Mitarbeiter hätten zum Ausdruck gebracht, daß das Management keine klare Strategie hat. Einige Mitglieder der GL eines Computerunternehmens reagierten darauf mit einer hartnäckigen Argumentation, die nachweisen sollte, daß dies so nicht stimmt. Vielmehr sei eine klare Strategie sehr wohl vorhanden. Sie sei sogar schriftlich kommuniziert worden, die Mitarbeiter hätten dies aber offenbar nicht zur Kenntnis genommen. In einer solchen Situation sollte der Präsentator der Umfragebefunde nicht zu klären versuchen, wer "Recht" hat, sondern darlegen, daß das Verhalten von Personen wesentlich von ihren Meinungen abhängt, ganz gleich, ob diese "objektiv" richtig sind oder nicht. Dabei kann man z.B. auf die Befunde über den Zusammenhang von Arbeitszufriedenheit zu Absentismus oder zu Fluktuationsneigung verweisen (Muchinsky, 1987). Diese "abhängigen Variablen" verweisen in jedem Fall auf ganz harte Parameter der Unternehmensführung, weil sie sich u.a. massiv in den Kosten niederschlagen. Evtl. kann man die Bedeutung der "weichen" Variablen noch mittels einer Modellrechnung à la Mirvis & Lawler (1977) oder Cascio (1982) weiter veranschaulichen. Im übrigen erscheint es sinnvoll, das Argument 1 schon in der Phase der Vorbereitung (siehe oben, Abschnitt 2.1) prophylaktisch zu entkräften.

Argument 2 ist, daß die Antworten der Befragten möglicherweise nicht ehrlich sind und weitgehend sorglos-zufällig erfolgten. Da sog. Lügenitems in MAB grundsätzlich nicht verwendet werden können, weil sie mit Sicherheit von irgendeinem entdeckt würden und dann zu Rückfragen und zu Mißtrauen führen würden, kann eine Antwort auf Argument 2 nur durch eine weitergehende Datenanalyse gegeben werden. So kann man z.B. durch eine simple Faktorenanalyse aller Items die Konsistenz der Antworten nachweisen. In der Regel korrelieren z.B. die Items bei der Thematik unmittelbarer Vorgesetzter deutlich positiv untereinander, so daß sich ein einziger Faktor ergibt. Bei anderen Themen zeigen sich meist mehrere, aber doch nur wenige Faktoren. Die Faktoren können auch Items aus ganz verschiedenen Sektionen des Fragebogens zusammen gruppieren, wie z.B. in der MAB eines Großunternehmens, bei denen alle Items, in denen der Begriff Klarheit auftauchte, hoch auf demselben Faktor luden. Die schiere Existenz solcher Faktoren zeigt, daß die Daten stark strukturiert sind.

Argument 3 ist, daß die Befunde alle ganz offensichtlich seien und daß man das alles sowieso schon gewußt habe. Dieses Argument ist meist ganz unpolitisch gemeint. Der Eindruck des Offensichtlichen erscheint einfach zwingend. Hier hat sich die in Borg (1995a) vorgeschlagene Technik, vor der Umfrage für eine Reihe wichtiger Items schriftliche Prognosewerte (z.B. von der GL) zu erheben, als hervorragendes Werkzeug erwiesen. Zumindest einige der Prognosen sind immer ganz falsch. Zudem weisen die Prognosen stets eine erhebliche Varianz auf. Die Darlegung einiger solcher Fehlvorhersagen bzw. - weniger mächtig, aber doch noch wirksam - der Verweis auf die erhebliche

Varianz der Prognosen(wie z.B. in den eher von der älteren Arbeitszufriedenheitsforschung angeregten MAB) genügt meist, um das Argument 3 zu entkräften und die volle Aufmerksamkeit der Zuhörer zu bekommen. Der Effekt läßt sich noch dadurch steigern, daß man die Zuhörer schon im Vorfeld dazu auffordert, sich eine Kopie ihres ausgefüllten Prognosefragebogens zu machen und diese Kopie dann zur Präsentation der Befunde mitzubringen.

2.6 Einfache versus komplexe Datenanalyse, Bilder

Obwohl in Borg (1995a) zugunsten einer möglichst einfachen Datenanalyse argumentiert wurde, kann eine komplexe Datenanalyse bisweilen nützlich sein, nicht nur um die Konsistenz der Aussagen aufzuzeigen, sondern auch um Strukturen in den Daten nachzuweisen. Das Porter-Lawler-Modell in Abbildung 2 kann man z.B. recht direkt durch Strukturgleichungsmodelle prüfen. Das wird dann noch interessanter, wenn man (siehe etwa Fornell, 1995) eine MAB mit einer Kundenbefragung und zudem noch mit einer Erhebung betriebswirtschaftlicher Kennzahlen verknüpft, weil hier automatisch Fragen nach Verursachungszusammenhängen und Einflußgrößen gestellt werden.

Eine komplexe Datenanalyse muß aber trotzdem anschaulich präsentiert werden. Pfaddiagramme sind hierfür gut geeignet. Die heute vielfach üblichen endlosen Präsentationen von Balkendiagrammen erhöhen dagegen die Klarheit der Befunde und vor allem der Zusammenhänge nicht.

Nur wenige Zuhörer interessieren sich dabei im allgemeinen für statistische Detailfragen („Welche statistischen Verfahren haben Sie benutzt? Sind die Unterschiede 'signifikant' verschieden?" usw.). Sie interessieren sich mehr für ein Fazit der Befunde "in Worten"; dafür, wie zuverlässig dieses Fazit gezogen werden kann; und meist auch dafür, was dieses Fazit "bedeutet", d.h. welchen Handlungsbedarf es anzeigt (siehe hierzu weiter unten, Abschnitt 2.9). Trotzdem muß der Präsentator sich mit seinen Statistiken gut auskennen. Hin und wieder wird eine statistische Frage gestellt. Findet die Präsentation vor der GL statt, wird dann eine kompetente, aber knappe Antwort erwartet.

Als sehr wirksam haben sich "Bilder" erwiesen. So wurde z.B. die Kluft zwischen der oberen Führungsebene und den übrigen Mitarbeitern in einem Softwareunternehmen einerseits durch ein Kausalnetzwerk verdeutlicht, andererseits noch durch das Bild einer "Glasdecke" zwischen diesen Ebenen veranschaulicht: Man sieht die da oben, aber man kommt nicht durch. Solche Bilder werden i.d.R. stark aufgegriffen. Das bedeutet auch, daß man mit Bildern vorsichtig umgehen muß und sie sorgfältig daraufhin prüfen muß, ob ihre Implikationen auch belegbar sind. Trifft das Bild jedoch zu, ist es ein sehr mächtiges Kommunikationsmittel.

Bilder allein genügen aber nicht: „Du solltest in der Lage sein, die Befunde in einigen wenigen Sätzen auszudrücken. Bilder des einen oder anderen Typus können dabei helfen, aber sie sind kein Ersatz für eine klare und einfache Prosa. Dies kann es allerdings erforderlich machen, jahrelanges akademisches Training [in der Darstellung empirischer Befunde] rückgängig zu machen" (Ledford, 1995; übersetzt von I.B.).

Grundsätzlich ist es für den Darsteller der Befunde wichtig, sich immer wieder klar zu machen, daß die Zuhörer keine Statistiker und i.allg. auch keine empirischen Sozialforscher sind. Daher wird immer ein Übersetzungsvorgang aus der Welt der Statistiken in die Sprache des Managers erforderlich. Die Antworten auf die folgenden vier Fragen können bei der Übersetzungsarbeit hilfreich sein. (1) Was ist der offizielle Zweck der

Präsentation, d.h. welche Entscheidungen sollen auf Grund der statistischen Befunde getroffen werden? Der offizielle Zweck der Präsentation bestimmt den Rahmen der Kommunikation. (2) Wozu werden die Befunde vermutlich noch verwendet? Hierauf eine Antwort zu suchen zwingt dazu, die Interaktion mit den Zuhörern vorzudenken. Werden die Daten sehr politisch verwendet etwa dazu, eine bestimmte Gruppe oder Person zu isolieren, dann ist der Versuch zur "Objektivität" voraussehbar relativ sinnlos. Weiß man andererseits (z.B. aus der Diskussion der Zielsetzung des AEMP, aber auch aus informellen Gesprächen), daß die Zuhörer etwa an Fehlzeiten interessiert sind, dann sollte man dieses Interesse entsprechend bedienen. (3) Welchen Kenntnisstand und welches "Kaliber" haben die Zuhörer? Was muß also erklärt werden und in welchem Detail? Dem Vorstand eines Großunternehmens muß man die Umfragebefunde anders erklären als dem Geschäftsführer eines kleinen Produktionsbetriebes. Wieder anders ist die Geschäftsleitung eines kleinen Softwareentwicklers zu bedienen. (4) Welche Beziehung habe ich als Präsentator zur Gruppe? Geht die Beziehung weiter, sind Nachfolgeprozesse mit mir geplant, oder ist meine Interaktion mit den Zuhörern nach der Präsentation abgeschlossen? Im letzteren Fall muß sichergestellt werden, daß die Deutung der Daten zu einem verläßlichen Abschluß kommt. Bei einer fortzusetzenden Interaktion kann man auch manche Gedanken (z.B. durch entsprechende Fragen) "einsickern" lassen und darauf später zurückkommen.

2.7   Informationspolitik

Vielfach wird gefordert, daß die GL zusagen soll, daß "keine Zensur" ausgeübt wird. Eine solche Zusage ist, bei genauerer Betrachtung, abwegig. Ein Grund hierfür ist der, daß es kontraproduktiv ist, jedem alle Statistiken zugänglich zu machen. Im Extremfall kann dann z.B. jeder sehen, welche "Noten" z.B. die Vorgesetzten der Abteilung X bekommen haben. Das kann zu Häme führen, zu Bloßstellungen ohne Kontextkenntnis. Allgemein betrachtet führt ein schrankenloses Verbreiten von Informationen immer auch zu Abwehr dadurch, daß man aufzeigt, wo es "noch schlechter" ist anstatt sich auf die eigenen Dinge zu konzentrieren. Als Regel sollte man daher vereinbaren, daß Informationen stets nur - und selbstverständlich in der anonymisierten Form statistischer Kennzahlen, nicht als Aussagen einzelner Personen - an deren legitime "Besitzer" weitergegeben werden. Dies sind zum einen die Personengruppen, die diese Informationen produziert haben und andererseits diejenigen, die für die Probleme Verantwortung tragen. Organisatorisch kann man i.allg. so verfahren, daß die Mitarbeiter stets nur die Statistiken ihrer eigenen Abteilung im Aufwärtsvergleich z.B. zu den entsprechenden Statistiken ihres Geschäftsbereichs oder der gesamten Firma sehen. Es ist unabdingbar, daß eine entsprechende Informationspolitik *vor* der Umfrage ausgearbeitet und vereinbart wird. Sie ist später strikt einzuhalten, weil Ausnahmen - die meist eher gutmütig gemeint sind - sofort die ganze Politik zum Einsturz bringen.

2.8   Aktionsplanung im AEMP

In Borg (1995a) wird empfohlen, bei der Aktionsplanung so zu verfahren, daß (a) zunächst "ganz unten" damit begonnen wird, eher hemdsärmelig Maßnahmen zu planen bzw. - weil diese meist recht einfach und vor allem unvernetzt sind - auch gleich mit der Umsetzung zu beginnen und (b) anschließend auf die GL-Ebene zu springen, um dort globale Maßnahmen zu planen. Die Ebene der Geschäftsbereiche ist als letzte an der

Reihe. Sie beschäftigt sich mit den verbleibenden bereichsspezifischen Themen. Diese Vorgehensweise hat sich in kleinen Firmen als ökonomisch bewährt, ist aber aus den heute vorliegenden Erfahrungen heraus beurteilt nicht optimal. Das hat mehrere Gründe: (a) Den Aktionen der Abteilungen fehlt oft eine gemeinsame Linie, ein Skelett; (b) der Eindruck eines Gewurstels an der und durch die Basis entsteht; (c) die untere Ebene fühlt sich ausgenutzt, weil sie Vorarbeit leistet, ohne daß von oben her etwas kommt oder zu kommen scheint; (d) das mittlere Management wird zu spät in die Verantwortung genommen für Aktionen in seinen Bereichen und entwickelt so kein Commitment; (e) die Prozeßberater sind oft überfordert mit der Aktionsplanung.

Einige dieser Probleme lassen sich dadurch lösen, daß man die mit der Moderation der Aktionsplanung betrauten Mitglieder des AEMP-Koordinationsteams nach der Durchführung einiger Aktionsplanungen in einem Meeting zusammenbringt, in dem die bisherigen Erfahrungen ausgetauscht werden und nach durchgängigen Themen gesucht wird. Erst dann wird mit der breiten Aktionsplanung in allen Abteilungen fortgefahren. Bei diesem Ansatz ist allerdings wichtig, daß den verschiedenen Abteilungen von den Moderatoren keine Vorgaben zu den Aktionsplänen gemacht werden. Vielmehr sollte der Moderator mit einem "verborgenen Aktionsplan" zu der Gruppe kommen und nach "Einstiegsluken" suchen, durch die dieser Aktionsplan in die Gruppe importiert werden kann.

Ein Beispiel: In einem Automobilwerk hatte die Umfrage in fast allen Abteilungen darauf verwiesen, daß die Arbeitsziele nicht klar genug und/oder die leistungsbezogenen Rückmeldungen vom Vorgesetzten mangelhaft waren. Der Personalleiter und der externe Berater kamen überein, daß man diese Schwachpunkte dringend angehen sollte, weil sie von fundamentaler Bedeutung für Führung und Produktivität sind (siehe z.B. Pritchard, 1995). Aktionen in diesem Bereich sollten sich durch die Abteilungsaktionspläne hindurchziehen und diesen damit eine für das ganze Werk durchgängige Stoßrichtung geben. Aufgabe der Moderatoren war es nun, in den einzelnen Abteilungen die Items zu identifizieren, in denen Kritik geäußert wurde, deren Ursachen in schlechter Zielfindung/Rückmeldung lagen. Eine einfacher, prototypischer Aktionsplan für dieses Problem wurde von Fachleuten ausgearbeitet und den Moderatoren beigebracht. Die Vorgehensweise, mit diesem verborgenen Aktionsplan zu den Gruppen zu gehen, entlastete Moderatoren und Abteilungen. Im allgemeinen sind beide froh, wenn sie sich nicht für alles und jedes selbst Lösungsmaßnahmen ausdenken müssen, sondern durchdachte Lösungen oder zumindest Lösungsansätze angeboten bekommen.

Die Aktionsplanung wird noch durchschlagskräftiger, wenn man *in der GL* mit der Identifikation und der Skizzierung *globaler* Handlungsfelder beginnt. Das braucht zu keiner Zeitverzögerung zu führen, wenn diese Aktivitäten von vornherein mit einem top-down Verfahren der Befunddarstellung bzw. -bewertung verbunden wird, wie im obigen Abschnitt 2.3 für einen konkreten Fall skizziert. Auf den unteren Ebenen kann man sich dann auf die Bearbeitung der "Restpunkte" konzentrieren bzw. die Aktionspunkte der globalen Pläne operativ ausgestalten. (Vor der Umsetzung müssen sie nach oben hin kommuniziert werden, zwecks Abgleich und Genehmigung.) Beginnt man mit den globalen Handlungsfeldern, werden zudem die strategisch motivierten Aktionslinien für jeden sichtbar vorgelegt und die meist eher kurzfristigen "Reparaturmaßnahmen" der einzelnen Gruppen nachgeordnet.

Die top-down Vorgehensweise hat zudem den Vorteil, daß die Geschäftsbereichsleiter die besonderen Themen in ihrem Verantwortungsbereich besser akzentuieren und evtl. weitere Vorgaben für Schwerpunktsetzungen auf den unteren Ebenen formulieren können. Das erleichtert und koordiniert die Aktionsplanung an der Basis. Zudem erhöht es das Interesse der Geschäftsbereichsleiter, die oft auch Mitglied der GF sind, für die Formulierung von relevanten und wirksamen globalen Aktionsplänen, weil die Dinge, die dort nicht thematisiert werden, später in ihrem Verantwortungsbereich gelöst werden müssen.

2.9   Erfordern Mitarbeiterbefragungen Managementkenntnisse?

Der Umfrageexperte wird i.d.R. nicht nur als Sozialwissenschaftler gesehen, sondern um Empfehlungen gebeten oder zumindest um seine Meinung dazu, wo es Handlungsbedarf gibt. Schein (1988) empfiehlt, sich aus solchen Empfehlungen so weit wie möglich herauszuhalten und nur als "Prozeßberater" aufzutreten. Eine Prozeßempfehlung, die darauf abzielt das unternehmerische Denken zu stärken, könnte z.B. die sein, mit den mittleren Führungskräften des Geschäftsbereichs Forschung- und Entwicklung eine von einem Moderator geleitete SWOT-Analyse oder mit den Außendienstlern eine ABC-Analyse ihrer Kunden durchzuführen.

Ein anderes Beispiel: Viele MAB zeigen Schwachpunkte in den (wahrgenommenen) Zielsystemen und Strategien der jeweiligen Unternehmen auf. Ein Prozeßempfehlung könnte darauf abzielen, die Kommunikation dieser Ziele und Strategien von oben nach unten zu verbessern. Vor allem in kleineren Firmen findet man aber häufig, daß die Voraussetzungen dieser Prozeßempfehlung gar nicht gegeben sind, d.h. die Mitarbeiter haben mit ihrer Kritik recht, weil Ziele und Strategien auch auf der obersten Ebene ganz vage sind. Auch hierfür gibt es wieder Verfahren und Prozesse. Prozeßberatungen erfordern jedoch i.d.R. ganz andere Kenntnisse als die, die Sozialwissenschaftler oder Marktforscher i.allg. haben. So lassen sich als Ursachen vieler kritischer Befunde in MAB letztlich Probleme der Führungssysteme diagnostizieren. Eine Prozeßberatung wäre auch hier möglich. Sie würde darauf abzielen, wie man Zielsysteme zusammen mit und für die Mitarbeiter formulieren kann, wie ein leistungs- und entwicklungsorientiertes Feedback gegeben werden sollte, oder wie man stringente Konsequenzsysteme formulieren und umsetzen könnte. Andere Beispiele sind unschwer zu finden. Der Umfrageexperte kann ohne die prinzipielle Kenntnis solcher Instrumente keine über die reine Darstellung der Befunde hinausgehende, handlungsorientierte Analyse der Daten leisten.

Wenn der Umfrageexperte über keine weiteren Managementkenntnisse verfügt, wird es für ihn oder sie auch schwer, mit der Führungsebene sinnvoll zu kommunizieren. Das beginnt schon bei der Zieldefinition, bei der Planung des AEMP und bei der Formulierung der Items. Ein AEMP ist für diesen Experten also nicht der Typus von MAB, den er/sie kompetent begleiten kann. Das Problem ergibt sich weit weniger akzentuiert für die klassische MAB.

Inhaltliche Kenntnisse sind i.allg. nicht erforderlich. Sie fallen eher in den Bereich der traditionellen Unternehmensberatung, aus dem sich der Experte für MAB weitgehend heraushalten sollte, um seine Rolle nicht zu verwischen. Gegebenenfalls kann er/sie aber durch die Anführung von Beispielen, was andere Firmen in einer vergleichbaren Situation unternommen haben, dem Management genügend Anregungen für die Formulierung von eigenen Konzepten geben.

3   Diskussion

Die obige Diskussion berührt, aus Platzgründen, nur einige wichtige Punkte. Viele weitere Entwicklungen sind in den letzten Jahren innerhalb des AEMP-Ansatzes zu verzeichnen gewesen. Diese Entwicklungen sind noch lange nicht abgeschlossen. Sie bilden vielmehr ein Forschungsprogramm, in dem sowohl akademische wie praktische Fragen verfolgt werden.

Zudem ist ein AEMP auch erweiterbar in dem Sinne, daß neben einer MAB gleichzeitig eine hiermit abgestimmte Kundenzufriedenheitsumfrage durchgeführt wird und, nochmals zusätzlich, relevante betriebswirtschaftliche Kennzahlen erhoben werden. Die Kombination einer Mitarbeiter- und einer Kundenbefragung kann u.a. dazu verwendet werden, Selbst- und Fremdbild der Mitarbeiter miteinander zu vergleichen. Das führt bisweilen zu recht interessanten Ergebnissen. Bei einem Autohersteller, bei dem die befragten Kunden Niederlassungen und freie Händler waren, zeigte sich z.B., daß das Selbstbild der Mitarbeiter keineswegs, wie man vermuten könnte, grundsätzlich positiver war als das Fremdbild. Vielmehr unterschätzten die Mitarbeiter, wie positiv sie in mancher Beziehung von außen her gesehen wurden.

Befunde dieser Art können für die Verstärkung des AEMP-Prozesses sehr nützlich sein. Sie ermöglichen aber auch eine starker kausal orientierte Datenanalyse, bei der die Einflußgrößen der verschiedenen Variablen auf die interessierenden Ergebnisvariablen mittels Pfadanalyse oder Strukturgleichungsmodellen geschätzt werden können.

Mitarbeiterbefragungen
als Instrument eines "Culture Change"
im Unternehmen

Désirée H. Ladwig und Michel E. Domsch

1　Einleitung

Wie bereits in den vorangestellten Beiträgen ausführlich erläutert, unterlief die Mitarbeiterbefragung (MAB), auch synonym als Betriebsumfrage, Betriebs-/Klimaanalyse, innerbetriebliche Meinungsumfrage etc. bezeichnet, in den letzten Jahrzehnten diverse Veränderungen, Modifikationen und Entwicklungen (vgl. auch Borg, 1995a, S. 12ff.). In bezug auf die Zielsetzungen, die mit dem Einsatz dieses Instruments verbunden waren und sind, zeichnet sich folgender Trend ab.

Bei der klassischen MAB stehen traditionell als marktorientiertes Diagnoseinstrument arbeitsplatz- und -umfeldrelevante Themen im Mittelpunkt des Interesses (Domsch & Siemers, 1994, S. 320 ff.). Befragungsschwerpunkte waren in der Praxis über Jahrzehnte hinweg, analog dem sog. Standardfragebogen, eine Auswahl folgender Themen: Arbeitsplatzgestaltung, Arbeitsklima, Führung, Identifikation mit dem Unternehmen etc. (Projektgruppe MAB 1987 und vgl. auch Domsch & Schneble, 1995). Im Rahmen einer morphologischen Matrix (vgl. Tabelle 1) läßt sich das Instrument MAB anhand einer Auswahl relevanter Beschreibungsmerkmale und ihrer unterschiedlichen Ausprägungsformen knapp, aber detailliert beschreiben (Domsch & Ladwig, 1995, S. 420).

Die neueren Entwicklungen in der Managementtheorie und -praxis bedingen aber die Notwendigkeit einer konzeptionellen Weiterentwicklung des Einsatzfeldes für das Instrument MAB. Durch umfangreiche und gravierende technologische Entwicklungen und den international sich verschärfenden Wettbewerb sind Unternehmen schon heute, insbesondere aber zukünftig gefordert, sich den rasant wechselnden wirtschaftlichen Rahmenbedingungen "just in time" anzupassen. Eine erfolgreiche Anpassung kann somit notwendige Voraussetzung für das Überleben des Unternehmens sein und bedingt zum einen die Fähigkeiten/Techniken (skills), zum anderen aber auch die Bereitschaft (motivation) aller Beteiligten zur steten Unternehmensentwicklung, verbunden mit einem kontinuierlichen Verbesserungsprozeß (TQM).

Als Change Process-Schwerpunkte kann je nach Branche, Unternehmensgröße, Unternehmensstruktur, Unternehmensgeschichte u.a. relevanter Faktoren z.B. eine umfassende Neuorganisation anstehen. Gerade in den letzten Jahren wurde diesbezüglich in vielen Unternehmen im Zuge von "Lean Management", "Reengineering" und "lernenden Organisationen" entsprechende Maßnahmen durchgesetzt. Es kann sich aber auch z.B. um die Einführung eines neuen Führungsmodells, teilautonomer Arbeitsgruppen, den Aufbau virtueller Unternehmen, Gründung und den Aufbau einer ausländischen Produktionsstätte oder eine Kooperation im Rahmen eines Joint Ventures z.B. in Ostblockstaaten handeln, ebenfalls in jüngster Vergangenheit sehr aktuelle Themen für viele deutsche Unternehmen.

Tabelle 1: Formen der MAB (morphologische Matrix).

Beschreibungs-merkmale (Auswahl)	Ausprägungen (Auswahl)			
Erfassungsform	schriftlich (per Frage-bogen)	online (via PC und Datennetz)	mündlich (per Interview, Gespräch, Telefonat)	teils mündlich, teils schriftlich
Verbindlichkeit	freiwillige Beteiligung der ein-zelnen Organisationseinheiten		vom Unternehmen vorgeschrie-ben / umfassend initiiert	
Bezug zum Führungsbereich	direkter Vorgesetzter	direkter und nächsthöherer Vorgesetzter	Management insgesamt	
Richtung	Beurteilung nur durch die Mitarbeiter		auch Beurteilung / Selbstbeur-teilung durch die Vorgesetzten	
Umfang	Spezialbefragung (Vorgesetzten-bereich, Information, Personal-entwicklung etc.)		Umfassende MAB	
Prozeßumfang	nur Durchführung der MAB	auch Präsentation und Diskussion der Ergebnisse mit den Mitarbeitern	Integration in einen handlungsorientierten Prozeß der Organisa-tions- und Teament-wicklung	
Anonymität	vollständig anonym (ohne Namensangabe)		mit Namensangabe / Personalnummer (freiwillig / vorgeschrieben)	
Standard-isierung	vollständig standardisiert	teil-standardisiert	nur freie Antworten	
Häufigkeit	einmalig	fallweise	regelmäßig (z.B. alle 2 Jahre)	
Feedback	Ergebnisse nur an die Vorgesetzten	Ergebnisse an die Vorgesetzten und deren Mitarbeiter	Ergebnisse an die Vorgesetzten, Mitarbeiter und/oder Geschäftsleitung, Betriebsrat etc.	

Auch der Aufbau neuer Geschäftsfelder und die Veränderung der innerbetrieblichen Arbeitszeitkultur von einem oft starren Anwesenheitszeitmanagement hin zu einem fle-xiblen Leistungszeitmanagement (Mobilzeit) bedingen oft erhebliches Engagement, um in die oft festgefahrenen Strukturen einen erfolgreichen Veränderungsprozeß zu starten. Notwendig ist es jedoch, daß alle die beispielhaft dargestellten Veränderungsschwer-punkte in eine ausgewogene, zukunftsgerichtete Strategie eingebunden sind (Hill &

Jones, 1992, S. 12ff.). In jedem Fall wird bei herausragenden Vorhaben die Unternehmung weiterentwickelt (Change Management).

Die neueren Diskussionen über eine mitarbeiterorientierte Strategieorientierung als sog. "Resource-based-View-of-Strategy" als Gegenbewegung zu der von Porter in den letzten Jahrzehnten forcierten "Market-based-View-of-Strategy" (Rühli, 1994, S. 31ff) propagieren in diesem Zusammenhang eine stärkere strategische Orientierung auf die internen Unternehmensressourcen (Burkhardt, 1992). Der dauerhafte Erfolg eines Unternehmens basiert nach diesem Ansatz auf den strategischen internen Ressourcenvorteilen des Unternehmens im Vergleich zu den Mitbewerbern. Damit wird der Fokus vom Preis- und Kostenmanagement eines externen Absatzmarktes zum unternehmensinternen Ressourcenmanagement verlagert. Voraussetzungen dafür, daß interne Ressourcen dauerhaft strategische Vorteile garantieren, sind zum einen die limitierte Verfügbarkeit der internen Ressourcen und die einzigartige Kombination dieser Ressourcen zu Kernkompetenzen. Zum anderen ist die Möglichkeit eines langfristigen Schutzes vor Imitationen wichtig. Diese unternehmensinternen Kernkompetenzen sind aktiv durch organisations- und personalentwicklungsbestimmte Prozesse gestaltbar (Rühli, 1994, S. 46).

Im Rahmen dieses Ansatzes wandelt sich die MAB vom rein statischen Diagnoseinstrument einer Analyse des Status quo zum Instrument eines "Culture Change". Sie wird dabei zur Unterstützung lernender Personal- und Organisationsentwicklungsprozesse (PE/OE) eingesetzt und beeinflußt, über einen längeren Zeitraum betrachtet, kontinuierlich die Entwicklung der Potentiale des Unternehmens und der Mitarbeiter.

Der vorliegende Beitrag beschreibt zunächst das Kultur-Markt-Modell (Abschnitt 2.1) als Erklärungsansatz für die angesprochenen innerbetrieblichen Entwicklungsprozesse (Culture Change), bei dem je nach Unternehmenspolitik, -zielsetzung und Potential der Marktteilnehmer unterschiedliche Formen von MAB zum Einsatz kommen (sollten) (Abschnitt 2.2 Methodenmix der Mitarbeiterbefragungsformen). Im Anschluß daran wird ein Ausblick für die weitere Entwicklung gegeben (Abschnitt 3. Schlußbemerkungen).

2 Spezielle Mitarbeiterbefragungen zur Unterstützung eines "Culture Change" in Unternehmen

2.1 Das Kultur-Markt-Modell als Erklärungsansatz

Zur Erklärung eines mitarbeiterbefragungsinduzierten "Culture-Change" im Rahmen eines innerbetrieblichen Organisationsentwicklungsprozesses dient das I.P.A. Kultur-Markt-Modell (Domsch & Ladwig,1996, S. 303; Domsch & Ladwig 1994, S. 97ff.) als Orientierungsrahmen.

Das Modell skizziert im Rahmen einer Marktbeschreibung die Ausgangssituation des Wandlungsprozesses und bildet die Potentiale der sog. "Marktteilnehmer" ab. Es ermöglicht somit Rückschlüsse über die relevanten Marktstrukturen, die Zielfunktion eines OE/PE-Prozesses werden sollen.

Das Unternehmen als Ganzes wird als Markt angesehen, die Mitarbeitergruppen agieren auf diesem Markt als Marktteilnehmer im Rahmen eines Culture Change. Es wird differenziert in die in nahezu jedem größeren Unternehmen anzutreffenden Markt-teilnehmergruppen:

- Unternehmensleitung/Führungskräfte (UL/FK)
- Personal-/Organisationsabteilung (P/O)
- Arbeitnehmervertretung (AnV)
- Mitarbeiter (MA)

Diese Marktteilnehmer sollen alle relevanten Strömungen im Unternehmen repräsentieren. So kann es, auf die Praxis übertragen, in einigen Unternehmungen zu weiteren Untergliederungen und Gruppierungen kommen, die hier allerdings nicht weiter behandelt werden.

Die Marktteilnehmer zeigen unterschiedliche Potentiale in bezug auf "motivation and skills", sich an einem Entwicklungsprozeß aktiv und konstruktiv zu beteiligen.

So ist es für die Interpretation der Ergebnisse von MAB unerläßlich die Promotoren und die Destruktoren des "Change Process" auszumachen. Nur wenn sich mit Hilfe der MAB diese Mitarbeitergruppen identifizieren lassen, können entsprechend zielgruppen-spezifische Umsetzungsstrategien abgeleitet werden. Die innerbetrieblich wirksamen Kräfte setzen sich dementsprechend zum einen aus den positiv/konstruktiven Akteuren des Wandels im Rahmen des bekannten Promotorenmodells aus Macht-, Fach- und Prozeßpromotoren zusammen (Hauschildt, 1993, S. 166 ff.; Witte, 1973, S. 17ff.). Der Machtpromotor fördert den "Change Process" durch seine Position in der Hierarchie (Witte, 1973, S. 17). Der Fachpromotor verfügt über ein spezifisches Fachwissen, unabhängig von seiner hierarchischen Position, welches für den Veränderungsprozeß unabdingbar ist. Der Prozeßpromotor letztendlich verfügt über die notwendige Methodenkompetenz, den Veränderungsprozeß organisatorisch zu gestalten. Er verhindert Insellösungen und stellt die Verbindung zwischen Macht- und Fachpromotor dar (Hauschildt, 1993, S. 122).

Die Promotoren treten in der Praxis sowohl in der dargestellten Reinkultur auf als auch oft in Personalunion bzw. Mitarbeitergruppen. Zielgegenstand ihrer gemeinsamen Aktivitäten kann ein einzelnes Projekt sein, aber auch insgesamt die kontinuierliche Forcierung eines erforderlichen "Change Process" im Sinne der Unternehmensstrategie.

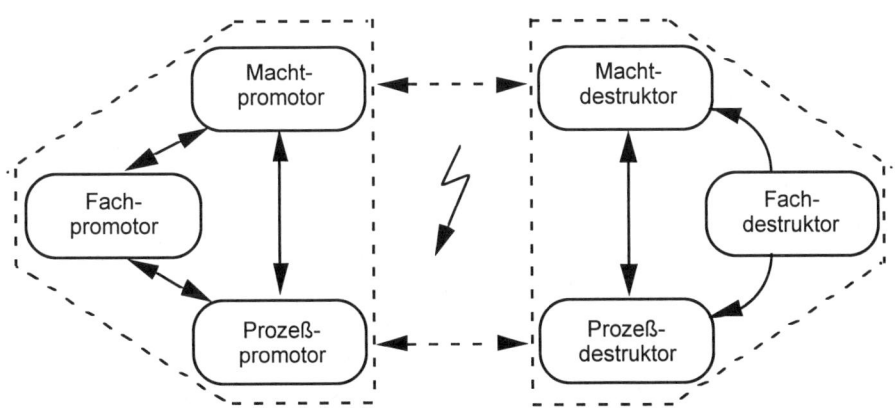

Abbildung 1: Promotoren und Destruktoren.

Ihnen gegenüber stehen aber in jedem Unternehmen entsprechende Macht-, Fach-
und Prozeßdestruktoren (vgl. Abbildung 1). Diese versuchen aus den unterschiedlichsten Gründen, Veränderungen zu behindern, zu konterkarieren oder zu blockieren. Es
kann sich hier ebenfalls wieder um einzelne Personen oder um ganze Personengruppen
handeln. Die Praxis zeigt, daß diese machtmäßig häufig dominieren und so viele erfolg-
versprechende Projekte im Sande verliefen.

Jedes Unternehmen ist entsprechend diesem Modell durch ein situationsbezogenes
lokales "Marktgleichgewicht" gekennzeichnet, das durch seine charakteristischen
Machtstrukturen von Destruktoren und Promotoren bestimmt wird. Im Sinne eines
"Culture Change" ist es nicht nur notwendig, die entsprechenden Machtstrukturen identifizieren zu können, sondern auch die entsprechenden Hebel zu kennen, um das lokale
Marktgleichgewicht über einen Entwicklungsprozeß im Sinne der Unternehmensstrategie zu einem neuen - strategisch gewünschten - Marktgleichgewicht zu führen. Gesamt-
zielsetzung ist nicht die Erreichung einer als optimal angesehenen Machtstruktur, sondern die Entwicklung entsprechender Potentiale, die die Anpassungsfähigkeit an den
Markt und die Reaktionsschnelligkeit erhöhen.

Bezugspunkt der Analyse sind pro Gruppe die folgenden prozeßbezogenen Potentiale, die für eine erfolgreiche Kultur des Wandels als notwendig erachtet werden:

• Das Diagnosepotential
• Das Konzeptionspotential
• Das Realisierungspotential
• Das Evaluierungspotential

Hinter dem Diagnosepotential verbirgt sich die Bereitschaft und die Fähigkeit der jeweiligen Marktteilnehmer, die eigene und die Unternehmenssituation bzw. Arbeitssituation im "Change Process" wahrzunehmen und analysieren zu können.

Das Konzeptionspotential beinhaltet die Fähigkeit und Bereitschaft der jeweiligen
Marktteilnehmer, ausgehend von der Unternehmensstrategie, ein erfolgversprechendes
Konzept für einen "Culture-Change" zu entwickeln.

Im Sinne des Realisierungspotentials geht es darum, die Fähigkeit und die Bereitschaft
der jeweiligen Marktteilnehmer zu erkennen, das erarbeitete Konzept erfolgswirksam
umzusetzen.

Das Evaluierungspotential letztendlich gibt Auskunft über die Bereitschaft und die
Fähigkeit der jeweiligen Marktteilnehmer, die Umsetzungsergebnisse im eigenen Unternehmen kritisch evaluieren zu können und entsprechend notwendige Modifikationen
im weiteren Prozeßverlauf vorzunehmen (vgl. auch Love, 1991).

Diese Potentialbereiche werden durch bestimmte Fragestellungen operationalisiert
und im Rahmen einer MAB erhoben (vgl. hierzu auch Abschnitt 2.2). So kann z.B. die
Fähigkeit der Marktteilnehmer zur Diagnose mit Hilfe von MAB beispielhaft in den
Themenkomplexen durch detaillierte Fragen folgendermaßen erhoben werden:

• Welches Wissen und welche Erfahrungen liegen zur Problemanalyse vor?
• Welche analytischen Methoden zur detaillierten Auswertung der komplexen Fragestellung werden beherrscht?
• Welche wirtschaftlichen Rahmenbedingungen werden Ihr Unternehmen in Zukunft
  besonders beeinflussen?
• Welche technologischen Entwicklungen werden für ihre Branche in Zukunft bedeutsam sein?

- Welche Strategien verfolgen Ihre wichtigsten Mitbewerber national und international?

Die Motivation kann z.B. durch detaillierte Fragestellungen in folgenden Themenschwerpunkten analysiert werden:

- Für wie wichtig erachten Sie das geplante Projekt für Sie persönlich, für Ihren Arbeitsbereich, für das Unternehmen insgesamt?
- Welche Vor- und Nachteile ergeben sich für Sie, für Ihren Arbeitsbereich im Rahmen dieses Projektes?
- Welche Anregungen möchten Sie in die Projektarbeit einbringen?
- Welche Vorbehalte haben Sie bezüglich des angekündigten Projektes?
- Welche Anreizsysteme sollten beachtet werden?

Für einige Bereiche können für alle Marktteilnehmer identische Fragen gestellt werden. Für andere Bereiche empfiehlt es sich, unterschiedliche Fragestellungen zu wählen. Auch über die Frage der Fremd- und/oder Selbsteinschätzung muß in diesem Zusammenhang entschieden werden (vgl. auch Abschnitt 3. sowie Bergermaier, 1993).

Die aggregierten Werte aus den einzelnen Fragen ergeben dann einen Potentialindex pro Potentialbereich und Gruppe bzw. Individuum. Unterschieden wird jeweils in die Bereitschaft und die Fähigkeit der Marktteilnehmer bzgl. dieses Potentialbereichs. Beispielhaft wird hier zunächst die Zielgruppe "Unternehmensleitung/Führungskräfte" betrachtet. So zeigt das Diagnosepotential der Unternehmensleitung/Führungskräfte eine spezifische Ausprägung, die in einem Portfolio abgetragen werden kann (vgl. Abbildung 2).

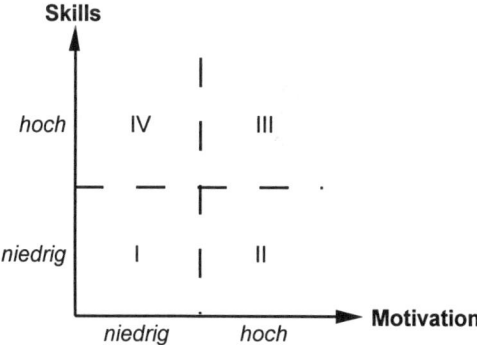

Abbildung 2: Diagnosepotential-Portfolio der Unternehmensleitung und der Führungskräfte.

Ein Potentialindex, der sich im Quadranten I befindet, bedeutet, bezogen auf das Diagnosepotential, daß die Motivation und die Fähigkeit der Unternehmensleitung/Führungskräfte eher gering ausgeprägt sind. Im Quadranten II zeigt die Gruppe Unternehmensleitung/Führungskräfte zwar eine hohe Motivation, aber nur eine geringe Fähigkeit zur Diagnose. III beinhaltet sowohl hohe Motivation als auch hohe Fähigkeiten. Und im Quadranten IV ist die Situation gegeben, in der zwar die Fähigkeiten stark ausgeprägt sind, die Motivation allerdings eher gering ist.

Aggregiert man die Diagnosepotentiale aller Marktteilnehmer so wird dies in einem Quadratportfolio abbildbar (vgl. Abbildung 3).

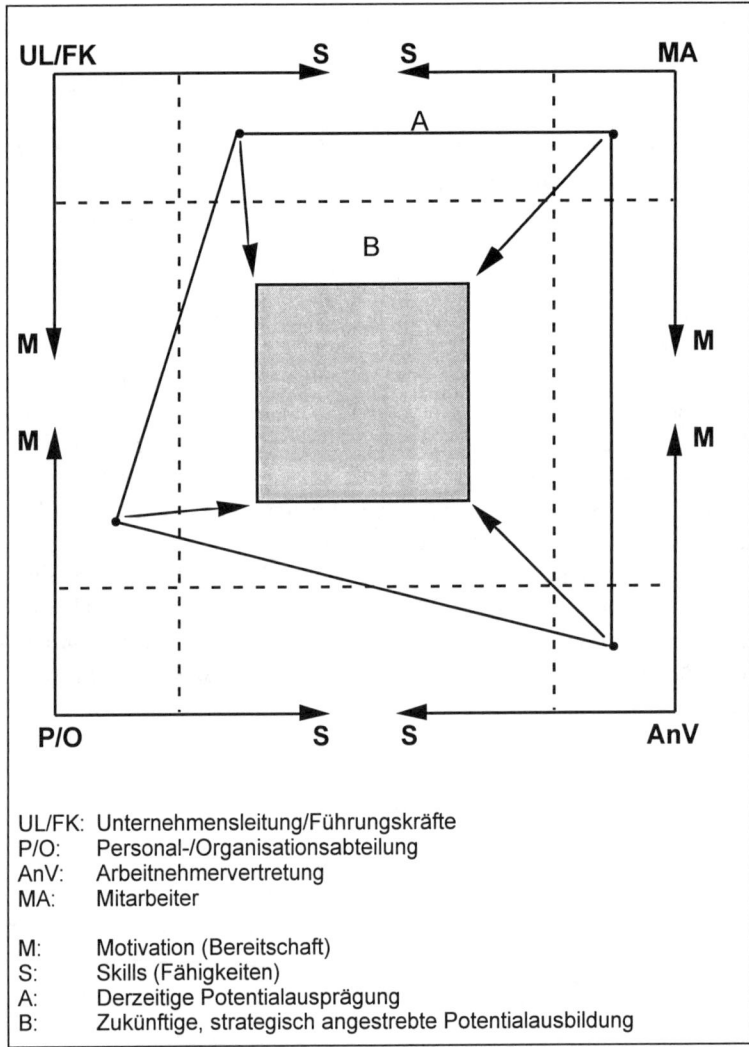

Abbildung 3: Diagnosepotential-Portfolio des Unternehmens.

A bildet das derzeitige Diagnosepotentialprofil des Unternehmens ab, B charakterisiert das im Rahmen einer Resource-based-View-of-Strategy anzustrebende Potential. Die Pfeile verdeutlichen die notwendigen Entwicklungen, die alle Marktteilnehmer durchlaufen sollten, die durch geeignete Personal- und Organisationsentwicklungsmaßnahmen einzuleiten sind.

Analog ergeben sich entsprechende Quadratportfolios für das Konzeptions-, das Realisierungs- und das Evaluierungspotential auf der Basis detaillierter Befragungen zu den jeweils relevanten Themenkomplexen.

2.2   Methodenmix der Mitarbeiterbefragungsformen

Um die oben dargestellten Machtstrukturen und Potentialausprägungen unternehmensspezifisch erheben zu können, ist ein Mitarbeiterbefragungskonzept notwendig, das in
der Lage ist, durch einen geeigneten Methodenmix und eine geeignete Operationalisierung der abzubildenden Items die Datenbasis für eine entsprechende Analyse zu liefern.
Als Methoden bieten sich oft in Kombination an:

- Schriftliche Befragung
- Strukturierte Interviews
- Metaplangestützte Meetings/Workshops
- Online-Befragungen

Auf die klassischen Befragungsmethoden im engeren Sinne, die schriftliche Befragung
und das Interview wird nicht näher eingegangen, da Vor- und Nachteile sowie Einsatzmöglichkeiten als allgemein bekannt vorausgesetzt werden (vgl. Domsch & Schneble,
1995; Mummendey, 1995).

Als MAB im weiteren Sinne sind metaplangestütze Meetings und Workshops anzusehen. Durch solche Spezial-Workshops können zu speziellen Themenschwerpunkten
mit Hilfe von Kartenabfragen, Brainstorming, Clusterbildung etc. Gruppenmeinungen
und -machtstrukturen erhoben werden. Insbesondere z.B. in der Diagnosephase zum
Projekt "Aufbau neuer Geschäftsfelder" lassen sich durch diese Methode zunächst erst
einmal sehr gut ungefilterte Ideen und Vorschläge sammeln. Auch für eine Gruppen-
selbsteinschätzung in der Phase der Analyse des Realisierungspotentials empfiehlt sich
zu Beginn diese Methode, um anschließend gezielt und detailliert befragen zu können.
Aber auch der umgekehrte Weg kann im Einzelfall sinnvoll sein. Hierdurch kann die
Entscheidung z.B. für "make or buy" auf einer breiten Konsensebene getroffen werden.

Die Analyse der internen Machtstrukturen sollte in diesem Zusammenhang allerdings
ausgebildeten und erfahrenen externen Beratern überlassen werden.

Zunehmend interessanter für Unternehmen werden Online-Befragungen, die z.B.
über interne Mailingnetzwerke alle Mitarbeiter zeitnah erreichen und in kürzester Zeit
verwertbare Daten liefern. Durch diese neuen Informationstechnologien sind prozeßbe-
gleitende Mehrfachbefragungen zu speziellen Themenstellungen zeitökonomisch und
zeitnah erstmals überhaupt sinnvoll möglich geworden.

Im Vorfeld einer Mitarbeiterbefragungskampagne ist deshalb intensiv zu diskutieren,
welche der genannten Methoden, bezogen auf die einzelnen Potentialfaktoren, für die
verschiedenen Marktteilnehmer angewandt werden sollten (vgl. Tabelle 2).

Die Tabelle zeigt beispielhaft ein Methodenmix für ein ausgewähltes Unternehmen,
das in speziellen Einsatzfällen jeweils unterschiedlich sein kann. So wird zur Erhebung
der Ausprägungen des Realisierungpotentials aller Marktteilnehmer die schriftliche Befragung eingesetzt. Eine umfassende Online-Befragung empfiehlt sich bei diesem Unternehmen prozeßbegleitend im Rahmen der Evaluierung. Für die Marktteilnehmer Un-
ternehmensleitung/Führungskräfte und Personal-/Organisationsabteilung werden Online-Befragungen bei der Diagnose und der Konzeption eingesetzt. Wahlweise sind hier
auch schriftliche Befragungen denkbar, aber die Vorzüge der Technik in bezug auf Verfügbarkeit der Daten sprechen bei einer kleineren Gruppe für diese Methode.

In der Startphase des Projektes bieten sich sowohl strukturierte Interviews als auch
metaplanunterstützte Workshops bei ausgewählten Personen aus den Marktteilnehmer-

gruppen Unternehmensleitung/Führungskräfte, Personal-/Organisationsabteilung und Arbeitnehmervertretung an.

Tabelle 2: Formen von Mitarbeiterbefragungen.

Potential	Markt-teilnehmer	Methoden			
		Metaplan-Workshops	Interview	schriftliche Befragung	Online-Befragung
I. Diagnose	UL/FK	x	x	(x)	x
	MA				
	P/O	x	x	(x)	x
	AnV	x	x		
II. Konzeption	UL/FK	x		(x)	x
	MA				
	P/O			(x)	x
	AnV				
III. Umsetzung	UL/FK	x		x	(x)
	MA			x	
	P/O			x	(x)
	AnV			x	
IV. Evaluation	UL/FK	x	x		x
	MA				x
	P/O		x		x
	AnV		x		x

UL/FK: Unternehmensleitung/Führungskräfte
MA: Mitarbeiter
P/O: Personal-/Organisationsabteilung
AnV: Arbeitnehmervertretung

Die Marktteilnehmer Unternehmensleitung/Führungskräfte werden zusätzlich in allen weiteren Projektphasen durch metaplangestützte Workshops befragt.

Projektabschließend werden zusätzlich zu der Online-Befragung bei ausgewählten Personen (möglichst dieselben, die bereits am Anfang in der Diagnosephase ausgesucht wurden) vertiefende Interviews durchgeführt.

Neben diesen Befragungsmethoden sind natürlich für eine erfolgreiche Projektdurchführung - je nach Themenschwerpunkt - zusätzlich mehr oder weniger umfangreiche themenbezogene Datenanalysen notwendig. Nach dem Grundrezept "Betroffene zu Beteiligten" machen, wird jeweils der relevante Personenkreis in die MAB einbezogen.

3   Schlußbemerkungen

Der vorgestellte Erklärungsansatz des Kultur-Markt-Modells bietet einen konzeptionellen Rahmen für die Einbeziehung von MAB in eine Resource-based-View of-Strategy. Die Komplexität des Prozesses kann in Teilen oder insgesamt in einigen Unternehmen zu Prozeßmanagementproblemen führen. Aus diesem Grunde empfiehlt es sich meistens, diesbezüglich auch externes Beratungs-Know How einzubeziehen oder durch detaillierte Vorarbeit mit Beratern den Prozeß vorzubereiten.

Ebenfalls anzumerken ist die Problematik der Datenverdichtung der Einzelfragen zu komplexen Potential-Items. Wie bei jeder entsprechenden Datenaggregation kommt es auch hier zu Informationsverlusten, die aber durch den Nutzen der komprimierten und übersichtlichen Ergebnisdarstellung und Vergleichbarkeit kompensiert werden.

Die dargestellten Beispiele für die Operationalisierung der Potentialbereiche in Einzelfragen können im Rahmen dieses Beitrags nur angeschnitten werden. Eine vollständige Auflistung würde den Rahmen dieses Beitrags sprengen. Ähnlich wie der Standardfragebogen auf die spezifischen Gegebenheiten jedes Unternehmens angepaßt wird, müssen aber auch der vorgestellte konzeptionelle Rahmen dieses Ansatzes und die entsprechenden Einzelfragen im praktischen Einsatz überprüft und ggf. modifiziert werden.

Regelmäßige MAB im Rahmen einer mitarbeiterpotentialorientierten Unternehmensstrategie sollten zukünftig ebenso zur Unternehmensroutine gehören, wie es regelmäßige Marktforschungen an Konsumenten für Konsumgüterhersteller sind. Durch die Möglichkeiten der Online-Befragung eröffnen sich so für das Unternehmen die Möglichkeiten, notwendige Informationen schnell und umfassend zu gewinnen.

II. Spezielle Gestaltungsaspekte und Problemfelder

Die Entwicklung eines Instruments zur Mitarbeiterbefragung: Konzept, Bestimmung der Inhalte und Operationalisierung

Rudolf Bögel und Lutz von Rosenstiel

1 Von der Beliebigkeit in der Praxis von Mitarbeiterbefragungen

Mitarbeiterbefragungen (MAB) aller Art erfreuen sich zur Zeit großer Beliebtheit. Anlässe dazu bieten insbesondere die "neuen" Management-Philosophien, wie z.B. Total-Quality-Management, Interne Kundenorientierung, Zertifizierungen etc. MAB dienen der Organisationsdiagnose im weiteren Sinne und damit als Entscheidungsgrundlage für Maßnahmen. In der angewandten Wissenschaft haben MAB im Rahmen von Konstrukten wie Arbeitszufriedenheit, Organisationsklima, Streß oder Arbeitsplatzanalyse schon eine längere Geschichte. Die Erfahrungen aus diesen Konzepten gilt es zu nutzen, wenn heute im Zeichen der oft kurzlebigen Management-Philosophien zur Methode der MAB gegriffen wird.

An die Verfahren der Organisationsdiagnose werden die Forderungen gestellt, daß sie valide, reliabel, ökonomisch vertretbar und für die betroffenen Personen und Gruppen akzeptabel sein sollen (vgl. z.B. Brandstätter, 1978). Die derzeit zum Einsatz kommenden Befragungsinstrumente weisen sowohl unter Gesichtspunkten der betrieblichen Praxis als auch Kriterien der Wissenschaft konzeptionell unterschiedlichste Entwicklungsstufen auf. Das Spektrum ihrer methodischen Standards und praktischen Nützlichkeit streut sehr weit. Es ist Ziel dieser Ausführungen, zur Verbesserung der Gütekriterien von MAB beizutragen; dies betrifft insbesondere die Konzeption der Befragungsinstrumente.

Unter MAB verstehen wir die systematische Erhebung von Wahrnehmungen und Bewertungen von Mitarbeitern einer Organisation zu Sachverhalten, die sie und ihre Organisation betreffen. Die Befragung von Mitarbeitern einer Organisation grenzt sich von beliebigen Umfragen dadurch ab, daß diese Zielgruppe weitgehend durch die tägliche Zusammenarbeit, gemeinsame Ziele, sich ergänzende Aufgaben, gemeinsame Erfahrungen und Überzeugungen kulturell geprägt ist. Es sollen auch nicht x-beliebige Dinge abgefragt werden, sondern Sachverhalte, die Arbeit und Organisation der Befragten betreffen. Diese Eingrenzung bedeutet, daß Mitarbeiter über Meinungen und Wissensbestandteile gefragt werden, für die sie aufgrund ihrer Nähe zum Sachverhalt Experten und Betroffene sind.

Wenn im folgenden von Verfahren der MAB die Rede ist, dann sind in erster Linie schriftliche und standardisierte Instrumente gemeint; andere Formen stellen jedoch dann keine Ausnahmen dar, wenn es um die grundsätzlichen Überlegungen geht.

Methodisch lassen sich die derzeitigen Befragungsinstrumente in drei unterschiedliche Entwicklungsstufen einteilen:

1. Ad-hoc zusammengestellte,
2. empirisch überprüfte und
3. konzeptionell systematisch entwickelte Instrumente.

Zu den ad-hoc Instrumenten (1) zählen alle willkürlich zusammengestellten Fragebogen, deren Items unterschiedlichste Inhalte, Formulierungen und Skalierungen beinhalten. Über das Ziel der Befragung und das Bezeichnete bestehen vage und implizite Vorstellungen, eine logische und empirisch überprüfbare Systematik ist nicht nachvollziehbar. Zu dieser Gattung sind nicht nur die "vom Chef selbst gebastelten Fragen" zu zählen, sondern auch die von manchen Fachleuten zusammengetragenen "guten Items" - z.B. zu einem "Kurzfragebogen" - aus unterschiedlichsten Instrumenten, ohne Begründung ihrer Güte im Zusammenhang und der Herkunft, und ohne Wissen über die Interaktionen zwischen den einzelnen Fragen. Von urheberrechtlichen Fragen abgesehen, müßte man sich bei dieser Art von "MAB" nicht aufhalten, wenn sie nicht die verbreitetste wäre. Letztlich hat die Praxis in den Organisationen unter solchen Verfahren zu leiden, falsche Erwartungen werden geweckt, denen Enttäuschungen folgen. Die Möglichkeiten des Mißbrauchs für demagogische Zwecke und willkürliche Interpretationen sind hierbei gegeben, z.B. mißliebige Ergebnisse als negatives "Stimmungsbild" einseitig der subjektiven Unzufriedenheit der Mitarbeiter zuzuschlagen.

Bei den empirisch überprüften Instrumenten (2) liegen Kennwerte für die Reliabilität, Trennschärfe, Schwierigkeitsgrad, gebildete Faktoren etc. vor. Ausgewiesen werden, wenn auch nicht immer deutlich, die Stichproben (z.B. "200 Mitarbeiter aus 25 Betrieben"; jedoch, was sagt das schon über die Zusammensetzung aus?). Items und Skalen sind im großen und ganzen einheitlich formuliert. Anleihen aus wissenschaftlichen Konstrukten werden ansatzweise sichtbar. Fragen, die bestimmte methodische oder statistische Kriterien nicht erfüllen, werden eliminiert; dies hindert die Praktiker vor Ort nicht daran, sie trotzdem einzusetzen, weil sie implizite Annahmen über ihre Verwendbarkeit haben.

Auch beim Rückgriff auf ein "fertiges und evaluiertes" Instrument wird bei seinem Einsatz häufig konzeptionslos und spekulativ verfahren. Diese Vorgehensweise wird selbst von Wissenschaftlern gefördert, die universale, für alle Zwecke und Situationen einsetzbare Instrumente propagieren. Nimmt man ein fertiges Verfahren, dann muß man dessen Konzeption ausführlich darlegen und den Einsatz des Instruments unter situationsspezifischen Gesichtspunkten klären, sonst gibt es hinterher Enttäuschungen und/oder es werden falsche Schlüsse gezogen. Das kann unter aquisitorischen Gesichtspunkten leicht übersehen werden. Befragungen mittels eines universell einsetzbaren Instruments können so zum "Schnellschuß" geraten, der den Mitarbeitern einfach übergestülpt wird. Beachtung finden unter diesen Umständen dann nur die Marketingstrategien, die die Mitarbeiterbeteiligung, Einbindung des Betriebsrates etc. sichern sollen. Die Aufklärung über Konzeption, Zweck und Konsequenzen der Befragung stehen nicht im Mittelpunkt der Aktivitäten.

Die Entwicklung eines konzeptionell systematischen Instruments (3) beginnt nicht, wie in den soeben dargelegten Fällen üblich, mit der Itemkonstruktion zu einem unklaren Befragungsgegenstand mit vagen Zielen. Vielmehr werden im Idealfall praktische Ziele und wissenschaftlich gesicherte Ergebnisse zu einem Konzept zusammengeführt und die Facetten des Untersuchungsgegenstandes bestimmt, in deren Rahmen die Items konstruiert werden. Dieser Ansatz anwendungsorientierter Wissenschaft wird in Abbildung 1 gezeigt.

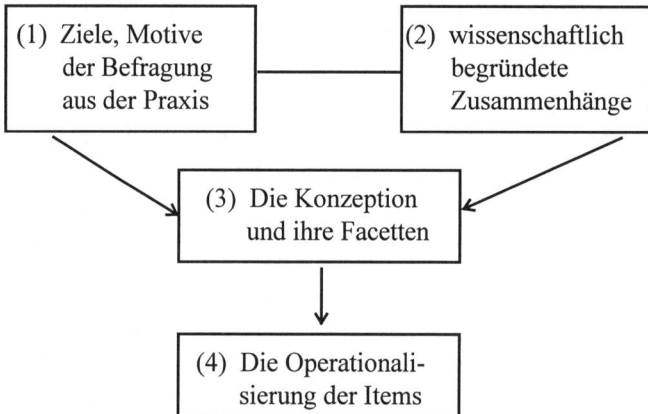

Abbildung 1: Entwicklung des Konzepts einer MAB.

Es geht in einem ersten Schritt um die Zielklärung und darum, Voraussetzungen dafür zu schaffen, daß ein optimales, die Ziele abbildendes Instrument operationalisiert werden kann. Ziele und Zwecke können letztlich nur die Praktiker bestimmen; Wissenschaftler können dabei u.a. als Moderatoren tätig werden, und sie müssen in diesem Verfahren die Widersprüche in den "Philosophien der Praktiker" aufdecken und falsche Vorstellungen in deren "Theorien über empirische Zusammenhänge" (z.B. von Arbeitszufriedenheit und Leistungsmotivation, Einstellungen und Verhalten, Untersuchungsergebnissen und zielführenden Maßnahmen oder den Unterschied von Test und Befragung etc.) korrigieren. Im weiteren geht es darum, die Facetten des Untersuchungsgegenstandes herauszuarbeiten, um im darüber erarbeiteten Rahmen zur Operationalisierung der Items zu gelangen. Die Klärungen zur inhaltlichen Validität in den Schritten, die Abbildung 1 zeigt, ist deshalb so außerordentlich wichtig, weil bei Befragungen die Kriteriumsvalidität häufig nicht gegeben oder nicht ermittelbar ist. Überspringt man die Schritte, dann kommt es zu einem heillosen Durcheinander bei der Fragenkonstruktion. Die Konstruktion der Fragen selbst kann weitestgehend dem Wissenschaftler überlassen werden, die Laien werden für die Verständnisprüfung benötigt.

Es ist nur plausibel, daß Instrumente, die konzeptionell so verschieden entwickelt und/oder in unterschiedlichem Kontext eingesetzt werden, auch die unterschiedlichsten Korrelationen mit Kriterien aufweisen, wie dies Meta-Analysen zeigen (vgl. Fried & Ferris, 1987; Griffin, 1987; Roberts & Glick, 1981; Hunter & Schmidt, 1990).

Die für das Ergebnis entscheidenden Variablen für die Validität liegen häufig nicht im Bereich der Operationalisierung, sondern im Kontext der Befragung (vgl. Spector 1992), der unter strikten naiv empiristischen Prämissen leichthin mit der ceteris paribus-Formel abgetan wird. (vgl. z.B. Schnell, Hill & Esser, 1992), die die inhaltliche Validität nicht zur "eigentlichen" Validität zählen.)

Eine eher an der theoretischen Klärung orientierte Systematik unterscheidet zwischen instrumentellen, anwendungsbezogenen und methodischen Anforderungen (z.B. Jöns,

1995, Nadler, 1977) bei der MAB. Unter methodischen Anforderungen werden die "klassischen" meßtheoretischen Gütekriterien aufgezählt. Ziel unserer Ausführungen ist es, die instrumentellen und anwendungsbezogenen Anforderungen einer systematischen Konzeption zuzuführen und nicht einer beliebigen Reihe von Ratschlägen zu überlassen. Grundsätzlich gilt, daß auch empirisch überprüfte Instrumente, d.h. redlich eingesetztes Handwerkszeug, allein nicht genügen, daß Befragungsergebnisse trotz hoher Reliabilität und Objektivität nicht auch valide sein müssen (Spector, 1992; v. Rosenstiel, 1992; Brandstätter, 1978; Scheuch, 1974).

2   Grundlegung eines Modells der Mitarbeiterbefragung

Festhalten wollen wir, daß trotz der vielen Fehlerquellen, die in MAB eingehen können, diese prinzipiell in der Lage sind, organisationale Realität abzubilden (vgl. Spector, 1992), nur scheint dies beim unterschiedlichen Entwicklungsstand der Instrumente fragwürdig zu sein. Dieser Zustand wird nicht dadurch gebessert, daß man willkürlich zu den "tausend Ratschlägen zur Abwicklung" noch einige aus der praktischen Erfahrung hinzufügt.

Eine Theorie der MAB hingegen gibt es nicht, auch nicht eine allgemeine der systematischen Fehler (Scheuch et al., 1974). Die einschlägige Literatur zeigt, daß vor allem an Verbesserungen des Ablaufs von Befragungen Interesse besteht. Die meisten Autoren gliedern ihre Ausführungen, indem sie Funktionen, Inhalte, Widerstände und Ratschläge für die Durchführung aufzählen (vgl. z.B. Domsch & Reinecke, 1982; Töpfer, 1984; Töpfer & Funke, 1985; Domsch & Schnebele, 1991; Domsch & Schneble, 1995; Borg, 1995a; Borg & Bergermaier, 1995; Domsch & Siemers, 1995). Jetzt könnte man alle Ratschläge in einer Synopse zusammenfassen; ein solches Verfahren löst aber nicht die grundsätzlichen Mängel.

Bei den Ratschlägen zur Überwindung von Problemen und Widerständen bei der Durchführung handelt es sich im wesentlichen darum, die Kontextbedingungen optimal zu steuern, damit validere Ergebnisse erzielt werden können. Wenn nun die Validität der Befragungsergebnisse so sehr von Kontextbedingungen (Rücklauf, Antwortverhalten etc.) abhängt, dann müssen diese "Kontextbedingungen" wohl systematischer angegangen werden, als dies bisher der Fall ist.

Aufhorchen lassen bzw. Reaktanz wecken beim Versuch, die Mitarbeiter zum Mitmachen zu aktivieren, manipulative Hinweise auf den Befragungsbögen wie z.B.: „Antworten Sie spontan", „antworten Sie ehrlich", „die Auswertung ist hundertprozentig anonym" etc., oder listige Techniken, wie die Einrichtung von "Wahllokalen" zur Erzeugung sozialen Drucks; während die Mitarbeiter über die Konzeption häufig im Dunkeln gelassen werden. Vom hierbei implizierten "Menschenbild" einmal abgesehen, rächt sich diese Vorgehensweise meist, weil sich die Mitarbeiter ihre eigene "Laientheorie" über Sinn und Zweck der Befragung zurechtlegen. Damit wird eine bedeutende Fehlerquelle aktiviert. "Wahre" Werte lassen sich so nicht erzwingen.

Es fällt auf, daß in den Abhandlungen zur MAB der Mitarbeiter meist nur im Abschnitt "Widerstände" auftaucht. Allgemeine "Philosophien" über MAB, die mehr Humanität oder Partizipation befördern sollen, ändern daran nichts, daß der Mitarbeiter im herrschenden Modell als Randbedingung oder "Störvariable" behandelt wird.

Das vielen MAB zugrunde liegende S-O-R Modell ist ein Kausalmodell; es unterstellt, daß unterschiedliche Situationen (Stimuli) auf die Mitarbeiter (Organismen) wirken und entsprechend unterschiedliche Ergebnisse (Reaktionen) bewirken. Den Mitarbeiter als Berichterstatter will man möglichst konstant halten, am liebsten hätte man einen mechanisch reagierenden. Unterschiedliche Berichterstatter versuchen wir in der Regel über sozio-demographische Daten zu kontrollieren; eine Reihe anderer Variablen, wie z.B. die Herausforderung durch die Aufgabe, der Kontrollstandpunkt oder die "basic assumptions" (Schein, 1995), die man schwer oder kaum erfassen kann, sind evtl. nützlicher.

Nun ist es aber so, daß unterschiedliche Situationen auch unterschiedliche Arten der Wahrnehmung bewirken (Spector, 1992). Ein Grund übrigens auch dafür, warum beim Benchmarking mit Befragungsdaten äußerst vorsichtig verfahren werden sollte, denn es wird eben nicht mit demselben Maßstab gemessen.

Die Unterscheidung zwischen MAB und psychologischem Test ist häufig unklar. Beim Test ist die unabhängige Variable genormt, so daß abweichende Ergebnisse den unterschiedlichen Leistungen der Probanden zugeschrieben werden. Bei der MAB ist es umgekehrt, man will keine Personen testen, sondern unterschiedliche Situationen erforschen. Die intervenierende Variable "Belegschaft" bzw. deren Wahrnehmung ist die stabile Größe, individuell abweichende Ergebnisse sollen sich in der großen Zahl der aggregierten Werte kompensieren. Ursachen für Verwechslungen mögen u.a. auch darin liegen, daß für die statistische Überprüfung von Befragungsinstrumenten dieselben Methoden zum Einsatz kommen, wie sie zunächst für die Testtheorie entwickelt wurden (vgl. Lienert, 1989).

Brandstätter (1978) hat darauf hingewiesen, daß das zugrunde liegende "Menschenbild" bei der Organisationsdiagnose von großer Wichtigkeit ist. Neuerdings haben auch Borg (1995a) und Borg & Bergermaier (1995) im Rahmen von MAB darauf verwiesen und eine pointiert gezeichnete Typologie entworfen. Die „Menschenbilder in den Köpfen von Machern" (Bögel & v. Rosenstiel, 1992) zeigen jedoch nur die Richtung der beabsichtigten Instrumentalisierung der Subjekte der MAB an und berücksichtigen nicht die Reaktionen der Mitarbeiter. Im traditionellen Modell bleiben sie dem wirklichen Geschehen der Befragung, nämlich dem Antwortverhalten der Mitarbeiter, äußerlich. Erst wenn die Mitarbeiter auf die Menschenbilder der Macher, die die Strategie der Befragung wesentlich mitbestimmen, auch entsprechend reagieren, haben sie eine (Rück)-Wirkung. Eine Typologie von Menschenbildern, wie sie z.B. Borg (1995) vertritt, kann bei der Vorbereitung einer MAB evtl. zur Klärung beitragen, welches Menschenbild in der herrschenden Unternehmenskultur vertreten wird.

Was jedoch fehlt, ist ein Menschenbild, das am Handeln von Mitarbeitern orientiert ist und deren Antwortverhalten beschreibt. „Das 'Objekt' ist ein wahrnehmendes und antizipierendes Wesen, das notwendigerweise auf den gesamten Untersuchungsvorgang reagiert ..." (Bungard, 1987, S. 375). In den Mittelpunkt der Befragung rückt dann der Mitarbeiter. Ein solches am Handeln orientiertes Modell zeigt Abbildung 2.

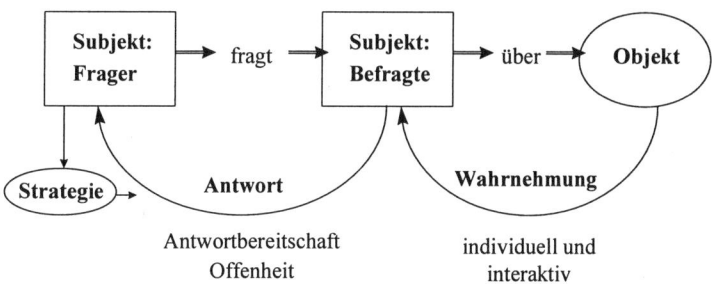

Abbildung 2: Kommunikationsmodell der MAB.

Das Kommunikationsmodell der MAB soll verdeutlichen:
1. Die MAB stellt keine einseitige sondern eine zweiseitige, auf Gegenseitigkeit beruhende, Kommunikation bzw. ein Gespräch dar.
2. Die vorgelegte Befragungsstrategie im Rahmen der gelebten Unternehmenskultur und des Menschenbildes bestimmt wesentlich das Antwortverhalten mit. Eine für die Mitarbeiter transparente Strategie bewirkt auch ein offenes Antwortverhalten.
3. Die Wahrnehmung der organisationalen Sachverhalte und Verhaltensweisen ist analytisch vom Antwortverhalten zu trennen. Die Wahrnehmung ist nicht nur individuell verschieden, sondern interaktiv vom Zusammenleben in der Unternehmenskultur geprägt.
4. Die instrumentellen und anwendungsbezogenen Anforderungen an die MAB (Transparenz der Ziele, Anonymität, Feedback usw.) lassen sich aus dem Modell herleiten und sind nicht das Ergebnis beliebiger Erfahrungen; trickreiche Taktiken verbieten sich aus ethischen Gründen, aber auch weil sie über kurz oder lang durchschaut werden, entsprechende Reaktanz hervorrufen und mit offenem Widerstand (Beteiligungsquote) oder verdecktem (verfälschendes Antwortverhalten) Widerstand beantwortet werden.

Das hier vorgestellte Modell vom Mitarbeiter ist am Handeln ausgerichtet, es führt aus der unwürdigen Einschätzung des Mitarbeiters als unzuverlässiges und deshalb zu manipulierendes Wesen heraus. Die Berechenbarkeit des Mitarbeiters liegt in der längerfristig konzipierten Strategie. Wer an bestimmten Menschenbildern orientiert ist, wie sie z.B. Borg & Bergermaier (1995) zeichnen, sollte besser keine MAB inszenieren. Bei einer wirklich freiwilligen Teilnahme an der Befragung hängt z.B. die Rücklaufquote wesentlich vom vorgelebten Menschenbild und der glaubhaft kommunizierten Zielsetzung ab.

3 Dimensionen und Facetten des Untersuchungsgegenstandes

Die Bestimmung der praktischen Ziele und der inhaltlichen Bereiche der MAB erfolgt durch die Praktiker (vgl. die Ausführungen zur Abbildung 1). Dies geschieht am besten in einem oder mehreren Workshops mit heterogenen Gruppen von Mitarbeitern aus verschiedenen Fachabteilungen und hierarchischen Ebenen. Einige wenige Mitarbeiter aus der Geschäftsleitung oder der Bildungsabteilung stellen keine Projektgruppe in diesem

Sinne dar. Der Wissenschaftler mit einschlägiger Erfahrung ist hierbei als Berater und/oder Moderator notwendig; er verhindert, daß vorschnell mit der "Bastelei" von Fragen begonnen wird und lenkt die Aufmerksamkeit auf die Ziele, Motive und Konsequenzen: Was spricht für und was gegen die Befragung? Hier ist auch die Gruppe versammelt, mit der evtl. ein "Organisationsentwicklungskontrakt" (Domsch & Schneble, 1991) geschlossen werden kann. Bestehende Organisations- und Führungsgrundsätze können zum Ausgangsmaterial gehören; die Workshop-Teilnehmer müssen dann klären, worauf es dabei ankommt.

Dieses Prozedere mit den Betroffenen in einem Workshop gilt es auch dann einzuhalten, wenn ein fertiges Instrument eingesetzt werden soll. Die Aquisition eines fertigen Instruments kann die organisationseigene Ziel- und Zweckbestimmung nicht ersetzen. So kann der Wissenschaftler erfahren, ob sich seine Konzeption mit den Vorstellungen in der zu untersuchenden Organisation deckt bzw. was verändert werden muß.

Ein Beispiel mag dies verdeutlichen: Ein standardisierter Fragebogen zur internen Kundenorientierung, der die Leistungen der Personalwirtschaft zum Inhalt hatte, löste bei der Belegschaft Desinteresse aus, weil die ihrer Meinung nach wichtigste Dimension interner Kundenorientierung, das Vorgesetztenverhalten, nicht enthalten war. Im Vorfeld war versäumt worden, sich über die Inhalte mit den Fachabteilungen zu beraten.

Der einschlägig erfahrene Wissenschaftler muß zur Klärung beitragen, was man aus wissenschaftlicher Sicht in einem Fragebogen erheben kann und für welche "Fragen" andere Instrumente einzusetzen sind. Zu klären gilt es, inwieweit sich wissenschaftliche Konzepte und Konstrukte mit den Vorstellungen der Praktiker über Befragungsgegenstände und ihre Inhalte decken. Widersprüchliche Zielsetzungen werden auch zu widersprüchlichen Ergebnissen führen. Nicht die zufällig vorhandenen Instrumente und Meßmethoden sollen die Befragung bestimmen, sondern die Bedarfe und Zielsetzungen der Organisation (vgl. Kühlmann & Franke, 1989). Die Analyse der Befragungsergebnisse ist abhängig von den praktischen und theoretischen Vorstellungen und davon inwieweit es gelingt diese offenzulegen und bewußt in das Befragungsinstrument hereinzunehmen oder sie auszuschließen.

Das Einverständnis für ein entwickeltes Konzept kann von den Mitarbeitern dann erwartet werden, wenn es deren Bedürfnisse berücksichtigt, wie sie in der repräsentativ zusammengesetzten Projektgruppe vertreten werden. Für das Verständnis sind ein widerspruchfreies Konstrukt sowie einheitliche Fragen bzw. Fragedimensionen notwendig. Die Bestimmung der Dimensionen oder Facetten des Untersuchungsgegenstandes ist die Aufgabe der Projektgruppe. Abbildung 3 zeigt das Design einer Facettenbestimmung.

Aus dem "Meer" der möglichen Fragestellungen und sich überschneidenden Fragebereichen soll möglichst nur ein sinnvoller Objektbereich ausgewählt werden, in dem wiederum durch klare Linien die einzelnen Fragen bzw. Fragedimensionen definiert werden.

Ein "sinnvoller Objektbereich" wird z.B. durch einen Prozeß, ein Programm, spezifische Maßnahmen oder ein wissenschaftliches "molares" Konstrukt beschrieben. "Klare Linien" werden mittels facettenanalytischer Überlegungen gezogen, so daß sich die Fragen bzw. Fragenbündel konzeptionell bestimmen lassen.

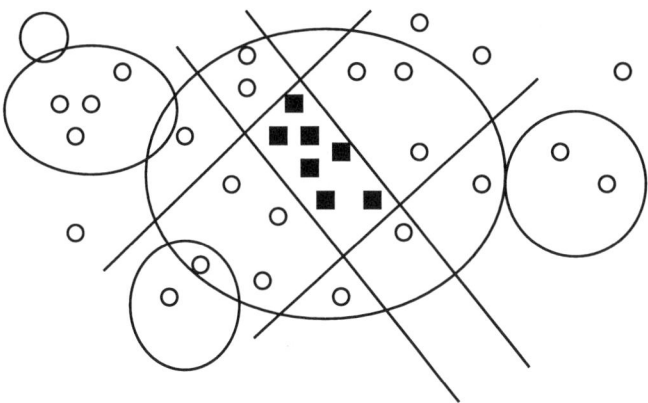

Abbildung 3: Design einer Facettenbestimmung.

Kriterien, die die Facetten in einem mehrdimensionalen Raum abstecken, können z.B. folgende sein:

- Nähe versus Ferne der Mitarbeiter zum Befragungsgegenstand
- Problem- versus Ursachenbezug
- Person- versus Situationsebene
- Assertorische versus interrogative Form
- Offene versus geschlossene Fragen
- Zwangsskalen versus kontinuierliche Skalen
- Ein- versus zwei-dimensionale Fragestellung
- Gegenwarts- versus Zukunftsbezug
- Beschreibungs- versus Bewertungsebene
- SOLL- versus IST-Bezug

Legt man z.B. fest, daß situationsbezogen nach beschreibbaren Ursachen gefragt werden soll, so hat das entsprechende Konsequenzen für die Operationalisierung; Inhalte und Formulierung der einzelnen Items richten sich nach diesen Bestimmungen, die manchmal schwer übersetzbar sind. Die facettenanalytische Vorgehensweise ist nicht nur von theoretischer Bedeutung für das Konstrukt und dessen Operationalisierung, sondern aufgrund der konzeptionell einheitlichen Fragestellung auch für das Verständnis der Fragen bei den Befragten; dahingegen irritieren beliebig viele Themenbereiche ("Omnibus"). Eine sinnvolle Diskussion über die logische Richtigkeit einer Frage kann nur vor dem Hintergrund eines solchen konzeptionellen Bezugssystem geführt werden.

Die Bestimmung der Inhalte und der Facetten in einem Workshop, wie oben gefordert, erfolgt wohl am erfolgreichsten mittels Moderationstechnik mit Kärtchen. Dabei sind unterschiedliche Möglichkeiten zur Strukturierung der Inhalte und Facetten durch Clusterung gegeben, z.B. Gewichtungen mit Punkten oder insbesondere die Bestimmung der Inhalte im Koordinatensystem verschiedener Facetten.

In Anlehnung an die Facettenanalyse von Payne, Fineman & Wall (1976) haben v. Rosenstiel et al. (1983) für das Konstrukt Betriebsklima eine Facettenanalyse entwickelt, wie sie die Abbildung 3 zeigt und entsprechend die Items operationalisiert (vgl. Tabelle 1).

Tabelle 1: Facettenanalytische Differenzierung von Klima- und Zufriedenheitskonzepten.

Konzept	A	B	C	D	E	F	G	H
Facetten:								
Analyse-einheit	Individuum	Individuum	Individuum	Individuum	soziales Aggregat	soziales Aggregat	soziales Aggregat	soziales Aggregat
Analyse-element	Arbeit	Arbeit	Organisation	Organisation	Arbeit	Arbeit	Organisation	Organisation
Art der Messung	Bewertung	Beschreibung	Bewertung	Beschreibung	Bewertung	Beschreibung	Bewertung	Beschreibung
	Arbeitszu-friedenheit	Arbeits-charakteristika	Organisations-zufriedenheit	Organisations-charakteristika	Arbeitsmoral	Arbeitsklima	Rollenklima	*Organisations-klima*
					Betriebsklima			

Das "Betriebsklima" wird über die Facetten Analyseeinheit "soziales Kollektiv", das Analyseelement "Organisation" und Art der Messung "Beschreibung und Bewertung" definiert. Da beschreibende und bewertende Aspekte bei der Urteilsbildung bei den Befragten schwer zu unterscheiden sind, wurden beide im Begriff "Betriebsklima" verschmolzen. (Die facettenanalytische Konzeption vom Betriebsklima sollte nicht mit Vorstellungen vom Betriebsklima als einer nur zwischenmenschlichen Dimension verwechselt werden, die von strukturalen Bedingungen in der Organisation absieht.) Begrifflich lassen sich besonders deutlich die am jeweiligen Ende der Facettendimension stehenden Konzepte der "Arbeitszufriedenheit" und des "Organisationsklimas" unterscheiden. Bewertet das Individuum die Gegebenheiten seiner Arbeit bzw. seines Arbeitsplatzes, dann liegt das Konzept der Arbeitszufriedenheit zugrunde; beschreibt ein soziales Kollektiv die organisationalen Bedingungen, dann liegt das Organisationsklima vor. Für die Operationalisierung hat dies die Konsequenz, daß ein Statement zur Arbeitszufriedenheit z.B. lautet: „Ich bin mit meinem Vorgesetzten zufrieden"; hingegen lautet eines zum Organisationsklima: „Unser Vorgesetzter kritisiert Mitarbeiter vor anderen".

4 Operationalisierung und Itemkonstruktion

Die wichtigen Entscheidungen über die Stichprobenbildung für die Erhebung, die Skalierung der Fragen, Umfang des Erhebungsbogens, Bandbreite der Fragenbereiche sowie die notwendigen sozio-demographischen Variablen müssen unter fachmännischer Beratung im Workshop mit den Betroffenen fallen. Die Akzeptanz der Workshop-Teilnehmer ist hier notwendig, denn diese stellen auch die potentiellen Ansprechpartner im Prozeß der Befragung für die Mitarbeiter dar.

Die in der Facettenanalyse definierten "Korridore" mit den entsprechenden Items auszufüllen, d.h. von der Theoriesprache herunter auf die der Operationalisierung zu kommen, stellt eine weitere Klippe bei der MAB dar. Diese nicht kurzweilige Übersetzungsarbeit zu leisten, so wurde zuvor bereits ausgeführt, sollte man weitestgehend dem einschlägig kompetenten Fachmann überlassen. Es lassen die mit den Betroffenen bestimmten Inhalte und Facetten noch viel Spielraum für die Gestaltung der Items.

Eine Reihe von Fehlern, die es bei der Itemkonstruktion zu vermeiden gilt, soll hier aufgezählt werden:

- *Mehrere Inhalte in einer Frage*: Z.B.: „Mein Vorgesetzter ist freundlich und aufgeschlossen". Fragen müssen klar und eindeutig formuliert werden; Wofür „aufgeschlossen"?
- *Alles-oder-Nichts-Fragen*: Extrem "hart" formulierte Fragen weisen meist keine Streuung mehr auf; der Fachmann sollte dies schon bei der Itemkonstruktion erkennen und nicht erst die empirische Überprüfung ex post abwarten; weil die Eliminierung ex post meist zu Komplikationen in der Praxis führt, insbesondere wenn das Instrument öfters eingesetzt werden soll.
- *Unterschiedliche Skalierungen bei zweidimensionaler Fragestellung*: Z.B. die Vermischung von Zwangsskalen (gerade Anzahl von Antwortmöglichkeiten), die keinen mittleren Wert von "teils/teils" zulassen, mit kontinuierlich durchgehenden Skalen (ungerade Anzahl von Antwortmöglichkeiten). Für die mittlere Antwortmöglichkeiten findet man auch asymmetrische Bezeichnungen wie "manchmal", "öfters" etc.

Festgehalten sei hier, daß bei Bildung einer Zwangsskala der Person eine Entscheidung abgenötigt wird, die mehr über die Person aussagt als über den zu beurteilenden Sachverhalt. (Auch die Abbildung von Skalen mit "Schulnoten" befördert mehr die Bewertung als die Beurteilung eines Sachverhaltes.)

- *Nichtausgewogenheit der Fragenbereiche*: Unterschiedliche Gewichtungen von Themenbereichen in den Workshops haben zur Folge, daß die Bandbreite verschiedener Fragenbereiche bezüglich ihrer Vollständigkeit sehr weit streuen kann. Es läßt sich zwar nicht völlig vermeiden, daß ein Fragenbereich mehr und ein anderer weniger Fragen umfaßt; größeren Unterschieden sollte aber gegengesteuert werden.

- *Spezifität der Fragestellung*: Eine Frage soll einen Themenbereich prototypisch abdecken, so daß sie für alle Mitarbeiter verständlich ist. Eine zu allgemein gestellte Frage läßt zu viele Deutungen zu; eine zu spezifisch gestellte Frage schließt ähnliche Probleme für die Beantwortung aus und wird damit für einzelne Mitarbeiter oder Gruppen nicht beantwortbar. Die z.B. abteilungsspezifischen Vorfälle, die hinter einem guten/schlechten Antwortwert stecken, müssen immer beim Feedback mit der jeweiligen Gruppe von Mitarbeitern hinterfragt werden.

- *Nur positiv formulierte Fragen*: Es hat sich bewährt, positiv und negativ formulierte Fragen zu stellen. Diese Methode wirkt einmal einseitigen Antworttendenzen entgegen und auch dem Eindruck, man würde nur positive Dinge darstellen und entsprechende Antworten erwarten.

- *Viele sozio-demographische Fragen*: Zu viele Fragen zur Personalstatistik wecken Reaktanz und führen zu Mißtrauen bezüglich der Anonymität der Befragten, so daß die Verweigerungsrate mit ihrer Anzahl zunimmt. Nicht nur individuelle Nachteile werden befürchtet sondern auch diskriminierende Maßnahmen gegenüber Mitarbeitergruppen. (Unsere Erfahrung zeigt, daß die Verweigerungsrate bei den sozio-demographischen Fragen in unterschiedlichen Organisationen zwischen 1 bis 12 Prozent schwankt und alle hierarchischen Ebenen gleichermaßen davon betroffen sind).

Die Wahrung der Anonymität der Befragten durch die auswertende organisationsexterne Instanz bezieht sich insbesondere auf den Verschluß der Rohdaten. Kreuztabellen über den Fragebogenrücklauf sowie Rücklaufquoten und Häufigkeitsverteilungen über kleine Gruppen (von z.B. weniger als 7 Mitarbeitern) verletzen die im Fragebogen zugesicherte Anonymität.

5   Empirische Überprüfung des Befragungsinstruments

Größere Probeläufe sind in der betrieblichen Realität meistens nicht möglich, wie sie z.B. für eine faktorenanalytische Überprüfung der Konstruktvalidität und Clusterung der Fragenblöcke notwendig sind. Auf die Verständnisprüfung der Items in einer Stichprobe sollte jedoch nicht verzichtet werden.

Die empirische Überprüfung des Untersuchungsinstruments wird meistens, wie schon angesprochen, erst nach der Hauptuntersuchung erfolgen. Der Hinweis, daß mit den "klassischen" Gütekriterien nur das untersucht werden kann, was im Untersuchungsinstrument operationalisiert wurde, ist zwar banal, er soll jedoch nochmals auf die notwendige gründliche Entwicklung des Instruments im Vorfeld hinweisen.

So fordert Müller-Böling (1991) "Objektivität" auch für die Durchführung nicht nur von Tests sondern auch für MAB, für die er als Beispiele aus der Arbeitszufriedenheitsforschung den "Arbeitsbeschreibungsbogen" (Neuberger & Allerbeck, 1978) und die "Skala zur Messung von Arbeitszufriedenheit" (Fischer & Lück, 1972) aufführt, ohne allerdings seine Forderung zu konkretisieren. Wir meinen, daß wir diese und weitere Forderungen nach Verständlichkeit, Relevanz oder Nützlichkeit in unserem Modell von einer MAB und dem daraus abgeleiteten Prozedere vom Ansatz her erfüllt haben; eine genormte Situation, die alle Kontextbedingungen berücksichtigt, gibt es allerdings nicht.

Da die "klassischen" Gütekriterien in vielfältigen Veröffentlichungen vorliegen (vgl. z.B. Lienert, 1989; Müller-Böling, 1991) belassen wir es hier mit einer kurzen Aufzählung:

- Reliabilitätsmessungen: mit den Methoden des Paralleltests, Retests und der inneren Konsistenz.
- Validitätsprüfungen: über Inhalte, Experten (Mitarbeiter), Extremgruppen und Außenkriterien soweit dies möglich ist. Konstruktvalidität mittels Faktorenanalyse (Holz-Ebeling, 1995) und multidimensionaler Skalierung (Backhaus et al., 1994). Die hier aufgeführten Autoren stellen diese Methoden sowie die subjektiven Entscheidungen, die in sie eingehen und ihre Fallstricke kritisch dar.
- Objektivitätssicherung: bei der Erfassung, Auswertung und Interpretation der Daten. Für die Erfassung und Auswertung lassen sich in etwa Standards sichern, kaum jedoch für die Interpretation.
- Messung des Schwierigkeitsgrades (Merz, 1979), der Mittelwertgrenzen (Reichardt, 1973) und der Trennschärfe (McNemar, 1962).

6   Forderungen des Konzepts und Kompromisse in der Praxis

Die Fehlerquellen, die in den Prozeß einer MAB eingehen können, sind zahlreich; sie reichen von der Entscheidung für eine Befragung und führen über die Bestimmung der Konzeption, der Konstruktion der Items, der Durchführung, der Interpretation der Ergebnisse bis zur Entscheidung für Maßnahmen und deren Umsetzung. Die Einbettung in einen Prozeß scheint uns eine unabdingbare Voraussetzung für eine MAB zu sein. Auch die Evaluierung des Prozesses mit einer zweiten Befragung nach erfolgten Maßnahmen scheint der richtige Ansatz zu sein. (Die Probleme, die bei Veränderungsmessungen auftreten, wie veränderte Wahrnehmung oder gestiegenes Anspruchsniveau usw. sollen hier nicht weiter verfolgt werden). Will man hingegen die MAB "einfach nur so" durchführen, um nur einmal zu sehen, was die Mitarbeiter "denken", dann sollte davon abgeraten werden.

Kompromisse stellen natürlich potentielle Fehlerquellen dar. Forscher, Unternehmensberater aber auch Auftraggeber machen sich gegenseitig Zugeständnisse und weichen damit von der Ideallinie einer MAB ab; die Gründe sind vielfältig und nicht nur aquisitorischer oder finanzieller Art.

Z.B. wird gelegentlich die Vorbereitungsphase übersprungen oder erheblich abgekürzt; ein Gespräch findet nur mit der Geschäftsleitung oder dem intern Verantwortlichen für die Durchführung über die technische Abwicklung statt und nicht über die Konzeption. Vage Vorstellungen über Sinn und Zweck werden hingenommen. Die Entscheidung für die Befragung ist beim Machtpromotor gefallen und die Zeit für Beratungen mit dem Fachpromotor ist angeblich nicht vorhanden. So kommt es leicht zum "Schnellschuß". Dem Forscher/Unternehmensberater kommt dies nicht unbedingt ungelegen, so muß er nicht in anstrengenden Gesprächen oder Workshops Rede und Antwort über seine Sicht von MAB stehen; unangenehme Fragen und Mißverständnisse tauchen dann erst bei der Rückmeldung der Untersuchungsergebnisse auf.

Wenn einzelne mit der Befragung befaßte innerbetriebliche Instanzen an der Semantik der Fragen zu drehen und deuteln beginnen oder neue Fragen aufwerfen, muß häufig ein Kompromiß eingegangen werden, dem keine rationale Systematik zugrunde liegt.

Kompromisse in Hinblick auf die ideale Konzeption müssen zweifellos bei der Konstruktion der Items gemacht werden, weil die Übersetzung aus der Sprache des Konzepts in die operationale nicht bruchlos möglich ist.

Der Praxis zuliebe werden nicht selten Fragen, die aufgrund von Gütekriterien z.B. bei der Faktorenanalyse herausfallen oder anderen Fragenblöcken zugewiesen werden müßten, belassen wo sie sind.

Keine Kompromisse darf es geben, wenn es um die Wahrung der Anonymität der einzelnen Befragten geht. Die Rohdaten und detaillierte Teilnehmerstatistiken über kleine Gruppen dürfen dem Betrieb nicht zurückgemeldet werden.

Bei der Ergebnisdarstellung durch externe wie interne Interpreten kommt es leicht zu verzerrenden Verkürzungen insbesondere dann, wenn output-orientierte "griffige" Zusammenfassungen gewünscht werden; Relativierungen von Ergebnissen, die häufig für den richtigen Umgang mit ihnen wichtig sind, hört man nicht gerne. Interne Schwächen bei der Entscheidungsfindung verlangen nach Rezepten vom externen Berater. Die Praxis erzwingt vom Fachmann häufig, daß er sündigt. Sündigt er zu intensiv, dann ist er allerdings kein Fachmann mehr.

Mitarbeiterbefragungen - Anforderungen und Erwartungen aus Sicht von Mitarbeitern

Andrea Fettel

1 Einleitende Bemerkungen

Seit Beginn der 90er Jahre sehen sich Unternehmen bedingt durch die Globalisierung von Märkten einer neuen Dimension von Herausforderung gegenüber, die sie zunehmend zu umfassenden organisationalen Veränderungen zwingt. Im Rahmen der Etablierung neuer Strukturen bzw. Managementstrategien kommt auch dem Wissen und der Kompetenz der Mitarbeiter, vor allem aber der Akzeptanz und Unterstützung von Veränderungsmaßnahmen durch die Mitarbeiter ("Mitarbeiterorientierung und Mitarbeiterbeteiligung") neue Bedeutung zu. Dies mag der Grund sein, daß zeitlich parallel hierzu ein verstärkter Einsatz von Mitarbeiterbefragungen (MAB) festzustellen ist (vgl. auch den Beitrag von Bungard, Fettel & Jöns in diesem Band).

Dabei wird jedoch oftmals übersehen, daß die bisher gelebte Kultur in Unternehmen den "Gedanken von Dialog, Kommunikation und Mitsprache der Mitarbeiter" in der Vergangenheit nur bedingt mitgetragen haben und eine geplante Befragung zunächst selbst ein "gestalterischer Eingriff" (Domsch & Schneble, 1992, S. 4) in die bestehende Organisation bedeutet. Betrachtet man die Durchführung einer MAB also als erste Maßnahme im Rahmen eines Veränderungsprozesses, der, wie verschiedene Autoren betonen, als Organisationsentwicklungsprozeß (OE-Prozeß) verstanden werden sollte, so liegt es nahe, bereits im Vorfeld die subjektive Sicht der Mitarbeiter darüber einzuholen, wie sie dieser Intervention vor dem Hintergrund ihrer Erfahrungen gegenüberstehen und wie diese letztendlich gestaltet sein müßte, um den Gegebenheiten gerecht zu werden. D.h. letztendlich, daß nicht durch die MAB selbst eine erste Diagnose der organisationalen Gegebenheiten unter Beteiligung der Mitarbeiter erreicht und Folgemaßnahmen umgesetzt werden sollten, sondern bereits in der Planungs-/ bzw. Konzeptionsphase für diese Maßnahme. Für diese Art des Vorgehens spricht letztendlich auch die Tatsache, daß durch eine MAB, die in den meisten Fällen aus ökonomischen Gründen schriftlich und standardisiert erfolgt, der Spielraum für die Mitarbeiter im Rahmen der Befragung selbst bereits am "grünen Tisch" eingeengt wird, dort wo vor allem über die Inhalte entschieden wird und z.B. Standardinstrumente zum Einsatz kommen, die im schlechtesten Fall organisationsspezifische Aspekte nicht ausreichend berücksichtigen. Dies führt aus anwendungsorientierter Sicht zu einigen offenen Fragen:

- Welche Anforderungen sind an eine MAB zu stellen?
- Welche generellen Anforderungen lassen sich im Vorfeld formulieren?
- Welche spezifischen Anforderungen bzw. Erwartungen stellen sich darüber hinaus aus anwendungsorientierter Sicht für die betreffende Organisation?
- Wie können diese spezifischen Anforderungen bzw. Erwartungen erfaßt werden?
- Wie können die Anforderungen bzw. Erwartungen letztendlich im Rahmen einer MAB berücksichtigt werden?

- Wie läßt sich die MAB im Rahmen eines OE-Prozesses in Verbindung mit anderen Maßnahmen jeweils organisationsspezifisch so gestalten, daß sie letztendlich auf die Akzeptanz und Unterstützung durch die Mitarbeiter und damit auf "fruchtbaren Boden" stößt?

Diese Fragen sollen im folgenden diskutiert werden, wobei im Hinblick auf die Erfassung und Berücksichtigung spezifischer Anforderungen bzw. Erwartungen bei der Konzeption einer MAB vor allem auf eine Studie Bezug genommen wird, die im Vorfeld einer geplanten MAB in einem großen deutschen Industrieunternehmen durchgeführt wurde und dessen Situation exemplarisch gesehen werden kann für viele deutsche Großunternehmen.

2   Allgemeine Anforderungen an Mitarbeiterbefragungen

Betrachtet man die derzeit aktuelle Literatur zu MAB, so fällt es nicht schwer (praktische) Empfehlungen für die Konzeption und Durchführung einer MAB zu finden. Viel schwieriger erscheint es dagegen, die Vielzahl an Publikationen "unter einen Hut zu bringen", denn einerseits gehen die Empfehlungen in ähnliche Richtung, die Gewichtung einzelner Aspekte (z.B. Phasen und Formen von MAB) sowie die "Sprache" der jeweiligen Autoren sind andererseits recht unterschiedlich. Geht man in Anlehnung an die Systematisierung von Domsch und Ladwig (1995) sowie Jöns (1995) davon aus, daß die Konzeption einer MAB die Beachtung methodischer, formaler und anwendungsorientierter sowie inhaltlicher Komponenten voraussetzt, so könnte man die Empfehlungen in der Literatur zunächst folgendermaßen zusammenfassen: Es werden zum einen methodische (z.B. Instrumententwicklung und Gütekriterien) und formale (z.B. Erhebungsmethode und Standardisierungsgrad) Aspekte diskutiert. Vor allem aber werden aus anwendungsorientierter Sicht Empfehlungen gegeben, die die Durchführung einer MAB (in Anlehnung an die Philosophie der OE) betreffen und Aspekte der Mitarbeiterbeteiligung (Kommunikation, Information und "survey-feedback") hervorheben. Im Hinblick auf die inhaltliche Komponente betonen schließlich viele Autoren explizit, daß vor allem die Auswahl und der Differenzierungsgrad von Inhalten sowie die Frage, inwieweit Einstellungen oder konkretes Verhalten erfaßt werden soll, stark von der jeweiligen Situation und den Zielen der Organisation selbst abhängig sind.

Demnach existieren zwar einerseits methodische Standards und es werden auch einige generelle Empfehlungen gegeben, aus denen man entsprechende Anforderungen, insbesondere für die Anwendung bzw. Durchführung einer MAB, ableiten kann. Letztendlich erscheint es jedoch notwendig, über die Inhalte hinaus die Anforderungen an eine MAB im jeweiligen Kontext der Organisation zu konkretisieren. Hierauf soll im folgenden noch etwas näher eingegangen werden.

Im Hinblick auf methodische Anforderungen sind nach Domsch und Ladwig (1995) u.a. die Relevanz und Verständlichkeit der Informationen sowie Verifizierbarkeit der Aussagen zu nennen. Ferner fallen hierunter klassische methodische Gütekriterien wie Objektivität, Reliabilität und Validität. Die Relevanz hängt dabei jedoch eng mit der Auswahl der Inhalte, die als spezifische Anforderung gesehen werden kann, zusammen. Die Verständlichkeit und Verifizierbarkeit der Aussagen können einerseits als allgemeine Anforderungen angesehen werden, andererseits sollte die Subjektivität von Befragungsergebnissen nicht übersehen werden. Im Hinblick auf die klassischen Gütekriterien ist festzuhalten, daß diese von formalen Komponenten wie Erfassungsform und Standardisierungsgrad abhängig sind. So gelten Objektivität, Reliabilität und Validität zwar bei einem quantitativen Vorgehen unter Einsatz von schriftlichen Standardinstrumenten als Maßstab, bei qualitativen Vorgehensweisen wie mündlichen Befragungen wird in der Forschung jedoch von anderen Gütekriterien ausgegangen (Mayring, 1990). Letztendlich gerät man im Rahmen dieser Diskussion sehr schnell in einen "Paradigmenstreit", der in der Forschung zum Ergebnis kommt, daß ein "Methodenpluralismus" gefragt ist, was der Praxis jedoch oftmals nicht sehr weiterhilft (vgl. auch den Beitrag von Schultz-Gambard & Bungard in diesem Band). Aus anwendungsorientierter Sicht wird man oftmals zu folgendem Schluß kommen: Unter ökonomischen Gesichtspunkten werden MAB meist in schriftlicher Form durchgeführt, mit allen Vor- und Nachteilen, die in der Methodenliteratur diskutiert werden. Dennoch erscheint der Einsatz von Standardinstrumenten vor dem Hintergrund umfassender Veränderungsprozesse, im Rahmen derer die MAB selbst als eine Maßnahme im OE-Prozeß angesehen werden kann, oft nicht adäquat, da spezifische Bedingungen der Organisation (z.B. Inhalte und "Sprache") häufig nicht genügend berücksichtigt werden können. Insofern ist die Diskussion methodischer Anforderungen schwierig und läßt sich in der Praxis wohl erst dann führen, wenn die Ziele der MAB feststehen und die Wahl bzw. Form des Erhebungsinstrumentes entschieden ist.

Darüber hinaus werden in der Literatur aus anwendungsorientierter Sicht für den Erfolg einer MAB folgende Empfehlungen gegeben, die zwar als allgemeine Anforderungen angesehen werden können, im jeweiligen Kontext jedoch zu konkretisieren sind:

In der Planungs- bzw. Konzeptionsphase wird als wichtig angesehen, daß alle Beteiligten voll und ganz hinter diesem Vorhaben stehen. In dieser Phase hat insbesondere die Haltung der Unternehmensleitung eine große Bedeutung. Sie sollte signalisieren, daß sie sich mit der Befragung identifiziert und die Bereitschaft zeigen, aufgrund der Befragungsergebnisse tatsächlich etwas zu ändern. Eine eindeutige Stellungnahme des Managements hilft darüber hinaus, Spekulationen und Befürchtungen zu zerstreuen, die auf Seiten der Mitarbeiter durch die Ankündigung einer MAB ausgelöst werden können. Eine frühzeitig initiierte innerbetriebliche Informationspolitik kann im Vorfeld Bedenken und Widerstände abbauen. Hier bleibt zunächst offen, in welcher Form die Unternehmensleitung Signale setzt und wie sich z.B. die Informationspolitik konkret gestaltet, d.h. welche Informationen, zu welchem Zeitpunkt und in welcher Form an wen weitergegeben werden.

Desweiteren wird der Beziehung zwischen Führungskräften und Mitarbeitern große Bedeutung für den erfolgreichen Einsatz des Instruments beigemessen. Einige Autoren nennen hier die vertrauensvolle Beziehung zwischen Führungskräften und Mitarbeitern bzw. einen kooperativen bzw. partizipativen Führungsstil als unabdingbare Voraussetzung. Hier ist aus Sicht einer Organisation zunächst zu analysieren, wie sich der aktuelle Führungsstil darstellt und gegebenenfalls verändert werden kann.

Ein weiterer zentraler Punkt ist die Zusammenarbeit mit den Arbeitnehmervertretungen. Sie sollten bereits in der Anfangsphase über die gesetzlich vorgeschriebene Mitbestimmung hinaus informiert und in die Konzeption der Befragung eingebunden werden, wobei auch an dieser Stelle zunächst offen ist, wie eine Einbindung konkret aussieht.

Während in der Planungsphase vor allem die Unternehmensleitung Kosten-Nutzen-Überlegungen anstellt, trifft dies in der Durchführungsphase eher auf die Mitarbeiter zu.

Die Motivation für eine Teilnahme besteht für sie vor allem in der Hoffnung auf eine Verbesserung ihrer Arbeitssituation. Diesem vermuteten Nutzen stehen die sogenannten "psychologischen Kosten" (Borg, 1995a, S. 10) gegenüber. Die Bedenken bzgl. der eigentlichen Befragung lassen sich durch die Berücksichtigung einiger Grundsätze bei der Datenerhebung zerstreuen, wobei in der Literatur am häufigsten die Anonymität, Freiwilligkeit und Transparenz genannt werden. Im Hinblick auf diese Aspekte scheinen wiederum die Informationspolitik im Vorfeld sowie der Führungsstil von Bedeutung zu sein.

Widerstände der Mitarbeiter wirken sich negativ auf die Befragung aus: Zum einen besteht die Gefahr einer geringen Beteiligung, die die Repräsentativität der Aussagen in Frage stellt, zum anderen können Antworten, bewußt oder unbewußt, verfälscht werden. Daher sollte bei der Auswertung und Interpretation der Daten beachtet werden, daß es sich um subjektive und emotional gefärbte Angaben der direkt Betroffenen handelt.

Wichtig ist darüber hinaus die Aggregationsstufe der Auswertung: Die Ergebnisse müssen soweit zusammengefaßt werden, daß bestimmte Aussagen nicht auf einzelne Personen zurückzuführen sind, andererseits soweit differenziert, daß sie konkrete Anhaltspunkte für Veränderungen bieten. Neben der Zahl der befragten Mitarbeiter spielen hier auch die spezifischen Ziele und Inhalte der Befragung eine entscheidende Rolle.

Generell sollten die Ergebnisse veröffentlicht werden, wobei die Rückkoppelung über das reine Informieren hinaus zahlreiche weitere Aufgaben erfüllen kann, z.B. die Klärung noch offener Fragen nach der Befragung oder die Vorbereitung weiterer Maßnahmen. Hier bieten sich ebenfalls unterschiedlichste Vorgehensweisen an (vgl. hierzu den Beitrag von Jöns in diesem Band).

Um den in der Erhebungsphase entstandenen Erwartungen gerecht zu werden, sollte das Management schließlich alle kritischen Tatbestände aufgreifen und Maßnahmen mit den Betroffenen diskutieren bzw. transparent machen. Die Haltung des Managements ist damit im gesamten Prozeß von entscheidender Bedeutung.

Mit der vorangegangenen Diskussion sollte vor allem deutlich geworden sein, daß es in bezug auf MAB kein "Patentrezept" gibt, das automatisch zum Erfolg führt. Vielmehr besteht die Notwendigkeit, eine MAB an die jeweiligen Bedingungen der Organisation anzupassen, d.h. letztendlich die Anforderungen an eine MAB im Rahmen der Organisation selbst frühzeitig zu spezifizieren.

3   Möglichkeiten der Erfassung spezifischer Anforderungen

Wie können nun die jeweils spezifischen Anforderungen an eine MAB aus dem Blickwinkel einer Organisation erfaßt werden? Hier bieten sich grundsätzlich verschiedene Vorgehensweisen bzw. Methoden an, die in der Praxis von Organisationen angewendet werden:

- Workshops
- Projektgruppen
- Qualitative Vorstudie
- Pretest
- Fragen zur MAB selbst bei erster MAB / Evaluationsfrage

Die verschiedenen Vorgehensweisen sollen im folgenden kurz erläutert und im Hinblick auf Stärken und Schwächen sowie ihren Einsatz im Rahmen von MAB diskutiert werden.

Workshops

Workshops sind Arbeitstreffen, in denen sich Leute in Klausuratmosphäre einer ausgewählten Thematik widmen (Lipp & Will, 1996). Hierbei geht es primär um die Arbeit in einer Gruppe, an einer Aufgabe, außerhalb der Routinearbeit, wobei die Teilnehmer entweder Spezialisten oder Betroffene sind. Die Leitung übernimmt ein Moderator als Experte für Besprechungsmethodik und Gruppendynamik. Das Zeitbudget ist meist knapp bemessen, wobei die Ergebnisse über den Workshop hinaus wirken sollen.

Workshops kommen in Organisationen meist dann zum Einsatz, wenn das obere Management entschieden hat, eine Maßnahme wie eine MAB durchzuführen. Im Rahmen eines Workshops werden im Kreise des oberen Managements mit Unterstützung externer Berater bzw. Moderatoren grobe Ziele und Vorgehensweisen diskutiert. So kann z.B. im Rahmen der Konzeption einer MAB diskutiert werden,

- welchen Stellenwert eine MAB im Kontext der gegebenen "Organisationskultur" besitzt,
- welche zeitlichen, finanziellen und personellen Ressourcen zur Verfügung stehen,
- wie die Durchführung einer MAB organisiert wird,
- wie die Mitarbeiter informiert werden,
- in welcher Form (Erhebungsinstrument, Stichprobe) die MAB durchgeführt werden soll und
- welche Themenblöcke relevant sind.

Insgesamt werden hier vor allem "Strategien" diskutiert. Da diese Methode relativ zeitaufwendig und kostenintensiv ist, wird sie in großen Organisationen oftmals nur für die Zielgruppe "Management" in Form von "Strategieworkshops" eingesetzt. Im Hinblick auf die Konzeption einer MAB ist es zwar prinzipiell möglich ergänzend Workshops mit Mitarbeitern durchzuführen, um z.B. Themen der MAB zu diskutieren. Angesichts vom Zeit- und Kostenaufwand erscheint dieses Vorgehen jedoch dann auf seine Grenzen zu stoßen, wenn die Stichprobe repräsentativ sein soll.

Projektgruppen

Ein Projekt wird definiert als ein einmaliges durchzuführendes Vorhaben, das durch eine zeitliche Befristung, besondere Komplexität und eine interdisziplinäre Aufgabenstellung zu beschreiben ist (Madauss, 1994).

Die Durchführung von MAB wird in großen Organisationen oftmals als eigenständiges Projekt definiert, was die Etablierung einer Projektstruktur impliziert. Diese sieht meist so aus, daß auf der obersten Hierarchieebene ein Steuergremium existiert, das sich mit strategischen Entscheidungen befaßt. Projektgruppen beschäftigen sich dagegen meist mit der operativen Seite und setzen sich aus verschiedenen Fach- und Führungskräften zusammen. Im Hinblick auf MAB sind sie in den meisten Fällen mit der Entwicklung des Erhebungsinstrumentes sowie der Etablierung einer Infrastruktur für die Durchführung der MAB beauftragt. Im Hinblick auf die Erfassung spezifischer Anforderungen für MAB liegt die Grenze in der Natur einer Projektstruktur selbst begründet. Einerseits arbeiten ausgewählte Mitarbeiter zwar in einer solchen Projektgruppe mit und können damit auch Belange aus ihren Arbeitsbereichen einbringen, jedoch ergibt sich durch dieses Vorgehen kein repräsentatives Bild der Belange aller Mitarbeiter.

Qualitative Vorstudie

Das qualitative Vorgehen impliziert zunächst, daß sich der Untersuchungsgegenstand noch offen gestaltet. In bezug auf eine MAB kann das bedeuten, daß zwar das Spektrum an möglichen Formen von MAB bekannt ist, die konkrete Gestaltung des Instrumentes sowie der Durchführung aber noch nicht entschieden ist. Somit besteht die Möglichkeit, vor allem die Sicht der Mitarbeiter im Hinblick auf Anforderungen bzw. Erwartungen an eine MAB zu erfassen und zu berücksichtigen. Der Stellenwert einer Studie impliziert zudem, daß systematisch, repräsentativ und anonym Mitarbeiter befragt werden. Im Hinblick auf das konkrete qualitative Vorgehen bietet sich z.B. die Durchführung von problemzentrierten, halb-strukturierten Interviews (vgl. "Methode der kritischen Ereignisse") an, wobei eine solche Untersuchung zunächst mit hohen Kosten verbunden ist.

Pretest

Ein Pretest kommt meist dann zum Einsatz, wenn bereits ein (schriftliches, standardisiertes) Erhebungsinstrument existiert bzw. entwickelt wurde und überprüft werden soll, inwieweit die Inhalte für die zu befragenden Mitarbeiter relevant und verständlich sind. Hierzu wird meist eine kleine Stichprobe von Mitarbeitern vorab befragt. Der Test erfolgt dabei auf zwei Ebenen. Unter Mitwirkung eines "Experten" werden die ausgewählten Mitarbeiter zum einen zu den Inhalten befragt und darüber hinaus, sozusagen auf einer "Metaebene", zum Instrument selbst. Dieses Vorgehen bietet im Hinblick auf MAB die Möglichkeit, spezifische Anforderungen aus Sicht von Mitarbeitern zu erfassen und bei der Anpassung des Instrumentes an die organisationsspezifischen Bedingungen zu berücksichtigen. Grenzen sind dadurch gegeben, daß hierbei meist nur eine ausgewählte Zahl von Mitarbeitern eingebunden ist und durch das bereits existierende Instrument die Kreativität bzw. Gestaltungsmöglichkeit der Befragten im Vorfeld bereits eingeschränkt wurde. Die Philosophie eines Pretest ist somit eher methodisch zu sehen, die einer qualitativen Vorstudie dagegen eher anwendungsorientiert.

Fragen zur MAB selbst bei erster schriftlicher MAB / Evaluationsfrage

Führt eine Organisation eine erste schriftliche MAB durch, besteht die Möglichkeit im Rahmen dieser Befragung spezifische Anforderungen abzufragen. Vorteil dieser Vorgehensweise ist es, daß ohne zusätzliche Kosten viele Mitarbeiter erreicht werden. Der Nachteil liegt hier vor allem darin, daß die erste Befragung bereits als Maßnahme stattfindet, ohne die Sicht der Mitarbeiter im Vorfeld berücksichtigt zu haben. Die Ergebnisse können lediglich im weiteren Prozeßverlauf eingebunden werden.

Betrachtet man nochmals zusammenfassend die verschiedenen Vorgehensweisen und Methoden, so wird deutlich daß sie jeweils Stärken und Schwächen aufweisen, die dadurch auszugleichen sind, daß sie einerseits kombiniert, vor allem aber differenziert eingesetzt werden sollten, je nach Fragestellung und Zielsetzung.

Im Hinblick auf die Klärung von Anforderungen in der Konzeptionsphase einer MAB erlangten bisher die Workshop-Methode, die Etablierung einer Projektgruppe sowie die Durchführung eines Pretests am stärksten Bedeutung. Die Durchführung von Workshops ist, wie oben bereits diskutiert, jedoch meist dem oberen Management vorbehalten, und es werden hier vor allem strategische Entscheidungen getroffen. Projektgruppen aus Fach- und Führungskräften sind dagegen für die operative Seite zuständig. Die betroffenen Mitarbeiter werden meist nur in Ausnahmefällen (z.B. Pretest) direkt in die Konzeption miteinbezogen. Die Durchführung einer qualitativen Vorstudie z.B., die die Belange dieser Zielgruppe vor allem im Hinblick auf die spezifisch inhaltliche Gestaltung einer MAB am ehesten berücksichtigt, fand dagegen bisher wenig Beachtung. Dies mag vor allem damit begründet werden, daß hierdurch kurzfristig zusätzliche monetäre Kosten entstehen. Es bleibt die Frage offen, ob unter anwendungsorientierter Sicht diese Kosten nicht indirekt durch die akzeptanzfördernde Funktion, die eine solche Vorstudie haben kann, letztendlich wieder als "langfristiger Nutzen" der Organisation zugute kommen.

Diese Frage soll an dieser Stelle nicht theoretisch diskutiert werden. Vielmehr soll nun exemplarisch ein Vorgehen beschrieben werden, im Rahmen dessen eine solche qualitative Vorstudie in der Konzeptionsphase einer MAB zum Einsatz gekommen ist. Es soll zum einen verdeutlichen, wie die Anforderungen an eine MAB im Rahmen einer spezifischen Organisation unter Einbezug möglichst vieler Betroffener konkret erfaßt werden können und wie diese andererseits im Rahmen einer "OE-Maßnahme MAB" so umgesetzt werden können, daß sie, wie eingangs formuliert, auf "fruchtbaren Boden" stossen.

4   Berücksichtigung von Mitarbeitererwartungen im Unternehmen

Die bisherigen Ausführungen sollten deutlich gemacht haben, daß die Erfassung spezifischer Anforderungen und Erwartungen kein leichtes Unterfangen darstellt angesichts vielfältiger Gestaltungsmöglichkeiten einer MAB und unterschiedlichster Organisationen. Dennoch erfordert die Konzeption und Durchführung einer MAB aus anwendungsorientierter Sicht die Anpassung an organisationale Rahmenbedingungen. Betrachtet man die MAB als spezifische OE-Maßnahme bedeutet die Entscheidung für eine MAB "den Beginn eines langen Weges", denn nicht erst mit den Ergebnissen einer MAB wird ein OE-Prozeß initiiert, sondern bereits mit der Entscheidung für eine MAB. Ein solcher spezifischer "OE-Prozeß MAB" soll im folgenden in seinen wichtigsten Schritten vorgestellt werden, wobei vor dem Hintergrund der OE-Philosophie insbesondere auf die Durchführung einer qualitativen Vorstudie im Rahmen der Konzeptionsphase eingegangen werden soll. Um der Praxis von Organisationen gerecht zu werden, wird dieses Vorgehen nicht abstrakt dargestellt, sondern anhand eines konkreten Falles, so daß vor allem auch auf Ergebnisse eingegangen werden kann. Auf die ausführliche Beschreibung des betreffenden Unternehmens soll dabei verzichtet werden, da es im Rahmen dieses Beitrages nicht darum gehen soll, ein Fallbeispiel MAB vorzustellen, sondern das spezifische Vorgehen und die Ergebnisse im Vordergrund stehen. Es soll hier lediglich darauf hingewiesen werden, daß der Ausgangspunkt für das betreffende Unternehmen, eine MAB durchzuführen, notwendig gewordene umfassende Restrukturierungsmaßnahmen waren, eine Situation, die als solche in den letzten Jahren für viele andere große deutsche Industrieunternehmen ähnlich eingetreten ist.

4.1   Ablauf der Vorstudie

Nachdem die strategische Entscheidung, eine (schriftliche) MAB mit Hilfe Externer durchzuführen gefallen war, wurden im Rahmen von ersten Vorgesprächen sowie einem konstituierenden Workshop mit dem oberen Management zunächst die Ziele und das Grobkonzept für das "Projekt" MAB festgelegt und eine Projektorganisation gebildet. In dieser vorbereitenden Phase fiel schließlich auch die Entscheidung dafür, eine qualitative Vorstudie durchzuführen.

Mit der Vorstudie zur Vorbereitung der MAB im Rahmen der Konzeptionsphase wurden die folgenden Ziele verbunden:
- Die Sichtweisen der Mitarbeiter sollten im Hinblick auf die spezifischen Anforderungen des Unternehmens, vor allem hinsichtlich der aktuellen Themen und Problemschwerpunkte bei der Instrumentenentwicklung, berücksichtigt werden.
- Die Mitarbeiter und ihre Wünsche könnten so in die Konzeptentwicklung einbezogen werden.
- Letztendlich erhoffte man sich dadurch eine höhere Akzeptanz gegenüber der Maßnahme, d.h. eine größere Bereitschaft der Mitarbeiter, an der MAB teilzunehmen und das Projekt zu unterstützen.

In der eigentlichen Konzeptionsphase erfolgte zunächst die Feinplanung für die Vorstudie durch die Projektgruppe. Der Ablauf der Studie sah schließlich folgendermaßen aus:

Erhebungsmethode und Ablauf der Untersuchung

Vor dem Hintergrund der genannten Ziele wurden themen- bzw. problemzentrierte Interviews anhand eines teil-strukturierten Interviewleitfadens (unter Zusicherung der Anonymität) durchgeführt. Dabei kamen bei ausgewählten Variablen neben offenen Fragen bereits Skalen zum Einsatz, anhand derer Aspekte wie Zusammenarbeit, Arbeitszufriedenheit und Informationsfluß zusammenfassend auf einem Rating von 1 (positivste Ausprägung) bis 5 (negativste Ausprägung) beurteilt wurden. So sollte die Möglichkeit gegeben werden, einzelne wichtige Ergebnisse mit denen nachfolgender schriftlicher Befragungen vergleichen zu können .

Um den sozialen Kontext weitestgehend zu berücksichtigen, wurden die Interviews für die Mitarbeiter zudem in Gruppen mit jeweils vier bis fünf Mitarbeitern aus einem Arbeitsbereich durchgeführt, d.h. es handelte sich um "natürliche" Gruppen, die auch im Alltag zumindest räumlich zusammenarbeiten. Mit den Führungskräften wurden aus organisatorischen Gründen Einzelgespräche geführt. Der zeitliche Rahmen pro Interview erstreckte sich dabei auf ca. zwei Stunden. Die Akzeptanz der Befragung schien nicht zuletzt durch den Einsatz externer Interviewer augenscheinlich recht hoch zu sein: Zum einen war die Teilnahmebereitschaft sehr hoch und darüber hinaus deuten die Quantität und Qualität der Ergebnisse auf eine recht große Offenheit von Seiten der Befragten hin, sich zu äußern.

Die *Aufbereitung* der Daten erfolgte mit Hilfe von Protokollen, d.h. neben dem Interviewer wurde jeweils ein Protokollant eingesetzt, dessen Aufgabe in einem möglichst umfassenden Mitschrieb der Aussagen bestand.

Für die *Auswertung* der qualitativen Interviews bediente man sich inhaltsanalytischer Methoden der Zusammenfassung und Strukturierung (Mayring, 1995).

Die inhaltliche Systematisierung bzw. Kategorisierung der Ergebnisse zur MAB erfolgte in Anlehnung an Domsch und Ladwig (1995) sowie Jöns (1995) nach den Komponenten: Methode, Form bzw. Anwendung und Inhalt. Im Anschluß daran erfolgte die Berichterstellung und *Präsentation* der Ergebnisse für Führungskräfte und Mitarbeiter.

Stichprobe und Inhalte der Befragung

Die Stichprobe der Vorstudie umfaßte 185 Mitarbeiter (Angestellte, Sachbearbeiter, Produktionsmitarbeiter) und 70 Führungskräfte (Abteilungsleiter, Gruppen- / Projekt-leiter, Meister) aus unterschiedlichen Bereichen des Unternehmens. Bei der Auswahl der Befragungsteilnehmer wurde vor allem darauf Wert gelegt, über alle Hierarchieebe-nen und Bereiche einen repräsentativen Querschnitt zu erlangen. *Themenschwerpunkte* der Befragung bildeten dabei:

- *Die aktuelle Situation*: Hierbei ging es um eine Bestandsaufnahme bzw. Erfassung der Zufriedenheit der Mitarbeiter hinsichtlich der Arbeitssituation, der Zusammenar-beit, der Information und Beteiligung sowie des Führungsstils.
- *Umstrukturierung und Verbesserungsprozesse*: Im Rahmen dieses spezifischen The-menblockes sollte eine Beurteilung der aktuellen Umstrukturierungen, speziell des Einführungsprozesses und damit verbundener bisheriger Verbesserungsprozesse aus Sicht der Mitarbeiter erfolgen.
- *Die MAB selbst*: Dabei ging es zum einen um die Einstellungen gegenüber MAB, die Erfassung der Erfahrungen mit bisherigen MAB sowie der Erwartungen und Wün-sche zur geplanten MAB.

Die Inhalte der Befragung sollten damit unterschiedliche Ebenen erfassen. Zum einen die aktuelle Situation des Unternehmens aus Sicht der Mitarbeiter, zum anderen die subjektive Bewertung von Maßnahmen, speziell der geplanten MAB. Auf die qualitati-ven Ergebnisse des letzten Themenblockes soll nun schwerpunktmäßig eingegangen werden.

4.2 Ergebnisse: Einstellung und Erwartungen aus Sicht von Mitarbeitern

Nach Auswertung der qualitativen Ergebnisse zum Themenblock "MAB" ergibt sich in der betreffenden Organisation das folgende Bild bzgl. Einstellung, Erfahrungen und Erwartungen an die geplante MAB. (Wenn im folgenden von Mitarbeitern die Rede ist, sind hiermit alle Befragten unabhängig der Hierarchieebene gemeint, da diesbezüglich keine Unterschiede in den Bewertungen nachgewiesen werden konnten.)

Einstellung und bisherige Erfahrungen zum Thema Mitarbeiterbefragungen

Die Mehrheit der Befragten ist gegenüber dem Instrument MAB grundsätzlich positiv eingestellt. Die Durchführung einer solchen Befragung birgt ihrer Ansicht nach viele Chancen in sich, wobei sich die Aussagen der Mitarbeiter weitestgehend mit den in der Literatur genannten Funktionen von MAB decken: Generell können durch eine Befra-gung Zustände und Vorgänge innerhalb der Organisation transparent gemacht werden und vor allem die Vorgesetzten der höheren Ebenen erhalten Informationen über die Arbeit an der Basis. Damit verbunden besteht nach Ansicht der meisten Befragten die Möglichkeit einer Optimierung bisheriger bzw. Initiierung weiterer Verbesserungspro-zesse. Dies kann schließlich auch zu einer Erhöhung der Mitarbeitermotivation, stärke-ren Identifikation der Mitarbeiter mit dem Unternehmen und Erhöhung der Produktivität sowie Qualität führen.

In diesem Zusammenhang wird jedoch von vielen Mitarbeitern auch betont, daß eine MAB nur dann positiv zu bewerten ist, wenn die Ergebnisse tatsächlich ernst genommen werden, d.h. konsequent genutzt und notwendige Folgemaßnahmen umgesetzt werden.

Hier spiegeln sich konkrete Erfahrungen von Seiten einiger Mitarbeiter wider, die in der Vergangenheit weniger gute Erfahrungen mit der Durchführung von MAB gemacht haben. Folgende Schwachpunkte sind dabei erlebt worden:
- Das Befragungsinstrument bzw. die Form der Fragen und Antworten sind z.T. unverständlich, unspezifisch und nicht für alle Mitarbeiter gleichermaßen relevant gewesen.
- Es fehlten bereichsspezifische Fragen und die Möglichkeit, Lösungsvorschläge für Probleme zu formulieren.
- Die Anonymität der Ergebnisse erschien vielen Befragten nicht gewährleistet.
- Die Rücklaufquote ist eher gering gewesen, was für eine geringe Akzeptanz spricht.
- Die Vorgesetzten verhielten sich wenig kooperativ.
- Die Rückmeldung der Ergebnisse (primär schriftlich) ist z.T. unzureichend gewesen, die Ergebnisse wurden mit den Mitarbeitern in vielen Fällen nicht diskutiert.
- Die Transparenz über die MAB ist insgesamt zu gering gewesen.

Letztendlich haben die meisten der betroffenen Mitarbeiter den Eindruck gehabt, daß auf die bisherigen MAB keine Reaktionen, Konsequenzen bzw. Maßnahmen im Sinne von Verbesserungen erfolgten und die Befragung primär eine "Alibifunktion" erfüllte.

Die Antworten der Befragten deuten bereits an dieser Stelle darauf hin, daß es sich bei den Aspekten Verständlichkeit und Relevanz der Inhalte sowie Anonymität und Rückmeldung, die die Durchführung die MAB betreffen, aus ihrer Sicht um wichtige Anforderungen handelt. Welche spezifischen Anforderungen bzw. Erwartungen an die geplante MAB werden nun explizit genannt?

Erwartungen an MAB aus Sicht der Mitarbeiter

In Anlehnung an die Systematisierung von Domsch & Ladwig (1995) sowie Jöns (1995) ergeben sich über alle Bereiche und Positionen zusammengefaßt die folgenden Ergebnisse im Hinblick auf Erwartungen an die geplante MAB:

Als *methodische Komponenten* sind aus Sicht der Befragten vor allem die Relevanz und Verständlichkeit der Fragen wichtig. In Bezug auf die Relevanz impliziert dies bezüglich der inhaltlichen Komponente wiederum den Wunsch nach einer Differenzierung der Themen bzw. Fragen nach Bereichen. So ist z.B. der Grad der Umstrukturierung in verschiedenen Bereichen unterschiedlich und entsprechend müßten die Fragen daran ausgerichtet sein. Verständlichkeit geht vor allem davon aus, daß die Fragen einerseits klar und eindeutig formuliert sind (bezieht sich ein Vorgesetztenverhalten z.B. auf den direkten Vorgesetzten oder allgemein auf alle Führungskräfte), aber auch von einer angemessenen "organisationsspezifischen" Sprache (spricht man im Hause z.B. von einem "Teamleader" oder "Gruppenleiter"). Darüber hinaus sollten Begriffe konsequent einheitlich verwendet werden.

In bezug auf *formale Komponenten* nennen die Befragten hinsichtlich der Instrumentenentwicklung vor allem den Wunsch nach einer Möglichkeit der freien Meinungsäußerung, d.h. neben geschlossenen Fragen sollten auch offene Fragen gestellt werden.

Einen weiteren Schwerpunkt bilden die Erwartungen im Hinblick auf die *Anwendung* bzw. *Durchführung* der Befragung. So müsse vor allem die Anonymität 100%ig gewährleistet werden. In diesem Zusammenhang wird die Zusammenarbeit mit Externen als neutrale Moderatoren bzw. Prozeßberater begrüßt und als sinnvoll erachtet. Schließlich wird auch der Art und Weise des Feedbacks ein hoher Stellenwert beigemessen (vgl. auch den Beitrag von Jöns in diesem Band):

- Die Rückspiegelung der Ergebnisse sollte primär an die Mitarbeiter erfolgen.
- Sie sollte schnellstmöglich, systematisch (organisiert) und verständlich (zielgruppenspezifisch) umgesetzt werden.
- Das Feedback sollte umfassend sein, wenn möglich mündlich und schriftlich erfolgen.
- Es sollte die Möglichkeit der Diskussion von Ergebnissen mit Kollegen und Vorgesetzten gegeben sein.
- Auf der Basis der Ergebnisse sollten vor allem Verbesserungspotentiale sowie das weitere Vorgehen im Mittelpunkt der Diskussion stehen.

Die bisherigen Ergebnisse verdeutlichen die Erwartung der meisten Befragten, daß es sich bei der Durchführung der MAB nicht um eine punktuelle, "isolierte" Maßnahme handeln sollte. Schließlich wird auch von Seiten der Mitarbeiter immer wieder explizit darauf hingewiesen, daß es wichtig sei, die Ergebnisse systematisch in laufende Verbesserungsprozesse einzubinden, an denen sie dann auch aktiv beteiligt werden. Im Hinblick auf den Prozeßumfang läßt sich damit zusammenfassen, daß die MAB in einen "umfassenden Organisationsentwicklungsprozeß mit Aktionscharakter" (Domsch & Ladwig, 1995, S. 26) integriert werden sollte, was dann auch eine mehrmalige Durchführung impliziert.

Neben methodischen und formalen Aspekten der MAB soll nun noch konkret auf die *inhaltlichen Komponenten* eingegangen werden. Nach Ansicht der Befragten sollte sich der Fokus der Beurteilung nicht nur auf die gegenwärtige Situation beziehen, sondern auch auf die Zukunft. Anders formuliert besteht der Wunsch nicht nur nach Symptomen, sondern auch nach Ursachen und möglichen Maßnahmen zu fragen. Einige der Mitarbeiter sind darüber hinaus der Ansicht, daß nicht nur Schwächen, sondern Stärken und Schwächen gleichermaßen berücksichtigt werden sollten. Außerdem sollte die Sachvon der Beziehungsebene klar unterschieden werden.

Es wurde bereits erläutert, daß für die Befragten Relevanz und Verständlichkeit wichtig sind und die Inhalte differenziert nach Bereichen ausgewählt und aufbereitet werden müssen. Der Umfang der Befragung wird demnach abhängig gemacht von der Wichtigkeit der Themen für die Mitarbeiter. Dennoch kristallisieren sich über alle Bereiche hinweg die folgenden Schwerpunkte heraus: (Die Reihenfolge der Themen orientiert sich dabei an der relativen Häufigkeit der Nennungen durch die Befragten.)

- Führung (Führungskultur und -verhalten, Transparenz und Informationspolitik, Kommunikation / Vorgesetztenbeurteilung)
- Unternehmenskultur / Identifikation der Mitarbeiter / Zukunft
- Bisherige Veränderungen
- Zufriedenheit der Mitarbeiter mit ihrer Arbeit
- Stellenwert der Mitarbeiter (Qualifikation und Mitarbeiterbeteiligung)
- Aufbau- und Ablauforganisation
- Betriebsrat

Versucht man abschließend, diese Ergebnisse trotz ihres qualitativen Charakters mengenmäßig zu gewichten, dann wird eine Tendenz feststellbar: Danach beziehen sich die Erwartungen der Mitarbeiter am häufigsten auf die Inhalte der Befragung, gefolgt von der Forderung, daß nach der Rückspiegelung auf der Basis der Ergebnisse Maßnahmen vor Ort umgesetzt werden.

Wie wurden diese Ergebnisse nun im Rahmen der weiteren Konzeption der MAB umgesetzt?

4.3   Umsetzung der Ergebnisse im Rahmen der Konzeption

Nach der Durchführung und Auswertung geht es im folgenden darum, die Ergebnisse der Vorstudie in die weitere Konzeption einer (schriftlichen) MAB einzubinden. Im Anschluß an die Rückmeldung der Ergebnisse an die Befragten selbst (die auf jeden Fall erfolgen sollte) sind dabei vor allem die folgenden Fragen von Bedeutung:

- Über die Zielgruppe der Befragten hinaus: An wen und in welcher Form sollten die Ergebnisse der Vorstudie zurückgemeldet werden?
- Inwiefern ist im Hinblick auf verschiedene Unternehmensbereiche ein spezifisches Vorgehen bei der MAB notwendig?
- Welcher Zeitpunkt erscheint für die Durchführung der MAB sinnvoll?
- Wie sollte der Fragebogen gestaltet sein?
- Wie erfolgt die Auswertung der Ergebnisse, so daß die Anonymität gewährleistet ist?
- In welcher Form werden die Ergebnisse der MAB zurückgemeldet und wie können weitergehende Maßnahmen entwickelt werden?

Weitere Rückmeldung von Ergebnissen

Da im Rahmen der Vorstudie die subjektive Sicht der Mitarbeiter auch zu organisationalen Rahmenbedingungen sowie bisherigen Veränderungsmaßnahmen allgemein abgefragt wurde, erscheint es empfehlenswert, die Ergebnisse nochmals unmittelbar an alle Unternehmensbereiche zurückzumelden. So besteht die Möglichkeit, diese direkt in laufende Maßnahmen einzubinden. Darüber hinaus können durch ein solches Vorgehen die Konsequenzen und Maßnahmen, die aus den Ergebnissen der Vorstudie für die MAB abgeleitet wurden, nochmals aus Sicht der Mitarbeiter beurteilt werden. Die Rückmeldung kann dabei in einer Art "Schneeballsystem" erfolgen, indem quasi "top-down" die Führungskräfte die Ergebnisse erhalten und jeweils mit ihren Mitarbeitern gemeinsam diskutieren, Maßnahmen ableiten und umsetzen.

Spezifisches Vorgehen bei der MAB

Ein spezifisches Vorgehen bei der MAB erscheint nur dann angebracht, wenn sich die Bewertungen durch Mitarbeiter verschiedener Organisationsbereiche auffällig voneinander unterscheiden. Im vorliegenden Fall ergab die inhaltsanalytische Auswertung der Daten, daß dies nicht gegeben war und damit auch kein unterschiedliches Vorgehen erforderlich ist.

Zeitpunkt der MAB

Im Hinblick auf den Zeitpunkt der MAB sollte vor allem darauf geachtet werden, daß
- der zeitliche Abstand zwischen Vorstudie und MAB allgemein nicht zu groß ist und die Mitarbeiter über den aktuellen "Stand der Dinge" kontinuierlich informiert bleiben.
- die Erhebung nicht mit anderen Aktivitäten kollidiert. D.h. zum einen, daß die Befragung nicht in der Haupturlaubszeit stattfinden sollte. Zum anderen erscheint es notwendig, eine MAB mit anderen Maßnahmen, wie z.B. Umstrukturierungen, sorgfältig zu koordinieren und die jeweiligen Ziele aufeinander abzustimmen (vgl. auch den Beitrag von Bungard, Jöns & Schultz-Gambard in diesem Band).

Gestaltung des Fragebogens

Da vor allem die inhaltliche Gestaltung des Fragebogens als spezifische Anforderung anzusehen ist und darüber hinaus die Ergebnisse der Vorstudie zeigen, daß von Seiten der Befragten hierzu die meisten Erwartungen formuliert wurden, soll hierauf etwas ausführlicher eingegangen werden.

Die Entwicklung des Fragebogens erfolgte im vorliegenden Falle auf der Grundlage der Ergebnisse aus der Vorstudie, wobei gleichzeitig auch vorliegende Instrumente, die sich bereits in der Praxis bewährt haben, berücksichtigt wurden.

Der erste Entwurf des Fragebogens wurde einem intensiven Pretest unterzogen, wobei alle Mitarbeitergruppen berücksichtigt werden konnten. Dieser Test diente vor allem der Überprüfung des Fragebogens im Hinblick auf Verständlichkeit. Zudem wurde die Frage der Vollständigkeit überprüft, d.h. ob aus Sicht der Teilnehmer alle wichtigen Themen abgedeckt sind. Gleichzeitig wurde der Entwurf mit Projektverantwortlichen auf einem Workshop erörtert. Von den jeweiligen Projektverantwortlichen erfolgte anschließend die Auswahl von bestimmten Themenschwerpunkten und die Angabe der spezifischen Bezeichnungen für die einzelnen Organisationsbereiche.

Tabelle 1: Themenbereiche des Fragebogens.

1. Arbeitsplatz und Arbeitssituation
2. Kooperation
3. Koordination
4. Organisation
5. Information
6. Führung
7. Qualität
8. Gruppenarbeit
9. Betriebliches Vorschlagswesen
10. Weiterbildung und Entwicklungsmöglichkeiten
11. Einkommen und Sozialleistungen
12. Bindung an das Unternehmen
13. Umstrukturierung
14. Mitarbeiterbefragungen
–   Angaben zur Person
–   Offene Fragen

Aufgrund der Ergebnisse aus dem Pretest und der Anregungen der Projektgruppe wurde der Fragebogen überarbeitet und um die spezifischen Angaben ergänzt. Insgesamt ergaben sich aufgrund der Spezifika verschiedene Versionen des Fragebogens, die sich aber nicht in ihrer Grundstruktur unterschieden. Der Fragebogen umfaßte letztendlich insgesamt 14 Themenbereiche, die allerdings nicht alle gleich intensiv behandelt wurden sowie ergänzend die Angaben zur Person und offene Fragen (vgl. Tabelle 1).

Eine differenzierte Erfassung erfolgte z.B. bei den Themen "Arbeitsplatz und Arbeitssituation", "Information", "Weiterbildung und Entwicklungsmöglichkeiten" sowie "Umstrukturierung", da sich diese Themen in der Vorstudie als besonders wichtig erwiesen haben und sich bei diesen Themen direkt Anhaltspunkte für übergreifende Verbesserungsmaßnahmen gewinnen lassen.

Durch die Aufnahme von offenen Fragen sollten darüber hinaus Vorschläge der Mitarbeiter erfaßt werden, was aus ihrer Sicht verbessert und was beibehalten werden sollte, wobei nach übergreifenden Aspekten (z.B. Evaluationsfrage zur MAB) und arbeitsbereichsbezogenen Aspekten differenziert wurde.

Der Fragebogen deckte damit, mit Ausnahme von Fragen zum Materiellen Bereich bzw. zum Produkt, alle Fragenbereiche ab, die auch in anderen bewährten Instrumenten erfaßt werden. Als zusätzliche Themen wurden im Fragebogen aufgenommen:

- "Betriebliches Vorschlagswesen" und "Gruppenarbeit", da hierdurch die Ansätze im Sinne von kontinuierlichen Verbesserungsprozessen sowie die verschiedenen Beteiligungsformen berücksichtigt werden.
- "Qualität", da es als ein aktuell bedeutsames Thema anzusehen ist und sich in der Vorstudie große Unterschiede im Qualitätsverständnis der Befragten gezeigt hatten.
- "Umstrukturierung", da in den einzelnen Organisationsbereichen noch Umstrukturierungen stattfanden, zu deren Verbesserung die Befragungsergebnisse genutzt werden können.
- "MAB", um vor allem die Konsequenzen bisheriger MAB einer Beurteilung zu unterziehen.

Anonymität und Auswertung der Ergebnisse

Die Anonymität sollte sowohl bei der Art der Durchführung als auch durch die Auswertung gewährleistet sein. Dies wird dabei generell bei MAB empfohlen und im vorliegenden Fall auch explizit von Seiten der Mitarbeiter als erforderlich erachtet. (Am Rande sei darauf hingewiesen, daß es im Vorfeld einer MAB auch darauf ankommt, die Gewährleistung der Anonymität den Mitarbeitern und Führungskräften glaubhaft zu kommunizieren.) Neben der Berücksichtigung der Anonymitätsproblematik beim Versand und der Rücksendung von Fragebögen erscheint es aber vor allem bei der Auswertung der Ergebnisse sinnvoll, diese nach "draußen" zu verlagern, d.h. z.B. ein externes Institut damit zu beauftragen. Bei der Auswertung selbst ist durch die Wahl der Auswertungseinheiten zu gewährleisten, daß keine Angaben auf einzelne Personen zurückgeführt werden können. Dies gilt für die befragten Mitarbeiter aber auch für die in einer Befragung beurteilten Vorgesetzten.

Rückmeldung der Ergebnisse und Entwicklung von Maßnahmen

Der Rückmeldung der Ergebnisse sowie der anschließenden gemeinsamen Entwicklung von Maßnahmen wird bei der Durchführung einer MAB allgemein und vor allem auch durch die befragten Mitarbeiter zentrale Bedeutung beigemessen. Dabei erscheint es wichtig, daß sich die Rückmeldung nicht auf eine schriftliche Information beschränkt, sondern eine aktive Auseinandersetzung aller Beteiligten möglich ist. Verschiedene Gründe sprechen dafür, daß die Diskussion auf verschiedenen Ebenen und vor allem innerhalb der jeweiligen Arbeitsbereiche stattfindet: Erstens wurde von den Befragten eine entsprechende Differenzierung gewünscht. Zweitens ist der Arbeitsbereich in den meisten Fällen der Ausgangspunkt für die Ableitung spezifischer Maßnahmen. Drittens kann damit das Gespräch zwischen Vorgesetzten und Mitarbeitern initiiert werden. Dies legt nahe, daß die jeweiligen Vorgesetzten selbst die Rückmeldung der Ergebnisse für ihren Bereich übernehmen, wobei eine entsprechende Vorbereitung und Unterstützung unabdingbar ist.

Nach Klärung all dieser Fragen kann letztendlich das Erhebungsinstrument in seine Endform gebracht werden und die Konzeption der MAB zunächst als abgeschlossen betrachtet werden. Die nachfolgende Durchführung der Befragung soll nun aber nicht im Detail weiter dargestellt werden, da sie sich einerseits aus den Punkten 1. bis 6. oben direkt ableiten läßt und sich zum anderen vom Grundgedanken her an die Phasen bzw. Abläufe anlehnt, die an anderer Stelle in der Literatur bereits ausführlich dargestellt werden. Statt dessen soll im letzten Abschnitt dieses Beitrages weiter auf die spezifische Vorgehensweise der betreffenden Organisation sowie ausgewählte Ergebnisse einge-gangen werden, die die weitere Gestaltung bzw. Evaluation der MAB betreffen. Hierzu eine Anmerkung vorweg: Letztendlich wurden 15 Fragebogenversionen an 9.000 Mitar-beiter verschickt. Die Rücklaufquote betrug dabei 70%, was auf eine hohe Akzeptanz der Befragung hindeutet, die nicht zuletzt auch durch die Vorstudie begünstigt wurde.

4.4   Evaluation der Mitarbeiterbefragung

Die Endfassung des vorliegenden Fragebogens beinhaltete u.a. nochmals Fragen zur MAB selbst und sollte somit auch der weiteren Verbesserung bzw. Optimierung der Maßnahme MAB auch vor dem Hintergrund bestehender Erfahrungen in der Organisa-tion dienen. Das bedeutet erstens, daß die Mitarbeiter weiterhin ihre Sicht der Dinge zu der Maßnahme MAB äußern können. Zweitens wird damit ermöglicht, auf dieser Basis das Instrument und auch die Durchführung künftiger MAB zu verbessern. Drittens kann durch dieses Vorgehen eine MAB kontinuierlich an die jeweils aktuellen Gegebenheiten einer Organisation angepaßt werden. Damit wird die Maßnahme MAB quasi unter Be-teiligung der Mitarbeiter formativ evaluiert, d.h. letztendlich im Rahmen eines mehrfa-chen Einsatzes kontinuierlich bewertet und verbessert.

Konkret wurden im vorliegenden Fall hierzu folgende geschlossene, standardisierte Fragen gestellt:

- Bisherige Teilnahme an MAB
- Gespräch mit Vorgesetzten über Ergebnisse, Ursachen und Maßnahmen
- Mitwirkung bei der konkreten Entwicklung und Umsetzung von Maßnahmen im Ar-beitsbereich
- Möglichkeit des Einbringens von Vorschlägen bei der Entwicklung übergreifender Maßnahmen
- Ausreichende Information über Maßnahmen und Konsequenzen aufgrund der Ergeb-nisse
- Reaktion der Führungskräfte auf die Ergebnisse

- Veränderungen aufgrund der MAB allgemein
- Zufriedenheit mit der Durchführung von MAB insgesamt

Diese detaillierten Fragen sollten vor allem der Tatsache Rechnung tragen, daß die Mitarbeiter im Rahmen der Vorstudie mit am häufigsten und nicht zuletzt aufgrund schlechter Erfahrungen mit bisherigen MAB den Wunsch bzw. die Erwartung äußerten, bei einer MAB solle es sich nicht um eine punktuelle Maßnahme mit "Alibifunktion" handeln, sondern es müßten konkrete Maßnahmen folgen, an deren Entwicklung und Umsetzung sie beteiligt sein wollen.

Da im Rahmen der Vorstudie aber vor allem bzgl. der Inhalte viele Aussagen zu verzeichnen waren, sollte dieser Aspekt auf keinen Fall unberücksichtigt bleiben. Dem sollte jedoch durch eine offene Frage Rechnung getragen werden: „Was sind Ihrer Meinung nach wichtige Themen, die nicht im Fragebogen angesprochen wurden?" Die Ergebnisse dieser Fragestellung wurden inhaltsanalytisch ausgewertet und nach folgenden Kategorien zusammengefaßt:

- Ergänzungen zum Fragebogen
  - Unternehmenspolitik
  - Arbeits- und Organisationsstruktur
  - Personalmanagement
  - Mitarbeiterführung
  - Zusammenarbeit/Kommunikation/Information
  - Partizipation und Teambildung
  - Umstrukturierung
- Durchführung der Befragung
  - Art der Fragestellung
  - Ablauf
  - Wünsche für künftige Befragungen allgemein

Die Daten aus den geschlossenen Fragen wurden statistisch ausgewertet, wobei die Möglichkeit bestand, diese auch in Verbindung mit anderen Daten zur aktuellen Situation zu analysieren. In diesem Zusammenhang erscheinen die folgenden Ergebnisse interessant:

Im Hinblick auf die offene Frage nach wichtigen Themen, die nicht im Fragebogen angesprochen wurden, waren insgesamt ca. 2.800 Aussagen bzgl. weiterer Inhalte zu verzeichnen. Die Erwartungen gingen dabei primär in Richtung Unternehmenspolitik (ca. 900) und Personalmanagement (ca. 700) gefolgt von Mitarbeiterführung sowie Arbeits- und Organisationsstruktur (jeweils ca. 450). Zum Aspekt "Durchführung der Befragung", der nicht explizit erfragt wurde, kamen ca. 250 Äußerungen.

Im Hinblick auf die geschlossenen Fragen zur Zufriedenheit mit MAB erscheinen zusammenfassend drei Ergebnisse wesentlich:

- Die Zufriedenheit mit MAB wird maßgeblich von der Zufriedenheit mit der Behandlung durch den direkten Vorgesetzten bestimmt.
- Mit abnehmender Hierarchieebene sinkt die Zufriedenheit mit der Rückmeldung über Ergebnisse bisheriger MAB und damit die Zufriedenheit mit der Durchführung einer MAB.
- Die Zufriedenheit mit bisherigen MAB entscheidet wesentlich darüber, inwieweit Mitarbeiter der Ansicht sind, man sei an deren Meinung interessiert.

So vertreten z.B. Mitarbeiter, die bereits an einer MAB teilgenommen haben und damit insgesamt unzufrieden sind, die Ansicht, man sei in geringerem Maße an der Meinung der Mitarbeiter interessiert. Das Gegenteil gilt für diejenigen, die zufrieden mit bisherigen MAB sind. Diejenigen, die angeben, noch keine Erfahrungen hiermit gemacht zu haben, liegen in ihrer Einschätzung dazwischen.

5   Schlußbetrachtung

Ausgangspunkt des Beitrages bildeten einige Fragen im Hinblick auf Anforderungen an MAB, die sich Organisationen dann stellen sollten, wenn sie planen eine MAB durchzuführen und davon ausgehen (müssen), daß es sich hierbei um eine spezifische OE-Maßnahme handelt. Abschließend soll nun nochmals auf die wichtigsten Punkte eingegangen werden:

- Es hat sich immer wieder gezeigt, daß der spezifische Kontext einer Organisation aus anwendungsorientierter Sicht eine Anpassung von Maßnahmen an die jeweiligen Bedingungen erfordert, so auch bei einer "Maßnahme MAB".
- In der Literatur werden vielfältige Empfehlungen im Hinblick auf die Konzeption und Durchführung einer MAB gegeben, die für eine Organisation als Grundlage für ihre konkreten Planungen dienen können.
- Aus der Vielfalt an Empfehlungen lassen sich für verschiedene Organisationen jeweils unterschiedliche Anforderungen konkretisieren, vor allem wenn es um die Auswahl von Inhalten bei der Instrumentenentwicklung geht.
- Bei der Entwicklung des Instrumentes und Berücksichtigung spezifischer Anforderungen im Rahmen der Konzeption einer MAB wird meist ein Vorgehen gewählt, das sich als klassische Projektstruktur bezeichnen läßt und vor allem die Belange der Mitarbeiter, die von Maßnahme MAB betroffen sind, nur bedingt direkt berücksichtigt.
- Eine qualitative Studie bietet in Verbindung mit einer Projektstruktur die Möglichkeit, spezifische Anforderungen systematisch in der Organisation zu erheben und dabei eine repräsentative Sicht der Mitarbeiter einzubeziehen.
- Die Ergebnisse der vorliegenden Studie haben gezeigt, daß die Mitarbeiter, nicht zuletzt aufgrund bestehender Erfahrungen mit MAB, vielfältige Anregungen für die Konzeption einer MAB haben, vor allem in Bezug auf die Inhalte, Rückmeldung und Maßnahmenumsetzung.
- Die breite Einbindung der Mitarbeiter bzw. ihrer Sicht in die Konzeption kann darüber hinaus als akzeptanzfördernde Maßnahme für eine MAB angesehen werden. Die vorliegenden Ergebnisse haben exemplarisch gezeigt, daß von Seiten der Betroffenen auf die Beachtung ihrer Meinung Wert gelegt wird, vor allem dann, wenn dies in der Vergangenheit "verbalisiert, aber nicht realisiert" wurde. Das Führungsverhalten der direkt Vorgesetzten spielt hierbei offensichtlich die entscheidende Rolle.

Gruppendiskussionsverfahren

Jürgen Schultz-Gambard und Walter Bungard

1   Einleitung

Verglichen mit anderen sozialwissenschaftlichen Methoden entspricht die Befragung am meisten dem alltäglich-natürlichen Verhalten von Menschen. Wenn man irgend etwas wissen will, fragt man jemanden, von dem man annimmt, daß er es weiß. Wenn man sich in einer fremden Umgebung nicht auskennt, fragt man, um sich zu orientieren. Wenn einem das Verhalten anderer unverständlich ist, fragen wir und bitten um Erklärung. Wir fragen also u.a., um

- Informationen zu erhalten,
- Orientierung zu gewinnen und
- Verhalten anderer erklärbar zu machen.

Entsprechend werden Befragungen universell, d.h. für alle erdenklichen Zwecke und bei allen Gelegenheiten eingesetzt. Hinzu kommt, daß je nach Art der Befragung dieses Verfahren nahezu voraussetzungslos einsetzbar ist. Daher werden in mehr als 50% aller größeren Forschungsprojekte Befragungen eingesetzt; dabei ist die mündliche Befragung die am meisten verwendete Forschungsmethode, und auf Platz zwei folgt die schriftliche Befragung (Scheuch, 1973; Bungard, 1984).

Auch bei Mitarbeiterbefragungen (MAB) geht es darum, Informationen zu sammeln, Erklärungen zu gewinnen und Orientierung zu schaffen. Fokus ist das Verhalten und Erleben der Mitarbeiter. Man will wissen, „Wo steht der Mitarbeiter?" Was und wie erlebt, bewertet und behandelt der Mitarbeiter arbeits- und unternehmensbezogene Sachverhalte? Da Befragungen als Teil von Organisationsdiagnosen verstanden werden können, geht es um „die systematische und wissenschaftlich fundierte Erfassung, Analyse und Darstellung des in einer Organisation oder einem abgegrenzten Organisationsteil regelhaft auftretenden Verhaltens und Erlebens ihrer Mitglieder einschließlich ihrer Wirkungszusammenhänge" (Kühlmann & Franke, 1989).

2   Quantitative versus qualitative Analysen

Bei einer derartigen Organisationsdiagnose auf der Basis einer MAB können unterschiedliche Untersuchungsansätze verfolgt werden:

Erstens kann man versuchen, möglichst umfassend und objektiv das Erleben und Verhalten möglichst aller Organisationsmitglieder zu erfassen und zu bestimmten Organisationsmerkmalen in Beziehung zu setzen. Dafür wäre eine schriftliche Befragung der Gesamtbelegschaft mit einem standardisierten Fragebogen die Methode der Wahl. An dieser Stelle sollen die Vor- und Nachteile schriftlicher Befragungen nicht diskutiert werden (vgl. dazu den einleitenden Beitrag von Bungard in diesem Band), es sei aber für die folgenden Ausführungen nochmals darauf hingewiesen, daß mit dieser Methode die angesprochenen Wirkungszusammenhänge nur näherungsweise erschlossen werden können. Die Datenerfassung durch standardisierte Fragebögen garantiert eine Quantifizierung der Daten und entsprechende quantitative Analysemöglichkeiten. Das bedeutet aber auch, daß nur solche Wirkungszusammenhänge erschlossen werden können, die sich über statistische Zusammenhangs- oder Unterschiedsanalysen von vorab genau definierten Merkmalen abbilden lassen. Diese Art der Analyse schließt aber weite Bereiche der betrieblichen Realität aus, weil die kritischen Merkmale entweder vorab nicht erkannt worden sind, sich nicht eindeutig genug messen lassen oder die vorhandenen Wirkungszusammenhänge ganz einfach zu komplex oder auch zu subtil sind. Standardisierte Fragebögen eignen sich deshalb zur Erfassung klar umgrenzter, gut definierter Themenbereiche, zu denen bereits hinreichende Vorkenntnisse vorhanden sind. Die Ausgangslage zu Beginn einer Organisationsdiagnose stellt sich in der Regel aber genau gegenteilig dar.

Um also die betrieblichen Wirkungszusammenhänge so detailliert erschließen zu können, daß sich aus der Analyse konkrete Empfehlungen für Gestaltungsmaßnahmen ableiten lassen, bedarf es oft einer anderen Herangehensweise. Damit kämen wir zu dem zweiten Untersuchungsansatz, bei dem versucht würde, bei einer begrenzten Stichprobe von Organisationsmitgliedern das Erleben und Verhalten und auch die subjektiv erlebten Wirkungszusammenhänge detailliert in einem längeren Diskurs aufzudecken. Dafür wäre die Methode der Wahl eine nicht- oder lediglich teilstandardisierte mündliche Befragung, die die Möglichkeit von Nachfragen und weitergehenden Analysen in Abhängigkeit von dem bisher Mitgeteilten bietet.

Diese Gegenüberstellung reflektiert in etwa die Diskussion um das Für und Wider quantitativer versus qualitativer Methoden (vgl. Wilson, 1973; Küchler, 1980; Lamnek, 1988; Bungard, 1993). Kompromißergebnis dieses Methodenstreits ist das Konzept der Triangulation, bei dem man davon ausgeht, daß qualitative und quantitative Methoden unterschiedliche Funktionen haben, die zu unterschiedlichen Zeitpunkten im Forschungsprozeß genutzt werden sollten. Qualitative Methoden eignen sich am besten für die Exploration und Hypothesengenerierung und sollten daher zu Prozeßbeginn eingesetzt werden. Quantitative Methoden sollten später im Prozeß zum Einsatz kommen, wenn bereits genügend Erkenntnisse vorliegen, so daß Hypothesen formuliert, Konzepte operationalisiert und die Hypothesen getestet werden können.

Dieser für die Sozialforschung sinnvolle Kompromiß läßt sich aber nur teilweise auf den Bereich der Organisationsdiagnose übertragen. Zwar sollte auch hier durch explorative qualitative Analysen eine quantitative Untersuchung vorbereitet werden, aber damit wäre der Einsatz der qualitativen Methoden nicht beendet. Gerade für die detaillierte Informationssammlung zur Erarbeitung von Gestaltungsempfehlungen, zur Erkundung der Veränderungsbereitschaft und -fähigkeit der Organisation, zur Abschätzung möglicher fördernder und hemmender Bedingungen werden qualitative Analysen benötigt, so daß die quantitative Analyse zumindest ergänzt, wenn nicht ersetzt werden müßte durch weitergehende qualitative Analysen (Bungard, 1993). Eine solche Diagnosesequenz könnte also folgendermaßen aussehen: zu Beginn explorative Einzelinterviews mit "wichtigen" Mitgliedern der Organisation, dann eine standardisierte schriftliche Befragung aller Organisationsmitglieder zur Identifikation besonderer Problempunkte und auch Stärken, und dann vertiefende Interviews mit einer Stichprobe der Organisationsmitglieder zur Vorbereitung der Erarbeitung von Gestaltungs- und Veränderungsempfehlungen, durchgeführt als Einzel- oder Gruppeninterviews.

3   Gruppeninterviews: Grundlagen, Definitionen, Durchführungsvarianten

Bei den bisherigen Erörterungen der Vor- und Nachteile mündlicher und schriftlicher Befragungen wurde davon ausgegangen, daß die Befragungen individuell vorgenommen werden. Dies ist ganz in Übereinstimmung mit der Grundperspektive vor allem der quantitativen Forschung, wo man sich bemüht, Meßartefakte, d.h. fehlerhafte Ergebnisse, die auf Störfaktoren im Forschungsprozeß zurückzuführen sind, zu vermeiden (Bungard & Lück, 1974). Hier geht es um mögliche Störfaktoren, die in der sozialen Situation angesiedelt sein könnten. Deswegen wird bei schriftlichen Befragungen den Probanden extra die Anweisung gegeben, den Fragebogen alleine, ohne von anderen beeinflußt zu werden, auszufüllen.

Von der qualitativen Sozialforschung werden aber gerade solche Komponenten sozialer Interaktion nicht als Störbedingungen, sondern als wichtige Einflußgrößen betrachtet, die man nicht vernachlässigen sollte, weil man sonst u.U. wichtige Informationen gerade über Einstellungen, Meinungen und Wertungen der Untersuchten verschenken würde. Insofern liegt es nahe, bei mündlichen Befragungen neben dem Einzelinterview auch das Gruppeninterview als Datenerhebungsmethode vorzusehen.

Die Gruppenbefragung unterscheidet sich vom klassischen Einzelinterview dadurch, daß nicht ein Individuum, sondern eine Gruppe die Untersuchungseinheit ist. Die Anfänge dieser Methode gehen auf die gruppendynamischen Arbeiten der Schule des Research Center for Group Dynamics unter Leitung von Lewin (z.B. 1947) zurück, wo die Methode zur Analyse der gruppendynamischen Interaktionsprozesse und Kommunikationsstrukturen benutzt wurde. Im deutschsprachigen Raum wurde die Methode in den 50er Jahren als Reaktion auf die Kritik an quantitativer Umfrageforschung als alternative Datenerhebungsmethode propagiert. Obwohl die Methode seitdem auf ein breites Spektrum von Fragestellungen in der soziologischen, psychologischen und pädagogischen Forschung und im Marketing angewendet wurde, wird sie trotz ihrer vielfältigen Einsatzmöglichkeiten in der methodologischen Diskussion vernachlässigt (vgl. dazu Friedrichs, 1982; Kromrey, 1982). Auch im Bereich der Arbeits- und Organisationspsychologie tritt sie, wie wir meinen unberechtigt, hinter Fragebogenbefragungen zurück (Bungard, Holling & Schultz-Gambard, 1996).

Anzumerken ist, daß es nicht die eine Art der Gruppenbefragung gibt, sondern daß sich hinter diesem Begriff unterschiedliche Verfahrensvarianten verbergen. Scheuch (1973) beispielsweise bezeichnet die Befragung einer bestimmten Anzahl von Personen gegenüber dem Einzelinterview als "Interview in Gruppensituationen" oder "Gruppeninterview", wobei verschiedene Arten der Durchführung möglich sind. Mangold (1973) schlägt wegen der undifferenzierten Verwendung des Begriffs "group interview" in der amerikanischen Literatur vor, alle Befragungen von mehreren Personen, die bei der Befragung interagieren, "Gruppendiskussionen" zu nennen. Die Betonung liegt dabei auf der Interaktion zwischen den Befragten untereinander. Dabei werden Verfahren, in denen die Befragten auf z.B. provozierendes Stimuli-Material reagieren, eingeschlossen.

Da dergestalt immer noch unterschiedliche Verfahrensvarianten unter einen Begriff subsumiert werden, differenziert Kromrey (1982) die Definitionen weiter, indem er bei Gruppendiskussionen zwischen folgenden Durchführungsvarianten unterscheidet:

- Gruppenexperimente, in denen die Gruppe auf vorgegebene Stimuli, z.B. bestimmte Bewertungsaufgaben, reagiert und diese Reaktionen beobachtet und aufgezeichnet werden;
- Gruppeninterviews, in denen anhand eines Leitfadens mehrere Personen durch einen Interviewer zu vorgegebenen Themen befragt werden und die Antworten in der Regel als kollektive Gruppenmeinung aufgezeichnet werden, wobei auch die Erfassung prägnanter oder widersprüchlicher Einzelaussagen möglich und sinnvoll ist und
- Gruppendiskussionen, in denen die Gruppe frei vorgegebene oder selbst gewählte Fragen diskutiert, wobei sie durch einen Diskussionsleiter moderiert bzw. geführt wird. Die Datenerhebung erfolgt in Form eines Diskussionsprotokolls, das weitergehend qualitativ ausgewertet wird.

Die bei MAB am meisten verwendeten Varianten sind das Gruppeninterview und die Gruppendiskussion. Dabei werden Gruppendiskussionen als weitgehend nicht-strukturierte Form der Datenerfassung vorwiegend zu Explorationszwecken durchgeführt. Das Gruppeninterview wird in der Regel als halbstrukturierte Befragung, entweder orientiert an einem Leitfaden oder mit Hilfe von Strukturvorgaben, z.B. durch bestimmte Szenarien nach der Metaplan-Technik (vgl. Klebert, Schrader & Straub, 1987) oder der Struktur-Lege-Technik (vgl. Scheele & Groeben, 1984), durchgeführt. Beim Gruppeninterview ist weniger der Meinungsbildungsprozeß in der Gruppe von Bedeutung, sondern mehr das Resultat daraus. Gruppeninterviews können sowohl zu Explorationszwecken als auch in späteren Phasen des Untersuchungsprozesses eingesetzt werden, d.h. eigentlich sind sie universell einsetzbar.

Im folgenden wollen wir uns mit den Vor- und Nachteilen dieser Methode beschäftigen.

4 Vor- und Nachteile von Gruppendiskussionen

Vor- und Nachteile der Gruppendiskussionen stellen sich in Abhängigkeit davon, ob man sie mit schriftlichen Befragungen oder mit Einzelinterviews vergleicht, etwas anders dar, deswegen werden wir dieses bei einigen der folgenden Punkte jeweils spezifizieren:

- Ein Vorteil gegenüber Einzelbefragungen ist die erhöhte Durchführungsökonomie. Gruppeninterviews ermöglichen eine größere Anzahl von Personen bei noch vertretbarem Erhebungsaufwand ähnlich differenziert wie im Einzelinterview zu erfassen; d.h. gegenüber der schriftlichen Befragung hat das Gruppeninterview den Vorteil größerer Differenziertheit, gegenüber dem Einzelinterview den Vorteil größerer Durchführungsökonomie, weil in derselben Zeit mit gleichem Personaleinsatz mehr Personen befragt werden können. Damit können Gruppeninterviews kostengünstiger durchgeführt werden als Einzelinterviews.
- Ein weiterer Vorteil des Gruppeninterviews ist, daß es am ehesten einer alltäglichen Gesprächssituation entspricht. Dieser Vorteil ist die Grundlage für weitere positive Aspekte, die sich quasi als Konsequenzen daraus ergeben. Aufgrund der Ähnlichkeit mit natürlichen Gesprächssituationen gelingt es in Gruppeninterviews meist besser als in Einzelbefragungen, eine entspannte und offen-freundliche Befragungsatmosphäre zu schaffen. Die Befragungssituation wird von den Teilnehmern meist auch deswegen besser akzeptiert, weil in der Gruppensituation der Einfluß der Interviewer

allein zahlenmäßig nicht so dominant erscheint. Dadurch, daß die Befragung nicht
auf einen einzelnen Teilnehmer zentriert ist, sondern sich auf mehrere Personen verteilt, ist auch der Zwang zur Meinungsabgabe für die Beteiligten weniger unmittelbar
und drängend.

- Diese atmosphärischen Vorteile des Gruppeninterviews bilden quasi die Grundlage
  für weitere inhaltliche Vorteile. Die derart entstandene positive soziale Situation ist
  die Basis für eine gegenüber dem Einzelinterview bessere Informationsausbeute in
  dem Gruppeninterview. Der Informationsvorteil kommt zustande, weil durch die Interaktion in der Gruppe, bei der die Teilnehmer sich auch gegenseitig kommentieren,
  ergänzen, korrigieren und zu weiteren Antworten anregen, zusätzliche Informationen
  gewonnen werden können. Auch Sachverhalte die in der Vergangenheit liegen, lassen sich dadurch besser rekonstruieren, da die Teilnehmer einander Erinnerungshil-
  fen geben, Erinnerungsbruchstücke zusammentragen und sich gegenseitig ergänzen.

- Dieser letzte Punkt verweist bereits darauf, daß neben dem beschriebenen Informationsvorteil das Gruppeninterview auch qualitativ bessere Informationen ermöglicht.
  Die Kommunikation in der Gruppe, in deren Verlauf Antworten vervollständigt, differenziert, modifiziert, korrigiert oder gänzlich abgelehnt und alternative Deutungen
  gegeben werden, stellt gewissermaßen einen sozialen Validierungsprozeß dar; d.h.
  die Validität der Antworten wird im Diskurs optimiert. Dadurch können in Gruppeninterviews im Vergleich zur Einzelbefragung durchdachtere und konkretere Antworten erzielt werden. Auch können konträre Meinungen nicht nur geäußert, sondern
  auch miteinander konfrontiert werden, woraus sich oftmals differenziertere Meinungsabgaben ergeben.

- Ein weiterer qualitativer Informationsvorteil ergibt sich dadurch, daß sich in der
  Gruppensituation oftmals unter bestimmten Bedingungen durchaus leichter psychi-
  sche Hemmschwellen und Kommunikationsängste abbauen lassen. Dadurch gelingt
  es, auch tiefer liegende Bewußtseins- und Meinungsinhalte zu erfassen. Man kann in
  der Gruppe leichter spontane Reaktionen provozieren, über die latente Meinungen
  (z.B. zu Tabuthemen) aktualisiert werden können.

- Wenn die Organisationsdiagnose, in deren Rahmen die MAB stattfindet, Teil eines
  auf Veränderungen angelegten Organisationsentwicklungsprozesses ist, kann hinsichtlich dieser Veränderungsfunktion das Gruppeninterview noch weitere Vorteile
  bieten. Zum einen entsteht in der Gruppensituation eine stärkere Dynamik, die für
  Veränderungen instrumentalisiert werden kann, als in der Einzelsituation. Dazu
  kommt noch, daß eine öffentliche Meinungsabgabe ein größeres Committment, eine
  stärkere Selbstverpflichtung bewirkt als eine quasi private Meinungsabgabe im Einzelinterview, und diese stärkere Selbstverpflichtung sich positiv auf die Verände-
  rungsmotivation auswirken kann. Zum anderen stellt die Gruppensituation auch eine
  Möglichkeit sozialen Lernens dar. Die ausgelösten Lernprozesse ihrerseits können
  auch wieder sowohl konative wie motivationale Grundlagen für spätere Veränderungsprozesse darstellen.

Bei all den genannten positiven Aspekten des Gruppeninterviews verwundert es etwas,
warum die Methode für den Zweck der MAB vergleichsweise selten genutzt wird. Das
mag zum einen darin liegen, daß sie wie beschrieben nicht zum klassischen Standardre-
pertoire sozialwissenschaftlicher Forschung gehört (vgl. Friedrichs, 1982; Kromrey,
1982; Lamnek, 1988) und von daher vielen Befragern nicht präsent genug ist; zum an-

deren hat die Methode auch trotz ihrer unbestrittenen Vorteile viele Nachteile, von denen einige relativ hohe Voraussetzungen an die Kompetenz der die Befragung durchführenden Personen implizieren. So lassen sich den genannten Vorteilen folgende Nachteile gegenüberstellen, die die Vorzüge teils relativieren und teils weitergehende Probleme aufzeigen:

- Die vergleichsweise größere Erhebungsökonomie von Gruppeninterviews bezieht sich nur auf den Aufwand beim Interviewereinsatz. Demgegenüber steht ein größerer organisatorischer Aufwand auf seiten der durchführenden Organisation, da für die Gruppenbefragung mehrere Personen gleichzeitig am gleichen Ort zusammenkommen müssen. Hierzu wird erstens ein größeres Engagement der Beteiligten gefordert, und für die Organisation bedeutet es einen erhöhten Koordinations- und damit Kostenaufwand. Durch die höheren Koordinationsanforderungen steigt ferner die Wahrscheinlichkeit, daß Personen bei der Befragung ausfallen und damit mögliche Ausfallkosten entstehen. Weiter sind Einzelbefragungen leichter mit dem normalen Arbeitsablauf zu koordinieren als Gruppeninterviews, weil der Wegfall mehrerer Personen im Arbeitsprozeß zu größeren Prozeßverlusten bzw. zu erhöhtem Kompensationsaufwand führt. Auch das ist ein zusätzlicher Kostenfaktor. Daneben ist das Gruppeninterview auch aus technischer Sicht vergleichsweise aufwendiger. Diese Einschätzung bezieht sich nicht nur auf den Vergleich mit einer schriftlichen Befragung. Hier ist es ja so, daß zwar die Vorbereitung mündlicher Befragungen weniger aufwendig ist als die schriftlicher Befragungen, bei der die Konstruktion des Fragebogens sehr viele fach- und objektspezifische Vorkenntnisse erfordert und sehr umfangreiche Vorarbeiten notwendig macht. Die Applikation und Auswertung einer schriftlichen Befragung ist dann wieder weniger aufwendig. Bei der mündlichen Befragung ist es genau umgekehrt. Die Hauptarbeit bei der mündlichen Befragung liegt in der Durchführung und der Auswertung des in der Regel sehr komplexen, weil wenig standardisierten Datenmaterials. Man sollte sich da durch die offensichtliche Leichtigkeit der Durchführung nicht täuschen lassen. Nach Richter (1970) sind mündliche Befragungen ungefähr dreimal so aufwendig wie schriftliche. Dieser Trend ist für Gruppeninterviews noch ausgeprägter als für Einzelbefragungen. Bereits die Aufzeichnung der Interviewprotokolle und erst recht deren Auswertung ist wesentlich schwieriger und aufwendiger als bei Einzelbefragungen und stellt hohe Anforderungen an die methodische und sozialtechnische Kompetenz der Durchführenden. Allgemein ist auch die Möglichkeit, die Daten zu quantifizieren, bei Gruppenbefragungen schwieriger und damit aufwendiger als bei Einzelbefragungen.
- Bei den Vorteilen des Gruppeninterviews zeigt bereits die Formulierung, daß es sich größtenteils um Kann-Vorteile handelt, die davon abhängig sind, wie sich positive Gruppenmerkmale realisieren lassen. Ob die Gruppenatmosphäre beispielsweise wirklich so positiv wie beschrieben gestaltet werden kann und ob sich daraus dann die beschriebenen Informationsvorteile ergeben, hängt u.a. von den Voreinstellungen und damit der Situationsdeutung der Interviewten, ihrer Interaktion untereinander, der sozialen Sensibilität und Kompetenz des Interviewers und dem Verlauf der Interaktion zwischen Interviewer und Interviewten ab.
- Durch die vorab beschriebenen Charakteristika des Gruppeninterviews werden erhöhte Anforderungen sowohl an die fachliche, organisatorische als auch die soziale Kompetenz der Interviewer gestellt; d.h. daß für Gruppeninterviews die Interviewer

ausführlicher und besser geschult und vorbereitet werden müssen als für Einzelbefragungen.

- Daraus ergibt sich zusammenhängend mit der Person des Interviewers noch ein weiterer methodischer Nachteil: wegen der vergleichsweise vielfältigen Wechselwirkungen in der Gruppensituation können Versuchsleitereinflüsse, d.h. Einflüsse des Interviewers auf die Gruppenmitglieder, noch schlechter kontrolliert werden als in der Einzelbefragung.

- Auch die genannten Informationsvorteile sind Kann-Vorteile, die abhängig sind von der tatsächlichen Qualität der Gruppensituation. Diese Qualität wiederum ist abhängig erstens von der Realisierung eines positiven Gruppenklimas und zweitens von dem Einfluß zahlreicher möglicher Störbedingungen, die selbst Strukturmerkmale sozialer Situationen sind; d.h. die Merkmale der sozialen Situation können zu Informationsvorteilen führen; sie können aber auch genau diese Vorteile verhindern. Zu den sozialen Einflußbedingungen gehören u.a.
  - das Auftreten von Meinungsführern, die die Kommunikation beherrschen, andere Meinungen unterdrücken und damit die kollektive Meinungsabgabe dominieren,
  - der Einfluß von Konformitätsdruck, durch den die mögliche Meinungsvielfalt eingeschränkt werden kann, das Auftreten von Disputen und Konflikten in der Gruppe, durch die sowohl die Meinungsvielfalt eingeschränkt werden kann, der Kommunikationsprozeß vollkommen vom Thema abgelenkt werden kann oder sich künstlich Polarisierungen herausbilden und
  - sowohl individuelle Verweigerungen ("Schweiger") auftreten können als auch die ganze Gruppe sich kollektiv dem Befragungsprozeß verweigern kann.

Deutlich dürfte bei dieser Auflistung von Nachteilen durch mögliche soziale Störeinflüsse werden, daß es sich hier ebenfalls um Kann-Nachteile handelt, die durch einen kompetenten Interviewer weitgehend kontrolliert werden können.

- Außerdem führen die bei den Vorteilen erwähnten Lernprozesse bei den Beteiligten, die sich u.U. sehr positiv auf die Realisierung weitergehender Veränderungsmaßnahmen auswirken können, bei der Befragung selbst zunächst einmal dazu, daß dadurch die individuellen Meinungsabgaben verfälscht werden. Hier stehen quasi Erhebungserfordernisse mit Organisationsentwicklungs-Erfordernissen in Konflikt.

In der Tabelle 1 werden die genannten Vor- und Nachteile im Überblick aufgeführt. Nun werden wir uns einigen praktischen Aspekten der Durchführung von Gruppeninterviews zuwenden.

Tabelle 1: Vor- und Nachteile von Gruppeninterviews.

Vorteile	Nachteile
bessere Erhebungsökonomie, da Zeit- und Erhebungsaufwand pro Befragten geringer	höherer Koordinations- u. Organisationsaufwand auf seiten der Organisation, dadurch erhöhte Arbeitsausfallkosten und u.U. höhere Ausfallquote bei Befragung
positives Gruppenklima; bessere Akzeptanz; Intervieweinfluß weniger dominant; weniger Zwang zur Meinungsabgabe	Gruppenklima abhängig von Kompetenz des Interviewers und Verlauf der Interaktion in der Gruppe; allgemein höhere Anforderungen an die fachliche, organisatorische und vor allem soziale Kompetenz des Interviewers; Intervieweinflüsse schwerer kontrollierbar
Informationsvorteile durch ausführlichere und zusätzliche Informationen (quantitativer Vorteil) und durchdachtere konkretere, differenziertere und subtilere (z.B. latente Meinungen) Informationen (qualitativer Vorteil)	Informationsvorteile abhängig von Qualität der sozialen Situation; Möglichkeit sozialer Störeinflüsse durch u.a. dominante Meinungsführer, Konformitätsdruck, Dispute und Konflikte, individuelle u. kollektive Verweigerungen
Lernprozesse werden ausgelöst	Lernprozesse können individuelle Meinungsabgaben verfälschen

5 Praktische Aspekte der Durchführung von Gruppeninterviews

Die Beachtung der Vor- und Nachteile ist für die Entscheidung wichtig, ob und wie man die Methode des Gruppeninterviews einsetzen will. Hat man sich zum Einsatz entschlossen, sind noch einige pragmatische Fragen zur Herstellung der Gruppensituation und zur Durchführung der Interviews zu klären, die wir im folgenden behandeln wollen.

5.1 Wie groß sollte die Gruppe sein?

Dies ist die erste zentrale Frage. Die Angaben zur optimalen Gruppengröße bei Gruppeninterviews schwanken in der Literatur beträchtlich. Nach unserer Erfahrung würden wir eine Gruppengröße von minimal vier und maximal sechs Teilnehmern als Richtwert vorgeben wollen. Bei Abweichungen muß mit Informations-, Kommunikations- und Erhebungsproblemen gerechnet werden.

Werden die Gruppen kleiner, verringern sich das Meinungsspektrum und die gegenseitigen Anregungen, und es muß daher mit Informationsverlusten gerechnet werden. Außerdem werden die Zentrierung auf den einzelnen und der Einfluß des Interviewers stärker, wodurch sich ein erhöhter Druck zur Meinungsabgabe ergeben kann.

Werden die Gruppen größer, erhöht sich die Anonymität, und die Gruppensituation erhält einen stärkeren Öffentlichkeitscharakter. Dadurch wird es leichter, sich aus der Interaktion zurückzuziehen. Die Wahrscheinlichkeit des Auftretens von "Schweigern" steigt. Außerdem verringern sich bei steigender Teilnehmerzahl die Möglichkeiten, eigene Meinungen in die Gruppe einzubringen.

Außerdem ergeben sich bei steigender Teilnehmerzahl vermehrt technische Probleme. Da große Gruppen weniger gut überschaubar sind, werden erstens die Gruppenleitung durch den Interviewer und zweitens die Protokollierung der Antworten erschwert. In der Regel sind eine größere Häufigkeit von Fehlern oder Lücken in den Protokollen die Folge.

5.2   Wie sollen die Gruppen zusammengesetzt sein?

Dies stellt die zweite zentrale Frage dar. Nur wenn man an der Erfassung bestehender Verschiedenartigkeiten interessiert ist, sollten die Gruppen entsprechend heterogen zusammengesetzt sein. Ansonsten wird in der einschlägigen Literatur für homogene Gruppen plädiert, weil erst bei homogenen Gruppen die Vorteile der Methode zum Tragen kommen können (vgl. Bungard, Holling & Schultz-Gambard, 1996).

Effizientere Gruppeninterviews sind deswegen zu erwarten, weil in homogenen Gruppen etwaige Positionsklärungen, defensive Haltungen gegenüber fremden oder statusverschiedenen Personen, sprachliche und soziale Barrieren oder individuelle Abgrenzungsnotwendigkeiten als Störeinflüsse weitgehend entfallen. Außerdem empfehlen Kromrey (1982) und Niessen (1977), die Teilnehmer der Interviewgruppen auch aus tatsächlich existierenden Realgruppen zu rekrutieren. Zum einen entfallen dadurch sonst notwendige Annäherungs- und Anpassungsprozesse; die Gruppen kommunizieren von Anfang an auf einem höheren Vertrautheitsniveau; zum anderen schafft der gemeinsame Erfahrungshintergrund von Realgruppen erst die Voraussetzung für die gegenseitigen Anregungen und Kommentierungen, die ja einen wichtigen Vorteil der Methode ausmachen.

Allerdings muß bei Realgruppen der Gefahr Rechnung getragen werden, daß bereits in der Gruppe vorhandene Konflikte in das Interviewgespräch hineingetragen werden und als Störeinflüsse wirken (vgl. Nachteile). Hier ist der Interviewer gefordert, derartige Konflikte aufzufangen und konstruktiv für zusätzlichen Informationsgewinn zu nutzen.

5.3   Rolle und Funktion des Interviews

Die Anforderungen an die fachliche und soziale Kompetenz des Interviewers sind im Verlauf des Textes wiederholt angesprochen worden. In der Tat sind die Anforderungen an den Interviewer besonders hoch, da er quasi zwei Funktionen hat. Erstens hat er die Funktion wie der Interviewer in der Einzelbefragung, die inhaltlichen Interviewziele zu verfolgen. Zweitens muß er dazu außerdem einen komplexen Gruppenkommunikationsprozeß moderieren. Hinsichtlich der Steuerungsfunktion soll er die Diskussion formal strukturieren und thematisch lenken. Dazu soll er z.B. bei Abschweifungen wieder zum Thema zurückführen, Meinungen zusammenfassen und darauf achten, daß alle relevanten Themenbereiche angesprochen und die Antworten protokolliert werden. In seiner Moderatorfunktion erteilt er das Wort, regt "Schweiger" vorsichtig zu Meinungsäußerungen an, schlichtet Konflikte, konfrontiert Meinungen und regt wechselseitige Diskussionen und Kommentare zwischen den Teilnehmern an. Voraussetzung für eine wirklich effiziente Befragung ist vor allem, ob es ihm gelingt, in der Gruppe eine offene und vertrauensvolle Atmosphäre zu schaffen, die die Grundlage für die möglichen Informationsvorteile der Methode darstellt.

An dieser Stelle, wo die besonderen Anforderungen dieser Methode an den Interviewer deutlich geworden sein dürften, muß ein weiteres technisches Detail angesprochen werden. Wir haben bisher immer von *dem* Interviewer gesprochen, so, als müßte es sich dabei um eine Person handeln. Gerade bei halb- und nichtstrukturierten Interviews, bei denen ziemlich viele Gesprächsinhalte frei protokolliert werden müssen, empfiehlt es sich, zwei Interviewer einzusetzen, um einen Interviewer nicht mit Protokollierung und parallel stattfindender Gesprächsführung zu überlasten. Daraus ergibt sich auch bereits die Arbeitsteilung bei einem Interviewerteam: der eine führt das Gespräch, und der andere protokolliert. Zwei Interviewer zu verwenden hat auch noch den Vorteil, daß mögliche Mißverständnisse und Fehleinschätzungen des einen durch den anderen korrigiert werden können. Deswegen sollten nach dem Interview beide das Protokoll durchsprechen und mögliche Abweichungen diskutieren, um eine Konsensbildung zu erreichen.

5.4   Welche strukturellen Hilfen können zur Erleichterung der Durchführung gegeben werden?

Zuallererst sollte die Thematik der Befragung für die Gruppe von Relevanz sein, und die Teilnehmer sollten gleichermaßen von der Fragestellung betroffen sein. Dies sind Faktoren, die sich förderlich auf die Antwortbereitschaft auswirken.

Weiter ist zu beachten, daß Frager und Befragte in der Regel sich noch nie gesehen haben, d.h. einander fremd sind. Trotzdem wird erwartet, daß die Befragten dem Interviewer offen und vorbehaltlos u.U. heikle Informationen über ihren persönlichen Arbeitsplatz mitteilen. Das ist durchaus nicht selbstverständlich, und deswegen muß zunächst mit Mißtrauen und Vorbehalten auf der Seite der Befragten gerechnet werden. Diese werden sicherlich vorher Spekulationen über den Zweck der Befragung angestrengt haben und u.U. Befürchtungen hinsichtlich der Konsequenzen der Befragung entwickelt haben. Deswegen besteht die erste Aufgabe des Interviewers nach der Vorstellung von sich und seinem Kointerviewer darin, das Ziel der Befragung anschaulich und verständlich zu erläutern. Dabei sollte deutlich werden, daß bei der Befragung ein echtes Interesse an den Ansichten und Meinungen der Mitarbeiter besteht, daß die erhobenen Informationen tatsächlich zur Verbesserung der Arbeitssituation genutzt werden sollen und daß die Befragten die Chance haben, durch offene und ehrliche Antworten Einfluß auf mögliche Neugestaltungen nehmen zu können.

Danach sollte die Anonymität bei der weiteren Verarbeitung der Befragungsergebnisse zugesichert und deutlich gemacht werden, wie sie technisch sichergestellt wird.

Ein Problem gerade bei MAB auf Werksebene kann darin bestehen, daß eher niedrig qualifizierte Mitarbeiter in derart formalen Situationen nicht so mitteilungsfreudig sind wie eher höher qualifizierte. Die Beteiligung beim Gruppeninterview wird dann entscheidend davon abhängen, inwieweit es dem Interviewer gelingt, den für diese Befragtengruppe richtigen Ton zu treffen. Sehr abstrakte Formulierungen und wissenschaftlicher Fachjargon sind, genauso wie anbiedernde Volkstümlichkeit, Hemmnisse bei der Herstellung eines Kontaktes zwischen Interviewer und Befragten. Wenn es dem Interviewer nicht zu Beginn der Befragung gelingt, eine offene und vertrauensvolle Atmosphäre zu schaffen und das Anliegen der Befragung den Interviewten anschaulich, verständlich und für diese akzeptabel darzustellen, hat dies nachhaltige methodische Auswirkungen: Die erhobenen Daten werden weniger valide sein, und die fehlende Validität kann weder durch aufwendige Auswertungsrituale noch durch anspruchsvolle Verrechnungstechniken kompensiert werden.

Wenn es in der Einleitungsphase gelungen ist, Interesse zu wecken sowie Vertrauen und Akzeptanz herzustellen, muß für die folgende Phase des Interviews die Aufmerksamkeit und Motivation der Befragten gesichert werden. Dazu werden spezielle "Eisbrecher- oder Kontaktfragen" benötigt. Hier hat es sich bei MAB bewährt, die Befragten erst einmal beschreiben zu lassen, worin ihre Tätigkeit besteht oder wie ihr Arbeitsplatz aussieht und ähnliches. Dies ist voraussetzungslos und ermöglicht in direktem Anschluß, alle denkbaren arbeitsbezogenen Themen von Fertigungsabläufen bis zum Betriebsklima ansprechen zu können. In welcher Reihenfolge dies am sinnvollsten ist, regelt der Interviewleitfaden.

Vor dem eigentlichen Beginn der Diskussion empfiehlt Pollock (1955) die Präsentation von "Grundreizen" wie z.B. Graphiken, Statistiken, Statements und ähnlichem, um einen Diskussionsanreiz zu schaffen. Entsprechend könnte man auch eine globale Bewertungsfrage stellen, die dann nachfolgend detailliert erörtert wird.

Der angesprochene Interviewleitfaden stellt die wichtigste Strukturierungshilfe für den Interviewer dar. Er soll u.a. gewährleisten, daß

- dem Interview eine geordnete, u.U. standardisierte Ablaufstruktur gegeben wird;
- alle wichtigen Themen angesprochen und keine vergessen werden;
- dem Interviewprotokollanten ein Raster vorgegeben wird, in das er die Gesprächsinhalte aufnehmen kann, wodurch bei der anschließenden Auswertung die Vergleichbarkeit der einzelnen Protokolle und damit der verschiedenen Antworten verbessert wird.

Der Grad der Strukturiertheit des Leitfadens kann von "weitestgehend offen" bis "vollkommen standardisiert" variieren. Vor- und Nachteile und Funktion der unterschiedlichen Standardisierungsgrade sollen an dieser Stelle nicht weiter diskutiert werden, (vgl. hierzu Bungard, Holling & Schultz-Gambard, 1996). Meistens werden Gruppeninterviews als halbstandardisierte Leitfadeninterviews durchgeführt, weil diese Form des Interviews am flexibelsten ist. Man kann dabei den Standardisierungsgrad für jede Frage einzeln bestimmen und so je nach Vorkenntnissen und Komplexität des erfragten Sachverhalts vollkommen offene Fragen mit vollkommen standardisierten Items kombinieren. Wenn man bezüglich zentraler Fragestellungen quantifizierbare Vergleichsmessungen haben möchte, können auch Beurteilungen mit Hilfe von Rating-Skalen in das Interview integriert werden (vgl. hierzu den Beitrag von Bungard in diesem Band über die MAB bei der Porsche AG). Dreipunktskalen sind problemlos integrierbar, weil die Aussage, ob ein Sachverhalt eher positiv, negativ oder neutral beurteilt wird, innerhalb eines Gesprächs gut operationalisierbar ist. Aber auch Fünfpunktskalen sind mit etwas mehr Erklärungsaufwand handhabbar. Es sollte bei derartigen Skalierungen im Rahmen eines Gruppeninterviews nur beachtet werden, daß die Angaben nicht als individuelle Daten behandelt werden können, da sie ja nicht unabhängig voneinander zustande gekommen sind, es sei denn, diese Fragen werden z.B. vorweg einzeln auf einem Fragebogen angekreuzt.

Auf der nächsten Seite wird ein Beispiel für einen Ausschnitt aus einem Leitfaden wiedergegeben. Danach soll skizzenartig ein Anwendungsbeispiel für ein Gruppeninterview erstellt werden.

Ausschnitt aus einem Interviewleitfaden zum Thema "Beziehung zu Kollegen"

Eisbrecherfrage: Was ist Ihre Arbeitsaufgabe/Tätigkeitsablauf?
Wie weit spielen die Beziehungen zu Kollegen eine Rolle?

Grundreiz/Ausgangsfrage: Wie schätzen Sie die Zusammenarbeit mit/das Verhältnis zu Kollegen/innen allgemein ein?

sehr schlecht	schlecht	mittel	gut	sehr gut
--	-	o	+	++

Gründe dafür:

Mögliche Nachfragen zur Detaillierung/Differenzierung:
* Zusammenarbeit mit/Verhältnis zu Kollegen/innen im eigenen Bereich?

----
* Zusammenarbeit/Verhaltnis zu Kollegen/innen aus anderen angrenzenden Bereichen?

----
* Zusammenarbeit mit/Verhältnis zu Kollegen/innen aus anderen Schichten?

----
* Zusammenarbeit mit/Verhältnis zu Kollegen/innen aus indirekten Bereichen wie
z.B. Instandhaltung? --
z.B. Qualitätssicherung? --
z.B. Arbeitsvorbereitung/Logistik? --

Nachfragen zur Differenzierung unterschiedlicher Aspekte der Zusammenarbeit/des Verhältnisses:
z.B. Kommunikation (Häufigkeit, Probleme, Unterschiede zwischen deutschen und ausländischen Kollegen/innen?)
----
z.B. Konflikte (Art, wann, wo, wie damit umgegangen?)
----
z.B. Arbeitseinteilung (Welche Absprachen, von wem bzw. zwischen wem, klappt Einteilung?)
----
z.B. Zusammenarbeit mit neuen Kollegen/innen (Vergleich neue und alte Kollegen/innen, besondere Probleme, woran erkennbar, Konsequenzen?)

5.5   Auswertung der Gruppendiskussionen

Damit über die Ergebnisse der Gruppendiskussionen ein Bericht erstellt werden kann, müssen die Protokolle der Sitzungen gesichtet, miteinander verglichen und mit Hilfe einer qualitativen Datenanalyse ausgewertet werden. Die Auswertung folgt den u.a. von Lamnek (1993) beschriebenen Verfahrenschritten (vgl. Abbildung 1).

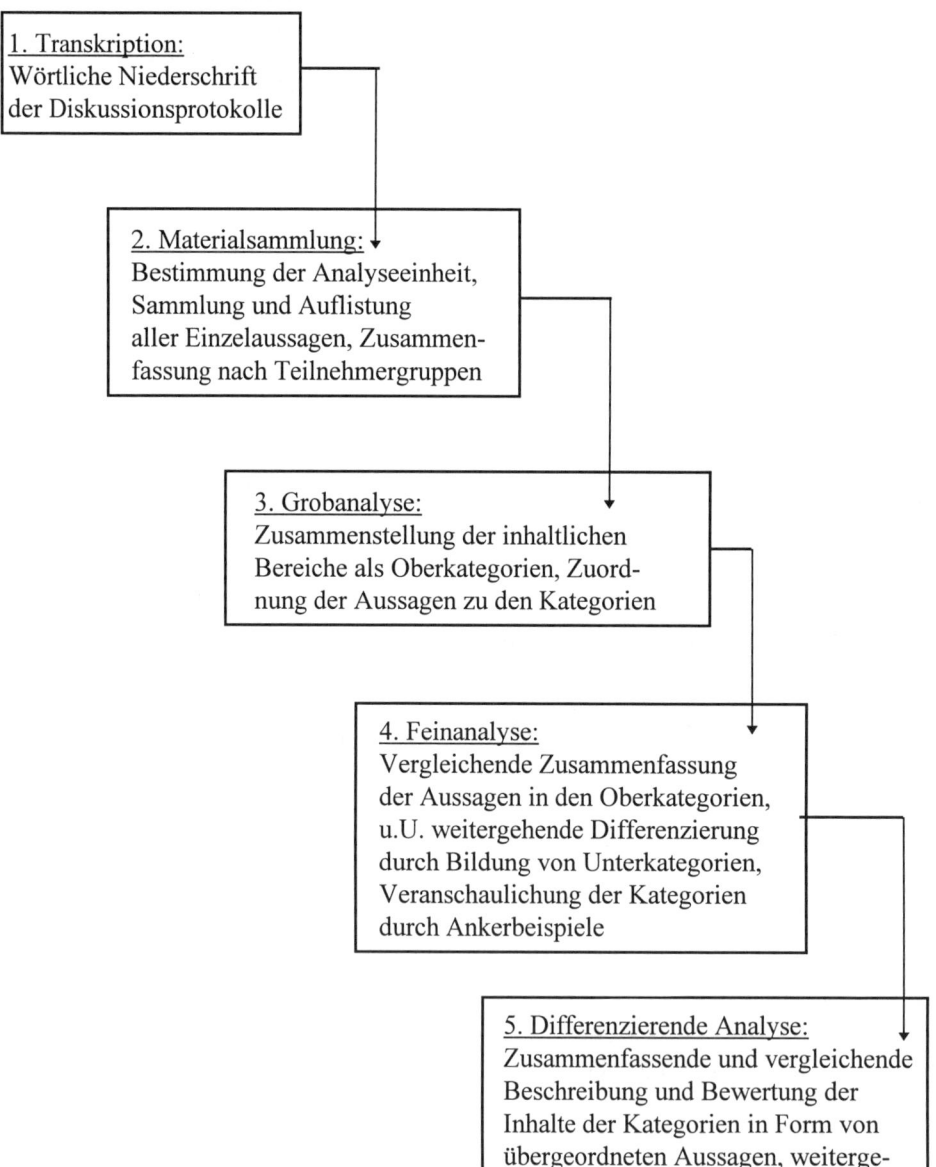

Abbildung 1: Auswertungsablauf.

Das Ausgangsmaterial für alle nachfolgenden Analysen bildet die Transkription der Diskussionsprotokolle. Da das weitere Vorgehen auf ein Reduzieren des Materials durch Zuordnung zu Aussagekategorien und Zusammenfassung zu Kernaussagen angelegt ist, kann man Fehlinterpretationen und verfälschende Verkürzungen nicht ausschließen. Deswegen ist es sinnvoll, das Originalmaterial in Form der wörtlichen Diskussionsprotokolle vorliegen zu haben, um es in Zweifelsfällen zur Kontrolle heranziehen zu können. Durch die Offenlegung und die genaue Dokumentation des Auswertungsverfahrens sowie die Möglichkeit des Rückzugs auf das Ausgangsmaterial sollen Nachvollziehbarkeit und Wiederholbarkeit der Auswertung gewährleistet werden.

Im nächsten Schritt sollen die Einzelaussagen im Text identifiziert und gesammelt werden, die in die weitere Auswertung eingehen. Dazu muß zunächst die Analyseeinheit festgelegt werden. Je nach Ziel der Befragung kann die Analyseeinheit jede Textstelle, sei es ein Wort, ein Satzteil, ein ganzer Satz oder Abschnitt, sein, die z.B. eine Aussage in Form einer Beschreibung oder Bewertung eines Arbeitsplatzaspektes darstellt. Diese Aussagen werden zunächst im Text z.B. farbig markiert, danach separat aufgelistet und den jeweiligen Teilnehmergruppen zugeordnet.

Insgesamt empfiehlt sich als Analysetechnik die inhaltliche Strukturierung, durch die das Material zu bestimmten Inhaltsbereichen extrahiert und zusammengeführt werden soll. Dazu wird ein an der Fragestellung orientiertes Kategoriensystem an das Material angelegt (vgl. Mayring, 1993). Bei der ersten Grobanalyse werden diese fragestellungsbezogenen Aussagen aus dem Grundmaterial in Form von Paraphrasen extrahiert und den Oberkategorien, die weitgehend durch den Diskussionsleitfaden vorgegeben sind, zugeordnet.

Ergänzend kann auch bei einzelnen Fragen eine skalierende Strukturierung durchgeführt werden. So lassen sich z.B. die allgemeine Qualität der Kommunikation des Betriebsklimas bereits in der Gruppendiskussion danach beurteilen, für wie gut oder schlecht die Teilnehmer sie halten.

Nachdem durch die Grobanalyse das Material in eine erste Ordnung gebracht worden ist, erfolgt im nächsten Schritt eine Feinanalyse für jede der Oberkategorien. In den Oberkategorien ist die Anzahl der Einzelnennungen immer noch sehr umfangreich und deshalb unübersichtlich. Deswegen sollten sie durch Zuordnung zu feineren Kategorien weiter untergliedert, strukturiert und differenziert werden. Mit einem differenzierten Kategoriensystem sollen die Nennungen weiter in inhaltlich abgrenzbare, eindeutige Teilaspekte untergliedert werden. Die Feinkategorien sind nicht wie die Oberkategorien bereits durch den Interviewleitfaden vorgegeben, sondern gemeinsame Inhalte der Einzelaussagen werden zu Kategorien gebündelt, wobei man sich bei deren Entwicklung zunächst an semantischen und später auf die Fragestellung bezogenen inhaltlichen Gemeinsamkeiten orientiert. Durch eine exakte und operationale Definition der Kategorien wird versucht, Trennschärfe in das Kategoriensystem zu bringen. Die Anschaulichkeit der Kategorien kann durch die systematische Zuordnung von Ankerbeispielen verbessert werden.

Im letzten Schritt wird die bis hierhin vorliegende Analyse dem wertenden Vergleich der Teilnehmergruppen und der Kategorien miteinander zugeführt. Auf diese Weise werden die Einzelaussagen sowohl zu übergeordneten Analysen gebündelt als auch hinsichtlich ihres Zutreffens für u.U. bestimmte Gruppen oder situative Bedingungen differenziert. Das Ergebnis sind beschreibende und bewertende Aussagen auf einem höheren Gültigkeitsniveau.

5.6 Anwendungsbeispiel eines Gruppeninterviews

Das Fallszenario sei ein mittelständisches Unternehmen, das die Einführung von Gruppenarbeit, genauer die Umstellung von konventioneller Fließfertigung auf flexible Fertigungsgruppen, plant und dies als Organisationsentwicklungsmaßnahme mit Hilfe eines externen Beraters realisieren will. In diesem Rahmen soll zunächst eine Organisationsdiagnose durchgeführt werden, bei der Gruppeninterviews zum Einsatz kommen sollen.

Mit der Kontaktaufnahme zu dem Unternehmen begibt sich der externe Berater in eine für ihn zunächst fremde Umwelt. Zwar hat er (hoffentlich!) ausführliche Vorkenntnisse hinsichtlich der Einführung von Gruppenarbeit und hat ähnliche Aufgaben auch schon bei anderen Unternehmen gelöst. Aber da jedes Unternehmen anders ist und der Erfolg von Interventionen von einer Vielzahl höchst unternehmensspezifischer Einzelbedingungen beeinflußt werden kann, versucht er zu Beginn seiner Tätigkeit, über dieses besondere Unternehmen, seine Kultur und besonders die Vorbedingungen für die Einführung von Gruppenarbeit hinreichend viele und möglichst unverfälschte Informationen anzusammeln.

Diese Funktion ganz am Anfang der Maßnahme erfüllen am besten weitgehend unstandardisierte Einzelinterviews mit zentralen Personen aus der Geschäftsleitung, dem Personalwesen, indirekten Bereichen, der Produktion, der Fort- und Weiterbildung und dem Betriebsrat. Vorgegeben ist bei diesen Interviews nur, daß das Thema Gruppenarbeit und die Voraussetzungen für seine Einführung sowie mögliche Konsequenzen in irgendeiner Form thematisiert werden.

Gleichzeitig werden vorliegende formale Informationsunterlagen wie Stellenpläne, Stellenbeschreibungen, Arbeitsanweisungen, Produktions-, Fehlzeiten- und Qualitätsstatistiken gesammelt, ausgewertet und die Ergebnisse dokumentiert. Nachdem diese Informationen mit den Informationen aus den Einzelinterviews integriert worden sind, werden auf dieser Grundlage stärker strukturierte Interviews zum Zwecke der weitergehenden Organisationsdiagnose geplant. In diesen Interviews sollen von einer größeren Anzahl von Mitarbeitern und Führungskräften genauere Informationen über den Ist-Zustand des Unternehmens gesammelt werden. Da von der Einführung der Gruppenarbeit hauptsächlich ein Bereich der Produktion betroffen ist, wird die Befragung schwerpunktmäßig in diesem Bereich durchgeführt. Bei der begrenzten Anzahl der Betroffenen (mittelständisches Unternehmen) und den geringen Vorkenntnissen über das Unternehmen auf seiten der Berater und dem Wunsch, möglichst detaillierte Informationen über die Stimmung der Mitarbeiter hinsichtlich der Einführung von Gruppenarbeit und über mögliche Bedenken und Befürchtungen zu erhalten, empfiehlt sich eine standardisierte schriftliche Befragung nicht. Statt dessen sollten halbstandardisierte, leitfadenorientierte Gruppeninterviews mit Mitarbeitern aus der Fertigung, Meistern, Schichtführern und leitenden Führungskräften durchgeführt werden. Um keine Gesprächssituation entstehen zu lassen, in der die Teilnehmer gehemmt sein könnten sich zu äußern, sollten Vorgesetzte und Mitarbeiter nicht zusammen interviewt werden. Vielmehr sollten die Teilnehmer für die Interviews getrennt nach Hierarchieebenen in Gruppen von vier bis sechs Personen zusammengefaßt und interviewt werden. Dafür wird ein Leitfaden entwickelt, der den Ablauf der Interviews und die Reihenfolge der Themen regelt.

Die Ergebnisse werden hinterher in Themenblöcken zusammengefaßt, und allen von der Gruppenarbeit im Unternehmen Betroffenen zurückgemeldet. Aus der Rückmeldung ergeben sich bereits Problemaspekte, für deren Bearbeitung Projektgruppen gebildet werden, deren Arbeit die Einführung von Gruppenarbeit vorbereitet.

In diesem Beispiel werden die anfangs erwähnten Charakteristika von Gruppeninterviews nochmals deutlich. Die Interviews erfüllen eine zentrale Funktion in dem Gesamtablauf der Organisationsentwicklungsmaßnahme, indem sie nicht nur als Instrument zur Daten- und Informationsansammlung dienen, sondern in ihnen eine Entwicklungsdynamik hergestellt wird, die direkt zur Bildung der Projektgruppen und weitergehenden Organisationsentwicklungsmaßnahmen führt. In dieser Doppelfunktion sehen wir den eigentlichen Wert von Gruppeninterviews im Vergleich zu anderen Datenerhebungsverfahren.

Das Antwortverhalten befragter Mitarbeiter - eine kognitionspsychologische Perspektive

Armin Trost

1 Einleitende Bemerkungen

Im Zentrum einer Mitarbeiterbefragung (MAB) steht die *Befragung* der Mitarbeiter, jene Phase, in der die Mitarbeiter einer Organisation damit befaßt sind, Fragebogen mit meist standardisierten Fragen und geschlossenen Antwortvorgaben auszufüllen. In dieser Phase sind die Mitarbeiter aufgefordert, zu einer Vielzahl einzelner Fragen Antworten abzugeben. Diese Fragen beziehen sich im allgemeinen auf eine Reihe unterschiedlicher Themenbereiche. Die Allgemeinen Arbeitsbedingungen, das Vorgesetztenverhalten, die Zusammenarbeit mit den Kollegen sind nur drei Beispiele aus einem weiten Spektrum möglicher Fragenschwerpunkte (Borg, 1995a; Domsch & Schneble, 1993). Hierbei steht meist die Messung der Zufriedenheit mit Aspekten dieser Themenbereiche im Vordergrund. In Abbildung 1 ist eine Beispielfrage wiedergegeben. Auf dieses Beispiel wird im folgenden wiederholt Bezug genommen.

Wie zufrieden sind Sie mit der Qualität Ihrer Arbeit?

○   ○   ○   ○   ○

sehr   zufrieden   teils-teils   unzufrieden   sehr
zufrieden   unzufrieden

Abbildung 1: Eine Beispielfrage.

Dieser Beitrag beschäftigt sich mit den kognitiven Prozessen, die der Beantwortung von Zufriedenheitsskalen der in Abbildung 1 gezeigten Art zugrunde liegen. Dies geschieht in der Überzeugung, daß dem Verständnis dieser Prozesse für praxisbezogene Fragestellungen (Fragebogenkonstruktion, Ergebnisinterpretation, usw.) eine hohe Bedeutung zukommt.

Die kognitive Umfrageforschung, die sich die Erklärung kognitiver Prozesse im Antwortverhalten Befragter zum Ziel gesetzt hat, erfuhr in den vergangenen Jahren einen beachtlichen Aufschwung. Begründet wurde diese Forschungsrichtung im wesentlichen durch die Arbeit von Sudman und Bradburn (1982) und das erstmals im Jahr 1981 erschienene Buch von Schumann und Presser (1996). In einer Publikation von Hippler, Schwarz und Sudmann (1987) wurden Beiträge einer Mannheimer Konferenz zur kognitiven Umfrageforschung veröffentlicht, die zu einem weiteren Meilenstein dieser Disziplin wurden. Dem folgten weitere wichtige Publikationen (Schwarz & Sudman, 1992, 1994, 1995). In der Zwischenzeit liegt ein erstes Lehrbuch zu kognitiven Prozessen bezüglich der Befragungsmethode vor (Sudman, Bradburn & Schwarz, 1996). Das Ziel des vorliegenden Beitrags besteht darin, ausgewählte und als relevant erachtete Grundüberlegungen dieser praxisrelevanten Forschungsrichtung vor dem Hintergrund von MAB zu diskutieren. Dieser Beitrag stellt somit keine Zusammenfassung der Erkenntnisse dieser Disziplin dar.

Im folgenden Abschnitt werden die kognitiven Aufgaben, die ein befragter Mitarbeiter bei der Beantwortung einzelner Fragen zu erfüllen hat, aufgezeigt. Anschließend wird auf die Bedeutung des Befragungskontextes und die Entstehung von Kontexteffekten eingegangen. In Abschnitt 4 werden schließlich Konsequenzen, die sich aus den bis dahin angestellten Überlegungen ableiten lassen, diskutiert.

2 Die kognitiven Aufgaben eines befragten Mitarbeiters

Beim Ausfüllen eines Fragebogens wiederholt sich für den Befragten ein immer wiederkehrender Prozeß, der mit dem Verstehen einer Frage beginnt und mit der Artikulation einer Antwort, meist durch Anbringen eines Kreuzchens in einem vorformatierten Kästchen, endet.

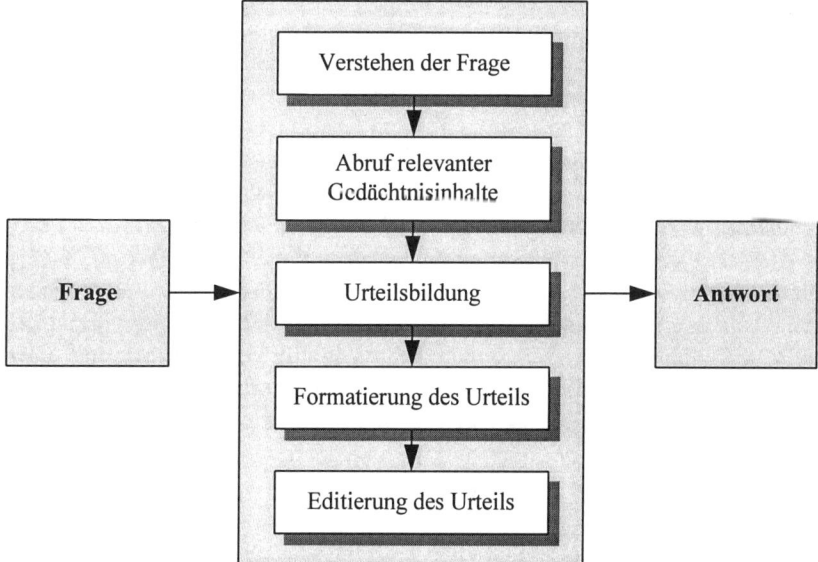

Abbildung 2: Die kognitiven Aufgaben eines Befragten.

Im Bereich der kognitiven Umfrageforschung besteht weitestgehend ein Konsens darüber, daß Befragte in der Befragungssituation eine Reihe spezifischer Aufgaben zu lösen haben (z. B. Strack, 1994; Strack & Martin, 1987; Sudman, Bradburn & Schwarz, 1996; Tourangeau & Rasinski, 1988). Diese Aufgaben lassen sich anhand eines Prozeßmodells beschreiben. Wird ein Mitarbeiter nach der Zufriedenheit mit der Qualität seiner Arbeit gefragt, so muß dieser die Frage zunächst verstehen. Dies bedeutet bezüglich dieses Beispiels, daß sich der Befragte an Merkmale und Ereignisse aus der Vergangenheit erinnern muß, die dieser mit seiner Arbeit und deren Qualität in Verbindung bringt. Ausgehend von den Erinnerungen, die ihm hierzu in den Sinn kommen, muß er schließlich auf der Grundlage eines individuellen Standards ein Zufriedenheitsurteil bilden, vorausgesetzt er kann auf kein verfügbares Urteil aus der Vergangenheit zurückgreifen. Als nächstes steht der Befragte vor der Aufgabe, sein Urteil in den vorgegebenen Antwortkategorien unterzubringen. Dieser Schritt wird als die Formatierung des Urteils bezeichnet. Der Gesamtprozeß schließt damit, daß der befragte Mitarbeiter sein Urteil editieren muß. Hierbei hat er eine Entscheidung darüber zu treffen, inwieweit er sein zunächst gebildetes Urteil tatsächlich zum Ausdruck bringt oder ob er sein Urteil in eine bestimmte Richtung korrigiert. Abbildung 2 gibt diesen Gesamtprozeß schematisch wieder.

Die Abfolge der einzelnen Prozeßschritte ist nicht unbedingt zeitlich sequentiell zu verstehen. Es ist vielmehr davon auszugehen, daß Befragte bei der Beantwortung einer Frage zwischen den unterschiedlichen Aufgaben hin und her springen. So kann etwa der Abruf relevanter Informationen einen Einfluß auf das Verständnis ausüben.

In den folgenden Abschnitten werden die verschiedenen Aufgaben eines Befragten detailliert behandelt.

2.1   Das Verstehen der Frage

Die Beantwortung einer Frage durch einen Mitarbeiter beginnt damit, daß dieser die an ihn gerichtete Frage in irgendeiner Weise interpretieren muß. Dieser Teilprozeß basiert zunächst auf dem Verständnis der einzelnen Begriffe, die eine Frage beinhaltet. Ausgehend vom Verständnis dieser Begriffe entwickelt der Befragte eine semantische Interpretation bezüglich der Frage insgesamt. Darüber hinaus beinhaltet jede Frage neben dem semantischen Inhalt eine pragmatische Aufforderung. Der Befragte muß eine Vorstellung davon entwickeln, was der Untersucher im Zusammenhang mit der jeweiligen Frage von ihm wissen möchte. Es ist davon auszugehen, daß dieser Prozeß einer alltäglichen Konversation gleichermaßen zugrunde liegt. Wird z.B. die Frage „Wie geht's?" gestellt, so bereitet die semantische Interpretation dieser Frage im allgemeinen keine Probleme. Die pragmatische Interpretation dieser Frage kann demgegenüber recht unterschiedlich ausfallen. Während die einen sich dazu aufgefordert sehen, mit einem „und selber?" zu antworten, liefern andere eine eher detaillierte Information über ihre momentane Befindlichkeit. Die pragmatische Interpretation einer Frage erlangt in erster Linie bei offenen Fragen eine Relevanz. Im folgenden wird daher vor allem auf das semantische Verständnis einer Frage eingegangen.

Greifen wir zur Verdeutlichung dieser kognitiven Aufgabe das Beispiel aus Abbildung 1 auf. Der befragte Mitarbeiter muß für sich zunächst die Frage beantworten, was der Untersucher mit "Qualität der Arbeit" meint. Theoretisch sind hier mehrere Möglichkeiten denkbar. Zwei Alternativen seien hierzu aufgeführt.

- Unter "Qualität der Arbeit" meint der Untersucher die Güte dessen, was man in der alltäglichen Arbeit als Produkt oder Dienstleistung hervorbringt: „Wie zufrieden bin ich mit dem, was ich tagtäglich leiste?"
- "Qualität der Arbeit" bezieht sich auf Merkmale der Tätigkeit. Hier können Aspekte wie Entscheidungsfreiheit, Schädigungslosigkeit, persönliche Entwicklungsmöglichkeiten etc. relevant sein: „Wie zufrieden bin ich mit den Bedingungen meiner Tätigkeit?"

Was der befragte Mitarbeiter unter "Qualität der Arbeit" versteht, bleibt letztlich ihm überlassen. Gerade bei Fragebogenerhebungen ist dies insofern problematisch, als Befragte hierbei keine Möglichkeit haben, ihre Interpretation der Frage durch das Einbringen von Verständnisfragen zu regulieren.

Frageninhalte sind für Befragte unterschiedlich eindeutig. Während die soziodemographische Frage nach dem Geschlecht bei der überwiegenden Mehrheit der Befragten zu keinen semantischen Interpretationsschwierigkeiten führt, ist dies bei Fragen nach beispielsweise der "internen und externen Kundenzufriedenheit" oder bei Fragen, die sich auf bestimmte Maßnahmen, wie etwa einer ISO 9000-Zertifizierung oder einer Einführung von Lean Management beziehen, weitaus häufiger der Fall. Am uneindeutigsten sind Fragen dann, wenn sie sich auf Inhalte beziehen, für die es in der Realität keine Entsprechung gibt. In der Umfrageforschung wurden solche Fragen, die zurecht als unsinnig zu bezeichnen sind, verwendet, um bestimmte Prozesse im Antwortverhalten Befragter zu untersuchen (Bishop, Tuchfaber & Oldendick, 1986; Bungard, 1979; Schuman & Presser, 1996; Smith, 1984). Zwei immer wieder auftretende Ergebnisse sind hierbei von besonderem Interesse. Erstens werden solche Fragen von der überwiegenden Mehrheit der Befragten beantwortet. Befragte lassen sich durch den objektiven Unsinn einer Frage offensichtlich nicht davon abhalten, eine Antwort abzugeben. Zweitens sind die Antworten der Befragten keineswegs zufällig. Vielmehr unterliegt der Beantwortungsprozeß bezüglich Fragen dieser Art systematischen Einflüssen. Auch konzentrieren sich die Befragungsergebnisse bezogen auf derartige Fragen häufig nicht auf die neutrale Mitte. Diese Ergebnisse sind im Hinblick auf das Verstehen einer Frage von hoher Bedeutung: Wie verleiht ein Befragter einer Frage eine semantische Bedeutung, wenn diese objektiv gänzlich bedeutungslos ist?

Befragte gehen zurecht davon aus, daß der sequentielle Verlauf einer Befragung einen inhaltlichen "roten Faden" aufweist. Fragen werden im Rahmen einer schriftlichen Befragung häufig in einzelne abgegrenzte Themenblöcke gegliedert. Dem Befragten wird es dadurch ermöglicht, vom Inhalt einer Frage auf den Inhalt der unmittelbar folgenden Frage zu schließen. Findet sich die Frage zur "Qualität der Arbeit" in einer Reihe von Fragen zu äußeren Rahmenbedingungen, Belastungsfaktoren etc. wieder, wird der befragte Mitarbeiter diese eher im Hinblick auf die Bewertung von Tätigkeitsmerkmalen interpretieren.

Die kognitive Psychologie legt die Annahme nahe, daß Befragte die Bedeutung einer Frage auf der Basis jener Gedächtnisinhalte deuten, die den Befragten in der Befragungssituation am leichtesten in den Sinn kommen (Anderson, 1988). Dabei handelt es sich um Inhalte, an die der Befragte bis zu diesem Zeitpunkt am häufigsten gedacht hat, um Inhalte, mit denen sich der Befragte in der unmittelbaren Vergangenheit am häufigsten beschäftigt hat oder um prägnante einmalige Ereignisse. Die Frage „Wie stehen Sie zum Thema Golf?" wird demnach von einem Golf-Fahrer anders verstanden als von einem Golf-Spieler.

2.2   Der Abruf relevanter Gedächtnisinhalte

Ausgehend von der subjektiven Interpretation einer Frage hat der befragte Mitarbeiter die Aufgabe, relevante Informationen aus dem Gedächtnis abzurufen. Der befragte Mitarbeiter muß sich eine mentale Vorstellung vom erfragten Sachverhalt bilden. Nehmen wir an, ein Mitarbeiter würde die in Abbildung 1 dargestellte Beispielfrage im Sinne einer Bewertung der Tätigkeitsmerkmale der eigenen Arbeitssituation interpretieren, so müßte sich dieser im folgenden eine bewußte Vorstellung von diesen Merkmalen bilden. Die in MAB erfragten Sachverhalte sind den befragten Mitarbeitern in der Befragungssituation durch direkte Wahrnehmung meist nicht zugänglich. Dies bedeutet, daß die Vorstellungen über die erfragten Sachverhalte auf der Basis von Erinnerungen ins Bewußtsein gerufen werden müssen.

Sieht sich ein Mitarbeiter entsprechend dem Beispiel "Qualität der Arbeit" mit der Aufgabe konfrontiert, über Merkmale seiner Tätigkeit nachzudenken, so wird diese Aufgabe durch einige Faktoren wesentlich erschwert. Erstens weist jede Arbeitstätigkeit eine unendliche Anzahl einzelner Merkmale auf, zweitens hat ein Befragter beim Ausfüllen eines Fragebogens kaum Zeit, intensiv über seine Tätigkeit nachzudenken. Drittens ist die kognitive Informationsverarbeitungskapazität eines jeden Menschen von Natur aus begrenzt, so daß der befragte Mitarbeiter in dieser Situation nicht fähig ist, alle Aspekte seiner Arbeitssituation ins Gedächtnis zu rufen. Wie bewältigt ein Mitarbeiter, der sich mit der Beantwortung dieser (durchaus üblichen) Frage konfrontiert sieht, diese eigentlich unlösbare Aufgabe?

Die kognitionspsychologische Forschung hat hierauf eine einfache Antwort. Zunächst wird davon ausgegangen, daß es sich beim Menschen im allgemeinen um einen sogenannten "kognitiven Geizkragen" handelt (Taylor, 1981; Leyens & Codol, 1990). Der Mensch versucht, mit möglichst geringem kognitiven Aufwand auszukommen, um die Vielzahl alltäglicher Entscheidungen zufriedenstellend zu treffen. Der Mensch wird daher auch als "satisfizer" bezeichnet, der bestrebt ist, Probleme zufriedenstellend zu lösen, im Gegensatz zum "optimizer", der sich das Ziel gesteckt hat, immer das Bestmögliche zu erreichen (Simon, 1981). Für den Abruf relevanter Gedächtnisinhalte in der Befragungssituation bedeutet dies, daß der Befragte solange in seinem Gedächtnis sucht, bis er aus subjektiver Sicht genügend Informationen im Bewußtsein hat. Dann bricht er seine Suche ab.

Die kognitive Verfügbarkeit von Gedächtnisinhalten spielt hierbei eine entscheidende Rolle. Wird ein Mitarbeiter dazu veranlaßt, über Merkmale seiner Arbeitstätigkeit nachzudenken, wird sich dieser an folgende Merkmale am leichtesten erinnern:

- Merkmale, an die der Befragte kurze Zeit vor der Befragung gedacht hat
- Merkmale, mit welchen sich der befragte Mitarbeiter in der Vergangenheit häufig beschäftigt hat
- Merkmale, die beim Befragten zu einer intensiven Auseinandersetzung mit denselben geführt haben
- Einzigartige (saliente) Merkmale

Diese Aufzählung von Faktoren hinsichtlich der Reproduktion von Gedächtnisinhalten erhebt keinerlei Anspruch auf Vollständigkeit. Darüber hinaus wird auf eine Gewichtung dieser Faktoren, wie sie im Rahmen der kognitionspsychologischen Literatur diskutiert wird, verzichtet (Kintsch, 1982; Lindsey & Norman, 1977). Es soll vielmehr darauf hingewiesen werden, daß Urteile nicht auf der Basis aller objektiv relevanten Informationen erfolgen, sondern auf der Grundlage eines kognitiv in der Befragungssituation verfügbaren Erinnerungsausschnitts.

In diesem Zusammenhang sind zwei Arten verfügbarer Gedächtnisinhalte zu unterscheiden, nämlich chronisch und temporär verfügbare Gedächtnisinhalte. Chronisch verfügbare Gedächtnisinhalte sind Inhalte, die einem Befragten ohne intensives Nachdenken zu jedem Zeitpunkt in den Sinn kommen. Temporär verfügbare Gedächtnisinhalte sind demgegenüber Inhalte, die nur durch intensives Nachdenken oder durch externe Hinweise ins Bewußtsein gelangen. Gedächtnisinhalte sind in erster Linie dann chronisch verfügbar, wenn sie Teil der alltäglichen Auseinandersetzung sind. Diese

Unterscheidung wird im Zusammenhang mit der Entstehung von Kontexteinflüssen beim Abruf relevanter Informationen (Abschnitt 3.2) aufgegriffen.

2.3   Die Urteilsbildung

Die Literatur zum Thema Arbeitszufriedenheit legt die Vorstellung nahe, Mitarbeiter würden über eine bestimmte Zufriedenheit bezüglich unterschiedlicher Aspekte ihrer Arbeit verfügen, deren Ausprägung durch bloßes Erfragen in Erfahrung gebracht werden kann (Neuberger, 1974, 1985). Dies trifft auf einzelne Mitarbeiter und einzelne Aspekte sicherlich auch zu. Ein EDV-Spezialist, der seit langer Zeit für die Anschaffung moderner Hard- und Software eintritt, wird auf die Frage nach der Zufriedenheit mit der EDV-Ausstattung ein Urteil verfügbar haben, welches er schon vor der Befragung gebildet hat. Auf dieses kann er in der Befragungssituation direkt zurückgreifen. In MAB sind Mitarbeiter jedoch nicht selten aufgefordert, je nach Anzahl der Fragen über 100 Einzelurteile zu fällen. Es wäre unrealistisch, ein dauerhaft abrufbares und differenziertes Gefüge von 100 und mehr Einzelzufriedenheiten anzunehmen. Es liegt vielmehr nahe, daß Mitarbeiter in der Befragungssituation temporäre Urteile über die Mehrheit der erfragten Sachverhalte bilden.

Diese Urteile basieren auf den Informationen, die einem Befragten zum jeweilig erfragten Sachverhalt in den Sinn kommen. Wird ein Mitarbeiter nach der Zufriedenheit mit seinem Einkommen gefragt, so ist davon auszugehen, daß sich dieser zunächst an sein Einkommen erinnert. Um ein Zufriedenheitsurteil bezogen auf das Einkommen zu bilden, hat der Befragte die Aufgabe, dieses an einem Vergleichsstandard zu messen, da es sich bei Zufriedenheitsurteilen immer um komparative Urteile handelt. Ein Jahresgehalt von 80.000 DM Brutto ist für den einen Mitarbeiter Grund genug, Zufriedenheit zu äußern. Andere Mitarbeiter würden ein Gehalt dieser Höhe als unbefriedigend bezeichnen. Der Unterschied zwischen diesen beiden Kategorien von Mitarbeitern besteht in deren Vergleichsstandard.

Der Ökonom Easterlin untersuchte mittels standardisierter Befragung die allgemeine Lebenszufriedenheit von weißen und farbigen Einwohnern Nordamerikas. Ziel der Untersuchung war es, Unterschiede der Zufriedenheit in Abhängigkeit des sozialen Lebensstandards herauszufinden. Das Ergebnis bestand darin, daß die Bewohner "farbiger" Siedlungen gleich zufrieden waren wie die Bewohner "weißer" Siedlungen. Dies verwundert insofern, als der objektive Lebensstandard der "farbigen" Bewohner weit unter dem der "weißen" Bewohner lag. Die Annahme, Geld mache auch nicht glücklich, schien damit bestätigt zu sein. Als Easterlin schließlich "farbige" Bewohner in "weißen" Wohnbezirken befragte, zeigte sich ein erheblicher Unterschied in der Lebenszufriedenheit: "Farbige" Bewohner in "weißen" Siedlungen sind unzufriedener als ihre "weißen" Nachbarn (Easterlin, 1974).

Dieses Beispiel macht deutlich, daß objektive Gegebenheiten einen vergleichsweise geringen Einfluß auf die gemessene Zufriedenheit ausüben. Worauf es ankommt ist der jeweilige Vergleichsstandard. In der Arbeitspsychologie wurden diese Überlegungen z.B. von Bruggemann aufgegriffen und im Zusammenhang mit der Arbeitszufriedenheit weiterentwickelt (Bruggemann, 1974).

Diese Ansätze gehen implizit von der Annahme aus, Menschen würden über *ein* bestimmtes Vergleichsniveau verfügen, an welchem wahrgenommene Sachverhalte gemessen werden. Arbeitszufriedenheit wird hierbei als Differenz zwischen wahrgenommener IST-Situation und dem durch das Vergleichsniveau (Anspruchsniveau) vorgegebenen SOLL-Zustand verstanden. Entgegen der Annahme eines einzigen dauerhaften Anspruchsniveaus wird in diesem Beitrag die Auffassung vertreten, daß Mitarbeiter in der Befragungssituation erinnerte Merkmale ihrer Situation an unterschiedlichen Vergleichsstandards messen, wobei je nach Situation jenes Vergleichsniveau herangezogen wird, welches zum Zeitpunkt der Befragung kognitiv verfügbar ist. Dies sei am Beispiel aus Abbildung 1 verdeutlicht.

Ein Mitarbeiter, der sich durch diese Frage dazu aufgefordert sieht, ein Zufriedenheitsurteil über die Merkmale seiner Tätigkeit zu bilden, wird sich zunächst an Merkmale seiner Tätigkeit erinnern. Zur Bildung eines Zufriedenheitsurteils bedarf es dann eines Vergleichs dieser erinnerten Merkmale mit einem subjektiven Vergleichsstandard. Hierzu stehen dem befragten Mitarbeiter eine Vielzahl von Möglichkeiten zur Verfügung. So kann der Befragte seine Arbeitssituation mit den Bedingungen seiner Kollegen, seines Vorgesetzten oder seines Ehepartners vergleichen. Der Befragte kann seine jetzige Situation mit solchen aus der Vergangenheit, an einer anderen Arbeitsstelle, vergleichen. Ist dem befragten Mitarbeiter eine Norm zur Gestaltung von Arbeitstätigkeiten bekannt, so steht es ihm frei, seine eigene Tätigkeit an dieser zu messen. Die Vergleichsmöglichkeiten sind in ihrer Vielzahl unbegrenzt. Es ist davon auszugehen, daß die kognitive Verfügbarkeit und somit die Verwendung dieser optionalen Vergleichsstandards situativ variiert.

2.4 Die Formatierung des Urteils

Käme ein Befragter bezogen auf die Beispielfrage in Abbildung 1 zu dem Urteil, daß er hinsichtlich der Qualität seiner Arbeit „eigentlich nicht allzuviel zu beanstanden" habe, so stünde dieser vor der Aufgabe, dieses Urteil in Entsprechung mit den vorgegebenen Antwortvorgaben zu bringen.

Aus praktischer Sicht liegt die Annahme nahe, daß Befragte die Formulierungen der Antwortkategorien zur einzigen Grundlage der Formatierung ihres Urteils machen. Erkenntnisse der kognitiven Umfrageforschung stellen diese Annahme jedoch in Frage. Neben der expliziten Bezeichnung einer Antwortkategorie erlangt die relative Position einer Antwortkategorie zur Gesamtskala eine zentrale Bedeutung. Die Antwortkategorie „sehr zufrieden" in Abbildung 1 wird durch Befragte somit auf der Grundlage zweier Informationen interpretiert.

Zum einen interpretiert ein Befragter die Bedeutung dieser Antwortkategorie auf der Basis der expliziten Bezeichnung „sehr zufrieden". Dies entspricht der oben aufgeführten pragmatischen Annahme. Es ist jedoch davon auszugehen, daß der Formulierung „sehr zufrieden" als solche unterschiedliche Bedeutungen zugewiesen werden. Gibt ein Mitarbeiter an, mit der Qualität seiner Arbeit „sehr zufrieden" zu sein, so kann dies bedeuten, daß dieser mit der Qualität seiner Arbeit überaus glücklich ist, daß er von der Qualität seiner Arbeit geradezu begeistert ist, oder daß er sich eine bessere Qualität seiner Arbeit kaum vorstellen könnte. Für den Begriff „sehr zufrieden" gibt es keine objektive Entsprechung.

Zum anderen interpretiert ein Befragter diese Antwortkategorie als das extreme positive Ende eines möglichen Bewertungsspektrums. Die relative Position dieser Antwortkategorie legt dem Befragten unabhängig von deren expliziten Bezeichnung nahe, daß es sich hierbei um die Bewertungsalternative handelt, zu der es in positiver Richtung keine weitere Steigerung mehr gibt.

Schwarz, Hippler, Deutsch und Strack (1985) führten zu dieser Problematik eine vielzitierte Untersuchung im Bereich der autobiographischen Urteilsbildung durch. Sie baten Befragte, die Häufigkeit ihres Fernsehkonsums anzugeben. Variiert wurden hierbei die Antwortvorgaben, wobei in der einen Bedingungen hohe Antwortvorgaben und in der anderen Bedingung niedrige Antwortvorgaben dargeboten wurden. Die konkreten Antwortvorgaben, sowie die Befragungsergebnisse sind in Tabelle 1 wiedergegeben.

Tabelle 1: Antwortvorgaben und berichteter täglicher Fernsehkonsum
(aus Schwarz, Hippler, Deutsch & Strack, 1985).

Hohe Antwortvorgaben		*Geringe Antwortvorgaben*	
Bis 2½ Stunden	62,5 %	bis ½ Stunde	7,5 %
2½ bis 3 Stunden	23,4 %	½ bis 1 Stunde	17,7 %
3 bis 3½ Stunden	7,8 %	1 bis 1½ Stunden	26,5 %
3½ bis 4 Stunden	4,7 %	1½ bis 2 Stunden	14,7 %
4 bis 4½ Stunden	1,6 %	2 bis 2½ Stunden	17,7 %
mehr als 4½ Stunden	0,0 %	mehr als 2½ Stunden	16,2 %

Hier zeigt sich deutlich die Auswirkung der Variation der Antwortvorgaben auf das Antwortverhalten. Während 37,5 % der Befragten, denen die Liste mit hohen Antwortvorgaben vorlag, einen Fernsehkonsum von mindestens 2½ Stunden pro Tag angaben, war dies nur bei 16,2 % jener Befragten der Fall, die ihren Fernsehkonsum auf der Skala mit geringen Häufigkeitsvorgaben berichten sollten. Die Autoren vermuten, daß die Befragten von den Extrempunkten der Antwortskala auf die Häufigkeitsverteilung der Population schließen und die eigene Position im Verhältnis zu dieser Verteilung einschätzen.

2.5 Die Editierung des Urteils

Gehen wir von dem Fall aus, ein Mitarbeiter käme zu dem Schluß, die Anwortkategorie „zufrieden" würde am meisten seiner Einschätzung entsprechen, so müßte sich dieser überlegen, ob er tatsächlich angibt, „zufrieden" zu sein, oder ob er gezielt anders antworten soll. Hier kommen motivationale Aspekte des Antwortverhaltens zum Tragen. Grundsätzlich ist davon auszugehen, daß Befragte ihre Antwort an individuellen Nutzen-Kosten-Erwartungen ausrichten. Dies bedeutet, daß Befragte bei der Beantwortung einer Frage darüber nachdenken, ob unterschiedliche Antwortalternativen zu positiven oder negativen Konsequenzen führen (Esser, 1986). Davon ausgehend ist zu erwarten, daß Befragte ihre Antworten entsprechend ihrer vermuteten Konsequenzen korrigieren.

Eine in der Literatur häufig diskutierte Antworttendenz besteht darin, Antworten bezüglich der Konsequenz sozialer Bewertungen zu korrigieren. Im Zentrum dieser Überlegungen steht das Konzept sozial erwünschten Antwortverhaltens. Dieses geht von der Annahme aus, daß Befragte motiviert sind, sich in der Befragungssituation positiv darzustellen (Crown & Marlowe, 1964; DeMaio, 1984). Diese Tendenz ist bei anonymen, schriftlichen Befragungen gegenüber mündlichen persönlichen Interviews vergleichsweise gering, erlangt daher im Zusammenhang mit MAB eine eher untergeordnete Bedeutung. Des weiteren sind Antworttendenzen in Richtung sozialer Erwünschtheit in erster Linie bei Fragen mit sozial unerwünschten (sogenannten bedrohlichen) Inhalten zu erwarten. Dies gilt z.b. bei Fragen zum täglichen Alkoholkonsum.

Neben der motivationalen Tendenz sozial erwünschte Antworten abzugeben, können andere nutzentheoretische Überlegungen bei MAB zum Tragen kommen (Esser, 1986). Erfolgen MAB mit der Zielsetzung einer differenzierten Rückmeldung, so daß für kleinste Abteilungen eigene Auswertungen, verbunden mit einer eigenen Ergebnisrückmeldung, durchgeführt werden, resultiert daraus in meisten Fällen eine Wettbewerbssituation zwischen verschiedenen Organisationseinheiten. Vor allem Vorgesetzte beschäftigen sich mit der Frage, wie sie und ihre Abteilung im Vergleich zu anderen Organisationseinheiten "abschneiden". Eine Möglichkeit, positive Ergebnisse zu erhalten, besteht auf seiten der Vorgesetzten zum einen darin, eigene Urteile in die positivere Richtung zu editieren. Zum anderen ist nicht auszuschließen, daß Vorgesetzte bestimmte (positive) Ergebniserwartungen in offener oder aber subtiler Weise an ihre unterstellten Mitarbeiter vermitteln.

Gerade bei kleinen Analyseeinheiten ist die Anonymität nur in begrenztem Maße möglich. Wird z.B. die „sehr zufrieden"-Antwortkategorie von keinem Mitarbeiter einer kleinen Abteilung angekreuzt, so weiß der Vorgesetzte zwar nicht, was jeder einzelne seiner Mitarbeiter konkret geantwortet hat. Er weiß jedoch, daß jeder Mitarbeiter nicht die „sehr zufrieden"-Kategorie angekreuzt hat. Dadurch wird jeder Mitarbeiter zum öffentlichen Täter hinsichtlich der Verletzung der Ergebniserwartungen des Vorgesetzten. Um dies zu vermeiden, kann ein Mitarbeiter sein initiales Urteil in positiver Richtung editieren.

3   Kontexteffekte

Es wäre naiv, anzunehmen, Mitarbeiter würden über eine permanent abrufbare Zufriedenheit, bezogen auf unterschiedliche Aspekte ihrer Arbeit verfügen. Die Antworten befragter Mitarbeiter sind vielmehr als das Resultat kognitiver Prozesse in der gegebenen Befragungssituation unter Berücksichtigung des Befragungskontexts zu verstehen. Je nach Befragungskontext können die Antworten der befragten Mitarbeiter unterschiedlich ausfallen (z. B. Strack und Martin, 1987; Schwarz und Sudman, 1992). Kontexteinflüsse sind aus der Wahrnehmungspsychologie schon seit langem bekannt. Vergleicht man die zwei inneren Quadrate in Abbildung 3 hinsichtlich ihrer Intensität, so kann man sich dem Eindruck, das rechte Quadrat sei heller als das linke, kaum verwehren. Objektiv weisen die inneren Quadrate eine identische Intensität auf.

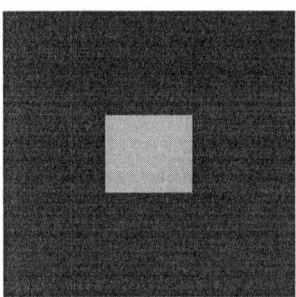

Abbildung 3: Kontextabhängigkeit bei der Intensitätswahrnehmung. Entgegen dem subjektiven Eindruck, weisen die kleinen Quadrate die objektiv gleiche Intensität auf.

Würde man Befragten die linke Seite der Abbildung 3 mit der Frage „Wie bewerten Sie die Intensität des inneren Quadrats?" darbieten, käme man zu gänzlich anderen Antworten, als wenn man die rechte Seite dieser Abbildung vorlegen würde. Man spricht hierbei von einem Kontext- oder Kontrasteffekt. Sudman, Bradburn und Schwarz weisen in bezug auf die Messung von Einstellungen darauf hin, daß eine kontextunabhängige Urteilsbildung prinzipiell nicht möglich ist: „Whereas reports about behaviors or events can at least in principle, be verified, attitude reports reflect subjective evaluative judgements. Yet human judgement is *always* [Hervorhebung im Original, Anm. des Verf.] context-dependent; in essence, context-free judgement do not exist (1996, S. 81)".

Im vorausgegangen Abschnitt wurde auf die verschiedenen Aufgaben eines Befragten eingegangen. In der kognitiven Umfrageforschung besteht weitestgehend ein Konsens darüber, daß auf jeder Stufe der Erfüllung dieser Aufgaben Kontexteinflüsse zum Tragen kommen können (Strack & Martin, 1987; Schwarz & Sudman, 1992). Im folgenden werden die Kontexteinflüsse im Zusammenhang mit den verschiedenen Aufgaben eines Befragten aufgezeigt.

3.1 Kontexteffekte beim Verstehen der Frage

Vorausgehende Fragen können das Verständnis einer Frage maßgeblich beeinflussen. Zum einen erhöhen vorausgehende Fragen die Verfügbarkeit bestimmter kognitiver Konzepte. Zum anderen folgt ein Befragter der Logik, daß aufeinanderfolgende Fragen in einem inhaltlichen Zusammenhang stehen. Strack liefert hierzu ein anschauliches Beispiel: Die Frage „Mögen Sie Kohl?" wird gänzlich anders verstanden, wenn ihr die Frage „Mögen Sie Spargel?" vorausgeht, als wenn sie der Frage „Mögen Sie Lafontaine?" folgt (Strack, 1994).

Selbst die Formulierung der Antwortvorgaben kann einen Kontexteffekt im Hinblick auf das Verständnis einer Frage bewirken. Würde man Mitarbeiter fragen, wie häufig sie sich im vergangenen Monat so richtig über ihren Vorgesetzten geärgert haben, so wäre zu erwarten daß die Formulierung „so richtig ärgern" wesentlich durch den Inhalt der Antwortvorgaben bestimmt wird. Reicht die Antwortskala von „kein mal" bis „mehr als drei mal" wird die Formulierung „so richtig ärgern" im Hinblick auf das Ausmaß des Ärgers als heftiger interpretiert, als bei Antwortvorgaben die von „weniger als fünf mal" bis „mehr als zwanzig mal" reicht (Schwarz, Strack, Müller & Chassein, 1988).

Für die Formulierung einer Frage gilt hier die Regel, daß der Kontexteinfluß mit dem Mangel an Eindeutigkeit zunimmt. Umso uneindeutiger eine Frage aus Sicht des Befragten ist, desto eher wird dieser im Hinblick auf ein besseres Verständnis der Frage auf den Kontext zugreifen.

3.2   Kontexteffekte beim Abruf von Informationen

In vielen Untersuchungen konnte man eindrucksvoll zeigen, daß vorausgehende Fragen einen wesentlichen Einfluß auf die Verfügbarkeit bestimmter Gedächtnisinhalte haben. Eine dieser Untersuchungen sei im folgenden kurz dargestellt.

Schwarz, Strack und Mai (1991) stellten im Rahmen einer Erhebung folgende Fragen: (A) „Wie zufrieden sind Sie mit Ihrer Ehe?" und (B) „Wie zufrieden sind Sie mit Ihrem Leben insgesamt?". Dabei wurde die Reihenfolge der Fragen systematisch variiert. In der einen Bedingung wurde zuerst die spezifische Frage A, dann die allgemeine Frage B gestellt. In der anderen Bedingungen wurde diese Reihenfolge umgekehrt: erst Frage B, dann Frage A. Daraufhin wurden die Korrelationen der beiden Fragen in der jeweiligen Bedingung analysiert. In der ersten Bedingung (erst A dann B) ergab sich eine Produkt-Moment-Korrelation von r=.67, bei der zweiten Bedingung (erst B dann A) betrug die Korrelation r=.32. Diese Ergebnisse lassen sich wie folgt erklären. Wird zuerst nach der Zufriedenheit mit der Ehe (als ein spezifisches Merkmal) gefragt, wird die Erinnerung der Befragten unmittelbar auf diesen Aspekt gelenkt und zur Grundlage für die Beantwortung der zweiten, allgemeinen Frage nach der Lebenszufriedenheit gemacht. Wird hingegen erst nach der Lebenszufriedenheit gefragt, besteht nur eine vergleichsweise geringe Chance, daß Befragte vor dem Hintergrund der Vielzahl relevanter Aspekte (Gesundheit, Beruf, Wohnsituation, etc.) unmittelbar an ihre Ehe denken. Die Unterscheidung zwischen chronisch und temporär verfügbarer Information (vgl. Abschnitt 2.2) erlangt in diesem Zusammenhang eine besondere Bedeutung.

Für die folgenden Überlegungen seien zwei Beispielfragen wiedergegeben:
A) Wie zufrieden sind Ihrer Ansicht nach die Mitarbeiter an Ihrem Standort mit dem Informationsfluß im allgemeinen?
B) Inwieweit sind Sie an Ihrem Arbeitsplatz Lärmbelästigungen ausgesetzt?
Frage A bezieht sich auf ein sehr allgemeines, facettenreiches Thema (Informationsfluß), umfaßt einen umfangreichen Bezugsrahmen (Standort) und fordert vom Befragten ein Fremdurteil (die Mitarbeiter). Frage B hingegen bezieht sich auf einen eingeschränkten, eindimensionalen Sachverhalt (Lärmbelästigung), umfaßt einen engen Bezugsrahmen (an Ihrem Arbeitsplatz) und verlangt vom befragten Mitarbeiter ein Selbsturteil.

Die Beantwortung der Frage A macht den Abruf von nahezu unendlich vielen Informationen notwendig. Ein Befragter müßte sich hierzu die Zufriedenheit aller Mitarbeiter am Standort, bezogen auf alle relevanten Aspekte des Informationsflusses ins Gedächtnis rufen. Er wäre nicht im entferntesten dazu in der Lage, all jene Informationen ins Bewußtsein zu bringen, die zur Beantwortung dieser Frage erforderlich wären. Anders verhält es sich bei Frage B. Hier wäre der befragte Mitarbeiter durchaus in der Lage, sich eine vollständige Vorstellung von der Lärmbelästigung an seinem Arbeitsplatz ins Bewußtsein zu rufen, da der Befragte täglich mit diesem Merkmal der Arbeitsumgebung konfrontiert ist. Es ist daher davon auszugehen, daß Frage B auf der Grundlage chronisch verfügbarer Informationen beantwortet werden würde. Erfordert die Beantwortung einer Frage ein so hohes Ausmaß an Informationen, wie es bei Frage A der Fall ist, besteht eine große Wahrscheinlichkeit, daß Befragte auf temporär verfügbare Informationen zurückgreifen. Hierbei können vorausgehende Fragen Gedächtnisinhalte temporär verfügbar machen. D.h. Befragte erinnern sich an bestimmte Aspekte nur deshalb, weil sie durch vorausgegangene Fragen auf diese aufmerksam gemacht worden sind. Es wäre daher zu erwarten, daß Frage A in höherem Maße kontextabhängig beantwortet würde, als Frage B.

Zusammenfassend ist festzuhalten, daß dann ein geringerer Kontexteinfluß zu erwarten ist, wenn die Beantwortung einer Frage den Abruf von vorwiegend chronisch verfügbaren Gedächtnisinhalten erforderlich macht.

3.3 Kontexteffekte bei der Urteilsbildung

Zufriedenheitsurteile basieren stets auf der Grundlage eines bestimmten Standards. Betrachtet man die Demonstration in Abbildung 3, so wird deutlich, daß die Beurteilung der Intensität der inneren Quadrate auf der Grundlage des Umfelds (Kontext) erfolgt. Des weiteren verdeutlicht diese Demonstration, daß es *den* dauerhaften stabilen Standard nicht gibt, sondern daß das Vergleichsniveau, anhand dessen ein Urteil über einen Sachverhalt gebildet wird, situativ bedingt ist. In MAB wird häufig die Frage „Wie zufrieden sind Sie mit ihrem Einkommen insgesamt?" in dieser oder ähnlicher Form gestellt. Diese Frage ist ohne Bezug zu einem Standard nicht zu beantworten. Für den befragten Mitarbeiter bestehen mehrere denkbare Vergleichsstandards. So kann ein Mitarbeiter sein Einkommen im Vergleich zu seinem früheren Einkommen, im Vergleich zu seinen Kollegen, zu Freunden oder zu seinem Ehepartner etc. beurteilen. Darüber hinaus besteht die Option, das Einkommen an der eigenen und fremden Leistung oder an den Verdienstmöglichkeiten in anderen Unternehmen zu messen. Welches Vergleichsniveau ein befragter Mitarbeiter letztendlich zur Beantwortung dieser Frage heranzieht, bleibt dem Untersucher verborgen. Durch vorausgehende Fragen kann also die kognitive Verfügbarkeit bestimmter Standards erhöht werden.

Erkenntnisse aus mehreren Untersuchungen der kognitiven Umfrageforschung legen darüber hinaus die Annahme nahe, daß vorausgegangene Urteile zu ähnlichen Sachverhalten eine Auswirkung auf die Urteilsbildung bei nachfolgenden Fragen haben (Schumann & Ludwig, 1983; Strack, Schwarz & Gschneidinger, 1985). In vielen MAB werden Fragen zu einzelnen Aspekten eines Themenbereichs durch eine zusammenfassende Frage ergänzt. Wird beispielsweise die Zufriedenheit mit verschiedenen Facetten des Führungsverhaltens erfragt, so besteht eine verbreitete Vorgehensweise darin, abschließend die Frage „Wie zufrieden sind Sie mit Ihrem Vorgesetzten insgesamt?" zu stellen. Es ist nicht davon auszugehen, daß ein befragter Mitarbeiter diese zusammenfassende Frage isoliert und ohne Bezug zu vorausgehenden Urteilen beantwortet. Vielmehr ist anzunehmen, daß ein Befragter diese Frage auf der Grundlage der vorausgegangen Urteile beantwortet, ohne erneut über einzelne Aspekte des Führungsverhaltens nachzudenken (Sudman, Bradburn & Schwarz, 1996).

3.4   Kontexteffekte bei der Formatierung des Urteils

Im Bereich der Einstellungsmessung konnte gezeigt werden, daß die Bedeutung, die Befragte den dargebotenen Antwortkategorien zuweisen, von den erfragten Sachverhalten vorausgehender Fragen abhängig ist (Ostrom & Upshaw, 1968). Erkenntnisse hierzu stammen jedoch in erster Linie aus der Psychophysik (Helson, 1964; Brown, 1953). Ein typisches Beispiel für eine Untersuchungsstrategie bezüglich dieser Thematik ist in Abbildung 4 wiedergegeben. Würde man die einzelnen Quadrate in dieser Abbildung Befragten mit der Bitte darbieten, diese hinsichtlich ihrer Größe, anhand einer Skala mit den Endpunkten "groß" bis "klein", zu bewerten, so hätte die Bezeichnung "groß" eine unterschiedliche Bedeutung, je nachdem, ob man die obere oder die untere Reihe darbieten würde.

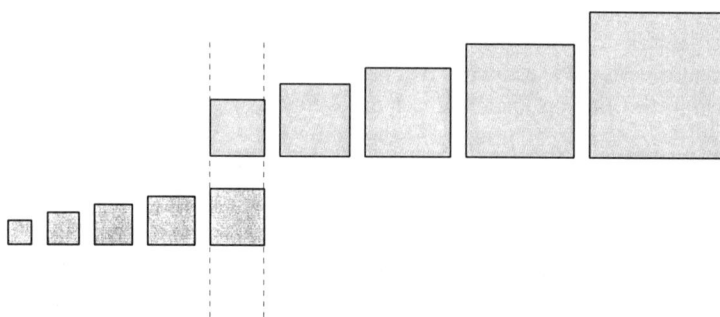

Abbildung 4: Die Abhängigkeit der Bedeutung des Begriffs "groß" von den relativen Ausprägung dargebotener Stimuli: Das linke Quadrat der oberen Reihe ist in seiner Größe identisch mit dem rechten Quadrat der unteren Reihe. In der oberen Reihe würde man es als klein, in der unteren Reihe hingegen als groß beurteilen.

Die Demonstration in Abbildung 4 macht deutlich, daß die Bezeichnung "groß" oder "klein" keine objektive Entsprechung hat. Die Bedeutung dieser Begriffe ist vom jeweiligen Kontext abhängig.

Es liegt nahe, diesen Zusammenhang auf Zufriedenheitsurteile im Rahmen von MAB zu übertragen, wenngleich dem Autor zum aktuellen Zeitpunkt keine empirischen Arbeiten bekannt sind, die diese Annahme hinreichend unterstützen.

3.5   Kontexteffekte bei der Editierung des Urteils

In Abschnitt 2.5 wurde aufgezeigt, daß Befragte im Zusammenhang mit der Editierung des Urteils eine Entscheidung darüber zu fällen haben, inwieweit sie ihr initiales Urteil z.B. in Richtung der sozialen Erwünschtheit korrigieren sollen. Vorausgehende Fragen können die kognitive Verfügbarkeit sozialer Erwartungen erhöhen. Ein fiktives Beispiel soll dies verdeutlichen. Man stelle sich vor, im Rahmen einer MAB würde man folgende Fragen nacheinander darbieten:

A) Inwiefern sind Sie der Ansicht, daß der Erfolg des Unternehmens von dem Engagement jedes einzelnen Mitarbeiters abhängig ist?

B) Inwieweit sind Sie bereit, mehr zu leisten als man von Ihnen erwartet?

Da der Zusammenhang zwischen Erfolg und Engagement im allgemeinen kaum angezweifelt wird, wäre zu erwarten, daß Frage A von der überwiegenden Mehrheit der Befragten eine klare Zustimmung erfahren würde. Darüber hinaus ist engagiertes Verhalten in hohem Maße sozial erwünscht. Frage A würde beim befragten Mitarbeiter diese soziale Erwartung ins Bewußtsein rufen. Es wäre wahrscheinlich, daß Befragte die Frage B nach der Darbietung von Frage A eher im Sinne dieser sozialen Erwartung beantworten würden, als wenn Frage A der Frage B nicht vorausgehen würde, da Frage A die Verfügbarkeit des Engagements als sozial erwünschtes Verhalten erhöht und dieser Aspekt bei der Beantwortung der Frage B mitberücksichtigt wird.

4 Konsequenzen

In den vorausgegangenen Abschnitten wurde auf die kognitiven Prozesse, die dem Antwortverhalten befragter Mitarbeiter zugrunde liegen, bezug genommen. Hierbei wurde verdeutlicht, daß Antworten dieser Mitarbeiter das Ergebnis kontextabhängiger, kognitiver Prozesse in der Befragungssituation sind. Hinsichtlich der Interpretation von Befragungsergebnissen und der Konstruktion von Erhebungsinstrumenten lassen sich daraus Konsequenzen ableiten, auf die im folgenden eingegangen wird.

4.1 Interpretation von Befragungsergebnissen

Können Befragungsergebnisse als Hinweis für die objektive Beschaffenheit der Arbeitssituation betrachtet werden? Sind Befragungsergebnisse aus verschiedenen Studien vor dem Hintergrund der in diesem Beitrag dargestellten Überlegungen vergleichbar? Auf diese Fragen wird im folgenden bezug genommen.

Zusammenhang zwischen Befragungsergebnissen und objektiven Bedingungen

MAB erfolgen im allgemeinen mit der Zielsetzung, Verbesserungsprozesse auszulösen. Diese Verbesserungsprozesse beziehen sich auf reale Arbeitsbedingungen. Es stellt sich daher die Frage, inwieweit die gemessene Arbeitszufriedenheit in einem Zusammenhang mit diesen realen Bedingungen steht. Die Überlegungen in den vorausgegangenen Abschnitten machen deutlich, daß Zufriedenheitsurteile befragter Mitarbeiter durch komplexe kognitive Prozesse gebildet werden. In welcher Weise ein Mitarbeiter eine Frage und deren Antwortvorgaben interpretiert, woran sich dieser bei der Beantwortung der Frage erinnert, welchen Standard er zur Grundlage macht etc. ist von vielen situativen Gegebenheiten abhängig. In Abschnitt 3 wurde detailliert darauf eingegangen, daß der Fragebogenkontext einen systematischen Einfluß auf alle Aufgaben eines befragten Mitarbeiters und somit auf das Antwortverhalten ausübt. Befragungsergebnisse sind somit nicht nur auf reale Merkmale der erfragten Sachverhalte zurückzuführen, sondern auch auf den systematischen Einfluß des Fragebogenkontextes. Je größer der Einfluß des Fragebogenkontextes auf das Urteilsverhalten eines Befragten ist, desto geringer ist der Bezug seiner Antwort zu dem erfragten Sachverhalt.

Vergleichbarkeit von Befragungsergebnissen

In der Praxis der MAB rückt das Interesse, Vergleichsdaten aus unterschiedlichen Erhebungen heranzuziehen, zunehmend in den Vordergrund. Diese Strategie wird häufig in Verbindung mit dem Benchmarking-Konzept gesehen. Abgesehen davon, daß hierbei die Idee des Benchmarking grundlegend mißverstanden wird, ist eine solche Vorgehensweise in Anbetracht der Überlegungen, wie sie in diesem Beitrag aufgezeigt wurden, problematisch. Vergleiche von Befragungsergebnissen aus Studien in unterschiedlichen Unternehmen sind vor allem dann kaum zu gebrauchen, wenn diese auf voneinander abweichenden Frageformulierungen und Fragereihenfolgen basieren. Kleinste Veränderungen in der Formulierung der Fragen sowie Variationen in der Fragenreihenfolge können einen erheblichen Einfluß auf das Antwortverhalten befragter Mitarbeiter haben, was sich letztendlich in den deskriptiven Befragungsergebnissen niederschlagen kann.

Ähnliches gilt für Befragungen, die zum wiederholten Male in einem Unternehmen durchgeführt werden. Ändert sich das Befragungsinstrument zwischen zwei Erhebungszeitpunkten, so stellt dies eine ernsthafte Gefährdung der Interpretierbarkeit gemessener Veränderungen dar (Cook & Campbell, 1979).

4.2   Konstruktion des Erhebungsinstruments

Sudman und Bradburn (1974) sehen in der Konstruktion des Erhebungsinstruments und der Frageformulierung die zentralen Herausforderungen im Hinblick auf eine Reduktion von Antworteffekten. In ihrem Standardwerk „Asking Questions" geben Sudman und Bradburn hierzu wertvolle, praktische Hinweise (Sudman & Bradburn, 1982). Darüber hinaus existieren in der Zwischenzeit wissenschaftlich fundierte Systeme zur Bewertung von Erhebungsinstrumenten. Diese Systeme erlauben es, Fragen hinsichtlich Ihrer „Anfälligkeit" für Antworteffekte zu charakterisieren (Lessler & Forsyth, 1996).

In den vorausgegangenen Abschnitten wurden die verschiedenen Aufgaben befragter Mitarbeiter sowie die damit einhergehenden Kontexteffekte detailliert dargestellt. Jede dieser Aufgaben kann durch die Frageformulierung und Fragenreihenfolge beeinflußt werden. Die Gültigkeit und Verwendbarkeit der Antworten befragter Mitarbeiter ist maßgeblich dadurch bestimmt, ob die Frageformulierungen und Fragenreihenfolge günstig für die Lösung der oben aufgezeigten kognitiven Aufgaben sind. Im folgenden werden daher Gestaltungskriterien aufgezeigt, die in erster Linie aus Erkenntnissen der Psychologie der Befragung abgeleitet sind.

Verständlichkeit

Befragte müssen eine Frage verstehen, um sie beantworten zu können (siehe Abschnitt 2.1). Die Verständlichkeit von Fragen ist ausschließlich über Pretests zu ermitteln. In einem Pretest wird ein Erhebungsinstrument oder Teile daraus mehreren Probanden dargeboten, um im Vorfeld Probleme bei der Beantwortung der Fragen zu ermitteln. Die am meisten verbreitete Vorgehensweise bei Pretests besteht darin, einen Fragebogen ausgewählten Personen zur Beantwortung vorzulegen, um im Anschluß daran zu fragen, wo Probleme bei der Beantwortung aufgetreten sind. Diese Strategie ist denkbar schlecht, da Befragte häufig selbst nicht merken, daß sie eine Frage in einer anderen Weise verstanden haben, als es der Untersucher eigentlich intendiert hatte. Eine aus psychologischer Sicht gewinnbringende Strategie besteht darin, Probanden dazu aufzufordern, in eigenen Worten wiederzugeben, was sie glauben, was der Untersucher durch die jeweiligen Fragen in Erfahrung bringen will.

Bekanntheitsgrad

Zur Beantwortung einer Frage müssen Befragte relevantes Wissen aus dem Gedächtnis abrufen, sie müssen sich an Ereignisse, Merkmale und Verhaltensweisen erinnern, die sie für die Beantwortung einer Frage für relevant erachten (siehe Abschnitt 2.2). Kritisch wird dies vor allem dann, wenn Befragte über wenige oder keine Gedächtnisinhalte, über kein Wissen bezüglich des erfragten Inhalts verfügen. Was passiert, wenn Mitarbeiter etwas bewerten sollen, was sie nicht kennen? Wie bereits erwähnt, zeigen Ergebnisse aus der Befragungsforschung, daß erstens ein Großteil der Befragten trotzdem antwortet (Schumann & Presser, 1996). Zweitens bewerten Mitarbeiter das, was sie nicht kennen, tendenziell schlechter, als das, was sie kennen. Drittens beantworten Befragte Fragen mit für sie unbekanntem Inhalt auf der Basis dessen, was sie glauben, womit die Frage zu tun haben könnte. Befragte schließen bei unbekanntem Frageinhalt häufig aus dem Fragenkontext auf den vermutlichen Frageinhalt (Strack, 1994).

Werden Mitarbeiter im Rahmen von MAB z.B. zu bestimmten Maßnahmen befragt, die sie nicht kennen, dann ergeben sich die oben aufgezeigten Probleme. Die befragten Mitarbeiter beantworten Fragen hierzu auch, wenn sie die jeweilige Maßnahme nicht kennen. Sie beantworten diese tendenziell schlechter, als jene Mitarbeiter, die mit der entsprechenden Maßnahme vertraut sind.

Es sollte daher sichergestellt werden, daß die Inhalte der Fragen eines Erhebungsinstruments hinreichend bekannt sind. Andernfalls ist die Darbietung einer „Kann ich nicht beurteilen"-Antwortkategorie anzuraten. Erfolgen mehrere Fragen zu einem möglicherweise unbekannten Sachverhalt ist darüber hinaus eine Filterfrage, die den Bekanntheitsgrad dieses Sachverhalts erfragt, zu empfehlen.

Bezug zu Ereignissen und Verhaltensweisen

Wie bereits an mehreren Stellen erwähnt, müssen sich Befragte zur Beantwortung einer Frage an relevante Ereignisse, Verhaltensweisen oder Merkmale ihrer individuellen Arbeitswelt erinnern. Werden Befragte dazu aufgefordert, ein Zufriedenheitsurteil abzugeben, müssen sie darüber hinaus erinnerte Gedächtnisinhalte in bezug zu einem Vergleichsstandard bewerten. Dieser letztgenannte Schritt ist häufig gar nicht notwendig, wenn die Frage richtig formuliert wird. Anstatt zu fragen, ob die Mitarbeiter zufrieden mit der Koordination zwischen ihnen und ihren Kollegen sind, ist es viel einfacher, zu fragen, ob zwischen dem befragten Mitarbeiter und seinen Kollegen jede Woche eine Besprechung stattfindet.

Weil es für einen Befragten aus kognitiver Sicht einfacher ist, die Existenz konkreter Verhaltensweisen, Ereignisse oder Merkmale zu beurteilen, sollte eine Frage mit dieser Zielsetzung formuliert werden, wenn es aus inhaltlichen und strategischen Gesichtspunkten angemessen ist.

Spezifität

Die Frage „Wie zufrieden sind Sie mit der Zusammenarbeit zwischen Ihrer Abteilung und den anderen Abteilungen?" mag aus inhaltlichen Gesichtspunkten als wertvoll erscheinen. Isoliert betrachtet ist sie aus befragungspsychologischer Sicht eher als kritisch zu bewerten. Was muß ein Befragter gedanklich leisten, um diese Frage hinreichend ernsthaft zu beantworten? Der Befragte müßte sich an alles erinnern, was in bezug auf „die Zusammenarbeit zwischen seiner Abteilung und den anderen Abteilungen" bedeutsam ist. Es liegt nahe, daß der befragte Mitarbeiter in der Kürze der Zeit über ein paar wenige Dinge nachdenken wird, um dann auf der Grundlage dessen, was ihm in der kurzen Zeit in den Sinn kommt, eine Antwort zu bilden. Er wird bei weitem nicht über alles nachdenken, was im Hinblick auf die Beantwortung dieser Frage objektiv betrachtet relevant ist. Die Frage nach der „Zusammenarbeit zwischen seiner Abteilung und den anderen Abteilungen" ist hierfür viel zu allgemein formuliert. Egal, ob eine Frage allgemein oder spezifisch formuliert ist, der Befragte wird immer nur über spezifische Inhalte nachdenken. Alles andere würde ihn kognitiv überfordern. Daher sollte eine Frage generell so spezifisch wie möglich formuliert werden, um eine Vergleichbarkeit der Antworten zu gewährleisten.

Konkretisierung einer allgemeinen Frage durch vorausgehende spezifische Fragen

In Abschnitt 3 wurde detailliert diskutiert, daß die Beantwortung einer Frage in hohem Maße kontextabhängig ist. Ein bedeutsamer Kontext ist in den vorausgehenden Fragen zu sehen. Hieraus lassen sich konkrete Implikationen für die Gestaltung eines Erhebungsinstruments zur MAB ableiten.

Es ist im Rahmen einer MAB sinnvoll, an bestimmten Stellen allgemeine Fragen zur Zufriedenheit mit ausgewählten Sachverhalten zu stellen. „Wie zufrieden sind Sie alles in allem mit Ihrer Tätigkeit?", „Wie zufrieden sind Sie insgesamt mit Ihrem Vorgesetzten?" oder „Wie zufrieden sind Sie mit Ihrer beruflichen Entwicklung?" sind nur drei Beispiele aus einem weiten Bereich denkbarer, allgemeiner Fragen. Werden Fragen dieser Art isoliert gestellt, so ist in keinster Weise sichergestellt, wie Befragte die jeweilige Frage verstehen, woran sie bei der Beantwortung der Frage denken, was sie als Vergleichsniveau zur Urteilsbildung heranziehen. Ein Weg, um Befragte kognitiv „etwas an der Hand zu nehmen", besteht in der Darbietung spezifischer Fragen, um dann im Anschluß an diese eine allgemeine Frage zu stellen. Dadurch kann gewährleistet werden, daß Befragte der Beantwortung einer allgemeinen Frage Inhalte der vorausgehenden, spezifischen Fragen zugrunde legen.

Individueller Bezug

Betrachtet man gängige Verfahren zur subjektiven Bewertung der Arbeit (z.B. Domsch, 1985; Fischer & Lück, 1974; Neuberger & Allerbeck, 1978; von Rosenstiel et al., 1992; Udris & Alioth, 1980), so fällt auf, daß viele Fragen von den Befragten ein Kollektivurteil verlangen. Die folgende Frage gibt dies beispielhaft wieder: „Wie zufrieden sind *die Mitarbeiter* mit dem Entlohnungssystem?". Ein Frage dieser Art fordert Mitarbeiter dazu auf, ein Urteil über sich und die Kollegen abzugeben. Dies ist aus zweifacher Hinsicht nachteilig. Erstens ist es für den einzelnen befragten Mitarbeiter kognitiv bei weitem aufwendiger, sein eigenes Urteil und das vermutete Urteil seiner Kollegen gedanklich zu einem einzelnen Urteil zu integrieren. Zweitens kommen bei Vollerhebungen, wie sie bei MAB generell zu empfehlen sind, sowieso alle Mitarbeiter zur Sprache, so daß ein Kollektivurteil hinfällig wird. Wenn jeder einzelne Mitarbeiter eine Antwort abgibt, erübrigt sich die Notwendigkeit, daß jeder Mitarbeiter über sich und andere ein Urteil abgeben muß. Ein Gesamturteil kann im Rahmen der Auswertung durch Mittelwertsbildung einfacher und zuverlässiger ermittelt werden. Die Frage „Wie zufrieden sind *Sie* mit dem Entlohnungssystem?" wäre in jeglicher Hinsicht einfacher zu beantworten und aussagekräftiger.

Neutralität

Fragen können als solche dem Befragten eine Antwort nahelegen. Dies ist z.B. dann der Fall, wenn eine Frage Inhalte aufweist, die bereits in der Frageformulierung bewertet werden. Neuberger liefert hierzu ein anschauliches Beispiel: „Was halten Sie von den langhaarigen Gammlern im Betrieb?" (1974, S. 24). Dieses Beispiel macht dem Befragten deutlich, daß der Untersucher eine Ansicht vertritt, die kaum als neutral zu erkennen ist. Ergebnisse der Befragungspsychologie unterstützen die Annahme, daß Befragte dann in die Richtung der vom Interviewer oder Untersucher nahegelegten Meinung tendieren, wenn diese für die Befragten erkennbar ist. Dieser Aspekt ist in direkter Beziehung zum Antwortverhalten gemäß der sozialen Erwünschtheit zu sehen. Weniger problematisch, aber dennoch kritisch sind Fragen, die als Aussagen formuliert werden und bei denen der Befragte die Aufgabe hat, den Grad seiner Zustimmung anzugeben. Vergleicht man (1) das Item „Ich erhalte von meinem Vorgesetzten ausreichend fachliche Unterstützung." (mit den Antwortkategorien „trifft voll zu" bis „trifft überhaupt nicht zu") und (2) das Item „Erhalten Sie von Ihrem Vorgesetzten ausreichend fachliche Unterstützung?" (mit den Antwortkategorien „ja" bis „nein"), dann fällt unmittelbar auf, daß das zweite Item einer natürlicheren Kommunikationsform entspricht, wohingegen das erste Item durch seinen Aussagecharakter tendenziell eine bestimmte Richtung der Antwort suggestiv nahelegt. Eine Frage ist dann diesem Kriterium entsprechend formuliert, wenn sie gegenüber dem Befragten eine neutrale Sichtweise des Untersuchers signalisiert.

Geringe Bedrohlichkeit

Es ist grundsätzlich davon auszugehen, daß Befragte in der Befragungssituation ihr Verhalten an antizipiertem Nutzen oder Schaden orientieren (siehe 2.5). „Was sind die Folgen, wenn ich diese oder eine andere Antwort abgebe?" dürfte eine Frage sein, die sich Befragte implizit beim Ausfüllen eines Fragebogens häufig stellen. In diesem Zusammenhang kommen motivationspsychologische Aspekte zum Tragen. Die Bewertung der Folgen einer Antwort hängt im wesentlichen von den Motiven des Befragten ab. Ein zentrales, häufig erwähntes Motiv ist das, sich gegenüber anderen und sich selbst in ein positives Bild zu rücken. Aus diesem Motiv heraus ist anzunehmen, daß Befragte häufig die Tendenz zeigen, in einer sozial erwünschten Weise Antworten abzugeben (DeMaio, 1984). Fragen, die eine starke Tendenz sozial erwünschten Antwortverhaltens auslösen, werden in der Literatur als "bedrohliche" Fragen bezeichnet. Die Frage „Sind sie im vergangenen Jahr ohne triftigen Grund (z.B. Krankheit, Todesfall) von der Arbeit fern geblieben?" ist ein typisches Beispiel einer bedrohlichen Frage. Es ist somit bei der Frageformulierung darauf zu achten, den bedrohlichen Charakter einer Frage so gering wie möglich zu halten. Eine grundlegende Möglichkeit, den bedrohlichen Charakter von Fragen abzuschwächen, liegt in der Zusicherung einer anonymen Auswertung. Diese stößt jedoch an Grenzen, wenn relativ kleine Auswerteeinheiten zur Erstellung abteilungsspezifischer Ergebnisberichte zugrunde gelegt werden.

Datenmanagement bei einer Mitarbeiterbefragung

Armin Trost

1 Einleitende Bemerkung

In Zusammenhang mit dem Thema Mitarbeiterbefragung (MAB) werden in der Literatur bislang eine Vielzahl relevanter Aspekte diskutiert. Dabei kommen im wesentlichen die strategische, unternehmenspolitische Bedeutung von MAB oder unterschiedliche Konzepte der Durchführung zur Sprache (Borg, 1995a; Domsch & Schneble, 1993; Töpfer & Zander, 1985). Dieser Beitrag beschäftigt sich demgegenüber mit dem Datenmanagement, das bezüglich der praktischen Durchführung einer MAB zwar eine zentrale Stellung einnimmt, in der Literatur jedoch bislang nur oberflächlich behandelt wird.

Im folgenden Abschnitt werden die Inhalte des Datenmanagements in einem kurzen Überblick dargestellt. Anschließend werden die spezifischen Anforderungen, die mit dem Datenmanagement einer MAB verbunden sind, aufgezeigt. In den weiteren Abschnitten werden die einzelnen Phasen des Datenmanagements detailliert behandelt.

2 Datenmanagement

Zu den zentralen Maßnahmen im Rahmen einer MAB gehören die elektronische Datenerfassung, die Aufbereitung der Daten, die Datenanalyse sowie die Ergebnisdokumentation. Zusammenfassend können die Aufgaben zur Planung und Steuerung dieser Schritte als das Datenmanagement einer MAB bezeichnet werden[1].

Das Datenmanagement beginnt mit dem Erhalt der ausgefüllten Fragebogen. Die Antworten, die durch die befragten Mitarbeiter abgegeben wurden, sind in einem ersten Schritt, der *Datenerfassung*, in ein rechnerlesbares Format zu übertragen. Im Rahmen der darauf folgenden *Datenaufbereitung* werden die Daten in eine für die Datenanalyse geeignete Form gebracht. In der Phase der *Datenanalyse* werden die statistischen Ergebnisse, bezogen auf die jeweiligen Organisationseinheiten, berechnet. Schließlich müssen die statistischen Ergebnisse in Berichten dokumentiert werden. Dies erfolgt in der Phase der *Ergebnisdokumentation*. Die einzelnen Phasen des Datenmanagements und die damit verbundenen Teilziele sind in Abbildung 1 schematisch wiedergegeben. Eine detaillierte Auseinandersetzung mit den Inhalten dieser Phasen erfolgt in den Abschnitten 4 bis 6.

Das Datenmanagement erlangt seine Bedeutung vor dem Hintergrund spezifischer Anforderungen, die an eine MAB als Instrument der Organisationsentwicklung zu stel-

---

[1] In diesem Beitrag wird das Datenmanagement ausschließlich in bezug auf quantitative Daten, wie sie bei der Verwendung von Likert-Skalen anfallen, dargestellt.

len sind. Vergleicht man klassische sozialwissenschaftliche Untersuchungen mit der Durchführung einer MAB, so ergeben sich eine Vielzahl von Unterschieden.

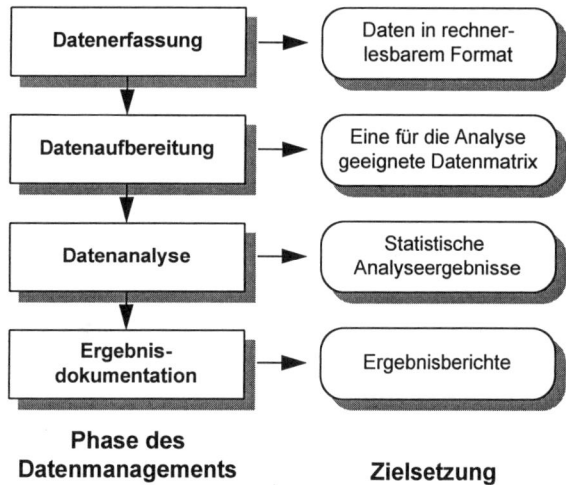

Abbildung 1: Schematischer Überblick über die Phasen des Datenmanagements und deren Zielsetzungen.

Während z. B. im Rahmen einer psychologischen, experimentellen Untersuchung eine vergleichsweise geringe Datenmenge, bedingt durch die meist kleine Stichprobengröße, verarbeitet werden muß, sieht man sich bei der Durchführung einer MAB weit größeren Informationsmengen gegenüber. Auf diese und andere Besonderheiten und die damit verbundenen, datentechnischen Anforderungen wird im folgenden Abschnitt detailliert eingegangen.

3   Anforderungen aus datentechnischer Sicht

Das Datenmanagement beinhaltet die Zielsetzung, in einer vorgegebenen Zeit, unter der Verwendung meist begrenzter Ressourcen, eine konkrete Anzahl von Ergebnisberichten mit einer vorher festgelegten inhaltlichen Struktur zu erstellen. Die Bewertung des Datenmanagements kann anhand der Kriterien Produktivität und Qualität erfolgen. Das Datenmanagement einer MAB ist dann als produktiv zu bezeichnen, wenn in kurzer Zeit viele Berichte erstellt werden können. Das Kriterium der Qualität bezieht sich in erster Linie auf die Merkmale der Berichte, wobei inhaltliche Fehlerfreiheit, Differenziertheit der Ergebnisdarstellung und äußere Gestaltung im Vordergrund stehen. Insofern ist das Datenmanagement einer MAB als Teil einer Dienstleistung zu sehen, die nach vergleichbaren Kriterien zu bewerten ist, wie Dienstleistungen z.B. aus dem Banken- und Versicherungsbereich, wo eine schnelle, effektive und verläßliche Sachbearbeitung angestrebt wird. Die im folgenden aufgezeigten datentechnischen Anforderungen, die an das Datenmanagement einer MAB gestellt werden, machen die Bedeutung eines produktiven und auf Qualität ausgerichteten Datenmanagements deutlich.

3.1 Bewältigung relativ großer Datenmengen

Wird eine MAB durchgeführt, um damit Veränderungsprozesse im Sinne einer Organisationsentwicklung in die Wege zu leiten, so bedarf dies der Berücksichtigung aller betroffenen Mitarbeiter. Dies impliziert die Durchführung einer Voll- oder Totalerhebung, an der alle Mitarbeiter der befragten Organisation beteiligt werden. Geht man von einer durchaus realistischen Rücklaufquote von 60% aus, so führt die Befragung einer Organisation mit 10.000 Mitarbeitern zu einer Auswertung von 6.000 Fragebogen. In der arbeits- und organisationspsychologischen Forschung sind Stichproben dieses Umfangs zurecht als unüblich groß zu bezeichnen. Nicht zuletzt ist es bei MAB die Regel, viele Fragen zugleich zu stellen. 100 und mehr Fragen sind hierbei eine durchaus realistische Anzahl. MAB unterscheiden sich daher auch bezüglich dieses Aspekts von klassischen, sozialwissenschaftlichen Untersuchungen.

Die Fallzahl und die Anzahl der Variablen ist in allen Phasen des Datenmanagements von zentraler Bedeutung. Dies gilt für die Übertragung der Antworten in ein rechnerlesbares Format genauso wie für die spätere Aufbereitung und Analyse der Daten.

3.2 Umfangreiche Berichteerstellung

Bezogen auf die Berichteerstellung sind aus datentechnischer Sicht zwei Aspekte von hoher Relevanz: Die Anzahl der zu erstellenden Berichte sowie deren Inhalt.

Anzahl der zu erstellenden Berichte

Arbeits- und organisationspsychologische Forschungsvorhaben oder Begutachtungen enden gewöhnlich mit der Erstellung eines einzigen Ergebnisberichts. Bei MAB ist eine derartige Vorgehensweise hingegen unangebracht. Da das Ziel von MAB darin besteht, Veränderungsprozesse in die Wege zu leiten, ist es wichtig, die Problemwahrnehmung der betroffenen Mitarbeiter auf ihr unmittelbares Arbeitsumfeld zu lenken. Dies macht eine differenzierte Berichteerstellung bezogen auf alle Organisationseinheiten des befragten Unternehmens, notwendig. Um die Konsequenzen für das Datenmanagement zu verdeutlichen, sei zunächst beispielhaft die Struktur eines fiktiven Unternehmens wiedergegeben.

Nehmen wir an, eine Organisation sei in sieben Funktionsbereiche (F&E, Produktion, Vertrieb usw.) aufgeteilt. Gehen wir ferner davon aus, diesen Bereichen seien insgesamt 30 Hauptabteilungen untergeordnet, die sich wiederum in 300 Abteilungen zergliedern. Besteht die Zielsetzung darin, für jede Organisationseinheit einen Ergebnisbericht anzufertigen, so ergeben sich im beschrieben Fall 1 Gesamtbericht, 7 Bereichsberichte, 30 Hauptabteilungsberichte und 300 Abteilungsberichte. Das sind in der Summe zunächst 338 Berichte. Geht man des weiteren davon aus, daß 20% der Abteilungen aufgrund zu geringer Rückläufe keinen Bericht erhalten, so bleiben schließlich 278 Berichte, die zu erstellen sind.

Inhalt der Berichte

Ergebnisberichte, die im Zusammenhang mit der Durchführung einer MAB erstellt werden, beinhalten in erster Linie die Darstellung deskriptiv statistischer Auswertungen. Dazu gehören Häufigkeiten, Mittelwerte und Standardabweichungen.

Die Dokumentation der Ergebnisse sollte pro Bericht und Organisationseinheit folgenden Anforderungen genügen:

- Die Darstellung deskriptiver Auswertungen muß auf der Grundlage aller erhobenen Variablen erfolgen. Die Akzeptanz der Ergebnisse auf seiten der betroffenen Mitarbeiter kann nur durch eine inhaltlich vollständige Rückmeldung der Ergebnisse garantiert werden.
- Die Darstellung der Ergebnisse muß so erfolgen, daß sich der Leser leicht zurecht findet. Dies impliziert die Wiedergabe tabellarischer und graphischer Darstellungen in strukturierter, übersichtlicher und leicht verständlicher Form.
- Mittelwerte und Häufigkeitsverteilungen, bezogen auf eine Organisationseinheit, erlangen ihre Bedeutung meist erst durch einen Vergleich zu übergeordneten Bezugspopulationen, wie etwa der Gesamtorganisation. Es ist daher anzustreben, Vergleichsmöglichkeiten zu übergeordneten Organisationseinheiten darzubieten.

Die Darstellung der Ergebnisse sollte sich somit nicht allein an wissenschaftlichen Kriterien, sondern zudem an Kriterien der Handhabbarkeit orientieren.

3.3   Schnelle Rückmeldung der Ergebnisse

Um die Aktualität der Ergebnisse aus der Sicht der betroffenen Mitarbeiter zu garantieren, besteht nicht zuletzt beim Auftraggeber ein starkes Interesse an einer schnellen Rückmeldung der Ergebnisse. Dies bedeutet, daß alle Phasen des Datenmanagements in möglichst kurzer Zeit erfolgen müssen. Ein objektives Kriterium für die Bestimmung eines akzeptablen Intervalls existiert nicht. Eigene Erfahrungen haben jedoch gezeigt, daß die Ergebnisrückmeldung innerhalb von vier Wochen nach Abgabe des letzten Fragebogens erfolgen sollte. Greift man die Überlegungen aus dem vorausgegangenen Abschnitt hinsichtlich der inhaltlichen und mengenmäßigen Anforderungen auf, so ergibt sich für das Datenmanagement folgende Problemstellung: Gehen wir davon aus, daß die Phasen der Datenerfassung und der Datenaufbereitung innerhalb einer Woche erfolgen. Nehmen wir ferner an, die logistischen, organisatorischen Aufgaben, die mit dem Datenmanagement nichts zu tun haben, aber trotzdem im gleichen Zeitraum zu erledigen sind, würden eine Woche in Anspruch nehmen, so blieben für die Phasen Datenanalyse und Ergebnisdokumentation zwei Wochen. Für das im vorangegangen Abschnitt dargestellte fiktive Unternehmen würde das bedeuten, daß 278 Berichte in zwei Wochen zu erstellen wären.

3.4   Null Fehler in der Ergebnisrückmeldung

Ergebnisse aus MAB sind für viele Mitarbeiter und Vorgesetzte "heiße" Informationen. Vor allem unbequeme, als negativ wahrgenommene Ergebnisse weisen für die Betroffenen einen bedrohlichen Charakter auf. Einzelne Inkonsistenzen in den Ergebnissen können dazu führen, daß sämtliche Ergebnisse hinsichtlich ihrer Richtigkeit in Frage gestellt werden. Im folgenden sind einige mögliche Inkonsistenzen beispielhaft aufgeführt.

- Die Summe der relativen Häufigkeiten in Prozent, bezogen auf die einzelnen Antwortkategorien einer Variable ergibt eine Summe, die eindeutig von 100 abweicht
- Unterschiedliche deskriptive Maßzahlen zu einer Variable widersprechen sich (während die Häufigkeitsangaben ein positives Bild abgeben, spiegelt der Mittelwert einen eher negativen Trend wider)
- Ergebnisse zu einer einzelnen Variablen stimmen bei wiederholten Darstellungen an verschiedenen Stellen innerhalb einer Ergebnisdokumentation nicht überein

Erfahrungen haben gezeigt, daß Mitarbeiter und Vorgesetzte einen sehr kritischen Blick für die Richtigkeit der Ergebnisse entwickeln und die Plausibilität einzelner Ergebnisse häufig dann überprüfen, wenn die Möglichkeiten hierfür gegeben sind. Insgesamt haben die Empfänger der Analyseergebnisse keine Mittel, die Ergebnisse auf ihre Richtigkeit hin zu überprüfen, da die Daten und Analyseprozesse in den Händen der für das Datenmanagement Verantwortlichen liegen. Ein großes Vertrauen der Auftraggeber in die Inhalte der Berichte erlangt daher ein hohes Gewicht und darf in keiner Weise durch Unzulänglichkeiten im Datenmanagement gefährdet werden. Während eine hohe Qualität in allen Dienstleistungen oberste Priorität haben sollte, ist dieser Zielsetzung bei MAB aus diesem Grund eine besondere Bedeutung beizumessen.

4   Datenerfassung

In der Phase der Datenerfassung werden die Antworten der befragten Mitarbeiter in ein rechnerlesbares Format übertragen. Diese Übertragung sollte ohne jeglichen Informationsverlust erfolgen. Das bedeutet, alle Angaben der Befragten müssen ungeachtet ihrer späteren Verwendung berücksichtigt werden, damit alle potentiellen Auswertungsmöglichkeiten erhalten bleiben.

Die Datenerfassung kann prinzipiell über zwei Wege erfolgen. Zum einen können Daten manuell übertragen werden. Zum anderen existieren bereits ausgereifte, technische Lösungen zur Datenerfassung unter Verwendung geeigneter Scanner und entsprechender Scanner-Software. Vor dem Hintergrund der oben aufgezeigten zeitlichen Anforderungen, die mit der Durchführung einer MAB im Zusammenhang stehen, empfiehlt es sich, auf Scanner-Techniken zurückzugreifen, weil diese eine weitaus schnellere Übertragung der Daten ermöglichen. Auf die Besonderheiten dieser Technik wird im folgenden Abschnitt detaillierter eingegangen.

4.1   Datenerfassung unter Verwendung von Scanner-Technologien

Im Bereich der Scanner-Technologie können grundsätzlich zwei Lösungen unterschieden werden: Die OMR- und die OCR-Technik.

Die OMR-Technik

OMR steht für „Optical Marc Reader". Dabei handelt es sich um eine sehr speicherplatzsparende Technik, die darauf ausgelegt ist, in einem einzulesenden Dokument definierte Felder dahingehend zu prüfen, ob sie ausgefüllt wurden oder nicht. Eine automatische Schrifterkennung ist hierbei ausgeschlossen. Diese Technik macht ein bestimmtes Layout der einzuscannenden Dokumente unbedingt erforderlich. Die Anforderungen an die Gestaltung der Dokumente ist in einem hohen Maße restriktiv. Darin liegt auch der wesentliche Nachteil dieser Vorgehensweise. Der Vorteil liegt hingegen in einer extrem hohen Einleserate. 1.000 Bögen pro Stunde sind hier durchaus realistisch.

Die OCR-Technik

OCR ist eine Abkürzung für „Optical Character Reader". Die Besonderheit dieser Technik besteht darin, daß das gesamte Dokument komplett eingelesen und als sogenannte Bitmap-Datei abgespeichert wird. In einem weiteren Schritt werden die relevanten Felder auf der Basis dieser Bitmap-Dateien analysiert und die jeweiligen Informationen einer Datenbank zugeführt. Diese Feldererkennung erfolgt unabhängig von der Scanner-Hardware durch den Einsatz einer entsprechenden Software. In der Gestaltung der einzulesenden Bögen ist bei der Verwendung dieser technischen Lösung eine hohe Flexibilität geboten. Darüber hinaus erlaubt die Verwendung dieser Technik durch die Möglichkeit der Schrifterkennung das Einlesen von handgeschriebenen Zahlen. Verglichen mit der OMR-Technik erfordert die OCR-Technik einen hohen Speicherplatzbedarf (200 KB pro Fragebogen) und ist je nach technischer Ausstattung langsamer in der Erfassung der Daten.

Allgemein empfiehlt es sich bei der Nutzung der Scanner-Technologie, eine spezielle Fragebogenstruktur zu verwenden. Diese gliedert sich in zwei Teile. Der eine Teil des Fragebogens beinhaltet die jeweiligen Fragen mit den dazugehörigen Antwortvorgaben. Der andere Teil besteht aus einem möglichst einseitigen Blatt, welches dazu dient, die Antworten der Befragten zu erfassen. Dieses Blatt wird schließlich durch den Scanner eingelesen. Die OCR-Technik erlaubt es darüber hinaus, Fragebogen einzulesen, die nicht durch diese Software konzipiert wurden. Der Verwendung von Scanner sind somit kaum Grenzen gesetzt. Besteht ein Fragebogen aus nur wenigen Seiten, so kann das Einlesen des gesamten Fragebogens unter Verzicht auf einen separaten Antwortbogen eine durchaus effiziente Strategie der Datenerfassung darstellen.

4.2   Manuelle Datenerfassung

Will man auf die Anschaffung einer Scanner-Anlage verzichten, besteht grundsätzlich die Möglichkeit einer manuellen Datenerfassung. Unter bestimmten Bedingungen kann diese Form der Datenerfassung sehr effizient sein. Werden Datentypisten in ihrer Tätigkeit ausreichend unterstützt, leisten diese nach einer kurzen Einlernphase erfahrungsgemäß durchschnittlich 4.000 Eintragungen pro Stunde. Geht man von einem Fragebogen mit 120 Variablen und 10 zusätzlichen Angaben (Fragebogennummer, Angaben zur Person, usw.) aus, so kann ein geübter Datentypist pro Stunde ca. 30 Fragebogen eingeben. Geht man weiterhin davon aus, daß zu dieser Tätigkeit der Dateneingabe Pausen und sonstige Aufgaben (Speichern, Korrekturen usw.) hinzukommen, so ist eine Tagesleistung von 200 eingegebenen Fragebogen pro Tag durchaus realistisch. Dies erfordert jedoch erstens eine bestimmte Fragebogenstruktur und zweitens eine ergonomische Gestaltung der Dateneingabe. Dies soll zunächst anhand der Aufgaben eines Datentypisten verdeutlicht werden.

Die Aufgaben eines Datentypisten

Ein Datentypist muß bei der Übertragung einer Antwort pro Variable eine Reihe spezifischer Aufgaben erfüllen. Er muß zunächst die Antwort des Befragten richtig wahrnehmen, um sie sodann in einen bestimmten Code zu übersetzen. Bei einer fünfstufigen Variable muß er bspw. ein Kreuz im ersten Kästchen in eine eins übersetzen, ein Kreuz im zweiten Kästchen in eine zwei usw. Die Übersetzung der Antwort des Befragten in eine numerische Zahl erfolgt somit auf der Basis einer sogenannten Codierregel, einer definierten Übereinkunft, wie die Plazierung eines Kreuzes im Fragebogen als Zahl codiert werden muß. Anschließend muß er diesen Code in eine Eingabemaske an der richtigen Stelle eingeben. Dort muß er überprüfen, ob er sich mit der Eingabe an der richtigen Stelle der Eingabemaske befindet und ob er die richtige Zahl eingegeben hat. Fällt dieser Überprüfungsvorgang positiv aus, geht er ins nächste Feld und beginnt die Antwort der nächsten Variable abzulesen. Der Prozeß beginnt somit wieder von vorne.

Die Unterstützung eines Datentypisten bei all diesen Aufgaben erlangt im Hinblick auf die Produktivität und die Qualität seiner Arbeit eine zentrale Bedeutung. Wird einem Datentypisten die Entwicklung eines Automatismus ermöglicht, so gelangt der Datentypist zu der Produktivität, die oben bereits angesprochen wurde. Hierfür ist die Erfüllung von bestimmten Kriterien hinsichtlich der Fragebogengestaltung sowie der Gestaltung der Eingabemaske anzustreben.

Kriterien der Fragebogengestaltung

Im Hinblick auf eine manuelle Dateneingabe ist es zu empfehlen, einen Fragebogen möglichst nach folgenden Kriterien zu gestalten:
- Die Struktur der Antwortvorgaben sollte im gesamten Fragebogen einheitlich sein. So wäre es z.b. zu empfehlen, ausschließlich Skalen mit einer konstanten Anzahl von Antwortvorgaben zu verwenden. Dies ermöglicht dem Datentypisten die Verwendung einer einzigen Codierregel.
- Der Fragebogen sollte in optisch klar abgrenzbare Fragenblöcke aufgeteilt sein, um somit die Orientierung beim Lesen der Antworten zu unterstützen.
- Schließlich sollte das Layout der Fragen eine schnelle und eindeutige Identifizierung der Antworten ermöglichen. Zu kleine Kästchen, die zu eng angeordnet sind und ähnliche Sünden sind nicht zuletzt aus Gründen der Ästhetik zu vermeiden.

Kriterien der Gestaltung einer Eingabemaske

Die Gestaltung der Eingabemaske erlangt im Hinblick auf eine hohe Produktivität und Qualität bei der Dateneingabe eine zentrale Bedeutung. Ausgehend von den oben aufgezeigten Aufgaben eines Datentypisten, sollte eine Eingabemaske folgenden Kriterien entsprechen:
- Optische Merkmale der Eingabemaske sollten die Struktur des Fragebogens wiedergeben. Dies unterstützt den Datentypisten bei seiner Aufgabe, sich in der Zuordnung der Variablen zu den jeweiligen Datenfeldern zu orientieren.
- Bereichsüberschriften und Frageformulierungen des Fragebogens sollten sich in der Eingabemaske weitestgehend wiederfinden.
- Die Eingabemaske sollte eine automatische Erkennung von offensichtlich falschen Eingaben gewährleisten. Wird bspw. bei einer fünfstufigen Variablen, welche mit den Werten 1 bis 5 kodiert wurde, eine Null eingegeben, so ist diese Eingabe offensichtlich falsch und muß automatisch und unmittelbar als fehlerhafte Eingabe angezeigt werden.
- Die Maske sollte hinsichtlich allgemeiner Bedienerfunktionen (Öffnen, Speichern von Dateien usw.) einfach und leicht erlernbar sein.
- Nicht zuletzt ist auf eine äußerlich angenehme Gestaltung der Eingabemaske Wert zu legen. Dem Datentypisten sollte seine Tätigkeit schließlich so weit als möglich Spaß bereiten.

Programme wie bspw. EXCEL bieten für die Gestaltung von Eingabemasken ausreichend Möglichkeiten zur Umsetzung dieser Kriterien. Gute Gestaltungsmöglichkeiten von Eingabemasken bietet auch die Windows-Version von SPSS. Jedoch sind hier Einschränkungen in der optischen Aufmachung der Maske und der Programmierung von Fehlerkontrollen hinzunehmen.

5   Datenaufbereitung

Die Datenaufbereitungsphase hat zum Ziel, die Daten in eine für die Datenanalyse angemessene Form zu bringen. Ausgangspunkt dieser Phase sind die Daten, wie sie nach der Datenerfassung vorliegen. Das Ergebnis der Datenaufbereitung ist eine Datenmatrix und eine dazugehörige Dokumentation.

5.1   Die Datenmatrix und deren Dokumentation

Die Struktur der Datenmatrix

Die Datenmatrix umfaßt zwei Dimensionen, wobei in den Spalten die Variablen und in den Zeilen die einzelnen Fälle repräsentiert sind. Prinzipiell lassen sich die Variablen in drei Kategorien unterscheiden:
- Die umfangreichste Kategorie von Variablen sind die *inhaltlichen Variablen*. Diese Kategorie beinhaltet die Antworten der Befragten auf die im Fragebogen dargebotenen Fragen.
- Ausgehend von den inhaltlichen Variablen können aggregierte Maße, sogenannte *Indizes,* gebildet werden. Diese stellen die zweite Kategorie von Variablen in der Datenmatrix dar.
- Die dritte Kategorie kann als die der *Bereichsvariablen* bezeichnet werden. Dabei handelt es sich um Variablen, welche die Zuordnung jedes einzelnen Falls zu bestimmten Organisationseinheiten vollständig ermöglichen.

Die Dokumentation der Datenmatrix

Ein sorgfältiges Datenmanagement macht es erforderlich, die Datenmatrix bezogen auf ihren Inhalt vollständig zu dokumentieren. Diese Dokumentation ist in Form einer Variablenliste anzulegen. Diese beinhaltet pro Variable folgende Informationen:
- Zunächst ist die Variable, wie sie im Fragebogen formuliert wurde, wiederzugeben (z.B. „Wie zufrieden sind Sie mit den äußeren Rahmenbedingungen?").
- Diesen Einzelvariablen sind Variablenkurzbezeichnungen zuzuordnen. Statistikprogramme, wie etwa SPSS, machen die Verwendung von Variablenkurzbezeichnungen dieser Art mit maximal acht Buchstaben explizit erforderlich (z.B. RAHMBED).
- Des weiteren sind die inhaltlichen Bedeutungen der numerischen Variablenausprägungen zu dokumentieren (z.B. 1 = sehr zufrieden; 2 = zufrieden; usw.).

5.2   Phasen der Datenaufbereitung

Die Datenaufbereitung umfaßt eine Reihe von Einzelschritten. Auf die wesentlichen sei im folgenden kurz eingegangen.

Bereinigung der Daten

Bei der Datenerfassung ist immer mit dem Auftreten einzelner Fehler zu rechnen. Die Fehlerquote kann zwar durch eine geeignete Vorgehensweise bei der Datenerfassung stark reduziert werden, jedoch sind Fehler niemals gänzlich auszuschließen. Der

Schwerpunkt der Fehlerkontrolle sollte im Rahmen der Datenerfassung erfolgen, so daß bei der Datenaufbereitung ausschließlich letzte Unstimmigkeiten korrigiert werden.

Eine sehr einfache und effiziente Möglichkeit der Bereinigung kann auf der Grundlage einer Häufigkeitsauszählung aller Variablen realisiert werden. Ausreißer oder Werte außerhalb legitimer Skalenbereiche werden hierbei schnell sichtbar.

In Fragebogen werden häufig sogenannte Filterfragen verwendet. Dabei werden Befragte aufgefordert, je nach Antwort an einer bestimmten Stelle des Fragebogens mit dem Ausfüllen fortzufahren. Es kommt hierbei häufig vor, daß Mitarbeiter Fragen beantworten, die sie eigentlich nicht beantworten sollten. Die Berücksichtigung dieser Antworten macht in den meisten Fällen keinen Sinn. Im Rahmen der Datenbereinigung sollten diese Antworten daher durch "fehlende Werte" ersetzt werden.

Berechnung der Indizes

Beinhaltet die MAB die Verwendung von Indizes, so sind diese im Zusammenhang mit der Datenaufbereitung zu berechnen. Dieser Schritt erfolgt in den meisten Fällen durch die Bildung von Mittelwerten oder Summenscores auf der Basis ausgewählter Einzelvariablen. Um systematische Verzerrungen zu vermeiden ist darauf zu achten, daß die Berechnung der Indizes ausschließlich unter Berücksichtigung jener Fälle erfolgt, bei denen alle zu einem Index zugehörigen Fragen beantwortet wurden.

Zuweisen der Ausprägungen der Bereichsvariablen

Bereichsvariablen erlangen im Hinblick auf eine bereichsspezifische Berichterstellung eine herausragende Bedeutung. Auf der Grundlage dieser Variablen erfolgt im Rahmen der Datenanalyse die Zuordnung der Fälle zu den einzelnen Organisationseinheiten. Eine nicht korrekte Zuweisung der Fälle hätte hinsichtlich der Ergebnisrückmeldung katastrophale Folgen.

Der Inhalt und die Anzahl der Bereichsvariablen ergibt sich aus der Differenziertheit der Ergebnisrückmeldung. Geht man von dem in Abschnitt 3.2 (Umfangreiche Berichterstellung) aufgezeigten Beispiel aus, so wären es drei Bereichsvariablen, welche die Zugehörigkeit jedes einzelnen Falls zu Organisationseinheiten auf den drei Ebenen Funktionsbereich, Hauptabteilung, Abteilung ermöglichen. Je nach Anforderungen, die an den Umfang der Berichterstellung gestellt werden, können Variablen wie etwa die Standortzugehörigkeit o.ä. von Bedeutung sein.

Zuweisung von Variablen- und Wertetiketten

Ein weiterer Schritt der Datenaufbereitung, wie sie bei allen sozialwissenschaftlichen Untersuchungen üblich ist, stellt die Zuweisung von Variablen- und Wertetiketten dar. Im Programmpaket SPSS erfolgt dieser Schritt über die Befehle *variable labels* und *value labels*. Zum einen werden den einzelnen Variablenkürzeln in diesem Schritt ausführlichere Variablennamen zugewiesen. Zum anderen werden den numerischen Ausprägungen der Variablen konkrete inhaltliche Bedeutungen zugeordnet.

5.3   Maßnahmen zur Optimierung der Datenaufbereitung

Die Aufbereitung der Daten mit der Zielsetzung der Erstellung einer Gesamtdatenmatrix kann durch eine Reihe von Faktoren zum Teil erheblich erschwert werden. Im folgenden soll daher auf einige Kriterien hingewiesen werden, deren Einhaltung zu einer Vereinfachung der Datenaufbereitung und somit zu einer höheren Produktivität und Qualität des Datenmanagements führen.

Fragebogenbezogene Maßnahmen

Bei Maßnahmen, die sich auf das Erhebungsinstrument beziehen, ist zu beachten, daß einige Hinweise alleine aus strategischen und inhaltlichen Gründen, die mit der gesamten MAB in Verbindung stehen, nicht realisiert werden können und im gegebenen Fall auch nicht realisiert werden sollten.

- Die Erstellung einer Gesamtdatenmatrix wird wesentlich durch die Verwendung eines einheitlichen Fragebogens erleichtert. Dieses Kriterium bezieht sich auf die Formulierung der Fragen genauso wie auf die Formulierung der Antwortvorgaben.
- Die Datenaufbereitung wird des weiteren durch die Verwendung einheitlicher Skalenstrukturen vereinfacht. Es sollte die Verwendung einer durchgängig gleichen Anzahl von Antwortvorgaben angestrebt werden.
- Folgt man der Klassifikation möglicher Frageformen in Befragungen nach Bouchard (1976), so sind Fragen mit standardisierten Fragen und standardisierten Antworten diejenigen, bei denen eine ökonomische Handhabung am meisten gewährleistet ist. Nichtstandardisierte (offene) Antworten sowie nichtstandardisierte Fragen mit standardisierten Antwortvorgaben sind hingegen aus Gründen der Einfachheit in der Handhabung zu vermeiden.

Prozeßbezogene Maßnahmen

Selbst ein nahezu perfektes Datenmanagement kann es erforderlich machen, daß einzelne Schritte bei der Datenaufbereitung mehrere Male durchgeführt werden müssen. So kann es vorkommen, daß nach Abschluß der Datenaufbereitung punktuell Korrekturen vorgenommen werden müssen. Bestimmte Tätigkeiten müssen dann mit einzelnen Veränderungen, zum wiederholten Male durchgeführt werden. Im Hinblick auf Situationen dieser Art ist es nahezu unerläßlich, einzelne Maßnahmen der Datenaufbereitung unter Anwendung von Prozeduren durchzuführen, auf die man jederzeit zurückgreifen kann.

Erfolgt die Datenaufbereitung in SPSS, so ist es dringend zu empfehlen, alle Maßnahmen der Datenaufbereitung mittels sogenannter Include-Dateien durchzuführen. Include-Dateien sind reine ASCII-Dateien, die aus einer Abfolge einzelner SPSS-Befehle bestehen. Das Arbeiten mit Include-Dateien hat den Vorteil, daß die darin enthaltenen Befehle beliebig oft ohne nennenswerten Aufwand durchgeführt werden können.

6 Datenanalyse und Ergebnisdokumentation

Das Ziel der Datenanalyse besteht in der Berechnung statistischer Maßzahlen bezogen auf alle Variablen und Organisationseinheiten. Im Rahmen der Ergebnisdokumentation werden diese Maßzahlen in ein geeignetes Berichtsformat gebracht. Zur Lösung dieser Probleme ist im Hinblick auf eine hohe Produktivität und Qualität eine intelligente Nutzung verfügbarer Software nötig.

Was muß eine Software zur effizienten Durchführung der Datenanalyse und Ergebnisdokumentation leisten? Auf einer sehr allgemeinen Ebene betrachtet sollte es möglich sein, Erhebungsdaten in dieses Programm importieren zu können, um per Tastendruck schließlich fertige Berichte zu erhalten. Auf einer differenzierteren Ebene würde dies die Verfügbarkeit mehrerer Funktionalitäten voraussetzen. Dazu gehört die Berechnung deskriptiv statistischer Maßzahlen pro Einzelvariable und Organisationseinheit, die Integration von Analyseergebnissen in einem Berichtsdokument, wobei es sich hier um die Maßzahlen einer oder mehrerer Organisationseinheiten zu einem oder mehreren Erhebungszeitpunkten handeln kann, die Erzeugung von tabellarischen und graphischen Darstellungen auf der Basis von Häufigkeitsverteilungen und Mittelwerten u.v.a.m. Die Liste notwendiger Funktionalitäten ließe sich beliebig um zusätzliche Details erweitern.

Dem Autor ist zum aktuellen Zeitpunkt keine Software bekannt, die diese umfassende Breite an Funktionalitäten in komfortabler Weise vereint. Hier ist es notwendig, die Möglichkeiten unterschiedlicher Programme zu verbinden. Im folgenden wird daher die grundsätzliche Logik einer Vorgehensweise wiedergegeben, mit der wir in der Vergangenheit sehr gute Erfahrungen gemacht haben. Auf eine detaillierte Darstellung im Sinne einer Erläuterung konkreter Handlungsschritte mit bestimmten Software-Paketen muß in diesem Zusammenhang aus Platzgründen verzichtet werden. Die folgenden allgemein gehaltenen Überlegungen sollen dem Leser jedoch eine Basis für die Entwicklung eigener Problemlösungen liefern.

6.1 Datenanalyse

Vereinfacht ausgedrückt besteht das Ergebnis der Datenanalyse in vielen einzelnen Maßzahlen. Die Ermittlung dieser Zahlen erfolgt im Hinblick auf eine bestimmte Zielsetzung. Die Logik der Zielsetzung, die der Datenanalyse zugrunde liegt, sei im folgenden detaillierter aufgezeigt.

Die Zielsetzung der Datenanalyse

Im Rahmen der Datenanalyse werden (1) für alle relevanten Organisationseinheiten (2) unter Berücksichtigung aller Variablen (3) eine Reihe unterschiedlicher statistischer Maßzahlen berechnet.

- *Zu (1):* Die allgemeinste Organisationseinheit, für die eine Analyse durchzuführen ist, stellt die Gesamtorganisation dar. Darüber hinaus sind Analysen für die Organisationseinheiten der nächsten Hierarchieebene durchzuführen usw. Je nach Mindestgrenze der für die Berichteerstellung notwendigen Fallzahl müssen Analysen für kleinste Abteilungen auf unteren Hierarchieebenen sowie Stabsabteilungen durchgeführt werden.

- *Zu (2):* Im allgemeinen erfordert die Ergebnisrückmeldung einer MAB die Berücksichtigung aller inhaltlichen Variablen, einschließlich der Indizes. Es sollten daher auch alle Variablen in die Datenanalyse mit einfließen.
- *Zu (3):* Das Ergebnis der Datenanalyse sind statistische Maßzahlen. Die Durchführung einer MAB erfordert die Verwendung von meist nur deskriptiven Analyseverfahren. Hierzu zählen in erster Linie die Berechnung arithmetischer Mittelwerte sowie Häufigkeitsauszählungen. Wird eine MAB unter Verwendung ausschließlich fünf-stufiger Skalen durchgeführt, so kann die Auswertung auf die Berechnung folgender Maßzahlen beschränkt werden: Arithmetisches Mittel, relative Häufigkeit der fünf Antwortkategorien sowie die Anzahl der Befragten, die die jeweilige Variable beantwortet haben. Insgesamt ergeben sich daraus sieben statistische Maßzahlen, die pro Organisationseinheit und Variable berechnet werden müssen.

Der Ergebnisraum

Jede einzelne Maßzahl, die aus der Datenanalyse einer MAB resultiert, läßt sich den oben aufgezeigten drei Dimensionen zuordnen. Jede Zahl bezieht sich auf eine bestimmte Organisationseinheit, auf eine konkrete Variable und gibt eine spezifische statistische Information wieder. Man könnte die Gesamtheit aller Ergebniszahlen einer MAB anhand eines dreidimensionalen Ergebnisraums beschreiben, der sich aus der Kombination dieser drei Dimensionen ergibt. Würde man zufällig eine Zahl aus diesem Ergebnisraum herausgreifen, so könnte die Zuweisung dieser Zahl zu diesen Dimensionen wie folgt lauten: Diese Zahl basiert auf der Analyse der Abteilung "Buchhaltung" (Organisationseinheit), sie bezieht sich auf die Variable "Mitsprachemöglichkeiten im eigenen Arbeitsbereich" (Variable) und gibt die relative Häufigkeit der zweiten Antwortkategorie (Art der statistischen Maßzahl) wieder. Für jedes beliebige Ergebnis der Analyse ist eine Zuordnung dieser Art möglich. Darin liegt die zentrale, denkbar einfache Logik der Datenanalyse im Rahmen einer MAB.

Ergebnismatrizen

Das Arbeiten mit dreidimensionalen Räumen wird durch viele Programme nicht hinreichend unterstützt. Demgegenüber bieten unterschiedliche Programme eine einfache Handhabung von (zweidimensionalen) Matrizen (z.B. EXCEL). Es liegt daher nahe, den Ergebnisraum in mehrere zweidimensionale Matrizen zu zerlegen. Dabei sind grundsätzlich drei Möglichkeiten denkbar. Zunächst könnte man für jede statistische Maßzahl eine Matrix erstellen. Eine Mittelwertsmatrix würde dann bspw. in den Spalten die verschiedenen Variablen wiedergeben. Jede Zeile würde dann eine Organisationseinheit repräsentieren (Maßzahlbezogene Variable X Organisationseinheit-Matrix). Analog würde man dann bei den restlichen statistischen Maßzahlen vorgehen. Des weiteren könnte man für jede Variable eine Matrix erstellen. Diese Matrix könnte in den Zeilen wiederum die verschiedenen Organisationseinheiten repräsentieren. In den Spalten würden sich dann die verschiedenen statistischen Maßzahlen (Mittelwert, Häufigkeiten, usw.) befinden (Variablenbezogene Statistische Maßzahl X Organisationseinheit-Matrix).

Die dritte und sinnvollste Zerlegung in Einzelmatrizen besteht darin, organisationseinheitsspezifische Ergebnismatrizen zu erstellen. Dies bedeutet, daß für jede zu analysierende Organisationseinheit eine zweidimensionale Matrix berechnet wird, welche die

Dimensionen *Variable* und *Art der statistischen Maßzahl* wiedergibt. In Abbildung 2 wird die Struktur einer solchen Matrix schematisch wiedergegeben.

Eine Ergebnismatrix beinhaltet alle statistischen Maßzahlen bezogen auf alle Variablen für *eine* Organisationseinheit. Die Spalten repräsentieren die einzelnen Variablen. In den Zeilen finden sich die verschiedenen statistischen Maßzahlen wieder. Die Anzahl der Zeilen orientiert sich an der Variable mit den meisten Antwortkategorien. Im obigen Beispiel sind fünf Zeilen für die relativen Häufigkeiten von maximal fünf Skalenstufen reserviert. Bei der vierten und fünften Variable (Spalte 4 und 5) handelt es sich um dichotome Variablen mit nur zwei Ausprägungen. Die Zeilen drei bis fünf sind daher mit Nullwerten besetzt.

	Variablen				
Relative Häufigkeit der Antwortkategorien 1 bis 5	12	20	45	48	26
	57	55	34	52	74
	21	20	13	0	0
	8	3	6	0	0
	2	2	2	0	0
Mittelwert	2,31	2,14	1,87	1,52	1,74
Anzahl der Fälle	3986	4003	5057	4928	5019

Abbildung 2: Schematischer Aufbau einer Ergebnismatrix mit Beispielwerten.

Werden Analyseergebnisse in der beschriebenen Form organisiert, bringt das entscheidende Vorteile mit sich:

- Viele Statistikprogramme legen Ergebnisse in sogenannten Listing-Dateien ab. Diese enthalten neben den eigentlichen Ergebnissen häufig eine Vielzahl zusätzlicher Informationen, die für eine weitere Verwendung nicht benötigt werden. Listings dieser Art sind im Rahmen einer MAB kaum zu gebrauchen. Ergebnismatrizen der oben beschriebenen Art beinhalten hingegen ausschließlich jene Informationen, die für die Ergebnisdokumentation benötigt werden.
- Ergebnismatrizen weisen für alle Organisationseinheiten die identische Struktur auf. Sie unterscheiden sich untereinander nur in der Ausprägung der Maßzahlen. Dies ist im Hinblick auf eine standardisierte automatische Berichteerstellung von zentraler Bedeutung.

Die Erstellung von Ergebnismatrizen

Der Erstellung von Ergebnismatrizen liegt der Vorgang der Aggregation zugrunde. Bei einer Aggregation werden für Gruppen, die durch Gruppierungsvariablen definiert werden, statistische Maßzahlen berechnet. Bei MAB dienen die Bereichsvariablen als Gruppierungsvariablen (vgl. Abschnitt 5.1). Aggregationen können die Berechnung unterschiedlicher Maßzahlen zum Ziel haben. Besteht die Zielsetzung darin, Ergebnismatrizen mit der in Abbildung 2 wiedergegeben Struktur zu berechnen, sind pro zu analysierender Organisationseinheit sieben Aggregationen erforderlich. Der Vorgang der Aggregation ist in Abbildung 3 schematisch dargestellt.

Ausgangspunkt für eine Aggregation ist die Datenmatrix. Im oberen Teil der Abbildung 3 ist eine Beispieldatenmatrix ausschnitthaft wiedergegeben. Sie besteht aus einer Bereichsvariablen B und inhaltlichen Variablen (V1, V2, usw.). Das Ergebnis der Aggregation findet sich im unteren Teil der Abbildung wieder. Bei der in diesem Beispiel dargestellten Aggregation wurden Mittelwerte berechnet. Die beiden Ergebniszeilen geben diese für die verschiedenen inhaltlichen Variablen, bezogen auf die Bereiche 1 und 2 wieder.

Aggregationen der hier beispielhaft beschrieben Art sind für alle relevanten statistischen Maßzahlen durchzuführen. In einem weiteren Schritt müssen dann die für die einzelnen Organisationseinheiten (Bereiche) erstellten Ergebniszeilen zu Ergebnismatrizen zusammengefügt werden.

Datenmatrix

B	V1	V2	V3	V4	V5	V6
1	2	5	2	2	4	5
1	1	2	1	5	1	
1	4	2	3	3	2	2
1	2	4	4	2	2	3
2	3	3	3	1	3	3
2	3	3	3	4	1	2
2	2	3	1	3	3	1
3	4	2	3	3	2	2

Aggregation

Mittelwerte

1	2,25	3,25	2,50	4,00	2,25	3,33
2	2,67	3,00	2,33	2,67	2,33	2,00

Abbildung 3: Der Vorgang der Aggregation.

6.2   Ergebnisdokumentation

Im Rahmen der Ergebnisdokumentation werden die in der Datenanalyse berechneten statistischen Maßzahlen in ein Berichtsformat übertragen. Zur Verdeutlichung der Logik, die dieser Phase zugrunde liegt, wird zunächst ein Beispiel einer Ergebnisdarstellung wiedergegeben.

Beispiel einer Ergebnisdarstellung

In Abbildung 4 ist die Dokumentation von Analyseergebnissen in bezug auf eine einzelne Variable dargestellt. Für dieses Beispiel wurden fiktive Bereichsbezeichnungen gewählt. Die Organisationseinheit um die es in dieser Auswertung geht (im folgenden als Berichtseinheit bezeichnet) ist die Motorenentwicklung (ME). Ihr ist der Bereich Forschung und Entwicklung (F&E) übergeordnet und dient als Vergleichseinheit.

In dieser Ergebnisdarstellung werden die Ergebnisse der beiden Bereiche F&E sowie ME gegenübergestellt. Die Darstellung beinhaltet statistische Maßzahlen, wie Mittelwerte und Häufigkeitsangaben. Ergänzt werden diese durch ein Balkendiagramm, mit dessen Hilfe Mittelwerte visualisiert werden. Darüber hinaus beinhaltet diese Darstellung Textelemente, wie bspw. die Frageformulierung und deren Antwortvorgaben. Innerhalb eines Ergebnisberichts wiederholt sich diese Form der Darstellungen für jede Einzelvariable.

Ergebnisdarstellungen sind in unterschiedlichster Weise denkbar. Das Beispiel in Abbildung 4 gibt nur eine Möglichkeit unter vielen wieder. Sachliche Überlegungen, bezogen auf die Frage nach der optimalen Darstellungsform, sollen an dieser Stelle jedoch nicht thematisiert werden. Wichtig ist hier, daß Ergebnisdarstellungen Elemente der in diesem Beispiel aufgezeigten Art beinhalten können.

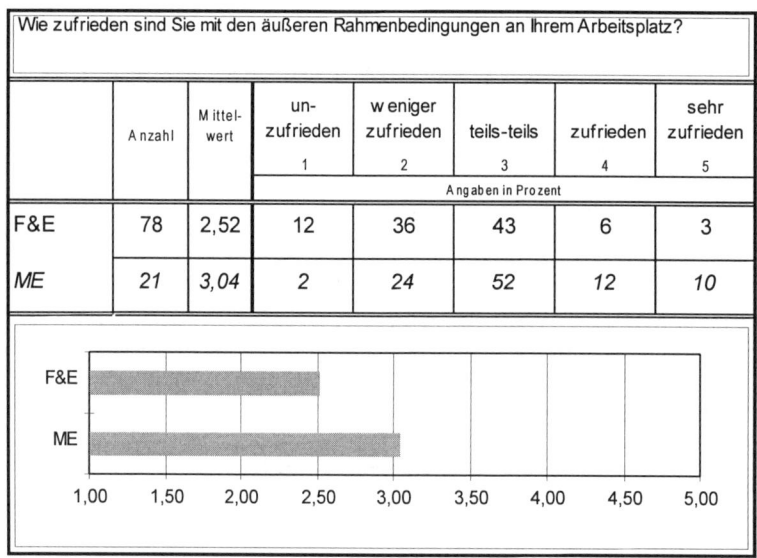

Abbildung 4: Beispiel einer Ergebnisdokumentation.

Fixe und variable Anteile der Ergebnisberichte

Berichte weisen fixe und variable Anteile auf. Betrachtet man das oben aufgezeigte Beispiel einer Ergebnisdarstellung, so wird unmittelbar deutlich, daß bestimmte Elemente dieser Darstellung in allen Ergebnisberichten gleichermaßen auftauchen. Dazu gehören Textelemente, wie bspw. die Frageformulierung sowie die Angabe der Antwortalternativen. Des weiteren sind in allen Berichten die Formatierungen der Tabelle und der Graphik identisch. Diese Elemente können als fixe Anteile der Berichte bezeichnet werden. Neben den fixen Anteilen beinhalten Berichte auch variable Anteile. Dazu gehören im wesentlichen die statistischen Maßzahlen. Reduziert man die Ergebnisdarstellung in Abbildung 4 auf die fixen Elemente, so ergibt sich das in Abbildung 5 wiedergegebene Bild. Die variablen Anteile sind durch Fragezeichen gekennzeichnet.

Da fixe Elemente für alle Berichte identisch sind, liegt es nahe, diese *einmal* zu definieren, um sie dann der Erstellung *aller* Berichte zugrunde zu legen. Dieser Grundgedanke dürfte aus der Verwendung von Serienbrieffunktionen, wie sie Textverarbeitungsprogramme im allgemeinen zur Verfügung stellen, bekannt sein. Bei Serienbriefen wird zwischen einem Hauptdokument und einer Datenquelle unterschieden. Das Hauptdokument beinhaltet alle fixen Anteile, die für alle Briefe identisch sind. Variable Anteile (wie bspw. Anschrift, Anrede usw.) sind durch einen Platzhalter repräsentiert. Die Erstellung der Briefe erfolgt schließlich durch die Verknüpfung des Hauptdokuments mit einer Datenquelle.

Die Anfertigung von Ergebnisberichten im Rahmen einer MAB kann grundsätzlich nach derselben Logik erfolgen wie die der Serienbrieferstellung, wenn auch die Anforderungen hier bei weitem umfangreicher und komplexer sind. Dies macht die Erstellung eines Hauptberichts notwendig.

Ein Hauptbericht beinhaltet zunächst alle fixen Komponenten, wie Tabellen, Textelemente, Formatierungen, Charts, usw. Variable Felder beinhalten Verknüpfungen zu externen Datenquellen. Im Rahmen der Ergebnisdokumentation bei MAB dient der in Ergebnismatrizen zerlegte Ergebnisraum als Datenquelle. Im folgenden soll daher auf die Logik der Verknüpfung von Ergebnisraum und Hauptbericht eingegangen werden.

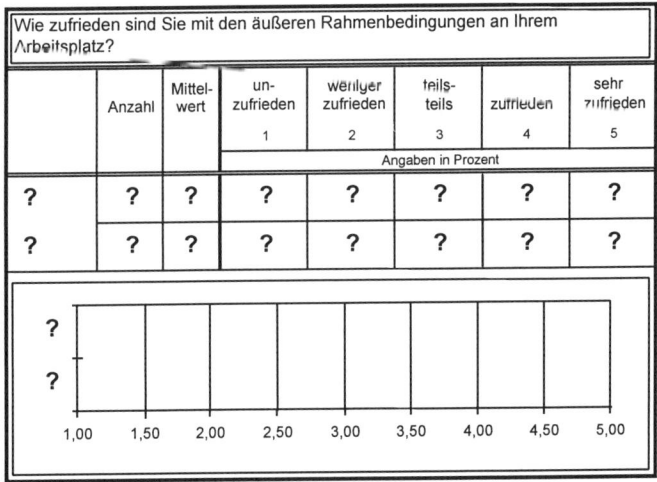

Abbildung 5: Die fixen und variablen Elemente einer beispielhaften Ergebnisdarstellung für eine Variable (die variablen Elemente sind durch ein Fragezeichen gekennzeichnet).

Die Verknüpfung des Hauptberichts mit dem Ergebnisraum

Betrachten wir das Beispiel aus Abbildung 4. Für die Organisationseinheit ME wird in dieser Ergebnisdarstellung, bezogen auf die Variable "Zufriedenheit mit äußeren Rahmenbedingungen im eigenen Arbeitsbereich" ein Mittelwert von 3,04 wiedergegeben. Bei diesem Feld handelt es sich um ein variables Feld. Zwei Dimensionen des Ergebnisraums sind für dieses Feld, unabhängig auf welche Organisationseinheit sich der Bericht bezieht, stets identisch: Die Dimension *Variable* und die Dimension *Art der statistischen Maßzahl.* Für alle zu erstellenden Berichte gilt, daß sich in diesem Feld immer ein Mittelwert bezogen auf die Variable "Zufriedenheit mit äußeren Rahmenbedingungen im eigenen Arbeitsbereich" befindet. *Das einzig variable an diesem Feld ist somit sein Bezug zur jeweiligen Organisationseinheit. Dies gilt in gleicher Weise für alle variablen Felder eines Ergebnisberichts.*

Dies hat für die praktische Erstellung der Verknüpfungen wichtige Konsequenzen. Die Erstellung einer Verknüpfung erfordert immer die Angabe von drei Informationen. Zum einen muß (1) die Datenquelle (Ergebnismatrix) angegeben werden, zu der ein Bezug hergestellt werden soll. Des weiteren muß festgelegt werden (2) auf welche Spalte und (3) auf welche Zeile der externen Datenquelle Bezug genommen werden soll. Diese drei Informationen stellen eine direkte Analogie zu den drei Dimensionen des Ergebnisraums dar. Die Information *Datenquelle* legt die Organisationseinheit fest, die Informationen *Spalte* und *Zeile* bestimmen die Variable sowie die Art der statistischen Maßzahl. Da Ergebnismatrizen in ihrer Struktur identisch sind und für jedes variable Feld die Dimensionen *Variable* und *statistische Maßzahl* unabhängig vom zu erstellenden Bericht feststehen, können die beiden Informationen *Spalte* und *Zeile* für jedes variable Feld des Hauptberichts *einmal* fix definiert werden.

Eine Erweiterung der bisherigen Logik ergibt sich aus der Notwendigkeit, mehrere Organisationseinheiten innerhalb eines Berichts zu integrieren. Im Beispiel aus Abbildung 4 sind Ergebnisse zu zwei Organisationseinheiten, der Berichtseinheit und der übergeordneten Einheit wiedergegeben. Im allgemeinen ist es im Rahmen der Ergebnisdokumentationen erforderlich, Ergebnisse zu mehreren hierarchischen Vergleichsebenen wiederzugeben. Darüber hinaus kann die Zielsetzung häufig darin bestehen, Ergebnisse aus mehreren Erhebungszeitpunkten zu berücksichtigen. Vergleicht man die beiden Mittelwertsangaben aus dem obigen Beispiel, so wird deutlich, daß sich der obere Mittelwert immer auf die Berichtseinheit bezieht. Der untere Wert gibt immer den Mittelwert für die übergeordnete Organisationseinheit wieder. Dies trifft für alle Berichte und alle Ergebnisdarstellungen zu. Für jedes variable Feld müssen somit folgende Informationen einmal im Hauptbericht festgelegt werden:

- Berichts- bzw. Vergleichseinheit: Handelt es sich um die Berichtseinheit, die übergeordnete Einheit usw.? Auf welchen Erhebungszeitpunkt bezieht sich die statistische Maßzahl?
- Art der statistischen Maßzahl: Welche statistische Maßzahl soll in dem Feld wiedergegeben werden (Mittelwert, relative Häufigkeit einer bestimmten Antwortkategorie, Anzahl der Fälle, usw.)? Konkret muß hier die Zeile der Ergebnismatrizen angegeben werden, in der sich die jeweilige Maßzahl befindet.
- Inhaltliche Variable der Befragung: Auf welche Variable bezieht sich die statistische Maßzahl? Da jede Variable durch eine bestimmte Spalte in den Ergebnismatrizen re-

präsentiert ist, muß hier eine genaue Angabe darüber gemacht werden, zu welcher Spalte der Ergebnismatrizen ein Bezug hergestellt werden muß.

Wurden diese Informationen für alle variablen Felder festgelegt, kann der Prozeß der Berichteerstellung begonnen werden. Auf diesen wird im folgenden Abschnitt näher eingegangen.

Der Prozeß der Berichteerstellung

Ausgangspunkt für die Berichteerstellung ist der Ergebnisraum, repräsentiert durch die Ergebnismatrizen, sowie ein Hauptbericht, indem neben den fixen Anteilen alle variablen Felder bezüglich der oben genannten Informationen definiert wurden. Der Prozeß der Berichteerstellung ist in Abbildung 6 schematisch wiedergegeben.

Der Prozeß der Berichteerstellung umfaßt insgesamt drei Schritte. Im ersten Schritt müssen die Ergebnismatrizen für die Berichts- und Vergleichseinheiten ausgewählt und als solche definiert werden. Auf der Basis dieser Matrizen werden die Verknüpfungen zum Hauptbericht aktualisiert. Der Hauptbericht "holt sich" sozusagen die relevanten statistischen Maßzahlen aus den ausgewählten Ergebnismatrizen in die entsprechenden variablen Felder. Im dritten Schritt müssen diese Werte "eingefroren" werden. Das Resultat dieses letzten Schritts ist ein fertiger Ergebnisbericht, der unter einem bestimmten Namen abgespeichert werden muß. Dieser Prozeß wiederholt sich für jeden zu erstellenden Bericht in gleicher Weise. Die Phase der Ergebnisdokumentation ist somit als ein zyklischer Prozeß aufzufassen.

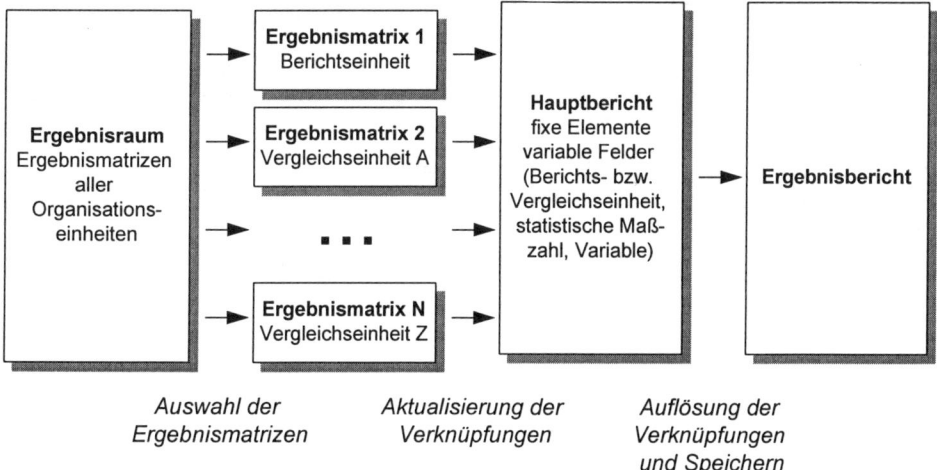

Abbildung 6: Der Prozeß der Berichteerstellung.

7   Fazit

In diesem Beitrag wurde der Versuch unternommen, auf die besonderen Anforderungen, die an ein Datenmanagement im Rahmen einer MAB zu stellen sind, hinzuweisen. Ausgehend von diesen Anforderungen wurden Empfehlungen und Lösungsmöglichkeiten bezüglich verschiedener Phasen des Datenmanagements aufgezeigt. Hierbei wurde deutlich, daß die Durchführung einer MAB in bezug auf die Datenverarbeitung kaum mit klassischen sozialwissenschaftlichen Untersuchungen zu vergleichen ist.

Herkömmliche Strategien zur Datenerfassung, Datenaufbereitung und -analyse versagen gänzlich, wenn es auf eine produktive und auf Qualität ausgerichtete Durchführung einer MAB ankommt. Der Erfolg steht und fällt mit der Berücksichtigung von Aspekten, die für das Datenmanagement von Bedeutung sind. Dies beginnt bereits bei der Konstruktion des Erhebungsinstruments. Erfolgt die Konstruktion des Fragebogens unabhängig von der technischen Konzeption des Datenmanagements, sind schwerwiegende Probleme vorprogrammiert.

Das selbe gilt für die Konzeption der Ergebnisrückmeldung. Die inhaltliche Gestaltung der Ergebnisberichte muß Hand in Hand mit datentechnischen Überlegungen in einer frühen Phase der MAB erfolgen. Erfahrungen hieraus haben gezeigt, daß vieles dafür spricht, mit den Auftraggebern einer MAB Fragen der Berichtgestaltung und der Ergebnisrückmeldung mehrere Wochen vor Beginn der Befragung abzuklären, um technische Fragestellungen im Rahmen des Datenmanagements rechtzeitig in geeignete Maßnahmen überzuleiten.

Aus den oben aufgeführten Überlegungen heraus wird deutlich, daß es für die erfolgreiche Durchführung einer MAB unverzichtbar ist, daß der Auftraggeber frühzeitig definiert, welche Organisationseinheiten einen Bericht erhalten. Dies geht mit einer eindeutigen Dokumentation der Organisationsstruktur des jeweiligen Unternehmens einher. Es könnte eine nicht überschaubare Vielzahl weiterer Konsequenzen, die sich aus den Ausführungen diese Beitrags ableiten lassen, aufgeführt werden.

Entsprechend der Ausführungen in diesem Beitrag liegt es insgesamt betrachtet auf der Hand, daß bestimmte kurz- und langfristige Versäumnisse einen erheblichen Einfluß auf das Datenmanagement haben können. Praktische Erfahrungen liefern hierfür eine eindrucksvolle Fülle kaum antizipierbarer Problemstellungen.

Rückmeldung der Ergebnisse an Führungskräfte und Mitarbeiter

Ingela Jöns

1   Einleitende Bemerkungen

Der Rückmeldung von Ergebnissen an Führungskräfte und Mitarbeiter im Anschluß an Mitarbeiterbefragungen (MAB) wird heutzutage - zumindest in der Fachliteratur - zentrale Bedeutung beigemessen (vgl. Borg, 1995a; Domsch & Schneble, 1992; Freimuth & Kiefer, 1995). Nach der Befragungsaktion im engeren Sinne entscheidet die Art der Rückmeldung bzw. der Rückmeldeprozeß in zweierlei Hinsicht über den Erfolg, d.h. inwieweit die MAB
- als Partizipationsinstrument durch die Mitarbeiter anerkannt wird und
- den Ausgangspunkt für gemeinsame Verbesserungsprozesse bilden wird.
In der Praxis wird demgegenüber der Rückmeldung häufig noch nicht die Beachtung bei der Vorbereitung und Durchführung von MAB geschenkt, die erforderlich wäre, damit die Befragung nicht im Sande verläuft oder gar als Alibi-Veranstaltung oder Pseudo-Partizipation von den Befragten interpretiert wird. Im ersten Fall wird man die Quittung bei Folgebefragungen in Form geringer Rücklaufquoten erhalten. Im zweiten Fall wird das Vertrauen in das Management bzw. zu den Führungskräften über die MAB hinaus Schaden nehmen: Das aufrichtige Interesse an der Meinung der Mitarbeiter und ihrer tatsächlichen Beteiligung bei anstehenden Veränderungen bzw. im Rahmen gemeinsamer Verbesserungsprozesse wird insgesamt zumindest bezweifelt.

Rückmeldungen - oder Feedback - spielen nun nicht nur im Anschluß von Befragungen eine zentrale Rolle, sondern sie können als Voraussetzung lernender Organisationen angesehen werden (vgl. z.B. Probst & Büchel, 1994; Sonntag, 1996). Daher sei im nächsten Abschnitt kurz allgemein auf die Bedeutung von Feedback und auf die Rolle von MAB in lernenden Organisationen eingegangen, bevor die spezifische Problematik der Ergebnisrückmeldung im einzelnen erörtert wird. Hierzu werden im dritten Abschnitt zunächst einzelne Aspekte und Fragen dargestellt, die bei der Gestaltung der Ergebnisrückmeldung zu berücksichtigen sind. Anschließend werden im vierten Abschnitt die zentralen Elemente einer Gesamtkonzeption bzw. im Gesamtablauf von Feedbackprozessen erörtert. Zum Schluß wird kurz die Frage nach den Voraussetzungen und Konsequenzen von derartigen Feedbackprozessen aufgegriffen.

Da Vorgesetztenbeurteilungen (VGB) als eine spezifische Form der MAB anzusehen sind, die zwar im Rahmen von allgemeinen MAB miterhoben werden können (vgl. Domsch, 1992), doch auf jeden Fall eine getrennte Rückmeldung erfordern (vgl. hierzu den Beitrag von Jöns in diesem Band), wird im folgenden jeweils auch auf die Besonderheiten von VGB kurz eingegangen.

2 Feedback als Voraussetzung lernender Organisationen

Ohne hier auf die verschiedenen lern- und handlungstheoretischen Ansätze einzugehen, die sich zur Begründung anführen ließen, kann von einer zentralen Bedeutung des Feedbacks für individuelle ebenso wie für kollektive Lernprozesse in Organisationen ausgegangen werden.

2.1 Individuelles Lernen in Organisationen

Individuelles Lernen in Organisationen setzt voraus, daß Mitarbeiter und Führungskräfte Rückmeldungen über ihre Arbeitsleistungen bzw. über ihr Führungsverhalten erhalten, und zwar im Arbeitsalltag und nicht nur bei besonderen Anlässen oder zu bestimmten Zeiten. Betrachtet man nun die vorherrschende Feedbackkultur in der Praxis, dann sind zum einen zwischen alltäglichen und institutionalisierten Feedbackprozessen und zum anderen zwei Feedbackrichtungen - top down und bottom up - zu unterscheiden:

Feedback für Mitarbeiter und Vorgesetzte im Arbeitsalltag

Die Feedbackpraxis im Arbeitsalltag läßt sich dahingehend zusammenfassen, daß erstens Mitarbeiter kaum oder zu selten Rückmeldungen über ihre Arbeit - insbesondere von ihren Vorgesetzten - erhalten, was entsprechend auch in fast allen MAB und VGB bemängelt wird. Zweitens kann für die meisten Feedbackkulturen als kennzeichnend angeführt werden, daß direkte und prompte Rückmeldungen an Mitarbeiter immer dann erfolgen, wenn Fehler oder Probleme aufgetreten sind. Das bedeutet, Feedback im Arbeitsalltag ist zumeist negativ. Umgekehrt gilt für Vorgesetzte, daß sie von ihren Mitarbeitern noch seltener direkte Rückmeldungen über ihr Führungsverhalten im Alltag erhalten. Eine offene Feedbackkultur, in der auch kritische Rückmeldungen nach oben praktiziert werden, ist zudem nur sehr begrenzt anzutreffen.

Institutionalisierte Formen des Feedbacks für Mitarbeiter und Führungskräfte

Die Einführung von Mitarbeitergesprächen oder anderen institutionalisierten Formen der Rückmeldung, zu denen u.a. MAB bzw. VGB als Feedbackinstrumente für Führungskräfte zählen, ist einerseits als Ausdruck einer unzureichenden Feedbackkultur im Arbeitsalltag aufzufassen. Andererseits erfüllen diese andere oder zusätzliche Funktionen: Sie dienen gerade dazu, die Leistungen und Verhaltensweisen - losgelöst vom Tagesgeschehen - rückblickend über einen längeren Zeitraum zu reflektieren und Konsequenzen für die Zukunft abzuleiten. Unabhängig davon, inwieweit diese Formen in der Praxis tatsächlich umgesetzt und genutzt werden, so sind sie als Feedbackinstrumente zu charakterisieren, die grundsätzlich ein Lernen in Organisationen fördern können. Damit ist gemeint, daß jeweils einzelne Personen/-gruppen Feedback erhalten, wobei das Feedback zunächst jeweils in einer Richtung verläuft.

2.2 Organisationsweites Lernen bzw. Lernen von Organisationen

Lernende Organisationen setzen aber voraus, daß Lernen nicht nur organisationsweit durch alle einzelnen Mitglieder, sondern aufeinander abgestimmt bzw. gemeinsam erfolgt (vgl. Probst & Büchel, 1994; Sonntag, 1996). Gemeinsames Lernen erfordert wechselseitige Feedbackprozesse, die in kleinen Einheiten, Gruppen oder Abteilungen, noch auf direktem Wege - im gemeinsamen Dialog - stattfinden können. Damit diese

Lernprozesse in organisationsweites Lernen münden, müssen sie durch übergreifende Feedback-Prozesse, -Schleifen oder -Zirkel systematisch integriert werden. Dies erfordert zumeist institutionalisierte Kommunikationsformen.

Organisationsweite Feedbackprozesse im Arbeitsalltag

Im Arbeitsalltag dienen hierzu im allgemeinen die verschiedenen Besprechungsrunden oder Gremien unterschiedlicher Hierarchieebenen und Funktionsbereiche. Selbst wenn diese organisationsweiten Kommunikationsformen im Alltag optimal funktionieren würden - und es bedarf wohl angesichts der allgemeinen Diskussion über Abteilungsegoismen, Fürstentümer und Konkurrenzkämpfe keiner näheren Ausführungen zu den Defiziten übergreifender Kommunikation in Unternehmen -, dann fehlen institutionalisierte Formen für organisationsweite strategische Lernprozesse. Damit sind wie bereits auf individueller Ebene die vom Tagesgeschäft losgelösten Reflexionsprozesse gemeint, in denen das Feedback über die Vergangenheit direkt in Überlegungen und Konsequenzen für die Zukunft münden soll.

Organisationsentwicklung durch Survey-Feedbackprozesse

Im Prinzip handelt es sich bei diesem strategischen Organisationslernen um Prozesse, die allgemein unter der Bezeichnung "Organisationsentwicklung (OE)" besser bekannt sind. Im Rahmen der OE gilt seit jeher Survey-Feedback als die zentrale Methode zur Initiierung organisationsweiter Lern- und Entwicklungsprozesse.

[Survey-Feedback] basiert auf dem Vorgang der systematischen Sammlung von Daten über das System und dem Feedback dieser Daten an Inididuen und Gruppen auf allen Ebenen zur Analyse, zur Interpretation und zum Planen von Verbesserungen. (French & Bell, 1990, S. 162)

Die Rolle von MAB im Zusammenhang mit Ansätzen der OE (vgl. ausführlich den Beitrag von Comelli in diesem Band) ist direkt ersichtlich, wenn man von den zwei Hauptteilen des Survey-Feedback ausgeht: "Der Ermittlung von Einstellungen durch Umfragen und einer anschließenden Besprechung der Befragungsergebnisse" (French & Bell, 1990, S. 162). Demnach kann Survey direkt mit der Befragung gleichgesetzt werden. Insofern kommt der MAB zunächst Bedeutung als Erhebungsinstrument zu. Dabei entspricht die MAB / der Survey gleichzeitig der Rückmeldung der Mitarbeiter an das Management, d.h. der erste Schritt basiert auf einem bottom up-Feedbackprozeß, woran sich dann die top down-Feedbackprozesse und weitere OE-Maßnahmen anschließen.

MAB und VGB als Survey-Feedbackprozesse zur Organisations- und Teamentwicklung

Wenngleich also im Rahmen von OE-Projekten MAB stets eine zentrale Bedeutung zukam, so wurde umgekehrt bei der Durchführung von MAB in der Praxis lange Zeit den anschließenden Feedbackprozessen nur kaum oder wenig Bedeutung beigemessen. Wenn aber MAB mehr als eine Rückmeldung des Meinungsbildes der Mitarbeiter an das Management darstellen sollen, wenn sie den Ausgangspunkt für gemeinsame Verbesserungsprozesse bilden sollen, dann sind MAB von vornherein als Survey-Feedbackprozesse bzw. als OE-Projekte zu konzipieren. Wie bereits einleitend erwähnt, müssen sich selbst bei einer Durchführung der MAB als Information für Managemententscheidungen, Feedbackprozesse anschließen, will man die Glaubwürdigkeit der Befragung als Ausdruck des Interesses an der Mitarbeitermeinung aufrecht erhalten.

Für VGB gilt analog, daß neben der Rückmeldung an die beurteilten Führungskräfte sich Feedbackprozesse an die Mitarbeiter anschließen müssen, um die Akzeptanz dieses Instrumentes zu erhalten und um Teamentwicklungsprozesse einzuleiten, die über mögliche individuelle Maßnahmen zur Verbesserung des Vorgesetztenverhaltens hinausgehen (vgl. Hofmann, Köhler & Steinhoff, 1995). Darüber hinaus können VGB, wenn sie organisationsweit durchgeführt werden, auch als OE-Projekte allerdings zur spezifischen Frage des Führungsverhaltens, des Führungsstils bzw. der Führungskultur im Unternehmen eingesetzt werden. Das Vorgehen entspricht dann prinzipiell dem Ablauf bei allgemeinen oder themenspezifischen MAB (vgl. Jöns, 1997a). Die Besonderheiten, die bei der Rückmeldung zu berücksichtigen sind, resultieren dabei daraus, daß die VGB-Ergebnisse als "persönliche" Ergebnisse des Vorgesetzten anzusehen sind, welche die Beziehung zwischen dem Vorgesetzten und seinen Mitarbeitern betreffen.

Zusammenfassend läßt sich festhalten, daß MAB nur dann erfolgreich als Instrumente partizipativer Managementstrategien eingesetzt werden können, wenn die Feedbackprozesse als integraler Bestandteil einer MAB aufgefaßt werden und die MAB als OE-Projekt konzipiert wird.

3   Gestaltungsaspekte der Ergebnisrückmeldung

Bevor auf verschiedene Aspekte der Ergebnisrückmeldung eingegangen wird, sei angemerkt, daß es hierfür keine Patentlösung gibt, sondern daß vor dem Hintergrund der jeweiligen Situation und Kultur im Unternehmen ein spezifisches Feedbackkonzept zu entwickeln sein wird. Im folgenden geht es daher primär um einen Überblick über anstehende Fragen, die bei der Konzipierung einer MAB zu berücksichtigen sind, wobei doch einige grundlegende Anmerkungen und Empfehlungen zu einzelnen Aspekten gegeben werden können. Die zentralen Fragen und verschiedenen Formen zur Gestaltung der Ergebnisrückmeldung sind in der Tabelle 1 zusammengefaßt.

3.1   Ziele, Zielgruppen und Ablauf der Ergebnisrückmeldung

Ausgangspunkt für die Überlegungen, in welcher Form eine Ergebnisrückmeldung im Anschluß an die Erhebung und Auswertung der MAB erfolgen soll, bilden die Ziele, wobei sich grundsätzlich zwei Hauptzielrichtungen der Ergebnisrückmeldung unterscheiden lassen:

Information, Interpretation und Diskussion der Ergebnisse

Dabei geht es darum, daß nicht jede MAB mit der Einleitung gemeinsamer Veränderungs- oder Entwicklungsprozesse verbunden sein muß. Dann dient die Rückmeldung der Ergebnisse primär der Information der Mitarbeiter, die als Befragte zunächst einmal grundsätzlich das Recht haben, zu erfahren, was mit ihren Antworten passiert ist. Hierzu würden schriftliche Informationen oder allgemeine Informationsveranstaltungen sicherlich ausreichen.

Allerdings ist für fast alle MAB in der Praxis der Einsatz von weitgehend standardisierten Fragebögen kennzeichnend (vgl. hierzu den Beitrag von Bungard, Fettel & Jöns in diesem Band). Das bedeutet, daß die Ergebnisse die subjektive Meinung der Mitarbeiter zu Zahlenwerten verdichtet und damit ohne die zugrundeliegende Interpretation widerspiegeln.

Tabelle 1: Fragen und Formen der Ergebnisrückmeldung.

- *Ziele der Rückmeldung*
  - Information der Befragten über die Ergebnisse
  - Gemeinsame Interpretation und Diskussion der Ergebnisse
  - Einleitung gemeinsamer Verbesserungsprozesse
- *Zielgruppen der Rückmeldung*
  - Vom obersten Management bis zur untersten Mitarbeiterebene
  - Führungsmannschaft, Abteilungen und Gruppen
- *Ablauf und Reihenfolge der Rückmeldung und Ableitung von Maßnahmen*
  - Top-down Feedbackprozesse und
  - Bottom-up Entwicklungsprozesse
- *In welcher Form erfolgt die Rückmeldung?*
  - Publikation über betriebliche Medien (z.B. Zeitschrift, Rundbriefe)
  - Verteilung von Ergebnisberichten
  - Informationsveranstaltungen (z.B. Betriebsversammlung)
  - Feedbackgespräche / -Workshops
- *Durch wen erfolgt die Rückmeldung?*
  - Durch interne oder externe Berater
  - Durch Vorgesetzte mit oder ohne neutrale Moderation
- *Was wird zurückgemeldet bzw. wer erhält welche Ergebnisse?*
  - Alle oder ausgewählte Ergebnisse
  - Abteilungs-/Bereichsergebnisse oder Gesamtergebnisse
  - Vertikale Vergleiche zu über- und/oder nachgeordneten Einheiten
  - Horizontale Quervergleiche (internes Benchmarking)
  - Vergleichszahlen für ein externes Benchmarking

Dabei stellt dieser Zahlenspiegel durch die (Vor-)Auswahl der Fragen nur einen Ausschnitt des Meinungsbildes über die Arbeit, Organisation und Führung bzw. über das Unternehmen insgesamt dar. Wenig Auskunft geben die Befragungen zumeist über mögliche Ursachen ebenso wie über mögliche Verbesserungsansätze aus Sicht der Mitarbeiter, die sich in den einzelnen Abteilungen und Funktionsbereichen zudem noch unterscheiden werden. Insofern sind die Ergebnisse stets interpretations-, erläuterungs- und ergänzungsbedürftig (vgl. auch den Beitrag von Trost in diesem Band). Aufschlüsse über die richtige Interpretation der Ergebnisse wird man nur gewinnen können, wenn man die Ergebnisse mit den Mitarbeitern gemeinsam bespricht.

Einleitung gemeinsamer Verbesserungsprozesse

Zur Diskussion der Ergebnisse, um allgemein eine bessere Interpretationsgrundlage zu gewinnen, können möglicherweise noch weniger aufwendige Verfahren ausreichen, wie zum Beispiel schriftliche Rückmeldung in Kombination mit kleineren Gesprächsrunden mit einer Stichprobe von Mitarbeitern aus verschiedenen Bereichen. Allerdings sind derartige Auswahlverfahren immer skeptisch zu sehen, weil sich die Mitarbeiter häufig fragen, warum diese oder jene Kollegen zum Gespräch eingeladen werden und andere oder sie selbst nicht beteiligt werden.

Spätestens dann, wenn das Hauptziel der MAB in der Einleitung gemeinsamer Verbesserungsprozesse liegt, wird die Rückmeldung der Ergebnisse in Form von kleineren Gesprächsrunden von der obersten Führungsebene bis zur Mitarbeiterebene ohne Führungsverantwortung erfolgen müssen. Nur in diesem Rahmen kann eine aktive Partizipation aller Mitarbeiter und Führungskräfte an den angestrebten Veränderungsprozessen realisiert werden.

Zielgruppen der Rückmeldung: Vom Management bis zur untersten Mitarbeiterebene

Bei der Entwicklung der Konzeption der Feedbackprozesse und ihrer Integration zu organisationsweiten Veränderungsprozessen sind die verschiedenen Zielgruppen zu berücksichtigen. Für die Rückmeldung im engeren Sinne, d.h. für die Information über die Ergebnisse, spielt diese Unterscheidung keine große Rolle, da grundsätzlich bei organisationsweiten MAB gilt, daß auch alle Befragten über die Ergebnisse zu informieren sind. Eine andere Frage ist, in welchen Gruppen bzw. in welcher Zusammensetzung eine intensive Auseinandersetzung mit den Ergebnissen zur Ableitung von Maßnahmen erfolgt.

Als erstes seien die traditionellen Zielgruppen genannt: Das oberste Management, die Personal- und Bildungsabteilungen sowie spezielle Projektgruppen, die aber unter der Zielsetzung der Einleitung partizipativer Veränderungsprozesse nicht im Mittelpunkt stehen. Abgesehen von diesen strategischen Gruppen werden daher als Zielgruppen für Veränderungsprozesse in der Praxis zum einen die Führungsmannschaft (vor allem die oberen und mittleren Ebenen) und zum anderen die einzelnen Organisationseinheiten (die Abteilungen mit ihren Mitarbeitern und Führungskräften) unterschieden. Wenn organisationsweite, partizipative Veränderungsprozesse angestrebt werden, dann stellt die Unterscheidung der Zielgruppen keine Entweder-Oder-Frage dar, sondern eine intensive Auseinandersetzung mit den Ergebnissen wird auf allen Ebenen und in allen Funktionsbereichen stattfinden müssen. Die Frage der Zusammensetzung späterer Workshops und Projektgruppen, d.h. inwieweit diese hierarchie- und/oder bereichsübergreifend zusammengesetzt sind, wird je nach Themenschwerpunkt der anstehenden Veränderungsprozesse zu entscheiden sein.

Ablauf bzw. Kreislauf von Feedback- und Verbesserungsprozessen

Ausgehend von der bestehenden Organisationsstruktur wird der Feedbackprozeß im allgemeinen top down - über die verschiedenen Hierarchieebenen bis zur Gruppenebene - durchgeführt. Die Gespräche finden zunächst innerhalb der Führungsmannschaft und der jeweiligen Funktionsbereiche statt, die dann in späteren Phasen gegebenenfalls um bereichs- und hierarchieübergreifende Workshops und Projektgruppen ergänzt werden. Diesbezüglich ist hervorzuheben, daß der Rückfluß der Ergebnisse bottom up wiederum sichergestellt sein muß und daß auf höheren Ebenen erst im zweiten Schritt - nach der Ergebnisdiskussion auf der unteren Ebene - konkrete Maßnahmen geplant werden können. An die Ableitung von übergreifenden Zielen und Maßnahmen müssen sich dann wieder entsprechende Feedback- oder Informationsprozesse anschließen und die bottom up Rückmeldung über diese Aktivitäten wird spätestens im Rahmen der nächsten Befragung erfolgen. Auf den Gesamtablauf von Feedbackprozessen wird im vierten Abschnitt ausführlicher eingegangen (vgl. auch die Abbildung 1 in Abschnitt 5).

Besonderheiten bei VGB: Ziele und Zielgruppen der Rückmeldung

Da nach heutigem Verständnis das Ziel von VGB nicht in einer Beurteilung i.e.S. des Wortes, sondern in der Verbesserung des Führungsverhaltens und/oder der Zusammenarbeit zwischen Vorgesetzten und Mitarbeitern besteht, können die angeführten Überlegungen zu den Zielen der Rückmeldung entsprechend übertragen werden. Auch wenn der Schwerpunkt in der Führungskräfteentwicklung liegt, d.h. der Vorgesetzte steht im Mittelpunkt der Verbesserungsziele, sollte stets eine Rückmeldung an die Mitarbeiter erfolgen. Dabei ist ebenso das Gespräch mit den Mitarbeitern für den jeweiligen Vorgesetzten unerläßlich, um die Ergebnisse richtig verstehen zu können und persönliche Entwicklungsmaßnahmen überhaupt ableiten zu können.

Wenn Teamentwicklung als Ziel von VGB angestrebt wird, dann unterscheidet sich dies prinzipiell nicht von allgemeinen MAB bzw. der intensiven Auseinandersetzung mit den Ergebnissen in den einzelnen Gruppen. Allerdings ist bei der Rückmeldung der VGB-Ergebnisse in besonderer Weise die "persönliche" bzw. personenbezogene Dimension zu berücksichtigen. Insofern sind zwei Zielgruppen der Rückmeldung zu berücksichtigen: Die Beurteilten (die Vorgesetzten) und die Beurteiler (die Mitarbeiter). Dabei wird allgemein zunächst der Vorgesetzte seine Ergebnisse zurückgemeldet bekommen, bevor die Feedbackgespräche mit den Mitarbeitern stattfinden (vgl. Jöns, 1997a; Hofmann, Köhler & Steinhoff, 1995).

Abschließend sei vor dem Hintergrund der Besonderheiten bei VGB angemerkt, daß die "persönliche" Dimension generell bei der Konzeption und Vorbereitung der Ergebnisrückmeldung zu berücksichtigen ist, denn sie schwingt - zumindest auf Seiten von Führungskräften - immer mit. MAB-Ergebnisse stellen stets auch eine "Beurteilung" der Führungskräfte - wenn nicht ihres Verhaltens, so doch zumindest ihrer Leistungen - dar (vgl. auch das Fallbeispiel von Wiendieck in diesem Band).

3.2   Art, Intensität und Moderation der Ergebnisrückmeldung

Zu den Arten der Rückmeldung läßt sich als erstes feststellen, daß alle Informationskanäle im Unternehmen genutzt werden sollten, damit möglichst alle Mitarbeiter erreicht werden.

Informationsmedien und -veranstaltungen

Dabei stellen schriftliche Rückmeldungen in Form von Zeitschriften, Rundschreiben, Aushängen u.ä. ebenso wie Präsentationen auf großen Abteilungs- oder auf Betriebsversammlungen lediglich eine Minimalbedingung dar. Abgesehen davon, inwieweit diese Quellen von Mitarbeitern tatsächlich genutzt werden, fehlt hierbei das Gespräch über die Ergebnisse mit den Mitarbeitern. Informationsveranstaltungen bieten zwar auch keine Diskussionsmöglichkeiten, doch im Vergleich zur schriftlichen Rückmeldung haben sie den Vorteil, daß hier eine verantwortliche Führungskraft die Ergebnisse präsentiert. Durch die persönliche Form werden Mitarbeiter zumindest eher den Eindruck gewinnen, daß man sich an verantwortlicher Stelle mit den Ergebnisse beschäftigt hat.

Verteilung von schriftlichen Ergebnisberichten

Abgesehen von der Frage nach den Inhalten, auf die weiter unten eingegangen wird, ist anzumerken, daß die schriftlichen Ergebnisberichte auch an Führungskräfte nicht ausschließlich auf postalischem Weg bzw. nicht ohne zusätzliche Erläuterungen verteilt werden sollten. Damit ist nicht nur gemeint, daß Ergebnisberichte um schriftliche Hinweise zur Interpretation der Daten, zum Umgang mit den Ergebnisse, zur Durchführung von Gesprächen und zur Ableitung von Maßnahmen etc. zu ergänzen sind. Vielmehr ist zumindest bei der erstmaligen Durchführung einer MAB eine Beratung oder Vorbereitung der Führungskräfte auf die Ergebnisrückmeldung erforderlich, und zwar in zweierlei Hinsicht: Erstens stellen die Ergebnisberichte selbst die Rückmeldung an die Führungskräfte dar, wenn keine spezifischen Veranstaltungen für Führungskräfte durchgeführt werden. Zweitens ist zu berücksichtigen, daß es sich in Abhängigkeit von der Auswertungseinheit um eine "persönliche" Rückmeldung handelt, die einer VGB sehr nahe kommen kann.

Gesprächsrunden und Workshops

Als geeignetes Forum für die Ergebnisrückmeldung sind Gesprächsrunden oder Workshops anzusehen, in denen Führungskräfte und Mitarbeiter in kleineren Gruppen über die Ergebnisse informiert werden und in denen ausreichend Möglichkeiten zur gemeinsamen Diskussion der Ergebnisse bestehen. Werden in diesem Rahmen bereits weitere Schritte vereinbart oder gar konkrete Maßnahmen abgeleitet, dann würde man von Workshops sprechen. Je nach Situation wird man in der Praxis zunächst Gesprächsrunden durchführen, an die sich im zweiten Schritt Workshops zur Ableitung von Maßnahmen anschließen. Nur diese Form der Ergebnisrückmeldung entspricht, wenn sie flächendeckend durchgeführt wird, den Anforderungen an Feedbackprozesse im engeren Sinne, wie sie oben im Rahmen der Überlegungen zur OE angeführt wurden (vgl. auch den Beitrag von Comelli in diesem Band). Daher werden sie im vierten Abschnitt als zentrale Elemente der Gestaltung von Feedbackprozessen ausführlich behandelt.

Durch wen erfolgt die Rückmeldung?

Die Frage, durch wen die Rückmeldung erfolgen sollte, ist nicht unabhängig von den Zielgruppen zu beantworten. Zusammenfassend ist die Rückmeldung durch externe Berater zumindest auf der Ebene des obersten Managements zu empfehlen, auf nachfolgenden Führungsebenen können auch interne Berater die Rückmeldung und Moderatorenrolle übernehmen.

Bezüglich der Rückmeldung an die unteren Führungskräfte und an die Mitarbeiter kann generell festgestellt werden, daß sich die Mitarbeiter selbst wünschen, daß ihre eigenen direkten oder nächsthöheren Vorgesetzten mit ihnen über die Ergebnisse sprechen, denn nur sie können gegenüber ihren Mitarbeitern die Verantwortung für Konsequenzen aus der MAB übernehmen und verbindliche Zusagen machen (vgl. hierzu den Beitrag von Fettel in diesem Band).

Eine andere Frage ist, ob die Vorgesetzten die Veranstaltungen allein oder zusammen mit einem neutralen Moderator durchführen. Wenngleich die Meinungen der Mitarbeiter nicht immer einheitlich sind, so wünschen Mitarbeiter doch häufig, daß ein Moderator zumindest bei der ersten Veranstaltung hinzugezogen wird, während die Führungskräfte selbst, dies zumeist nicht für erforderlich erachten. Wenn Vorgesetzte die Rückmeldung der Ergebnisse alleine durchführen sollen, dann ist auf die Vorbereitung der Vorgesetzten - in Hinblick auf die Durchführung der Feedbackgespräche und insbesondere auf ihre eigene Rolle in den angestrebten partizipativen Veränderungsprozessen - besonderer Wert zu legen. Aufgrund der zentralen Bedeutung wird auf die Vorbereitung von Führungskräften im vierten Abschnitt ausführlich eingegangen.

Besonderheiten bei VGB: Persönliche Beratungsgespräche und Teamgespräche

Bei VGB erhält grundsätzlich zunächst einmal der Vorgesetzte seine persönlichen Ergebnisse in Form von schriftlichen Unterlagen. Als geeignete Übergabe- oder Rückmeldeform wird zumeist ein persönliches Beratungsgespräch empfohlen (vgl. Schönpflug, 1995). Eine andere Variante ist die Durchführung von Workshops mit den beurteilten Führungskräften (vgl. Jöns, 1997a), welche dem Vorgehen bei MAB in etwa entspricht, wie es auch hier vorgestellt wird.

Die Besonderheit der Teamgespräche bei VGB im Unterschied zu allgemeinen MAB besteht darin, daß nicht nur von einer persönlichen "Betroffenheit" des Vorgesetzten, sondern auch von den Mitarbeiter auszugehen ist. Bei VGB ist es noch wesentlich problematischer, wenn keine Gespräche stattfinden, denn die VGB hängt - im wahrsten Sinne des Wortes - "in der Luft" und kann die Atmosphäre zumindest vorübergehend stark belasten.

VGB betreffen aus Sicht der Mitarbeiter ihre Beziehung zum Vorgesetzten, und zwar als Individuum und als Gruppenmitglied. Insofern lassen sich zwei Arten der Rückmeldung unterscheiden: Der Vorgesetzte kann mit jedem einzelnen Mitarbeiter und/oder mit der Gruppe insgesamt sprechen. Beide Arten haben Vor- und Nachteile. Im Sinne der Teamentwicklung kann eine alleinige Rückmeldung in Einzelgesprächen nicht empfohlen werden (vgl. Hofmann, 1995).

Wenngleich hier die Ergebnisrückmeldung in Form von Workshops oder ähnlichen Veranstaltungen präferiert wird, so geht es bei der Konzeption und Durchführung der Feedbackprozesse nicht darum, nur die eine oder andere Art zu wählen. Vielmehr gilt es ein Gesamtkonzept zu entwickeln, in welchem verschiedene Arten der Rückmeldung in den einzelnen Phasen zumeist mit unterschiedlicher Zielsetzung und für verschiedene Zielgruppen eingesetzt werden.

3.3 Inhalte der Ergebnisberichte und -präsentation

Die Frage nach den Inhalten und Zielgruppen der Ergebnisrückmeldung stellt sich bereits bei den allgemeinen Informationen über die Gesamtergebnisse, vor allem aber im Zusammenhang mit der Erstellung und Verteilung schriftlicher Berichte und bei der Präsentation im Rahmen von Workshops (vgl. auch Borg, 1995a).

Was wird zurückgemeldet?

Grundsätzlich gilt, daß alle Ergebnisse - die Ergebnisse zu allen Einzelfragen für die jeweilige Organisationseinheit - an die Befragten zurückgemeldet werden sollten. Die Auswertung bezogen auf die jeweilige Einheit entspricht nicht nur dem Wunsch der Mitarbeiter, sondern bildet die geeignete Grundlage für die gemeinsame Ableitung bereichsspezifischer Maßnahmen.

Dabei wird man nicht für jeden Mitarbeiter einen schriftlichen Bericht erstellen und bei mündlichen Präsentationen - zumindest bei umfangreichen MAB - häufig eine Auswahl treffen müssen. Diese Problematik trifft insbesondere bei zusammenfassenden Darstellungen zu den Gesamtergebnissen in Zeitschriften oder Informationsveranstaltungen zu. Insbesondere wenn diese dann noch verkürzt und bereits kommentiert dargestellt werden, wird häufig von Mitarbeitern angenommen, daß die Ergebnisse bewußt verzerrt - zumeist geschönt - wiedergegeben werden. Um so wichtiger ist es, daß erstens den Mitarbeitern die zugrundeliegenden Berichte zugänglich gemacht werden und daß zweitens auch die Kriterien der Auswahl präsentiert werden.

Welche Vergleichszahlen werden "mitgeliefert"?

Darüber hinaus werden - häufig und vor allem von Führungskräften - Vergleichszahlen gewünscht. Auf der einen Seite sind für die Analyse oder Interpretation der "eigenen" Ergebnisse Vergleichszahlen - interne oder externe Benchmarks - hilfreich und notwendig. Auf der anderen Seite sind derartige Vergleiche - ganz abgesehen von methodischen oder inhaltlichen Vergleichbarkeitsproblemen - nicht unproblematisch (vgl. hierzu den Beitrag von Fies & Schmitt in diesem Band).

So können Quervergleiche dazu beitragen, daß der Konkurrenzkampf zwischen einzelnen Einheiten geschürt wird, und Ergebnisse bzw. Vergleiche über nachgeordnete Bereiche, daß primär die Suche nach den Schuldigen oder Verantwortlichen für schlechte Bereichsergebnisse gefördert wird. Wenn hierüber ein Austausch gewünscht wird, dann sollten sich die jeweiligen Leiter zusammensetzen.

Im gemeinsamen Gespräch lassen sich einzelne Ergebnisse, mögliche Ursachen und Verbesserungsansätze wesentlich besser klären als auf der Basis von Datenanalysen. Ziel sollte es sein, daß sich jede Führungskraft zunächst mit den Ergebnissen für ihren Verantwortungsbereich auseinandersetzt, d.h. die Anzahl "mitgelieferter" Vergleiche sollte stark begrenzt und vor allem auf übergeordnete Einheiten begrenzt sein.

Wer erhält welche Ergebnisse?

Zusammenfassend kann die Frage, wer welche Ergebnisse bekommen sollte, dahingehend beantwortet werden, daß jede Organisationseinheit - der jeweilige Vorgesetzte mit seinen Mitarbeitern - "ihre" Ergebnisse und eventuell noch die Ergebnisse ihrer nächsthöheren Organisationseinheit und/oder die Gesamtergebnisse als Orientierungsgrundlage erhalten sollte.

Bei der Festlegung von Auswertungs- und Vergleichseinheiten sollte vor allem vermieden werden, daß aus einer MAB auf den unteren Ebene eine Art von VGB wird (zur Verbreitung dieser Problematik in der Praxis vgl. den Beitrag von Bungard, Fettel & Jöns in diesem Band). Die Anonymitätsfrage bezieht sich nämlich nicht nur auf die befragten Mitarbeiter, sondern auch auf die beurteilten oder verantwortlichen Führungskräfte - zumeist der unteren Ebene.

Besonderheiten bei VGB:
Beratung oder Kontrolle durch Vorgesetzte und Personalleiter

Bei VGB kommen zu der Frage, wer außerdem die individuellen Ergebnisse des jeweiligen Vorgesetzten erhält, vor allem zwei Personenkreise in Betracht: Die Personalabteilung und die nächsthöheren Vorgesetzten. Damit können zwar Coaching- bzw. Entwicklungsziele angestrebt werden, doch häufig entsteht dann der Eindruck, daß die VGB doch zu Beurteilungs- oder gar Kontrollzwecken herangezogen werden soll. Wenn der Vorgesetzte es selbst will, kann er jederzeit mit seinem Vorgesetzten oder einem internen Personalberater darüber sprechen. Der konsequenteste Weg besteht darin, daß nur der Vorgesetzte die schriftlichen Ergebnisse direkt von einem externen Berater erhält, wobei die Rückmeldung an die Mitarbeiter sichergestellt sein muß.

4   Gestaltung von Feedbackprozessen im Unternehmen

Im Anschluß an die verschiedenen Gestaltungsaspekte zur Ergebnisrückmeldung, die im vorangegangenen Abschnitt im einzelnen erörtert wurden, steht im folgenden die Gestaltung von unternehmensweiten Feedbackprozessen im Anschluß von MAB im Vordergrund, durch welche Verbesserungsprozesse bzw. organisationales Lernen im Unternehmen initiiert und stabilisiert werden sollen. Dabei gilt wiederum, daß die Gesamtkonzepte zum Feedbackprozeß je nach Unternehmensstruktur und -kultur unterschiedlich gestaltet bzw. ausgelegt werden müssen, so daß es im folgenden nicht um Patentlösungen gehen kann. Vor dem Hintergrund eigener Erfahrungen in verschiedenen Projekten wird zunächst der Ablauf eines Feedbackprozesses vorgestellt, bevor auf drei zentrale Fragen bzw. Bausteine eines Gesamtkonzeptes näher eingegangen wird. Dabei handelt es sich erstens um die Frage, wie die Führungskräfte auf die Ergebnisrückmeldung vorbereitet werden können. Hieran schließt sich direkt die zweite Frage nach der konkreten Gestaltung und Durchführung von Feedbackgesprächen mit den Mitarbeitern an. Abschließend wird der Frage nachgegangen, wie eine Ergebnissicherung bzw. ein Controlling der Feedback- und Verbesserungsprozesse erfolgen kann.

4.1   Gesamtablauf von Feedbackprozessen

Ausgangspunkt für die folgenden Überlegungen zum unternehmensweiten Feedback- und Verbesserungsprozeß bildet der Gesamtablauf, der typischerweise vor allem durch zwei Merkmale gekennzeichnet ist (vgl. auch oben Abschnitt 3.1):

Zwei- oder mehrstufiges Vorgehen

Entsprechend der Hierarchie bzw. der Zielgruppen im Unternehmen ist ein mindestens zweistufiges Vorgehen zur Ergebnisrückmeldung und Maßnahmenentwicklung erforderlich. Die eine Stufe betrifft die Ebene der Führungskräfte bzw. die Führungsmannschaft; die andere Stufe betrifft die Ebene der Mitarbeiter bzw. die einzelnen Arbeitsbereiche.

Top down und Bottom up Kreislauf

Während die Ergebnisrückmeldung im allgemeinen zunächst top down erfolgt, sollten anschließend die Maßnahmen bottom up entwickelt werden. Dabei sollte es sich im Gesamtablauf nicht um zwei getrennte Strategien, sondern um ein integriertes Kreislaufmodell handeln.

Die Tabelle 2, in der exemplarisch ein möglicher Ablauf eines Feedbackprozesses dargestellt ist, gibt einen Überblick über die verschiedenen Bausteine eines Gesamtkonzeptes (vgl. auch die zusammenfassende Abbildung 1 in Abschnitt 5). Zum aufgeführten Ablauf ist vorab anzumerken, daß hier die Vorbereitung der Führungskräfte nach den Workshops aufgeführt ist. Damit ist die konkrete Vorbereitung anhand der vorliegenden Ergebnisse gemeint, die eventuell im Rahmen der Workshops für Führungskräfte erfolgen kann, während eine allgemeine Vorbereitung bereits wesentlich früher erfolgen sollte. Auf die Information und Vorbereitung der Führungskräfte wird im Abschnitt 4.2 eingegangen. Ebenso wird die Durchführung von Feedbackgesprächen sowie die Ergebnissicherung und das Controlling in den nachfolgenden Abschnitten ausführlich behandelt, so daß es an dieser Stelle um den Gesamtablauf und begleitende Maßnahmen geht.

Tabelle 2: Ablauf und Bausteine des Feedbackprozesses.

- *Information der Führungskräfte und Mitarbeiter im Vorfeld der MAB*
- *Durchführung und Auswertung der schriftlichen Erhebung*
- *Präsentation der Ergebnisse auf der obersten Managementebene*
- *Publikation der Gesamtergebnisse und Information über das weitere Vorgehen*
- *Workshops/Tagung für Führungskräfte und Verteilung der Ergebnisberichte*
  - Präsentation und Diskussion der Bereichsergebnisse
  - Planung des weiteren Vorgehens in den Bereichen
  - Ergebnisberichte und Leitfaden zur Durchführung von Feedbackgesprächen
- *Vorbereitung der Führungskräfte auf die Feedbackgespräche*
  - Analyse, Interpretation und Präsentation der Ergebnisse
  - Rolle von Führungskräften in Veränderungsprozessen
  - Durchführung von Feedbackgesprächen
- *Feedbackgespräche mit den Mitarbeitern in den Bereichen*
  - Information über das Gesamtprojekt
  - Präsentation und Diskussion der jeweiligen Ergebnisse
  - Ableitung und Planung von Maßnahmen
- *Folge-Workshops für Führungskräfte*
  - Erfahrungsaustausch über die Feedbackgespräche
  - Ableitung und Planung von übergreifenden Maßnahmen
- *Information der Mitarbeiter über Ergebnisse des Folge-Workshops*
- *Partizipative Weiterarbeit und Umsetzung des Verbesserungsprozesses*
  - Projektgruppen zu verschiedenen Themen
  - Folge-Workshops mit den Mitarbeitern in den Bereichen
  - Permanente Information aller Mitarbeiter und Führungskräfte
- *Ergebnissicherung und Controlling von Feedback- und Verbesserungs-*
  prozessen
- *Planung und Durchführung der nächsten Mitarbeiterbefragung*

Das mehrstufige Vorgehen spiegelt sich in dem dargestellten Ablauf darin wider, daß die Ergebnisse zunächst auf der obersten Managementebene, dann im Rahmen von Workshops für Führungskräfte und anschließend in Feedbackgesprächen an die Mitarbeiter rückgemeldet werden. Abgesehen davon, daß die Feedbackgespräche in den Arbeitsbereichen von den jeweiligen Führungskräften selbst durchgeführt werden, sollte die Integration des Feedbackprozesses über die verschiedenen Stufen auch bei den Workshops für Führungskräfte, die häufig mit der Unterstützung von externen oder internen Moderatoren durchgeführt werden, durch die Präsenz von Vertretern der obersten Managementebene unterstützt werden.

Der Kreislauf einer partizipativen Verbesserungsstrategie setzt spätestens nach der Durchführung der Feedbackgespräche auf der untersten Ebene ein, wenn die Ergebnisse aus diesen Gesprächen in übergeordneten Folge-Workshops der jeweiligen Führungskräfte zusammengetragen werden. Parallel dazu erfolgt die Weiterarbeit in den einzelnen Arbeitsbereichen an den Problemfeldern und Maßnahmen, die vor Ort bearbeitet und gelöst werden können.

Entscheidend ist neben diesen direkten Beteiligungsbausteinen ein permanentes und integrierendes Informationskonzept, durch welches sichergestellt wird, daß die Informationen zwischen den einzelnen Stufen und den verschiedenen Arbeitsbereichen fließen.

Zeitlicher Ablauf der Information und Beteiligung

Die Beteiligungs- und Informationsstrategie sollte selbstverständlich bereits im Vorfeld der Durchführung von MAB einsetzen und dann in allen Phasen fortgeführt werden.

Eine zentrale Festlegung der Feedbackpolitik zur MAB betrifft die Verteilung der Berichte und Präsentation der Ergebnisse. Neben den bereits erörterten Überlegungen zu Inhalten und Zielgruppen der Ergebnisrückmeldung gilt es auch die zeitliche Reihenfolge zu planen bzw. aufeinander abzustimmen.

Abgesehen davon, daß die Rückmeldung möglichst schnell nach der Erhebung erfolgen sollte, ist vor allem auch darauf Wert zu legen, daß nicht zu viel Zeit zwischen den Workshops für Führungskräfte und den Gesprächen mit den Mitarbeitern liegt. Allerdings benötigen die Vorgesetzten ein paar Tage, um sich auf die Gespräche vorzubereiten. Zum einen kann die erforderliche Zeit dadurch auf ein Minimum beschränkt werden, daß die Vorbereitung der Vorgesetzten bereits während der Erhebungs- und Auswertungsphase erfolgt und beispielsweise eine weitgehende Unterstützung bei der Erstellung von Präsentationsunterlagen gewährt wird, so daß dann nur noch die Auseinandersetzung mit den konkreten Ergebnissen ansteht. Zum anderen kommt dem kurzfristigen Informationsbedürfnis der Mitarbeiter entgegen, wenn sie zumindest die Gesamtergebnisse über allgemeine Medien - zur gleichen Zeit wie ihre Vorgesetzten - erfahren und wenn sie frühzeitig zum Gespräch eingeladen werden. Durch eine frühzeitige Mitteilung des Termins wissen die Mitarbeiter nicht nur, wann sie über die Ergebnisse informiert werden, sondern daß sie tatsächlich auch die Ergebnisse ihrer Einheit erfahren, denn nicht immer wird ein entsprechendes Vertrauen vorhanden sein.

Die Information und Beteiligung der Mitarbeiter betrifft zum einen die konkreten Ergebnisse und Maßnahmen und zum anderen den Ablauf bzw. die zeitliche Planung der verschiedenen Aktivitäten, und zwar erstens bezogen auf den eigenen Arbeitsbereich und zweitens bezogen auf den unternehmensweiten Verbesserungsprozeß. Während die Aktivitäten im eigenen Arbeitsbereich unter direkter Beteiligung der Mitarbeiter erfolgen sollten, bedarf es eines integrierenden Beteiligungs- und Informationskonzeptes hinsichtlich der unternehmensweiten Aktionen. Die Beteiligung der Mitarbeiter an den unternehmensweiten Verbesserungsprozessen kann durch verschiedene Konzepte erreicht werden. Erstens zählt hierzu sicherlich die Beteiligung durch die jeweiligen Vorgesetzten im Rahmen der übergreifenden Workshops. Zweitens sollten Mitarbeiter aller Ebenen an konkreten Projekten mitwirken. Da es sich hierbei aber stets um eine stellvertretende Beteiligung handelt, kommt dem dritten Konzept - der prozeßbegleitenden Information - zentrale Bedeutung zu.

Prozeßbegleitendes Informationskonzept

Beim Informationskonzept lassen sich wiederum zwei Gegenstandsbereiche unterscheiden: Der direkt projekt- bzw. veränderungsbezogene Informationsfluß und die allgemeine Information über den unternehmensweiten Verbesserungsprozeß.

Erstens geht es darum, wie der Informationsfluß zwischen verschiedenen Workshops, Arbeitsgruppen und Gremien sichergestellt werden kann. Hierzu können Instrumente eingesetzt werden, wie sie allgemein aus dem Projektmanagement bei umfassenderen Aktionen bekannt sind. Als Beispiel sei hier die Erstellung und Weiterleitung von Aktionsplänen, Zwischenberichten oder Protokollen angeführt. Ein bewährter Ansatz ist beispielsweise, daß im Rahmen der Feedbackgespräche neben den Aktionsplänen für den eigenen Arbeitsbereich gleichzeitig Themen- oder Bedarfslisten erstellt werden, die dann in den übergeordneten Workshops zusammengetragen und weiter bearbeitet werden. In der Praxis besteht dann häufig - wie auch im Alltag - ein Defizit hinsichtlich der Rückmeldung über den Bearbeitungsstand dieser übergreifenden Themen an die einzelnen Arbeitsbereiche bzw. Mitarbeiter. Ohne den "typisch deutschen Hang zur Bürokratie" zu übertreiben, ist es hilfreich, wenn zu diesem Zweck durchaus Formblätter entwickelt werden. Derartige Informationsblätter können an die jeweiligen Bereiche verteilt und zudem an zentralen Brettern ausgehängt werden. Angesichts der heutigen EDV-Durchdringung in den Unternehmen ist ebenso die Möglichkeit zu nennen, interne Netze für die Informationsverteilung zu nutzen. Dabei können dann auch Frage- und Antwortmöglichkeiten Online vorgesehen werden. Hilfreich ist darüber hinaus die Benennung von Ansprechpartnern zu einzelnen Themen oder Projekten, bei denen sich die Mitarbeiter informieren können.

Diese Maßnahmen können aber gerade in der Beziehung zwischen Aktivitäten auf der Ebene der Führungskräfte und in den einzelnen Arbeitsbereichen nicht das persönliche Gespräch bzw. die persönliche Information durch den Vorgesetzten ersetzen. Insofern sollte während des ganzen Prozesses die Information über laufende Aktivitäten und Projekte sozusagen als Standardpunkt auf der Tagesordnung von Abteilungssitzungen und Gruppenbesprechungen stehen.

Dies leitet schon zu dem zweiten Punkt über: Die allgemeine Information der Mitarbeiter über den unternehmensweiten Veränderungsprozeß. Neben der direkten Information durch die jeweiligen Vorgesetzten geht es hierbei um permanente Veröffentlichungen in Zeitschriften, Rundbriefen oder über Aushänge. Sie dienen vor allem dazu, die Mitarbeiter und Führungskräfte laufend über den Stand des MAB-Gesamtprojektes und die nächsten Schritte zu informieren. Da nicht davon auszugehen ist, daß alle Vorgesetzte ihre Informationsaufgabe gegenüber den Mitarbeitern in gleichem Maße erfüllen, geht es neben einer Minimalinformation auch darum, die Bedeutung des Projektes aus Sicht des Managements zu vermitteln und das wirkliche Interesse des Managements an einem partizipativen Veränderungsprozeß zum Ausdruck zu bringen. Gegenstand dieser allgemeinen Informationen sollten nicht nur konkrete (Zwischen-) Ergebnisse sein, sondern immer auch die weiteren Planungen. Dabei sollte darauf geachtet werden, daß soweit möglich nicht nur allgemeine Planungen oder Absichtserklärungen publiziert werden, sondern daß hierzu konkrete Informationen gegeben werden. Dies können zum Beispiel Termine sein, wann bestimmte Projekte abgeschlossen sein sollen, wann Entscheidungen getroffen werden und wann mit der Umsetzung begonnen werden soll.

Projektmanagement und Beratung zur Mitarbeiterbefragung

Wenngleich in diesem Beitrag nicht das Projektmanagement zur MAB behandelt werden soll, so ist an dieser Stelle doch auf die zentrale Bedeutung eines professionellen Projektmanagements hinzuweisen. Dabei nimmt die Planung und Organisation der eigentlichen Befragung sicherlich nicht den größten Raum ein, sondern die Steuerung und das Controlling des Feedback- und Verbesserungsprozesses.

Neben der externen Unterstützung und Beratung der internen Projekt- oder Steuergruppe, des Koordinierungs- oder Lenkungskreises - wie auch immer die internen Gremien bezeichnet sein mögen - wird in der Literatur häufig auch die Ergebnisrückmeldung bis auf die untersten Ebenen durch die Einbindung von externen und/oder internen Moderatoren diskutiert. Im Unterschied hierzu wird bei dem dargestellten Ablauf den Führungskräften die zentrale Moderatorenrolle für den gesamten Veränderungsprozeß beigemessen. Die Einbindung von externen Beratern sollte allerdings bei den Workshops auf den obersten Ebenen erfolgen. Ferner bedarf es professioneller Moderatoren oder Trainer bei den Workshops zur Vorbereitung sowie zur Ergebnisrückmeldung für Führungskräfte. Auf oberen Ebenen sollten möglicherweise wiederum eher externe Berater, auf allen weiteren Ebenen sollten vorzugsweise interne Moderatoren eingesetzt werden, welche die Gegebenheiten vor Ort kennen und die unternehmenseigene Sprache beherrschen.

Im folgenden wird daher weniger auf die Rolle von externen Beratern, sondern auf die Moderation des Prozesses durch die Führungskräfte eingegangen. Eine ausführliche Beschreibung von Präsentationsveranstaltungen und Gruppengesprächen unter Einbindung externer und interner Moderatoren findet der interessierte Leser bei Borg (1995a).

4.2 Vorbereitung und Unterstützung von Führungskräften

Wenn die Führungskräfte den Feedback- und Verbesserungsprozeß nicht primär selbst gestalten sollen, was zumeist noch ihrem herkömmlichen Selbstverständnis entspricht, sondern den partizipativen Prozeß vor allem moderieren und "nur noch" mitgestalten sollen, dann sind sie auf diese zumeist neue Rolle eingehend vorzubereiten. Dabei kommt vor allem den mittleren und unteren Führungskräften eine Doppelrolle als Moderatoren für ihre Mitarbeiter und als "Betroffene/Beteiligte" gegenüber den übergeordneten Führungskräften bzw. innerhalb der größeren Geschäftsbereiche zu.

Die Vorbereitung und Unterstützung der Führungskräfte bezieht sich vor allem auf folgende Punkte im Rahmen des Gesamtprozesses zur MAB:
– Rolle von Führungskräften (und Mitarbeitern) im unternehmensweiten Prozeß
– Rolle von Vorgesetzten (und Mitarbeitern) bezogen auf den eigenen Arbeitsbereich
– Durchführung und Moderation von Feedbackgesprächen und Folgeworkshops
– Förderung und Controlling der Entwicklung und Umsetzung von Maßnahmen
Die ersten beiden Punkte beziehen sich vor allem auf das Selbst- und Rollenverständnis und das generelle Verhalten der Führungskräfte im partizipativen Verbesserungsprozeß. Wenn Führungskräfte ein entsprechendes Selbstverständnis verinnerlicht haben und einen kooperativen Führungsstil praktizieren, dann geht es bei den letzten beiden Punkten lediglich noch um die Vermittlung von Moderations- und Projektmanagementtechniken, soweit diese nicht auch schon praktiziert werden. Wenn die Führungskräfte bereits über diese Kompetenzen verfügen, dann reduziert sich die Vorbereitung und Unterstützung auf die konkreten Fragen und Aufgaben bei einer MAB. Allerdings bleibt auch bei einer entwickelten, kooperativen und offenen Führungs- und Feedbackkultur in einem Unternehmen der Aspekt, daß Führungskräfte zugleich "Betroffene/Beteiligte" sind. Insofern sind sie selbst mit ihren Interessen und Wünschen aktiv in den Prozeß

einzubinden und auf mögliche weitere Veränderungen ihrer Aufgaben und Rollen vorzubereiten.

Vorbereitung und Einbindung der Führungskräfte im Hinblick auf ihre (neue) Rolle

Nun wird man einen generellen Führungswandel, den man seit Jahren in den Unternehmen anstrebt, nicht im Rahmen einzelner Maßnahmen zur MAB herbeiführen können.
Ebenso wenig kann man ein Umdenken der Führungsmannschaft dadurch herbeiführen,
daß man alle Führungskräfte "durch ein Führungstraining durchschleust". Unabhängig
von den verschiedenen Maßnahmen, die im Rahmen von gleichzeitig laufenden Ansätzen zur Führungskräfteentwicklung durchgeführt werden, versprechen bezogen auf die
MAB direkt prozeßbezogene Workshops mit Führungskräften den größten Erfolg.

Tabelle 3: Beispielhafte Fragen für die Diskussion mit Führungskräften.

Beispiele für den ersten Workshop in der Vorbereitungsphase:

- Was bedeuten die allgemeine Ziele der MAB für uns als Führungskräfte insgesamt und für mich und meine Mitarbeiter in meinem Arbeitsbereich?
- Welche Erwartungen haben die Mitarbeiter im Zusammenhang mit der MAB -
  allgemein und insbesondere an uns Führungskräfte?
- Wie können wir eine hohe Beteiligung an der MAB fördern oder das Vertrauen
  in die beabsichtigten partizipativen Veränderungen bei den Mitarbeitern erhöhen?
- Wie gehen wir als Führungskräfte mit "schlechten" Ergebnissen um - oder
  was kann da auf uns zukommen?
- Wer erfährt außer mir von "meinen" Ergebnissen - und will man vielleicht doch
  uns Führungskräfte kontrollieren?
- Und ganz konkrete Fragen zur Organisation des Ablaufs der MAB, der Feedbackgespräche usw. bezogen auf die einzelnen Arbeitsbereiche.

Beispiele für den zweiten Workshop in der Rückmeldephase:

- Wo besteht nach den MAB-Ergebnissen ein übergreifender Verbesserungsbe-
  darf?
- Worin liegen die Hintergründe und Ursachen für die Stärken und Schwächen
  aus unserer Sicht als Führungskräfte?
- Bei welchen Themen und Problemfeldern würden wir als Führungskräfte uns
  Veränderungen und/oder Unterstützung von höheren Ebenen wünschen?
- Wo bestehen Unterschiede zwischen unserer Einschätzung und der Meinung der
  Mitarbeiter? Worin liegen mögliche Ursachen?
- Wie wollen wir an übergreifenden Themen weiterarbeiten?
- Und wie wollen wir die Feedbackgespräche und Weiterarbeit mit unseren Mit-
  arbeitern in den einzelnen Arbeitsbereichen durchführen?

Damit ist gemeint, daß man nicht losgelöst von der MAB mit den Führungskräften über
mögliche Änderungen ihrer Rolle sprechen sollte, sondern daß man ganz konkret bezogen auf die MAB, die Feedbackgespräche und die anschließenden Maßnahmen diese
Fragen mit den Führungskräften diskutieren sollte. Gemeinsam mit ihnen sollte man
gleichzeitig die konkreten Implikationen und die Umsetzung der veränderten Rolle erarbeiten. Grundsätzlich sind mindestens zwei Workshops zu empfehlen: In einem ersten

Workshop, der am besten bereits in der Vorbereitungsphase zur MAB stattfindet, sollten die Führungskräfte über die Ziele und den Ablauf der MAB informiert werden. In dem zweiten Workshop, der zusammen mit der Ergebnisrückmeldung zur MAB stattfinden könnte, sollten die Führungskräfte zunächst selbst als Beteiligte eingebunden werden. Beispiele für Fragen, die im Rahmen der beiden Workshops diskutiert werden könnten, sind in der Tabelle 3 aufgeführt.

Dabei leitet die letzte Frage in Tabelle 3 zu der konkreten Vorbereitung der Führungskräfte auf ihre Aufgaben im Hinblick auf die Rückmeldung der Ergebnisse, der Ableitung und Umsetzung von Maßnahmen im eigenen Arbeitsbereich über.

Vorbereitung und Unterstützung der Führungskräfte im Hinblick auf ihre Aufgaben im Feedback- und Verbesserungsprozeß

Der erste Aspekt betrifft die Vorbereitung bzw. die Übergabe der Ergebnisberichte an die einzelnen Führungskräfte, die je nach Auswertungseinheit den Charakter einer Beurteilung des persönlichen Verantwortungsbereichs und Verhaltens des jeweiligen Vorgesetzten haben können. Insbesondere wenn eine MAB das erste Mal durchgeführt wird, sollte die Übergabe der Ergebnisberichte zumindest nicht allein auf postalischem Weg erfolgen. Am besten geeignet erscheint die Verteilung der Berichte im Rahmen oder im Anschluß der Workshops für Führungskräfte.

Tabelle 4: Hinweise und Unterlagen zur Unterstützung der Führungskräfte.

- *Hinweise zur Analyse und Interpretation der Ergebnisse*
- *Hinweise zur Auswahl von Ergebnissen für die Präsentation*
- *Foliensatz zur Vorstellung des MAB-Gesamtprojektes sowie Foliensatz oder Folienvorlagen für die Ergebnispräsentation*
- *Beispielhaftes Einladungsschreiben mit Tagesordnung für die Mitarbeiter*
- *Leitfaden zur Durchführung von Feedbackgesprächen mit:*
  - Beispielhafter Ablauf und Hinweise zur Moderation (z.B. Kartenabfrage zu Problemursachen, Strukturieren und Gewichten von Themenfelder) und erforderlichen Materialien
  - Empfehlungen zum Verhalten bei der Präsentation und als Moderator (Was man tun sollte und was man vermeiden sollte? Wie kann eine Atmosphäre des Vertrauens und der Offenheit hergestellt werden?) sowie Hinweise zu möglichen Reaktionen der Mitarbeiter
  - Empfehlungen und Hinweise zur Weiterarbeit (Wieviel Themen sollte man sich vornehmen? Bei welchen Themen oder ab wieviel Mitarbeitern sollte man Untergruppen bilden? In welchem Zeitabstand sollte ein Folge-Workshop stattfinden?)
- *Vorlagen für die Erstellung von Aktionsplänen und übergreifenden Themenlisten*
- *Vorlagen für die Erstellung von Workshop-(Foto-)Protokollen*

Neben den schriftlichen Ergebnisberichten sind für die Führungskräfte die in Tabelle 4 aufgeführten Unterlagen und Hinweise hilfreich, die den Führungskräften zwar in schriftlicher Form zur Verfügung gestellt werden sollten, deren Bedeutung und Anwendung aber im Rahmen des Workshops von den Führungskräften selbst erarbeitet, zumindest aber erläutert werden sollte.

Darüber hinaus ist es zu empfehlen, Ansprechpartner zu benennen bzw. weitere Unterstützung, eventuell auch durch einen neutralen Moderator, anzubieten. Weiterhin sollten selbstverständlich die jeweils höheren Vorgesetzten ein entsprechendes Verhalten in den Feedbackgesprächen vorleben.

Die beste Vorbereitung der Vorgesetzten besteht darin, daß die einzelnen Punkte in einem Workshop besprochen, die angestrebten Ziele und die konkrete Vorgehensweise in den Arbeitsbereichen gemeinsam erarbeitet werden. So kann beispielsweise die Analyse und Interpretation von Ergebnissen anhand von Gesamtergebnissen und beispielhaften (fiktiven) Einzelergebnissen erfolgen. Die Führungskräfte können Themenbereiche herausarbeiten, die sie übergreifend für wichtig erachten und die auf jeden Fall in den Feedbackgespräche diskutiert werden sollten.

Beispiel eines Workshops für Führungskräfte zur Ergebnisrückmeldung und zur Vorbereitung der Feedbackgespräche

In der Tabelle 5 ist ein Beispiel zu einem Workshop für Führungskräfte aufgeführt, der sich auch als Tagung für eine größere Anzahl von Führungskräften organisieren ließe, wenn ausreichend Zeit für Gruppenarbeiten bezogen auf die einzelnen Arbeitsbereiche eingeplant wird.

Tabelle 5: Beispiel zum Ablauf eines Workshops für Führungskräfte.

- *Einführung: Ziele und Durchführung der MAB*
- *Gesamt- bzw. Bereichsergebnisse*
  - Präsentation und Diskussion von ersten Eindrücken im Plenum
  - Erläuterungen zur Analyse und Interpretation der Ergebnisse
- *Identifikation von Schwerpunkten für übergreifende Verbesserungen*
  - Kleingruppenarbeit anhand von Gesamt- bzw. Bereichsergebnissen
  - Präsentation und Diskussion im Plenum
- *Ablauf von Feedbackprozessen und Controlling von Verbesserungsprozessen*
  - Kurzreferat im Plenum
- *Rolle von Führungskräften in Verbesserungsprozessen - aus Sicht der Mitarbeiter, der Führungskräfte und der Unternehmensleitung*
  - Erarbeitung im Plenum oder in Kleingruppen
- *Erarbeitung des weiteren Vorgehens in einzelnen Arbeitsbereichen und zu übergreifenden Verbesserungsprozessen*
  - Kleingruppenarbeit nach Arbeitsbereichen
  - Präsentation und Diskussion im Plenum
- *Gemeinsame Vereinbarung: Ziele und Termine*
- *Planung und Durchführung von Feedbackgesprächen*
  - Kurzreferat im Plenum
- *Verteilung der Ergebnisberichte an die einzelnen Führungskräfte*

In Ergänzung zu den bisherigen Überlegungen hinsichtlich der Vorbereitung der Führungskräfte sind folgende Ziele oder Funktionen eines solchen Workshops hervorzuheben:

- *Akzeptanz der Ergebnisse durch die Führungskräfte* (Die Ergebnisse sind nicht richtig oder falsch, sondern bilden die Meinung der Mitarbeiter ab.), da häufig eine Tendenz zur Problemverlagerung auf "Andere" oder durch Kritik an der MAB und Anzweifeln der Ergebnisse besteht.
- *Sensibilisierung für die generelle Notwendigkeit von Feedbackgesprächen* (Erst die Gespräche liefern die eigentliche bzw. qualitative Interpretationsbasis für die quantitativen Ergebnisse und damit die Grundlage für die Ableitung von Maßnahmen.).
- *Sensibilisierung der Führungskräfte hinsichtlich der Erwartungen der Mitarbeiter* (hierbei ist auch die eigene Veränderungsbereitschaft der Vorgesetzten ein zentraler Punkt), *aber auch für mögliche Befürchtungen der Mitarbeiter* (insbesondere auch hinsichtlich des Vertrauens der Mitarbeiter in die Anonymität der Befragung sowie der notwendigen Aufgabe der Anonymität im Gespräch).
- *"Angst nehmen"*, denn Vorgesetzte, die bislang keine Erfahrungen mit MAB haben, fürchten durchaus die Rückmeldungen und die Auseinandersetzung mit ihren Mitarbeitern.
- *"Tabus brechen"*, insbesondere durch externe Moderatoren können mögliche Tabu-Themen öffentlich angesprochen werden und damit einer Diskussion zugänglich werden. (Hierzu zählen häufig sowohl Kritikpunkte gegenüber höheren Führungskraften als auch das Eingestehen von eigenen Fehlern und Unsicherheiten als Führungskraft.)
- *Anregung des Dialoges und Entwicklung eines gemeinsamen Problembewußtseins* zu den verschiedenen Themen innerhalb der Führungsmannschaft, um übergreifende Verbesserungsprozesse und letztlich einen Wandel in der Unternehmenskultur zu initiieren.
- *Öffentliche, gemeinsame Verpflichtung aller Führungskräfte*, nicht nur die Feedbackgespräche durchzuführen, sondern die angestrebten Verbesserungsprozesse mitzutragen und aktiv zu fördern.

Allerdings gilt für die meisten Führungskräfte - wie auch für die Mitarbeiter -, daß der Durchbruch bzw. die Überzeugung über den Nutzen eines derartigen Prozesses zumeist erst durch die Weiterarbeit und die Umsetzung von konkreten Maßnahmen gelingt und stark von dem Vorleben durch höhere Führungskräfte beeinflußt wird.

Abschließend sei noch die Frage der hierarchieübergreifenden oder ebenenspezifischen Zusammensetzung derartiger Workshops angesprochen. Einerseits ist bei hierarchieübergreifenden Veranstaltungen zu Führungs- oder Kulturthemen, die in der Mehrzahl der Unternehmen immer noch für die Führungskräfte eine "ungewohnte Situation" darstellen, eine begrenzte Offenheit festzustellen. Andererseits erfolgt zumindest eine erste gemeinsame Reflexion und Diskussion, ohne daß dabei die Verantwortlichkeit auf andere Führungsebenen geschoben werden kann. Von zentraler Bedeutung dürfte weiterhin die gemeinsame öffentliche Selbstverpflichtung aller Führungsebenen sein. Selbst wenn höhere Vorgesetzte nicht überzeugt werden können, so können sie doch nicht mehr gegen entsprechende Aktivitäten auf nachgelagerten Ebenen argumentieren.

4.3   Durchführung von Feedbackgesprächen mit Mitarbeitern

Nach den Workshops für Führungskräfte bilden die Feedbackgespräche mit den Mitarbeitern das Kernstück des Feedbackprozesses. Die Bedeutung oder die Hauptziele der Feedbackgespräche sind vor allem in folgenden Punkten begründet:

- Ergebnisrückmeldung für die Mitarbeiter und Information über die MAB als Gesamtprojekt
- Interpretation, Ergänzung und Diskussion der Ergebnisse als Grundlage für die Ableitung von bereichsspezifischen und übergreifenden Verbesserungsmaßnahmen
- Einstieg in einen offenen, gemeinsamen und kontinuierlichen Verbesserungsprozeß im jeweiligen Arbeitsbereich

Dabei wird davon ausgegangen, daß es im ersten Schritt bzw. Gespräch noch nicht um die Ableitung von konkreten Maßnahmen gehen kann. Für die Entwicklung von Maßnahmen bedarf es zumeist noch zusätzlicher Analysen und Informationen. Allerdings ist bei der Durchführung der Feedbackgespräche insbesondere darauf Wert zu legen, daß die Gespräche nicht auf der Stufe des Beklagens der Vergangenheit und Jammerns über die derzeitige Situation - was sicherlich auch zu einem derartigen Gespräch gehört - stehen bleiben, sondern stets mit Blick auf die Zukunft und mit der Festlegung von konkreten nächsten Schritten enden.

Inhalte und Ablauf eines Feedbackgesprächs zur Ergebnisrückmeldung

Im Mittelpunkt steht im ersten Feedbackgespräch die Rückmeldung und Diskussion der Ergebnisse. Der bestehende Diskussionsbedarf ist nicht zu unterschätzen, denn die Ergebnisse vermitteln auch den Mitarbeitern neue Einsichten. Die Mitarbeiter erhalten zum einen ein Bild von der Gesamtsituation im eigenen Arbeitsbereich und zum anderen von den Einschätzungen durch die eigenen Kollegen. Von zentraler Bedeutung ist dabei, daß gerade bei abteilungsspezifischen Auswertungen die Mitarbeiter von den Ergebnissen direkt "betroffen" sind. Die Ergebnisse stellen ein Spiegelbild der eigenen Situation dar.

Ein Beispiel zum Ablauf eines Feedbackgesprächs gibt die Tabelle 6. Die Einführung, in der über die bisherigen und weiteren Aktivitäten im Gesamtprojekt berichtet wird, dient vor allem dazu, die Einordnung des Gesprächs in den Gesamtprozeß der MAB und die Bedeutung für den jeweiligen Arbeitsbereich herauszustellen. Nach der Erläuterung der Zielsetzung und des konkreten Ablaufs des Gesprächs schließen sich Hinweise und Vereinbarungen zum Gespräch und zur weiteren Zusammenarbeit an. Hierzu zählt zum Beispiel die Vereinbarung, daß die Ergebnisse, die Inhalte und der Verlauf des Gesprächs von allen vertraulich zu behandeln sind, d.h. sie bleiben in den eigenen vier Wänden. Nach außen wird nur das gegeben, was später in den Themenlisten und Aktionsplänen gemeinsam schriftlich festgehalten wird. Diese Vereinbarung gilt für den Vorgesetzten ebenso wie für die Mitarbeiter. Anschließend folgt die schrittweise Präsentation und Diskussion von Ergebnissen sowie die Erarbeitung der weiteren Vorgehensweise, die in die Vereinbarung von Zielen, Aktionen, Verantwortlichkeiten und Terminen zum Schluß des Gesprächs münden.

Tabelle 6: Beispiel zum Ablauf eines Feedbackgesprächs.

- *Einführung*
  - Ziele und Durchführung der MAB als Gesamtprojekt
  - Ablauf und Planungen im Workshop für Führungskräfte
  - Ziel und Ablauf des Gesprächs
- *Hinweise und Vereinbarungen zu Beginn des Gesprächs*
  - Eigene Bereitschaft und Offenheit für Veränderungen
  - Gegenseitige Vertraulichkeit und Ermunterung zur Offenheit
  - Nicht Suche nach Schuldigen, sondern nach Ursachen und Lösungen mit dem Ziel einer gemeinsamen Verbesserung
- *Darstellung der Ergebnisse im Überblick*
  - Erläuterung der Auswahl und der Zugänglichkeit der Berichte
  - Präsentation der Ergebnisse (ohne eigene Interpretation)
  - Diskussion der ersten Eindrücke
- *Erarbeitung und Diskussion von Themenschwerpunkten*
  - Präsentation von Ergebnissen zu einzelnen Themen
  - Sammlung von Gründen, Problemen etc.
  - Strukturierung und Gewichtung von Themen / Problemfeldern für den Arbeitsbereich und für übergreifende Verbesserungen
- *Erarbeitung von Vorgehensweisen zur Ableitung von Maßnahmen*
  - Auswahl von ersten Problemfeldern für die Bearbeitung
  - Sammlung von Vorschlägen und Diskussion der nächsten Schritte zur Weiterarbeit an den Themen
  - Bildung von Untergruppen bzw. Festlegung von Verantwortlichen
- *Vereinbarung von Zielen und Aktionsplänen für den Arbeitsbereich sowie Festlegung eines Termins für den nächsten Workshop*

Die Inhalte der Rückmeldung hängen von Art und Umfang der MAB ab. Als Einstieg in die Rückmeldung ist zunächst ein Überblick über die Ergebnisse zu allen Themen der Befragung zu empfehlen. Zum Beispiel anhand eines Gesamtprofils, welches gleichzeitig den Vergleich zum Unternehmensprofil umfassen kann. Der Überblick vermittelt den Mitarbeitern einen Gesamteindruck, wo der jeweilige Arbeitsbereich insgesamt steht. Zudem kann vor diesem Hintergrund die Auswahl von Themen, die anschließend vertiefend präsentiert werden, begründet werden, so daß nicht der Eindruck einer gezielten Verheimlichung von einzelnen Ergebnissen entsteht.

Erarbeitung von Themenschwerpunkten und Vorgehensweisen im Feedbackgespräch

Die Bearbeitung von einzelnen Themen erfolgt nach der Präsentation der quantitativen Ergebnisse zumeist mit Hilfe der Metaplantechnik:

- Kartenabfrage bzw. Schreiben von Karten - während und nach der Ergebnispräsentation
- Erläuterung und Diskussion der Stichworte auf den Karten
- Gruppierung zu Problemfeldern bzw. Unterthemen
- Unterscheidung nach übergreifenden und bereichsspezifischen Themen
- Erstellung von zwei Themenlisten und Gewichtung der Unterthemen

Die Erstellung und Gewichtung von Themenlisten kann ebenso später erfolgen, wenn alle Einzelthemen bearbeitet wurden, so daß man am Ende eine bzw. zwei Gesamtlisten erstellt. Bei der Gewichtung kann es sich anbieten, nach der Bedeutung der Themen einerseits und nach der Dringlichkeit bzw. der zeitlichen Reihenfolge andererseits zu unterscheiden. Hinsichtlich der Auswahl von Problemfeldern, die als erstes bearbeitet werden sollen, ist anzumerken, daß man sich nicht zu viele und im ersten Schritt auch nicht die schwersten Themen vornehmen sollte. Für den Einstieg in den Verbesserungsprozeß ist es nämlich wichtiger, daß einzelne Themen gründlich bearbeitet und relativ kurzfristig erste Erfolge erzielt werden können.

Wenngleich Problemlösungen und Maßnahmen im ersten Feedbackgespräch noch nicht behandelt werden sollten, so werden sie doch häufig von Mitarbeitern und vor allem auch von Führungskräften direkt in die Diskussion eingebracht. Zum einen ist es Aufgabe der Moderation, auf die Vermeidung von vorschnellen Lösungen zu achten bzw. für die Vertagung ihrer Erarbeitung und Diskussion zu sorgen. Allerdings sollte man entsprechende Vorschläge als Diskussionsgrundlage für die spätere Weiterarbeit in eine gesonderte Rubrik aufnehmen, so daß diese Ideen zu möglichen Lösungsansätzen auch nicht verloren gehen. Zum anderen sollte die Erarbeitung von Lösungen selbst bereits Gegenstand des ersten Gesprächs sein. Dabei geht es um die Diskussion der Vorgehensweise, wie an den ausgewählten Themen weitergearbeitet werden sollte. Hierzu zählt beispielsweise auch, ob einzelne Themen im großen Kreis oder von kleineren Gruppen bearbeitet werden sollen und wer für die Weiterarbeit verantwortlich ist. Dies muß und sollte nicht immer der Vorgesetzte sein.

Ergebnisse des ersten Feedbackgesprächs

Ergebnis des ersten Feedbackgesprächs sollte ein Aktionsplan sein, der die ausgewählten Themen, die Verantwortlichen und Mitarbeiter sowie die Terminplanung zu den einzelnen Themen umfaßt. Die Festlegungen zur Weiterarbeit können sich dabei durchaus im ersten Schritt darauf beschränken, daß von den jeweiligen Mitarbeitern das Problemfeld, die erforderliche Informationsbeschaffung und Problemanalyse weiter präzisiert werden, welche dann in einem Folgeworkshop vorgestellt und diskutiert werden, bevor dann die Aufgaben zur weiteren Problemlösung verteilt werden. Dieses zweigeteilte Vorgehen ist vor allem aus zwei Gründen durchaus zu empfehlen: Erstens würde man ansonsten das erste Feedbackgespräch "überfrachten" bzw. für die eigentliche Ergebnis- und Problemdiskussion bliebe zu wenig Zeit. Zweitens haben die Mitarbeiter auf diese Weise in der Zwischenzeit die Möglichkeit, sich eingehender mit den Ergebnissen auseinanderzusetzen und sich hierüber auch mit den Kollegen auszutauschen.

Allgemeine Hinweise zur Organisation und Durchführung von Feedbackgesprächen

Neben der inhaltlichen Vorbereitung durch den jeweiligen Vorgesetzten ist die Durchführung des Feedbackgesprächs selbst zu planen und zu organisieren. Hierzu zählt z.B. die Reservierung von Räumen, die Bereitstellung der Medien und der Materialien, aber vor allem auch die Festlegung des Termins und der Dauer des Gesprächs sowie die Einladung der Teilnehmer.

Die Teilnehmerzahl pro Feedbackgespräch sollte 15-20 Personen nicht überschreiten, damit eine gemeinsame Diskussion noch möglich ist. Als Zeitrahmen für das erste Feedbackgespräch sollten normalerweise ca. 3 Stunden ausreichen. In größeren Abteilungen sind gegebenenfalls mehrere Feedbackgespräche durchzuführen. Eine andere

Möglichkeit ist, die Rückmeldung im Plenum mit allen Mitarbeitern durchzuführen, dann in Kleingruppen zu arbeiten und anschließend die Ergebnisse der Kleingruppen wieder im Plenum zusammenzuführen. Dann sollte allerdings mehr Zeit eingeplant werden.

Abschließend ist die Einladung der Teilnehmer hervorzuheben. Sie sollte frühzeitig sowie im allgemeinen schriftlich und persönlich erfolgen. Durch eine schriftliche Einladung erhält das Gespräch einen offiziellen Charakter. Durch die persönliche Einladung wird der einzelne Mitarbeiter direkt angesprochen und damit der Wunsch bzw. das Interesse an einer Beteiligung jedes einzelnen Mitarbeiters unterstrichen. Ein solches Einladungsschreiben sollte die Mitarbeiter über das Ziel und den geplanten Ablauf kurz informieren, damit die Mitarbeiter sich auf das Gespräch "einstellen" können.

4.4 Ergebnissicherung und Controlling von Feedbackprozessen

Für den kontinuierlichen Verbesserungsprozeß sind nach der Initiierungsphase durch die Feedbackgespräche die Sicherung der Ergebnisse bzw. das Controlling der Prozesse von zentraler Bedeutung. Die Bearbeitung der identifizierten Problemfelder und die Umsetzung der erarbeiteten Maßnahmen entscheiden über den Erfolg einer MAB. Und gerade hierin liegen noch die meisten Probleme bei der Durchführung von MAB in der Praxis (vgl. hierzu den Beitrag von Bungard, Fettel & Jöns in diesem Band) und ebenso finden sich zu Fragen des Controllings kaum Hinweise in der Literatur.

Vor dem Hintergrund der Erfahrungen in verschiedenen Projekten werden im folgenden mögliche Ansätze für ein Controlling zur MAB vorgestellt. Dabei geht es weniger um eine Kosten-Nutzen-Analyse als vielmehr um Ansätze zur Prozeßsteuerung und Erfolgskontrolle. Die Ansätze für ein Controlling zur MAB können danach unterschieden werden, ob sie sich auf den Feedback- und Veränderungsprozeß selbst oder auf die konkreten Verbesserungen und Ergebnisse beziehen. Die Tabelle 7 gibt einen Überblick über die verschiedenen Ansätze.

Tabelle 7: Ansätze für ein Controlling zur MAB.

- *Prozeßcontrolling*
  - Vereinbarungen mit Führungskräften zum Feedbackprozeß
  - Rückmeldungen an MAB-Projektgruppe und an höhere Führungskräfte
  - Aktionspläne, Zwischenberichte und Folgeworkshops
  - Befragung der Mitarbeiter zum Feedback- und Veränderungsprozeß
    - ✗ Als Zwischenbefragung
    - ✗ Im Rahmen der nächsten MAB
- *Ergebniscontrolling*
  - Im Rahmen von Führung durch Zielvereinbarung
  - Im Rahmen der nächsten MAB
    - ✗ Durch Ergebnisvergleiche
    - ✗ Durch Fragen zu konkreten Maßnahmen und Veränderungen
  - Anhand von objektiven Daten (Prozeßaktivitäten, allgemeinen Kennziffern)

Vereinbarungen mit Führungskräften und Rückmeldungen zum Feedbackprozeß

Beim Prozeßcontrolling steht zunächst die Unterstützung, aber auch die Sicherstellung des Veränderungsprozesses, in welchem den Führungskräften hier eine zentrale Rolle beigemessen wird, im Vordergrund.

Ausgangspunkt für ein Controlling bilden die Vereinbarungen mit den Führungskräften, die im Rahmen der Workshops geschlossen werden und den Charakter freiwilliger Selbstverpflichtung haben sollten.

Dabei geht es im ersten Schritt nicht so sehr um Vereinbarungen zu konkreten Maßnahmen, sondern zur weiteren Vorgehensweise. Neben der Verpflichtung zur Durchführung der Feedbackgespräche mit den Mitarbeitern sollte mit den Führungskräften auch die Rückmeldung hierüber vereinbart werden. Gegenstand der Rückmeldung kann der Durchführungstermin, die übergreifende Themenliste oder der jeweilige Aktionsplan sein.

Hinsichtlich der Frage, an wen die Rückmeldung erfolgen sollte, sind in Abhängigkeit von den Inhalten der vereinbarten Rückmeldung und der Gesamtkonzeption des MAB-Projektes vor allem zwei Zielgruppen zu berücksichtigen. Übernimmt die MAB-Projektgruppe zum Beispiel auch die Aufgaben der Vorbereitung und Koordination von übergreifenden Workshops und Projekten, dann ist in jedem Fall eine Rückmeldung an die MAB-Projektgruppe vorzuziehen. Der Vorteil liegt darin, daß hiermit eine andere bzw. indirektere Kontrolle verbunden ist, als wenn die Rückmeldung an die nächsthöheren Vorgesetzten erfolgt. Liegt die Zuständigkeit für die übergreifende Weiterarbeit bei den jeweiligen Führungskräften, dann sollte die inhaltliche Rückmeldung auch an diese erfolgen.

Unabhängig davon ist zu empfehlen, daß der Durchführungstermin an die MAB-Projektgruppe gemeldet wird, um bei den Führungskräften, die ihre Feedbackgespräche nicht in dem vereinbarten Zeitrahmen durchgeführt haben, nachfragen zu können. Diese Form der Kontrolle, der Erinnerung und des Nachfassens ist dabei durchaus intendiert. Im Unterschied zu einer Kontrolle anhand konkreter Ergebnisse, auf die weiter unten eingegangen wird, ist diese Form bereits bei der ersten MAB durchaus zu empfehlen, denn sie bezieht sich ausschließlich auf die Wahrnehmung einer vereinbarten Führungsaufgabe - der Durchführung von Feedbackgesprächen -, wobei noch nicht einmal die Qualität der Gespräche erfaßt wird.

Befragung der Mitarbeiter zum Feedback- und Veränderungsprozeß

Im Hinblick auf die Qualität der Gespräche sowie allgemein der Feedback- und Veränderungsprozesse bietet sich ein Controlling in Form einer Befragung der Mitarbeiter an. Diese Befragung kann Teil der nächsten MAB sein, wenn diese regelmäßig durchgeführt wird und der Zeitraum zwischen den MAB nicht zu lange ist. Ansonsten sollte man eine solche Befragung zwischendurch einplanen, wobei dies nicht unbedingt in derselben Form wie die MAB erfolgen muß, um die Mitarbeiter nicht mit Fragebogenaktionen zu ermüden. Beispielsweise können mündliche Interviews, dann zumeist auf der Basis einer Stichprobe, durchgeführt werden. Fragen für eine solche Evaluation könnten z.B. sein,

- wurden die Ergebnisse präsentiert und ausreichend diskutiert?
- wurden Maßnahmen abgeleitet und anschließend auch umgesetzt?
- wurde der Veränderungsprozeß insgesamt von den Führungskräften unterstützt?

- worin wurden Hemmnisse bei der Umsetzung von Verbesserungen gesehen?
Die Ergebnisse einer solchen Befragung können, insbesondere wenn sie zwischendurch erfolgt, noch in den laufenden Prozeß eingespeist werden. Abgesehen davon, daß sie eine wichtige Informationsgrundlage für die zentrale Steuerungsgruppe bzw. MAB-Projektgruppe darstellt, bietet sie gleichzeitig den Führungskräften die Möglichkeit eines Self-Controlling. Dabei gilt hinsichtlich der Auswertung wiederum, daß hierdurch nicht eine VGB erfolgen sollte, denn insbesondere bei der ersten MAB sollte jeder Vorgesetzten die Chance erhalten, seinen eigenen Weg zu finden. Darüber hinaus können die Ergebnisse für die Verbesserung der Vorbereitung und Durchführung der nächsten MAB genutzt werden. Zudem unterstreicht bereits die Ankündigung einer solchen Nachbefragung, daß auf die Qualität der Beteiligung der Mitarbeiter durch die Führungskräfte von Seiten des Managements großen Wert gelegt wird.

Aktionspläne, Zwischenberichte und Folgeworkshops

Wichtige Instrumente für ein begleitendes Prozeßcontrolling, vor allem hinsichtlich der Umsetzung von Maßnahmen, stellen die Aktionspläne dar, die in den Workshops erstellt werden und eine Rubrik "Bearbeitungsstand" umfassen sollten. Die Aktionspläne bieten für alle Beteiligtengruppen - Management, Vorgesetzte und Mitarbeiter sowie Projektgruppen - eine gute Möglichkeit, die Bearbeitung und Umsetzung von Maßnahmen selbst zu kontrollieren.

Wenn die Aktionspläne nicht weitergegeben werden sollen, dann kann ein Controlling des Prozeßfortschritts in Form von Zwischenberichten vereinbart werden. Dies bietet sich vor allem für einzelne Bereiche im Unternehmen an, d.h. hier berichten mehrere Führungskräfte gemeinsam über die Aktivitäten in ihrem Bereich.

Schließlich ist die Durchführung von Folgeworkshops oder sogenannten Follow up-Workshops hervorzuheben. Sie bieten nämlich nicht nur die Möglichkeit, sich gegenseitig über den aktuellen Stand zu informieren, sondern hier kann man steuernd aktiv werden, indem bisherige Schritte überdacht und neue Vorgehensweisen und Maßnahmen vereinbart werden. Diese Folgeworkshops sollten stets schon beim ersten Treffen - auch terminlich - festgelegt werden, um nicht angesichts des Tagesgeschäftes in Vergessenheit zu geraten.

Controlling im Rahmen von Führung durch Zielvereinbarung

In Unternehmen, in welchen das Konzept der Führung durch Zielvereinbarung praktiziert wird, besteht eine weitere Möglichkeit darin, daß hierin entsprechende Vereinbarungen aufgrund der Ergebnisse der MAB getroffen werden. Dabei hängt es sehr stark davon ab, in welcher Art bzw. worüber Vereinbarungen getroffen werden und mit welchen Konsequenzen diese Vereinbarungen verbunden sind, denn dieser Ansatz kann auch sehr problematisch sein.

Geeignet ist die Aufnahme von Zielen, die sich auf die konkrete Umsetzung von abgeleiteten Maßnahmen beziehen. Letztlich unterscheidet sich dies nicht von Vereinbarungen über die Durchführung von Maßnahmen oder Aktionen, die auf der Basis anderer Informations- und Entscheidungsgrundlagen abgeleitet wurden. Der Zielerreichungsgrad bezieht sich dann auf den Umsetzungsstand. Wenn dieses Führungsinstrument praktiziert wird, dann ist dieses Vorgehen durchaus zu empfehlen, denn damit wird das Interesse der Führungskräfte an der Umsetzung der mit den Mitarbeitern gemeinsam entwickelten Maßnahmen gefördert.

Grundsätzlich problematisch sind dagegen Vereinbarungen, die sich auf die Verbesserung der Mitarbeiterzufriedenheit bzw. auf einzelne Zufriedenheitsaspekte - gemessen an den Befragungsergebnissen - beziehen; zum Beispiel, daß der Anteil zufriedener Mitarbeiter bei der nächsten MAB um 10% gesteigert werden soll. Erstens handelt es sich bei den Befragungsergebnissen um subjektive Einschätzungen, die von einer Vielzahl von Faktoren beeinflußt werden. So kann es nicht nur vorkommen, daß sich der Erfolg der Aktivitäten nicht in dem Maße in den Befragungsergebnissen niederschlägt, sondern auch, daß trotz hoher Anstrengungen die Zufriedenheit zunächst sinkt. Theoretisch läßt sich dies im Anschluß an Bruggemann, Groskurth und Ulich (1975) damit begründen, daß die resignative Zufriedenheit in eine konstruktive Unzufriedenheit übergegangen ist. Mit anderen Worten: Mitarbeiter, die schon resigniert hatten, daß sich etwas verbessert, und sich daher mit den vorherrschenden Bedingungen arrangiert hatten bzw. "zufrieden" waren, erkennen aufgrund der positiven Aktivitäten infolge der MAB, daß sich doch etwas verbessern kann, so daß sie sich aller Aspekte bewußt werden, mit denen sie eigentlich schon immer unzufrieden waren. Zweitens kann die intendierte Wirkung, daß sich Führungskräfte um tatsächliche Veränderungen bemühen, ins Gegenteil verkehrt werden. Die Führungskräfte kümmern sich vielleicht vielmehr darum, daß die Mitarbeiter beim nächsten Mal "richtig" antworten. Derartige Vereinbarungen sagen nämlich nichts darüber aus, wie das Ergebnis erreicht werden soll, bzw. dies kann nicht kontrolliert werden.

Höchst problematisch erscheint vor diesem Hintergrund die Verknüpfung derartiger Vereinbarungen mit finanziellen Anreizen. Abgesehen von der beschriebenen Problematik des möglichen Vorgesetztenverhaltens findet hierdurch eine generelle Verschiebung in der Zielsetzung der MAB statt. Sie wird dann zu einem Bewertungsinstrument, was die Mitarbeiter dann auch bei ihrer Beantwortung berücksichtigen werden. Statt offener Antworten im Hinblick auf eine mögliche Verbesserung erhält man dann wohl eher taktische Antworten, je nachdem wie man sich mit seinem Vorgesetzten stellen will bzw. wo man den Vorgesetzten - im Vergleich zu anderen - ansiedeln will.

Ergebniscontrolling anhand von Befragungsergebnissen und objektiven Daten

Die zuvor genannte Problematik der verschiedenen Einflüsse und der Subjektivität von Befragungsergebnissen gilt selbstverständlich auch für ein allgemeines Ergebniscontrolling, welches sich auf den Vergleich von Befragungsergebnissen bezieht. Wird dieses allerdings nicht auf einzelne Führungskräfte bzw. nicht auf kleine Verantwortungsbereiche bezogen, so ist es mikropolitisch sicherlich nicht als derart problematisch einzustufen. Ergebnisvergleiche bieten auf die Dauer bei regelmäßigen MAB bzw. bezogen auf größere Auswertungseinheiten durchaus Anhaltspunkte, wo Verbesserungen bereits erzielt wurden. Dabei wird man bestimmte Einflußfaktoren, wie z.B. anstehende Personalabbaumaßnahmen, bei der Interpretation berücksichtigen müssen. Für ein Controlling liefern diese Vergleichsergebnisse aber nur vage, interpretationsbedürftige Informationen.

Als ein geeigneteres Vorgehen ist daher zu empfehlen, zusätzliche Fragen bei der nächsten MAB aufzunehmen, die sich auf Maßnahmen oder Veränderungen beziehen können. Wenn man beispielsweise wissen will, ob sich der Informationsfluß seit der letzten MAB verbessert hat, dann sollte man die Mitarbeiter direkt danach fragen, statt nachträglich über statistische Verfahren eine Veränderung zu berechnen, die dann doch interpretationsbedürftig ist. Weiterhin kann man Fragen zur Beurteilung von konkreten Maßnahmen stellen, d.h. wie die Mitarbeiter diese Maßnahmen und ihre Umsetzung beurteilen. Dies ist allerdings in vollstandardisierten Fragebögen nur für übergreifende Maßnahmen praktizierbar, weil nicht alle abteilungsspezifischen Maßnahmen einzeln aufgeführt werden können.

Schließlich können für Erfolgskontrollen zur MAB objektive Daten herangezogen werden. Wenn beispielsweise aufgrund der MAB Maßnahmen zur Qualitätssicherung verstärkt eingeführt wurden, kann man versuchen, den Erfolg anhand von Qualitätskennziffern zu messen. Doch gilt hierbei, wie bei den Ergebnisvergleichen, daß verschiedene Einflußfaktoren, die Qualität beeinflussen können, so daß die direkte Zuordnung schwierig sein dürfte.

Als Indikatoren für den Erfolg einer MAB zum Zwecke der Initiierung eines Verbesserungsprozesses können beispielsweise auch Daten zur Anzahl abgeleiteter Maßnahmen und Projekte herangezogen werden, wobei die Quantität hierbei eigentlich nicht das entscheidenste ist. Interessante Größen wären zum Beispiel, wieviel Mitarbeiter in Aktivitäten selbst aktiv eingebunden sind, wieviel Maßnahmen umgesetzt wurden oder, als ein negativer Indikator, wieviel Projekte begonnen, aber nicht fortgeführt wurden.

Die verschiedenen Ansätze für ein Controlling zur MAB zeigen, daß es durchaus Möglichkeiten gibt, Indikatoren für den Erfolg zu erheben, wenngleich sie nicht unbedingt für eine Wirtschaftlichkeitsrechnung geeignet sind. Sie können aber Hinweise dafür liefern, wo auf Seiten der Prozeßsteuerung (beim nächsten Mal) noch Verbesserungen möglich sind und auf welchen Gebieten oder in welchen Bereichen im Unternehmen der gemeinsame Verbesserungsprozeß noch intensiviert werden sollte. Wichtiger als diese externen Möglichkeiten eines Controllings erscheint aber, die Beteiligten bei ihren Prozessen im Sinne eines Self-Controllings durch Instrumente und Informationen zu unterstützen.

5 Zusammenfassende Diskussion

Nach den verschiedenen Hinweisen zur Gestaltung eines unternehmensweiten Feedbackprozesses sind in der Abbildung 1 nochmals die zentralen Elemente schematisch zusammengefaßt, die vereinfachend drei Ebenen zugeordnet wurden:

Auf der obersten Ebene der Unternehmensleitung sind die Aktivitäten angesiedelt, welche der Steuerung des Veränderungsprozesses insgesamt dienen. Auf der untersten Ebene sind die Aktivitäten der Führungskräfte und Mitarbeiter für die Verbesserungsmaßnahmen in den einzelnen Arbeitsbereichen aufgeführt. Dazwischen sind die verschiedenen Workshops für die Führungskräfte dargestellt. Den Führungskräften kommt eine zentrale, wenn nicht die entscheidende Rolle für den unternehmensweiten Veränderungsprozeß zu. Neben ihrer Rolle als Change Agents in den einzelnen Arbeitsbereichen fällt ihnen auch die Rolle der Vermittlung und Integration zwischen den Ebenen und Bereichen zu, wobei sie gleichzeitig immer auch "Betroffene" der Veränderungen sind.

Die eingezeichneten Feedbackprozesse als Verbindung zwischen den Ebenen repräsentieren zwar auch den Informationsfluß in Form von Daten, Berichten, Aktionsplänen etc., doch eine integrierende Wirkung im Hinblick auf einen Kulturwandel geht von diesen Prozessen nur aus, wenn sie von den Führungskräften mit (Vor-)Leben gefüllt werden.

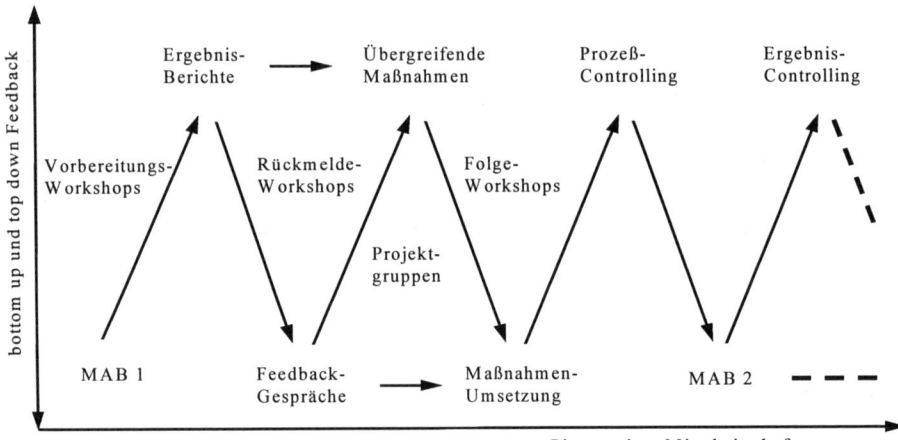

Abbildung 1: Phasen und Maßnahmen des Feedbackprozesses im Überblick.

Abschließend soll noch kurz die Frage nach den kulturellen Voraussetzungen und Konsequenzen eines solchen Survey-Feedbackprozesses, nach der bestehenden Feedbackkultur und nach einem möglichen Kulturwandel, aufgegriffen werden.

Sind Vertrauen und Offenheit, Feedback- und Kritikfähigkeit nicht eher als Voraussetzungen, denn als Ergebnis von Survey-Feedbackprozessen anzusehen. Die Einführung von (anonymen) MAB kann - wie einleitend angeführt - als ein Zeichen für Defizite in der alltäglichen Feedbackkultur angesehen werden (vgl. auch den Beitrag von Sprenger in diesem Band). Wenn man im Alltag nicht offen miteinander kommunizieren kann, warum sollte dies im Rahmen der schriftlichen MAB und vor allem im anschließenden Feedbackprozeß möglich sein.

Sicherlich kann man nicht erwarten, daß durch ein noch so gründlich geplantes und durchgeführtes MAB-Projekt ein solcher Kulturwandel per se bewirkt wird. Doch es ist leichter über Probleme zu sprechen, wenn sie über den Umweg der Anonymität schon ausgesprochen worden sind. Vielleicht können auf diesem Wege MAB dann doch einen Beitrag zu mehr Offenheit im gemeinsamen Dialog leisten.

Das gegenseitige Vertrauen wird man aber nicht durch eine MAB gewinnen, sondern dieses wird man sich im anschließenden Feedback- und Veränderungsprozeß, aber vor allem im Arbeits- und Führungsalltag verdienen müssen.

Mitarbeiterbefragungen - Ausgangsbasis für Benchmarking ?

Nicole Fies und Vivien Schmitt

1   Einleitung

Immer mehr Unternehmen entschließen sich, Mitarbeiterbefragungen (MAB) durchzuführen. In manchen Fällen geht es darum, ein allgemeines Stimmungsbild einzufangen oder den Dialog mit den Mitarbeitern zu eröffnen, andere nehmen konkrete Probleme, wie z.B. hohe Fluktuation und Fehlzeiten oder geplante Restrukturierungen zum Anlaß, die Mitarbeitermeinung einzuholen. Dieser Trend zu MAB hat in den Unternehmen eine Fülle von Daten zur Folge, deren Verwendungsmöglichkeiten im Vorfeld der Untersuchung häufig nicht genau festgelegt werden. Dadurch besteht die Gefahr, daß die Ergebnisse ungenutzt bleiben. Schwierigkeiten tauchen schon bei der Bewertung und Einordnung der Daten auf: Ist beispielsweise eine durchschnittliche Bewertung der Arbeitszufriedenheit mit dem Wert 3 auf einer Likert-Skala (5er-Skala) gut oder schlecht? Wenn die Einschätzung der Zusammenarbeit mit den Kollegen im eigenen Arbeitsbereich besser ausfällt, als die Einschätzung bzgl. der Kollegen in anderen Abteilungen, liegt dann Handlungsbedarf vor, oder sind das typische Ergebnisse, die nur ein allgemeines Bewertungsmuster widerspiegeln? Es besteht also die Notwendigkeit, den eigenen Stand einschätzen zu können. Dazu bietet sich der Vergleich mit anderen Unternehmen an, die gleiche Befragungen durchgeführt haben: Die Idee des Benchmarking von Mitarbeiteraussagen ist geboren.

Benchmarking, als Vergleich von Kennzahlen innerhalb und zwischen Unternehmen, wird als Instrument gesehen, Verbesserungsbedarf zu identifizieren. Außerdem bietet es die Möglichkeit, das Potential von Befragungsergebnissen besser auszuschöpfen, indem es über die reine Diagnose hinausgehend dem Praktiker Methoden an die Hand gibt, um konkrete Ideen für Verbesserungen zu generieren und Maßnahmen abzuleiten. Auch in MAB geht es um die Einleitung von Verbesserungsprozessen. Bei beiden Verfahren wird betont, daß es mit einer einmaligen Maßnahme nicht getan ist, sondern ein kontinuierlicher Verbesserungsprozeß gestartet wird, in dem der Kreislauf von Diagnose, Maßnahmenplanung, Maßnahmendurchführung und Evaluation durch eine erneute Diagnose immer wieder aufs Neue durchlaufen wird. Dabei kann die MAB als erster Schritt der Datengewinnung im Benchmarking-Prozeß gesehen werden.

Ein solches Benchmarking von Aussagen aus MAB stellt jedoch eine Neuheit dar. Bisher wurde dieses Konzept in erster Linie auf "harte" betriebswirtschaftliche Daten angewandt. Es ging dabei um Vergleichsmaße wie Marktanteile, Materialkosten, Produktivität pro Mitarbeiter, etc. In diesem Artikel stellen wir nun die Frage, ob es möglich ist, das Benchmarking-Konzept auch auf "weiche", subjektive Daten aus MAB anzuwenden.

Karlöf und Östblom (1994, S. 24) treffen in ihrem Buch „Das Benchmarking Konzept" dazu folgende Aussage: *„Benchmarking legt das Hauptaugenmerk nicht auf die weichen Faktoren eines Unternehmens. Diese sollten nach unserer Meinung nie im*

Mittelpunkt stehen, sondern den eigentlichen Arbeitsinhalten des Unternehmens unter-geordnet werden. Ohne erfolgreich ablaufende Betriebsprozesse gibt es keine Gelegen-heit, Führung auszuüben oder sich mit sozialen Beziehungen zwischen Management und Mitarbeitern auseinanderzusetzen. " Diese Argumentation basiert jedoch mehr auf ideologischen, denn auf methodischen Aspekten. Die Autoren sehen die Prozesse im Mittelpunkt, soziale Beziehungen als nachrangiges Problem, das sich mit guten Prozes-sen automatisch löst. Aus unserer Sicht kann diese These nicht unwidersprochen stehen bleiben. Prozesse laufen durch Menschen ab und werden durch sie gelebt. Die Zufrie-denheit des Mitarbeiters wird nicht automatisch durch eine optimale Prozeßgestaltung sichergestellt. So wie die soziotechnische Systemtheorie (vgl. Emery & Thorsrud, 1982) die simultane Berücksichtigung von technischen und sozialen Aspekten in der Organi-sation fordert, so kann eine Prozeßorganisation nur funktionieren, wenn gleichzeitig prozeßlogische Anforderungen und Bedürfnisse der Mitarbeiter beachtet werden. Einen Beweis für die Wichtigkeit der Berücksichtigung von sogenannten "weichen" Faktoren liefert Kryl in einem Artikel zum Thema „Benchmarking und Verhalten - Ziele für er-folgsorientiertes Handeln entwickeln" (1995, S. 139) *„Wie die Erfahrung zeigt, rangie-ren Probleme mit der Ressource Mensch, sei es die Motivation, die Fehlerhäufigkeit oder die Kommunikation, auf den ersten drei Plätzen in der Skala für aufgetretene Schwierigkeiten bei Veränderungen.* " Auf der Basis dieser Argumentation erscheint uns die Untersuchung der Möglichkeiten eines Benchmarking auch von "weichen" Faktoren gerechtfertigt.

Bei der Bewerbung für den European Quality Award stellt die Mitarbeiterzufrieden-heit ein Ergebnis-Kriterium für Unternehmen dar. "Mitarbeiterführung" wird dabei ex-plizit als "Befähiger" - also ein Mittel, um gute Geschäftsergebnisse zu erreichen - ge-nannt (vgl. hierzu den Beitrag von Becker in diesem Band). Um den Anforderungen dieses Qualitätspreises gerecht werden zu können, setzen sich viele Unternehmen mit dem Benchmarking von Mitarbeiteraussagen auseinander.

Aus unserer Sicht sprechen damit einige Gründe für eine Überprüfung der Frage, ob das Benchmarking von MAB eine sinnvolle Anwendung finden kann. Um nun diese Frage zu beantworten, wird zunächst das Konzept, so wie es bisher angewendet wurde, beschrieben. Dann wird die Bedeutung von Benchmarking bei Mitarbeiteraussagen dis-kutiert. Ein Beispiel zeigt, wie dieser Prozeß prinzipiell ablaufen kann. Die Besonder-heit von subjektiven Daten wird untersucht und insbesondere auch unter dem Aspekt der Validität bewertet. Schließlich werden Konsequenzen für das Benchmarking von Mitar-beiteraussagen abgeleitet.

2   Was ist Benchmarking ?

Bei genauerer Betrachtung ist das Benchmarking-Konzept weitaus weniger neu und revolutionär als es die aktuelle Diskussion um das Thema und die Bedeutung, die die-sem Instrument in der Managementliteratur in letzter Zeit beigemessen wird, vermuten lassen. Deswegen sollen an dieser Stelle nur Kerngedanken des Konzepts wiedergege-ben werden.

Camp (1989), der mit seinem Buch „Benchmarking: The Search For Industry Best Practices That Lead To Superior Performance" die Erfolgsstory der Firma Rank Xerox mit Hilfe des neuentwickelten Verfahrens schildert, umschreibt die ursprüngliche Idee wie folgt: „*Benchmarking ist der kontinuierliche Prozeß, Produkte, Dienstleistungen und Praktiken zu messen gegen den stärksten Mitbewerber oder die Firmen, die als Industrieführer angesehen werden*" (Kearns zitiert nach Camp, 1994, S. 13). Die erste Überlegung, eigene Produkte einem Vergleich mit denen der Konkurrenz zu unterziehen, entspricht einer weitverbreiteten und durchaus üblichen Geschäftspraktik. Die Weiterentwicklung und damit auch die von Camp (1994) proklamierte Überlegenheit des Benchmarking-Verfahrens gegenüber allen bereits bestehenden Verfahren wie z.b. Reverse Product Engineering, Portfolio-Analysen, Target Costing manifestiert sich in zwei Aspekten:

1. Auf der Suche nach Erklärungen für die Unterlegenheit des eigenen Unternehmens auf dem Markt konzentriert man sich nicht einzig und allein auf die (technischen) Aspekte des Produktes, sondern man weitet den Blickwinkel auf einzelne Elemente der Wertschöpfungskette (z.B. das Vertriebssystem) aus. Alle *Prozesse*, die in irgendeiner Form - sei es direkt oder indirekt - mit dem Produkt in Zusammenhang stehen, werden vor dem Hintergrund dieser Erkenntnis innerhalb des eigenen Unternehmens oder mit der Konkurrenz verglichen.

2. Da der brancheninterne Vergleich lediglich dazu beitrug, es der Konkurrenz gleichzutun und erfolgreiches Verhalten am Markt nachzuahmen, ging man in der weiteren Entwicklung des Benchmarking dazu über, Vergleichsmaßstäbe auch über die eigenen Marktgrenzen hinweg zu suchen und sich daran zu messen. Lediglich das Kriterium der Überlegenheit bestimmter Praktiken gegenüber den eigenen galt von nun an als notwendige Voraussetzung auf der Suche nach Vergleichsmaßstäben.

Grundsätzlich ist Benchmarking als ein Vergleich (betriebswirtschaftlicher) Kennzahlen mit einem ausgewählten Benchmarking-Partner zu verstehen, der zum einen dazu beitragen kann, ein umfangreiches Verständnis über eigene Stärken und Schwächen zu erlangen, und zum anderen mit Hilfe erfolgreicher Methoden und Prozesse anderer Unternehmen, den sogenannten "best practices", eigene Defizite zu überwinden, Veränderungen einzuleiten, kontinuierlich weiterzuverfolgen und schließlich mindestens so erfolgreich wie das gewählte Vorbild zu werden.

Die überwiegend quantitativ formulierten Zielgrößen sind dabei jedoch nur als erste Anhaltspunkte für einen potentiellen Veränderungsbedarf zu verstehen und geben den Anlaß für tiefergehende Analysen. Im folgenden stehen die Prozesse und Methoden betrieblicher Praxis im Mittelpunkt des Vergleichs, die in erster Linie aufgrund qualitativer Beschreibungen abgebildet werden können. Die unterschiedliche Aussagekraft quantitativer und qualitativer Daten für den Benchmarking-Prozeß wird später ausführlicher erörtert. Camp (1994) formuliert in diesem Zusammenhang einen wichtigen Hinweis, wenn er bemerkt, daß „*Benchmarking an erster Stelle ein Zielsetzungsprozeß ist. Aber, und das ist wichtiger, es ist ein Mittel, die Praktiken, die zum Erreichen neuer Ziele nötig sind, zu entdecken und zu verstehen.*"

2.1   Arten von Benchmarking

Auf der Suche nach potentiellen Benchmarking-Partnern kann sich ein Unternehmen mehrerer Strategien bedienen. Zahlreiche privatwirtschaftliche Beratungen sowie öffentliche Institutionen bieten Ihre Dienste an, um mögliche Vorbilder ausfindig zu machen bzw. im Anschluß daran Vergleichsdaten zu erheben und bereit zu stellen. Zuerst muß jedoch die grundsätzliche Entscheidung getroffen werden, ob das „Suchfeld der Ermittlungen" von vornherein durch bestimmte Restriktionen eingeschränkt oder aber ob der Fokus ohne derartige Auflagen auf alle Branchen und Märkte ausgeweitet werden soll. Diese Problematik wird nahezu in allen Publikationen mit der Wahl einer bestimmten Art des Benchmarkings gleichgesetzt. Die drei Varianten, die in diesem Zusammenhang zu nennen sind, werden mit unterschiedlichen Begriffen belegt, die inhaltlichen Formulierungen sind jedoch nahezu identisch (vgl. Camp, 1994; Pieske, 1994; Walz & Bertels, 1995):

1. *Internes Benchmarking*: Beschreibt den Vergleich verschiedener Organisationseinheiten innerhalb eines Unternehmens. Gerade bei großen, weitverzweigten Unternehmen bietet sich die Möglichkeit, Bereiche bzw. andere Unternehmenseinheiten zu finden, die über Praktiken verfügen, die man noch nicht kennt, die aber genauso gut im eigenen Bereich angewendet werden könnten. Der Austausch von Informationen kann bei dieser Form des Benchmarkings relativ unkompliziert und schnell erfolgen. Hingegen können ausgeprägte Abteilungsegoismen bzw. rigoroses Profit-Center-Denken derartige Benchmarking-Aktivitäten auch erschweren.

2. *Externes (wettbewerborientiertes) Benchmarking*: Beim wettbewerborientierten Benchmarking werden direkte Konkurrenten am Markt für den Vergleich herangezogen. Camp (1994) weist darauf hin, daß insbesondere der Grad der Vergleichbarkeit der beiden Unternehmen überprüft und bei der Ergebnisinterpretation berücksichtigt werden sollte. Unter den Mitbewerbern am Markt wird derjenige als Maßstab ausgewählt, der sich augenscheinlich der „branchenbesten Praxis" (Leibfried & McNair, 1992) bedient. Der Vorteil dieses Verfahrens besteht in der direkten Vergleichbarkeit der Produkte und Prozesse und der damit verbundenen Möglichkeit, die erkannten best practices unmittelbar übertragen zu können. Sicherlich muß in diesem Kontext auch die Frage erörtert werden, inwieweit direkte Konkurrenten sich gegenseitig das notwendige Vertrauen entgegenbringen, Daten und Erfahrungen ohne Vorbehalte auszutauschen. Die Bereitschaft zum externen Vergleich ist dabei in Abhängigkeit vom jeweiligen Benchmarking-Objekt zu sehen und wird möglicherweise entsprechend höher ausfallen, wenn es sich um Prozesse außerhalb des Kerngeschäftes handelt. In einem solchen Fall ist jedoch zu hinterfragen, ob sich durch derartige Vergleiche entscheidende Wettbewerbsvorteile realisieren lassen.

3. *Funktionales Benchmarking*: Erweitert man den Blickwinkel der Betrachtung, indem man über die eigenen Branchengrenzen hinaus nach Maßstäben sucht und einzig und allein die funktionale Überlegenheit eines anderen Unternehmens als Zielgröße für den Vergleich wählt, so spricht man vom funktionalen Benchmarking. Der Anspruch dieses Verfahrens besteht in erster Linie darin, sich von den eigenen marktinternen Rahmenbedingungen zu lösen, aufgeschlossen gegenüber völlig andersartigen Vorgehensweisen zu sein und schließlich nach kreativen Transfermöglichkeiten dieser Praktiken für die eigene Organisation zu suchen.

2.2 Phasen des Benchmarking

Die Empfehlungen für die erfolgreiche Implementierung des Benchmarking-Konzepts beinhalten überwiegend eine Darstellung der einzelnen Prozeßschritte, die einer Unterteilung nach Phasen folgen. Die meisten Veröffentlichungen zu diesem Thema unterscheiden sich dabei in erster Linie in Bezug auf Vielzahl und Detaillierungsgrad dieser Phasen.

So gibt z.B. Körschges (1995) folgende Differenzierung vor:

- Gegenstand des Benchmarking definieren
- Beurteilung der eigenen Leistung
- Auswahl der Best-in Class
- Analyse für den Datenvergleich
- Ziele/Pläne
- Implementierung
- KVP

So muß zu Beginn des Benchmarking-Prozesses erst einmal innerhalb des Unternehmens geklärt werden, welcher Bereich bzw. welche Funktion einem Benchmarking unterzogen werden soll. Dieser Schritt ist gekennzeichnet durch eine kritische Reflexion der eigenen gesamtunternehmerischen Situation, in denen Stärken und - für den Benchmarking-Prozeß maßgeblich - Schwächen gesichtet und entsprechend ihrem Veränderungsbedarf priorisiert werden. Im Anschluß daran wird die eigene Leistung mit Hilfe meßbarer Kriterien (z.B. Kosten, Lieferzeit, Ausschußquoten) für den definierten Bereich ermittelt, wobei die dabei verwendeten Kennziffern in Hinblick auf ihre Interpretation unmißverständliche Aussagekraft besitzen sollten. Aus Sicht von Camp (1994) sollte gewährleistet sein, daß „*sie* [die Kennziffern] *die echten Indikatoren der Prozeßleistung sind*". Öffentliche Datenbanken, Fachverbände, Berichte in Fachzeitschriften, externe Berater, Kunden und Lieferanten geben möglicherweise hilfreiche Hinweise, wenn es darum geht, auf das "klassenbeste" Unternehmen aufmerksam zu werden und es vielleicht als geeigneten Vergleichsmaßstab zu identifizieren.

Die folgende Phase der Kooperation zwischen zwei Unternehmen beinhaltet in erster Linie den Austausch von Daten und Erfahrungen, die in Form von Befragungen betrieblicher Fachleute, durch die Sichtung von Ergebnissen bereits durchgeführter Untersuchungen sowie durch Firmenbesuche ermittelt werden. Der Abgleich der eigenen Kennzahlen mit denen des Benchmarking-Partners kann sowohl die Überlegenheit (positive Lücke), die Unterlegenheit (negative Lücke) als auch einen Gleichstand der Leistungsfähigkeit ergeben (vgl. Camp, 1994). Leistungsunterschiede werden in der Praxis anhand quantitativer Daten ermittelt, wie z.B. die Zahl der Fakturierungen der Mitarbeiter einer Rechnungsstelle, der Prozentsatz pünktlicher Lieferungen oder die Kosten je produzierter guter Einheit. Die Aufklärung der "Lücke" erfolgt mittels qualitativer Datenerhebung, indem die jeweiligen Methoden und Prozesse detailliert beschrieben werden. Der eigene Wettbewerbsnachteil wird zum Anlaß genommen, Verbesserungen in Gang zu setzen, wobei Praktiken des Vergleichsunternehmens als Meßlatte dienen. Im folgenden werden die gefundenen best practices auf die betroffenen Bereiche übertragen und notwendige Anpassungen vorgenommen. Gleichzeitig werden Ziele formuliert, die im weiteren Verlauf der Veränderung einer permanenten Überprüfung und eventuellen Korrektur unterliegen. Diese Ziele beschreiben Resultate, die man sich von der Einführung externer Praktiken erhofft. Camp (1994) umschreibt den Zielsetzungsprozeß mit folgenden Worten: *„Obwohl der Schwerpunkt auf den Praktiken selbst liegt, muß der tatsächliche Wert der Praktiken quantifiziert werden. Die Benchmarks resultieren in quantifizierbaren, umsetzbaren Zielen".* Für die Umsetzung dieser Ziele gilt es, für jeden der betroffenen funktionalen Teilbereiche als auch für einzelne Personen den Beitrag zur Zielerreichung zu klären. Aus diesem Grund werden Verantwortliche mit konkreten Aufgaben und deren Umsetzung betraut. Eine Wiederholung des Benchmarkings wird im angemessenen Zeitraum nach Abschluß des ersten Prozesses durchgeführt. So ist auch die Benchmarking-Philosophie geprägt vom Gedanken kontinuierlicher Verbesserung, wobei das eigene Handeln immer wieder zugunsten überlegener Vorgehensweisen zur Disposition gestellt wird.

2.3   Objekte des Benchmarking

Herter (1992) klassifiziert drei mögliche abstrakte Ausprägungen von Benchmarking-Objekten: Produkte, Methoden und Prozesse. Mit der Festlegung des Objektes lassen sich konkrete Zielgrößen ableiten wie z.B. Kosten, Qualität, Kundenzufriedenheit, anhand derer die eigenen Leistungsdefizite offensichtlich werden.

Dabei hat das Benchmarking mittlerweile in allen funktionalen Bereichen von Unternehmen Einzug gehalten (Herter, 1994), wie z.B. im Bereich Sicherheit, Informationstechnologie, Produktion, Rechnungswesenmethoden, usw. Diese Liste der Benchmarking-Aktivitäten läßt sich beliebig fortsetzen. Auffällig erscheint, daß in den meisten Unternehmen bislang ein vorherrschendes Interesse an betriebswirtschaftlichen Fragestellungen besteht. Ursachen dieser bislang einseitigen Betrachtungsweise stellen sich aus unserer Sicht wie folgt dar:

*   Es besteht ein nur mangelhaftes Interesse vieler Unternehmen, "weiche Faktoren" zu messen, weil die Erhebung solcher Daten nicht in unmittelbaren Zusammenhang mit unternehmerischen Zielsetzungen gebracht wird.
*   Ausschußquoten, Umsatzzahlen, Stückkosten werden in erster Linie als zuverlässige und aussagekräftige Kennziffern betrachtet, die einen vergleichsweise geringen Interpretationsspielraum beinhalten. Hingegen herrscht deutliche Zurückhaltung, wenn es darum geht, sogenannte "weiche Faktoren" wie Kommunikation, Information, Kunden- und Mitarbeiterzufriedenheit anhand adäquater Kriterien und Instrumente zu vergleichen, weil die darin inbegriffenen "interpretativen Freiheitsgrade" möglicherweise Unsicherheit bzgl. der Ergebnisinterpretation hervorrufen. Häufig wird dieses Problem auf die Frage reduziert: „Wie kann ich zwei Ergebnisse miteinander vergleichen, wenn ich noch nicht einmal weiß, ob ich tatsächlich das Gleiche gemessen haben?".

Mit zunehmender Popularität von MAB sehen wir jedoch gleichzeitig einen Trend, das klassische Benchmarking-Konzept enthusiastisch aufzugreifen und es ohne notwendige Anpassungen und Vorbehalte auf den Kontext der MAB zu übertragen. Die Inhalte der MAB treten durch ein derartig unreflektiertes Messen und Vergleichen in den Hintergrund. Wie der sinnvolle Umgang mit Benchmarking in Bezug auf MAB aussehen könnte, wird im folgenden diskutiert.

3 Bedeutung von Benchmarking bei Mitarbeiterbefragungen

Wird in der Praxis von Benchmarking bei MAB gesprochen, so ist damit in erster Linie der zahlenmäßige Vergleich von Unternehmen bzgl. bestimmter Themen gemeint. Die Benchmarking-Theorie, so wie sie in zahlreichen Veröffentlichungen beschrieben wird, schließt darüber hinaus auch die qualitative Analyse zur Aufdeckung von "best practices" mit anschließender Entwicklung und Umsetzung von Verbesserungsideen ein. Wir verwenden ebenfalls diesen umfassenderen Benchmarking-Begriff, wobei die erste Phase - oder das Benchmarking im engeren Sinne - mit "Erhebung von Vergleichsdaten" bezeichnet werden soll und die quantitativen Daten betrifft. Der zweite Schritt umfaßt die "Erhebung von best practices" auf der Basis qualitativer Daten.

Wir beginnen im nächsten Abschnitt mit einem Beispiel, das den Benchmarking-Prozeß für ein konkretes Ergebnis einer MAB darstellt. Anschließend wird der speziellen Bedeutung von quantitativen und qualitativen Daten im Rahmen von Benchmarking nachgegangen. Dabei hängt die Übertragbarkeit des Konzeptes wesentlich von der Frage ab, ob die Daten, die der quantitativen und qualitativen Analyse zu Grunde liegen, eine aussagefähige Basis für die Bewertung der aktuellen Situation und die Erkennung von Verbesserungsmöglichkeiten bilden. Deshalb gilt es, genau zu untersuchen, was der Unterschied zwischen subjektiven und objektiven Daten ist und wie die Validität dieser Daten zu bewerten ist. Schließlich werden Konsequenzen für das Benchmarking "weicher" Faktoren aufgezeigt.

3.1 Beispiel für Benchmarking von Mitarbeiteraussagen

Im folgenden wird beispielhaft dargestellt, wie Benchmarking, ausgehend von einer MAB, konkret ablaufen könnte. Abweichend vom klassischen Verlauf, wie er in Kapitel 2.2 dargestellt wurde, lassen sich hier grob drei Arbeitsschritte unterscheiden:

- Erhebung von Vergleichsdaten
- Erhebung von "best practices"
- Entwicklung von Verbesserungsmaßnahmen

Erhebung von Vergleichsdaten

Im Rahmen einer MAB wird die Frage gestellt: „Wie zufrieden sind Sie im allgemeinen mit den Schulungsmaßnahmen im Hause?" Die Mitarbeiter des Unternehmens beantworten diese Frage auf einer fünfstufigen Skala von 1 = "sehr zufrieden" über 3 = "teils-teils" bis 5 = "sehr unzufrieden". Es ergibt sich ein Mittelwert von $M = 3,4$, der auf eine relative Unzufriedenheit der Mitarbeiter mit den Schulungsmaßnahmen hindeutet.

Dieses Ergebnis wird in einem Benchmarking-Projekt verglichen mit den Ergebnissen aus vier weiteren Unternehmen, die ebenfalls MAB mit größtenteils identischen Fragebögen durchgeführt haben. Es handelt sich also um ein externes Benchmarking. Dabei wurde nicht im vorhinein ein "klassenbestes" Vergleichsunternehmen bestimmt, sondern auf einen schon vorhandenen Datenpool zurückgegriffen. Es zeigt sich nun, daß das betreffende Unternehmen (BM-Unternehmen) bezüglich dieser Fragestellung mit einem Mittelwert von $M = 3,4$ unterhalb des Gruppendurchschnitts ($M = 3,04$) liegt (vgl. Abbildung 1).

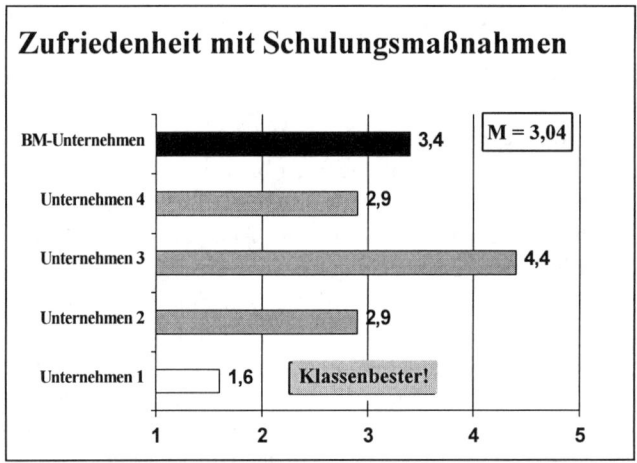

Abbildung 1: Benchmarking zu "Zufriedenheit mit Schulungsmaßnahmen".

Bei Betrachtung der Benchmarking-Ergebnisse finden auch Rahmendaten wie z.B. die Größe und Branche der verglichenen Unternehmen Berücksichtigung. Unternehmen 1 und 2 sind große Dienstleistungsunternehmen, während Unternehmen 3, 4 und das Benchmarking-Unternehmen mittelständische Industrieunternehmen sind. Diese unterschiedlichen Rahmenbedingungen bei den Vergleichsunternehmen stellen zum einen bei der späteren Ermittlung der "best practices" eine Chance zum Lernen wirklich neuer, andersartiger Praktiken dar. Andererseits muß die Übertragbarkeit genau geprüft werden und eventuell Anpassungen auf die eigenen Bedingungen vorgenommen werden. Trotz oder gerade wegen dieses Unterschiedes wird also ein Vergleich mit dem "Klassenbesten" (Unternehmen 1) geplant, um die identifizierte Leistungslücke durch geeignete Maßnahmen schließen zu können.

Ermittlung von "best practices"

Im Anschluß an den zahlenmäßigen Vergleich werden im eigenen Unternehmen qualitative Daten erhoben. Eine Reihe von Gruppeninterviews mit Mitarbeitern liefert folgende Hintergrundinformation: Gründe für die schlechte Bewertung liegen zum einen in der fehlenden Transparenz des Schulungsangebotes und in fehlender Information über konkrete Seminarangebote. Führungskräfte sind im allgemeinen zufriedener, da das Angebot für diese Zielgruppe größer und transparenter ist und Weiterbildungsmaßnahmen für Führungskräfte im Hause mehr Unterstützung finden. Mitarbeiter sind dagegen auf Eigeninitiative oder das Engagement ihrer Vorgesetzten angewiesen. Aber auch bestehende Angebote werden nicht immer bereitwillig genutzt, da Weiterbildungsveranstaltungen teilweise außerhalb der Arbeitszeit stattfinden. Die Qualität der Seminare wird unterschiedlich bewertet, teils gut, teils wird zu wenig Praxisrelevanz bemängelt. Gewünscht werden - neben konkreten fachlichen Schulungen - insbesondere Angebote zum „zwischenmenschlichen Bereich" und die „Vermittlung des Bewußtseins, daß wir alle im gleichen Schiff sitzen", um damit vorhandenes Abteilungsdenken abzubauen.

Schon aus dieser "hausinternen" qualitativen Analyse lassen sich eine Reihe von Verbesserungen ableiten, wie z.B. eine intensivere Kommunikation des Schulungsangebotes oder eine besser definierte Personalentwicklungs-Strategie, die Schulungen bedarfsgerecht an Mitarbeiter heranträgt.

Interviews beim "Klassenbesten" zum Thema Schulungsmaßnahmen bringen folgende Erkenntnisse: Die positive Bewertung des Schulungsangebots bezieht sich auf Quantität und Qualität der Angebote. Das Qualifizierungsangebot umfaßt sowohl fachliche als auch überfachliche Schulungen mit starker Praxisorientierung. Darüber hinaus haben die Mitarbeiter die Möglichkeit, bei Problemen Spezialisten bzw. die benötigen Hilfestellungen anzufordern. Wenn mehrere Personen an einem bestimmten Thema interessiert sind, wird nach Aussage einiger Befragter ein Vortrag zur gewünschten Thematik angeboten. Bei speziellen Wünschen, z.B. beim Bezug von PC-Zeitschriften, müsse man sich selbst um geeignete Informationsquellen bemühen. Verbesserungswünsche beziehen sich hier auf eine größere Kapazität in Seminaren, mehr psychologische Schulungen und die Einführung einer Evaluation.

Entwicklung von Verbesserungsmaßnahmen

Dieses Beispiel macht deutlich, daß schon eine Ursachenforschung im eigenen Unternehmen erste Verbesserungsideen hervorbringt. Der Vergleich mit dem Klassenbesten zeigt eine unterschiedliche Grundeinstellung zu Schulungsmaßnahmen in den beiden Unternehmen, liefert aber auch wertvolle Einzelanregungen. Zusätzlich kann nun auch ein Vergleich von "harten" Daten, wie z.B. die Anzahl der Seminare pro Mitarbeiter und Jahr oder die Ausgaben für Schulungsmaßnahmen pro Mitarbeiter und Jahr gemacht werden, um das Bild abzurunden.

Verbesserungsmaßnahmen, die hieraus abgeleitet werden können, sind z.B.:

- Durchführung einer umfassenden Bedarfsermittlung für Schulungen
- Anpassung des Angebotes an Seminaren (z.B. mehr überfachliche Schulungen)
- Verbesserung des Informationskonzepts für Schulungen
- Programm zur Förderung der Eigeninitiative bei Mitarbeitern, selbst Schulungsthemen anzuregen

Am Beispiel einer konkreten Fragestellung, die Teil einer umfassenderen MAB ist, wurden hier also exemplarisch der Benchmarking-Prozeß und mögliche Ergebnisse gezeigt. Wichtig ist zu erkennen, daß der Zahlenvergleich nur der Ausgangspunkt für eine weitere Informationssammlung und die Maßnahmenplanung ist. Es wurde ebenfalls deutlich, daß die Vergleichbarkeit der Unternehmen z.B. bzgl. solcher Variablen wie Branche oder Größe berücksichtigt werden muß: Es ist sicher kein Zufall, daß die größeren Dienstleistungsunternehmen bessere Schulungsangebote anbieten als mittelständische Produktionsunternehmen, da sie z.B. über mehr finanzielle Ressourcen verfügen. Bei Übernahme von "best practices" muß dem Rechnung getragen werden. Auch die Anreicherung der qualitativen Informationen um weitere quantitative "harte" Kennzahlen ist typisch. Letztendlich können durch diese Vorgehensweise Maßnahmen abgeleitet werden, die bezogen auf das konkrete Thema Verbesserungen darstellen.

3.2   Quantitative und qualitative Daten des Benchmarking

Im vorangehenden Kapitel wurde der Benchmarking-Prozeß in seinem Gesamtablauf dargestellt. Im folgenden soll die unterschiedliche Bedeutung, die quantitativen und qualitativen Daten im Rahmen des Benchmarking "weicher" Faktoren zukommt, noch einmal vertiefend diskutiert werden.

Quantitative Daten: Erhebung von Vergleichszahlen

Mit den quantitativen Daten, die in der MAB gewonnen werden, beginnt der Benchmarking-Prozeß. In der Regel werden hier eine Vielzahl von Themen behandelt, die aus Sicht der Mitarbeiter betrachtet werden. Der Vergleich mit anderen Unternehmen liefert dann ein Stärken- und Schwächen-Profil, d.h. die absoluten Werte der MAB werden in der Relation zu anderen Unternehmen zu Hinweisen darauf, in welchen Bereichen gute Leistungen erbracht werden oder wo andererseits Verbesserungsbedarf besteht. Damit erhalten die quantitativen Daten die Funktion eines Grobrasters, das hilft, bei Verbesserungsmaßnahmen Prioritäten zu setzen. Auf eine genauere Charakterisierung einer MAB soll hier mit dem Hinweis auf andere Beiträge in diesem Buch verzichtet werden.

Qualitative Daten: Ermittlung von "best practices"

Nach diesem Schritt beginnt jedoch erst die eigentliche Arbeit im Benchmarking: Es gilt nun, qualitative Informationen über Ursachen für Schwächen zu sammeln und andererseits Ideen für Verbesserungen zu finden. Hier findet - betriebswirtschaftlich gesprochen - die eigentliche Wertschöpfung im Benchmarking-Prozeß statt! Die dabei benötigten Informationen können zum einen von den Mitarbeitern direkt erfragt werden, zum anderen können aber auch themenspezifisch bestimmte Expertengruppen angesprochen werden, z.B. die Personalentwicklung für Weiterbildungsfragen oder die Qualitätsabteilung bei Qualitätsfragen.

Als Methode zur Erhebung von qualitativen Daten bieten sich halbstrukturierte Gruppen- und Einzelinterviews an (vgl. hierzu den Beitrag von Schultz-Gambard & Bungard in diesem Band). Nach einführenden Darstellungen zum Hintergrund des Interviews können gleich mehrere Themen nacheinander behandelt werden. Ein Fragemuster könnte dabei folgendermaßen aussehen:

- Auf welche konkreten Aspekte wurde bei der Beantwortung einer Frage Bezug genommen? Was sind die Hintergründe für die Bewertung in der MAB?
- Wie wird jeder einzelne dieser Aspekte im Unternehmen bewertet? Wie kommt dieses Urteil zustande?
- Was sollte besser gemacht werden ("Wunschmodell" pro Aspekt)? Was sollte beibehalten werden?

Auch hier liegt der Ansatzpunkt zunächst im eigenen Unternehmen. Wie das Beispiel in Kapitel 3.1 zeigte, können schon an dieser Stelle erste Ansätze für Verbesserungsmaßnahmen gefunden werden.

Ist ein Benchmarking-Partner identifiziert, geht es darum, Verfahrensweisen und Prozesse in dem anderen Unternehmen zu eruieren. Es bieten sich wiederum Interviews sowohl mit Mitarbeitergruppen als auch mit Experten an. Dabei gewinnen Experten an Bedeutung, da sie schneller und präziser bestimmte "best practices" schildern können. Es sollte aber nicht ganz auf Mitarbeitermeinungen verzichtet werden, da - wie oben schon erläutert - im Bereich der "weichen" Faktoren nicht so sehr die Verfahrensweise selbst im Mittelpunkt steht, sondern vielmehr deren Rezeption durch die Mitarbeiter.

Neben den Interviews können natürlich auch Dokumente ausgewertet werden (z.B. Führungsleitlinien) oder Verfahrensweisen direkt beobachtet werden (z.B. Teilnahme an einer Schulung). Darüber hinaus gibt es weitere Quellen für qualitative Daten, die im Einzelfall bestimmt werden müssen.

Bei der Erfassung von "best practices" im Bereich weicher Faktoren durch Mitarbeiterinterviews muß einem Sachverhalt besondere Bedeutung geschenkt werden: Vergleicht man die quantitative Bewertung und die qualitative Information, die ein und dieselbe Person geben, so erscheinen die Ergebnisse beider Kategorien zum Teil widersprüchlich. Zwar geht eine negative zahlenmäßige Bewertung einher mit negativen Erläuterungen und Aussagen der Mitarbeiter, hingegen werden selbst eindeutig positive Ratings überwiegend mit kritischen, negativen Aussagen argumentativ untermauert. Qualitative Informationen beinhalteten in erster Linie Probleme und Veränderungswünsche der befragten Mitarbeiter, in den wenigsten Fällen können die Mitarbeiter konkrete Angaben über die Ursachen ihrer vergleichsweise besseren zahlenmäßigen Beurteilung bzw. höheren Zufriedenheit machen. Eine mögliche Interpretation dieses Tatbestandes ist, daß positive Zustände eher als gegeben hingenommen werden und deshalb keine Beachtung mehr finden. Viel leichter fällt es jedoch, Mißstände zu beschreiben, wird man doch täglich mit ihnen konfrontiert. Dies bedeutet für die Erhebung qualitativer Daten bei Mitarbeitern, daß speziell nach bestimmten Verfahren und Vorgehensweisen gefragt werden muß, die zuvor von Experten als "best practices" identifiziert worden sind.

In der Phase der Identifizierung von "best practices" kann es notwendig werden, zur Unterstützung von Hypothesen und zur "Objektivierung" oder "Gegenprüfung" von Mitarbeiteraussagen einige objektive Kennzahlen einzuholen. Verschiedene unterstützende Kennwerte sind denkbar, z.B. die Anzahl von Betriebsversammlungen oder die Anzahl von relevanten Artikeln in der Firmenzeitung als Indikator für Information durch das Top Management, usw. Dieses gezielte Einholen von objektiven Kennzahlen stellt eine Besonderheit des "weichen" Benchmarkings dar.

Zusammenfassend kann also gesagt werden, daß quantitative und qualitative Daten im Benchmarking nicht in Konkurrenz zueinander stehen, sondern sich gegenseitig ergänzen. Die quantitativen Daten der MAB geben eine Orientierung hin auf Problempunkte im Spektrum der behandelten Themen. Qualitative Informationen aus Experten- und Mitarbeiterinterviews validieren zum einen die Ergebnisse der Befragung und liefern zum anderen Ideen für verbesserte Prozesse und Verfahren. Zusätzliche qualitative Informationen aus weiteren Quellen und betriebswirtschaftliche Kennzahlen erweitern die Informationsbasis und sichern die Ergebnisse weiter ab.

3.3   Datenqualität von Mitarbeiteraussagen

Wenn eine MAB durchgeführt wird, geht es in der Regel darum, die Meinung der Mitarbeiter zu bestimmten betrieblichen Aspekten zu erfragen. Nicht die tatsächliche, objektive Situation - wenn diese überhaupt bestimmt werden kann - ist gefragt, sondern die Wahrnehmung des einzelnen Mitarbeiters bezüglich der Situation. Diese Wahrnehmung entscheidet letztendlich über das Verhalten des Individuums in der Organisation. Gibt ein Mitarbeiter an, unzufrieden mit dem Führungsstil seines Vorgesetzten zu sein, so wird er sein Verhalten entsprechend dieser Wahrnehmung ausrichten, z.B. Dienst nach Vorschrift machen, unabhängig davon, wie sich der Vorgesetzte "objektiv" verhält.

„Subjective phenomena are those that, in principle, can be directly known, if at all, only by persons themselves, although a person's intimate associates or a skilled observer may be able to surmise from indirect evidence what ist going on 'inside'." (Turner & Martin, 1984, S. 8). Das Zitat macht deutlich, daß der beste Zugang zu diesen subjektiven Wahrnehmungen Selbstauskünfte sind. Der Einschub „if at all" zeigt aber andererseits auch, daß diese Informationen nicht immer leicht und eindeutig zu gewinnen sind.

In MAB wird also eine ganz bestimmte Qualität von Daten erhoben. Damit stellt sich die Frage, ob daraus bestimmte Konsequenzen für den Benchmarking-Prozeß abgeleitet werden müssen. In den folgenden Abschnitten sollen einige Besonderheiten solcher subjektiver Daten eingehender diskutiert werden.

3.3.1   Die Subjektivität der Daten

Bei der Betrachtung von Fragen oder Aussagen in MAB stellt man fest, daß große Unterschiede hinsichtlich dessen bestehen, wie und nach was gefragt wird. Es gibt umfassende (z.B.: „Mit meiner Arbeit bin ich im allgemeinen zufrieden.") oder spezielle Aussagen (z.B.: „Meine Arbeitsaufgaben sind abwechslungsreich."). Eine weitere Dimension, anhand derer sich Aussagen unterscheiden, ist Abstraktheit (z.B.: „Der Führungsstil im Hause ist kooperativ.") versus Konkretheit (z.B.: „Mein Vorgesetzter ist an meiner Meinung interessiert."). Turner und Martin (1984, S. 408) kommen bei dieser Überlegung zu der Aussage von einer „intuitive notion that answers to different types of survey questions are not equally valid and that the validity and reliability of a question depends somehow on the extent, and in what way, it ist subjective."

Dabei gilt die allgemeine Annahme, daß mit zunehmender Subjektivität der Daten die Anzahl möglicher Fehlerquellen bei der Datenerhebung steigt und damit die Validität gefährdet wird. Aber auch bei weniger subjektiven Daten existieren Fehlerquellen anderer Art, denen häufig nicht die notwendige Beachtung geschenkt wird. Eine wichtige Erkenntnis besteht also darin, daß es auch innerhalb von Aussagen einer MAB mehr oder weniger subjektive Daten gibt - mit entsprechenden Konsequenzen für die Validität.

Wo stehen im Vergleich hierzu die Kennzahlen der Betriebswirtschaft, für die das Bench-marking-Konzept ursprünglich konzipiert wurde? Diese Kennzahlen nennen sich zunächst objektiv, da sie intersubjektiv nachvollzogen werden können und mit bestimmten personenunabhängigen Meßmethoden gewonnen wurden. Doch auch bei der Erarbeitung objektiver Zahlen spielen subjektive Entscheidungen eine wichtige Rolle. Wie wird z.B. mit Schwankungen umgegangen? Über welchen Zeitraum berechnet man die Kennzahlen? Werden bestimmte Bereiche einberechnet oder weggelassen? Wie wird über die Festlegung von Toleranzen und Irrtumswahrscheinlichkeiten entschieden? Die Liste ließe sich beliebig fortsetzen. Leibfried und McNair (1993, S. 199) warnen ebenfalls vor einer zu großen Zahlengläubigkeit: *„Zahlen können die Benchmarking-Resultate 'härter' aussehen lassen, aber sie sind manipulierbar und erzählen nur die halbe Geschichte."*

Im Hinblick auf den Benchmarking-Prozeß ist also festzuhalten, daß die Grenzen zwischen subjektiven und objektiven Daten fließend sind. An jedem Punkt dieses Kontinuums können unterschiedliche Informationen gesammelt werden. Subjektive Daten beziehen sich dabei auf andere Inhalte und liefern andere Erkenntnisse als objektive Daten. Dies kann nur als eine Bereicherung des Anwendungsspektrums der Methode Benchmarking gesehen, nicht aber als ein grundsätzliches Argument gegen die Übertragung des Konzeptes gewertet werden. Die Subjektivitäts-Objektivitäts-Diskussion ist also nicht per se ein Kriterium für die Möglichkeit der Übertragung des Benchmarking-Konzepts. Indirekt jedoch spielt dieser Aspekt in Verknüpfung mit der Validitätsproblematik dennoch eine wichtige Rolle. *„Jemand hat einmal gesagt, daß alles, was gemessen werden kann - und heutzutage kann praktisch alles gemessen werden - mit Benchmarking untersucht werden kann."* (Karlöf und Östblom, 1994, S. 28). Diese Aussage gilt damit auch für die subjektiven Themen einer MAB - sofern sie sinnvoll gemessen werden können.

3.3.2 Die Validität der Daten

Die vorangehende Diskussion hat gezeigt, daß die Validitätsproblematik das zentrale Thema für die Übertragbarkeit des Benchmarking-Konzeptes auf MAB darstellt. Wie schon in den vorangegangenen Kapiteln soll auch hier wieder nach quantitativen und qualitativen Daten unterschieden werden:

- Wie hoch ist die Validität der quantitativen Daten, die als Basis für den Vergleich zwischen Unternehmen dienen ?
- Wie hoch ist die Validität der qualitativen Daten, aus denen die "best practices" generiert werden sollen?

Quantitative Daten: Erhebung von Vergleichszahlen

Wie immer in der Validitätsdiskussion, gilt es sicherzustellen, daß ein entsprechendes Instrument tatsächlich das mißt, was es zu messen vorgibt. Erst dann lassen sich die Ergebnisse einer Befragung eindeutig einordnen. Ein darüber hinausgehender späterer Vergleich mit anderen Befragungsergebnissen ist sicherlich nur dann als sinnvoll zu bezeichnen, wenn beide Verfahren tatsächliche und gleiche Kennzahlen, Verhaltensbeschreibungen und Einstellungen der Befragten erfassen. Auf die jeweiligen Antwortmuster der Mitarbeiter bei solchen Befragungen nehmen jedoch in der Regel eine Fülle von Faktoren Einfluß, die insbesondere im Rahmen der Artefakteforschung eingehend thematisiert wurden (vgl. Bauske, 1984; Bungard & Lück, 1974). An dieser Stelle sollen einige Aspekte dieser grundsätzlichen Diskussion aufgegriffen werden.

Strack (1994) weist insbesondere im Zusammenhang mit standardisierten Befragungen darauf hin, daß im Rahmen des komplexen Informationsverarbeitungsprozesses die Beantwortung von Fragen u.a. in Abhängigkeit von vorangehenden Fragen, vorgegebenen Antwortskalen, der Verfügbarkeit der Information und der Stimmung zum Befragungszeitpunkt zu sehen ist. Auch die zeitliche Distanz zwischen Ereignissen und Beurteilung (Strack, 1994) kann zu ähnlichen Verzerrungseffekten führen (vgl. auch den Beitrag von Trost in diesem Band).

Sozialpsychologische Theorien liefern Anhaltspunkte für die Erklärung des Phänomens, warum befragte Mitarbeiter in vielen Unternehmen bestimmte betriebliche Aspekte durchweg negativer beurteilen als andere Aspekte. Der Begriff der selbstwertstützenden Attribution beschreibt das Verhalten von Menschen, Erfolg mit großer Wahrscheinlichkeit auf interne Dispositionen und Mißerfolg auf externe, meist situationale Ursachen zurückzuführen. Die Aussagen, die die Mitarbeiter z.B. in Bezug auf das allgemeine Qualitätsbewußtsein im Unternehmen oder die Kundenorientierung formulieren, erfordern u.a. auch eine Selbstbewertung. Unzufriedenheit käme demzufolge dem Einverständnis gleich, das eigene Unvermögen würde zur Unzufriedenheit des Kunden oder zu Qualitätseinbußen führen. Ein allzu menschliches Bedürfnis kann im folgenden darin bestehen, sich von dieser vermeintlichen "Schuld" zu entlasten und auf die Rahmenbedingungen, die man als Individuum bekanntlich nur schwer beeinflussen kann, zu verweisen. So kann man guten Gewissens behaupten, daß nicht das Verhalten und die Fähigkeiten der Mitarbeiter, sondern beispielsweise ein demotivierendes Entlohnungssystem, die fehlenden Informationen seitens der Geschäftsleitung etc. in erster Linie für eventuelle Mißstände im Unternehmen verantwortlich sind.

Eine andere Frage, der im Rahmen von MAB Aufmerksamkeit geschenkt werden muß, bezieht sich auf die Anspruchshaltung der Befragten zum Zeitpunkt der Datenerhebung. Im Sinne des von Bruggemann (1974) konzipierten Modells der Arbeitszufriedenheit (AZ) führt das Ergebnis des Vergleichsprozesses von Ist-Werten der Arbeitssituation und den eigenen Soll-Wert-Vorstellungen letztendlich zu einer Veränderung des individuellen Anspruchsniveaus. Geht man davon aus, daß sich dieser Vergleichsprozeß bei den befragten Mitarbeitern zum Zeitpunkt der Datenerhebung in unterschiedlicher Ausprägung bereits vollzogen hat, so muß man ebenso mit dem daraus resultierenden adäquaten Problemlösungsverhalten der betroffenen Personen rechnen. Für die Befragung ist also nicht unerheblich, ob eine Zufriedenheit der Mitarbeiter beispielsweise aus einer Erhöhung des Anspruchniveaus (progressive AZ) oder aus einer Senkung des Anspruchniveaus (resignative AZ) resultiert.

Unmittelbar an das Problem der individuellen Anspruchshaltung knüpfen sich Überlegungen zum Kontext der Befragung an. Beispielsweise kann ein im Vorfeld der Befragung bereits abgeschlossener Reengineering-Prozeß oder das Wissen um anstehende Veränderungen verbunden mit Personalabbau völlig unterschiedliche Auswirkungen auf das Zufriedenheitsempfinden der Mitarbeiter haben. So schürt häufig einzig und allein das Bekanntmachen von Veränderungen zahlreiche Ängste und Befürchtungen, die sich in entsprechend pessimistisch gestimmten Befragungsergebnissen manifestieren. Die Zukunft des eigenen Arbeitsplatzes, die Zusammenarbeit mit neuen Kollegen, neue inhaltliche Arbeitsanforderungen werden von den Mitarbeitern diskutiert, wodurch sich etwaige Befürchtungen in den Antworten der Befragten niederschlagen. Zu einem späteren Zeitpunkt werden eben diese Veränderungen von den Betroffenen möglicherweise als sinnvoll beschrieben, Umstellungsprobleme eventuell sogar bagatellisiert. Insofern ist bei solchen geplanten Befragungen die gesamtunternehmerische Situation gerade in Hinblick auf den anstehenden Vergleich mit anderen Unternehmen von besonderem Interesse.

Insbesondere im Zusammenhang mit subjektiven Bewertungen ist die Meinung und Einstellung des Mitarbeiters das Ergebnis eines komplexen Informationsverarbeitungsprozesses (vgl. hierzu den Beitrag von Trost in diesem Band). So kommen Urteilsbildungen bei MAB u.a. auch auf der Grundlage individueller Vergleichsmaßstäbe zustande. D.h. der Befragte beantwortet beispielsweise die Frage nach seiner Zufriedenheit mit der Entlohnung vor dem Hintergrund der Schilderungen von Bekannten aus anderen Firmen. So wird u.U. die eigene Entlohnung als zufriedenstellend bezeichnet, obwohl man bislang immer die Meinung vertreten hat, daß die eigene Leistung einen besseren Verdienst durchaus rechtfertige. Vergegenwärtigt sich der Befragte jedoch die Situation in anderen Firmen, so erscheint ihm das monatliche Einkommen *relativ* gut und angesichts der angespannten Arbeitsmarktsituation habe er eigentlich überhaupt keinen Grund zum Klagen. Die Wahl des Vergleichsmaßstabs und damit das unmittelbare Umfeld des Befragten entscheiden also auch über das resultierende Zufriedenheitsurteil. Soziale Vergleiche tragen dazu bei, eigene Leistungen und Fähigkeiten mit denen anderer zu vergleichen, um selbst zu einer sozialen und gesellschaftlichen Identität zu gelangen. Zufriedenheit bzw. Unzufriedenheit sind dabei Ergebnisse des aufgestellten Verhältnisses von eigenem Wert und gesellschaftlichem Gegenwert. Die Nicht-Transparenz und Unkontrollierbarkeit des Vergleichsmaßstabs führt damit auch zu einer Einschränkung der Validität und - als Folge davon - der Vergleichbarkeit verschiedener Unternehmen.

Qualitative Daten: Ermittlung von "best practices"

Während wir bislang in erster Linie auf mögliche Fehlerquellen bei der quantitativen Datenerhebung eingegangen sind, sollen im folgenden zu erwartende Einflüsse bei der qualitativen Datenerhebung erörtert werden.

Eine Möglichkeit der Einflußnahme mit den dabei zu erwartenden Verzerrungseffekten liegt im Gespräch zwischen Interviewer und Mitarbeitern. Diese sogenannten Interviewereffekte beinhalten Merkmale und Verhaltensweisen des Interviewers, die sich mehr oder weniger nachweisbar auf das Antwortverhalten des Interviewten auswirken. Durch die unterschiedliche Formulierung von Fragen, durch eigene Erwartungen und Einstellungen und durch äußere Merkmale (z.B. Alter, Geschlecht etc.) beeinflußt der Interviewer das Antwortverhalten des Befragten (vgl. hierzu ausführlich Bungard & Lück, 1974).

Ein weiterer Aspekt bezieht sich auf die Spezifität der Interviewsituation, die durch einseitige Informationsweitergabe gekennzeichnet ist. So erscheint es im täglichen Umgang nur allzu menschlich, wenn man die offene und ehrliche Beantwortung einer Frage den Mitmenschen vorbehält, denen man das notwendige Vertrauen entgegenbringt. Selbstenthüllungen bedürfen jedoch einer positiven Intimität, die einhergeht mit der Forderung nach Gegenseitigkeit (vgl. Wiemann & Giles, 1990). Im Interview soll der Befragte möglicherweise heikle Informationen preisgeben, ohne daß der Interviewer dafür eine "adäquate" Gegenleistung erbringt. Der üblicherweise langwierige Aushandlungsprozeß um Intimität schrumpft im Interview auf einen kurzen Zeitraum zusammen. Die Entscheidung, sich mitzuteilen, muß vom Befragten innerhalb von wenigen Minuten anhand weniger Kriterien - wie beispielsweise der oben genannten äußeren Merkmale - getroffen werden. Fällt das Ergebnis dieses Beurteilungsprozesses negativ, d.h. zu Ungunsten des Interviewers aus, so wird der Befragte davor zurückschrecken, allzu spektakuläre Enthüllungen zum Besten zu geben.

In Kapitel 3.2 wurde bereits auf die Beobachtung aufmerksam gemacht, daß im Rahmen qualitativer Interviews die befragten Mitarbeiter weitaus spontaner und ausführlicher über organisationale Mißstände zu berichten wußten als über positive Aspekte, selbst wenn sie sich zu einer insgesamt guten Gesamtbeurteilung entschieden. Möglicherweise kann hier die Verfügbarkeit der (negativen) Information im Sinne einer Voraktivierung (priming) als Erklärung herangezogen werden. So setzt sich der Betroffene im Rahmen von Negativereignissen beispielsweise mit geeigneten Coping-Strategien auseinander, die einen entsprechend hohen kognitiven Verarbeitungsaufwand erfordern. Die Komplexität dieser Verarbeitungsprozesses ist dabei auch entscheidend für die Präsenz und Abrufbarkeit dieser Information. Die größere Bereitschaft der Mitarbeiter über Nachteile denn über Vorteile innerhalb ihres Unternehmens zu berichten, kann demzufolge nicht als unmittelbarer Indikator für organisationale Mißstände gewertet werden. Auch hier gilt es, die scheinbare Eindeutigkeit der Befragungsergebnisse zu hinterfragen.

Die vorangegangenen Erläuterungen haben einige Validitätsprobleme im Rahmen von MAB aufgegriffen. Im nächsten Kapitel werden die Konsequenzen dieser Schwachstellen für das Benchmarking von MAB diskutiert und Implikationen für das Konzept abgeleitet.

3.4   Anforderungen an das Benchmarking von Mitarbeiteraussagen

Will man die Idee eines Vergleichs von MAB verschiedener Unternehmen beibehalten, so muß ein solches Benchmarking den diskutierten Aspekten der Subjektivität und Validität Rechnung tragen. Nachfolgend seien die wesentlichen Implikationen für ein solches Konzept aufgeführt:

- Direkte Ergebnisvergleiche sind nur dann in Betracht zu ziehen, wenn zwischen den Befragungen eine völlige Übereinstimmung in Bezug auf die Formulierung und Reihenfolge von Fragen und der entsprechenden Antwortmöglichkeiten (bei geschlossenen Fragen) besteht. Bei der Interpretation der Ergebnisse sollte darüber hinaus der organisationale Kontext des Unternehmens Berücksichtigung finden. Nicht unerheblich für die Vergleichbarkeit der Befragungsergebnisse sind Informationen über die wirtschaftliche Situation (z.B. Krisen- vs. Nichtkrisen-Branchen), geplante und abgeschlossene Reorganisationen und auch regionale Unterschiede (z.B. Ost- und Westdeutschland) der Unternehmen. Auch vergleichbare Rücklaufquoten sollten in Hinblick auf die Repräsentativität der MAB bei der Auswahl eines geeigneten Benchmarking-Partners eine Rolle spielen. Schließlich ist im Rahmen qualitativer Datenerhebung ein Höchstmaß an Standardisierung für die Vorgehensweise der Interviewer festzulegen. Entsprechende Schulungen und der Einsatz neutraler, externer Interviewer können den geschilderten Interviewereffekten entgegenwirken.
- Benchmarking im Rahmen von MAB sollte sowohl quantitative als auch qualitative Daten mit einbeziehen. Quantitative Daten liefern dabei in erster Linie Anhaltspunkte für offensichtliche Leistungslücken im Unternehmen. Sie geben ferner wichtige Hinweise auf der Suche nach geeigneten Benchmarking-Partnern, die anhand gleicher Kennziffern beurteilt werden sollen. Allerdings liefern diese Daten wenig Information über Motive der Befragten. In dieser Hinsicht sind sie als wenig aufschlußreich in Bezug auf die Hintergründe der Urteilsbildung zu bezeichnen. Hingegen leisten qualitative Daten bei der Erhebung "weicher Faktoren" die eigentliche inhaltli-

che Arbeit. Nur mit Hilfe dieser Daten können tatsächliche Erkenntnisse für die erforderlichen Prozeßbetrachtungen gewonnen werden. Zusätzlich erhobene "harte"
Kennzahlen können die Interpretation der Ergebnisse zwar unterstützen, aufgrund ihrer eingeschränkten Aussagekraft jedoch nicht qualitative Daten ersetzen.

- Der Tendenz der Befragten, bereitwilliger und spontaner über negative Ereignisse zu
  berichten, muß durch ein konsequentes und tiefergehendes Fragen seitens des Interviewers nach positiv wahrgenommenen Sachverhalten entgegengewirkt werden, da
  unserer Ansicht nach positive Ereigniswahrnehmungen einer höheren kognitiven
  Aktivierung bedürfen. Das bewußte Thematisieren von sowohl negativen als auch
  positiven betrieblichen Aspekten kann dem Befragten dabei helfen, sein Gesamturteil
  vor dem Hintergrund einer umfassenderen - weniger einseitigen - Informationsgrundlage zu treffen. Auf diese Weise können die oben beschriebenen Priming-
  Effekte abgemildert werden.

- Die Kombination von Benchmarking und MAB rückt den Mitarbeiter in eine Doppelrolle. Die eine Rolle ist gekennzeichnet durch seine Funktion als Gegenstand der
  Untersuchung, gleichzeitig tritt er als Initiator von Veränderungen in Erscheinung.
  Die anschließende Beteiligung der Mitarbeiter am Veränderungsprozeß stellt für das
  Management in Bezug auf die Glaubwürdigkeit und Ernsthaftigkeit ihres Interesses
  an den Belangen der Mitarbeiter eine wichtige Bewährungsprobe dar. Es wäre gera-
  dezu als zynisch zu bezeichnen, wenn die Aussagen der Mitarbeiter zum Anlaß von
  Veränderungen herangezogen werden, der Mitarbeiter jedoch bei der Umsetzung von
  Aktionsplänen außen vor gelassen wird.

- Ein wesentlicher Unterschied zwischen dem Benchmarking von objektiven Daten
  und einem Benchmarking von Mitarbeiteraussagen besteht darin, daß im letzteren
  Falle die Datensammlung selbst schon eine Intervention darstellt. Läßt sich ein Unternehmen auf eine MAB ein, so steht es in Zugzwang: Es müssen Ergebnisse kommuniziert und dort, wo Mißstände aufgedeckt wurden, Verbesserungen eingeleitet
  werden. Dieser Umstand ist auch eine Ursache dafür, daß das Konzept von Benchmarking als die Suche nach "Spitzenleistungen" durch den Vergleich mit dem
  "Klassenbesten" in der Praxis oft nicht umgesetzt werden kann. Häufig ist die Auswahl des Benchmarking-Partners durch die Verfügbarkeit von Informationen bestimmt, z.B. eine parallele MAB mit einem vergleichbaren Instrument. Dadurch, daß
  MAB gleichzeitig Diagnoseinstrument und Intervention sind (vgl. hierzu den Beitrag
  von Jöns in diesem Band), ist es so gut wie unmöglich, ein identifiziertes klassenbestes Unternehmen zu der Erhebung der Daten zu bewegen. Eine Alternative bestünde
  darin, sich in der eigenen Befragung an ein Instrument anzulehnen, das nachweislich
  bei einem Spitzenunternehmen eingesetzt wurde. Eigene Themen können nach einem
  Baukastenprinzip angefügt werden, wobei zu diesen Themen dann natürlich keine
  Benchmarks vorliegen.

- Auch der Umgang mit unterschiedlichen Rahmenbedingungen in Vergleichsunternehmen bereitet Schwierigkeiten. Es besteht die Gefahr, daß Verbesserungsideen
  aufgegriffen werden, die z.B. aufgrund von mangelnden finanziellen Ressourcen
  nicht umsetzbar sind. Dieses Argument der Nicht-Vergleichbarkeit der Rahmenbedingungen kann aber auch zum vorschnellen Zurückweisen von Ideen führen, die mit
  einer geringen Anpassung durchaus eine kreative Verbesserung im eigenen Unternehmen darstellen könnten. Das Abwägen von Möglichkeiten der Vergleichbarkeit

ist eine Gratwanderung, die einerseits Mut und Kreativität erfordert, andererseits aber auch eine realistische Einschätzung der eigenen Situation voraussetzt.

- Das Benchmarking von MAB sollte schließlich nach Abschluß der ersten Untersuchung eine kontinuierliche Fortsetzung erfahren. Wiederholungsuntersuchungen kommen dabei eine besondere Funktion zu. Zum einen geben sie Aufschluß darüber, ob und in welcher Form die umgesetzten Aktionspläne die Sichtweise der Mitarbeiter beeinflußt haben und entsprechen damit einer permanenten Fortschrittskontrolle. Werden diesbezüglich Veränderungen diagnostiziert, muß jedoch hinterfragt werden, ob tatsächlich veränderte Bedingungen vorliegen, oder ob es sich "lediglich" um eine Veränderung des Anspruchniveaus handelt. Die Wiederholungen eben dieser Umfragen besitzen in diesem Sinn auch den Charakter von Längsschnittstudien, die intra- und interindividuelle Veränderungen festhalten.

Die eben aufgeführten Anforderungen für ein Benchmarking-Konzept im Rahmen von MAB konnten in einigen Fällen auf die oben diskutierten Probleme (vgl. Kap. 3.3.2) eingehen und möglicherweise auch ansatzweise einige notwendige Hinweise liefern. Die Konstruktion eines geeigneten Instruments und die angemessene Formulierung von Fragen scheint ähnlich wie in der Diskussion um die Messung der Arbeitszufriedenheit von übergeordneter Relevanz zu sein. Man sollte sich vergegenwärtigen, daß die Ergebnisse der Befragungen lediglich subjektive Maße für organisationale Rahmenbedingungen liefern, jedoch keinesfalls die tatsächliche Güte von Arbeitsbedingungen abbilden. Diese Beobachtung ist aus unserer Sicht durchaus konform mit der ursprünglichen Zielsetzung von MAB, die betriebliche Situation aus Sicht der Mitarbeiter zu erfassen.

4   Abschließende Bemerkungen

Ausgangspunkt dieses Beitrages war die Frage, ob es möglich ist, das in erster Linie für betriebswirtschaftliche Kennzahlen entwickelte Benchmarking-Konzept auf die subjektiven Aussagen einer MAB anzuwenden.

Wichtig ist zu erkennen, daß Benchmarking per se keine Lösungen für Probleme bietet, sondern nur ein Werkzeug ist, um Daten zu interpretieren und Lösungsansätze zu finden. Dabei muß der Anwender des Konzeptes wissen, was man mit diesem Werkzeug anfangen kann und was seine Möglichkeiten und Grenzen sind. Insbesondere im Bereich der subjektiven Daten scheint ein vorsichtiger und kritischer Umgang mit den Ergebnissen des Benchmarking angebracht. Die zwei grundlegenden Phasen des Benchmarking-Konzepts, der zahlenmäßige Vergleich und die Betrachtung von "best practices" werden nachfolgend noch einmal hinsichtlich ihrer Übertragbarkeit bewertet.

Grundsätzlich kommen wir zu dem Schluß, daß die Subjektivität der Daten an sich kein Hindernis darstellt, sich des Benchmarking-Konzepts auf diesem Gebiet zu bedienen. Subjektive Daten liefern Erkenntnisse, die auf andere Weise nicht gewonnen werden können. Immer wenn MAB durchgeführt werden, stellt sich die Frage nach der Einordnung und Bewertung der Ergebnisse. Hier kann die erste Phase des Benchmarking, der zahlenmäßige Vergleich mit anderen Unternehmen, Hilfestellungen bieten, um eigene Stärken, aber auch Leistungslücken zu erkennen. Andererseits liegt gerade darin auch das größte Problem der Methode: Die Validität subjektiver Daten wird durch eine Reihe von spezifischen Phänomenen eingeschränkt, die beispielsweise in der Sozialpsychologie diskutiert werden. Die Beachtung einiger grundsätzlicher Regeln, wie sie in

Kapitel 3.4 genannt wurden, sind dabei eine Mindestanforderung, um zu aussagekräftigen Daten zu gelangen, an die Validität objektiver Daten reicht dieses Verfahren dennoch nicht heran. Dieser Schwäche muß man sich bewußt sein, um Interpretationen in angemessener Weise abzuleiten. Eine zu große Zahlengläubigkeit, die z.B. zu der Beachtung von minimalen Unterschieden in Werten führt, ist hier nicht angebracht. Vielmehr sollten Vergleichsergebnisse als erste Anhaltspunkte verstanden werden und Basis für eine weitere Informationssuche sein.

Damit gewinnt die zweite Phase im Benchmarking-Prozeß an Bedeutung: Das Erheben von qualitativer Information bei Mitarbeitern und Experten im eigenen und fremden Unternehmen. Diese Daten liefern Ideen für Verbesserungsmaßnahmen und Erfahrungen mit verschiedenen Prozessen und Methoden. Schon der Blick in das eigene Unternehmen kann durch eine mündliche Befragung von Mitarbeitern und Experten erste Lösungsansätze aufzeigen. Dies entspricht dem Ansatz der klassischen Organisationsentwicklung. Die Erweiterung des Betrachtungsspektrums auf andere, unter Umständen branchenfremde Unternehmen jedoch bringt den eigentlichen Innovationsschub: Hier können Ideen gefunden werden, die in dieser Form im eigenen Unternehmen vielleicht noch nicht diskutiert worden sind. Dieser Innovationsschub durch den "Blick über den Tellerrand" ist das eigentliche Verdienst des Benchmarking.

Ein unter diesen Voraussetzungen und gemäß dieser "Geisteshaltung" durchgeführtes Benchmarking von Mitarbeiteraussagen kann zu dem gewünschten Erfolg führen: Verbesserungsbedarf zu identifizieren, Verbesserungsideen zu generieren und Verbesserungsmaßnahmen umzusetzen.

Mitarbeiterzufriedenheit im TQM-Modell des europäischen Qualitätspreises der European Foundation for Quality Management (EFQM)

Gereon Becker

Mitarbeiterbefragungen (MAB) sind mehr und mehr in ganzheitliche Prozesse der Verbesserung von Unternehmen eingebunden und dienen schon lange nicht mehr als reiner Selbstzweck, um etwas für Mitarbeiter zu tun, oder als Forschungsprojekte testtheoretisch versierter Psychologen und Soziologen. So nennen deutsche Unternehmen hinter Kundenorientierung, Kundenzufriedenheit und Kostenersparnis Mitarbeiterzufriedenheit als entscheidenden Motivationsfaktor für die Einführung von TQM (PA Consulting, 1996). Ein Modell für die ganzheitliche Betrachtung, Bewertung und Verbesserung eines Unternehmens stellt das TQM-Modell der EFQM dar.

Um die Mitarbeiterzufriedenheit im Rahmen dieses Modells zu erläutern, soll zuerst auf die Ziele der European Foundation for Quality Management eingegangen und deren TQM-Modell beschrieben werden. Anhand der Bedeutung und Bewertung der Kriterien innerhalb des Modells soll dann gezeigt werden, welchen Stellenwert Mitarbeiterzufriedenheit und deren Erhebung durch MAB im TQM-Modell der EFQM hat.

1 Die European Foundation for Quality Management (EFQM)

Im Jahre 1988 gründeten 14 führende westeuropäische Unternehmen die European Foundation for Quality Management. Sie erkannten die Möglichkeit, durch TQM zu Wettbewerbsvorteilen zu kommen. Mittlerweile gehören der EFQM über 450 Unternehmen an. Die EFQM hat das Ziel, „die Voraussetzungen zu schaffen, die Stellung der europäischen Industrie zu festigen, indem sie die Rolle des Management bei Qualitätsstrategien stärkt" (EFQM, 1995). Dabei werden zwei Hauptstrategien verfolgt:

- „Förderung der Akzeptanz von TQM als Strategie zur Erzielung globaler Wettbewerbsvorteile und
- Förderung und Unterstützung der Einführung von Maßnahmen zur Qualitätsverbesserung" (EFQM, 1995)

Zur Förderung des TQM-Gedankens hat die EFQM ein Kriterien-Modell entwickelt, nachdem Unternehmen ihr gesamtes Managementkonzept sowie die erzielten Ergebnisse des Unternehmens ausrichten und bewerten. Unternehmen, die TQM verwirklichen, können sich einer entsprechenden Bewertung durch die EFQM unterziehen und sich um den European Quality Award bewerben, der seit 1992 jährlich durch die EFQM vergeben wird. Als ein wichtiges Element der Förderung von TQM neben dem European Quality Award wird die Selbstbewertung der Unternehmen nach den Kriterien des Modells als Management-Instrument vorangetrieben. Innerhalb des Modells, das im folgenden dargestellt werden soll, ist Mitarbeiterzufriedenheit ein eigenes Ergebniskriterium.

2 Das Europäische Modell für Umfassendes Qualitätsmanagement

Das Modell bildet einen Rahmen allgemeingültiger Kriterien, die sich auf alle Unternehmen oder auf Teile eines Unternehmens anwenden lassen. Das Modell wurde in Anlehnung an die Kriterien des US-amerikanischen Malcolm Baldridge Award entwikkelt und beruht auf folgenden Prämissen:

„Kundenzufriedenheit, Mitarbeiterzufriedenheit und positive gesellschaftliche Verantwortung/Image werden durch ein Managementkonzept erzielt, welches durch eine spezifische Politik und Strategie, eine geeignete Mitarbeiterorientierung sowie das Management der Ressourcen und Prozesse zu herausragenden Geschäftsergebnissen führt" (Conti, 1993). Entsprechend dieser Prämissen unterscheidet das Modell zwischen "Befähiger-" (Enabler) und "Ergebnis-" (Result) Kriterien, die entsprechend unterschiedlich bewertet werden. Die Abbildung 1 zeigt das Modell.

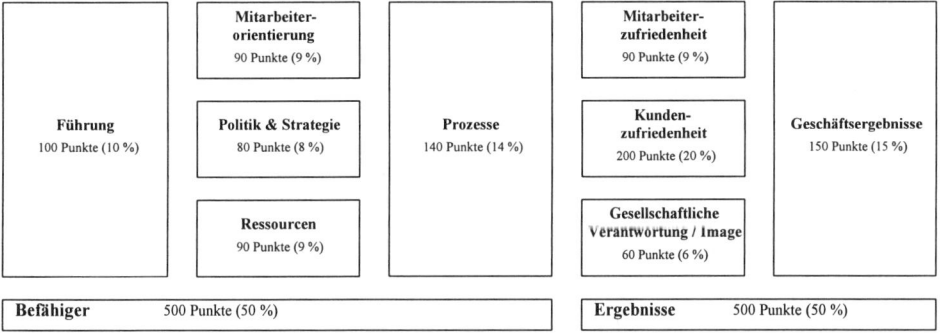

Abbildung 1: Das europäische Modell für Umfassendes Qualitätsmanagement (EFQM, 1995, S. 7).

Der Fortschritt des Unternehmens wird auf jedem der Elemente abgebildet und bewertet und es ist offensichtlich, daß in einem solch ganzheitlichen Modell die einzelnen Kriterien nicht unabhängig, sonder vielfältig untereinander abhängig sind. Insgesamt sind bei einer Bewertung maximal 1000 Punkte zu erreichen, die sich unterschiedlich auf die einzelnen Kriterien verteilen (vgl. Abbildung 1). Die einzelnen Kriterien gliedern sich weiter in Unterpunkte und Ansatzpunkte, wobei die Unterpunkte (dargestellt in Tabelle 1) einzeln bewertet werden und später zu einem Gesamtbild des Kriteriums zusammengezogen werden.

Die angegebenen Prozentsätze der Kriterien entsprechen denen, die für die Verleihung des European Quality Award gelten. Die Prozentsätze für die einzelnen Kriterien sind durch Beratungen der EFQM-Mitglieder entstanden und bis jetzt noch nicht umfassend empirisch belegt, sie werden jedoch jährlich von der EFQM im Rahmen einer kontinuierlichen Verbesserung des Modells überprüft. Die Tabelle 1 stellt die Inhalte der Unterpunkte der neun Kriterien dar. Unternehmen sind angehalten zu jedem der Unterpunkte Angaben zu machen und zu jedem Unterpunkt werden eine Reihe von Ansatzpunkten genannt, die beispielhaft die Elemente des Unterpunktes verdeutlichen.

Exemplarisch für die Ansatzpunkte soll hier der Unterpunkt 3a dargestellt werden (EFQM, 1995): (3a) Wie Mitarbeiterressourcen geplant und verbessert werden. Ansatzpunkte könnten sein, wie

- die Mitarbeiterorientierung überprüft und verbessert wird,
- der strategische Personalplan sich an der Unternehmenspolitik und -strategie orientiert oder
- die Mitarbeiterzufriedenheit erhoben wird und diese Daten verwendet werden.

Unterschiede in der Art der Bewertung und inhaltlich gibt es zwischen Befähiger- und Ergebniskriterien, die im weiteren erläutert werden.

Befähigerkriterien

Wie an den Ansatzpunkten dieses Befähigerkriteriums zu erkennen ist, geht es bei der Darstellung dieser Kriterien darum zu erläutern, wie das Unternehmen bezüglich der Verwirklichung Ihres TQM-Konzeptes innerhalb eines der Kriterien vorgeht und wie die getroffenen Maßnahmen sind. Bei den Befähigerkriterien wird also das *Vorgehen*, mit dem die jeweiligen Anforderungen an ein TQM-System verwirklicht werden sollen, bewertet. Erforderlich sind dabei neben den Angaben zum "Wie" des Vorgehens auch Angaben zum Grad der *Durchdringung* des Ansatzes im gesamten Unternehmen, d.h. inwieweit das Vorgehen in allen relevanten Bereichen des Unternehmens verwirklicht wurde.

Ergebniskriterien

Bei den Ergebniskriterien muß ein Unternehmen darstellen, was es erreicht hat und welche Ziele es sich setzt. Dabei ist die *Güte der Ergebnisse* über einen längeren Zeitraum darzustellen und folgende Aspekte zu berücksichtigen (EFQM, 1995):

- die konkreten Leistungen des Unternehmens
- die eigenen diesbezüglichen Ziele

und wo immer möglich

- die Leistungen der Konkurrenz
- die Leistungen der Benchmarks des Unternehmens

Wie bei den Befähigerkriterien muß neben den Ergebnissen auch dargestellt werden, welchen *Umfang* die Ergebnisse haben, d.h. ob sie sich auf alle relevanten Bereiche des Unternehmens beziehen und nicht nur bei Insellösungen oder einzelnen Produkten erreicht wurden. Prinzipiell sind bei den Ergebniskriterien immer Angaben zu direkten und indirekten Ergebnissen zu machen (vgl. Tabelle 1). Die Befragten für das direkte Feedback sind dabei Kunden, Mitarbeiter oder gesellschaftlich relevante Gruppen, die die öffentliche Meinung über ein Unternehmen repräsentieren (z. B. Umweltschutzverbände etc.).

Tabelle 1: Die Unterpunkte der neun EFQM-Kriterien (Quelle: Siemens AG München).

Kriterien	a	b	c	d	e	f
1. Führung	Engagement, Vorbildhaftigkeit, Kommunikation	Förderung des TQM-Bewußtseins	Anerkennung von Anstrengungen und Erfolgen	Bereitstellen von Kunden und Unterstützung	Engagement bei Kunden und Lieferanten	Aktive Förderung von TQM außerhalb des eigenen Unternehmens
2. Politik und Strategie	Wie Politik und Strategie auf TQM-Konzept beruhen	Wie Politik und Strategie aufgrund umfassender Informationen festgelegt werden	Realisierung von Politik und Strategie innerhalb der Organisation	Kommunikation von Politik und Strategie innerhalb und außerhalb der Organisation	Aktualisierung und Verbesserung von Politik und Strategie	
3. Mitarbeiter-orientierung	Mitarbeiter-ressourcen planen	Fähigkeit der Mitarbeiter erhalten und entwickeln	Zielvereinbarungen und deren Überprüfung	Empowerment der Mitarbeiter und Förderung	Sicherstellen einer wirksamen Kommunikation (horizontal und vertikal)	
4. Ressourcen	Management der finanziellen Ressourcen	Management der Informations-ressourcen	Umgang mit Lieferanten, Material, Anlagevermögen	Anwendung von Technologien		
5. Prozesse	Identifizierung der Schlüsselprozesse	Systematische Führen der Prozesse	Überprüfung der Prozesse und Verbesserung	Anregen von Innovation und Kreativität	Einführung von Prozeßänderungen	
6. Kunden zufriedenheit	Beurteilung durch Kunden	Indirekte Meßergebnisse				
7. Mitarbeiter-zufriedenheit	Beurteilung durch Mitarbeiter	Indirekte Meßergebnisse				
8. Gesellschaftl. Verantwort.-/ Image	Beurteilung durch die Gesellschaft	Indirekte Meßergebnisse				
9. Geschäfts-ergebnisse	Finanzielle Meßergebnisse	Nicht-finanzielle Ergebnisse				

3 Die Bewertung der Kriterien des TQM-Modells der EFQM

Für die Stufen 0, 25, 50, 75 und 100 Prozent sind jeweils die Anforderungen an das Vorgehen und die Umsetzung bei den Befähigerkriterien und die Anforderungen an die Güte und den Umfang der Ergebnisse definiert. Die Selbstbewertung eines Unternehmens wird durch eine Gruppe von internen Assessoren des Unternehmens vorgenommen, die entsprechend geschult wurden und besonders in das jeweilige Kriterium involviert sind. Wie die entsprechenden Daten über die einzelnen Maßnahmen, die in einem Unternehmen getroffen werden, zusammengetragen werden, wird dem jeweiligen Unternehmen bei der Selbstbewertung überlassen. Bei einer Bewerbung um den EQA muß das Unternehmen in einer 75 seitigen Broschüre seinen TQM-Ansatz entsprechend der neun Kriterien darstellen.

3.1 Bewertung der Befähigerkriterien

Für die Bewertung des *Vorgehens* bei den *Befähigerkriterien* wird hinterfragt, inwieweit es

- fundiert und angemessen,
- systematisch und präventiv,
- überprüft und verbessert und
- in die tägliche Arbeit integriert ist.

Neben dem Vorgehen wird *die Umsetzung des Vorgehens* im Unternehmen bewertet. Es wird gefragt, wieviel Prozent des Potentials angewandt werden, wenn man alle relevanten Bereiche und Tätigkeiten berücksichtigt.

Die Bewertung des *Vorgehens* und der *Umsetzung* werden zu einem Gesamtprozentsatz für jeden der Unterpunkte zusammengezogen, wobei die Assessoren nicht das statistische Mittel nehmen müssen, sondern zwischen den Werten interpolieren können. Anschließend werden die Prozentsätze zu einem Gesamtergebnis des Kriteriums verrechnet, indem der Mittelwert der Prozentzahlen der Unterpunkte eines Kriteriums gebildet wird.

3.2 Bewertung der Ergebniskriterien

Für die Bewertung der *Güte der Ergebnisse* wird hinterfragt, inwieweit
- positive Trends
- über einen längeren Zeitraum erreicht werden,
- diese mit den eigenen Zielen übereinstimmen,
- sie auf das Vorgehen in den Befähigerkriterien zurückzuführen sind und
- wie die Ergebnisse im Vergleich mit anderen Unternehmen einzustufen sind.

Beim *Umfang der Ergebnisse* wird bewertet, wieviel Prozent aller relevanten Bereiche und Tätigkeiten diese Ergebnisse betreffen. Auch bei den Ergebniskriterien werden bei den direkten und indirekten Messungen Gesamtprozentwerte gebildet und anschließend die Gesamtbewertung des Kriteriums vorgenommen. Bei den Ergebniskriterien werden die direkten und indirekten Ergebnisse unterschiedlich gewichtet in die Gesamtbewertung eingebracht (vgl. Tabelle 2).

Tabelle 2: Gewichtung der Meßergebnisse in der Gesamtbewertung.

Kriterium:	direkte Meßergebnisse	indirekte Meßergebnisse
Kundenzufriedenheit	75%	25%
Mitarbeiterzufriedenheit	75%	25%
Öffentliche Verantwortung/Image	25%	75%
Geschäftsergebnisse	50%	50%

Die Prozentwerte der einzelnen Kriterien werden mit der maximalen Punktzahl des Kriteriums multipliziert und über alle Kriterien zu einem Gesamtwert für das Unternehmen addiert.

Nach der Darstellung des Modells und der Bewertung der Kriterien soll im folgenden erläutert werden, welchen Stellenwert die MAB innerhalb des Modells hat. Dabei soll zunächst auf die MAB im Kriterium Mitarbeiterzufriedenheit eingegangen werden, um anschließend zu beleuchten, in welchen anderen Kriterien die MAB als Managementinstrument eingesetzt wird.

4 Die Bedeutung der Mitarbeiterbefragung im TQM-Model der EFQM

Der MAB kommen im Modell der EFQM zwei Bedeutungen zu. Diese ergeben sich aus den unterschiedlichen Rahmen, in die die Befragung innerhalb der Befähiger- und Ergebniskriterien gestellt wird.

4.1 Die Bedeutung der Mitarbeiterbefragung in den Befähigerkriterien

Die Informationen aus der MAB sind das zentrale, direkte Feedbackinstrument für die Befähigerkriterien Führung und Mitarbeiterorientierung.

Die Qualität der Maßnahmen, die innerhalb dieser Kriterien beschrieben werden, wird durch die Ergebnisse der MAB gemessen. Somit ist die MAB innerhalb dieser Kriterien das Meßmittel, das im Sinne eines Führungscontrollings über die Gestaltung der Maßnahmen Aufschluß gibt und eine systematische Bewertung und Verbesserung der Maßnahmen ermöglicht.

Die Politik und Strategie des Unternehmens muß eine weitestgehende Kongruenz der Ziele aller für das Unternehmen entscheidenden Gruppen ergeben. Daher schreibt das TQM-Modell der EFQM den Einbezug von Daten und Informationen aus MAB in die Findung der Politik und Strategie vor. Dies bedeutet für die MAB, daß sie zum einen Feedback gibt über die Übereinstimmung der Unternehmensziele mit den Zielen der Mitarbeiter, daß sie aber zum anderen auch aktiv Daten erheben soll, die dem Unternehmen etwas über die Visionen und die Ziele der Mitarbeiter sagen, um somit die Mitarbeitersicht in die Entwicklung der Politik und Strategie mit einzubeziehen.

Da auch der Einsatz der Ressourcen dem Modell entsprechend Einfluß auf alle Ergebniskriterien hat, ist eine Optimierung des Ressourceneinsatzes auch in Hinblick auf die Mitarbeiterzufriedenheit von Bedeutung.

Im Kriterium Prozesse wird das Prozeßmanagement eines Unternehmens bewertet. Unter anderem kann auch hier die MAB Daten zur Qualität und damit zur systematischen Steuerung von Führungsprozessen (Managementprozessen) liefern.

Die MAB ist also ein entscheidendes Managementinformationssystem zur Steuerung der mitarbeiterbezogenen Prozesse und Verhaltensweisen im Unternehmen.

4.2   Die Bedeutung der Mitarbeiterbefragung in den Ergebniskriterien

Die MAB dient innerhalb der Ergebniskriterien als zentrales Meßmittel für die Zufriedenheit der Mitarbeiter, die mit maximal 90 Punkten in die Gesamtbewertung eines Unternehmens eingeht. Die Ergebnisse der MAB wiederum machen 75% Prozent der Gesamtbewertung des Kriteriums Mitarbeiterzufriedenheit aus. Das bedeutet, daß die Bewertung des Kriteriums maßgeblich von den Ergebnissen der MAB und der Art der MAB abhängt.

Dabei wird weder inhaltlich noch formal eine standardisierte Art der MAB vorgeschrieben, sondern es heißt: „Ansatzpunkte könnten sein, wie die Mitarbeiter (ermittelt durch Mitarbeiterumfragen, Betriebliches Vorschlagswesen, jährliches Beurteilungsgespräch usw.) das Unternehmen einschätzen, und zwar bezüglich:

– Arbeitsumfeld
– Gesundheits- und Sicherheitsvorkehrungen
– Sicherheit des Arbeitsplatzes
– Kommunikation
– Mitarbeiterbewertung und Zielvereinbarung
– Aus- und Weiterbildung
– Karrierechancen und Laufbahnplanung
– Anforderungen der Arbeitsstelle
– Entlohnungssysteme
– Systeme zur Anerkennung von Leistung
– Führungsstil- und wirksamkeit
– Beschäftigungsbedingungen
– Autorisierung der Mitarbeiter (Empowerment)
– Mitarbeiterbeteiligung
– Daseinszweck, Wertesystem, Leitbild und Strategie des Unternehmens
– Verbesserungsprozeß (EFQM, 1995)“.

Diese Elemente der Mitarbeiterzufriedenheit sind dabei nicht als vollständige oder zwingend vorgeschriebene Liste von zu erfragenden Kriterien der Mitarbeiterzufriedenheit zu verstehen, sondern lediglich als Anhaltspunkte für eine solche Befragung.

Wenn auch keine konkrete Form der MAB vorgegeben ist, so ergeben sich aus den Richtlinien der EFQM zur Selbstbewertung zum einen aus der Einbettung der direkten Befragung der Mitarbeiter in die Gesamtbewertung des Kriteriums und zum anderen durch den Bewertungsmaßstab der Ergebniskriterien Anforderungen an die Art der Datenerhebung, die eine strukturierte MAB als das Mittel der Wahl fast zwingend vorschreiben.

In den Richtlinien zur Selbstbewertung heißt es: „Verläßlichkeit und Validität sämtlicher dargestellter Erhebungsergebnisse sind zu erläutern. Besonders wichtig ist die Verwendung von konkreten Zahlenwerten" (EFQM, 1995).

Aus diesen und aus den Vorgaben, die für die Bewertung der Güte der Ergebnisse gemacht werden, ergeben sich die Forderungen nach Reliabilität, Repräsentativität, Regelmäßigkeit der Durchführung und Validität der Befragung. Die Forderung nach Verläßlichkeit ist in den Richtlinien enthalten.

Die Forderungen nach Repräsentativität und regelmäßiger Durchführung ergeben sich aus der Forderung, den Umfang und die Relevanz der dargestellten Ergebnisse zu bewerten bzw. aus der Bewertung der Trends der Ergebnisse über einen längeren Zeitraum. So ist in der Anforderung für das Erreichen der 75 Prozent gefordert, daß die meisten Ergebnisse seit mindestens drei Jahren deutlich positive Trends aufweisen.

Die Validität ist zum einen eine direkte Forderung der Richtlinien, zum anderen ergibt sich die Forderung aus der Bewertung der Übereinstimmung der Ergebnisse mit den eigenen Zielen, die wiederum aus der Strategie des Unternehmens abgeleitet sein müssen.

Durch die Bewertung indirekter Meßgrößen, die mit 25% in die Bewertung des Kriteriums Mitarbeiterzufriedenheit eingehen, wird darüber hinaus das Konstrukt Mitarbeiterzufriedenheit nicht nur aus direkter Befragung erschlossen sondern auch durch andere Meßergebnisse (Fluktuation, Absentismus etc.) hinterfragt.

Die Forderung nach Objektivität ergibt sich nicht zwingend, es sind jedoch Vergleiche der Ergebnisse mit denen anderer Unternehmen gefordert Dies entspricht sicherlich einer anderen Objektivität als der im testtheoretischen Sinne, da die Unternehmen in der Vielzahl selbst Fragebögen, ihren eigenen Bedürfnissen entsprechend, entwerfen.

Die Erläuterung der Bedeutung und der Anforderungen einer MAB im Kriterium Mitarbeiterzufriedenheit macht deutlich, daß sie nicht nur Meßinstrument für die Zufriedenheit ist, sondern darüber hinaus, wie vorher beschrieben, als Managementinstrument in allen Befähigerkriterien des Modells eingebunden ist.

4.3 Risiken und Chancen der Mitarbeiterbefragung im EFQM-Modell

Die Zahl der Unternehmen, die ihre Veränderungsprozesse entsprechend dem TQM-Modell der EFQM gestalten und bewerten nimmt immer mehr zu. Die Bedeutung, die die Mitarbeiterzufriedenheit und die MAB innerhalb dieses Modells haben, lassen den Schluß zu, daß die Anzahl von Unternehmen, die MAB durchführen werden, in den nächsten Jahren weiter rasant steigen wird. Dabei soll nicht außer acht gelassen werden, daß diese Entwicklung sowohl Risiken als auch Chancen für das Instrument MAB und seine weitere Entwicklung birgt.

Risiken

Die MAB wird innerhalb des Modells als Meßmittel für die Ergebnisse der Mitarbeiterzufriedenheit und als Steuerungsmittel der mitarbeiterbezogenen Prozesse in das Gesamtmodell integriert.

Eine MAB ist aber darüber hinaus nicht nur Messung und Ergebnisdarstellung, sondern immer auch Intervention im betrieblichen Alltag. Jede Messung der Zufriedenheit der Mitarbeiter erweckt so Hoffnungen oder Ängste bei den betroffenen Mitarbeitern und Führungskräften. Dieser wichtige Aspekt von Mitarbeiterzufriedenheits-Untersuchungen bleibt innerhalb des Modells vollkommen unerwähnt. Sicherlich geht die EFQM als verantwortliche Institution für das Modell davon aus, daß hinter allen Maßnahmen, die in einem Unternehmen in Hinblick auf TQM getroffen werden, das Streben nach permanenter Verbesserung im Vordergrund steht. Dennoch zeigt die Praxis, daß gerade im heiklen, mitbestimmungspflichtigen Fall der MAB diese Annahme nicht von allen geteilt wird. In einem mikropolitischen Geflecht von Interessen der Mitarbeiter, des Betriebsrates, der Unternehmensleitung und der mittleren und höheren Führungskräfte, ist die Gefahr groß, daß die MAB zum Politikum verkommt und mehr diversen Interessen als der permanenten Verbesserung dient. Hier wäre eine genauere Beschreibung des Sinn einer MAB innerhalb einer TQM-Strategie mit Klärung des Motivs für eine solche Befragung hilfreich.

Ein weiteres Risiko der MAB innerhalb des Modells ist, ausgelöst durch ihre zentrale Bedeutung für das Element Mitarbeiterzufriedenheit, daß MAB zur Leistungsschau eines Unternehmens innerhalb des Kriteriums Mitarbeiterzufriedenheit verkommen. Es ergeben sich zwar, wie dargestellt, Anforderungen an die Befragung, dennoch besteht die Gefahr, daß viele Unternehmen ihre Mitarbeiter befragen, um schnell Ergebnisse innerhalb des Kriteriums Mitarbeiterzufriedenheit darstellen zu können. Somit besteht das Risiko, MAB als "Schnellschüsse" zu konzipieren und durchzuführen. Dabei werden dann die praktischen und theoretischen Schwierigkeiten und Konsequenzen, die eine solche Befragung mit sich bringt, außer acht gelassen. Hier könnte die EFQM durch das Einführen von konkreteren Anforderungen an Konzeption und Durchführung von MAB einer solchen Entwicklung gegensteuern

Die Anforderung, positive Trends über einen längeren Zeitraum aufzeigen zu können, stellt eine weitere Gefahr für das Instrument MAB dar. Dieser Bewertungsmaßstab läßt ebenfalls außer acht, daß MAB nicht nur Messungen sind, sondern auch eine Intervention darstellen, die die Erwartungen der Mitarbeiter maßgeblich beeinflußt. Es ist denkbar, daß MAB erst Bedürfnisse bzw. die Hoffnung auf die Erfüllung von Bedürfnissen wecken. Somit sind schlechtere Ergebnisse in Nachfolgeuntersuchungen nicht unbedingt Ausdruck einer schlechteren Mitarbeiterzufriedenheit, sondern eines gestiegenen Anspruchsdenkens im Sinne einer konstruktiven Arbeitsunzufriedenheit.

Nicht zuletzt besteht das Risiko, daß das Messen und Streben nach besserer Mitarbeiterzufriedenheit zu einer Verunsicherung von Führungskräften führt. Gewohnt, Kosten, Durchlaufzeiten, Prozeßfähigkeit etc. zu erreichen, kann das "neue" Ziel Mitarbeiterzufriedenheit, zu einer Verzerrung der Wahrnehmung der Ziele von Führungskräften führen. Inkonsistentes Führungsverhalten, das von einer ausgewogenen Sach- und Mitarbeiterorientierung plötzlich zugunsten der Mitarbeiterorientierung abweicht und letztendlich zu einer Gesamtverschlechterung der Zielerreichung führt, können Konsequenzen eines falschen Fokus auf Mitarbeiterorientierung sein.

All diese Risiken bestehen allerdings auch, wenn MAB nicht im Rahmenwerk dieses TQM-Modells durchgeführt werden. Es ergeben sich allerdings Chancen aus der Integration der MAB in das Modell, die sich für das Instrument MAB als positiv herausstellen können.

Chancen

Die größte Chance, die die Integration der MAB in das TQM-Modell bietet, ist das Hervorheben der permanenten Verbesserung als Ziel der Befragung. Dies bietet die Möglichkeit, MAB trotz der verschiedenen Interessen, die mit ihnen verfolgt werden, zu einem wichtigen Instrument für das Führen eines Unternehmens zu machen. Die Auseinandersetzung mit dem Modell führt unweigerlich zu einem tieferen Verständnis der gegenseitigen Abhängigkeit aller Prozesse und aller Beteiligten innerhalb des Systems Unternehmen.

Dadurch wird auch die MAB in einen Zusammenhang gestellt, der dazu führt, daß Informationen von Mitarbeiter als Hauptindikator für den inneren Zustand der Führung und der mitarbeiterbezogenen Prozesse in einem Unternehmen genutzt werden. So verstanden wird sie zum wertvollen Instrument zur Steuerung von Führungsverhalten und für den Einsatz und das Wesen des Personalmanagements.

Die Mitarbeiterzufriedenheit hat innerhalb der Ergebniskriterien das dritthöchste Gewicht und wird somit dem Gesamterfolg des Unternehmens, der sich auf allen Ergebniskriterien darstellt, untergeordnet. Eine isolierte Optimierung der Mitarbeiterzufriedenheit ist daher durch das Modell nicht vorgesehen. Sie wird vielmehr dem Ziel untergeordnet, das Unternehmen durch permanente Verbesserung aller Befähigerkriterien zu einem Spitzenunternehmen im internationalen Vergleich zu machen. Dieses ganzheitliche Verständnis für die Gesamtergebnisse eines Unternehmens kann zu einem ausgeglichenen Führungsverständnis führen, das entsprechend der Gewichtung der Ergebniskriterien die Prioritäten für das betriebliche Führungsverhalten setzt. Dadurch erhält die Befragung einen weitaus stärkeren instrumentellen Charakter als Hilfsmittel auf diesem Weg, als nur Meßmittel eines Ergebniskriterium zu sein. Daher besteht die große Chance, daß im Zuge der weiteren Verbreitung des EFQM-Modells, die Bedeutung, die Vorteile und die Risiken von MAB besser verstanden werden und diese somit gewinnbringender für die Mitarbeiterzufriedenheit und den Erfolg der Unternehmen eingesetzt werden kann.

Veränderungsbereitschaft der Mitarbeiter in wandelorientierten Unternehmen

Eberhard Hübbe

Mitarbeiterumfragen sind seit den frühen 80er Jahren ein probates Mittel, auf effizientem Wege authentische Rückmeldung über unternehmensinterne Meinungsbildung und die Bewertung von Führung, Klima und Zufriedenheit durch die Mitarbeiter zu erhalten. Die deutliche Betonung des Empowerment-Gedankens durch viele Unternehmen läßt die Bedeutung der Mitarbeitermeinung auch für strategische Gesichtspunkte der Unternehmensentwicklung auch in der Gegenwart weiter anwachsen.

Viele Befragungsprojekte, die unter dem Modell des Geschäftspartners (Borg, 1995a) durchgeführt werden, stellen die Wertschätzung des Unternehmens bezüglich der Mitarbeitermeinung heraus und lassen die ernsthafte Einbeziehung von Vorschlägen und Ideen aus der Mitarbeiterschaft glaubhaft werden.

Die klassischen Themen wie Betriebsklima und Arbeitszufriedenheit treten innerhalb dieser Befragungsansätze in den Hintergrund und Themen wie externe/interne Kundenzufriedenheit, Commitment und Involvement sowie Veränderungs- und Innovationspotentiale werden wichtiger. Um Wettbewerbsvorteile sicherzustellen sind besonders Unternehmen, deren Produkte in enger werdenden Märkten angesiedelt und auf einem vergleichsweise hohen Qualitätsstandard etabliert sind, abhängig von schnellen, effizienten Veränderungsprozessen. Viele Unternehmen sind jedoch auch mit der Frage konfrontiert, warum die theoretisch geplanten und durch strukturierte Projekte in die Praxis umgesetzten Veränderungsprozesse behindert werden, zu langsam ablaufen oder teilweise im Tagesgeschäft versanden. Die entscheidende Bedeutung kommt hier der Bereitschaft der Mitarbeiter zu, sich in Veränderungsprozessen zu engagieren und diese aktiv voranzutreiben. Themenzentrierte Mitarbeiterbefragungen können bei guter Konzeption und spezieller Fragestellung inhaltlichen Aufschluß geben über die genannten Fragestellungen. Ziel ist es, festzustellen, an welchen Stellgrößen anzusetzen ist, um die angestrebten Veränderungen effizienter zu gestalten und umsetzungsorientiert abzuwickeln.

1 Messung von Veränderungsbereitschaft

1.1 Die Konzeption

Mit der oben genannten Problemstellung befaßte sich ein großes Versicherungsunternehmen. Es hatte sich zum Ziel gesetzt, den grundlegenden Veränderungen in der Versicherungswirtschaft Rechnung zu tragen und die Mitarbeiter mit einer Gesamtumfrage stark in die angestrebten Veränderungsprozesse mit einzubeziehen.

Nach einer Anfang der 90er Jahre durchgeführten Gesamterhebung in diesem Unternehmen sollten nun in einer zweiten Befragung die Umsetzungshindernisse der Ergebnisse aus der Erstbefragung, aber auch darüber hinaus die Veränderungsbereitschaft der Mitarbeiter im Unternehmen insgesamt erfaßt werden.

In diesem Rahmen wurde von seiten des Unternehmens die Zusammenarbeit mit einem externen Personalberater gesucht. Klares Ziel der Befragung sollte es sein, herauszufinden, aus welchen Gründen die Ansätze der Erstbefragung nicht konsequent umgesetzt wurden. In einem zweiten Schritt sollte erhoben werden, welche Einstellungen die Mitarbeiter zu Veränderungen im Unternehmen haben. Dies sollte nicht auf der Ebene von klassischen Klimauntersuchungen bzw. Führungsstilanalysen durch den Einsatz eines Standardfragebogen geschehen, sondern durch die Entwicklung und den Einsatz eines auf die spezifische Situation des Unternehmens abgestimmten Fragebogen.

Grundlage zur Fragebogenentwicklung war in einem ersten Schritt die Konzeption zur Ermittlung tiefer Informationen, insbesondere über Umstellungsbereitschaft von Abteilungen, Werthaltungen der Mitarbeiter, Commitment und Involvement zu bzw. in Unternehmensentwicklungen rückgemeldet zu bekommen.

Die Konzeption umfaßte eine abstrakte Beschreibung von Inhaltsebenen des Fragebogens, zugeordnete konkretere Themenfelder, die Definition von Auswertungsgesichtspunkten und eine Beschreibung der zugrundeliegenden theoretischen Ansätze.

Tabelle 1: Befragungsoberthemen mit zugeordneten Inhalten und deren Gewichtung.

Externe Kunden- und Service-orientierung	Interne Kunden- und Service-orientierung	Commitment und Involvement	Situations-analyse	Veränderungs- und Innovations-potentiale
		Auswirkungen der Unternehmensziele PRIO A	Abteilungs-diagnose; alte Betriebsklima untersuchung Verbesserungs-vorschläge PRIO A	
Prozeßbewußt-sein der Mitarbeiter PRIO A	Führung (Ziele, Partizipation, Feedback) PRIO A	Einsatz für das Unternehmen PRIO B	Stärken und Schwächen PRIO A	Förderung der Eigenaktivität PRIO A
Qualitätsziele PRIO B	soziale Unter-stützung / Teamgeist PRIO B	Identifikation mit Werten und Zielen PRIO C	Realisierung von Projekten / Projektarbeit PRIO B	Bereitschaft, Verantwortung zu übernehmen; Bereitschaft zur Veränderung PRIO A
Servicequalität PRIO B	Information PRIO B	Einbindung in das Unterneh-men (innere Kündigung) PRIO C	Einstellungen zu Verände-rungsprozessen PRIO A	Bewertung alternativer Veränderungs-ansätze PRIO B
Image beim Kunden PRIO C	Werte und Normen PRIO C	Vertrauen in das Unterneh-men PRIO C	Bewertung alternativer Veränderungs-ansätze PRIO B	

Die übergeordneten Inhaltsebenen sind externe Kunden- und Serviceorientierung, interne Kunden- und Serviceorientierung, Commitment und Involvement, Situationsanalyse sowie Veränderungs- und Innovationspotentiale. Von diesen Themen lassen sich konkrete Befragungspunkte ableiten, die einen Katalog möglicher Inhalte bilden. In einem Gewichtungsvorgang werden die Prioritäten für den zu erstellenden Fragebogen ermittelt. Die Tabelle 1 zeigt die konkrete Zusammenstellung der Oberthemen, die zugeordneten Befragungsinhalte und eine mögliche Priorisierung.

Der Gewichtungsprozeß grenzt die mögliche Itementwicklung an dieser Stelle der Fragebogenkonstruktion schon ein, wodurch unnötige Arbeit vermieden wird. Für die einzelnen inhaltlichen Themenblöcke werden anschließend Fragebogenitems konstruiert. Diese Form der deduktiven Fragebogenentwicklung bietet den weiteren Vorteil, daß die Zuordnung zu Oberthemen bzw. später auszuwertenden Indizes an dieser Stelle schon zu einem großen Teil festgelegt wird und spätere inhaltliche Zuordnungen nur noch in Einzelfällen vorzunehmen sind. Bei der Itemkonstruktion wird im weiteren darauf Wert gelegt, möglichst viele verschiedene Itemformen zu generieren, um in diesem ersten Konstruktionsschritt eine breite Palette von Fragevorgaben zur Verfügung zu haben. Die Tabelle 2 zeigt, welche Itemarten zur Verfügung standen und welchen Arten sinnvollerweise welche Befragungsoberthemen zugeordnet wurden.

Tabelle 2: Darstellung von abstrahierten Fragebogeninhalten mit zugeordneten möglichen Item-Formen.

	externe Kunden- und Service-orientierung	interne Kunden- und Service-orientierung	Commitment und Involvement	Situations-analyse	Veränderungs- und Innovations-potential
offene Fragen	X	X	X		X
Yes - No					
Kategorien	X	X	X		X
pick-in Items				X	
situative Fragen	X				X
semantische Differentiale			X		
Aktionsitems		X		X	
Informations-abfragen		X		X	

Die Itemsammlung mit den jeweiligen Befragungsthemen bildeten den Ausgangspunkt für die Diskussionsprozesse und Abstimmungen mit dem Auftraggeber. Neben den inhaltlichen Gesichtspunkten wurde in der Konzeption eine Auswertungsstrategie vorgeschlagen mit dem Ziel, über die reine deskriptive Darstellung von Häufigkeiten und Verteilungen hinauszugehen. Leitende Fragestellungen zur Auswertung waren:
- die direkte Messung auf unterschiedlichen Skalen zur Wichtigkeit und Leistung,
- der Soll/Ist-Vergleich des Realisierungsgrades,

- die Bewertung offener Fragen anhand des Konzeptes zur kritischen Aktivität,
- die Gewichtung der offenen Fragen in Kategorien aufgrund von Expertenratings
- und die Bewertung von Handlungsstrategien.

1.2 Der Fragebogen

Auf der Basis des Diskussionsprozesses zwischen Auftraggeber und Personalberater entstand anhand der oben vorgeschlagenen Konzeptversion des Fragebogens eine konkrete, auf die Unternehmenssituation und die Mitarbeiter abgestimmte Fragebogenversion. Zusätzlich flossen neben den Themen der Befragung Anfang der 90er Jahre ebenso Fragenblöcke aus einer Vermittlerbefragung und einer Kundenbefragung in die Konstruktion mit ein. Dies hatte zum Ziel, daß auf Basis der Konkretisierung hinsichtlich parallel laufender Befragungen die Möglichkeit besteht, einen Abgleich zwischen Mitarbeitersicht, Kundensicht und Vermittlersicht herzustellen. Auf Basis dieser thematischen Hinführung zu einem erhöhten Konkretheitsgrad im Fragebogen ergeben sich folgende Themenfelder:

- Veränderungen nach der Erstbefragung
- Unternehmensziele und Dienstleistungen
- Projekte
- Ihre Abteilung
- Zusammenarbeit
- Veränderungen im Unternehmen
- Verantwortung und Initiative
- Kultur

Die einzelnen Themenblöcke werden den Teilnehmern der Befragung mit Überschriften transparent gemacht. Die Zuordnung der einzelnen Items zu den Themenblöcken ist so ersichtlich und für den Mitarbeiter erkennbar. Hiermit sollte erreicht werden, daß die Bezugspunkte für einzelne Fragen deutlich herausgestellt werden und es für den Mitarbeiter einfacher ist, die konkrete Fragestellung zu beantworten, indem er den Zusammenhang, in dem die Frage gestellt wurde, deutlich nachvollziehen kann. In der konkreten Fragebogenversion wurden nur noch zwei Item-Formen von den ursprünglich angedachten verwendet. Zum einen eine Form von direkt gestellten Fragen, die auf einer Skala von 1 bis 4 von "trifft nicht zu" bis "trifft voll zu" kategorisiert werden müssen, zum anderen übergeordnete Fragen mit einem inhaltlich darunter stehenden Kategoriensystem, wobei jede einzelne inhaltliche Kategorie auch auf einer Skala von 1 bis 4 bewertet werden sollte. Die Beschränkung auf zwei Item-Formen resultiert aus der Überlegung heraus, daß bei vielen verschiedenartigen Item-Formen Probleme im Bereich des Ausfüllens für den Mitarbeiter entstehen. Es ist erfahrungsgemäß nachvollziehbarer und einfacher für den jeweiligen Mitarbeiter, wenn die Item-Darbietung eher homogen ist.

Die Antwortskala wurde für ca. 85% der Items in zwei Bereiche geteilt. Hier wurde zum einen nach der Bewertung der Ist-Situation gefragt, zum anderen nach der Wichtigkeit der Problemstellung auf Basis der subjektiven Einschätzung des jeweiligen Teilnehmers. Hiermit sollte bewirkt werden, daß ein deutlicher Abgleich zwischen der jeweiligen Bewertung und der jeweiligen Wichtigkeit des einzelnen Items durchgeführt werden kann. Konkret heißt dies, daß bei Fragen, in denen die Ist-Situation sehr gering ausgeprägt ist, aber auch die Wichtigkeit als nicht besonders hoch von den Mitarbeitern eingeschätzt wird, der Handlungsbedarf eher gering bleibt. So wird es möglich sein, eine gezielte Ableitung von Handlungsfeldern aus den Ergebnissen des Fragebogens heraus zu erzielen.

Im weiteren bietet die inhaltliche Kategorisierung, d.h. mehrere inhaltlich unterschiedliche Antwortalternativen für eine Oberfrage (vgl. Tabelle 3 und 4), die Möglichkeit, die Ergebnisse in Form einer Portfolio-Darstellung zusammenzufassen. So können sehr anschaulich Handlungsfelder und Optimierungspunkte herausgearbeitet werden.

Tabelle 3: Beispiel für Items zu dem Bereich "Verantwortung und Initative".

Verantwortung und Initiative Unter diesem Thema verstehen wir Ihre Einstellung zur Verantwortungsübernahme und Ihr Interesse, selber initiativ zu werden.					Bitte kreuzen Sie das für Sie zutreffende Kästchen im Bereich Grad des Zutreffens <u>und</u> Wie wichtig ist mir...? an.				
		Grad des Zutreffens				Wie wichtig ist mir dies?			
		1	2	3	4	1	2	3	4
44._	In welchem Ausmaß dürfen Veränderungen auch persönliche Auswirkungen haben?								
44._1	- mein Arbeitsplatz sollte sich nicht verändern	❏	❏	❏	❏	❏	❏	❏	❏
44._2	- ich möchte weiterhin mit den gleichen Kollegen zusammenarbeiten	❏	❏	❏	❏	❏	❏	❏	❏
44._3	- meine Aufgaben sollten sich nicht ändern	❏	❏	❏	❏	❏	❏	❏	❏
44._4	- ich möchte meinen Vorgesetzten behalten	❏	❏	❏	❏	❏	❏	❏	❏
44._5	- mein Arbeitsort sollte sich nicht verändern	❏	❏	❏	❏	❏	❏	❏	❏

Bei den Fragen mit Bezug zu inhaltlichen Kategorien war es das Ziel, daß die Teilnehmer jede inhaltliche Kategorie auf zwei unterschiedlichen 4er Skalen bewerten sollten (von 1 = trifft nicht zu bis 4 = trifft voll zu und 1 = völlig unwichtig bis 4 = sehr wichtig). Im Originalfragebogen waren alle vier Skalenpunkte konkret ausformuliert. Es sollte nicht direkt zwischen den inhaltlichen Kategorien ausgewählt werden. Diese Auswahl sollte getroffen werden durch die unterschiedliche Stärke der jeweiligen Bewertung. Diese Differenzierung ist in sich genauer als die Auswahl inhaltlicher Kategorien durch Mehrfachnennungen.

Theoretisch wurde der Fragebogen auf eine breite Basis gestellt, wobei zu jedem Themenblock die Auswahl der Fragen darauf abzielte, Rückschlüsse auf mögliche Veränderungsbereitschaft bzw. Einstellung zu zukünftigen Veränderungen im Unternehmen herauszufiltern. Das im folgenden aufgeführte Beispiel (vgl. Tabelle 4) wurde aus dem Themenblock Abteilungsdiagnose herausgezogen und macht diese Zielsetzung ebenso deutlich, wie das oben aufgezeigte Beispiel.

Es lassen sich auf diesem Wege aus jedem Themenbereich einzelne Fragen herausfiltern, die das Thema Veränderungsbereitschaft zum Inhalt haben. So wird eine Querverbindung über einzelne Themenbereiche geschaffen, die es ermöglicht, nicht nur innerhalb von Themen Aussagen zu treffen, sondern übergeordnete Aussagen über einzelne Themenbereiche hinweg treffen zu können.

Tabelle 4: Item: "Unsere Abteilung würde ich wie folgt charakterisieren".

Ihre Abteilung Hier möchten wir von Ihnen Ihre Meinung und Einstellung zu Ihren Arbeitsaufgaben und Ihrem Arbeitsplatz erfragen.		Bitte kreuzen Sie das für Sie zutreffende Kästchen im Bereich Grad des Zutreffens <u>und</u> Wie wichtig ist mir...? an.							
		Grad des Zutreffens				Wie wichtig sind mir die folgenden Probleme?			
		1	2	3	4	1	2	3	4
17._	Unsere Abteilung würde ich wie folgt charakterisieren:								
17._1	- kann sich schnell auf Neuerungen einstellen	❑	❑	❑	❑	❑	❑	❑	❑
17._2	- übernimmt die Vorreiterrolle bei Veränderungen	❑	❑	❑	❑	❑	❑	❑	❑
17._3	- beharrt auf Regeln	❑	❑	❑	❑	❑	❑	❑	❑
17._4	- zu viele Dinge werden doppelt gemacht	❑	❑	❑	❑	❑	❑	❑	❑
17._5	- Vorschläge zur Änderung der Arbeitsgestaltung finden kaum Gehör	❑	❑	❑	❑	❑	❑	❑	❑
17._6	- unsere Ablauforganisation ist nicht effizient genug	❑	❑	❑	❑	❑	❑	❑	❑
17._7	- wir haben unsere Ablauforganisation schon mehrfach geändert	❑	❑	❑	❑	❑	❑	❑	❑
17._8	- Aufgaben werden gut abgestimmt.	❑	❑	❑	❑	❑	❑	❑	❑

Insgesamt besteht der Fragebogen aus 48 Items, wobei der Fragebogenumfang deutlich durch die inhaltliche Kategorisierung der Einzelfragen steigt. Der Umfang des Befragungsbogens liegt an der oberen Grenze des Möglichen, was auch die Ergebnisse der Pilotstudie zeigen. Die mittlere Bearbeitungszeit liegt bei ca. einer Stunde. Um die Rücklaufquote nicht zu gefährden, sollte man dies als Obergrenze beachten.

Zusammenfassend sind folgende Aspekte bei der Konstruktion von spezifischen Fragebögen insbesondere zur Identifikation von Veränderungsbereitschaft zu beachten:

- Konzeptgeleitete Konstruktion
- Einsatz unterschiedlicher Item-Formen
- Mitarbeiternahe Formulierungen
- Direktes Ansprechen von Unternehmensbelangen
- Mischung zwischen quantitativer und qualitativer Auswertung
- Transparente Zuordnung von Frageblöcken zu einzelnen Themengebieten
- Gezielter Einsatz offener Fragen und klare Themenzuordnung
- Vorbereitung einer Auswertungsstrategie
- Auswertungsformen mit unterschiedlichem Abstraktionsgrad

2 Durchführung

Für die Vorgabe und Durchführung der Befragung wurde der klassische Weg gewählt. Auf der Basis einer schriftlichen Informationskampagne wurde den Mitarbeitern die Befragung frühzeitig angekündigt. Die Verteilung der Fragebögen erfolgte innerhalb der einzelnen Unternehmenseinheiten über dafür vorher benannte Verantwortliche. Der Fragebogen wurde den Mitarbeitern mit einem Rückumschlag an den Personalberater ausgehändigt und sollte im Laufe von fünf Arbeitstagen an die Personalberatung zurückgesandt werden. Gegen ein stringenteres (restriktiveres) Verfahren z.B. der Wahllokalmethode (Borg, 1995a), die erfahrungsgemäß einen höheren Rücklauf erzielt, sprachen organisationstechnische Gründe. Für die klassische Durchführungsart sprechen die Vermittlung von erhöhter Anonymität, die Möglichkeit des Ausfüllens ohne Zeitdruck und keinerlei Station des ausgefüllten Fragenbogens im Unternehmen. Im weiteren wurde die Erstbefragung auf die gleiche Weise durchgeführt, so daß den Mitarbeitern die Verfahrensweise bekannt war. In dem Fragebogen wurde im weiteren auf jegliche demographische Information verzichtet, die für den weiteren Prozeß als nicht ausschlaggebend angesehen wurde. Lediglich die Abteilungszugehörigkeit sollte in dem Fragebogen angegeben werden, da beabsichtigt war, die Ergebnisse bis auf die Abteilungsebene herunterzubrechen.

3   Ergebniserstellung

3.1   Berichtsformen

Um in einem Folgeprozeß ein möglichst genaues und detailliertes Feedback an die einzelnen Einheiten geben zu können, wurden für die einzelnen zugeordneten Gesellschaften jeweils Gesamtberichte mit einem graphisch aufbereiteten Tabellenanhang angefertigt. Diese Gesamtberichte wurden weiter ausdifferenziert bis auf die Abteilungsebene, so daß jede Abteilung für sich ein individuelles Feedback bekommen konnte. In den Abteilungsberichten wurde auf den Themenkomplex Abteilungsdiagnose besonderer Wert gelegt.

Insgesamt wurden 11 Gesamtberichte und 67 Abteilungsberichte angefertigt. Abteilungsberichte wurden nur angefertigt, wenn die Rücklaufquote in der jeweiligen Abteilung größer als vier Mitarbeiter war. Die Erfassung der offenen Fragen erfolgte in einem ersten Schritt eins zu eins. Die jeweiligen Originalantworten wurden den Auswertungseinheiten zusortiert und dem jeweiligen Bericht beigelegt. Auf der Ebene der Gesamtberichte erfolgte eine graphische Aufbereitung der Kategorisierung der offenen Fragen.

3.2   Number crunching Datenaufbereitung

Die Ergebnisdarbietung wird auf 3 bzw. 4 Ebenen erreicht. Auf der ersten Ebene im Gesamtbericht werden die Umsetzungshindernisse der Befragungsergebnisse Anfang der 90er Jahre dargestellt. An dieser Stelle ist es möglich, einen konkreten Abgleich mit den Ergebnissen der Befragung Anfang der 90er Jahre herbeizuführen. In erster Linie wichtig ist jedoch die Frage, warum Erkenntnisse aus der Erstbefragung nicht umgesetzt worden sind. Auf der Ergebnisebene 1 (Umsetzungshindernisse der Erstbefragung) werden ausschließlich deskriptive Ergebnisse auf Item-Ebene dargestellt. Dies geschieht zum Teil in Portfolio-Form, zum Teil in der einfachen Darstellung von Häufigkeiten. In diesem Block werden im weiteren die Interpretationsform der Portfoliodarstellungen eingeführt und mit Hilfe der offenen Fragen ein Stimmungsbarometer der jeweiligen Einheit dargestellt. Die Abbildung 1 zeigt ein Beispiel für ein erstelltes Portfolio. Bewertet werden sollte die Erfüllung der Kundenanforderungen.

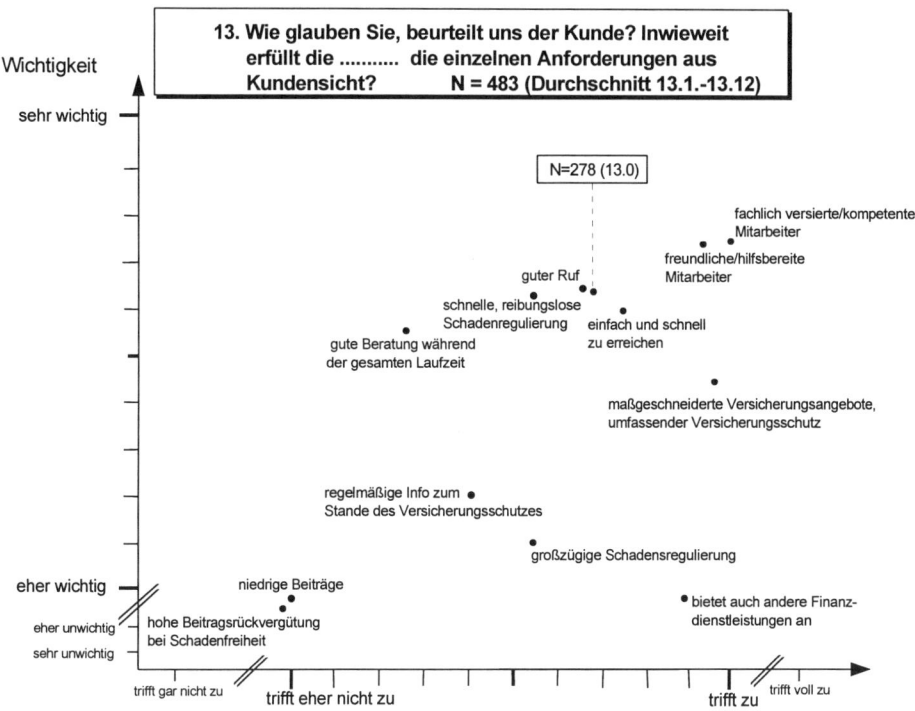

Abbildung 1: Darstellung einer Portfolio-Auswertung einer Einzelfrage.

Man kann in diesem fiktiven Beispiel deutlich erkennen, daß die Anforderungen der Kunden „fachlich versierte, kompetente Mitarbeiter" sowohl wichtig als auch erfüllt ist, die Anforderung „niedrige Beiträge" als nicht erfüllt angesehen wird. Zur Interpretation des Portfolios wird in dem jeweiligen Bericht das „Traktoren-Modell" (Antreiber-Modell) eingeführt. Graphisch läßt sich dieses Modell wesentlich plastischer erklären, was Abbildung 2 verdeutlicht.

Durch die Gegenüberstellung der Parameter Bewertung und Wichtigkeit lassen sich Potentiale und Hindernisse für die weitere Unternehmensentwicklung ableiten. Für Mitarbeiter wichtige und auch in der Realisierung (Bewertung) gute Faktoren, deren Verbesserung auch unternehmensseitig zugestimmt wird, können als Traktoren für die Umsetzung von Maßnahmen verwendet werden. Ergibt sich zum Beispiel die Anforderung „maßgeschneiderte Versicherungsangebote, umfassender Versicherungsschutz" aus Sicht der Mitarbeiter als Traktor, so lassen sich in diesem Bereich leicht weitere Verbesserungen erzielen. Die Motivation der Mitarbeiter ist gut und die sachlichen Grundvoraussetzungen sind ebenfalls erfüllt. Ergibt sich als weiterer Traktor zum Beispiel die Teamarbeit, so bietet sich die Verbesserung des Themas „maßgeschneiderte Versicherungsangebote" mit Hilfe von Projektgruppen an.

Wichtigkeit

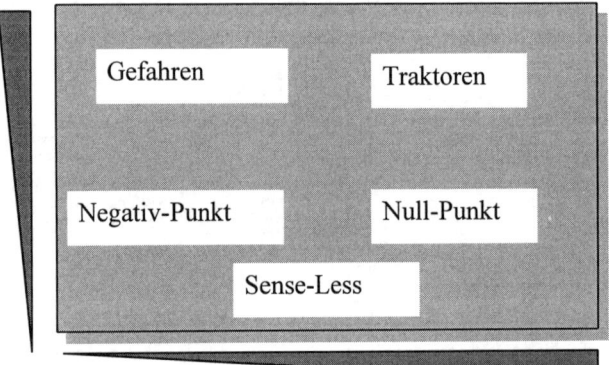

Abbildung 2: Das "Traktoren-Modell" zur Portfolio Bewertung.

Deutlich sichtbar wird ebenso, wo Hindernisse bzw. sogenannte Gefahren wahrgenommen werden. Die Gefahren sind besonders wichtige Handlungsfelder. Wird zum Beispiel die gute Beratung während der gesamten Laufzeit als sehr wichtig angesehen, deren Realisierung aber nur zum Teil wahrgenommen wird, so scheint dies ein strategisch wichtiges Feld zu sein, in dem auch deutliche Verbesserungen zu erreichen sind. Die Gefahrenfelder stellen potentielle Problemfelder dar, aus denen Wettbewerbsvorteile erwachsen können.

Aus den von den Mitarbeitern weniger wichtig wahrgenommenen Faktoren, den sogenannten Sense-Less, kann erkannt werden, in welchen Bereichen möglicherweise ohne entsprechenden Wert für das Unternehmen und/oder Mitarbeiter investiert wird. Wichtig bei der Interpretation ist, daß es sich ausschließlich um Potentiale und Hindernisse aus Sicht der Mitarbeiter handelt. Handlungsstrategien sollten in einem sehr genauen Prozess abgewogen werden und mit weiteren Daten (z.B. aus anderen Fragen/Quellen) abgeglichen werden.

Auf der zweiten Ergebnisebene werden übergeordnete, zentrale Themen der Befragung dargestellt. Auf einer stark aggregierten Datenebene werden hier zusammenfassende Einschätzungen zur *Kundenorientierung (Prozesse, Strukturen, Produkte), zur Veränderungsbereitschaft (des Unternehmens, der Abteilung)* und zu den *Unternehmenszielen (Verwirklichung von Unternehmenszielen)* dargestellt. Hier werden mehrere Fragen zu diesen drei Themen zusammengefaßt (die Zuordnung ergibt sich aus der Konzeption in 1.1) und in einem Gesamtmittelwert als Trendaussage für das jeweilige Oberthema dargestellt. Diese Ergebnisebene 2 dient dazu, erste Trends zu wichtigen Oberthemen herauszuarbeiten.

Die jeweiligen Indizes der einzelnen Gesellschaften werden in einem nächsten Schritt gegenübergestellt, um einen schnellen Überblick über Stärken und Schwächen der einzelnen Gesellschaften zu erhalten. Zur exemplarischen Darstellung und zur Unterlegung dieser Trends werden auf Einzelitem-Ebene Zustimmungs-Prozentwerte bzw. Ablehnungs-Prozentwerte für einzelne Fragen herausgearbeitet, die den jeweils entstandenen Index positiv bzw. negativ hinterlegen können. Die Rangfolge der 10 positivsten Aussagen und der 10 negativsten Aussagen sowie die Zuordnung zu dem jeweiligen Oberthema zeigen sehr deutlich, welche Gewichtungen durch die Mitarbeiter vorgenommen wurden und wo konkreter Handlungsbedarf besteht. Ein Beispiel verdeutlicht folgende Tabelle.

Tabelle 5: Top-Ten-Rangfolge der besten Bewertungen (N=221).

Frage	Bewertung	Frage	Bewertung
Unsere Abteilung kann sich schnell auf Neuerungen einstellen. (Veränderungsbereitschaft)	80% Zustimmung	Das Unternehmensziel Qualitätsverbesserung in Service und Produktgestaltung spüre ich konkret in meiner Arbeit. (Unternehmensziele)	68% Zustimmung
Probleme erübrigen sich mit der Zeit von selbst. (Veränderungsbereitschaft)	79% Ablehnung	... erfüllt die Anforderung "maßgeschneidertes Versicherungsangebot mit umfassendem Versicherungsschutz" aus Kundensicht. (Kundenorientierung,)	68% Zustimmung
Verbesserungen werden bei uns als Hilfe bei der Lösung gemeinsamer Probleme gesehen. (Veränderungsbereitschaft)	75% Zustimmung	Die unzureichende Kundeninformation bemängele ich in unserer Abteilung am meisten. (Kundenorientierung)	65% Ablehnung
Das Unternehmensziel "Freundlichkeit gegenüber externen und internen Kunden" spüre ich konkret in meiner Arbeit. (Unternehmensziele)	75% Zustimmung	Vorschläge zur Änderung der Arbeitsgestaltung finden in unserer Abteilung kaum Gehör. (Veränderungsbereitschaft)	65% Ablehnung
Die kundenunfreundlichen Formulare bemängele ich in meiner Abteilung am meisten. (Kundenorientierung)	73% Ablehnung	Probleme werden dort angepackt, wo sie entstehen. (Veränderungsbereitschaft).	60% Ablehnung

Die Tabelle 5 zeigt die Unterlegung der jeweiligen Indizes durch die Auflistung von Einzelitems mit den jeweiligen Zustimmungs- bzw. Ablehnungsprozentwerten. Die Prioritäten in der Bewertung durch die Mitarbeiter werden sowohl auf Itemebene als auf der Indexebene sichtbar. So zeigt sich deutlich, daß die Veränderungsbereitschaft mit fünf zugeordneten Items sehr positiv bewertet wird. Die Anzahl der Fragen in der jeweiligen Kategorie konnte komplett angeglichen werden, so daß diese Aussage Verzerrungen beinhaltet. Zur Setzung und Herausarbeitung von Trendaussagen eignet sich diese Darstellung jedoch sehr gut.

Auf der Ergebnisebene 3 werden konkret auf die jeweilige Auswertungseinheit bezogene Aussagen zu sechs differenziert ermittelten Indizes gemacht:

- Vorgabe Kontrolle
- Arbeitsstruktur
- Informationsfluß
- Kundenorientiertes Verhalten
- Teamarbeit
- Individuelle Veränderungsbereitschaft

Auch auf dieser Ergebnisebene werden Einzelfragen zu aggregierten Indizes zusammengefaßt, um in einem ersten Schritt Trendaussagen herbeiführen zu können. Die in diesen Indizes zusammengefaßten Aussagen beziehen sich stark auf die persönliche Bewertung des direkten Umfeldes des jeweiligen Mitarbeiters und weniger auf die Gesamtsicht bezüglich des Unternehmens. Diese Trendaussagen werden ebenfalls unterlegt durch die Darstellung eines Stärken-Schwächen-Profils. Um eine Trennschärfe zwischen den einzelnen Indizes herbeizuführen, wurde darauf geachtet, daß zwischen den Ergebnisebenen keine Items doppelt zugeordnet wurden. Die Abbildung 3 verdeutlicht die darüber hinaus bestehenden inhaltlichen Zusammenhänge zwischen den Ergebnisebenen.

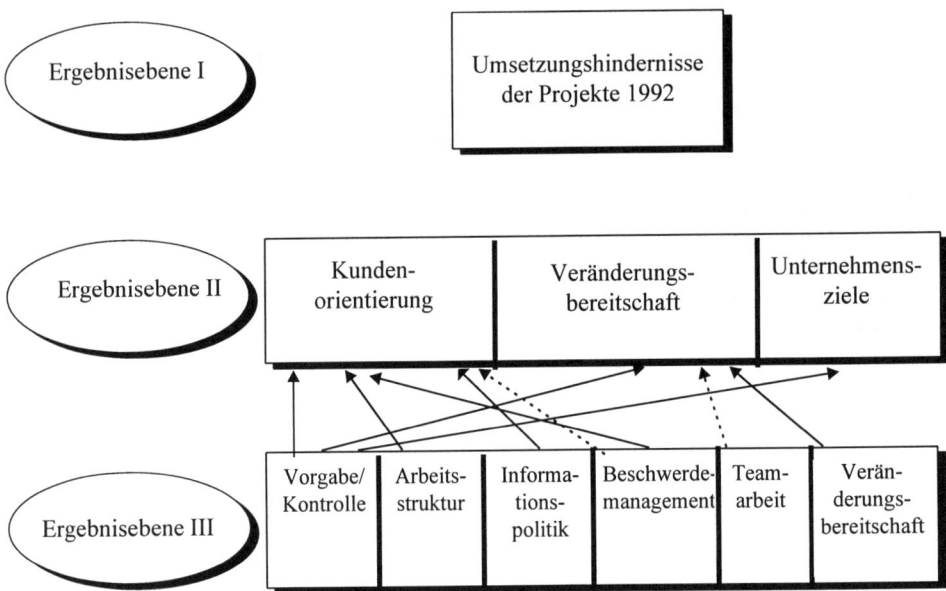

Abbildung 3: Darstellung der inhaltlichen Zusammenhänge zwischen den drei Ergebnisebenen (ohne offene Fragen).

Auf der Ergebnisebene 4 werden die Auswertungen der offenen Fragen zur Verfügung gestellt. Diese werden zum einen als Vollerfassung zur Verfügung gestellt und können auf einzelne Auswertungseinheiten heruntergebrochen werden, zum anderen werden sie aber auch in unterschiedlichen Kategoriensystemen zusammengefaßt. Diese Kategoriensysteme werden sowohl auf der inhaltlichen Ebene als auch auf einer Stimmungsebene eingruppiert. Dies läßt die Möglichkeit entstehen, ein Stimmungsbild über das Unternehmen bzw. einzelne Einheiten des Unternehmens herausarbeiten zu können. Die Kategorisierung der offenen Fragen wird auf unterschiedlichen Systemen wahrgenommen:

- flexible inhaltliche Kategoriensysteme
- Konkretheitsgrad der Aussage
- Kritik; Lob; Anregung/Verbesserungsvorschläge
- negative; positive; neutrale Aussage

Ziel ist es im weiteren, dieses Stimmungsbild mit Einzelfragen auf geschlossener Ebene in Verbindung zu bringen, um über die deskriptiven Auswertungen hinaus Zusammenhänge zwischen Beantwortungstendenzen herauszuarbeiten. Dies gilt insbesondere dem Ziel, konkrete Ansatzpunkte für Veränderungsbereitschaft innerhalb des Unternehmens zu erkennen.

Dies soll der Ausgangspunkt für weitere Umsetzungsschritte im Unternehmen sein. Ziel ist es, konkret in einzelnen Bereichen das Thema Veränderungsbereitschaft zu diskutieren, über ausführliche Feedback-Schleifen den Gesamtprozeß von Veränderungsprozessen weiter anzuregen und diese mit unterstützendem Datenmaterial weiter voranzutreiben.

Mitarbeiterbefragung - Juristische Rahmenbedingungen

Wolfgang Böhm

Mitarbeiterbefragungen (MAB) scheinen auf den ersten Blick kein juristisches Thema zu sein. Entgegen allen Forderungen übereifriger Datenschützer kennt unser Recht bislang kein Verbot, anderen Fragen zu stellen. Und das ist in einer offenen und der Meinungsfreiheit verpflichteten Gesellschaft auch gut so.

Eine generelle Ausnahme gilt dann, wenn die Frage ihrer Form nach beleidigend ist oder im Kern eine lediglich in Frageform gekleidete ehrenrührige Behauptung enthält. In diesen Fällen ist jedoch ersichtlich nicht die Frage das Problem, sondern entweder ihre *Form* oder die in ihr enthaltene *Tatsachenbehauptung*.

In diesen Grenzen ist es grundsätzlich erlaubt, jede Frage zu stellen - selbst indiskrete oder gar peinliche. Das ist eine Frage des Stils. Und eine freie Gesellschaft wäre schlecht beraten, alles und jedes, also auch Stilfragen zu "verrechtlichen".

So wie es vom Recht her jedem freisteht, überflüssige, dumme und sogar taktlose Fragen zu stellen, so steht es andererseits vom Recht her grundsätzlich jedem frei, auf derartige Fragen entweder gar nicht oder beliebig - und das heißt auch: Bewußt wahrheitswidrig - zu antworten. Man kann den Fragesteller aber auch mehr oder minder direkt wissen lassen, daß ihn dies nichts angehe. (Insoweit vorbildlich die englische Regelung, wonach die Frage „How do you do?" mit einer wortgleichen Gegenfrage "beantwortet" wird.)

Diese Grundsätze gelten nicht, wenn es um Fragerecht und Offenbarungspflicht in bestehenden oder anzubahnenden Rechtsverhältnissen geht. Wer einen Kredit beantragt, muß zutreffende Angaben über alle seine Kreditwürdigkeit betreffenden Umstände machen. Wer sich um einen Arbeitsplatz bewirbt, ist auch rechtlich verpflichtet, alle, aber auch nur die sich hierauf beziehenden Fragen richtig zu beantworten. Dennoch handelt es sich in beiden Fällen nicht um eine echte - und das heißt in letzter juristischer Konsequenz: Einklagbare - Rechtspflicht. In beiden Fällen kann der Bewerber sich unerwünschten Fragen dadurch entziehen, daß er seine Bemühungen um einen Vertragsabschluß aufgibt.

In *bestehenden* Rechtsverhältnissen ist dies anders. Hier gibt es kein "Ausweichen" durch Abbruch der Verhandlungen. Hier muß Farbe bekannt werden: Verweigert der Mitarbeiter zu Unrecht die Beantwortung einer Frage, geht es um die Verletzung einer echten Rechtspflicht (und nicht nur einer sogenannten Obliegenheit), die zur Abmahnung und in letzter Konsequenz sogar zur Kündigung führen kann.

1 Fragerecht des Arbeitgebers/Offenbarungspflicht des Arbeitnehmers

In bestehenden Arbeitsverhältnissen kann ein Fragerecht des Arbeitgebers und die daraus abgeleitete Wahrheitspflicht des Arbeitnehmers nur aus jenem Kranz ungeschriebener Loyalitätspflichten abgeleitet werden, die für das Funktionieren einer vernünftigen Zusammenarbeit unverzichtbar sind (ablehnend Blanke, Reichweite des Direktionsrechts des Arbeitgebers bei MAB, in: Der Personalrat 1996, S. 429-430). Sie setzen deshalb stets ein (objektiv) berechtigtes Interesse des Arbeitgebers voraus und unterliegen dem Grundsatz der Verhältnismäßigkeit. Soweit es überhaupt höchstrichterliche Entscheidungen gibt, betreffen sie nicht etwa MAB, sondern können allesamt dem Themenkreis "Vergangenheitsbewältigung" zugeordnet werden.

Der jüngsten einschlägigen Entscheidung des Bundesarbeitsgerichts (BAG v. 07.09.1995, DB 1996, S. 634 = NZA 1996, S. 637) lag der Fall zugrunde, daß der Freistaat Sachsen als Nachfolger der ehemaligen DDR in Fragebögen u.a. Auskunft über eine etwaige Tätigkeit für das frühere Ministerium für Staatssicherheit verlangte. Eine Diplom-Lehrerin hatte die Beantwortung der Frage unter Hinweis auf das Grundgesetz und das ILO-Abkommen Nr. 111 über die Diskriminierung in Beschäftigung und Beruf vom 25.06.1958 abgelehnt.

Das BAG beruft sich auf eine gewohnheitsrechtlich bestehende Auskunftspflicht, „wenn die zwischen den Parteien bestehenden Rechtsbeziehungen es mit sich bringen, daß der Berechtigte in entschuldbarerweise über Bestehen oder Umfang seines Rechts im Ungewissen ist und der Verpflichtete die zur Beseitigung der Ungewißheit erforderliche Auskunft unschwer geben kann. Das Arbeitsverhältnis beinhaltet spezifische Pflichten zur Rücksichtnahme auf die Interessen des jeweiligen Vertragspartners."

Das BAG knüpft den Auskunftsanspruch des Arbeitgebers jedoch an drei Voraussetzungen:

- Es muß ein berechtigtes, billigenswertes und schutzwürdiges Interesse des Arbeitgebers an der Beantwortung der Frage dargetan werden.
- Die Auskunftsverpflichtung darf keine übermäßige Belastung für den Arbeitnehmer darstellen. Kann sich der Arbeitgeber z.B. die Information auf zumutbare Weise anderweitig verschaffen, ist der Anspruch ausgeschlossen.
- Der Arbeitnehmer ist zu Auskünften nicht verpflichtet, wenn es um die Aufdeckung und Aufklärung möglicher Kündigungsgründe geht.

Wennschon die Aussagen des BAG in einem ganz anderen Kontext stehen und deshalb nicht unbesehen auf MAB übertragen werden können, so stellt diese Entscheidung doch immerhin grundsätzlich klar, daß kraft Gewohnheitsrechts ein Fragerecht des Arbeitgebers mit einer entsprechenden Auskunftspflicht des Arbeitnehmers besteht, sofern der Arbeitgeber ein berechtigtes Interesse dartun kann und nicht in den Intim- oder Privatbereich des Arbeitnehmers eingegriffen wird oder diesem zugemutet würde, mit den erbetenen Auskünften wider seine eigenen, insbesondere rechtlichen Interessen zu handeln.

Zur Darstellung der rechtlichen Rahmenbedingungen bei MAB reichen solche Grundsätze völlig aus. Denn das Kernproblem für den Arbeitgeber ist bei MAB vernünftigerweise nicht, "richtige" Antworten zu erzwingen, sondern ob und inwieweit er sich mit einer solchen Aktion noch im Bereich des arbeitsrechtlich Erlaubten bewegt. Hierfür hat das BAG immerhin den Rahmen abgesteckt: Weigert sich ein Mitarbeiter rundweg, sich an einer MAB überhaupt zu beteiligen, obwohl der Arbeitgeber für das Ob und Wie nachvollziehbare Gründe darlegen kann, verstößt er gegen Nebenpflichten aus dem Arbeitsvertrag. Die Verletzung von Nebenpflichten kann arbeitsrechtlich genauso sanktioniert werden wie der Verstoß gegen die eigentliche Arbeitspflicht: Nämlich zunächst durch Abmahnung und bei uneinsichtiger und beharrlicher Weigerung notfalls sogar durch Kündigung.

Hingegen dürfte die Frage danach, welche Sanktionsmöglichkeiten bei unrichtiger Beantwortung der Fragen bestehen, müßig sein. In den landläufigen Fragebögen geht es höchst selten um sogenannte "harte" Fakten, sondern vielmehr überwiegend um "weiche" Einschätzungen und Beurteilungen. Es geht also gar nicht darum, ob richtige oder falsche Antworten gegeben werden, sondern ob eine *ehrliche* Meinung ermittelt oder eine *realistische* Einschätzung erzielt werden kann. Beides ist unter Androhung von (arbeitsrechtlichen) Zwangsmaßnahmen mit Sicherheit nicht zu erreichen.

Die Grenzen erlaubter Informationsbeschaffung über Arbeitnehmer werden im Arbeitsrecht typischerweise zweigleisig markiert:
- *individualrechtlich* durch Persönlichkeits- bzw. Datenschutz und
- *kollektivrechtlich* durch die Beteiligungsrechte des Betriebsrats.

2 Persönlichkeitsrecht/Datenschutz

Die Unterscheidung in Persönlichkeits- und Datenschutz läßt sich nach richtiger Auffassung heute nur noch historisch begründen. Denn Datenschutz ist Persönlichkeitsschutz (Zöllner, Daten- und Informationsschutz, 2. Aufl. 1983, S. 21). Der Schutz des Mitarbeiters vor willkürlichem oder gar mißbräuchlichem Umgang mit anvertrauten persönlichen Daten war im Arbeitsrecht als Topos anerkannt, lange vor der entsprechenden Bundes- und Landesgesetzgebung und der Erfindung des "informationellen Selbstbestimmungsrechts" durch das Bundesverfassungsgericht (BVerfG v. 15.12.1983, Entscheidungssammlung Band 65, S. 1 ff. - sog. Volkszählungsurteil).

So wird in § 1 Abs. 1 Bundesdatenschutzgesetz (BDSG) in der Fassung des Gesetzes vom 20.12.1990 als Aufgabe definiert, „den einzelnen davor zu schützen, daß er durch den Umgang mit seinen personenbezogenen Daten in seinem Persönlichkeitsrecht beeinträchtigt wird". Dennoch verdrängt das BDSG als lex specialis nicht darüber hinausgehende, in jahrzehntelanger Rechtsprechung aus dem Persönlichkeitsrecht abgeleitete Schutzvorschriften zu Gunsten des Arbeitnehmers (Simitis, Schutz von Arbeitnehmerdaten: Regelungsdefizite - Lösungsvorschläge, Bundesminister für Arbeit und Sozialordnung, 1980, S. 21).

Nach § 1 Abs. 2 Nr. 3 BDSG gilt das Gesetz für die Erhebung, Verarbeitung und Nutzung personenbezogener Daten durch nicht-öffentliche Stellen, soweit sie die Daten in oder aus Dateien geschäftsmäßig oder für berufliche oder gewerbliche Zwecke verarbeiten oder benutzen. Abgesehen von allen sonstigen Tatbestandsmerkmalen kommt es entscheidend darauf an, daß es sich um *personenbezogene* Daten handelt. Darunter sind nach § 3 Abs. 1 BDSG alle Einzelangaben über persönliche oder sachliche Verhältnisse einer bestimmten oder bestimmbaren natürlichen Person zu verstehen. Im Blick auf die Anwendbarkeit des BDSG sind deshalb zwei Konstellationen zu unterscheiden:
- Die MAB wird *völlig* anonym durchgeführt. Die Daten lassen sich weder unmittelbar - z.B. über den Namen oder die Personalnummer - noch mittelbar unter Zuhilfenahme von Zusatzwissen einer bestimmten Person zuordnen. Bei derartigen MAB greift das BDSG nicht.
- Unerheblich für die Anwendbarkeit des BDSG ist hingegen, ob die Daten sich unmittelbar einer bestimmten Person zuordnen lassen oder sich aufgrund allgemeiner Angaben zur Person durch entsprechende Rasterung auf Einzelpersonen beziehen lassen.

Um Probleme oder Streifragen nach dem BDSG von vornherein auszuschließen, ist es deshalb zweckmäßig, MAB grundsätzlich anonym durchzuführen bzw. die nachträgliche Anonymisierung der erhobenen Daten von vornherein einzuplanen (§ 3 Abs. 4 BDSG). Wo Angaben zur Person unerläßlich sind, um bei der Auswertung den erwünschten Differenzierungsgrad zu erreichen, ist es gleichwohl nicht immer sinnvoll, auf Auswertung bei Kleingruppen (z.B. nach Abteilung, Status, Funktion, Alter, Eingruppierung) zu verzichten. Auch wenn es nur vier Gebietsverkaufsleiter gibt und der Autor durch Fragen nach Gebiet und Funktion mühelos identifiziert werden kann, mögen die Einschätzungen und Anregungen gerade dieser Befragten besonders wertvoll sein, um Schwächen in einem Verkaufsgebiet zu eliminieren und Erfolgsstrategien in andere Gebiete zu transferieren. Einzige Konsequenz fehlender Anonymität ist, daß beim weiteren Umgang mit den erhobenen Daten die Vorschriften des BDSG beachtet werden müssen, weil es um *personenbezogene* Daten geht.

Im Gegensatz zu den aus dem Persönlichkeitsrecht abgeleiteten Schutzvorschriften zugunsten der Arbeitnehmer im Umgang mit anvertrauten Daten setzt das BDSG eine *dateimäßige* Erfassung dieser Daten voraus. Damit werden alle in die Datenverarbeitung eingegebenen Personaldaten erfaßt, die unter beliebigen Ordnungsgesichtspunkten wieder abgerufen werden können. Nicht automatisierte Datensammlungen erfüllen dann den Dateibegriff, wenn sie nach bestimmten Merkmalen geordnet, umgeordnet und ausgewertet werden können (§ 3 Abs. 2 Satz 1 Nr. 2 BDSG).

Sind die Merkmale "personenbezogene Daten in oder aus Dateien" in diesem Sinne erfüllt, müssen die Einschränkungen nach dem BDSG beachtet werden:

Während das BDSG für die Datenerhebung durch nicht-öffentliche Stellen keine besonderen Einschränkungen vorsieht, sind Speichern, Verändern oder Übermitteln personenbezogener Daten oder ihre Nutzung als Mittel für die Erfüllung eigener Geschäftszwecke nur zulässig

- im Rahmen der Zweckbestimmung eines Vertragsverhältnisses oder vetragsähnlichen Vertrauensverhältnisses mit dem Betroffenen,
- soweit es zur Wahrung berechtigter Interessen der speichernden Stelle erforderlich ist und kein Grund zu der Annahme besteht, daß das schutzwürdige Interesse der Betroffenen an dem Ausschluß der Verarbeitung oder Nutzung überwiegt.

Durch MAB erhobene Daten wird man schwerlich der Zweckbestimmung des Arbeitsverhältnisses zuordnen können. Hier sind vor allem die durch den Einstellungsbogen abgefragten Daten gemeint sowie deren Änderungen im Laufe des Beschäftigungsverhältnisses. Hingegen dürfte ein berechtigtes Interesse des Arbeitgebers an einer systematischen Erfassung der Mitarbeiterpositionen zu Fragen ihrer Arbeitsumgebung, ihrer Arbeitszufriedenheit, möglichen Störfaktoren, gewünschten Veränderungen, zu Kommunikation, Kooperation und Führung, zu Qualifizierungsmöglichkeiten und Karrierechancen, zu geplanten Änderungen der Arbeitsorganisation oder des Vergütungssystems usw. ein berechtigtes Interesse des Arbeitgebers nicht zu bestreiten sein. Grundsätzlich besteht auch kein Grund zu der Annahme, daß ein schutzwürdiges und überwiegendes Interesse der Betroffenen daran besteht, die systematische Verwertung derartiger Informationen und Erkenntnisse auszuschließen.

Im Hinblick auf *einzelne* Befragungsgegenstände mag das hingegen durchaus der Fall sein. Die "klassischen Tabuthemen" sind die schon vom Grundgesetz unter beson-

deren Schutz gestellten Bereiche des religiösen Bekenntnisses, der Partei- oder Gewerkschaftszugehörigkeit, der Heimat und Herkunft (Art. 3 Abs. 3 GG).

In jüngster Zeit sind in der Arbeits- und Arbeitsrechtsliteratur noch Themen wie Einstellung zur Geschlechterrolle, sexuelle Neigungen und Praktiken hinzugekommen (vgl.
z.B. Maas, Männliche Homosexualität in Organisationen: Argumente für eine überfälli-
ge Auseinandersetzung mit einem tabuisierten Thema, Zeitschrift für Personalforschung
1996, S. 107 ff.). Das BAG hat in einer aufsehenerregenden Entscheidung dem Recht
eines "bekennenden" Homosexuellen, nach seiner Fasson selig zu werden, einen höheren Stellenwert eingeräumt als der lediglich abstrakten Befürchtung des konfessionellen
Trägers eines Heimes für schwererziehbare Jugendliche, entsprechend beeinflußt oder
gar mißbraucht zu werden (BAG v. 23.06.1994, DB 1994, S. 1380 = NZA 1994, S.
416).

Wenn aber die Erhebung und Verwertung derartiger Daten als für die Arbeitsbeziehung irrelevant außer Betracht bleiben müssen, haben sie folgerichtig auch in einer
MAB nichts zu suchen, mag auch der Arbeitgeber z.B. als Betreiber einer pädagogischen Einrichtung an Erkenntnissen über den Zusammenhang von geschlechtlicher Nei-
gung und Eignung als Erzieher subjektiv durchaus ein Interesse haben. Gesetzgebung
und Rechtsprechung zwingen zu einer Interessenabwägung in jedem Einzelfall, so daß
generalisierende Aussagen ebenso überflüssig wie verfehlt wären.

Fazit: Auch das BDSG verbietet nicht die Auswertung der durch eine MAB erhobenen Daten selbst bei Zuordnungsmöglichkeit der Einzeldaten zu bestimmten Personen,
wenn nur der Arbeitgeber einerseits ein berechtigtes Interesse an gerade diesen Erkenntnissen dartun kann und nicht im Einzelfall gegenläufige Schutzinteressen der Arbeitnehmer überwiegen.

Im Interesse höchstmöglicher Professionalität werden MAB heute überwiegend von
entsprechenden Fachinstituten geplant, durchgeführt und ausgewertet. Das setzt eine
entsprechende Datenübermittlung voraus und wirft die Frage auf, ob auch hierfür die
Voraussetzungen nach § 28 BDSG vorliegen müssen. Zwar ist *Dritter* im Sinne der
Datenübermittlung jede rechtlich selbständige Einheit außerhalb der erhebenden bzw.
speichernden Stelle, also des Arbeitgebers. Dennoch fallen gemäß § 3 Abs. 9 Satz 2
BDSG diejenigen nicht unter das Gesetz, die in der Bundesrepublik Deutschland personenbezogene Daten im Auftrag verarbeiten und auswerten. Im Sinne des Datenschutz-
gesetzes werden sie den entsprechenden betrieblichen Einheiten wie Personalwesen,
Datenverarbeitung, Werkschutz, Betriebsarzt usw. gleichgestellt, die im Rahmen ihrer
Zuständigkeiten auch keine Dritten im Sinne des Datenschutzes sind. Sofern die Datenübermittlung an Dritte erfolgt, damit diese im Auftrag des Arbeitgebers bestimmte Aufgaben abwickeln, entfällt das in § 28 Abs. 3 Satz 1 BDSG begründete Recht des Mitarbeiters, der Übermittlung seiner Daten zu Zwecken der Meinungsforschung zu widersprechen.

Allerdings treffen diese vom Arbeitgeber mit der MAB beauftragten Institutionen
dann auch dieselben Schutz- und Sorgfaltspflichten wie den Arbeitgeber selbst. Insbesondere können Auskunfts- und sogar Schadensersatzansprüche unter denselben Voraussetzungen geltend gemacht werden, deren Adressat der Arbeitgeber gewesen wäre,
wenn er die Maßnahme selbst durchgeführt hätte.

Es ist bereits oben darauf hingewiesen worden, daß der im Arbeitsrecht entwickelte
Schutz der Persönlichkeit des Arbeitnehmers zum Teil über das BDSG hinausgeht.

Während das BDSG immer eine *dateimäßig* organisierte Erhebung, Speicherung und Verarbeitung von Daten voraussetzt, spielt dieser Gesichtspunkt beim Persönlichkeitsschutz überhaupt keine Rolle. Auch eine einzelne Frage an einen einzelnen Arbeitnehmer kann unzulässig sein, z.b. Frage nach Gewerkschaftszugehörigkeit - auch eine einzelne Information über einen Arbeitnehmer auf punktuelle Anfrage hin kann rechtswidrig sein, z.B. Einzelauskunft anhand der Personalakte an ein an der Einstellung interessiertes Unternehmen (BAG v. 18.12.1984, DB 1985 S. 2307 = NZA 1985 S. 811). Allerdings können diese Besonderheiten hier außer Acht gelassen werden, weil der mit jeder MAB verbundene systematische Anspruch es ausschließt, daß einzelne Fragen gezielt einzelnen Mitarbeitern gestellt werden.

3   Rechte des Betriebsrats

Mag es auch wie eine bare Selbstverständlichkeit anmuten, so selbstverständlich ist die folgende Maxime in vielen Betrieben leider nicht: Betriebliche Probleme sollte man nie in der Weise angehen, daß zunächst einmal Rechtsfragen geklärt werden, um sich auf dieser Basis über die Lösung von Sachfragen zu unterhalten. Richtig ist es, mit allen Betroffenen (Vorgesetzten, Mitarbeitern, Betriebsrat) über die Ziele und die möglichen Wege dorthin zu sprechen. Kommt es unter allen Beteiligten zu einem Konsens hierüber, stellt sich aus rechtlicher Sicht allein noch die Frage, in welcher Form das Ergebnis zweckmäßigerweise festgehalten werden soll: Mündliche Übereinkunft, schriftliches Ergebnisprotokoll, förmliche Betriebsvereinbarung?

Hingegen ist es in dieser Situation völlig müßig, juristisch klären zu wollen, welche Teile der Vereinbarung lediglich informations-, weitergehend beratungs- oder gar mitbestimmungspflichtig sind.

Gegen die hier vertretene Position wird häufig eingewandt, daß eine Vereinbarung über mitbestimmungspflichtige Angelegenheiten ganz andere rechtliche Konsequenzen hat als eine sog. freiwillige Betriebsvereinbarung. Denn nur im Bereich erzwingbarer Mitbestimmung greift die in § 77 Abs. 6 BetrVG vorgesehene Nachwirkung gekündigter oder ausgelaufener Betriebsvereinbarungen. Freiwillige Betriebsvereinbarungen laufen hingegen zum Zeitpunkt ihrer Befristung bzw. Kündigung "rückstandslos" aus. Diese Fragen stellen sich jedoch erst bei Auslauf der Betriebsvereinbarung. Bei ihrem Abschluß sind sie irrelevant. Denn für die Frage der Nachwirkung kommt es nicht auf die Bezeichnung der Vereinbarung an, sondern auf ihren Inhalt. Die gesetzlich angeordnete Nachwirkung entfällt nicht deshalb, weil eine Betriebsvereinbarung als "freiwillig" bezeichnet wird; andererseits haben selbst informelle Absprachen (Regelungsabreden) gesetzliche Nachwirkung, wenn ihr Gegenstand unter die Mitbestimmung des Betriebsrats fällt. Dies bereits bei Abschluß der Vereinbarung klären zu wollen, schafft Konflikte statt Klarheit.

Nun sollte man aus dieser Empfehlung zum Procedere freilich nicht den Schluß ziehen, Rechte und Standpunkt des Betriebsrats als cura posterior einzustufen. Ganz im Gegenteil: Der Erfolg jeder letztlich auf Akzeptanz und Kooperationsbereitschaft angewiesenen Aktion hängt entscheidend davon ab, ob sie *mit* dem Betriebsrat durchgeführt werden kann oder *gegen* ihn durchgesetzt werden muß. Die genaue Kenntnis und peinliche Beachtung der Rechte des Betriebsrats ist aus folgenden Gründen unerläßlich:

- Wann immer der Betriebsrat im nachhinein von Aktivitäten erfährt, über die man ihn nach dem Gesetz vorher hätte informieren müssen, empfindet er dies als einen Affront oder gar gezielte Provokation. Nun mag zwar die traurige Erkenntnis, daß die meisten Rechtsverletzungen auf Unkenntnis oder Gedankenlosigkeit beruhen, der Wirklichkeit viel näher kommen, übergangene Betriebsräte erklären sich Gesetzesverstöße bevorzugt mit Bosheit und neigen zu Trotzreaktionen. Viel Zeit und Energie werden vergeudet, zerschlagenes Porzellan beiseite zu kehren, bevor überhaupt in sachhaltige Diskussionen eingetreten werden kann. So mancher mit den betrieblichen Ritualen unvertraute Unternehmensberater scheitert sogar mit vorzüglichen Ideen aus diesem Grund endgültig. Die Maxime kann deshalb nur lauten: Rechte des Betriebsrats - und seien es auch nur Informationsrechte - müssen peinlich genau beachtet werden, will man nicht bestenfalls Zeit verlieren und schlimmstenfalls scheitern.

- Genaue Kenntnis der Rechte des Betriebsrats und ihre frühestmögliche Berücksichtigung bereits bei der Planung rechtfertigt sich noch aus einem anderen Grund: Selbstverständlich sollte man Gespräche über praktische Fragen und Probleme mit der Erörterung von Sachfragen und nicht mit einem betriebsverfassungsrechtlichen Colloquium beginnen. Aber jedes Gespräch kann damit enden, daß sich der angestrebte Konsens als nicht erreichbar erweist. Die unabweisliche Frage, wie es nun weitergeht, hängt davon ab, ob dem Betriebsrat in dieser Sache ein echtes Mitbestimmungsrecht oder lediglich ein Informations- und Beratungsrecht zusteht. Verlangt das Gesetz nur Information und Beratung, entscheidet der Arbeitgeber. Geht es um echte Mitbestimmung, lautet die lapidare Auskunft des Gesetzes: „Kommt eine Einigung. nicht zustande, so entscheidet die Einigungsstelle. Der Spruch der Einigungsstelle ersetzt die Einigung zwischen Arbeitgeber und Betriebsrat." Bei einer so typisch "betriebshygienischen" Maßnahme wie einer Mitarbeiterfragung bedeutet das "Nein" des Betriebsrats dann praktisch das "Aus".

3.1   Mitbestimmungsrechte

Nach § 87 Abs. 1 Nr. 1 Betriebsverfassungsgesetz (BetrVG) hat der Betriebsrat mitzubestimmen bei Fragen der „Ordnung des Betriebes und des Verhaltens der Arbeitnehmer im Betrieb". Gemeint ist hier - im Gegensatz zum Arbeitsverhalten, das dem alleinigen Direktionsrecht des Arbeitgebers unterliegt - das sog. Ordnungs- oder Sozialverhalten. Wichtigster Anwendungsfall sind Betriebsordnungen, die Rauchen, Alkohol, Torkontrollen, Parkplatzbenutzung usw. im Betrieb regeln.

Aber auch eine allen Vorgesetzten zugeleitete Anweisung, Kritik- oder Fehlzeitengespräche nach einem einheitlichen Muster durchzuführen, betreffen das Ordnungsverhalten der Mitarbeiter und unterliegen deshalb der Mitbestimmung des Betriebsrats (BAG v. 08.11.1994, DB 1995, S. 1132 = NZA 1995, S. 857). Sollte also eine MAB so organisiert sein, daß Vorgesetzte aufgrund einheitlicher Vorgaben standardisierte Gespräche führen und fixieren, würde die zugrundeliegende "Befragungsordnung" (nicht das einzelne Gespräch) der Mitbestimmung des Betriebsrats unterliegen. Es ist deshalb sowohl praktisch wie auch juristisch empfehlenswert, mit anonym auszufüllenden Fragebögen zu arbeiten.

Nach § 94 BetrVG bedürfen Personalfragebögen der Zustimmung des Betriebsrats. Nun sind jedoch nicht alle in der betrieblichen Praxis verwendeten Fragebögen "Personalfragebögen" i.S. dieser Vorschrift. Wie aus § 94 Abs. 2 BetrVG erhellt, geht es hier allein um Fragebögen, die auf "persönliche Angaben" abzielen. Dabei ist nicht entscheidend die Form, in der die Abfrage erfolgt. Auch wenn die Antworten auf standardisierte Fragen direkt in ein Personalinformationssystem eingegeben werden oder der Fragende die Angaben in den Personalfragebogen einsetzt, handelt es sich bei dem Frageraster um eine zustimmungspflichtige Angelegenheit im Sinne von § 94 BetrVG. Voraussetzung ist jedoch, daß es sich um *persönliche* Angaben des Arbeitnehmers handelt, daß also Daten erhoben werden, um sie einer Person zuzuordnen und daß sie auch tatsächlich dieser Person zugeordnet werden können, typischerweise durch Aufnahme in die Personalakte bzw. Eingabe in das Personalinformationssystem. Befragungen, bei denen die Daten von vornherein anonym erhoben werden oder jedenfalls im Nachhinein wirksam anonymisiert werden, fallen hingegen nicht unter § 94 BetrVG. Außerdem besteht Einigkeit darüber, daß unter "persönliche Angaben" lediglich persönliche Verhältnisse, Kenntnisse und Fähigkeiten des Befragten zu verstehen sind (vgl. statt aller Kraft, Gemeinschaftskommentar zum Betriebsverfassungsgesetz, 5. Aufl. 1995, § 94 Rn. 8).

Sofern mit Hilfe technischer Einrichtungen Daten über „das Verhalten oder die Leistung der Arbeitnehmer" erhoben oder verarbeitet werden - und dafür genügt die edv-mäßige Verarbeitung manuell erhobener Daten - ist das Mitbestimmungsrecht des Betriebsrats nach § 87 Abs. 1 Nr. 6 BetrVG zu beachten. Unabhängig von allen juristischen Erwägungen sollte bei MAB von vornherein ausgeschlossen werden, daß aus den erhobenen Daten Rückschlüsse auf Leistung und Verhalten des einzelnen Mitarbeiters gezogen werden können. Wenn bei den Befragten auch nur die geringste Befürchtung in dieser Richtung aufkommt, gefährdet dies den Erfolg der gesamten Aktion.

Die Erfahrung lehrt: Wenn Mitarbeitergespräch und MAB erfolgreich als *Führungsinstrumente* eingesetzt werden sollen, müssen sie unbedingt von Entgeltfragen und Disziplinierungsmöglichkeiten getrennt werden. Wenn es um die richtige Vergütung geht, sollte offen über Geld gesprochen werden. Ist Kritik aus gegebenem Anlaß erforderlich, muß - auch aus juristischen Gründen - Klarheit darüber geschaffen werden, daß es sich um eine Abmahnung handelt. Die Verquickung von Führungsinstrumenten mit Entgeltfragen oder Sanktionen verleitet die Mitarbeiter zu defensiven Reaktionen und führt nicht zur angestrebten Offenheit. Es gibt mithin gute juristische und praktische Gründe, MAB von vornherein so anzulegen, daß Rückschlüsse auf Verhalten und Leistung erkennbar ausgeschlossen sind.

Wird eine MAB anonym durchgeführt, unterliegt sie nicht den Mitbestimmungsrechten des Betriebsrats nach § 87 Abs. 1 Nr. 1 und 6 und § 94 BetrVG. Kann oder soll die Anonymität aus irgendwelchen Gründen nicht gewahrt werden, so ist die MAB keineswegs unzulässig. Das Ob und Wie muß jedoch in diesem Falle mit dem Betriebsrat vereinbart werden. Scheitert der Versuch einer Einigung mit dem Betriebsrat, macht die Aktion praktisch keinen Sinn. Denn eine MAB, die auf einem als Oktroi empfundenen Spruch der Einigungsstelle beruht, ist prinzipiell ungeeignet, verwertbare Erkenntnisse und Einschätzungen zu liefern.

3.2 Informations-/Beratungsrechte des Betriebsrats

„Zur Durchführung seiner Aufgaben nach diesem Gesetz ist der Betriebsrat rechtzeitig und umfassend vom Arbeitgeber zu unterrichten. Ihm sind auf Verlangen jederzeit die zur Durchführung seiner Aufgaben erforderlichen Unterlagen zur Verfügung zu stellen"

(§ 80 Abs. 2 BetrVG). Eine der wichtigsten Aufgaben ist es dabei nach § 80 Abs. 1 Nr. 1 BetrVG, „darüber zu wachen, daß die zugunsten der Arbeitnehmer geltenden Gesetze" eingehalten werden. Dazu zählen in diesem Zusammenhang vor allen Dingen der mit Verfassungsrang ausgestattete Persönlichkeitsschutz des Arbeitnehmers und das BDSG. Das BAG (v. 28.01.1992, DB 1992 S. 1634 = NZA 1993 S. 707) gesteht dem Betriebsrat ein Unterrichtungsrecht einschließlich Einsicht in die etwa erforderlichen Unterlagen bereits zu dem Zwecke zu, daß der Betriebsrat in eigener Verantwortung prüfen kann, ob sich für ihn gesetzliche Aufgaben ergeben und er demzufolge tätig werden soll. Im entschiedenen Fall hatte ein SB-Warenhaus das Emnid-Institut mit einer Kundenbefragung beauftragt, bei der die befragten Kunden das Personal u.a. nach den Kriterien "freundlich", "hilfsbereit" und "fachkundig" mit Noten von eins bis sechs bewerten sollten. Der Betriebsrat verlangt Mitteilung des Ergebnisses einschließlich Vorlage aller Unterlagen. Der Arbeitgeber lehnt ab, weil die Befragung lediglich sein Verhältnis zu den Kunden betreffe und damit keine Betriebsratsangelegenheit sei. Überdies seien Arbeitnehmerdaten nicht erhoben worden, da die Auswertung global geschehe und nicht individualisiert werden könne.

Das BAG stellt nicht entscheidend darauf ab, ob Kunden oder Mitarbeiter befragt worden sind. Rechtserheblich sei allein, ob dem Arbeitgeber vom beauftragten Institut lediglich ein zusammenfassender Bericht erstattet werde oder Rückschlüsse auf Verhalten und Leistung der einzelnen Mitarbeiter möglich seien. Damit der Betriebsrat dies prüfen könne, sei es jedoch erforderlich, ihm den Aufbau, die Struktur, den abstrakten Inhalt von Berichten, Aussagen, Übersichten und Statistiken mitzuteilen. Anders ausgedrückt: Es müssen bei jeder Befragung dem Betriebsrat das System, die Methodik und die Aussagefähigkeit der erhobenen Daten dargestellt und erläutert werden.

Nun möchte man meinen, daß es keines Rückgriffs auf höchstrichterliche Entscheidungen bedürfe, um zu Aussagen zu gelangen, die bereits der gesunde Menschenverstand gebietet. Die betriebliche Praxis sieht - leider - oft anders aus. Verletzte Informations- und Beratungspflichten führen viel häufiger zu viel zäheren Konflikten als das Ringen um inhaltliche Fragen im mitbestimmten Bereich.

Psychologisch ist das leicht zu erklären: Wer nach hartem Ringen mit einem fairen Kompromiß aufwarten kann, findet Anerkennung. Wer sich nach demütigender Nichtbeachtung seiner gesetzlichen Rechte mit der anderen Seite an einen Tisch setzt, so als wenn nichts geschehen wäre, gilt als rückgratlos und willfährig. Folge verletzter Informations- und Beratungsrechte des Betriebsrats ist deshalb ein mit allen Mitteln der Theatralik in Szene gesetzter Konflikt, der keinen anderen Zweck hat, als sich selbst, dem Management und den Mitarbeitern zu beweisen, daß der Betriebsrat sich nichts gefallen läßt. Erst wenn dieser "Theaterdonner" vorüber ist, kann man sich - wenn überhaupt - in bereinigter Atmosphäre den eigentlichen Sachfragen zuwenden.

Das Management neigt dazu, bloße Informations- und Beratungsrechte für vernachlässigenswert zu halten, weil man ja am Ende doch das berühmte "letzte Wort" habe. Das letzte Wort zu haben hat aber in geordneten Verfahren - wie z.B. in der Betriebsverfassung - durchaus eine doppelte Bedeutung:

- Es meint einerseits, daß nach umfassender Information und Beratung auch und gerade im Dissensfall der Unternehmer frei und so entscheiden kann, wie er es für richtig hält. Und vor allem daran denkt das Management.

- Das letzte Wort zu haben heißt aber andererseits auch, daß der Unternehmer ohne Rechtsverletzung nicht entscheiden darf, *bevor* der Betriebsrat alle erforderlichen Informationen und Unterlagen erhalten hat, alle seine Fragen beantwortet sind und der Beratungsprozeß abgeschlossen ist. Und das wird vom Management gern und häufig übersehen.

Durch Nichtinformation, nicht rechtzeitige oder lediglich lückenhafte Information fühlt der Betriebsrat sich nicht nur gekränkt und nicht ernstgenommen, er sieht sich auch um seine einzige Chance gebracht, durch kritische Fragen, Hinweise auf Probleme und Schwachstellen, konstruktive Gegenvorschläge usw. die Unternehmerentscheidung zu beeinflussen. Es geht also nicht nur um Formalien, wenn der Betriebsrat darauf besteht, daß sein Recht auf rechtzeitige und umfassende Information genau so ernstgenommen werden muß wie das auf Mitbestimmung. Denn das Gesetzt will - bei aller Wahrung der Unternehmerfreiheit - dem Betriebsrat die Möglichkeit garantieren, durch kritische Einwendungen und konstruktive Alternativvorschläge die Unternehmerentscheidung inhaltlich zu beeinflussen. Dieses Ziel wird verfehlt, wenn der Betriebsrat nicht oder erst dann eingeschaltet wird, wenn die Entscheidung längst getroffen oder gar umgesetzt ist.

Bei der Informationspflicht nach § 80 Abs. 2 BetrVG handelt es sich um eine Bringschuld, der der Arbeitgeber unaufgefordert und *rechtzeitig* nachkommen muß. In der Praxis entsteht immer wieder Streit darüber, was unter "rechtzeitig" zu verstehen ist. Die gängige und sicherlich nicht unzutreffende Formel ist, daß der Informationsfluß so organisiert werden muß, daß Änderungs- und Ergänzungswünsche des Betriebsrats, wenn man sie denn berücksichtigen wollte, auch tatsächlich berücksichtigt werden könnten. In Wahrheit ist dieser Streit ziemlich müßig nach der sehr unjuristisch, aber zutreffend formulierten Praktikermaxime: Wenn man sich darüber streitet, war es wohl nicht rechtzeitig.

Durch die Wahl des unbestimmten Rechtsbegriffes "rechtzeitig" hat der Gesetzgeber ganz absichtlich eine auslegungs- und damit anpassungsfähige Formulierung gewählt. Es macht deshalb keinen Sinn, die vom Gesetzgeber gewollte Problem- und Situationsbezogenheit durch eine begriffsjuristische Definition "klären" zu wollen. Sachgerechter ist eine Regelung durch Verfahren, z.B. durch Bildung eines gemeinsamen Ausschusses, Schaffung eines jour fixe. Bei Vorbereitung auf die Sitzung wird nun jeder vernünftige Manager sich notwendige und hoffentlich zutreffende Gedanken darüber machen, was dem Betriebsrat mitzuteilen ist und welche Unterlagen ihm demzufolge zugänglich gemacht werden müssen. In der Sitzung mag der Betriebsrat dann nachfragen und sagen, welche Informationen bzw. Unterlagen ihm noch fehlen. Einer etwaigen Dauerobstruktion durch ständige Rückfragen kann der Arbeitgeber dadurch begegnen, daß er einen Ansprechpartner benennt und einen Endtermin setzt.

Jedenfalls dürften durch die Regelung des Verfahrens und Organisation der Kommunikation zwischen Management, Betriebsrat und Betroffenen die Erfolgsbedingungen für eine reibungslose und aussagefähige MAB besser gesetzt sein als durch Begriffsdefinitionen und Verlesen von Kommentarstellen oder Leitsätzen aus der höchstrichterlichen Rechtsprechung. Für das Management und die mit einer MAB beauftragten Institutionen sollte bei der Information des Betriebsrats die Maxime gelten: Lieber eine Woche zu früh als einen Tag zu spät - lieber einen Satz zuviel als ein Wort zu wenig.

III. Erfahrungsberichte aus verschiedenen Organisationen

Mitarbeiterbefragungen:
Verbreitung, Einsatzformen und Erfahrungen
bei den 100 umsatzgrößten Unternehmen in der
Bundesrepublik Deutschland

Walter Bungard, Andrea Fettel und Ingela Jöns

1   Einleitende Bemerkungen

Mitarbeiterbefragungen (MAB) sind kein neues Thema oder Instrument der Personalpolitik in Unternehmen. Sie werden schon seit Jahrzehnten - vor allem in großen Unternehmen - durchgeführt, um ein Bild von den Bedürfnissen und Meinungen der eigenen
Mitarbeiter zu gewinnen. Dabei dienten MAB vor allem als Informationsgrundlage für
die Unternehmensführung sowie für die Personalabteilungen, um laufende Maßnahmen
und strategische Konzepte besser auf die Bedürfnisse der Mitarbeiter abstimmen zu
können. Insofern sind MAB seit jeher als Instrumente einer partizipativen Mitarbeiterführung aufgefaßt worden.

In den letzten Jahren läßt sich nun feststellen, daß immer mehr Unternehmen MAB
durchführen, und zwar insbesondere im Zusammenhang mit Total Quality Management-
Strategien (vgl. hierzu den Beitrag von Bungard in diesem Band). Dabei zeigt sich eine
Verschiebung in der Zielsetzung und Konzeption von MAB, zumindest in der aktuellen
Diskussion und den zahlreichen Veröffentlichungen. MAB werden heutzutage vor allem
als Instrument bzw. als Ausgangspunkt partizipativer Verbesserungsprozesse diskutiert.
Die Ableitung von Maßnahmen und Konsequenzen aus den Befragungsergebnissen soll
nicht allein und nicht primär durch zentrale Stellen erfolgen, sondern dezentral in den
einzelnen Abteilungen durch die jeweiligen Mitarbeiter zusammen mit ihren Vorgesetzten. MAB werden damit zu einem direkten Beteiligungsinstrument im Sinne eines
kontinuierlichen, gemeinsamen Verbesserungsprozesses.

Vor diesem Hintergrund einer Zielverschiebung entstand unser Interesse an einer
aktuellen Bestandsaufnahme zum Thema "Mitarbeiterbefragung". In welcher Form, mit
welchen Zielen und vor allem mit welchem Erfolg werden MAB heutzutage durchgeführt? Damit verbunden ist die Frage, inwieweit die aktuell diskutierten Ziele von MAB
in der Praxis umgesetzt werden, welche Schwierigkeiten damit verbunden sind und welche Empfehlungen sich aus den bisherigen Erfahrungen ableiten lassen.

Im Mai 1996 führten wir hierzu eine Umfrage bei den 100 umsatzgrößten Unternehmen in Deutschland durch. Die Umfrageergebnisse, die in dem folgenden Beitrag nach
einer kurzen Erläuterung der Durchführung und Stichprobe der Befragung zusammengefaßt werden, bieten einen ersten Überblick über die aktuelle Praxis und die bisherigen
Erfahrungen bei MAB.

2 Durchführung und Stichprobe der Befragung

Zielsetzung der Umfrage war eine aktuelle Bestandsaufnahme hinsichtlich der Verbreitung, der verschiedenen Einsatzformen und der Erfahrungen mit MAB bei den 100 umsatzgrößten Unternehmen in der Bundesrepublik Deutschland.

Der hierzu entwickelte Fragebogen bestand überwiegend aus Fragen mit vorgegebenen Antwortalternativen. Darüber hinaus waren die Fragen zu einigen Themen (bspw. Erfahrungen bei bisherigen MAB) offen zu beantworten. Inhaltlich umfaßte der Fragebogen sowohl übergreifende Fragen zu Zielen und Einsatzformen der MAB, zur strategischen Einbettung und zum Nutzen von MAB, als auch konkrete Fragen zum Instrument selbst (z.B. Inhalt, Umfang) und zur Durchführung (z.B. Auswertung, Rückmeldung, Controlling). Weiterhin wurde nach den bisherigen Erfahrungen (z.B. Rücklaufquote) gefragt und um Empfehlungen zur Durchführung von MAB gebeten.

Die schriftliche Umfrage, die im Mai 1996 per Fax bei den 100 umsatzgrößten Unternehmen erfolgte, erstreckte sich letztendlich auf 4 Wochen. Danach lagen die Daten von insgesamt 71 Unternehmen für die Auswertung vor. Die wichtigsten Ergebnisse werden im folgenden vorgestellt.

Zur Einordnung der Ergebnisse sei zuvor noch die Verteilung der befragten Unternehmen nach ihrer Branche und Größe angeführt: Bei den 71 Unternehmen, deren Daten vorliegen, handelt es sich in 36,6% der Fälle um Handels- bzw. Dienstleistungsunternehmen, bei 49,3% um produzierende Industrieunternehmen (wobei 14,1% der Befragten keine Angaben zur Branche machten). Die Verteilung der Stichprobe nach der Mitarbeiterzahl ist der Abbildung 1 zu entnehmen. Demnach finden sich bei den umsatzgrößten Unternehmen, die geantwortet haben, am häufigsten solche mit mehr als 10.000 Mitarbeitern, aber auch Unternehmen mit einer vergleichsweise geringen Mitarbeiterzahl. Dies mag u.a. daran liegen, daß sich die angegebenen Mitarbeiterzahlen nicht auf den Konzern, sondern auf die Holding oder Muttergesellschaft beziehen.

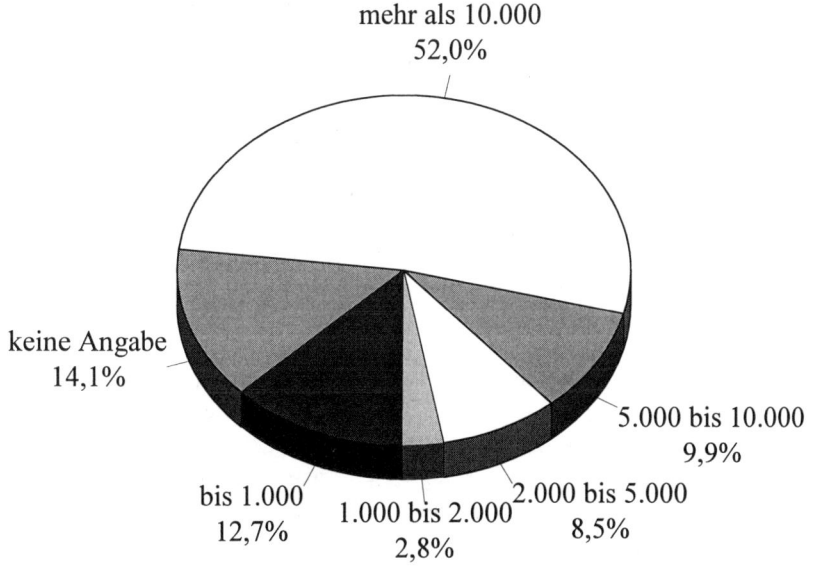

Abbildung 1: Stichprobe der Unternehmen nach Mitarbeiterzahl (n=71).

3   Verbreitung und Einsatzformen der Mitarbeiterbefragung

Bevor die Ergebnisse zu den verschiedenen Einsatzformen im einzelnen betrachtet werden, interessiert als erstes, inwieweit die befragten Unternehmen überhaupt MAB durchführen?

Etwa die Hälfte der befragten Unternehmen führen MAB durch (49,3%). Die anderen Unternehmen geben an, dies bisher nicht getan zu haben (50,7%). Dabei führen erwartungsgemäß "kleinere" Unternehmen mit bis zu 2.000 Mitarbeitern bislang eher selten eine MAB durch (22,2%). Von den "größeren" Unternehmen mit über 2.000 Mitarbeitern setzen 66% MAB ein. Bei der Betrachtung nach Branchen zeigt sich, daß der Anteil der Unternehmen mit MAB in der Stichprobe der Industrieunternehmen etwas größer (62,8%) als in der Stichprobe der Handels- und Dienstleistungsunternehmen (50%) ist.

Hervorzuheben ist zu dieser Frage noch, daß erstens die Antwortkategorie "nicht mehr" nicht gewählt wurden. Demnach hält, wer eine MAB einmal durchgeführt hat, an diesem Instrument fest. Zweitens wurde auch die Kategorie "geplant" nicht angekreuzt. Das heißt, daß die Unternehmen, die eine MAB bisher nicht durchgeführt haben, dies auch für die Zukunft nicht planen - und das sind immerhin etwa die Hälfte der befragten Unternehmen. Insofern ist von besonderem Interesse, welche Gründe diese Unternehmen bei der offenen Frage anführen, warum sie auf eine MAB verzichten.

Begründungen für den Verzicht auf MAB

Am häufigsten wurde von den Befragten angeführt, daß man für die Durchführung einer MAB bis dato keine Notwendigkeit sieht. Andere Aussagen gehen in die Richtung eines fehlenden Interesses an einer MAB. Hervorzuheben sind die ablehnenden Äußerungen einiger Unternehmen, in welchen die Aussagekraft der Ergebnisse einer MAB grundsätzlich bezweifelt wird. Weiterhin wird der Verzicht auf MAB von einzelnen Befragten mit der Größe des Unternehmens begründet, wobei sowohl "zu groß" als auch "zu klein" genannt werden. In allen Fällen wird die Begründung allerdings nicht näher spezifiziert, so daß die genannten Gründe alles in allem nur wenig aussagekräftig sind.

Dies mag zum einen an der offenen Antwortform liegen, bei welcher sich die meisten Befragten eher kurz fassen als lange Ausführungen zu verfassen. Zum anderen liegt aufgrund der Antworten die Schlußfolgerung nahe, daß sich die meisten Unternehmen, die bisher keine MAB durchgeführt haben, auch noch nicht sehr intensiv mit dem Thema "MAB" auseinandergesetzt haben.

Im folgenden interessieren nun die 35 Unternehmen, die angegeben haben, MAB durchzuführen, und daher alle weiteren Fragen beantwortet haben.

Anlaß für die erste MAB und strategische Einbettung der MAB

Bei diesen Unternehmen ist ein verstärkter Trend des Einsatzes von MAB seit Beginn der 90er Jahre festzustellen. Insofern bestätigen die vorliegenden Umfrageergebnisse den Eindruck, den man bei der Durchsicht der Literatur zu diesem Thema gewinnt, und zwar nicht nur hinsichtlich der gestiegenen Aktualität, sondern auch hinsichtlich der unternehmenspolitischen Aktualität und Konzeption der MAB, wie sie Bungard in seinem einleitenden Beitrag beschrieben hat.

So war der Anlaß für die Durchführung der ersten MAB - die "Initialzündung" - in den meisten Fällen ein umfassender Veränderungsprozeß im Unternehmen (z.B. die

Einführung einer neuen Managementstrategie, einer neuen Unternehmensphilosophie oder auch Führungskultur). Konkret geben in diesem Zusammenhang 71,4% der Unternehmen an, daß die MAB in ihrem Unternehmen in umfassende Managementstrategien wie KVP, Lernende Organisation oder auch Qualitätsmanagement eingebettet ist.

Die MAB dient dabei nach Aussage der Befragten jedoch primär der allgemeinen Diagnose von Stimmungen in der Belegschaft bzw. der Analyse organisationaler Stärken und Schwächen aus Sicht der Mitarbeiter. Insofern deutet sich in diesem Ergebnis bereits an, daß der konzeptionelle Wandel der MAB als Teil oder Ausgangspunkt für gemeinsame Verbesserungsprozesse in den befragten Unternehmen in den meisten Fällen noch nicht realisiert wird. Wir werden auf diesen Punkt im weiteren noch zurückkommen.

Häufigkeit und Bereiche der Durchführung von MAB

Eine wiederholte Durchführung von MAB bildet eine Voraussetzung, um die MAB als Diagnoseinstrument für kontinuierliche Verbesserungsprozesse nutzen zu können. Auf die Frage nach der Häufigkeit von MAB führte die Hälfte der befragten Unternehmen an, die MAB regelmäßig in einem durchschnittlichen Abstand von 2 bis 3 Jahren durchzuführen. In 40% der Unternehmen erfolgten die MAB bisher zumindest mehrfach und nur bei einzelnen Unternehmen handelt es sich bislang um eine einmalige Aktion.

Bei den befragten Unternehmen stehen MAB, so hatten wir festgestellt, zumeist im Zusammenhang mit umfassenden Veränderungsprozessen und aktuellen Managementstrategien. Insofern ist wenig überraschend, daß sich die MAB in der überwiegenden Zahl der Fälle auf das gesamte Unternehmen (54,3%) bzw. den Gesamtkonzern (22,9%) und dabei auf alle Mitarbeitergruppen (77,1%) und nicht nur auf ausgewählte Gruppen (z.B. auf die Führungskräfte) erstreckt. Bei jedem 5. Unternehmen werden MAB nur in einzelnen Werken durchgeführt. Lediglich ein Befragter gibt an, die Durchführung beschränke sich auf einzelne Funktionsbereiche.

Zusammenfassend läßt sich festhalten, daß das Thema MAB bei den 100 umsatzgrößten Unternehmen in der Bundesrepublik Deutschland seit den 90er Jahren nicht zuletzt im Zuge notwendig gewordener umfassender Veränderungsprozesse an Bedeutung gewonnen hat. In diesem Kontext dient es primär der Stimmungs- bzw. Stärken-/Schwächenanalyse, wobei in den meisten Fällen alle Mitarbeiter des Unternehmens in die regelmäßig oder zumindest mehrfach durchgeführte Befragung einbezogen werden.

4   Durchführung der Mitarbeiterbefragung

Im Anschluß an die Ergebnisse zu Einsatzformen von MAB werden in diesem Abschnitt die Ergebnisse zu den verschiedenen Aspekten der konkreten Durchführung einer MAB - Projektorganisation, Ziele und Themen, Formen der Erhebung und Rückmeldung sowie Controlling bei MAB - dargestellt.

4.1   Projektorganisation

Im Hinblick auf die Konzeption und Durchführung von MAB stellt sich zunächst die Frage, welcher Personenkreis hierfür verantwortlich ist und inwieweit eine Zusammenarbeit zwischen internen Mitarbeitern und externen Institutionen gegeben ist. Nach den Angaben der Befragten ergibt sich das folgende Bild:

- Durchführung ausschließlich durch interne Mitarbeiter: 40,0%
- Zusammenarbeit von internen Mitarbeitern mit Externen: 37,1%
- Durchführung ausschließlich durch Externe: 11,4%

Am häufigsten sind demnach ausschließlich interne Mitarbeiter für die Durchführung verantwortlich, wobei es sich dabei primär um Projektgruppen aus Fach- und Führungskräften handelt. Fast genauso häufig trifft man auf eine Zusammenarbeit von internen Mitarbeitern bzw. Projektgruppen mit Externen (vor allem Unternehmensberatungen). Die Durchführung ausschließlich durch Externe spielt erwartungsgemäß eher eine untergeordnete Rolle.

Betrachtet man das Ergebnis nach Branchen und Größen der Unternehmen, dann zeigt sich, daß primär Industrieunternehmen mit einer Mitarbeiterzahl von mehr als 10.000 die Durchführung ausschließlich in die Hände interner Projektgruppen legen, während auch größere Dienstleistungsunternehmen zumeist noch mit externen Instituten zusammenarbeiten.

4.2   Ziele und Zweck der Mitarbeiterbefragungen

Im Zentrum der Diskussion um MAB steht die Grundsatzfrage, warum man überhaupt MAB durchführen soll und zu welchem Zweck MAB eingesetzt werden sollten.

In unserer Umfrage interessierte, welche Ziele in den befragten Unternehmen mit einer MAB verbunden werden. Hierzu wurden den Befragten Alternativen vorgegeben, die sie nach ihrer Bedeutung beim Einsatz von MAB im eigenen Unternehmen beurteilen sollten. Die Abbildung 2 gibt die Ergebnisse in Mittelwerten zusammengefaßt wieder.

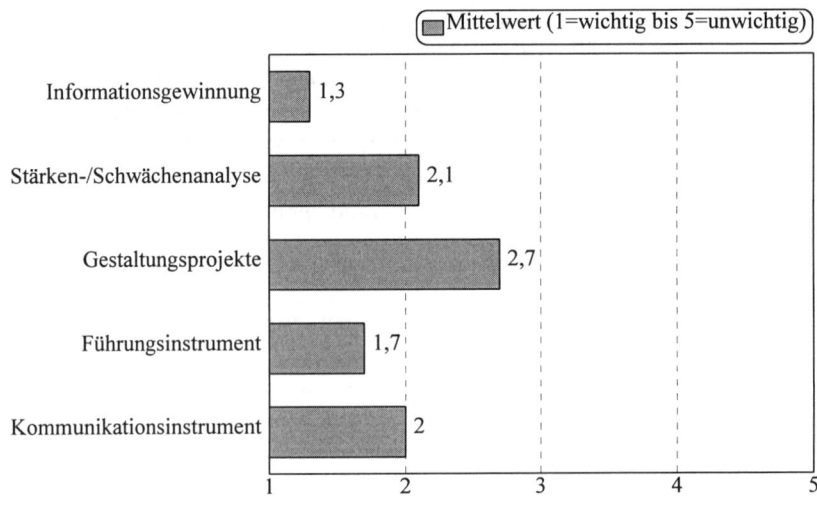

Abbildung 2: Einschätzung der Funktionen von MAB nach ihrer Wichtigkeit.

Demnach wird zwar keines der Ziele als unwichtig erachtet, der Zweck der Informationsgewinnung über die gegenwärtige Situation im Unternehmen (bspw. Betriebsklima und Einstellungen der Mitarbeiter) wird mit einem Mittelwert von 1,3 jedoch deutlich am wichtigsten erachtet. Darüber hinaus wird den MAB als Führungs- und Kommunikationsinstrument sowie als Grundlage für eine Stärken-/Schwächenanalyse Bedeutung beigemessen, während sie im Vergleich hierzu als Planungsgrundlage für konkret anstehende Gestaltungsprojekte eine untergeordnetere Rolle spielen.

Die Ergebnisse decken sich damit weitestgehend mit den Aussagen zum Anlaß für die Durchführung der ersten MAB, auf die in Abschnitt 3 bereits eingegangen wurde. Danach war für die meisten Unternehmen zwar ein umfassender organisationaler Veränderungsprozeß die "Initialzündung" für die Durchführung, die MAB selbst diente dabei aber primär der Analyse von Stimmungen bzw. Stärken und Schwächen in der Organisation und noch nicht zur Gestaltung von konkreten Veränderungsprojekten.

4.3 Themen und Inhalte der Mitarbeiterbefragungen

Entsprechend dieser allgemeinen Diagnosefunktion der MAB in den Unternehmen wurde auch die anschließende Frage nach der thematischen Ausrichtung der MAB beantwortet. Danach setzen 74,3% der befragten Unternehmen "umfassende" MAB ein, durch welche ein allgemeines Bild über die verschiedenen Situationsaspekte aus Sicht der Mitarbeiter gewonnen werden soll. "Themenzentrierte" MAB (bspw. zum Thema Qualität) sowie "problemzentrierte" MAB (bspw. zur Fehlzeitenproblematik) kommen hingegen relativ selten zum Einsatz (14,3% bzw. 11,4%), wobei diese Formen fast nur bei Unternehmen mit einer Mitarbeiterzahl von über 10.000 zu finden sind.

Betrachtet man die konkreten Inhalte, die Gegenstand von MAB sind (vgl. Abbildung 3), so zeichnet sich erwartungsgemäß ein breites Spektrum "klassischer Themen" ab.

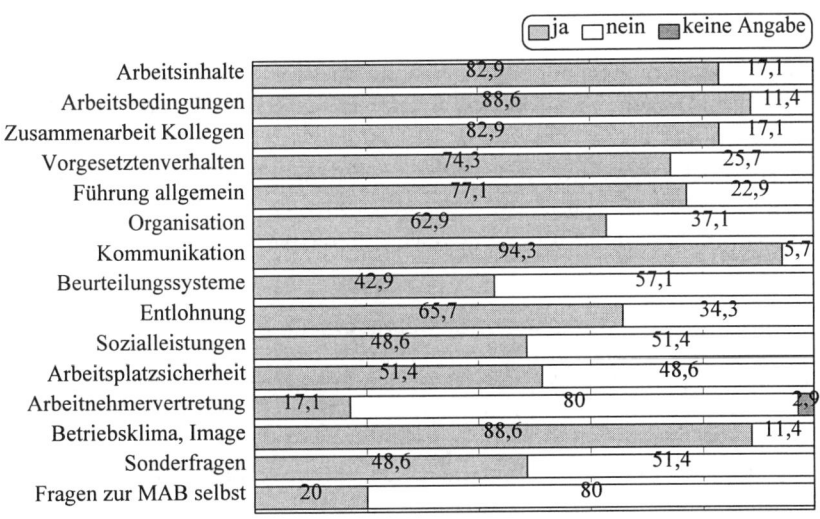

Abbildung 3: Welche Themen sind Gegenstand der MAB? (Angaben in Prozent)

Mit 94,3% ist das Thema "Kommunikation" bei fast allen Unternehmen vertreten, gefolgt von den Themen "Arbeitsbedingungen" und "Betriebsklima" sowie "Arbeitsinhalte" und "Zusammenarbeit mit Kollegen" mit 82,9%. Angesichts der Angaben zur

Art der MAB, wonach nur 74,3% der Unternehmen "umfassende" MAB durchführen, scheinen diese Inhalte auch im Rahmen von "themen- bzw. problemzentrierten" MAB von Bedeutung zu sein. Darüber hinaus sind die Themen "Führung allgemein" sowie "Vorgesetztenverhalten" in den meisten Fällen wiederzufinden. Eine eher untergeordnete Rolle scheinen dagegen "Fragen zur MAB selbst" sowie das Thema "Arbeitnehmervertretung" zu spielen.

4.4   Erhebungsformen und -instrumente

Die befragten Untenehmen setzen überwiegend MAB als allgemeine Diagnoseinstrumente mit den klassischen Themen ein und wählen hierfür die traditionelle Erhebungsform, so daß die Ergebnissen zu den methodischen Aspekten nur kurz zusammengefaßt werden.

Basis der Erhebung

Hervorzuheben ist, daß 74,3% der Unternehmen eine Vollerhebung durchführen. Nur in 22,9% der Fälle findet die Befragung auf der Basis einer repräsentativen Stichprobe statt, und zwar primär in Unternehmen mit einer Mitarbeiterzahl von über 10.000.

Form der Erhebung und der Instrumente

Die Befragung findet fast ausschließlich schriftlich statt (97,1%), wobei die geschlossenen Fragen meist mit offenen Fragen kombiniert werden (71%). Dabei werden ausschließlich unternehmensspezifische Instrumente eingesetzt. Die Fragebögen werden entweder auf der Basis von Standardinstrumenten entwickelt, d.h. unternehmensspezifisch angepaßt (48,6%), oder aber vollkommen eigenentwickelt (51,4%).

Umfang und Dauer der Befragung

Die Ergebnisse zum Umfang der Befragung nach der Anzahl von Einzelfragen weisen eine recht große Streuung auf. Die Antwortalternativen ("bis zu 20 Fragen", "20-40 Fragen", "40-60 Fragen", "60-100 Fragen" sowie "über 100 Fragen") wurden fast alle gleich häufig angegeben (jeweils ca. 20%). Mehr als 100 Fragen umfassen immerhin noch 14,3% der Fragebögen. Den zeitlichen Aufwand schätzten die Befragten, die den Umfang mit bis zu 60 Fragen angaben, nicht höher als 20 Minuten ein. Bei einer höheren Fragenzahl wird der zeitliche Aufwand mit durchschnittlich 30-45 Minuten angegeben.

4.5   Inhalte und Formen der Ergebnisrückmeldung

Nach der Erhebung kommt der Auswertung und vor allem der Rückmeldung der Ergebnisse im Prozeß der MAB eine zentrale Bedeutung zu. Im Rahmen der Umfrage interessierte, in welcher Form die Mitarbeiter eine Ergebnisrückmeldung erhalten und inwieweit mit der Rückmeldung die Einleitung von Verbesserungsprozessen verbunden wird.

Auswertungseinheiten und Verteilung der Ergebnisberichte

Geht man davon aus, daß die Rückmeldung grundsätzlich zu den jeweiligen Themen der MAB erfolgt, die im Abschnitt 4.3 beschrieben wurden, dann stellt sich die Frage, wie differenziert die Ergebnisse zurückgemeldet werden. Hierzu können die Angaben der Unternehmen zu den Auswertungseinheiten herangezogen werden (vgl. Abbildung 4).

Demnach erfolgt eine gesonderte Auswertung für einzelne Abteilungen lediglich in gut der Hälfte der Unternehmen, wobei als untere Auswertungsgrenze 4 bis 20 Mitarbeiter bzw. Fragebögen angegeben wird.

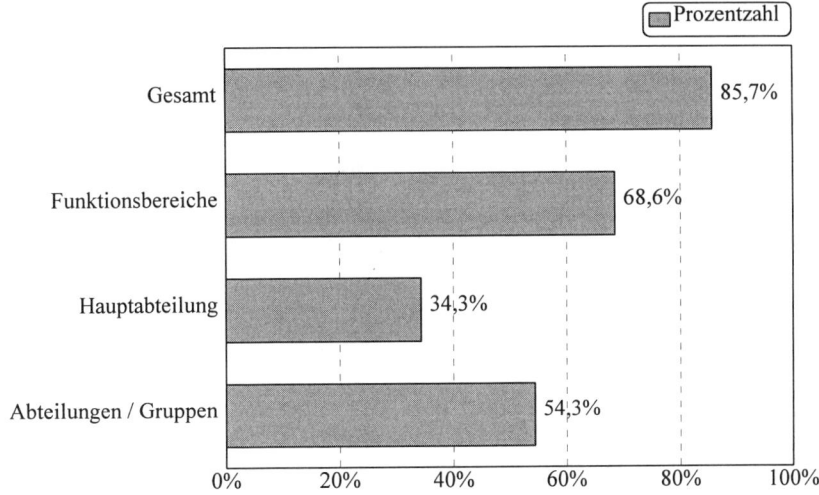

Abbildung 4: Für welche Organisationseinheiten erfolgt eine gesonderte Auswertung/ Ergebnisdokumentation?

Hieran schließt sich die Frage an, wer die entsprechenden Ergebnisberichte erhält. Abgesehen von der MAB-Projektgruppe und dem Personalbereich sind dies vor allem
– das Management (65,7%)
– die Arbeitnehmervertretung (62,9%) sowie
– die Vorgesetzten der Bereiche / Abteilungen (60,0%).
In einigen Unternehmen (25,7%) werden schriftliche Ergebnisberichte auch an die Mitarbeiter der jeweiligen Abteilungen verteilt.

Ergebnisrückmeldung und Maßnahmenableitung

Die Angaben zur allgemeinen Ergebnisrückmeldung sind in Abbildung 5 dargestellt. Auffallend ist zunächst, daß in den Unternehmen die Mitarbeiter nicht generell in Betriebszeitungen oder durch Aushänge u.ä. eine allgemeine Information über die Ergebnisse erhalten. In einzelnen Unternehmen wird sogar gänzlich auf eine Veröffentlichung der Ergebnisse verzichtet, wie aus den offenen Antworten hervorging.

Weiterhin ist bezüglich der Veröffentlichung von Gesamtergebnissen festzustellen, daß eine Präsentation auf Betriebsversammlungen oder größeren Abteilungsversammlungen nur in vergleichsweise wenigen Unternehmen praktiziert wird. Vielmehr werden die Ergebnisse überwiegend in Präsentationsveranstaltungen für kleinere Gruppen oder Abteilungen zurückgemeldet, obgleich nur etwa die Hälfte der Unternehmen die MAB auf Abteilungsebene auswertet.

Dabei interessiert nun, ob sich die Veranstaltungen in den Unternehmen auf die Rückmeldung der Ergebnisse beschränken oder ob sie als Workshops zur Ableitung von Maßnahmen durchgeführt werden.

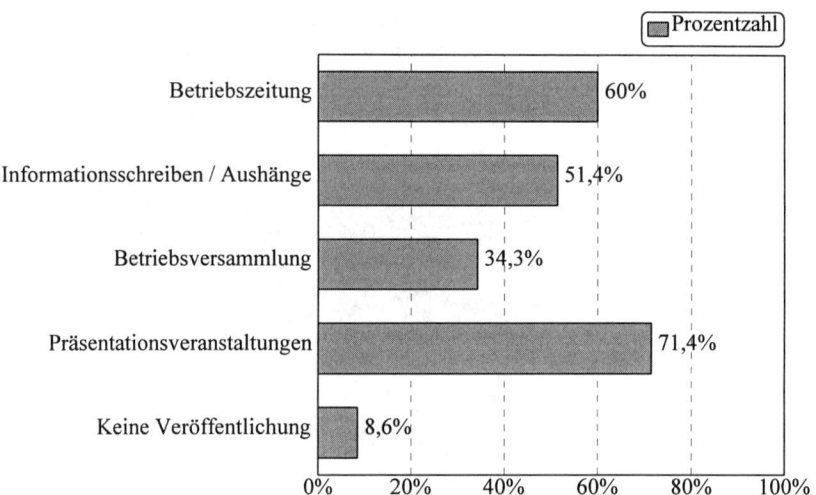

Abbildung 5: In welcher Form werden die Ergebnisse veröffentlicht bzw.
rückgemeldet?

In immerhin 77,1% der befragten Unternehmen finden besondere Veranstaltungen zur
Maßnahmenableitung statt. Welche Gruppen an den Veranstaltungen beteiligt werden,
zeigt Abbildung 6.

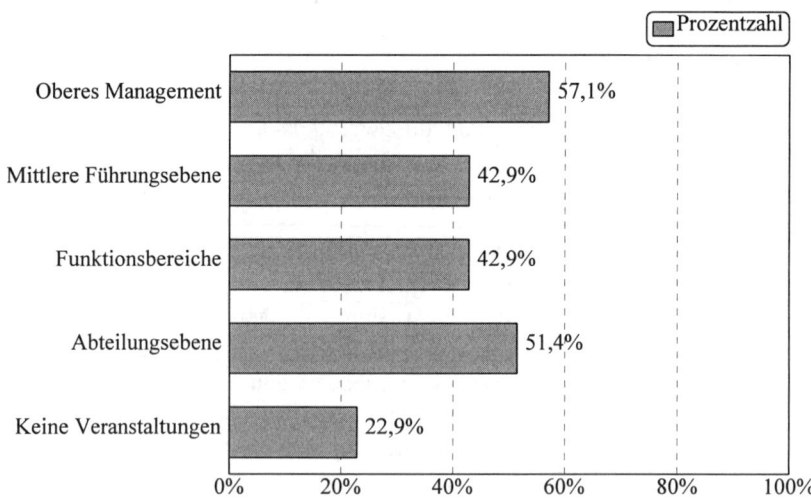

Abbildung 6: Zielgruppen von spezifischen Veranstaltungen zur Ergebnisrückmeldung
und Maßnahmenableitung.

Entsprechend den Antworten zur Auswertungspraxis gibt wiederum die Hälfte der befragten Unternehmen die Abteilungsebene als Zielgruppe der Veranstaltungen zur Maßnahmenableitung an. Die Durchführung dieser Veranstaltungen ist dann zumeist ver-

pflichtend für die Vorgesetzten, wobei sie in ca. 60% der Fälle durch einen internen oder externen Moderator unterstützt werden.

Zusammenfassend zeigt die Praxis bei den befragten Unternehmen, daß die Gestaltung der Ergebnisrückmeldung in ca. 70% der Fälle gemäß dem Ziel erfolgt, den Dialog zwischen Mitarbeitern und Führungskräften anzuregen. Darüber hinaus wird in ca. 50% der Fälle gleichzeitig die MAB mit einem partizipativen Konzept unternehmensweiter Verbesserungsprozesse verbunden. Die Mitarbeiter werden im Rahmen dezentraler Veranstaltungen direkt an der Ableitung und Umsetzung von Maßnahmen aufgrund der MAB-Ergebnisse beteiligt.

Es zeigt sich aber auch, daß immerhin noch etliche Unternehmen MAB in einer eher klassischen Form durchführen, nach der die Ergebnisse vor allem der Unternehmensführung und Personalabteilung als Informationsgrundlage dienen. In diesen Fällen werden die Mitarbeiter zwar befragt und vielleicht noch über die Ergebnisse informiert, an der Ableitung von Konsequenzen und an den Entscheidungen über angestrebte Verbesserungen werden sie nicht beteiligt. Teilweise ist dabei aufgrund der bisherigen Erfahrungen mit klassischen MAB davon auszugehen, daß nicht nur die Beteiligung unterbleibt, sondern, daß die MAB insgesamt folgenlos in dem Sinne bleibt, daß keine spezifischen Maßnahmen abgeleitet und umgesetzt werden.

Allerdings ist auch in den Fällen, die bei der Durchführung der MAB die Mitarbeiterbeteiligung konzeptionell vorsehen, zu berücksichtigen, daß letztlich die faktische Beteiligung in hohem Ausmaß vom Verhalten der jeweiligen Vorgesetzten abhängt, d.h. inwieweit die Vorgesetzten dieser Führungsaufgabe, der partizipativen Verbesserung in ihren Verantwortungsbereichen, gerecht werden (können). Zum einen erfordert die zentrale Rolle der jeweiligen Vorgesetzten eine entsprechende Vorbereitung und Unterstützung der Führungskräfte, zum anderen bedarf es geeigneter Controlling-Konzepte, um den unternehmensweiten Verbesserungsprozeß entsprechend zu steuern und zu koordinieren.

Auf die Formen des Controllings zur MAB in den befragten Unternehmen wird im Abschnitt 4.7 eingegangen, da zunächst noch die Praxis zur Beurteilung des Verhaltens von Vorgesetzten im Rahmen von MAB, die ja dann die Rückmeldung selbst vornehmen sollen, diskutiert werden soll.

4.6 Mitarbeiterbefragung und Vorgesetztenbeurteilung

Eine spezifische Fragestellung im Zusammenhang mit der Durchführung von MAB ist die Frage nach der Verknüpfung von MAB mit Vorgesetztenbeurteilungen (VGB) (vgl. hierzu den Beitrag von Jöns in diesem Band). Dabei lassen sich drei Unterfragen zur Durchführung unterscheiden:

- Erhebung der VGB: Im Rahmen der MAB oder getrennt
- Auswertung der Daten: Gemeinsam für mehrere Führungskräfte oder speziell für einzelne Vorgesetzte
- Rückmeldung der Ergebnisse zum Vorgesetztenverhalten: Im Rahmen der allgemeinen Rückmeldung oder in spezifischer Form

Von einer VGB im engeren Sinne würde man dabei nur dann sprechen, wenn zumindest eine spezielle Auswertung für die einzelnen Führungskräfte erfolgt. Dies kann einerseits durch eine gesonderte Auswertung des spezifischen VGB-Teils im Fragebogen erfolgen. Andererseits ist eine gesonderte Auswertung dann nicht erforderlich, wenn bei der MAB allgemein die Auswertungseinheiten sehr klein sind, d.h. die Einheiten den Verantwortungsbereichen der einzelnen (direkten oder nächsthöheren) Vorgesetzten entsprechen. Dies ist insofern hervorzuheben, als bei einer derartigen Auswertungsstrategie implizit eine VGB durchgeführt wird, ohne daß man dies im Unternehmen eigentlich beabsichtigt - und daher dann auch nicht bei der Vorbereitung der Rückmeldung berücksichtigt.

Vor dem Hintergrund dieser Überlegungen seien die vorliegenden Umfrageergebnisse betrachtet, und zwar zunächst für die explizite Durchführung der VGB im Rahmen der MAB und für gesondert durchgeführte VGB, bevor dann verschiedene Ergebnisse im Hinblick auf eine implizite VGB diskutiert werden.

Explizite Durchführung der VGB im Rahmen der MAB

Nach den Angaben der befragten Unternehmen dient die MAB nur in 20% der Fälle gleichzeitig als VGB. Dabei erfolgt in keinem Fall eine gesonderte Auswertung des Fragenteils für den jeweiligen Vorgesetzten, obgleich nur von gut der Hälfte dieser Unternehmen eine Auswertung auf der Abteilungs- bzw. Gruppenebene angegeben wird. Ebenso erfolgt keine getrennte Rückmeldung, sondern die VGB-Ergebnisse sind Teil der allgemeinen Ergebnisrückspiegelung.

Gesonderte Durchführung einer VGB

In 54,2% der Unternehmen wird die VGB gesondert durchgeführt. Die VGB erfolgt dabei in der Hälfte der Fälle auf Wunsch des Vorgesetzten, während sie in den anderen Fällen regelmäßig und verpflichtend für alle Vorgesetzten erfolgt. Zumeist werden dann alle Vorgesetzte in die VGB miteinbezogen, d.h. die VGB wird nicht auf bestimmte Führungsebenen beschränkt.

Implizite Durchführung einer VGB bei MAB

Im Hinblick auf die Frage, inwieweit MAB indirekt bzw. implizit eine VGB beinhalten, seien als erstes nochmals die Themen der MAB - zur Führung allgemein und insbesondere Fragen zum Vorgesetztenverhalten - betrachtet. Danach bildet Führung durchaus häufig ein Thema der MAB.

In 77,1% der befragten Unternehmen werden Fragen zur Führung allgemein (Führungsgrundsätze, Führungsstil usw.) und in fast ebenso vielen Unternehmen (74,3%) werden Fragen zum Vorgesetztenverhalten gestellt. Wenn Einschätzungen zum Vorgesetztenverhalten im Rahmen der MAB erhoben werden, dann beziehen sich diese überwiegend auf den direkten Vorgesetzten (73,1%). Die Beurteilung des Verhaltens des nächsthöheren Vorgesetzten (34,6%) wird seltener und ausschließlich zusätzlich zum direkten Vorgesetzten erfaßt.

Da sich bereits bei Auswertungen auf höheren Ebenen die Führungskräfte bei den zusammengefaßten Ergebnissen zu Führungsfragen direkt angesprochen fühlen, geht jede MAB, in der nach dem Vorgesetztenverhalten oder nach der Führung allgemein gefragt wird, grundsätzlich mit einer Art *indirekten* VGB einher. Hier interessiert vor allem die Ebene von Abteilungen und Gruppen, auf der in 54,3% der befragten Unternehmen ausgewertet wird. Von diesen Unternehmen geben nur wenige an, die MAB gleichzeitig als VGB zu nutzen, wohlgemerkt ohne, daß diesem Aspekt in spezifischer Form bei der Rückmeldung Rechnung getragen wird.

Wenngleich aus den Umfrageergebnissen nicht eindeutig hervorgeht, inwieweit die jeweiligen Auswertungseinheiten den Verantwortungsbereichen einzelner direkter oder nächsthöherer Vorgesetzten entsprechen, so ist doch davon auszugehen, daß dies angesichts der angegebenen unteren Auswertungsgrenzen von 4 bis 20 Mitarbeiter in vielen Fällen zutrifft. Daraus folgt, daß in etwa in 34,3% der Unternehmen die MAB *implizit* eine VGB beinhaltet, ohne daß dies von den Befragten auch so gesehen wird.

Zusammenfassend ergibt sich damit unter Berücksichtigung der Angaben zur Durchführung einer VGB, zur Erhebung von VGB- oder allgemeinen Führungsfragen sowie der Auswertung auf Abteilungs- und Gruppenebene folgendes Bild für die befragten Unternehmen:

- Es werden keine Fragen zur VGB oder Führung gestellt   11,4%
- Die MAB dient explizit als VGB   20,0%
- Implizit erfolgt mit der MAB auch eine VGB   34,3%
- Es erfolgt lediglich eine indirekte VGB im Rahmen der MAB   34,3%

4.7   Controlling der Mitarbeiterbefragung

Die Durchführung einer MAB dient heutzutage nicht mehr allein der allgemeinen Informationsgewinnung, sondern durch MAB sollen zumeist Verbesserungsprozesse eingeleitet werden. Eine MAB erfolgreich durchzuführen, bedeutet daher, daß im Anschluß an die Ergebnisrückmeldung Maßnahmen abgeleitet und umgesetzt werden. Nicht nur die Verantwortlichen in einem Unternehmen, sondern insbesondere auch die Mitarbeiter messen den Nutzen einer MAB an den Konsequenzen, die der Befragung folgen. Die Durchführung einer MAB erfordert insofern, wie generell alle anderen Veränderungsprojekte in einem Unternehmen auch, ein Controlling, durch welches die konsequente Umsetzung unterstützt und überprüft wird.

Von den befragten Unternehmen wird der allgemeinen Informationsfunktion zwar insgesamt die höchste Bedeutung beigemessen und der Einsatz als Basis für strategische Entscheidungen steht vor der Erhebung für konkrete Gestaltungsprojekte, doch werden gleichzeitig die Förderung des Dialogs zwischen Mitarbeitern und Führungskräften sowie die unternehmensweite Mitarbeiterpartizipation als wichtige Zwecke der MAB angegeben. Damit stellt sich auch für die befragten Unternehmen die Frage, in welcher Form die Umsetzung der abgeleiteten Maßnahmen und die Einleitung von Verbesserungsprozessen überprüft werden können.

Praktizierte Formen des Controllings

In den befragten Unternehmen erfolgt überwiegend das Controlling der Verbesserungsprozesse und Maßnahmenumsetzung, wie aus der Abbildung 7 hervorgeht, zum einen anhand von Aktionsplänen und Zwischenberichten sowie zum anderen im Rahmen der nächsten MAB durch den Vergleich der Ergebnisse.

Zum Teil werden im Rahmen der nächsten MAB entsprechende Fragen gestellt, die eine Überprüfung ermöglichen. Dabei handelt es sich in der Hälfte der Fälle ausschließlich um Fragen zu den konkreten Maßnahmen oder Veränderungen, d.h. hier wurde von den Befragten bei den Themen des Fragebogens angegeben, daß keine Fragen zur MAB selbst gestellt werden. Bei den anderen Fällen kann angenommen werden, daß die Fragen zur MAB selbst zumindest auch für ein Prozeßcontrolling herangezogen werden. Auf eine Zwischenbefragung wird in den Unternehmen zumeist verzichtet, obgleich der durchschnittliche Abstand zwischen den MAB bei 2,75 Jahren liegt. Unter der Rubrik

"Sonstiges" wurde vor allem noch ergänzt, daß das Controlling durch die Geschäftsführung, durch Change Agents sowie durch die Teilnehmer selbst erfolgt.

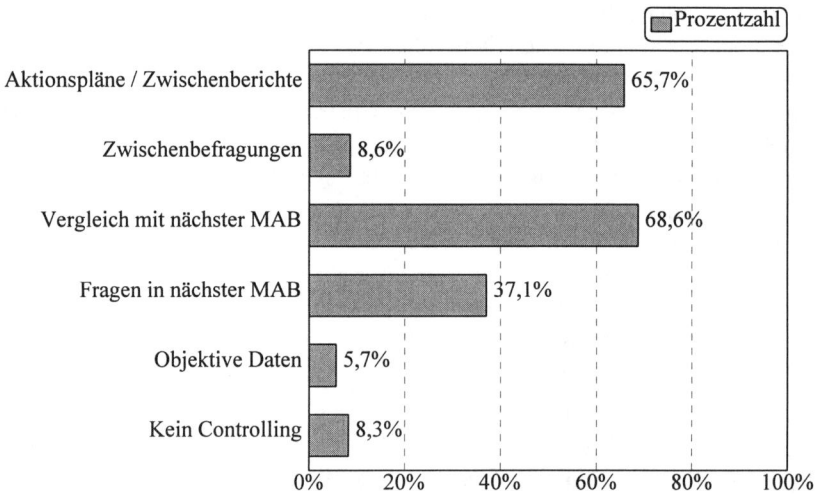

Abbildung 7: In welcher Form erfolgt ein Controlling der MAB, der eingeleiteten Verbesserungsprozesse bzw. der Umsetzung von abgeleiteten Maßnahmen?

Effizienzkriterien zur Beurteilung von Mitarbeiterbefragungen

Da nur in Ausnahmefällen objektive Daten für ein Controlling der MAB herangezogen werden, antwortete auch nur eine geringe Zahl der befragten Unternehmen auf die Frage nach den Effizienzkriterien. Interessant ist dabei, daß am häufigsten noch die Verbesserungsvorschläge (22,9%), die Kundenzufriedenheit (22,9%) sowie Qualitätskriterien (17,1%) als Beurteilungskriterien angekreuzt wurden. Produktivitätskennziffern spielen ebensowenig eine Rolle wie objektive Daten zur Mitarbeiterzufriedenheit (Absentismus, Krankenstand und Fluktuation).

Vor diesem Hintergrund stellt sich die Frage, anhand welcher Kriterien der Nutzen von MAB beurteilt wird. Unter der Rubrik "Sonstige" wird vor allem auf die Beurteilung anhand von Folgeaktivitäten, anhand des Umsetzungsgrades und der Akzeptanz von konkreten Maßnahmen hingewiesen. Weiterhin werden allgemein Verfahren der Evaluierung, des Prozeßcontrolling und Self Assessment angeführt.

Zusammenfassend gewinnt man den Eindruck, daß in vielen Unternehmen noch keine systematische Beurteilung des Nutzens von MAB erfolgt, denn der Vergleich der MAB-Ergebnisse kann sicherlich nicht befriedigen. Spielen doch eine Reihe von Faktoren in die Ergebnisse der MAB mit hinein, die einen solchen Vergleich erschweren. Allerdings gilt dies auch für mögliche objektive Kriterien, vor allem wenn sie ebenso nur punktuell erhoben werden. Schwierig gestaltet sich dabei im allgemeinen eine generelle Ursache-Wirkungs-Zuordnung, es sei denn, die Kriterien können mit konkreten Maßnahmen direkt in Verbindung gebracht werden. Ein Controlling anhand von Aktionsplänen und Zwischenberichten ist zwar ein geeignetes Verfahren, um den Veränderungsprozeß zu unterstützen, doch ist dabei die Beurteilung auf den Umsetzungsgrad von Maßnahmen beschränkt. Der Nutzen der Maßnahmen wird zumeist nicht erfaßt. Ein wichtiger Ansatz ist in der Befragung der Mitarbeiter anhand konkreter Fragen zur MAB selbst sowie zu den abgeleiteten Maßnahmen zu sehen, die zumindest die Beurteilung der MAB anhand der subjektiven Einschätzungen der Mitarbeiter erlaubt. Dies sollte je nach Zeitabstand zwischen den MAB zusätzlich im Rahmen von Zwischenbefragungen erfolgen.

5   Erfahrungen bei bisherigen Mitarbeiterbefragungen

Den Abschluß der Ergebnisdarstellung bilden im folgenden die Aussagen der Befragten zu den bisherigen Erfahrungen der Unternehmen. Diese beziehen sich zum einen auf den Nutzen und die Akzeptanz von MAB und zum anderen auf allgemeine Probleme und Verbesserungsmöglichkeiten aus Sicht der Befragten.

Beurteilung des Nutzens von Mitarbeiterbefragungen

Im Hinblick auf den Nutzen von MAB wurde gefragt, wie der Beitrag von MAB zur Verbesserung von Aspekten wie bspw. Kommunikation, Organisation oder auch Managementstrategien eingeschätzt wird. Wie die Abbildung 8 zeigt, wird der Beitrag zur Verbesserung der Kommunikation durchschnittlich am höchsten eingestuft.

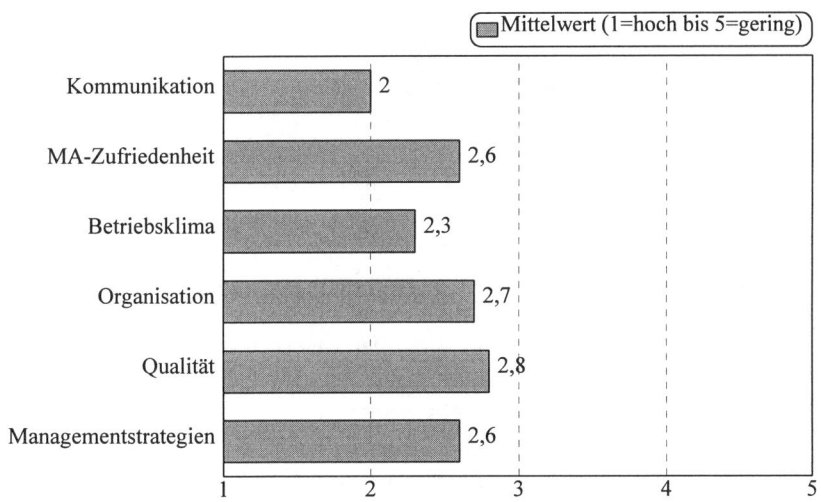

Abbildung 8: Wie hoch ist der Beitrag von MAB zur Verbesserung von ....?

Die Möglichkeit zur Verbesserung des Betriebsklimas wird im Durchschnitt noch relativ hoch beurteilt, während die übrigen Aspekte tendenziell eher mittelmäßig eingestuft werden. Hier spiegelt sich abermals die hohe Bedeutung wider, welche die befragten Unternehmen den MAB als Informations- und Kommunikationsinstrumente beimessen.

Akzeptanz von Mitarbeiterbefragungen

In Bezug auf die Akzeptanz von MAB interessierte zunächst die Rücklaufquote, die als ein Indikator hierfür angesehen werden kann. Diese liegt über alle Unternehmen hinweg im Durchschnitt bei 60% mit einer Streubreite von 16%. Die angegebenen Werte befinden sich damit im Rahmen dessen, was in der Literatur zu schriftlichen Befragungen in Organisationen angegeben wird.

Wie die Befragten die Akzeptanz der MAB bei den unterschiedlichen Zielgruppen in ihrem Unternehmen einschätzen, ist der Abbildung 9 zu entnehmen. Danach wird die Akzeptanz beim oberen Management, beim Betriebsrat und bei den Mitarbeitern etwas höher eingestuft als für die mittlere bzw. untere Führungsebene, wobei die Ergebnisse insgesamt auf eine eher hohe Akzeptanz von MAB in den Unternehmen hindeuten.

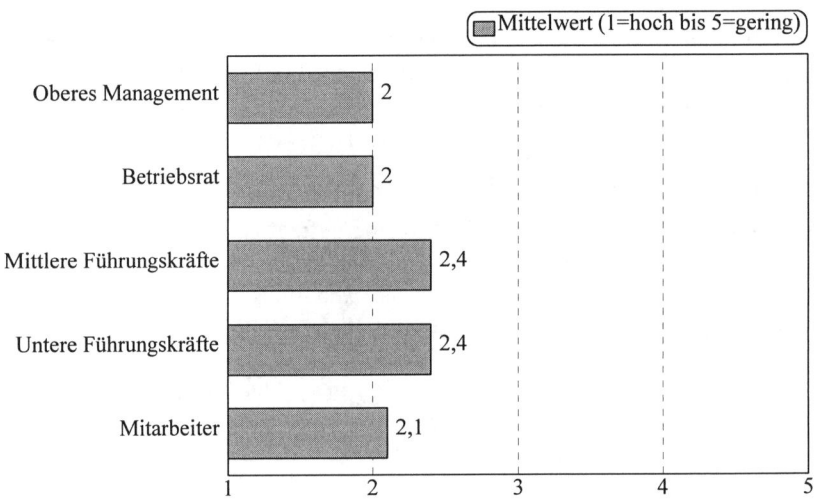

Abbildung 9: Wie hoch ist heute die Akzeptanz der MAB bei ...?

Erfahrungen mit MAB und Empfehlungen zur MAB

Abschließend interessierten die Probleme und Schwierigkeiten, die in den Unternehmen bei ihren bisherigen MAB auftraten. In Verbindung damit wurde nach möglichen Verbesserungen bzw. Empfehlungen aus Sicht der Unternehmen gefragt. Hierbei ergaben sich zusammengefaßt die folgenden Aussagen, die in Anlehnung an die Phasen einer MAB in der Tabelle 1 zusammengefaßt sind.

Die Ergebnisse machen deutlich, daß insbesondere der Vorbereitung von MAB sowie der Maßnahmenplanung und -umsetzung als "sensible" Phasen im Prozeß Bedeutung beigemessen wird. Alles in allem deutet dies auf die Wichtigkeit hin, die Durchführung von MAB als einen umfassenden Organisationsentwicklungsprozeß zu verstehen (vgl. insb. die Beiträge von Borg, von Bungard und von Comelli in diesem Band).

Tabelle 1: Zusammenfassung der Erfahrungen mit MAB und Empfehlungen zur MAB.

1.	*Welche Probleme und Schwierigkeiten traten bei der Durchführung von MAB in ihrem Unternehmen auf?*

- Ängste und fehlendes Vertrauen in die Anonymität
- Fehlende Akzeptanz des Instrumentes MAB und geringer Rücklauf
- Schwierigkeiten beim Datenmanagement
- Mangelnde Koordination und Umsetzung von Maßnahmen bzw. Folgeaktivitäten
- Verzögerungen und Hektik aufgrund eines falschen Zeitmanagements
- Ressourcenknappheit

2.	*Welchen Verbesserungsbedarf sehen sie heute in ihrem Unternehmen hinsichtlich der MAB?*

- Bessere Vorbereitung der MAB: Mehr Informationen für die Mitarbeiter, Schaffung einer "Vertrauenskultur", Form und Inhalte der Befragung stärker auf die einzelnen Zielgruppen ausrichten
- Durchführung / Logistik verbessern
- Schnellere und differenziertere Auswertung
- Rasche Rückmeldung der Ergebnisse und Umsetzung von Maßnahmen

3.	*Welche Empfehlungen würden Sie einem Unternehmen mit auf den Weg geben, das eine MAB plant?*

- Professionelle Planung und Organisation (evtl. mit Hilfe externer Berater)
- Vertrauenskultur schaffen / Unterstützung durch Management
- Einbezug der Arbeitnehmervertretungen
- Offene Kommunikation / Information im Vorfeld
- Organisationsentwicklung / Beteiligung der Mitarbeiter ernst nehmen
- Konsequente und schnelle Rückmeldung der Ergebnisse an die (befragten) Mitarbeiter
- Konsequente Umsetzung von Maßnahmen

6 Zusammenfassende Diskussion

Hintergrund der durchgeführten Bestandsaufnahme zum Thema MAB bei den 100 umsatzgrößten Unternehmen bildeten zwei festzustellende Entwicklungen:

1. In den letzten Jahren werden MAB vor allem im Zusammenhang mit neuen Managementstrategien und laufenden Verbesserungsprozessen wieder vermehrt in der Praxis durchgeführt.
2. Zumindest in der Literatur werden MAB heutzutage vor allem als direkte Beteiligungsinstrumente zur Einleitung und Förderung gemeinsamer Verbesserungsprozesse in den einzelnen Organisationseinheiten diskutiert.

Wenn man zunächst den ersten Punkt betrachtet, dann zeigt sich dieser Trend auch in den Ergebnissen der vorliegenden Umfrage, d.h. seit den 90er werden vermehrt MAB durchgeführt, eingebettet bzw. ausgelöst durch neue Managementstrategien oder laufende Veränderungsprozesse. Allerdings führen immerhin erst etwa die Hälfte der befragten Unternehmen überhaupt MAB durch.

Zieht man zum zweiten Punkt die Ergebnisse zu den Zielen der MAB heran, dann ist festzustellen, daß nach wie vor die Informationsfunktion als Zweck der MAB an erster Stelle steht und MAB im Zusammenhang mit Veränderungsstrategien und -prozessen vorwiegend einer Stärken- und Schwächen-Analyse dienen. Gleichzeitig werden MAB als Führungs- und Kommunikationsinstrument hohe Bedeutung beigemessen. Zur Beurteilung des zweiten Punktes sind aber nicht nur die intendierten Ziele zu betrachten, denn eine zentrale Frage ist dabei vor allem, wer an den Verbesserungsprozessen im Rahmen der Konzeption bzw. Durchführung von MAB als Gesamtprojekt beteiligt wird. Daher seien zunächst die Angaben zur Konzeption zusammengefaßt, bevor auf die Frage der Einbindung der MAB in partizipative Verbesserungsprozesse zurückgekommen wird.

Stichpunktartig zeigt sich bei der konkreten Durchführung der MAB folgendes Bild:

- MAB werden als umfassende Befragungen aller Mitarbeiter des gesamten Unternehmens oder Werkes durchgeführt.
- Die Organisation der MAB liegt überwiegend bei internen Projektgruppen, die sich aus Fach- und Führungskräften zusammensetzen. Zusätzlich werden oft externe Beratungsinstitute hinzugezogen.
- Die Durchführung von MAB erfolgt zumeist regelmäßig alle 2 bis 3 Jahre oder zumindest mehrfach. Als Erhebungsinstrumente werden überwiegend schriftliche, organisationsspezifisch entwickelte bzw. angepaßte Fragebögen eingesetzt, wobei der Umfang von unter 20 bis über 100 Fragen schwankt.
- Gegenstand der Befragung bildet dabei das gesamte Themenspektrum von den Arbeitsinhalten und -bedingungen, über Fragen zur Zusammenarbeit und Führung bis hin zur Kommunikation und zum Betriebsklima. Dabei werden die "weichen" Faktoren der Zufriedenheit deutlich häufiger erfaßt als die Beurteilung der "harten" Faktoren und Rahmenbedingungen, wie z.B. die Organisation, die Entlohnung, die Beurteilungssysteme oder die Arbeitsplatzsicherheit.
- Die Auswertung der Ergebnisse erfolgt in der Hälfte der Unternehmen für einzelne Abteilungen, wobei die untere Auswertungsgrenze mit 4 bis 20 Fragebögen angegeben wird. Die schriftlichen Ergebnisberichte gehen entsprechend häufig an die jeweiligen Vorgesetzten, aber eher selten auch an die Mitarbeiter selbst.
- Die Ergebnisrückmeldung erfolgt in drei Viertel der Unternehmen in Form von Präsentationsveranstaltungen für einzelne Gruppen oder Abteilungen. Zusätzlich erfolgt zumeist eine allgemeine Information in der Betriebszeitung, durch Rundschreiben und Aushänge, eher selten auf großen Versammlungen.
- Die Ableitung von Maßnahmen findet erst in etwa der Hälfte der Unternehmen durch spezifische Veranstaltungen auch auf der Abteilungsebene statt. Die Durchführung ist dann zumeist verpflichtend für die Vorgesetzten, wobei sie zum Teil durch einen internen oder externen Moderator unterstützt werden.
- Das Controlling der Umsetzung der Maßnahmen erfolgt zumeist über Aktionspläne und Zwischenberichte sowie durch den Vergleich mit der nächsten MAB, während eine systematische Beurteilung des Nutzens von MAB insgesamt wohl angesichts der Schwierigkeiten objektiver Kriterien und anderer Meßprobleme eher unterbleibt.

Wenn man diese Praxis bei den Unternehmen betrachtet, dann läßt sich feststellen, daß ungefähr die Hälfte der Unternehmen die MAB als direktes Beteiligungsinstrument im Sinne des oben genannten zweiten Punktes durchführt oder zumindest auf dem Weg dahin ist. Die andere Hälfte führt weiterhin die MAB in klassischer Form durch, wonach die Mitarbeiter gefragt, dann zwar noch über die Ergebnisse informiert, aber nicht selbst in die Entwicklung und Umsetzung von Maßnahmen eingebunden werden.

Diese Durchführungspraxis ist zu berücksichtigen, wenn man die bisherigen Erfahrungen der Unternehmen betrachtet:

- Der Nutzen wird zwar im positiven Bereich gesehen, vor allem hinsichtlich der Kommunikation und des Betriebsklimas, der Beitrag jedoch zur Verbesserung der Organisation oder der Qualität wird vergleichsweise im mittleren Bereich angesiedelt.
- Grundsätzlich positiv sind die Erfahrungen bezüglich der Akzeptanz der MAB. Eine ablehnende Haltung wird dabei etwas häufiger bei den mittleren und unteren Führungskräfte berichtet. Diese stellen aber gerade diejenigen dar, die den Veränderungsprozeß aufgrund der MAB-Ergebnisse initiieren und gemeinsam mit ihren Mitarbeitern durchführen sollen.
- Die bisherigen Schwierigkeiten und der heutige Verbesserungsbedarf bei der Durchführung der MAB werden neben organisatorischen Aspekten vor allem in der Information und Einbindung der Mitarbeiter sowie in der konsequenten Umsetzung von Maßnahmen gesehen.

Noch deutlicher zeigt sich die Notwendigkeit, die MAB als Gesamtprojekt im Sinne eines Organisationsentwicklungspozesses zu konzipieren und unterstützt durch ein entsprechendes professionelles Projektmanagement durchzuführen, in den angeführten Empfehlungen.

Zusammenfassend läßt sich daher feststellen, daß man in den meisten Unternehmen die Durchführung der MAB als Teil eines partizipativen Verbesserungsprozesses zumindest anstrebt, daß diesbezüglich aber erstens noch kulturelle Hemmnisse in den Unternehmen bestehen und zweitens noch konzeptionelle Weiterentwicklungen zur Durchführung der MAB erforderlich sind.

Die notwendige Weiterentwicklung der Konzeption bezieht sich dabei weniger auf das Erhebungsinstrument, sondern insbesondere auf die Einführung und Umsetzung der MAB als Gesamtprojekt selbst. Hierzu zählen die Informationsstrategien im Vorfeld, die Workshopkonzepte für die Ergebnisrückmeldung und Maßnahmenableitung sowie begleitende Informations- und Controllingkonzepte. Vor allem aber ist die Vorbereitung der Vorgesetzten auf ihre Rolle im Rahmen dieses partizipativen Veränderungsprozesses hervorzuheben, die in fast allen bisherigen Ansätzen vernachlässigt wird.

Und dies gilt zumeist nicht nur für die Unternehmens-, sondern auch für die Beratungspraxis. Häufig konzentrieren sich die Beratungsinstitute auf die Entwicklung des Instruments, auf die differenzierte Auswertung und die Dokumentation der Ergebnisse in Hochglanzbroschüren. Der zentrale Weiterentwicklungs- und Beratungsbedarf besteht aber in der kulturellen Einbettung und Einführung der MAB, zu welcher dann auch Trainingskonzepte für Führungskräfte zählen.

Während man die Mitarbeiter als "Betroffene" der Situation im Unternehmen ansehen kann, so sind vor allem die Führungskräfte die "Betroffenen" bei Mitarbeiterbefragungen, wie in dem Abschnitt zur VGB aufgezeigt wurde. Für die Zukunft von MAB gilt es beide Gruppen zu "Beteiligten" zu machen, wobei der Ausgangspunkt sicherlich zunächst bei den Führungskräften liegen muß.

BASF Mitarbeiterbefragungen 1992: Ableitung von Maßnahmen

Ernst Süssenguth

1 Die Durchführung von Mitarbeiterbefragungen bei der BASF AG

Mitarbeiterbefragungen (MAB) bei der BASF AG Ludwigshafen stellen fast schon ein *"traditionelles"* Instrument der Personalführung dar. Die erste Umfrage wurde 1982 durchgeführt, und seitdem im Abstand von fünf Jahren wurden sie wiederholt. Die nächste Befragung ist daher für 1997 vorgesehen.

Der Hauptgrund für die Einführung der MAB, Anfang der achtziger Jahre, ist darin zu sehen, daß man schon damals erkannte, daß eine zeitgemäße personalpolitische Arbeit in einem Unternehmen nur dann möglich ist, wenn die Erwartungen, Meinungen und Einstellungen der Mitarbeiterinnen und Mitarbeiter bekannt sind und auch auf abgesicherten Daten beruhen, statt auf Spekulationen, Annahmen und persönlichen Einzelerlebnissen.

Der größte Teil der Fragen aus der ersten Untersuchung stammte aus dem *"Standardfragebogen für MAB"*, den die BASF AG zusammen mit anderen Firmen in einem *"Arbeitskreis MAB"* entwickelte.

Befragt wurden MitarbeiterInnen zu folgenden Themenkomplexen: Äußere Arbeitsplatzbedingungen, Arbeitssituation, Information, Weiterbildung/Entwicklung, Führung, Kooperation/Koordination, Einkommen/Sozialleistungen, Image.

Die Fragen zu diesen Themen bestehen aus Beurteilungsfragen (mit 5er Skalen) und Auswahlfragen. Offene Fragen wurden nicht mit einbezogen.

Die Themen haben sich über die drei bisherigen Befragungen nicht geändert. Auch einige weitere Grundprinzipien wurden über alle MAB beibehalten, wie z.B. die Freiwilligkeit der Teilnahme. Weiterhin wurde sichergestellt, daß die Anonymität der Teilnehmerinnen und Teilnehmer immer gewährleistet war. Gleichgeblieben über die Jahre ist auch die Vorgehensweise bei der Auswertung. Dabei wurde zum einen eine Grundauswertung (Häufigkeiten, Mittelwerte usw.) der Daten aller MitarbeiterInnen der BASF AG Ludwigshafen vorgenommen. Zum anderen erfolgte eine differenzierte Auswertung nach den Kriterien:

- Demographische Gruppen (z.B. Berufsgruppen, Altersgruppen, tarifliche Beschäftigtengruppen usw.)
- Organisatorische Einheiten (z.B. Abteilungen, Gruppen usw.)

Alle Befragungsergebnisse, die sich auf die BASF AG insgesamt und ihre wichtigsten Beschäftigungsgruppen bezogen, wurden veröffentlicht (Werkzeitung, Pressekonferenz, usw.). Nicht veröffentlicht wurden die Einheitsergebnisse. Diese wurden nur den Einheitsleitungen und deren direkten Vorgesetzten ausgehändigt. Diese waren jedoch gehalten, ihre MitarbeiterInnen in geeigneter Form davon zu unterrichten.

Weiterhin blieben die Abläufe der Umfragen praktisch immer gleich. Etwa ein halbes Jahr erschienen in regelmäßigen Abständen bis zum Versand der Fragebögen Artikel in der Werkszeitung zum Thema MAB, während der *"Feldarbeit"* erschienen weitere Artikel, die nun speziell aufforderten an der Umfrage teilzunehmen. Damit wurde über alle Umfragen eine Beteiligungsquote von jeweils 59% erreicht. So früh wie möglich nach Abschluß der Umfrage wurden Gesamtergebnisse für das Unternehmen veröffentlicht. Danach wurden die Einheitsergebnisse versandt, die dann auch noch mit den Einheitsleitern besprochen wurden.

Neben diesen fundamentalen Prinzipien, die über die Jahre praktisch gleich blieben, gab es jedoch auch Teile der Untersuchungen, die wesentlich verändert wurden. Die wichtigste Änderung gab es bei der Anzahl der in die Umfrage einbezogenen Mitarbeiter. Zu Anfang erhielt jeder fünfte Mitarbeiter einen Fragebogen, dann jeder dritte und für 1997 ist eine Totalbefragung vorgesehen.

Durch die Anhebung der Teilnehmerzahl an der Umfrage konnten auch für kleinere organisatorische Einheiten (z.B. Abteilungen und Gruppen) Ergebnisse errechnet werden.

Dies war deshalb so wichtig, weil damit viel genauer die Stärken und Schwächen einer Abteilung bestimmt werden. Die MitarbeiterInnen konnten dann auch viel unmittelbarer erleben, wie Befragungsergebnisse in Maßnahmen umgewandelt werden und somit am besten erfahren welche positiven Auswirkungen die MAB hat. Veränderungen gab es auch beim Fragebogen. Einzelne Fragen wurden herausgenommen und neue hinzugefügt. Allerdings blieben *"Kernfragen"* über alle Umfragen unverändert, um damit die Vergleichbarkeit von Daten über die Jahre zu gewährleisten. Weiter sind Veränderungen auch aufgetreten, was die Einstellung und Verwendung der MAB als Instrument der Personalarbeit betrifft. Bei ihrer Einführung 1982 waren noch Skepsis und Ablehnung recht dominant. Heute kann gesagt werden, daß diese überwiegend abgebaut werden konnten. Hauptsächlich dazu beigetragen haben die umfassende Information der MitarbeiterInnen über jeden Schritt der Befragung, die Veröffentlichung aller Ergebnisse - auch solcher, die nicht unbedingt positiv ausgefallen waren - und die Verbesserungen, die als Konsequenzen der MAB verwirklicht wurden.

Wesentlich zur Akzeptanz der MAB hat die zweite Umfrage beigetragen. Hier hat der Datenvergleich mit der ersten Untersuchung gezeigt, daß die Befragungsergebnisse die realen Veränderungen, die in der Zwischenzeit stattgefunden haben, sehr genau wiedergeben. Das hat - besonders bei Nichtfachleuten - die hohe „*Validität"* dieser Umfragemethode verdeutlicht.

Volle Akzeptanz der verwendeten Umfragetechnik existierte also sowohl bei Vorgesetzten wie auch bei MitarbeiterInnen in der Befragung 1992. Die Diskussionen konzentrierten sich auch nicht mehr so sehr auf die Ergebnisse selbst (diese wurden nicht mehr angezweifelt), sondern noch mehr als in den vorangegangenen Befragungen auf die Ableitung von Maßnahmen aus den Ergebnissen. Da es natürlich implizierter Zweck einer jeden MAB ist, die aufgedeckten Schwachstellen mit entsprechenden Maßnahmen zu beseitigen, wurde bei der letzten Befragung sozusagen als Folgeprojekt untersucht, was im einzelnen an Maßnahmen aus der MAB abgeleitet wurden. Über die Ergebnisse wird im folgenden berichtet.

2   Die Ableitung von Maßnahmen aus der Befragung 1992

Bei den MAB der BASF AG wurden zwei Arten von Ergebnissen errechnet, Gesamtergebnisse für das Unternehmen sowie die Einheitsergebnisse. Daraus wurden konsequenterweise auch zwei Arten von Maßnahmen abgeleitet:
- Übergreifende Maßnahmen für die gesamte BASF AG
- Einheitsspezifische Einzelmaßnahmen

Maßnahmen für das gesamte Unternehmen wurden meist in Zusammenarbeit mit Zen-
tralbereichen/-abteilungen gemeinsam entwickelt. Beispielsweise wurde gemeinsam mit
der Zentralabteilung Öffentlichkeitsarbeit ein neues Informationskonzept für bestimmte
Mitarbeitergruppen ausgearbeitet, da sie deutlich unterschiedliche Informationsbedürf-
nisse signalisierten. Diese Art der Ableitung von Maßnahmen waren, da sie immer in
enger Zusammenarbeit mit der für die MAB verantwortlichen Personalforschung durchgeführt wurden, wohlbekannt.

Anders war es bei den Maßnahmen, die in den Einheiten ergriffen wurden. Hierfür
waren die Einheitsleiter verantwortlich und handelten hier vollkommen eigenständig.
Zwar wurde auch die Personalforschung in Projekte mit einbezogen, jedoch unternahm
der größten Teil der Einheiten weitere Schritte unabhängig, in eigener Verantwortung.
Es war daher nicht bekannt, ob und welche Schritte unternommen wurden. Daher wurde
es als dringend notwendig erachtet, über diesen Teilbereich der Ableitung von Maßnahmen bei Einheiten Aufschluß zu erhalten.

Die Komplexität der Fragestellung ließ es als notwendig erscheinen, hierzu eine eigene Untersuchung durchzuführen. Kernpunkt dieser Untersuchung war eine Befragung
aller Abteilungsleiter, für deren Abteilung ein eigenes Ergebnis errechnet wurde, zum
Thema Ableitung von Maßnahmen aus der MAB. Als Methode wurden halbstrukturierte
Interviews angewandt, die etwa ein bis zwei Stunden dauerten. Sie wurden mit insgesamt 48 Abteilungsleitern durchgeführt. Die Abteilungsleiterebene wurde deshalb ausgewählt, weil hier die Maßnahmen für die *"Unter"*-Einheiten (z.B. Gruppen) zum Teil
entwickelt, genehmigt und auch koordiniert wurden.

Mit den Interviews sollten nicht nur Informationen auf der deskriptiven Ebene gesammelt werden. Ziel war es, die derartig generierte Information auch zu klassifizieren,
das heißt sie in einen quantitativen Rahmen einzuordnen. Als erster Schritt dazu wurden
diejenigen Abteilungen festgelegt, wo entsprechend den Ergebnissen der MAB, Handlungsbedarf vorlag. Die Definition des Handlungsbedarfs erfolgte mit der Aufstellung
einer Rangordnung, wobei die jeweiligen Mittelwerte der Beurteilungsfragen eines
Themenkomplexes den Rangplatz bestimmen. Für die zehn besten Abteilungen wurde
jeweils kein Handlungsbedarf festgelegt. Diese Festlegung geschah auf Grund der Ergebnisstruktur aller Abteilungen. Es zeigte sich, daß die Abteilungen bis etwa Rang
zehn, bei den jeweiligen Themenkomplexen tatsächlich gute und zufriedenstellende
Ergebnisse hatten, wobei auch die absoluten Werte der Beurteilungen in dem Bereich
lagen, der allgemein auch bei vielen anderen Unternehmen als akzeptabel angesehen
wird. Es schien daher sinnvoll bis zu diesem Rang keinen Handlungsbedarf anzunehmen
(bis M=2,50). Bei über zehn hinausgehenden Rangzahlen traten schon eher Schwachstellen auf, wo jedoch Aktivitäten zur Verbesserung der von den Mitarbeitern betrieblichen Situationen, als zweckmäßig und notwendig erschienen. Für den mittleren Bereich
von 28 Abteilungen wurde daher ein mittlerer Handlungsbedarf angenommen und für

die letzten zehn Abteilungen hoher Handlungsbedarf. Sicherlich existieren andere und komplexere Methoden um ein Ranking zu differenzieren und zu gruppieren. Zum Hinblick auf die geringe Zahl der Fälle (N=48) und des explorativen Charakters dieser Untersuchungen, ist jedoch mit dieser Dreiteilung eine methodenadäquate Vorgehensweise gegeben.

Weitere Möglichkeiten zur Klassifizierung der Information aus den Interviews ergaben sich während der Untersuchung. Es zeigte sich, daß es bei der Umsetzung der Ergebnisse in Maßnahmen deutliche Unterschiede zwischen den Abteilungen im Hinblick auf die Intensität mit der Maßnahmen realisiert wurden. Hier erschien eine Teilung in drei verschiedene Realisierungsgrade möglich. Sie wurden für jeden Themenkomplex definiert. Mit ihnen wurde ein Bereich definiert, der von geringer oder keiner Realisierung von Maßnahmen (niedriger Realisierungsgrad) über Einzelmaßnahmen (mittlerer Realisierungsgrad) bis zur intensiven Einführung von Maßnahmenbündeln, z.B. bei systematischen organisatorischen Änderungen von Arbeitsabläufen (höchster Realisierungsgrad), reichte. Im Rahmen von Portfoliodarstellungen konnten schlußendlich beide Klassifikationsprinzipien *"Handlungsbedarf "* und *"Realisierungsgrad"* zusammengeführt werden.

3   Ergebnisse

3.1   Handlungsbedarf und Umsetzungsquoten

Wie oben schon erwähnt wurden bei jeweils zehn Abteilungen (aus 48 ca. 20%) kein Handlungsbedarf (gute Ergebnisse) festgestellt, das heißt bei ungefähr 80% wurde ein mittlerer oder höherer Handlungsbedarf definiert.

Mit den Interviews wurde festgestellt, daß in 49% der Fälle mit mittlerem oder hohem Handlungsbedarf Umsetzungen erfolgten in Form von Maßnahmen.

Diese eine Zahl besagt noch nicht viel. Es erfolgte daher eine Aufgliederung in die sieben Themenkomplexe des Fragebogens, um zu bestimmen, wie sich diese 49% aufteilen. Für jeden der Themenkomplexe wurde dabei die dazugehörige Umsetzungsquote errechnet (vgl. Tabelle 1).

Tabelle 1: Prozentanteile der Umsetzungen von Handlungsbedarf in Maßnahmen.

Umsetzungsquoten	
Themen:	
Äußere Arbeitsplatzbedingungen	38 %
Arbeitssituation	62 %
Information	70 %
Führung	70 %
Kooperation/Koordination	49 %
Weiterbildung	41 %
Entwicklung	5 %

Diskussion

Die Themen zeigen deutlich unterschiedliche Umsetzungsquoten. Sie rangieren von 5% bis 70%. Erklärungen dafür lassen sich aus den betrieblichen Gegebenheiten und den Interviews ableiten.

Zunächst fällt hier auf, daß bei *"Beruflicher Entwicklung"* sehr wenig getan wurde, das heißt nur in 5% der Fälle. Die Abteilungsleiter sagten dazu aus, daß sie keine oder nur wenig Möglichkeiten hätten etwas zu tun. Auch wenn bei diesen Aussagen zur beruflichen Entwicklung Schutzbehauptungen mit enthalten sein könnten, so signalisiert die geringe Handlungsbereitschaft auf diesem Gebiet, daß hier ein Problemfeld existiert, das zwischen allen Beteiligten diskutiert werden müßte.

Deutliche Aussagen gab es auch beim Thema *"Äußere Arbeitsplatzbedingungen"*, wo auch relativ wenig unternommen wurde. Hier machte sich die ungünstige wirtschaftliche Lage 1992/93 bemerkbar. Es muß akzeptiert werden, daß gerade in wirtschaftlich schwierigen Zeiten, andere Dinge häufig Priorität vor einer Verbesserung der äußeren Arbeitsplatzbedingungen haben.

Etwas anders ist die Situation beim Thema *"Information"*. Hier wurde die hohe Umsetzungsquote von 70% erzielt. Wie bei den Interviews eruiert werden konnte, war mit ein Grund für den hohen Anteil von Maßnahmen an hohem Handlungsbedarf die Tatsache, daß eine bessere Information der Mitarbeiter oftmals mit *"bordeigenen"* Mitteln, die keine allzu hohen Kosten verursachten, in die Wege geleitet werden konnten. Gleichfalls ein hoher Umsetzungsgrad wurde bei *"Führung"* erzielt. Hier erzielte wohl der generell hohe Stellenwert, denn dieses Thema im Unternehmen hat eine entscheidende Rolle. Häufig wurde hier vom Seminarangebot der innerbetrieblichen Weiterbildung Gebrauch gemacht.

Keine eindeutigen Erklärungsmuster konnten für die Ergebnisse bei *"Kooperation/Koordination"* und *"Weiterbildung"* gefunden werden.

Bei *"Kooperation/Koordination"* waren die zu ergreifenden Maßnahmen oftmals recht aufwendig, da sie mit zum Teil tiefgreifenden organisatorischen Eingriffen verbunden waren. Andererseits wurden gerade in den letzten Jahren organisatorische Umstrukturierungen vorgenommen, um die Produktivität, respektive Effizienz zu steigern. Hier haben wir eine Gemengelage vorliegen, die Maßnahmen nicht eindeutig als Konsequenzen der MAB ausweist. Eine Situation die übrigens gar nicht so selten vorkommt. Vielfach wirken sich die Ergebnisse der MAB nämlich dahingehend aus, daß sie einen letzten und entscheidenden Anstoß geben, Maßnahmen durchzuführen, die schon länger diskutiert wurden. In solchen Fällen ist es im nachhinein schwierig festzustellen, welchen Anteil die MAB eigentlich an der Einführung von Maßnahmen hatte, bzw. welche Veränderungen oder Verbesserungen eindeutig als Folgen der MAB *"verbucht"* werden konnten.

Der niedrige Wert bei *"Weiterbildung"* (41%) war wohl auch mitbedingt durch die ungünstige wirtschaftliche Lage, die in diesem Bereich Sparmaßnahmen fördert. Unbeeinflußt davon, scheinen jedoch die oben erwähnten Führungsseminare zu sein. Höchstwahrscheinlich wegen der auch bereits schon erwähnten hohen Bedeutung, die ihnen beigemessen wird.

3.2 Handlungsbedarf und Realisierungsgrad

Um die oben diskutierten Ergebnisse mit den unterschiedlichen "Intensitätsniveaus" (= Realisierungsgrade) bei der Durchführung von Maßnahmen zu koppeln, wurde die folgende Portfoliodarstellung für die sieben Themenkomplexe der MAB entwickelt.

Es würde den Rahmen dieser Veröffentlichung überschreiten, wenn hier alle Ergebnisse diskutiert würden. Daher exemplarisch für die Gesamtanalyse die folgenden Beispiele.

Kooperation/Koordination

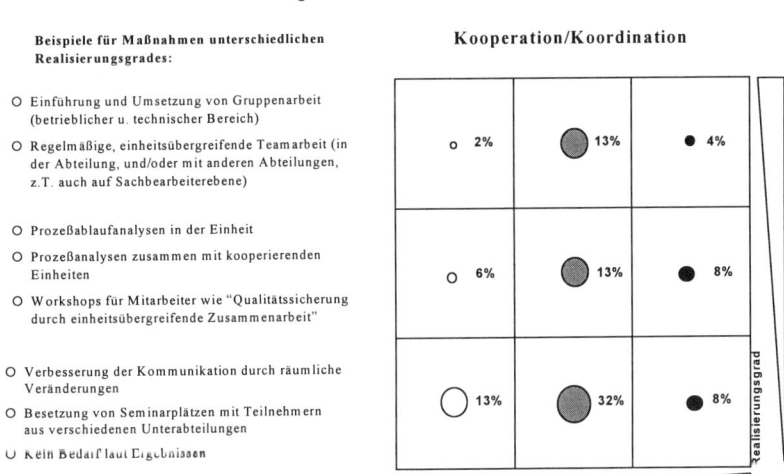

Abbildung 1: Beispiele für Maßnahmen unterschiedlichen Realisierungsgrades zum Thema: Kooperation/Koordination.

In den Spalten ist der Handlungsbedarf aufgeführt, ganz links der niedrige, über mittleren bis rechts zum hohen Handlungsbedarf (vgl. Abbildung 1). Die unterschiedlichen Realisierungsgrade von Aktivitäten sind in den Zeilen dargestellt, beginnend mit dem "niedrigen Realisierungsgrad", wobei keine oder nur geringfügige Aktivitäten respektive Pseudoaktivitäten beim Umsetzen der Ergebnisse in Maßnahmen erfaßt würden. Mit dem hohen Realisierungsgrad werden dann Maßnahmen, die ein hohes Aktivitätsniveau erfordern, zusammengefaßt. Definitionen und Beispiele für die unterschiedlichen Realisierungsgrade sind links neben der Darstellung aufgeführt. Die besten zehn Abteilungen, die ohne Handlungsbedarf, fallen also hier in die ganz linke Spalte. Es war zu erwarten, daß auch alle sich in der Zeile mit niedrigem Realisierungsgrad wiederfinden, denn wo kein Handlungsbedarf vorhanden ist, sind auch keine Aktivitäten zu erwarten. Bei dem Thema "Kooperation/Koordination" ist dies nicht der Fall. Wie schon vorher erwähnt, ist dies auf andere Einflüsse als auf Ableitungen aus der MAB zurückzuführen. Hier wurde trotz der Tatsache, daß von Mitarbeitern dieses Thema gut eingestuft wurde, Änderungen durchgeführt, die wahrscheinlich auf andere Einflußfaktoren zurückzuführen waren, z.B. der Notwendigkeit zur Steigerung der Effizienz. Anscheinend wurden aber auch diese Änderungen von den befragten Vorgesetzten mit den Ergebnissen der MAB in Verbindung gebracht.

Im Bereich des mittleren Handlungsbedarfs hatte der größte Teil nichts getan, 32% haben nichts umgesetzt, jeweils 13% haben auf mittlerer und hoher Ebene etwas unternommen. Anders ist die Situation bei hohem Handlungsbedarf, hier hat die Mehrzahl 12% gegenüber 8% die schlechten Ergebnisse aus der MAB in Maßnahmen zur Verbesserung umgesetzt.

Information

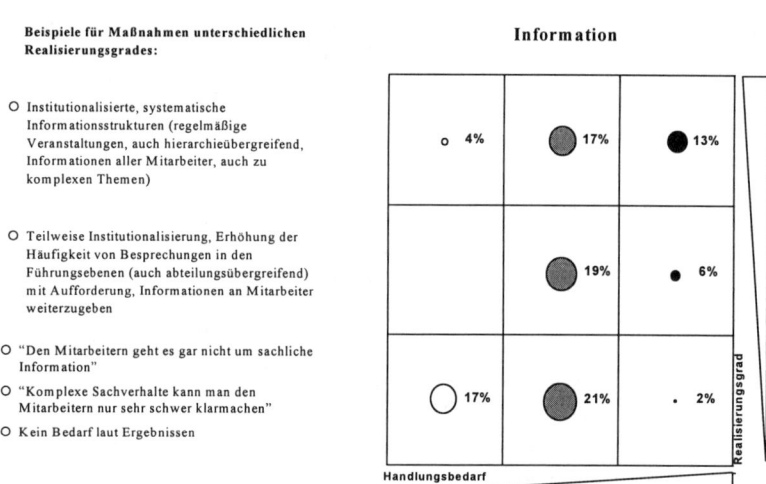

Abbildung 2: Beispiele für Maßnahmen unterschiedlichen Realisierungsgrades zum Thema: Information.

Beim Thema *"Information"* zeigen die Ergebnisse Tendenzen, wie sie bei einer optimalen Ableitung von Maßnahmen angestrebt werden sollten (vgl. Abbildung 2). Dafür unerheblich ist die Tatsache, daß geringer Handlungsbedarf hoch besetzt ist mit geringem Realisierungsgrad. Wie schon vorher ausgeführt, ist das zu erwarten. Im Bereich des mittleren Handlungsbedarfs wurde viel unternommen: 36% haben Maßnahmen ergriffen, 21% nicht. Im Idealfall müßte der letztere Prozentanteil noch etwas geringer sein und der Anteil beim hohen Realisierungsgrad etwas höher. Das Paradebeispiel für eine intensive Umsetzung haben wir bei hohem Handlungsbedarf. Nur ein ganz geringer Anteil (2%) hat hier nichts unternommen. Die meisten (13%) haben hier systematisch Informationsstrukturen institutionalisiert, d.h. sie haben im Rahmen eines hohen Realisierungsgrades agiert.

Führung

Das Thema *"Führung"* wird besonders wichtig erachtet, das zeigte sich in der insgesamt hohen Umsetzungsquote von 70% nieder (vgl. Abbildung 3). Dieses Ergebnis schlägt sich auch in der obigen Portfoliodarstellung nieder. Bei mittlerem und hohem Handlungsbedarf existieren relativ kleine Prozentanteile in der Zeile *"mit niedrigem Realisierungsgrad"*. Allerdings zeigen die Prozentbesetzungen in den nächsten Zeilen, daß die Maßnahmen sich doch auf den mittleren Realisierungsgrad konzentrieren. Das bedeutet, daß hier eher Einzelmaßnahmen, wie beispielsweise, Führungsseminare, Durchführung von Vorgesetztenbeurteilungen usw. ergriffen wurden, als systematische und umfassende Einführung von Führungsprinzipien. Letzteres ist sicher schwieriger und zeitaufwendiger, als Mitarbeiter zu Seminarveranstaltungen zu schicken. Sicher sind diese auch notwendig, doch sollten sie nur als *"Zwischenstufe"* dienen, um auch intensivere Maßnahmen zu ergreifen, wie sie beim dritten Realisierungsgrad definiert wurden.

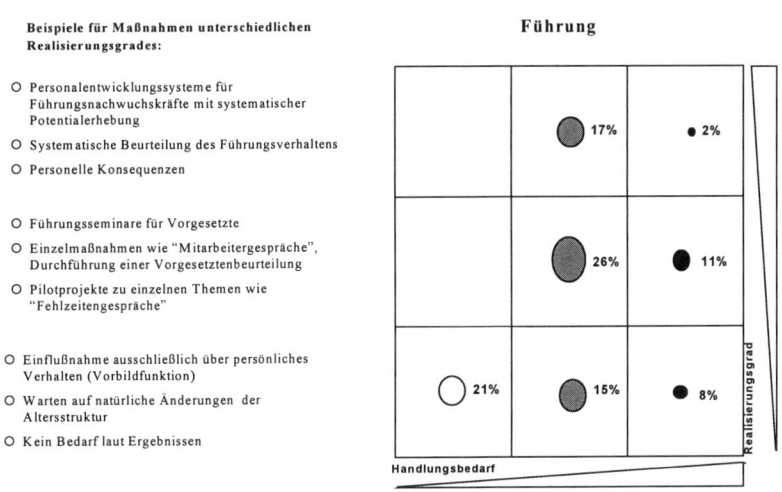

Abbildung 3: Beispiele für Maßnahmen unterschiedlichen Realisierungsgrades zum Thema: Führung.

Berufliche Entwicklung

Beispiele für Maßnahmen unterschiedlichen Realisierungsgrades:

O Beurteilungssysteme

O Entwicklungsstellen für Förderkandidaten

O Jährliches Gespräch des Abteilungsleiters mit AT-Mitarbeitern zu deren beruflichen Vorstellungen

O Bei "Entwicklung" (Karriere und Gehalt) hat eine Abteilung so gut wie keine Handlungsmöglichkeiten

O Die Unzufriedenheit wird bleiben, die bestehenden Entwicklungsmöglichkeiten sind so gewollt

O Kein Bedarf laut Ergebnissen

Berufliche Entwicklung

2%

2%

21%   53%   21%

Abbildung 4: Beispiele für Maßnahmen unterschiedlichen Realisierungsgrades zum Thema: Berufliche Entwicklung.

Das bereits angesprochene Dilemma beim Thema "Berufliche Entwicklung" wird noch einmal ganz deutlich durch die Abbildung 4. Hier haben insgesamt nur zwei Abteilungen (1 Abteilung aus 48=2%) etwas unternommen. Dies verdeutlicht noch einmal geringe Handlungsbereitschaft oder auch die wenigen existierenden Handlungsmöglichkeiten. Hier ist Klärung dringend nötig, um bei der gegenwärtigen Situation Abhilfe zu schaffen.

4   Zusammenfassung und Ausblick

Ein Versuch, Interviewergebnisse zum Thema "Ableitung von Maßnahmen" aus der MAB zu systematisieren und zu quantifizieren, wurde vorgestellt. Dabei zeigte sich, daß die wirtschaftliche Situation eine wesentliche Einflußgröße auf die Umsetzung von Befragungsergebnissen ist. Außerdem wurde bei einem Thema - Berufliche Entwicklung - deutlich, daß die Abteilungsleiter, zu Recht oder zu Unrecht sei dahingestellt, keine Handlungsmöglichkeiten sahen. Hier ist also Abstimmungsbedarf deutlich geworden.

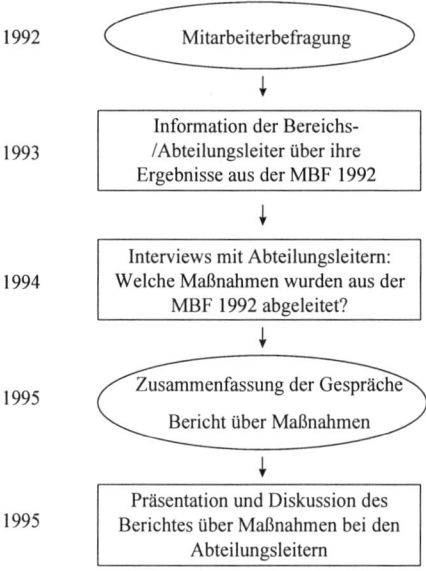

Abbildung 5: MAB 1992: Verwendung der Einheitsergebnisse.

Weiter zeigte sich, daß Maßnahmen unterschiedlichen Umfangs, respektive unterschiedlicher Intensität ergriffen wurden. Anzustreben sind natürlich immer möglichst intensive oder umfangreiche, auf jeden Fall wirksame Maßnahmen. Dies schien besonders beim Thema *"Information"* der Fall zu sein, weniger bei den anderen beispielhaft ausgewählten Themen *"Kooperation/Koordination"* und *"Führung"*. Gerade bei letzterem Thema war eine Tendenz zu beobachten eher auf "einfache" Einzelmaßnahmen zurückzugreifen, statt systematische Gesamtlösungen zu suchen, gerade auch bei kritischer Betrachtung der Ergebnisse, sollte jedoch darauf hingewiesen werden, daß Maßnahmen von Vorgesetzten völlig "freiwillig", d.h. ohne institutionalisierten, organisatorischen oder hierarchischen Druck, ergriffen wurden. Unter Berücksichtigung dieser Tatsache zielen die Vielzahl von Aktivitäten, die ja aus freien Stücken initiiert wurden, auf eine hohe Akzeptanz der MAB bei den Vorgesetzten hin. Diese Motivationsgrundlage gilt es, weiter aufrecht zu erhalten und zu fördern. Bisher wurde das durch die Pflege enger Kontakte mit den Abteilungsleitern verwirklicht. Die Abbildung 5 zeigt, daß bei der MAB 1992 neun Gesprächsrunden mit allen Abteilungsleitern organisiert wurden. Daneben wurden natürlich noch viele Einzelgespräche geführt.

Wie aus der Abbildung 5 ersichtlich, wurde auch die Ableitung von Maßnahmen, wie sie teilweise hier dargestellt wurde, mit ihnen diskutiert. Daraus ergaben sich wiederum Ansatzpunkte für weitere Vorgehensweisen bei zukünftigen MAB. Hier wird der Schwerpunkt der Gespräche sich wahrscheinlich dahingehend verlagern, daß über Maßnahmen, die mit besonderem Erfolg im Unternehmen verwirklicht wurden, Beratungen erfolgen. Außerdem wird angestrebt, jede Abteilung mit Ihrer Ableitung von Maßnahmen in Portfoliodarstellungen, die ähnlich der hier vorgestellten sind, zu positionieren. Ziel dieses Vorgehens ist es, auch hier den Abteilungsleitern Rückkopplung darüber zu geben, wie sie bei der Ableitung von Maßnahmen im Vergleich zu anderen Abteilungen stehen.

Die Mitarbeiter-Meinungsumfrage der Bayerischen Vereinsbank AG

Jürgen Ganserer

1 Unternehmensdaten

Die Vereinsbank-Gruppe zählt mit einer Bilanzsumme von über 300 Mrd. DM zu den fünf großen privaten Geschäftsbanken in Deutschland. Mit ca. 750 Geschäftsstellen ist der Konzern in Deutschland flächendeckend vertreten. 50 Einheiten sorgen für Präsenz an den wichtigen Finanzplätzen der Welt. Muttergesellschaft ist die Bayerische Vereinsbank AG, München, die 1994 ihr 125-jähriges Bestehen feierte. Von den ca. 22.000 Mitarbeitern im Konzern entfallen etwa 14.000 auf die Muttergesellschaft. Die Vereinsbank operiert als Universalbank im weitesten Sinne; sie bietet nicht nur Kredit- , Einlagen- und Wertpapiergeschäft: Als eine der wenigen Banken in Deutschland darf sie dazu das Hypothekenbankgeschäft unter einem Dach betreiben. Europäische Währungsunion, neue Technologien und die Herausforderungen eines globalen Bankenmarkts stehen für Marktveränderungen, die immer umfassendere Anpassungsleistungen und die Herstellung von Bereitschaft zum Wandel der Einstellungen und Verhaltensweisen bei allen Mitarbeiterinnen und Mitarbeitern unmittelbar notwendig machen.

2 Befragungstradition und strategische Personalarbeit

Vom klassischen Diagnoseansatz der Führungsstilanalyse an einer relativ kleinen Stichprobe im Jahr 1973 bis zur bankweiten Meinungsumfrage als Bestandteil der Organisationsentwicklung 1995 führte die Bayerische Vereinsbank AG insgesamt vier Umfragen durch. Die Umfrage wurde 1995 erstmals als Vollbefragung durchgeführt. Damit war für den Umfrageprozeß eine neue Zielrichtung vorgegeben. Im Mittelpunkt des Interesses stand nun die konstruktive Beschäftigung sämtlicher Mitarbeiter mit den eigenen Einstellungen zum Unternehmen, zur täglichen Arbeit, zur Führung und natürlich - als Ursprung und Konsequenz aller Bemühungen - zum Kunden. Auf der Grundlage der vorangegangenen Befragungen an Stichproben wurde vom Vorstand und den Bereichsleitern die Entscheidung getroffen, allen Führungskräften der Bank die Vorteile einer Umfrage zugänglich zu machen, die zuvor dem obersten Führungskreis vorbehalten waren. Es sollten nunmehr auf allen Ebenen Stärken und Schwachstellen analysiert und geeignete Maßnahmen erarbeitet werden. Aufgeschlossenheit für umfassende Veränderungsprojekte sollte generiert und gleichzeitig flächendeckend neue Impulse für die Kommunikation im Team gegeben werden.

Die vorangegangenen Befragungen hatten nicht nur das Bewußtsein für die Stärken und Schwächen der Bank geschärft. Im Gefolge der Umfrage von 1990 wurden unter anderem als neue Gruppenveranstaltungen Dialogveranstaltungen und die Personalkonferenz ins Leben gerufen. Mit der jährlichen Personalkonferenz zwischen Vorstand und zweiter Ebene war ein Gremium geschaffen, das zur Verankerung des neuen Gedankens der "Mitarbeiterumfrage als Organisationsentwicklung" in der Unternehmensspitze bestens geeignet war. Im Dialog mit Vorstand und zweiter Ebene diente die Personalkonferenz sowohl zur Revision des Gesamtkonzepts der Umfrage vor der Verabschiedung durch den Vorstand, als auch zur Sammlung und Verdichtung der Gesamtbankmaßnahmen im Anschluß an die Mitarbeiter-Meinungsumfrage.

Dialogveranstaltungen bieten den Führungskräften die Gelegenheit zur Gestaltung von Maßnahmen zur Verbesserung von Kommunikation und Zusammenarbeit auf allen Ebenen. Auf Bereichsebene konnten die Dialogveranstaltungen zwischen der zweiten, dritten und vierten Ebene zur Diskussion des Umfragekonzepts und zur Maßnahmenfindung auf Bereichsebene genutzt werden. In Hinsicht auf die Kommunikation konnte darum mit dem Wissen aus den vorhergegangenen Befragungen die Infrastruktur für die Durchführung einer Vollbefragung geschaffen werden (vgl. Abbildung 1).

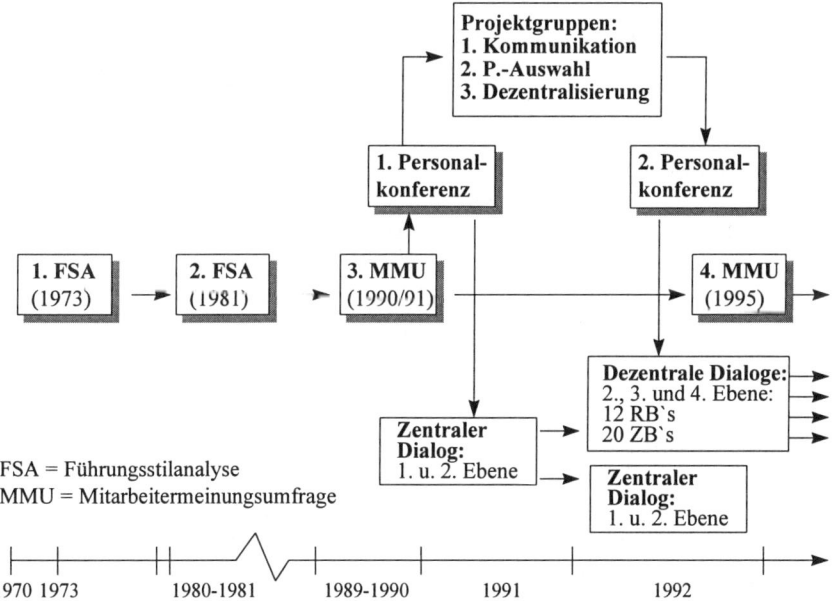

Abbildung 1: Befragungstradition in der Bayerischen Vereinsbank.

3   Zielsetzung und Projektarbeit

Betrachtet man die Unterschiede von "alter" und "neuer" Mitarbeiter-Meinungsumfrage in der Bayerischen Vereinsbank, so liegt das zentrale Ziel nicht mehr nur in der Informationsgewinnung und Steuerungsmöglichkeit der Unternehmensleitung, sondern in der Mitgestaltungs- und Selbststeuerungsmöglichkeit jedes Mitarbeiters im Dialog mit seiner Führungskraft. Es wird nicht mehr zentral über "das Personal" als mehr oder weniger homogener Gruppe gesprochen, sondern auftauchende Probleme dezentral identifiziert, angepackt und evtl. Unterstützung von höherer Ebene angefordert. Diese Einbindung jedes einzelnen in den Prozeß der aktiven und verantwortlichen Gestaltung des Führungs- und Arbeitsalltages kann nicht hoch genug eingeschätzt werden. Eigenständig Maßnahmen zu generieren, die zeitnah umgesetzt werden, hat nicht nur eine unmittelbar zusammenarbeitsfördernde, sondern auch eine symbolische Wirkung. Selbständiges, verantwortliches und damit unternehmerisches Handeln zu fördern war darum erklärtes Ziel des Umfrageprozesses.

Die Entstehung einer Konzeption, die den Akzent auf das selbständige Handeln der Mitarbeiter und Führungskräfte legte, war ein Prozeß, an dessen Anfang der Auftrag für eine Vollbefragung mit für kleinere Einheiten aufgeschlüsselten Ergebnissen stand. Erst im Verlauf der Projektarbeit ergab sich eine Art Paradigmenwechsel zu einer dezentral auf die Selbständigkeit der Führungskräfte vertrauenden Sicht.

Das achtköpfige Projektteam für die Konzeption der Umfrage setzte sich aus Linienführungskräften aus Top- und Mittelmanagement, aus Vertretern der Ressorts Personal und Kommunikation und aus einem externen Berater zusammen. Der Betriebsrat war von Beginn an zur Mitarbeit im Projekt eingeladen und wurde jeweils zu den wichtigsten Entscheidungen gesondert konsultiert. In jeder Phase der Planung und Umsetzung hat es sich als sinnvoll und konstruktiv erwiesen, Vertreter aller Mitarbeitergruppen umfassend in die Konzeption einzubeziehen.

Konzeption, Organisation, Durchführung, Feedback und Maßnahmengestaltung machten im weiteren Verlauf der Umfrage eine jeweils unterschiedliche Besetzung des Projektteams notwendig. Als durchgehendes Steuerungsteam hat sich eine Gruppe aus Projektleiter, Personalleiter, externem Berater und organisatorischer Unterstützung bewährt. Ein Review-Team aus Personalvorstand und mehreren Vorstandsmitgliedern unterschiedlicher Ressorts stand für strategische Weichenstellungen beratend zur Verfügung. Die Personalkonferenz aus Vorstand und Bereichsleitern gab dem gesamten Top-Management vor der endgültigen Verabschiedung durch den Gesamtvorstand ein Forum zur Gestaltung des Umfrageprozesses.

4   Fragebogenkonzeption

Die gestellten Fragen werden vielfach als das Herzstück der Umfrage angesehen, obgleich aus Prozeß-Sicht die Gestaltung des Umgangs mit den Ergebnissen für den Erfolg mindestens ebenso wichtig ist. Standardisierte Fragen können immer nur Themengebiete anreißen und Beschäftigungsfelder und Schwerpunkte aufzeigen. Die Analyse und Bearbeitung von Themen bleibt der persönlichen Interaktion im Gespräch bzw. in der Gruppe vorbehalten. Aus dieser Überlegung heraus herrschte frühzeitig Einigkeit über die Verwendung eines standardisierten Fragebogens für die Datenerhebung.

Die Konzeption des Feedback-Prozesses als dezentraler Problembearbeitungsprozeß mit der Maßgabe, einheitsübergreifende Themen "bottom-up" weiterzureichen, erfüllte die Aufgabe, ein nichtstandardisiertes System der Weitergabe von Meinungen anhand konkreter Problemstellungen zu installieren, das im zweiten Umfragezyklus nach drei Jahren zur Revision der thematischen Schwerpunktsetzung im Fragebogen genutzt werden kann. Mit der Beschränkung der Funktion des Fragebogens und der Fragebogenergebnisse auf eine erste Prioritätenfindung und Unterstützung für den Beginn der Arbeit an Themen der Zusammenarbeit und der gleichzeitigen schwerpunktmäßigen Beachtung des Bearbeitungsprozesses und dessen kommunikativer Kraft konnte der Gefahr einer Überfrachtung des Fragebogens entgegengewirkt werden.

Erste Priorität bei der Konstruktion des Fragebogens hatte das Ziel, den Führungskräften mit dem Ergebnis eine aussagekräftige Grundlage für die Diskussion der Resultate vor Ort an die Hand zu geben. Mit dem Ergebnis sollten sowohl Richtung als auch
Motivation für die Arbeit an ausgewählten Problemschwerpunkten vorgelegt werden.
Zweite Priorität hatte das Bestreben, der Unternehmensleitung mit dem Gesamtergebnis
einen umfassenden Bericht über die Einstellungen der Mitarbeiter zu zentralen unternehmensrelevanten Themen an die Hand zu geben, der eine Einschätzung bereits eingeleiteter Entwicklungen oder auch notwendige Kursänderungen aufzeigen kann. Beide
Zielsetzungen führen zu unterschiedlichen Vorgaben für Umfang und inhaltliche
Schwerpunkte des Fragebogens.

In der Tradition der vorangegangenen Befragungen erhielt das Thema "Qualität der
Führung" einen hohen Stellenwert. Tabelle 1 zeigt die inhaltliche Gliederung des Fragebogens der Umfragen in der Bayerischen Vereinsbank AG. Verschiedene Faktoren tru-
gen zum Gelingen des Fragebogens bei. Die relative Kürze mit 82 Fragen und einer
durchschnittlichen Ausfüllzeit von unter einer halben Stunde sorgte dafür, daß zentrale
Fragen nicht in einer unübersichtlichen Vielfalt von Ergebnissen untergingen.

Tabelle 1: Inhaltliche Schwerpunkte der unterschiedlichen Fragebögen.

Jahr	*Inhaltliche Gliederung*	*Anzahl der Fragen*
1973	Zugehörigkeit zum Unternehmen	6
	Einschätzung der eigenen Position	12
	Leistungsziele des Unternehmens	11
	Führungssituation	36
1981	Einschätzung der eigenen Position	17
	Leistungsziele des Vorgesetzten	11
	Führungssituation	49
	Zusammenarbeit im Unternehmen	19
	Verbundenheit mit der Berufswelt	12
	Strukturdaten	8
1990	Einschätzung der eigenen Position	15
	Leistungsziele des Vorgesetzten	10
	Führungssituation	48
	Zusammenarbeit im Unternehmen	14
	Verbundenheit mit der Berufswelt	10
	Aspekte der Unternehmenskultur	34
	Strukturdaten	8
1995	Verbundenheit mit dem Unternehmen	4
	Strategie der Vereinsbank	6
	Arbeitssituation	9
	Kommunikation, Information, Zusammenarbeit	14
	Führungssituation	20
	Entwicklung, Gehalt, Sozialleistungen	6
	Wichtigkeitsfragen	22
	Strukturdaten	2

Grundsätzlich war bei der Konzeption des Fragebogens zu beachten, daß eine Umfrage
nicht nur Information sammelt und bündelt, sondern daß sie immer auch Intervention-

scharakter besitzt. Das heißt, die angesprochenen Themen regen schon beim Ausfüllen des Fragebogens zu Gedanken an und lösen Diskussionen aus. Die Wirkung der Umfrage in inhaltlicher Hinsicht exakt planen und steuern zu wollen ist dabei weder erreichbar noch wünschenswert. Dennoch müssen inhaltliche Ansatzpunkte zur Verfügung gestellt werden. Diese Verantwortung muß vom Projektteam bewußt übernommen werden. Das Projektteam dient als Experimentierfeld für die aktuelle Situation des Unternehmens. Welche Fragen auf fruchtbaren Boden fallen werden, bzw. welche Fragen aus strategischer Sicht in das Unternehmen getragen werden sollen, muß hier vorbereitet werden.

5   Die Rahmendaten

Von den gut 14.000 Mitarbeitern der Bayerische Vereinsbank AG waren durch die Beschränkung auf mindestens dreimonatige Bankzugehörigkeit 13.711 Mitarbeiter teilnahmeberechtigt. Die Teilnahmequote betrug 97% Prozent. Unter der Voraussetzung, daß zur Sicherung der Anonymität jeweils mindestens fünf ausgefüllte Fragebögen pro Einheit vorlagen, wurde von einem externen Institut für jede Einheit ein individuelles Ergebnis erstellt, das der betreffenden Führungskraft sechs Wochen nach der Umfrage zugeschickt wurde. Knapp 900 Rückmeldeveranstaltungen für individuell errechnete Teamergebnisse, 28 Dialogveranstaltungen für die Ergebnisse auf Bereichsebene, sowie eine zweitägige Klausur des Vorstands mit der zweiten Führungsebene - die Personalkonferenz - fanden bis zum Oktober '95 statt. Ein fünfseitiger Brief des gesamten Vorstands zum Gesamtergebnis wurde im November '95 an alle Mitarbeiter verschickt. Die darin enthaltenen Maßnahmen befinden sich momentan in der Umsetzung.

Vorbereitung durch persönliche Information

Die Information muß systematisch, überzeugend und vertrauenserweckend sein. Dabei machte es sich bezahlt, die Mitarbeitervertretung von Beginn an in die Entwicklung der Umfrage einzubeziehen. In 30 an die dezentralen Dialogveranstaltungen gekoppelten Informationsveranstaltungen wurden die Führungskräfte der zweiten und dritten Ebene vom Projektleiter über Details informiert. Kritische Fragen und Bemerkungen boten nützliche Anregungen für die Feinplanung der Umfrage. Eine umfassende Broschüre wurde allen Führungskräften zur Verfügung gestellt, eine telefonische Beratung war bereits ein halbes Jahr vor der Befragung bis zum Abschluß der Ergebnisrückmeldung verfügbar. Alle Mitarbeiterinnen und Mitarbeiter erhielten unmittelbar vor der Befragung einen Brief des Vorstands. Der Fragebogen selbst enthielt einen gemeinsamen Aufruf des Personalvorstands und des Vorsitzenden des Gesamtbetriebsrats, der nochmals zur Teilnahme aufforderte.

In der Vorbereitung und Durchführung kam den dezentralen Personalleitern entscheidende Bedeutung zu. Durch sie wurde die Einteilung der Auswerteeinheiten organisiert. Mit der Kenntnis der Verhältnisse vor Ort gelang es ihnen, sinnvolle Einheiten zu konstruieren, die den definierten Grundanforderungen gerecht wurden. Regelgröße für eine Auswerteeinheit waren sieben oder mehr Mitarbeiter. Absolute Untergrenze für die Erstellung eines eigenen Ergebnisses waren die sogenannten Meinungspakete zur Sicherung der Anonymität: Falls nicht mindestens fünf Antworten zur Verfügung standen wurde vom externen Auswerteinstitut kein Ergebnis errechnet. Dazu wurden teilweise Mischeinheiten aus ähnlichen Arbeitsgebieten erstellt, für die zwei Führungskräfte die Verantwortung übernahmen. Darüber hinaus organisierten die Personalleiter in den Bereichen ein Netz von Wahlhelfern, die sicherstellten, daß jeder Mitarbeiter in allen Einheiten einen persönlichen Ansprechpartner für Fragen hatte. Gerade bei der Einteilung der Auswerteeinheiten ergaben sich viele Gespräche, in denen die Wahlhelfer jede/n einzelne/n Mitarbeiter/in über die Umfrage informieren konnten. Dabei wurde streng darauf geachtet, daß die Wahlhelfer nicht Führungskräfte sondern neutrale Ansprechpartner, in vielen Fällen auch Betriebsräte, waren. Dies war besonders wichtig für die Hauptaufgabe der Wahlhelfer, das Austeilen und Einsammeln der Fragebögen.

6   Anonymität der Teilnehmer und Schutz der Führungskräfte

Besonders die Anonymität der Umfrage war Gegenstand der Fragen in Informationsveranstaltungen und der Anfragen bei der Hotline. Nichts ist hier so überzeugend wie das persönliche Gespräch, in dem der Fragesteller erfährt, daß es erklärtes Ziel der Umfrage ist, die unverfälschte Meinung der Mitarbeiter zu erfahren und daß die einzige Möglichkeit, dies sicherzustellen eben die Anonymität der Befragten ist. Neben Hotline und Informationsveranstaltungen war nicht zuletzt ein Brief des Vorstands an alle Mitarbeiter mit der klaren Selbstverpflichtung auf die Anonymität und einer deutlichen Darstellung des Ziels der Umfrage von entscheidender Bedeutung für die Zerstreuung der Vorbehalte der Mitarbeiter.

Ein sinnvoller Ablauf einer Meinungsumfrage sieht sich dem Paradoxon gegenüber, daß für alle Beteiligten Konsequenzen aus der Umfrage notwendig sind, jedoch durch die Anonymität der Befragten unklar ist, wer denn nun die Initiative ergreifen soll. Das scheinbare Paradoxon löst sich jedoch auf, wenn man bedenkt, daß eben nicht die anonymen Einzelmeinungen die Kraft für Änderungsprozesse liefern, sondern die aus der Rückmeldung der Ergebnisse gewonnene Erkenntnis, mit einer Meinung nicht alleine dazustehen. Gerade darin besteht eine der weniger sichtbaren integrierenden Funktionen der Meinungsumfrage. Jedem einzelnen wird die Möglichkeit geboten, für die eigene Meinung Unterstützung zu finden und die daraus resultierende Bereitschaft zur Änderung zu nutzen, ohne den Schutz der Gruppenmeinung aufgeben zu müssen, oder eben auch - ohne öffentliche Preisgabe der Identität - zu erkennen, daß die eigene Meinung von den Kollegen nicht geteilt wird und es darum nicht lohnt, für bestimmte Themen weiterhin Energie einzusetzen.

Parallel zum Schutz der Mitarbeiter vor unbefugter Weitergabe ihrer Meinungen galt es, eine Regelung zum Schutz der Führungskräfte vor unbefugter Weitergabe ihrer Ergebnisse zu treffen. Da die Ergebnisse grundsätzlich nur vor dem Hintergrund der Kenntnis der Situation vor Ort interpretierbar sind, wurde festgelegt, daß ausschließlich solche Personen Zugang zu den Ergebnissen erhalten, die mit der Situation vertraut sind. Zunächst wurden darum allen Führungskräften die Daten für ihren Zuständigkeitsbereich zur Verfügung gestellt. Die Ergebnisse durften prinzipiell nur von den Mitarbeitern und der unmittelbar zuständigen Führungskraft eingesehen werden. Darüber hinaus erhielt die nächsthöhere Führungskraft die Ergebnisse, allerdings erst nach der Ergebnisbesprechung zwischen Führungskraft und Mitarbeitern und mit der Möglichkeit zum persönlichen Gespräch (vgl. Abbildung 2).

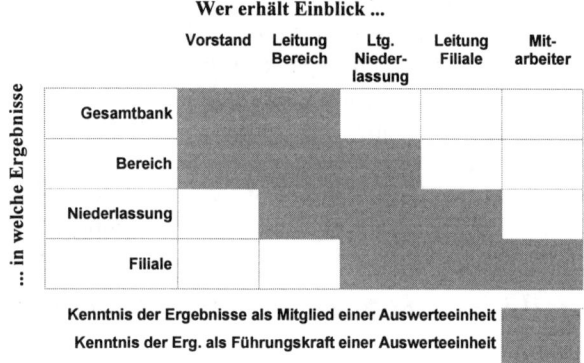

Abbildung 2: Zugriffsberechtigung auf Ergebnisse.

Ein entscheidender Grundgedanke der Umfragegestaltung war es, notwendige Veränderungen nicht nur von anderen zu erwarten, sondern in allen Einheiten Verbesserungsmöglichkeiten zu erkennen und selbständig zu realisieren. Folglich gab es auch keine zentrale Kontrolle der Ergebnisse einzelner Auswerteeinheiten. Das Vertrauen in die Kreativität und Konsequenz der Mitarbeiterinnen und Mitarbeiter bei der dezentralen Beschäftigung mit den Ergebnissen war die Grundlage für diese Regelung. Dies beinhaltet freilich, daß auch der Vorstand den ihm zugedachten Part bei der Ergebnisbearbeitung - Maßnahmen zum Gesamtergebnis - übernimmt.

7   "Bottom-up"-Prozeß zur kommunikativen Bündelung der Daten

Aller Feinschliff am Fragebogen und an den Zugriffsberechtigungen auf Ergebnisse wäre vergeblich, wenn nicht Foren für die Diskussion und die Entwicklung von Ideen und Maßnahmen verfügbar sind. Handlungsdruck aus den Ergebnissen kann nur entstehen, wenn die Beschäftigung damit auf allen Ebenen zeitnah zur Umfrage sichergestellt ist. Darum hielten alle Führungskräfte mit eigenem Ergebnis in einem vorher festgelegten Zeitrahmen eine ca. dreistündige Veranstaltungen mit ihren Mitarbeitern ab.

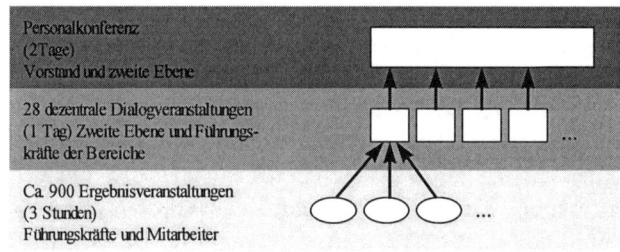

Abbildung 3: Ergebnisveranstaltungen auf unterschiedlichen Hierarchiestufen.

Die besprochenen inhaltlichen Schwerpunkte unterschieden sich je nach Art der Veranstaltung erheblich. Nicht bewältigte Themen konnten in Form von Maßnahmenempfehlungen auf die Tagesordnung der nächsthöheren Veranstaltung gebracht werden. Durch die systematische Eskalation für wichtig befundener doch nicht bearbeitbarer Ergebnisse kann von einer kommunikativen Zusammenfassung und Bündelung der Daten gesprochen werden. Anders als bei einer statistischen Datenreduktion zeigt sich bei dieser Vorgehensweise, welche Themen die Mitarbeiterinnen und Mitarbeiter tatsächlich in den Teams vor Ort beschäftigen und welche Konsequenzen sie aus den Ergebnissen ziehen, bzw. auf der anderen Seite, welche Daten offensichtlich zur Verfügung stehen, jedoch weder in Aktionspläne einbezogen werden noch Betroffenheit auslösen.

Bestimmte Themen bzw. Schwerpunktsetzungen erwiesen sich als typisch für die unterschiedlichen Veranstaltungstypen. Abbildung 4 zeigt einige veranstaltungsbezogenen Themengebiete.

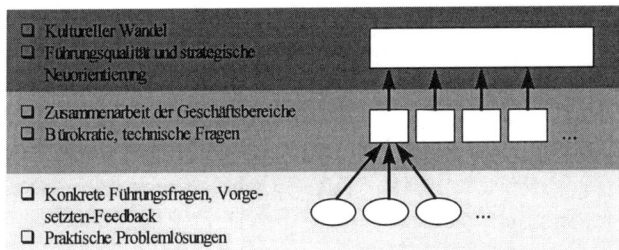

Abbildung 4: Schwerpunktthemen in den Veranstaltungen.

Grundlage für die Ergebnisveranstaltungen war jeweils ein kompletter Ergebnisausdruck mit den prozentualen Ergebnishäufigkeiten für die jeweiligen Antwortalternativen. Darüber hinaus wurde ein Arbeitsausdruck zur Verfügung gestellt, der die jeweils wichtigsten Daten auf sieben Seiten zusammenfaßte. Ein wichtiges Hilfsmittel zur Interpretation der Daten war dabei der Abgleich des eigenen Ergebnisses mit einer vorab definierten größeren Vergleichseinheit, die ähnliche Voraussetzungen aufwies. Für die Durchführung der Ergebnisveranstaltung erhielten alle Führungskräfte zusammen mit ihrem Ergebnisausdruck eine Gebrauchsanleitung für die Vorgehensweise bei der Interpretation der Ergebnisse und bei der Planung und Durchführung der Ergebnisveranstaltung. Darüber hinaus wurde über die Hotline und die regionalen Personalleiter Unterstützung angeboten. Für die Ergebnisveranstaltungen selbst wurden prinzipiell nur dann Moderatoren zur Verfügung gestellt, wenn Mischeinheiten zusammengestellt worden waren, die keine eindeutige Zuordnung der Ergebnisse möglich machten. Prinzip der Gebrauchsanleitung und der Beratung war ein gestuftes Vorgehen mit der Identifikation der Schwerpunkte aus Sicht der Führungskraft, der Diskussion der Schwerpunkte im Team mit einer Definition der wichtigsten Ergebnisse. Es folgte ein Stärken- und Schwächenprofil, das ggf. in die Gestaltung geeigneter Maßnahmen bzw. Maßnahmenempfehlungen mündete.

Für Dialogveranstaltungen und die Konferenz des Vorstands mit der zweiten Ebene wurden zwei Wege zur Aggregierung der Daten beschritten. Zum einen wurden die Daten zu überschaubaren Themenbündeln sog. Clustern zusammengefaßt, zum anderen aber hatten alle Teilnehmer der Veranstaltungen auf höherer Ebene bereits Ergebnisveranstaltungen mit ihren Mitarbeitern hinter sich und konnten so in einer Art kommunikativen "bottom-up"-Aggregierung ihr differenziertes Bild der wesentlichen Ergebnisse und Maßnahmenvorschläge in die Veranstaltung einbringen. Die eingebrachten Themen wurden gesammelt und in die Präsentation der Ergebnisse einbezogen. Die Vorgehensweise entsprach den Ergebnisveranstaltungen. In Arbeitsgruppen wurden Themenschwerpunkte bearbeitet. Ein Aktionsplan wurde verabschiedet.

8   Auswirkungen

Naturgemäß zeigen sich bei der geschilderten Vorgehensweise, die den Umgang mit den Ergebnissen konsequent in die Verantwortung der vorhandenen Führungsstruktur legt, Unterschiede in der Verarbeitungstiefe der Themen und in der Konsequenz der Umsetzung. Auf eine Sekundärstruktur aus Ergebnisbearbeitungszirkeln wurde dennoch bewußt verzichtet. Die bereits im Vorfeld gewachsene kommunikative Infrastruktur aus Dialogveranstaltung und Mitarbeitergespräch machte es möglich, die Führungskräfte ins "kalte Wasser" der Ergebnisbearbeitung gemeinsam mit den Mitarbeitern zu werfen. Nur durch diese gewachsene Infrastruktur war es möglich, aus dem Stand ein Maßnahmencontrolling zu entwerfen. Die systematische Sammlung der Ergebnisse über Dialogveranstaltungen bis zur Personalkonferenz erlaubte es allen Führungskräften, ein direktes Feedback für ihre Vorarbeit in den Ergebnisveranstaltungen zu erhalten. In den folgenden Mitarbeitergesprächen wurden die Maßnahmenpläne gemeinsam mit der Zielplanung für das kommende Jahr aufgegriffen und auf den Verwirklichungsgrad überprüft. Einzelne Maßnahmen wurden fallengelassen, andere neu gestaltet. Die Aktionspläne aus den Ergebnisveranstaltungen erhielten damit den Rang vereinbarter Geschäftsziele. Dies ist um so wichtiger als häufig übersehen wird, daß auch die Mitarbeiter-Meinungsumfrage einen Beitrag zum geschäftlichen Erfolg des Unternehmens leisten muß, wenn sie mehr als eine einmalige Standortbestimmung sein soll.

9   Ergebnismuster und Beispiele für die Maßnahmengestaltung

Das Zusammenwirken einer dezentralisierten "Internet-Methode" bei der Ergebnisverarbeitung und der Beschäftigung der Unternehmensführung mit den Gesamtergebnissen läßt sich exemplarisch an einer Frage zur Leistungskultur aufzeigen, die sinngemäß bereits in den beiden vorherigen Umfragen enthalten war, doch in einem veränderten Marktumfeld eine völlig neue Bedeutung und Brisanz erhielt. In der Frage wurden die Mitarbeiter aufgefordert, Führungsziele (z.B. Kundenorientierung) nach ihrer Wichtigkeit zu bewerten. Es wurde danach differenziert, wie wichtig diese Ziele jeweils sein sollten, bzw. wie wichtig sie in der Meinung der Mitarbeiter für die Führungskräfte tatsächlich sind. Das Ergebnis der Frage wich dem Sinn nach nicht wesentlich von den letzten Umfragen ab. Im Soll und im Ist wurde die Qualität der Arbeitsergebnisse erheblich höher gewichtet als zum Beispiel das Streben nach Kundenzufriedenheit und Ertrag.

Was einige Jahre zuvor noch als Ausdruck von Solidarität und Stolz auf die fachliche Kompetenz akzeptiert worden war, ist nun angesichts der veränderten Marktbedingungen so nicht mehr hinnehmbar. Das Ergebnis löste auf allen Hierarchieebenen eine Diskussion über unternehmerisches Denken und die Erschließung von Produktivitätsreserven durch eine Änderung der Leistungskultur aus. Mehr als zuvor wurde klar, daß Fleiß, Fachwissen und Kreativität in den Dienst der Kundenzufriedenheit gestellt werden müssen, daß der Ertrag stets Kriterium für eigenes unternehmerisches Denken im Rahmen des Handlungsspielraums ist. Auf der Grundlage der dezentralen Diskussion konnte von zentraler Seite ein Prozeß der Wertediskussion angestoßen werden, in dem Vorstände vor Ort in die Diskussion der strategischen Werte und Ziele der Bank mit Führungskräften und Mitarbeitern eintreten.

10 Überblick und Ausblick

Über die Maßnahmenbündel der Unternehmensleitung zu den Themen Kundenorientierung, Information, Kommunikation und Zusammenarbeit und Führungsverhalten hinaus stellt die Besprechung der Ergebnisse auf allen Ebenen einen gruppenkommunikativen Erfahrungsschatz zur Verfügung, der die Bereitschaft zum Wandel erhöht, indem die eigenen Einstellungen hinterfragt und mit den Gegebenheiten des Marktes und der Organisation konfrontiert werden. Dies bedeutet einen Schritt mehr zu einem Leitbild offener Kommunikation. Mit dem Prinzip der Rückmeldung anonymer und nicht im Vorfeld abgesprochener Meinungen und deren offener Besprechung bildet die Mitarbeiter-Meinungsumfrage - regelmäßig durchgeführt - die ideale gruppenkommunikative Ergänzung zum individuellen Mitarbeitergespräch.

Die Erkenntnis, daß der Wandel keine punktuelle Angelegenheit ist, sondern permanenter mühevoller Anpassungsleistungen bedarf, hat für die Bayerische Vereinsbank AG den Entschluß gefestigt, die Mitarbeiter-Meinungsumfrage zu einer regelmäßig alle drei Jahre durchgeführten Dauereinrichtung werden zu lassen. Die Umfrage erweist sich als Königsweg, der nicht nur wie in vergangenen Befragungen Defizite aufzeigt, sondern die Mittel zur Bewältigung mitliefert und - richtig durchgeführt - Kräfte für die bevorstehenden Aufgaben mobilisiert. Patentrezepte liefert auch eine Umfrage nicht, doch ist die dauernde Beschäftigung mit der Berührungslinie zwischen Bank und Kunden unerläßlich.

Der seltene Fall, daß ein Führungsinstrument Zustimmung und Unterstützung von allen Mitarbeitergruppen erhält, hat nicht nur zu dem grundsätzlichen Beschluß geführt, die Umfrage zu einer regelmäßig alle drei Jahre durchgeführten Einrichtung werden zu lassen. Aus der Einbindung in die Führungsarbeit und der Verpflichtung auf einen meßbaren Ergebnisbeitrag ergeben sich Hinweise für eine konsequente Weiterentwicklung des vorliegenden Konzepts. Zum Beispiel liegen in der Kombination mit Kundenbefragungen Möglichkeiten, eine Lernsituation zu etablieren, die Führungskräfte und Mitarbeiter auf allen Ebenen in die Lage versetzt, flexibel auf Kundenbedürfnisse zu reagieren und das eigene Verhalten an einem stetigen, akzeptierten Feedback auszurichten. In dem Prinzip, Kunden- und Mitarbeiterurteile sichtbar zu machen und als Entscheidungsgrundlage zu verwenden, liegt ein immer noch zu wenig genutztes Potential zum selbstgesteuerten Lernen vor Ort ebenso wie zur strategischen Ausrichtung eines Unternehmens. Gerade im Umfeld einer mehr und mehr am Profit-Center-Gedanken orientierten Unternehmensstruktur, mit selbständigen ergebnisverantwortlichen Einheiten bietet ein integriertes Mitarbeiterumfragekonzept die Grundlage für die Steuerung des Gesamtunternehmens.

Mitarbeiterbefragungen - Vertane Chancen ? Eine Synopse von Befragungen im Lufthansa-Konzern

Peter M. Pittner

Mitarbeiterbefragungen (MAB) gehören bei den meisten Unternehmen zum gängigen Instrumentarium für Organisationsentwicklungsmaßnahmen. MAB sind Führungsinstrumente und gleichzeitig Analyseinstrumente zu wichtigen betrieblichen Fragestellungen. Sie rufen Stimmungen, Meinungen und Einstellungen aktiv beteiligter Mitarbeiter ab.

In der wissenschaftlichen Literatur der letzten zwanzig Jahre ist erschöpfend und auch redundant beschrieben worden, welche Bedingungen erfüllt sein müssen, damit Befragungen für Unternehmen den größten Nutzen bringen.

Vor diesem Hintergrund stellt sich die Frage, warum gerade in der letzten Zeit das Thema MAB aus betriebswirtschaftlicher und arbeitspsychologischer Sicht verstärkt in Büchern und Zeitschriften beleuchtet wird (vgl. z.B. Borg, 1995a; Domsch & Schneble, 1991; Freimuth & Kiefer, 1995; Töpfer & Zander, 1985).

Hängt es mit dem Publikationszwang von Wissenschaftlern zusammen? Gibt es neue methodische Erkenntnisse zu Befragungen? Sind es veränderte inhaltliche Schwerpunkte und Einsatzmöglichkeiten? Liegt es an der Erfolglosigkeit der richtigen Nutzung von Ergebnissen von MAB, der man durch die wiederholte Publikation von Erfolgsfaktoren entgegensteuern will? - Sicherlich ist an allen Aspekten etwas dran.

So ist auch der vorliegende Beitrag durch die genannten Aspekte motiviert. Er besitzt die Besonderheit, auf einer breiten empirischen Basis von MAB zu beruhen, die - vom Personalbereich selbst durchgeführt oder inhaltlich und/oder methodisch begleitet - im Lufthansa-Konzern seit der Neugründung 1954 durchgeführt wurden. Diese Befragungen werden anhand publizierter Ablaufkriterien (modifiziert nach Scholz & Scholz, 1995) analysiert und bewertet. Hinweise zur Verbesserung von Effektivität und Effizienz von MAB werden daraus abgeleitet.

1   Mitarbeiterbefragungen im Lufthansa-Konzern

Befragungen von Mitarbeitern wurden und werden im Lufthansa-Konzern als Instrument der Personalpolitik zur Diagnose, Gestaltung und Kontrolle von betrieblichen Maßnahmen eingesetzt. Das Spektrum der Fragestellungen reicht von eng begrenzt bis breit angelegt, die befragten Mitarbeitergruppen können klein und homogen bis groß und heterogen sein, Vollerhebungen und Stichprobenverfahren kommen vor. Die Anwendung ist bis heute jedoch auf einen Anlaß oder eine Fragestellung bezogen; systematische und sich wiederholende Befragungen mit gleichen Inhalten, die Veränderungen messen, gibt es bis jetzt nicht.

MAB werden in schriftlicher Form mittels Fragebogen und in mündlicher Form mittels standardisierten Interviews oder Workshops durchgeführt.

In Tabelle 1 sind die Befragungen nach Themenbereichen geordnet aufgelistet, die auch im folgenden weiter analysiert werden. Dabei kann eine Befragung mehrere Themenbereiche beinhalten. Diese Liste umfaßt ausschließlich Umfragen, die Fachstellen mit sozialwissenschaftlicher Kompetenz im Personalbereich entweder selbst durchgeführt oder fachlich begleitet haben. Darüber hinaus führten Fachbereiche im Konzern im In- und Ausland Befragungen eigenständig durch und Diplomanden oder Doktoranden verwendeten im Rahmen von wissenschaftlichen Arbeiten Befragungsinstrumente, die der Autor aufgrund nicht verfügbarer Dokumentationen nicht berücksichtigen konnte.

Tabelle 1: Themen von 37 MAB im Lufthansa-Konzern von 1954 bis 1995.

Themen	*Anzahl*	*Jahr der Durchführung (in ( ) Häufigkeit pro Jahr)*
Anforderungen, Belastungen	3	90(3)
Arbeitsabläufe, Arbeitsorganisation	4	67/69/90/95
Arbeitsplatz, Arbeitsumgebung	14	59/64/67/69(2)/71/72/74(2)/75/76/ 86/90/95
Arbeitssicherheit	3	78(2)/91
Arbeitszeit	2	71/91
Arbeitszufriedenheit, Betriebsklima	4	59/69/90/95
Ausbildung, Schulung, Training	5	70/71/90(2)/95
Berufswahl	1	95
Bindung an Lufthansa	2	90(2)
Führung, Management	4	67/69/90/95
Gesundheit	4	82/83(2)/84
Kommunikation, Information	7	72/80/86/90(2)/91/95
Kundenorientierung	4	59/64/74/95
Personaleinsatz	1	91
Personalentwicklung	2	90/95
Soziale Leistungen	5	67/69/78/90/91
Unternehmensidentität, -ziele, -strategie	2	80/88

Aus Tabelle 1 kann man entnehmen, daß die Themen Arbeitsplatz und Arbeitsumgebung gefolgt von Kommunikation und Information am häufigsten Gegenstand von Befragungen waren.

Seit Unternehmensneugründung 1954 stieg die Anzahl der MAB bei einer Stagnation in der 80er Jahren ständig an. Eine von den 37 hier betrachteten MAB wurde in den 50er Jahren durchgeführt, vier in den 60er, 13 in den 70er und 10 in den 80er Jahren. In den ersten sechs Jahren der 90er Jahre sind es schon neun Befragungen.

2   Analyse der Mitarbeiterbefragungen

Anhand eines zehnstufigen Ablaufdiagramms (Abbildung 1) werden im folgenden die durchgeführten 37 MAB analysiert und Auffälligkeiten beschrieben.

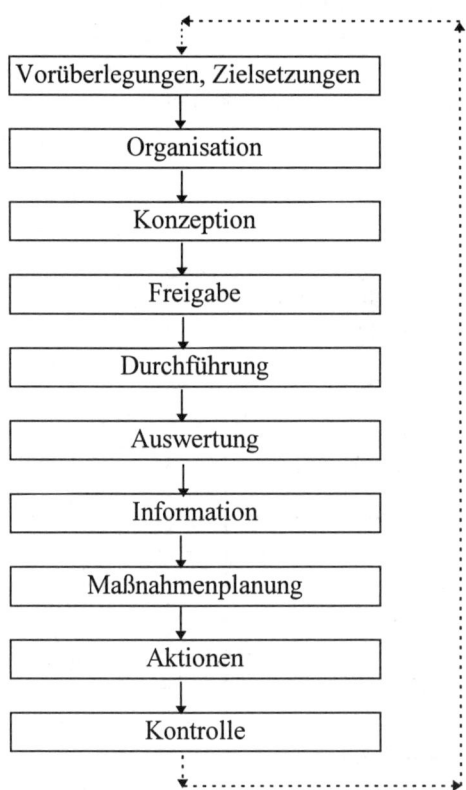

Abbildung 1: Ablaufdiagramm zur MAB.

Vorüberlegungen, Zielsetzungen

Die Durchführung von MAB lag hauptsächlich darin begründet, daß die Unternehmensführung, zum Teil auch durch Anregung der Mitarbeitervertretung, eine Analyse von Schwachstellen auf eine breite empirische Basis stellen wollte. 26 der 37 hier betrachteten MAB können der Kategorie "Diagnose" zugeordnet werden.

Bei sieben Befragungen sollten eingeführte Maßnahmen zur Arbeitsgestaltung oder Unternehmensphilosophie durch die Mitarbeiter überprüft werden (Kategorie "Kontrolle"). Vier Untersuchungen beschäftigten sich vornehmlich mit Veränderungsaspekten (Kategorie "Gestaltung"). Alle Befragungen sind explorativer Natur, sie wurden nicht zur Hypothesentestung im konfirmativen Sinne benutzt.

Im Vorfeld einer MAB spielte die Unternehmensleitung und implizit auch die Mitarbeitervertretung eher die Rolle des Auftraggebers an eine interne oder externe Expertengruppe, die den Inhalt und die Form der Umsetzung ausarbeiten und die Zielsetzung konkretisieren sollte. Wenn Vorschläge zu Zielen und zum Zeithorizont vorlagen, so waren sie eher global und vage. Kosten-Nutzen Betrachtungen im Vorfeld wurden nicht vorgenommen.

Organisation

Ein Viertel der MAB - speziell die umfangreicheren und auch politisch brisanteren - wurden von externen wissenschaftlichen Instituten konzipiert und durchgeführt. Innerbetrieblich standen Personen aus Fach- und Personalabteilungen aber auch Führungskräfte den Externen zur Unterstützung zur Seite.

Wurden Befragungen innerbetrieblich durchgeführt, so bestand die Projektgruppe aus Know-how Trägern der Fachabteilungen (dazu gehören auch methodisch versierte Mitarbeiter, meist aus dem Psychologischen Dienst) und aus Vertretern des Personalbereichs. Arbeitnehmervertreter nahmen nur selten teil, obwohl sie bei der Freigabe einer MAB einen nicht zu unterschätzenden Einfluß auf Form und Inhalt haben.

Bei einigen wenigen Befragungen stand über der Projektgruppe eine aus Führungskräften bestehende Steuerungsgruppe ("Reviewboard"), der die Projektgruppe berichten und die über den Fortgang von Untersuchungsschritten entscheiden mußte.

Konzeption

Fast alle Befragungen wurden von der internen oder externen Projektgruppe auf eine Fragestellung hin konzipiert. Nur bei einer Untersuchung (1995 zum Thema Führung) wurde ein fertiger Fragebogen übernommen. Dies bedeutet, daß bis auf diese eine Untersuchung, ein Vergleich mit Ergebnissen anderer Unternehmen und Untersuchungen nicht angestrebt wurde (nach Argumenten von Scholz & Scholz, 1995, S. 732, macht ein Vergleich aber nur selten Sinn).

Die Konzeptionsphase dauerte bei den Befragungen unterschiedlich lang. Sie reichte von zwei Monaten bis hin zu zwei Jahren. Im Durchschnitt war sie ein halbes Jahr lang. Ausschlaggebend dafür waren interne Abstimmungsprozesse mit Fachabteilungen, Führungskräften und Mitarbeitervertretungen. Es kam vor (Anfang der 70er Jahre), daß sich Fachabteilungen in der Konzeptionsphase ganz offen gegen die Befragung stellten mit den Argumenten, daß man das Thema aus Sicht der Fachleute im Griff habe und, daß die Mitarbeiter, die jetzt befragt werden sollten, keine neuen Erkenntnisse liefern könnten. Führungskräfte forderten aus politischen Gründen Modifikationen. Mitarbeitervertreter wollten Fragen streichen, umformulieren und hinzufügen und Aspekte der Durchführung der Untersuchung ändern. Zum Teil verlangten sie schon während der Konzeptionsphase genau festzulegen, welche Auswertungen mit welchen Parametern nach der Befragung vom Auswertungsteam vorgenommen werden, um damit aus ihre Sicht Mißbrauch vorzubeugen und die zugesicherte Anonymität der Teilnehmer zu gewährleisten.

35 der betrachteten Untersuchungen wurden als schriftliche Befragungen konzipiert. Die entwickelten Fragebögen hatten sowohl gebundene als auch offene Fragen (von 11 bis 150 Fragen, je nach Thema). Eine Untersuchung wurde in Interviewform mittels eines standardisierten Interviewleitfadens (Untersuchung zur Bindung der Mitarbeiter an Lufthansa) und eine in Form eines für alle Teilnehmergruppen standardisierten Workshops durchgeführt (Untersuchung zur Corporate Identity).

In allen Befragungen konnten die Teilnehmer gegenüber dem Unternehmen anonym bleiben.

Eine wichtige Frage während der Konzeptionsphase ging in Richtung: Welche und wieviele Mitarbeiter sollen teilnehmen? - Ist eine Vollerhebung angebracht oder reicht eine Stichprobe aus?

30 Befragungen wurden als Vollerhebung - bezogen auf eine definierte Gruppe von Mitarbeitern - durchgeführt. Ausschlaggebend für diese Entscheidung waren die Kriterien "Bedeutung für das Unternehmen", "homogene, wichtige Mitarbeitergruppen" (u. a. Führungskräfte, Piloten), "örtlich begrenzte Befragungen" (z.B. in einem Flughafen oder Gebäude) oder "schriftliche Befragung". Bei den größten Vollerhebungen zur Beurteilung der Firmenzeitung wurden 1980 35.000 und 1972 22.000 Mitarbeiter einbezogen. 10.000 Flugbegleiter wurden 1991 zur Vereinbarkeit von Arbeit und Familie befragt. Bei allen anderen Befragungen mit Vollerhebungen lagen die Teilnehmerzahlen unter 3000.

Bei sieben Befragungen wurden Stichproben gezogen: Von 1% Quotenstichproben speziell bei mündlichen Befragungen durch Interviewerteams bis zur Stichprobengröße von 10%, wenn eine schriftliche Befragung mit Vollerhebung aufgrund einer zu großen Mitarbeitergruppe nicht mehr ökonomisch abwickelbar war und dennoch eine größere Mitarbeiterzahl involviert sein sollte.

Freigabe

Der Startschuß zur Durchführung der Befragungen erfolgte meist recht unspektakulär nach den zum Teil recht häufigen und zeitaufwendigen Revisionen des Konzepts, des Fragebogens oder des Interviewleitfadens durch Fachleute, Führungskräfte und Mitarbeitervertreter.

Bei einigen intern durchgeführten Befragungen wurden Betriebsvereinbarungen abgeschlossen. Hier wurden Sinn und Zweck der Befragung mit den Durchführungsmodalitäten festgehalten und genau beschrieben, wer Einblicke in die ausgefüllten Fragebögen haben darf, wie und wie lange die EDV-mäßige Speicherung der Daten erfolgt und wer nach welchen Fragestellungen mit welcher Hard- und Software die Datenauswertung vornehmen soll. Bei einigen Untersuchungen, speziell mit interner EDV-mäßiger Speicherung von Daten, wurde noch auf Drängen der Mitarbeitervertretung die Stellungnahme des Datenschutzbeauftragten eingeholt.

Mit der Freigabe erfolgte die Information der potentiellen Teilnehmer an den Befragungen. Bei konzernübergreifenden Befragungen geschah dies über die Firmenzeitung, bei bereichsbezogenen Untersuchungen über lokale Printmedien oder über persönliche Anschreiben.

Durchführung

Nach der globalen Information erfolgte die Verteilung der Fragebögen samt Anschreiben, Instruktion zum Ausfüllen der Bögen und Rückumschlag mit der internen Firmenpost oder sie lagen - wie beim Beispiel der Befragung zur Firmenzeitung - derselben bei.

Generell war die Teilnahme der Mitarbeiter freiwillig und auch Anonymität gewährleistet. Bei Nutzung der Interview- oder Workshoptechnik wurden mit den Teilnehmern Termine vereinbart. Der Rücklauf der Bögen erfolgte direkt per Post an die auswertende interne oder externe Stelle. Die Befragungsaktion dauerte maximal 2 Monate bei schriftlichen Befragungen und 4 Monate bei mündlichen.

Die Teilnehmerquoten zu den 37 Befragungen waren recht unterschiedlich. Bei den schriftlichen Befragungen zeigte sich folgendes Bild: Die Rücklaufquote war eher enttäuschend, bei den "Postwurfsendungen" zur Befragung nach der Firmenzeitung mit 7% und 9% und mäßig bei 3 Befragungen mit 13% (Bedarf an Kinderbetreuung an einem Lufthansa-Standort), 21% (Arbeitssituation an einem Flughafen) und 28% (Befragung von Flugbegleitern zur Vereinbarkeit von Arbeit und Freizeit). Gute bis sehr gute Rücklaufquoten zwischen 40% und 70% ergaben die Befragungen, die sich konkret mit Arbeitsumgebungs- und Arbeitsplatzbedingungen beschäftigten. Bei den mündlichen Befragungen (Interviews und Workshops) lagen die Quoten zwischen 60% und 80%. Aber auch hier gab es Verweigerer. Eine interne oder externe Durchführung der Befragung hatte keinen Einfluß auf die Rücklaufquote. Eine Nachfaßaktion, die klären sollte, warum Mitarbeiter nicht mitgemacht hatten, erfolgte bei keiner Befragung.

Auswertung

Für die Auswertung der Daten wurden die gebunden Fragen und wenn möglich auch qualitative Antworten zur EDV-mäßigen Verarbeitung codiert und erfaßt. Für diese im Rechner gespeicherten Daten wurden fast immer univariate Häufigkeiten, Mittelwerte und in einigen Fällen auch Standardabweichungen berechnet und in den Ergebnisberichten dargestellt; zweidimensionale Häufigkeiten und Gruppenunterschiede wurden deskriptiv betrachtet, statistische Tests auf Gruppen- und Verteilungsunterschiede gibt es in nur bei wenigen Befragungen. Ergebnisse multivariater Verfahren sind in den Ergebnisberichten nicht vorzufinden. Somit wurden sozialwissenschaftliche Instrumentarien zur intensiveren Inspektion der Daten nicht ausgeschöpft.

Neben der qualitativen Analyse wurden - wenn vorhanden - die freien Antworten systematisiert zusammengestellt.

Alle gewonnen Ergebnisse wurden in einem Abschluß- oder Projektbericht (meist mit Haupt- und Anlagenband) beschreibend dokumentiert. Empfehlungen, welche Folgerungen aus den Ergebnissen zu ziehen sind, wurden nicht in allen Berichten gemacht.

Bis zur Vorlage der Erst- und der Endergebnisse verging zum Teil sehr viel Zeit. Während die meisten Ergebnisse innerhalb von 2 Monaten nach Rücklaufende vorlagen, kam es vor, daß Berichte erst 2 Jahre nach Befragungsende erstellt worden sind (zum Beispiel bei Befragungen zum Gesundheitsverhalten von Flugbegleiter und die Kommentarbände bei Umfragen zum Cockpitarbeitsplatz).

Information

Die Ergebnisberichte wurden der Unternehmensleitung und den betroffenen Führungskräften übergeben und Resultate von Mitgliedern des Projektteams den Führungskräften und den Mitarbeitervertretern präsentiert.

Die Befragungen zu unternehmensübergreifenden und strategischen Themen wurden im Management intensiv diskutiert.

Während dieser Präsentationen und Besprechungen wurde häufig entschieden, in welcher Form und zum Teil mit welchen Inhalten die Teilnehmer an der Befragung und auch die gesamte Belegschaft informiert werden sollten. Es kam bei einigen Befragungen vor, daß die Unternehmensleitung Ergebnisse nur für ausgewählte Führungskräfte zur Veröffentlichung freigab. Somit standen die Ergebnisberichte nicht in allen Fällen allen Betroffenen und Beteiligten zur Einsicht zur Verfügung.

In den meisten anderen Fällen erfolgte die Publikation der Ergebnisse in zusammengefaßter Form über die Firmenzeitung für alle Mitarbeiter oder über Sonderveröffentlichungen für Mitarbeiter der betroffenen Bereiche.

Maßnahmenplanung

Mit der Vorlage der Ergebnisberichte und der Publikationen beginnt normalerweise die eigentliche Auseinandersetzung mit den Befunden. Soll die Befragung etwas bewirken - und jede Befragung erzeugt eine mehr oder weniger hohe Erwartung bei den Teilnehmern - so sollte man mit den Teilnehmern und den Führungskräften in eine Planung von Maßnahmen einsteigen, um ggf. Veränderungen konkret zu empfehlen. Dies kann von der Projektgruppe, die die Befragung durchgeführt oder begleitet hat, oder von der entscheidenden Steuerungsgruppe in die Hand genommen werden.

Bei den hier betrachteten MAB zeigte es sich in den meisten Fällen, daß die Projektgruppen, dies gilt auch für die Externen, ihre Arbeit beendeten oder nur noch gedrosselt weiterführten. Das lag daran, daß sich Ergebnisse entweder sofort umsetzen ließen, daß die Weiterbehandlung in die Hände von Fachabteilungen wanderte, daß gerade brisante Ergebnisse zur Chefsache mutierten und auf oberer Führungsebene weiterbehandelt wurden oder, daß die Arbeit der Projektgruppen von vornherein bis zum Ergebnisbericht begrenzt war.

Ausnahmen sind die Ende der 60er Jahre durchgeführten Befragungen von Piloten und Flugbegleitern zur Einstellung zum Unternehmen. Bei diesen Untersuchungen wurden mit einem Teil der Teilnehmer sogenannte Feedbackrunden durchgeführt, um Ergebnisse zu präzisieren und Maßnahmen vorzubereiten.

Aktionen

Obwohl in den Dokumentationen zu den Befragungen nur in wenigen Fällen nach den Ergebnisberichten weitere Unterlagen zu finden sind die auf konkrete Aktionen verweisen, lassen sich Anzeichen erkennen, die darauf schließen lassen, daß die Ergebnisse im Unternehmen weiter verwendet wurden.

Man muß sich an dieser Stelle vor Augen halten, daß eine MAB *eine* Quelle ist, aus der die Fachabteilungen und Entscheidungsträger den Nektar für Aktivitäten saugen. Darüber hinaus sind Ergebnisse aus MAB immer mit Varianzen versehen, die dann je nach politischem oder fachlichem Standpunkt unterschiedlich interpretiert werden können. Das bedeutet, daß konkrete Maßnahmen von mehr als nur den Befragungsergebnissen abgeleitet wurden.

Die größte Resonanz hatten zwei große Befragungen von Piloten zu deren Erfahrungen mit modernen Flugführungssystemen, die 1976 und 1986 durchgeführt wurden. Diese Ergebnisse waren für die Flugzeughersteller so interessant, daß sogar die Endberichte verkauft werden konnten. Viele Anregungen wurden somit für die Weiterentwicklung des Arbeitsplatzes der Piloten verwendet.

Befragungen von Führungskräften zur Unternehmenssituation und -weiterentwicklung fanden ihren Niederschlag in Unternehmensleitlinien und -ausrichtung (1980 und 1988). Befragungen von Flugbegleitern im Rahmen einer Anforderungsanalyse für Flugbegleiterarbeitsplätze (1990) hatte ihre Auswirkung in der Arbeitsplatz- und Arbeitsablaufgestaltung.

Kontrolle

Unter Kontrolle sind zwei Aspekte zu verstehen: Zum einen der Umsetzungsaspekt (Sind alle vorgesehenen Maßnahmen eingeleitet worden?) und zum anderen der Ergebnisaspekt (Haben sich Veränderungen eingestellt?). Zu diesen beiden Aspekten gibt es hinsichtlich der hier betrachteten Befragungen keine Unterlagen.

Eine Befragung wurde mit einem vergleichbaren Instrument wiederholt (es war die Befragung zur Firmenzeitung). Da aber der Zeitraum zwischen erster und zweiter Befragung 8 Jahre betrug, kann man nicht von einer Evaluierung sprechen, da sich die Umgebungsbedingungen gewandelt hatten.

Eine weitere Befragung zur Umsetzung der bei Lufthansa 1990 eingeführten Unternehmensphilosophie mit dem Namen "Total Quality Management", die 1995 durchgeführt wurde, ist 1996 mit dem gleichen Fragebogen wiederholt worden. Dies war das erste Mal, daß über eine Veränderungsmessung zwischenzeitlich eingeleitete Maßnahmen überprüft werden konnten.

Kosten-Nutzen-Analysen für die Befragungen wurden nicht vorgenommen. Dies ist sicher nicht leicht, da man zwar die Kosten recht genau beziffern, aber den Nutzen nur durch spekulative Annahmen abschätzen kann.

3   Bewertung der Mitarbeiterbefragungen

Kommt man auf die Ausgangsfrage zurück, ob Lufthansa durch MAB Chancen für Organisationsentwicklungsmaßnahmen genutzt hat, so muß man sie mit einem klaren "jein" beantworten.

Da MAB häufig im Spannungsfeld politischer und fachlicher Interessenunterschiede ablaufen und die Teilnehmer unterschiedliche Erfahrungen und Vorstellungen in Befragungen einbringen, ist es nicht überraschend, daß mit den Ergebnissen unterschiedlich verfahren wird: Von unmittelbarer Umsetzung bis hin zur Ablage in der Schublade.

Es gibt Befragungen, die von der Konzeption bis hin zur Umsetzung von Ergebnissen vorbildlich sind. Es gibt aber auch Befragungen, die nach dem Erstellen des Ergebnisberichtes stecken geblieben sind. Gemeinsam ist allen eine gute methodische Herangehensweise, was den Inhalt und die Form des Fragebogens oder des Interviewleitfadens und die Durchführungsmodalitäten betrifft. Das zeigt, daß die internen und externen Teilnehmer der Projektgruppe zusammen mit den internen Fachleuten gute Arbeit geleistet haben. Was sind aber Faktoren, anhand deren man die Unterschiede festmachen kann?

Ein Faktor ist die befragte Mitarbeitergruppe: Befragungen mit Führungskräften und Piloten waren erfolgreicher als die mit anderen Mitarbeitergruppen.

Ein zweiter Faktor ist die Fragestellung: Je enger und näher am Arbeitsplatz desto besser.

Ein dritter Faktor ist der Ausrichtung der Befragung: Befragungen, die explizit zur Gestaltung betrieblicher Maßnahmen aufrufen, münden eher in der Umsetzung als alleinige Schwachstellenanalysen.

Ein vierter Faktor ist das Interesse des Top-Managements: Je höher das Interesse desto erfolgreicher die Befragung.

Versucht man, daß im Zusammenhang mit MAB implizit unterstellte Menschenbild von den Teilnehmern zu bestimmen (vgl. Borg, 1995a), so zeigen sich alle Typen von Menschenbildern bei den hier betrachteten Befragungen:

- Bei den breit angelegten und heterogene Mitarbeitergruppen betreffenden Befragungen zu den Themen Arbeitszufriedenheit, Information/Kommunikation und Bindung scheinen die Modelle "Maschine" oder "Kind" am ehesten zuzutreffen. Das heißt, die Teilnehmer liefern Daten oder können Dampf ablassen, sind aber in der Planung, Analyse und Umsetzung nicht aktiv involviert.
- Geht es um konkrete Arbeitsplatzbedingungen, so werden die Teilnehmer stärker als "Individuen" begriffen, die in der Vorbereitung umfassender informiert werden und auf deren Wünsche und Bedürfnisse hinterher stärker eingegangen wird.
- In den Befragungen, in denen es um die Gestaltung unternehmerischer Maßnahmen geht und in denen Experten (z.B.Führungskräfte, Piloten) beteiligt sind, werden die Teilnehmer eher als "Partner" gesehen. Sie werden bei der Planung, Analyse und Umsetzung stärker eigenverantwortlich einbezogen.

Durch die Zunahme von Befragungen gerade in den 90er Jahren scheint sich der Stellenwert von MAB zu verändern. Dies mag darauf zurückzuführen sein, daß sich durch die Einführung der Unternehmensphilosophie mit dem Namen Total Quality Management, die auf eine stärkere Einbeziehung aller Mitarbeiter zur Gestaltung der Produkte und Dienstleistungen bei einem veränderten Führungsverhalten abzielt, das Bewußtsein beim Management zum Nutzen von Informationen aus Befragungen verändert hat. Somit wird sich die Anzahl der unternehmerisch besser genutzten Befragungen sicher weiter erhöhen.

4   Empfehlungen für Mitarbeiterbefragungen

Die Befragung von Kunden im Rahmen der Marktforschung ist inzwischen ein unverzichtbarer Bestandteil der Produkt- und Dienstleistungsgestaltung von Unternehmen geworden. Neuere Unternehmensphilosophien sehen in dem Mitarbeiter nicht nur einen Produktionsfaktor, sondern immer stärker einen "internen Kunden", der als Experte verstärkt in interne Gestaltungsprozesse einbezogen wird. Daher gehören MAB, mit stärkerer Ausrichtung zur Gestaltung und weniger als Instrument zur Diagnose, zum unverzichtbaren Instrumentarium der Organisationsentwicklung.

Sie sind aber sensible Instrumente. Wendet man sie an, dann verändern sie ein Unternehmen in positiver, aber möglicherweise auch in negativer Hinsicht. Daher ist es wichtig, daß gewisse Grundvoraussetzungen für deren Anwendung angestrebt und Regeln für die Durchführung eingehalten werden.

Eine Grundvoraussetzung ist eine gelebte Dialog- und Konfliktkultur in einem Unternehmen. Die Art und Weise, wie unverzerrt, ungefiltert und angstfrei Informationen zwischen allen Bereichen und allen Hierarchieebenen fließen, wie offen und ernsthaft mit Kritik und Lob umgegangen wird, wie stark alle Mitarbeiter als Partner und Mitgestalter gesehen und behandelt werden und wie die Vertrauensbasis zwischen Geschäftsleitung und Mitarbeitervertretungen aussieht, bilden den Nährboden für den Erfolg von MAB.

Ein Erfolgsfaktor ist die organisatorische Planung der MAB. Neben der richtigen Zusammensetzung der Projektgruppe, die die Befragung inhaltlich und methodisch vorantreibt, ist eine Steuerungsgruppe, bestehend aus Entscheidungsträgern - meist Führungskräften - notwendig. Beide müssen von der Unternehmensleitung das Mandat haben, die Befragung von den Vorüberlegungen und Zielsetzungen bis hin zur Evaluierung zu konzipieren und zu steuern.

Ein weiterer Erfolgsfaktor ist die eigentliche Durchführung der Befragung. Betroffene Mitarbeiter - speziell Führungskräfte - sind in die Planung einzubeziehen, alle Ergebnisse sind zu veröffentlichen, über Veränderungen aufgrund der Befragung ist zu informieren und es ist - möglicherweise durch eine erneute Befragung - zu evaluieren, welche Veränderungen wie eingetreten sind.

Von der Meinungsumfrage zur Mitarbeiterbefragung - Der Wandel eines strategischen Führungsinstrumentes bei IBM

Eckart Reimers und Klaus D. Böttcher

1   Ausgangssituation

1.1   Unternehmensgrundsätze und Prinzipien

Die IBM stützt ihren Erfolg auf Unternehmensgrundsätze die über Jahrzehnte Gültigkeit hatten und diese Gültigkeit bis heute nicht verloren haben. Diese sieben Unternehmensgrundsätze, die zurückgehen auf den Gründer der IBM T.J. Watson, sind die Leitlinien für alle geschäftlichen Aktivitäten des Unternehmens. Aus ihnen leiten sich auch die Führungsgrundsätze der IBM ab. Die Arbeit der Unternehmensführung und der direkten Personalvorgesetzten wird von den Mitarbeitern an diesen Grundsätzen gemessen. Umfragen bei Mitarbeitern und Führungskräften müssen deshalb auch immer mit Blick auf die Unternehmensgrundsätze (vgl. Tabelle 1) bewertet werden.

Tabelle 1: Unternehmensgrundsätze der IBM.

Unternehmensgrundsätze der IBM	
Achtung vor dem einzelnen	Spitzenleistung - unser Leitmotiv
Dienst am Kunden	Verpflichtung gegenüber den Aktionären
Effektive Führung	Verantwortung gegenüber der Gesellschaft
Faires Verhalten gegenüber Lieferanten	

Tabelle 2: IBM Commitments.

IBM Commitments
• *WIN in the marketplace* Die IBM nutzt alle Möglichkeiten, dem Kunden die besten Technologien und Problemlösungen bei höchster Qualität anzubieten, um Kunden zu gewinnen und Marktanteile zu vergrößern.
• *EXECUTE with urgency* Der eingeschlagene Weg der Veränderungen wird konsequent und ohne zeitliche Verzögerung gegangen. Wir arbeiten mit einem Minimum an Bürokratie und einer ständigen Verbesserung der Produktivität.
• *TEAMWORK* Hervorragende Mitarbeiter erreichen die gesetzten Ziele, besonders wenn sie im Team zusammenarbeiten.

Die wirtschaftliche Entwicklung der Märkte und des Unternehmens, hat es notwendig werden lassen, die IBM radikalen Veränderungen - einem Reengineering-Prozeß - zu unterziehen. Motor dieser Veränderungen ist der derzeitige Chief Executive Officer, der unter Einbeziehung der bestehenden Unternehmensgrundsätze alle IBMer verpflichtet hat, ihre Arbeit an drei weltweit gültigen Commitments (vgl. Tabelle 2) auszurichten.

1.2   Geschichte der Meinungsumfragen

Meinungsumfragen werden in der IBM seit Ende der 50er Jahre durchgeführt. Die ersten Befragungen wurden im Produktionswerk Poughkeepsie/USA durchgeführt. Es war die Initiative des lokalen Managements, das im Zuge einer technischen Umstellung der Produktion mehr über die Zufriedenheit der Mitarbeiter erfahren wollte. Daraus entwickelte sich schnell eine unternehmensweite und später weltweite Meinungsumfrage. Wenn in der Vergangenheit die *Zufriedenheit der Mitarbeiter* bei Meinungsumfragen im Vordergrund stand, ist es seit einem Jahr der *Wandel des Unternehmens*.

Dieser Beitrag wird sich mit beiden Befragungsmodellen befassen, auch um aufzuzeigen, welche Vorteile die einzelnen Befragungssysteme haben und welche Risiken dahinter lauern.

Bis zum Ende der achtziger Jahre wurde für jeden Mitarbeiter ein Fragebogen gedruckt. Für die Beantwortung der Fragen wurden die Mitarbeiter z.B. in Cafeterias oder ähnlich große Räume eingeladen. Der ausgefüllte Antwortbogen wurde in einer Wahlurne abgelegt und dann der Stabsabteilung zur Öffnung und Auswertung übergeben. Durch die vielen Betriebsstätten war der personelle Aufwand für die Steuerung der Umfrage sehr groß. Hinzu kam der enorme Papierverbrauch für 30.000 Frage- und Antwortbögen, 30.000 Adressen-Etiketten, 30.000 Umschläge, Erläuterungen zur Befragung etc. Ca. 2 Millionen Einzeldaten mußten erfaßt und ca. 6.000 DIN A4-Seiten Kommentare bearbeitet werden.

Dieser Aufwand konnte durch die Einführung der *on-line* Befragung drastisch reduziert werden, außerdem ist die Vermeidung von Papierbergen auch ein Beitrag zur Umwelterhaltung. Die on-line Befragung ist Teil des strategischen Konzeptes zur "Unternehmenskommunikation".

1.3   Rolle der Unternehmensleitung und des Betriebsrates

Die Meinungsumfrage ist ein Instrument der Geschäftsführung, sie wird von ihr initiiert, sie fühlt sich verantwortlich für die Ergebnisse und nimmt zu diesen Stellung. Für die Durchführung der Befragungen ist eine Stabsstelle mit entsprechend qualifiziertem Personal eingerichtet. Diese Mitarbeiter unterstützen die Geschäftsführung bei der Fragenerstellung, führen die Befragungen durch und beraten alle Führungsebenen bei der Analyse der Ergebnisse.

Der Betriebsrat als Vertretung der Belegschaft wird über die Fragenkomplexe und über die Ergebnisse in ihrer Gesamtheit informiert. Der Betriebsrat macht Vorschläge zu den Inhalten der Befragung und gibt Hinweise zu den Ergebnissen aus seiner Sicht.

2 Zielsetzung

2.1 Das Bemühen um hohe Mitarbeiterzufriedenheit

Die Meinungsumfrage ist nur ein Teil der Personalpolitik der IBM, diese wird sichtbar in einem Führungsinstrumentarium, zu dem u.a. das *offen gesagt* Programm, das Prinzip der *offenen Tür*, die Mitarbeiterentwicklung, der innerbetriebliche Personalausgleich und das Beratungs- und Förderungsgespräch gehört. Der strukturelle Rahmen und die Inhalte der Personalpolitik bieten den Mitarbeitern die Möglichkeit, sich entsprechend ihrer Qualifikation, ihren Neigungen und ihrer persönlichen Zielsetzungen zu entwickeln. Die Personalpolitik, die zu lösenden Aufgaben und die Zukunftsperspektive des Unternehmens sind wichtige Aspekte der Mitarbeiterzufriedenheit. Führungskräftetrainings sind deshalb wesentliche Maßnahmen zur Umsetzung der IBM Personalpolitik und der Aktualisierung von Führungspraktiken. Gerade in den letzten Jahren haben sich die Erwartungen der Mitarbeiter, aber auch die Möglichkeiten der Unternehmen dramatisch verändert, darauf gilt es zu reagieren.

2.2 Der Einfluß auf Veränderungen im Unternehmen

Die Ergebnisse von Umfragen haben über die Jahrzehnte hinweg den angetroffenen Standard bei Arbeitsbedingungen, Arbeitsgeräten, Vorgesetztenverhalten, Bezahlungsmodellen oder Führungsinstrumenten durch die Mitarbeiter bewerten lassen. Diese Möglichkeit für alle, Führungskräfte wie Mitarbeiter ohne Führungsverantwortung, hat die Unternehmensleitung zu Veränderungen veranlaßt, die rückblickend einen kontinuierlichen Prozeß darstellen, der wiederum von allen getragen und damit zur Firmenkultur geworden ist. Das Zitat *„Der Weg ist das Ziel"* wird hier zum praktischen Modell. Auf einzelne Aktivitäten einzugehen ist sicher in diesem Rahmen nicht möglich. Der stete Wandel des Unternehmens IBM und der zeitliche Vorsprung gegenüber anderen ist Ausdruck genug für Veränderungswillen und Veränderungsenergie, die auch durch die Meinungsumfragen entstanden sind.

2.3 Die Meinungsumfrage als weltweites Vergleichsinstrument

Nach den wertvollen Informationen aus den ersten Meinungsumfragen in USA wurde das Instrument in den 60er Jahren weltweit eingeführt. Als internationales Vergleichsinstrument wurde der *Morale Index* eingeführt. Die Ergebnisse des aus sechs Fragen bestehenden Indexes wurden für Führungskräfte und Mitarbeiter ohne Personalverantwortung zusammengefaßt. Der Vergleich erfolgte mit den Länderergebnissen als Ganzes, es werden aber auch kleinere vergleichbare Organisationseinheiten, wie z.B. Vertrieb, Produktion, Verwaltung, Entwicklung und Forschung mit Hilfe des Morale Index verglichen. Daraus ergab sich natürlich ein Rennen um die vordersten Plätze in der Rangskala.

Schwachpunkt bei diesen numerischen Vergleichen ist die Vernachlässigung von nationalen, kulturellen oder regionalen Einflußfaktoren.

3　Instrumente

3.1　Fragebogenstruktur

Der Fragebogen ist standardisiert und zu Fragenkomplexen zusammengefaßt. Die Anzahl der Fragen hat sich über die Jahre immer mehr vergrößert, bis in den 80er Jahren wurden den Mitarbeitern bis zu neunzig Fragen gestellt (vgl. Tabelle 3 bis 6).

Tabelle 3: Inhalte des Fragebogens: Morale Index.

Morale Index	
Zufriedenheit mit dem Unternehmen	Gesamtzufriedenheit
Zufriedenheit mit der ausgeübten Tätigkeit	Zufriedenheit mit dem Einkommen
Zufriedenheit mit den Aufstiegsmöglichkeiten	Zufriedenheit mit der Führungsarbeit des Vorgesetzten

Tabelle 4: Inhalte des Fragebogens: Qualitäts Index.

Qualitäts Index	
Wie praktiziert IBM den Grundsatz "Dienst am Kunden"	Wie praktiziert IBM den Grundsatz "Streben nach hervorragender Leistung"
Zufriedenheit mit der Zusammenarbeit	Ich verstehe die Qualitätsmaßstäbe
Führungskaft lebt Qualitätsgedanken vor	Zufriedenheit mit Leistung der Abteilung
Zufriedenheit über die Qualität der Arbeit in der Abteilung	

Tabelle 5: Inhalte des Fragebogens: Aufgaben und Arbeitsanforderungen.

Aufgaben und Arbeitsanforderungen	
Wie gefällt Art der Tätigkeit	Arbeit gibt Gefühl etwas leisten zu können
Wie empfinden Sie Arbeitsbelastung	Zufriedenheit mit Zeit für Privatleben
Zufrieden damit, wie interessant und herausfordernd die Arbeit ist	Kann meine Kenntnisse und Fähigkeiten gut nutzen

Tabelle 6: Inhalte des Fragebogens: Andere Fragekomplexe.

Andere Fragenkomplexe	
Unternehmen	Äußere Arbeitsbedingungen
Einkommen und Sozialleistungen	Strukturierte Zielvereinbarung
Leistungsbewertung	Weiterbildung und Entwicklung
Direkter Vorgesetzter	Höheres Management
Mitgestaltung und Mitverantwortung	Information und Kommunikation

Der Fragebogen setzt sich aus Fragen zusammen, die in den verschiedenen Organisationsstufen des Unternehmens entwickelt werden:

- international einheitliche (vergleichbare) Kernfragen
- von den Ländern aus einem internationalen Katalog ausgewählte Fragen
- von den Ländern erstellte Fragen
- von Funktionen (Vertrieb, Technischer Außendienst, Produktion etc.) gewünschte Fragen

Die Antwortskalen sind fünfstufig vorgegeben: 1 = sehr zufrieden, 2 = zufrieden, 3 = weder zufrieden noch unzufrieden, 4 = unzufrieden, 5 = sehr unzufrieden, bzw. 1 = stimme voll zu, 2 = stimme im großen und ganzen zu, 3 = weder/noch, 4 = stimme eher nicht zu und 5 = stimme überhaupt nicht zu.

3.2 Schriftliche Kommentare zum Unternehmen und zu einzelnen Fragen

Besonderer Wert wird auf schriftliche Kommentare gelegt, die zusätzlich zur numerischen Beantwortung geschrieben werden können. Die Kommentare illustrieren häufig sehr klar, warum sich Mitarbeiter zu bestimmten Fragen unzufrieden geäußert haben.

Die Kommentare werden Leitern großer Organisationseinheiten zur Verfügung gestellt. Da Kommentare durch die Beschreibung von Situationen in organisatorischen Einheiten manchmal Einzelpersonen zugeordnet werden könnten, ist es die Aufgabe der Stabsabteilung für Umfragen, die Anonymität zu gewährleisten. Bei der Bewertung schriftlicher Kommentare ist auch auf die Häufigkeit von Aussagen zu achten, damit eine Überbewertung einzelner Aussagen nicht stattfindet.

4   Vorgehen

4.1   Das Gesamtkonzept der Meinungsumfragen

Meinungsumfragen sind ein Personalprogramm und haben sich zu einem Teil der Firmenkultur entwickelt. Sie sind bis in das Jahr 1994 weltweit alle zwei Jahre als Vollbefragung durchgeführt worden. Die Mitarbeiter werden von der Geschäftsführung zur Teilnahme an der Umfrage eingeladen. Das Ausfüllen der Fragebögen erfordert ca. eine halbe Stunde Arbeitszeit. Die Umfragen werden durch Plakataktionen unterstützt, die Beteiligungsrate wird täglich geprüft, um bei Bedarf "Nachfaßaktionen" über das Management einzuleiten.

Da der anschließende *Feedback-Prozeß* nur mit einer Vollbefragung erfolgreich durchgeführt werden kann, wurde bisher nur selten von einer Stichproben-Befragung Gebrauch gemacht.

Der zeitliche Ablauf der Umfragen ist international einheitlich und soll einschließlich der Aktionsplanung 13 Wochen nach der Befragung abgeschlossen sein. Anschließend werden die geplanten Aktionen eingeleitet und die Veränderung überprüft.

4.2   Das On-line Verfahren

Alle Informationen, der Einladungsbrief und die einzelnen Fragen mit den Antwortmöglichkeiten werden über ein Datenverarbeitungssystem verschickt. Die ausgewählten Antworten und die Kommentare zu den Fragen werden im EDV System gesammelt.

Durch die persönliche Eingabe der ausgewählten Antwortkategorie und die Möglichkeit, die Antwort zu korrigieren bis die Beantwortung durch den Mitarbeiter abgeschlossen ist, werden Fehlerquellen bei der Übertragung von Daten aus einem Antwortbogen auf einen elektronischen Speicher vermieden.

Programmtechnisch werden die Kommentare nach Fragen und Unternehmensfunktionen zusammengefaßt und stehen somit umgehend nach Abschluß der Befragung für die Unternehmensleitung zur Verfügung. Die Auswertung der numerischen Ergebnisse erfolgt wie schon seit Einführung der Meinungsumfragen über ein EDV System. Durch die direkte Eingabe in das EDV System liegen die Ergebnisse in wesentlich kürzerer Zeit vor.

Liebe Mitarbeiterinnen und Mitarbeiter,

herzlich willkommen zur Meinungsumfrage!
Nutzen Sie diese Möglichkeit zur persönlichen Meinungsäußerung über Tätigkeit, Führung und Unternehmen. Sagen Sie offen, was Ihrer Meinung nach verbessert werden sollte. Machen Sie aber auch deutlich, wo Sie die positiven Seiten in Ihrem Arbeitsumfeld sehen. Tragen Sie mit Ihrer Meinung dazu bei, die für richtig erkannten Dinge fortzusetzen oder dort Anregungen und Anstöße für Veränderungen zu geben, wo sie zum Erreichen unserer Ziele nötig sind. Tragen Sie die Verantwortung mit, im kommenden Feedback-Meeting die Resultate gemeinsam in die richtigen Wege zu leiten. Die Informationen, die Sie uns mit Ihren Antworten und Kommentaren geben, werden streng vertraulich behandelt. Die Teilnahme ist freiwillig.

Herzlichen Dank für Ihre Teilnahme !

Abbildung 1: Muster eines Einladungsbriefes an die Mitarbeiter bei on-line Befragungen.

4.3 Die Ergebnisaufbereitung

Damit bei der Ergebnisbearbeitung, jede Abteilung ihre eigenen Ergebnisse zur Verfügung hat, erhält jede Abteilung einen eigenen Auswerteinheiten-Schlüssel. Außerdem erhält jeder Mitarbeiter einen Zugriffscode, den er benutzen muß, um auf den Fragebogen zugreifen zu können. Die Zuordnung der Schlüssel wird im on-line Verfahren systemtechnisch durchgeführt und den Mitarbeitern über das bestehende Datennetz zugeschickt.

Der Auswerteinheiten-Schlüssel ermöglicht die Berechnung von Abteilungsergebnissen. Ergebnislisten werden aber nur für Abteilungen erstellt, aus denen sich mindestens acht Mitarbeiter an der Umfrage beteiligt haben. Eine Zusammenfassung von Ergebnissen für Fachgruppen, z.B. Sachbearbeiter, Sekretärinnen, Techniker, Ingenieure oder Führungskräfte, ist möglich. Es gilt aber auch hier die Mindest-Gruppengröße von acht Mitarbeitern.

Mehrere Abteilungsergebnisse werden zu Hauptabteilungsergebnissen und diese wiederum zu Bereichsergebnissen usw. bis hin zu Ergebnissen der Gesamtorganisation zusammengeführt. Dadurch ist es z.B. möglich, dem Abteilungsleiter Ergebnisse seiner

Hauptabteilung oder seines Bereiches zum Vergleich zu geben. Eine Einordnung und Bewertung der eigenen Abteilungsergebnisse ist damit gegeben. Die Ergebnislisten enthalten u.a. Informationen über die Antwortverteilung in Prozent, eine Zusammenfassung in positiv, neutral oder negativ zu bewertenden Antworten, den Mittelwert und Anzahl der an der Umfrage teilgenommenen Mitarbeiter.

Tabelle 7: Beispiele von Auswertungseinheiten im Ergebnisbericht.

Frage: Wie gut gefällt Ihnen Ihre Tätigkeit?								
Antwortkategorien	POS	NEU	NEG	1	2	3	4	5
Gesamtorganisation	78	17	5	25	53	17	4	1
Bereich	86	11	2	34	52	11	2	0
Hauptabteilung	85	9	6	20	65	9	6	0
Abteilung	90	10	0	60	30	10	0	0
Frage: Teamgedanke ist Leitmotiv in meinem Bereich und wird vom Management gefördert.								
Antwortkategorien	POS	NEU	NEG	1	2	3	4	5
Gesamtorganisation	59	17	24	18	41	17	17	5
Bereich	52	19	29	17	35	16	22	7
Hauptabteilung	29	26	45	8	21	26	30	15
Abteilung	20	20	60	10	10	20	50	10

4.4   Der Feedback-Prozeß

Die numerischen Ergebnisse sind die Basis für das Feedback Meeting, das in jeder Abteilung mit den Mitarbeitern durchzuführen ist.

Die Führungskräfte werden auf diese Besprechung durch Trainings vorbereitet. Das Training beinhaltet die Erläuterung des Ergebnisberichtes sowie Interpretation der Daten und gibt Hinweise über den Ablauf und die Gestaltung eines Feedback Meetings. Während der praktischen Übungen wird auch der Einsatz von Visualisierungshilfen z.B. Metaplan behandelt.

Die Ergebnisse der Meinungsumfrage stellen die aktuellste Informationsquelle über die derzeitige Situation in der Abteilung und im Unternehmen dar. Deshalb soll der direkte Dialog mit den Mitarbeitern über Ergebnisse und deren Hintergründe dazu beitragen, die Zusammenarbeit und den Informationsaustausch zu fördern und das gegenseitige Verständnis für die Interessen und Ansichten zu wichtigen abteilungs-, bereichs- und unternehmensrelevanten Themen zu verbessern.

Um ein offenes Gespräch zu erreichen, soll die Führungskraft im Feedback Meeting auf höchste und niedrigste Ergebniswerte eingehen und den Vergleich mit Ergebnissen aus Gruppenzusammenfassungen nicht scheuen. Gute Ergebnisse der eigenen Abteilung können auch Motor für Verbesserungen von Schwächen sein. Offenheit und eine ehrlich geführte Diskussion können Auftakt für ein neues Führungsverständnis und neues Führungs- und Mitarbeiterverhalten sein. Insgesamt kommt es beim Feedback Meeting darauf an, eine gemeinsame Verantwortung für die Ergebnisse der Meinungsumfrage zu erreichen. Ursachen gemeinsam mit den Mitarbeitern zu ergründen und daraus Maßnahmen abzuleiten, die z.B. zu einer Verbesserung der Zusammenarbeit, der Arbeitsprozesse oder des Kommunikationsverhaltens führen.

Wird ein schriftlicher Aktionsplan erarbeitet, sind folgende Faktoren festzuhalten:

- Problembeschreibung
- Ziel der Aktion(en)
- Konkrete und nachprüfbare Aktionsvorschläge
- Festlegung der Verantwortlichkeiten
- Festlegung von Terminen zur Umsetzung und Erfolgskontrolle

Die geplanten Aktionen lassen sich durch vielfältige Formen überprüfen. Innerhalb von Abteilungen soll in regelmäßigen Abständen bei Abteilungsbesprechungen der Aktionsplan aufgezeigt und der Stand der Realisierung mit den Mitarbeitern diskutiert und verifiziert werden.

Sind bestimmte Themenkreise für das Gesamtunternehmen oder größeren Organisationen zu überprüfen, kann auch eine Nachbefragung notwendig oder hilfreich sein, um Veränderungen nach eingeleiteten Aktionen festzustellen.

Die Qualität des Feedback Meetings und die Umsetzung von Aktionsplänen wird in der nächsten Umfrage abgefragt.

Tabelle 8: Beispiele zum Thema Meinungsumfrage.

<u>Frage:</u> Wie zufrieden sind Sie insgesamt mit der Durchführung des Feedback-Prozesses nach der letzten Meinungsumfrage (Besprechung der Ergebnisse sowie Erstellung und Umsetzung der Aktionspläne) ?   1. Sehr zufrieden   2. Zufrieden   3. Weder zufrieden noch unzufrieden   4. Unzufrieden   5. Sehr unzufrieden   9. Kann ich nicht beurteilen
<u>Frage:</u> Ich bin überzeugt, daß die Ergebnisse dieser Meinungsumfrage vom Management konstruktiv genutzt werden.   1. Stimme voll zu   2. Stimme im großen und ganzen zu   3. Weder/noch   4. Stimme eher nicht zu   5. Stimme überhaupt nicht zu

4.5   Anonymität

Die Anonymität der einzelnen Mitarbeiter und deren Aussagen ist seit jeher der Grundpfeiler für hohe Akzeptanz und hohe Teilnahmeraten. Aufgrund dessen hat sich im Laufe der Jahre ein großes Vertrauen in dieses Personalprogramm entwickelt, so daß die Anonymität nicht mehr die Rolle spielt wie in den Anfangsjahren der Befragungen. Hinzu kommt das vorhandene Selbstvertrauen der Mitarbeiter über kritische Aspekte der Führung oder der Arbeit offen mit Vorgesetzten zu sprechen. Vereinzelt geäußerte Bedenken zur Anonymität hängen dann sehr oft mit der ungeschickten Argumentation von Führungskräften bei der Ergebnisdiskussion zusammen.

Die vorhandenen EDV Programme sind gemeinsam mit dem Betriebsrat und Daten-sicherheits-Beauftragten auf die Wahrung der Anonymität geprüft und die Sicherheit von allen Seiten bestätigt worden.

5   Auswirkungen

5.1   Die Auswirkungen von Umfrageergebnissen auf die Unternehmensstrategien

In einer Periode wirtschaftlicher Entwicklung bis in die 70er Jahre hinein, waren Ein-kommen, soziale Leistungen, Aufstieg und Entwicklung und andere existentielle Aspekte von größerer Bedeutung als heute. Das Unternehmen hatte aufgrund positiver Jahresabschlüsse und großer Wachstumsraten die Möglichkeit, auf die Erwartungen der Belegschaft zu reagieren. Aus den Meinungsumfragen konnte zum Beispiel der höhere Bedarf an Informationen aus der Geschäftsleitung und der Wunsch nach mehr Kommu-nikation mit den Managern abgelesen werden. Als Reaktion auf diese Erwartungen wurde eine unternehmensweite Kommunikationsstrategie erarbeitet und umgesetzt. Da-bei wurde die Informationstechnologie im Laufe der Jahre immer stärker genutzt. Da Kommunikation eine Schlüsselfunktion in einem weltweiten Unternehmen wie IBM einnimmt, werden seit einigen Jahren regelmäßig zusätzlich zu unternehmensweiten Meinungsumfragen auch Kommunikationsstudien durchgeführt.

Die Befragung an sich ist nur ein Teil des Gesamtprozesses, in den Feedback-Meetings werden die Vorstellungen der Mitarbeiter zu bestimmten Aspekten diskutiert. Schon 1972 hatten die Veränderungswünsche in unserer Schreibmaschinen-Produktion eine Neuorganisation der Produktionslinien hin zur Gruppenarbeit zur Folge. Ende der 80er Jahre, unter dem Druck von internationalen Kostenvergleichen und schnellem technologischen Wandel, waren es Führungskräfte und Mitarbeiter gemeinsam, die eine Umstrukturierung von Arbeitsprozessen mit größerer Verantwortung bei den Mitarbei-tern vorantrieben.

Die Meinungsumfrage hatte zum einen den Bedarf an Selbstverantwortung angezeigt und konnte später als Kontrollinstrument für die eingeführten neuen Zuständigkeiten und Arbeitsabläufe genutzt werden.

5.2   Die Auswirkungen von Meinungsumfragen auf das Führungsverhalten

Die Aufgaben von Führungskräften haben sich in den letzten dreißig Jahren kontinuier-lich verändert. Rückblickend läßt sich leicht erkennen, wie sich die Qualifikationen von Führungskräften und Erwartungen an Führungskräfte über die Jahrzehnte entwickelt haben:

- Bis in die 60er Jahre: Fachkompetenz
- 70er Jahre: Mitarbeiterkompetenz
- 80er Jahre: Kommunikationskompetenz
- 90er Jahre: Teamkompetenz

Meinungsumfragen haben hier zwei Aufgaben: zum einen die eingeschlagenen Wege neuer Führungspraktiken einer Prüfung durch die Geführten zu unterziehen und andererseits die weiteren Veränderungsvorstellungen der Belegschaft kennenzulernen.

Die Meinungsumfrage soll aber nicht als Damoklesschwert über der täglichen Führungsarbeit schweben und bei deren kritischer Bewertung den Führungsarbeitsplatz kosten. Es ist die Aufgabe der nächsthöheren Führungskraft die Führungsqualifikation durch Coaching und Seminare zu verbessern. Das Führungsinstrument darf nicht durch Druck auf die Mitarbeiter zu einem invaliden Bewertungsinstrument manipuliert werden. Etwaige Prämien für gute Ergebnisse oder häufige Kontrolle durch die Konzernleitung bei kritischen Ergebnissen lassen Druck auf die Mitarbeiter entstehen, positive Antworten zu geben ohne Rücksicht auf die echte Meinung. Zur Optimierung ihrer Umfrageergebnisse arbeiten Führungskräfte deshalb an kurzfristigen Lösungen. Aktionen mit Langzeitwirkung werden vernachlässigt oder erst gar nicht begonnen.

5.3 Die Beziehung "Mitarbeiter - Unternehmen" im Wandel

Bei der Beschreibung der Beziehung von Mitarbeitern zum Unternehmen sind nicht nur der Wandel des Unternehmens sondern viele unterschiedliche Faktoren zu berücksichtigen.

IBMer haben über Jahrzehnte hinweg eine weitgehende Sicherheit des Arbeitsplatzes genossen. Bei technologischen Sprüngen bei den Produkten führte das Unternehmen die Mitarbeiter durch intensive Trainings an die neue Aufgabe heran. Bei gleichzeitigem Wachstum, innen und außen, konnten vorhandene Mitarbeiter in höherwertige Aufgaben hineinwachsen und junge Mitarbeiter konnten als Neulinge im Unternehmen, auf den vorhandenen Erfahrungen aufbauen. Es entwickelte sich eine Mitarbeiter-Unternehmens-Beziehung, die von gegenseitigem Vertrauen und Stolz geprägt war. Im Laufe der Zeit sahen Mitarbeiter auch keinen Grund das Unternehmen zu verlassen, um das Erreichte in einem anderen Umfeld wieder neu zu erarbeiten. Die niedrige Fluktuationsrate ist dafür ein deutliches Zeichen.

Das Zugehörigkeitsgefühl zum Unternehmen wurde noch durch Angebote in der Freizeit, die sonst vielleicht nur durch hohen finanziellen Einsatz zu erreichen waren, vertieft.

Tabelle 9: Entwicklung der Erfolgsfaktoren für Mitarbeiterzufriedenheit.

früher	*heute*
Tätigkeit	Tätigkeit
Gehalt	Mitarbeiterauswahl und -entwicklung
Aufstieg	Handlungsspielraum
Arbeitsplatzsicherheit	Zugriff zu modernen Arbeitsmitteln
Sozialleistungen	Arbeitsteam
Mitarbeiterführung	Unternehmensimage/-erfolg
Unternehmensimage/-erfolg	Anerkennung guter Leistungen
Zeit für Privatleben	Leistungsgerechte Bezahlung
Arbeitsumgebung	Arbeitsumgebung

Die in den 90er Jahren entstandene Entwicklung des Unternehmens hat die Bindung ans Unternehmen verändert, ergänzt durch die in der Zwischenzeit immer höheren Qualifikationen der Mitarbeiter, die sich dessen auch sehr bewußt sind. Die Vorstellung vom Arbeitsplatz in einem Unternehmen auf Lebenszeit schwindet, die Flexibilität und Mobilität und die dazugehörige Neugier Neues kennenzulernen wächst. Flachere Hierarchien und eine reduzierte Anzahl von Mitarbeitern bieten nicht mehr die Entwicklungs- und Aufstiegsmöglichkeiten wie in der Vergangenheit. Es sind neue oder modifizierte Erfolgsfaktoren, die das Unternehmen zum gefragten Unternehmen machen und zu hoher Mitarbeiterzufriedenheit führen.

5.4   Die Rolle der Führungskräfte und Mitarbeiter im Wandel

Die Beziehung Mitarbeiter - Unternehmen ändert sich von der väterlich beschützenden zur ausgewogenen, gleichberechtigten Zusammenarbeit. Die Mitarbeiter übernehmen immer mehr Verantwortung für die Unternehmensziele, sie überlassen diese nicht mehr den Vorgesetzten. Die Mitarbeiter organisieren ihre Arbeit selbst und regeln die Zusammenarbeit in der Arbeitsgruppe oder zu anderen Funktionen des Unternehmens.

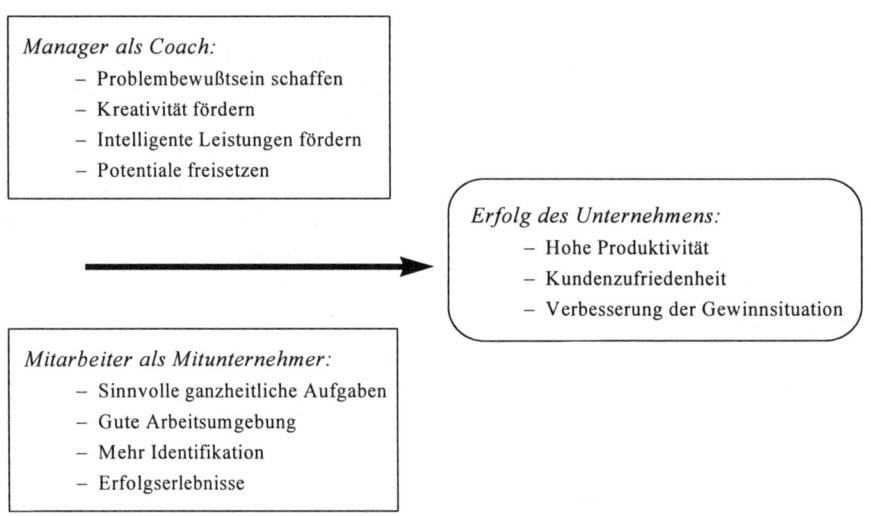

Abbildung 2: Darstellung der Unternehmensphilosophie
"Zwei Sichtweisen = Ein Erfolg".

Die neue Aufgabe der Führungskräfte ist es, den entsprechenden Freiraum für Selbständigkeit zu schaffen. Sie müssen den Sinn für die Arbeit darstellen und für eine vertrauensvolle Zusammenarbeit sorgen. Die neue Rolle der Führungskräfte ist in der Entwicklung, so mancher Vorgesetzte muß erst noch das Loslassen lernen und an der neuen Rolle Spaß finden.

Sinn, Zweck und Fragestellung der Umfragen müssen der neuen Kultur entsprechen und strategisch ausgerichtet sein.

6 Zukunft der Mitarbeiterbefragungen im Unternehmen

6.1 Die Mitarbeiterbefragung im kulturellen und strategischem Kontext

Die im Unternehmen gültigen Prioritäten geben den visionären Rahmen für höhere Kundenzufriedenheit durch Entwicklung, Herstellung und Vertrieb außergewöhnlicher Produkte und ein Angebot hochqualifizierter Services. Mitarbeiterbefragungen (MAB) müssen so gestaltet sein, Barrieren aufzuzeigen, die die Mitarbeiter behindern außergewöhnliche Leistungen für den Kunden zu erbringen. Innerhalb des Unternehmens muß die MAB Aspekte aufzeigen, die zur Verbesserung der Produktivität und Kundenzufriedenheit führen.

MAB können in der Zukunft nicht mehr Zufriedenheitsmesser für Bezahlung, Sozialleistungen etc. sein.

6.2 Reengineering von Unternehmensprozessen / Reengineering der Meinungsumfragen

In den 90er Jahren sind viele Unternehmen, vor allem Großunternehmen unter wirtschaftlichen Druck geraten. In der Computer Branche kam noch eine dramatische Verbesserung des Preis-Leistungs-Verhältnisses hinzu. Nicht ausgelastete Produktionsstätten, ein Preisverfall bei Computern und der globale Wettbewerb führten die IBM in eine sehr kritische Phase. Die erste Reaktion war, wie in vielen anderen Unternehmen auch, die Anzahl der Beschäftigten drastisch zu reduzieren. Eine Ausdünnung der Belegschaft muß aber begleitet werden von Veränderungen bei der Aufgabenverteilung, der Abwicklung und Durchführung von Arbeitsprozessen und einer intensiven Neuorientierung auf die Kundenanforderungen.

Es gibt viele Methoden ein Unternehmen für die Zukunft wieder fit zu machen. Die IBM hat sich seit 1994 dem Reengineering (vgl. Hammer & Champy, 1994) verschrieben. Für die Mitarbeiter wurde der Veränderungsprozeß an zwölf definierten Reengineering Projekten deutlich sichtbar. Nun geht dieser Veränderungsprozeß nicht von heute auf morgen und nicht jeder ist von Anfang an bereit, sich an diesen Veränderungen zu beteiligen. Die Implementierung ist für alle Hierarchien des Unternehmens eine Herausforderung und für viele in der Organisation eine Überforderung. Einerseits brauchen diese Veränderungen Zeit, andererseits hat das Unternehmen diese Zeit nicht, da der Kunde auf Veränderungen nicht lange wartet und das Unternehmen seine finanzielle Situation so schnell wie möglich wieder ins Gleichgewicht bringen muß.

Zu den zwölf Projekten gehört auch die Entwicklung neuer aktueller Personalprogramme, darunter auch das Reengineering der Meinungsumfrage. Im Jahr 1995 hat die IBM weltweit zwei neue Befragungsmodelle eingeführt, die Strategic Survey und die Workgroup Survey.

Die Zielsetzung der neuen MAB ist die Steigerung der Unternehmenseffizienz und nicht mehr nur die Mitarbeiterzufriedenheit.

6.3   Der Wandel bei der Zielsetzung von Mitarbeiterbefragungen

Strategic Surveys beinhalten Fragen, die sich mit der Bewertung der Veränderungen im Unternehmen befassen. Dabei steht die Umsetzung bzw. Einführung von Reengineering Projekten in den einzelnen organisatorischen Einheiten und Länderorganisationen im Mittelpunkt der Fragen. Die Befragung wird nicht mehr durch die nationalen Stabsfunktionen durchgeführt, sondern zentral durch die Stabsfunktion im Headquarter der IBM in USA. Zweimal jährlich werden durch eine Stichprobe ausgewählte Mitarbeiter im on-line Verfahren aufgefordert, einen Fragenkatalog mit 40-50 Fragen zu beantworten.

Tabelle 10: Bereiche des Fragenkatalogs.

Fragenbereiche	
Einstellung zum Unternehmen	Veränderungsprozesse
Verpflichtung zur neuen IBM	Unternehmensstrategien
Reengineering	Mitarbeiter Qualifikation
(Bewußtsein und Fortschritt)	Anerkennung ("Erfolge feiern")
Führung	Kundenzufriedenheit
Bezahlungsmodelle und -prinzipien	

Eine ganze Reihe von Fragen werden Mitarbeitern anderer Unternehmen in gleicher Form gestellt. Damit besteht die Möglichkeit für ein Benchmarking. Bisher hatten sich zu einem Vergleich von Umfrageergebnissen nur Unternehmen der unterschiedlichsten Branchen bereit erklärt, in der Zwischenzeit hat sich eine Gruppe von Firmen der IT Branche zusammengefunden.

Tabelle 11: Aufzählung der Firmen der I/T Survey Benchmarking Group.

I/T Survey Benchmarking Group	
AT&T Global Information Solutions	Digital Equipment
EDS	Hewlett Packard
IBM	Intel
Lotus	Microsoft
UNISYS	Xerox

In den neuen Befragungen ist der bisher so wichtige Morale Index nicht mehr enthalten. Der Fragenkatalog soll in der Zukunft auch nicht mehr den kontinuierlichen Charakter bisheriger Meinungsumfragen haben. Der Fragebogen wird in 10-15 Sprachen übersetzt, damit auch Mitarbeiter, deren Englischsprachkenntnisse nicht ausreichen würden, an der weltweiten MAB teilnehmen können. Die Teilnehmer haben wie im bisherigen Verfahren die Möglichkeit, Kommentare zu den einzelnen Fragen zu geben. Durch das Stichprobenverfahren ist jedoch ein Feedbackprozess, wie er oben beschrieben wurde nicht mehr möglich. Die MAB wird damit zum Feedback-Instrument für die oberste Unternehmensführung und hat strategischen Charakter.

Workgroup Surveys beziehen sich auf Teile der Organisation. Je nach Zielsetzung kann eine Stichprobenbefragung aber auch eine Vollbefragung durchgeführt werden. Ziel ist es, die Meinung der Mitarbeiter zu verschiedenen Themen kennenzulernen.

Die Möglichkeit für Abteilungsergebnisse ist bei der Vollbefragung gegeben und damit auch Feedback-Meetings in kleinen Organisationseinheiten. Die Befragungsergebnisse sollen allerdings kein Mittel für Anerkennung oder Tadel, Incentives oder Inspektion sein. Befragungen sind nur eine Möglichkeit zum Kennenlernen der Mitarbeitermeinung. Andere, wie Round-Table-Gespräche, Executive-Interviews oder das weltweite Informationsnetz müssen vom Management zur Kommunikation mit den Mitarbeitern genutzt werden. Die zu befragenden Gruppen im Unternehmen werden sich aufgrund der neuen Struktur des Gesamtunternehmens aus Mitarbeitern verschiedener Länder zusammensetzen. Eine zentrale on-line Befragung ist dafür Voraussetzung.

Tabelle 12: Fragenbereiche der Workgroup Surveys.

Fragenbereiche	
Einschätzung der Veränderungen	Führung
Teamarbeit	Einstellung zum Unternehmen
Kundenservice	Kommunikation/Offenheit
Mitarbeiter Qualifikation	Funktionsbezogene Fragen
Länderbezogene Fragen	

Dem Management kommt durch die international zusammengesetzten Teams bei der Aufarbeitung der Ergebnisse mit den Mitarbeitern eine besondere Führungsfähigkeit zu. Den Umgang mit dieser Befragungsform müssen alle Beteiligten erst durch die Praxis lernen und sich davor hüten, sie mit der alten Form der Meinungsumfrage zu verwechseln.

7   Abschließende Betrachtungen

Mit diesem Beitrag wollen wir allen, die sich mit dem Gedanken befassen, MAB durchzuführen, Hinweise aus unserer jahrelangen Erfahrung mit Befragungen geben. Welche der von uns beschriebenen Befragungsform für ein Unternehmen richtig ist, muß das Management selbst herausfinden, wesentlich ist, daß die Befragung in eine gelebte Unternehmenskultur hineinpaßt.

Wer MAB durchführt, muß die Mühe seiner Mitarbeiter zumindest mit einer Darstellung der Gesamtergebnisse und den daraus von der Unternehmensleitung abgeleiteten Folgerungen "belohnen".

Wir wünschen allen Lesern dabei viel Erfolg.

Porsche AG im Umbruch - Durchführung einer begleitenden Mitarbeiterbefragungsreihe

Walter Bungard

1 Zur Situation des Unternehmens

Die Dr. Ing. h.c. F. Porsche AG ist weltweit der einzige unabhängige Sportwagenhersteller von Bedeutung. Der Firmensitz befindet sich in Stuttgart-Zuffenhausen. Nach einer sehr erfolgreichen jahrzehntelangen Phase geriet das Unternehmen Anfang der 90er Jahre in Schwierigkeiten. Hierfür waren einmal äußere Rahmenbedingungen verantwortlich, wie z.B. der extreme Einbruch im nordamerikanischen Markt als Folge des sinkenden Dollarkurses im Geschäftsjahr 1989/90, aber auch die Tatsache, daß Porsche als Produzent von Kleinserienfahrzeugen im Vergleich zu Großserienherstellen nur einen eingegrenzten (Kosten-)Druck auf die Zuliefererindustrie ausüben konnte. Hinzukamen noch "innere" Gründe: Gerade aufgrund der Markterfolge wurden Produkt- und Organisationsinnovationen vernachlässigt. Man hatte sich zu lange auf den eigenen Lorbeeren ausgeruht und nicht rechtzeitig realisiert, daß die innerbetrieblichen Abläufe und Kommunikationsprozesse revisionsbedürftig waren.

Eine Wende wurde mit der Berufung neuer Führungskräfte eingeleitet. Dr.-Ing. Wiedeking wurde am 1. Oktober 1992 zum Sprecher des Vorstands und am 1. August 1993 zum neuen Vorstandsvorsitzenden gewählt, Dr. Loos übernahm Ende 1993 die Position des Produktionsvorstandes.

Vor dem Hintergrund der Lean-Management-Diskussion wurde von der neuen Geschäftsleitung ein konsequenter und rigoroser Reorganisationsprozeß in Gang gesetzt. Das zentrale Ziel lag im Erhalt der Selbständigkeit des Unternehmens. Und dazu mußte durch entsprechende Maßnahmen die Produktivität und die Kundenzufriedenheit gewaltig gesteigert werden. 1993 wurde für die kommenden Jahre eine Produktionssteigerung von 30% anvisiert. Bereits Anfang 1996 konnte eine Erhöhung von 46%, eine Halbierung der Fehlerquote, eine Reduzierung der Lagerbestände um 75%, eine Senkung der Fertigungszeit pro Fahrzeug um 50% konstatiert werden (Hartmann, 1997). 1996 wurde in der Bilanz ein Gewinn von 21,6 Mio. DM im Vergleich zu einem Verlust von 450 Mio. DM im Zeitraum 1992 bis 1994 ausgewiesen (Porsche AG, 1996c, S. 69).

Im Rahmen dieses Umstrukturierungsprojektes wurde eine Fülle von Veränderungen in der Arbeits- und Organisationsstruktur vorgenommen:

- Aufspaltung des Betriebes in vier Cost-Center
- Streichung verschiedener Hierarchieebenen wie z.B. die Position des Gruppen- und Obermeisters
- Einführung des Porsche-Verbesserungs-Prozesses (PVP) im Sinne der Kaizen-Philosophie bzw. des Total Quality Managements (TQM) (Porsche AG 1996a und 1996b, S. 93a)
- Implementierung von Teamarbeit

- Durchführung von Japan-Workshops (zur Reduzierung von Verschwendung und Erhöhung der Wertschöpfung mit Hilfe japanischer Berater)
- Etablierung eines kleinen Regelkreises im Rahmen des betrieblichen Vorschlagswesens (Steigerung der Vorschläge von 1992 mit 500 eingereichten Vorschlägen auf 57.970 im Jahr 1996)
- Konstituierung eines mitarbeiterorientierten Anlaufprogramms (Bungard & Hofmann, 1995) zur Planung und Unterstützung des Boxster-Anlaufs 1996
- Einführung eines neuen vierstufigen Trainingsprogramms (Porsche-Trainings-Card)

Die Bemühungen der Porsche AG sind in letzter Zeit durch verschiedene Auszeichnungen gewürdigt worden:

- 1995 erhielt Porsche für die herausragenden Leistungen auf dem Gebiet des betrieblichen Vorschlagswesen den Preis des Instituts für das betriebliche Vorschlagswesen.
- Porsche wurde von der Fachzeitschrift "Produktion" und der Unternehmensberatung A.T. Kearney zur "Fabrik des Jahres 1996" gewählt.

Es ist also offensichtlich, daß sich in den letzten Jahren bei der Porsche AG einiges getan hat: Der Reorganisationsprozeß hat tiefgreifende Strukturveränderungen mit sich gebracht. Das gesamte Projekt hat dabei die angestrebten Zielgrößen bei weitem übertroffen und ist insofern bislang äußerst erfolgreich gewesen.

Ein derartiger "Quantensprung", um die Terminologie des Reengineering-Ansatzes zu verwenden, ist natürlich nur dann zu meistern, wenn sich die Einstellungen und Verhaltensweisen aller Betroffenen von Grund auf verändern. Ein solcher Gewaltmarsch setzt eine völlig anders akzentuierte Führungsphilosophie voraus. Das wiederum war, wie auch im Regelfall in anderen Unternehmen, nur auf der Basis eines teilweisen Austausches von einzelnen Managern möglich.

Mit anderen Worten: Die "Wende" bei Porsche war und ist nur im Zuge der Etablierung einer neuen Porsche-Kultur vollziehbar, und diese Kultur wiederum mußte eine wesentlich stärker ausgeprägte Mitarbeiterorientierung implizieren. Ohne Mitsprache- und Mitgestaltungsmöglichkeiten der gesamten Porsche-Mannschaft sind solche Husarenritte motivational nicht zu leisten, denn bei all diesen neuen Aktivitäten und Organisationsformen müssen schließlich noch "nebenbei" neue Modelle in kürzester Zeit entwickelt und kostengünstig, bei gleichzeitiger hervorragender Qualität, produziert werden.

Es ist im Hinblick auf die Fragestellung dieses Beitrages nicht sinnvoll, an dieser Stelle detaillierter über einzelne Maßnahmen zur Veränderung der Porsche-Kultur zu berichten. Eine zentrale Funktion spielen bei solchen Veränderungsprozessen, insbesondere wenn sie eine stärkere Einbeziehung der Mitarbeiter intendieren, kontinuierliche Befragungen der Betroffenen mit jeweils anschließendem Feedback. Auch bei Porsche wurden seit 1993 derartige Befragungen jedes Jahr durchgeführt. Im folgenden werden diese Studien im Rahmen des gesamten Reengineering-Vorhabens näher beschrieben.

2 Planung und Durchführung der Gruppengespräche

Die Zielsetzung der Befragungen bestand darin, sowohl die Meinungen und Einstellungen als auch die Erwartungen und Wünsche der Mitarbeiter fortlaufend zu erfassen und den Veränderungsprozeß aus Sicht der Mitarbeiter zu evaluieren. Die Ergebnisse sollten an die Belegschaft zurückgespiegelt werden, um dann jeweils gemeinsam mit den Führungskräften einzelne aus den Befunden heraus destillierte Probleme zu bearbeiten. Auf diese Art und Weise sollte im Sinne der TQM-Philosophie der "Kulturwandel" begleitend analysiert und einem Controlling im amerikanischen Sinne des Wortes unterworfen werden.

Es war von vornherein klar, daß es dabei auch um die Erfassung von Ängsten gehen würde, daß der Reorganisations-Prozeß selber die Rahmenbedingungen ständig verändern würde und deshalb auch die Frageinhalte über die Jahre variieren mußten. Die Methode der Wahl konnte deshalb nur darin bestehen, Gruppengespräche mit Mitarbeitern anhand eines Leitfadens durchzuführen (vgl. den Beitrag von Schultz-Gambard & Bungard in diesem Band).

Der Vorteil besteht darin, daß

- in der persönlichen Gesprächssituation Rückfragen gestellt werden können
- die Meinungsunterschiede in der Gruppe hinterfragt werden können
- die Mitarbeiter selber wichtige neue Aspekte und Problemstellungen in die Diskussion einbringen können
- die Reihenfolge der Fragen dem Gesprächsverlauf flexibel angepaßt werden können
- Ängste, Empfindungen, Hoffnungen, Kritikpunkte besser in einem Gespräch artikuliert werden können, als dies durch Ankreuzen auf einer Skala möglich wäre
- Verbesserungsmöglichkeiten von seiten der Mitarbeiter aufgegriffen und diskutiert werden können.

Der Nachteil dieser Methode besteht auf der anderen Seite in der relativ aufwendigen Auswertung der Protokolle (zu den Vor- und Nachteilen von Gruppeninterviews vgl. den Beitrag von Schultz-Gambard & Bungard in diesem Band sowie Bungard, Holling & Schultz-Gambard, 1996).

Da die Befragungen jährlich wiederholt werden sollten, haben wir die Methode der Gruppeninterviews dadurch ergänzt, daß die Befragten jeweils eine begrenzte Anzahl von Fragen auf einem Fragebogen mit jeweils fünf Antwortkategorien angekreuzt haben, um anhand der Daten Veränderungsprozesse zusätzlich quantifizieren und grafisch darstellen zu können. Diese Fragen wurden vor der Diskussion der einzelnen Punkte angekreuzt, so daß in der Interviewsituation die Möglichkeit bestand, bei den quantitativen Bewertungen Hintergründe zu beleuchten.

Die konkrete Planung und Durchführung der Befragung sah wie folgt aus:

- Die Studie wurde vom Mannheimer Institut für Arbeits- und Organisationspsychologische Forschung (A.O.-Institut) durchgeführt.
- Der Leitfaden und der Kurzfragebogen wurde mit der Geschäftsleitung, einer internen Projektgruppe und dem Betriebsrat abgestimmt.
- Die Interviewer und Protokollanten besichtigten vor dem Interview jeweils das Werk, um immer auf dem neuesten Stand "vor Ort" zu sein.
- Die Gesprächsteilnehmer wurden per Zufall aus den verschiedenen Bereichen der Produktion und dem indirekten Bereich anhand von Personallisten ausgewählt und um freiwillige Teilnahme gebeten.
- Die Gespräche fanden in Räumen innerhalb des Werkes in der Nähe der Arbeitsplätze der Befragten statt.
- Jeweils ein Interviewer und ein Protokollant befragten drei bis vier Mitarbeiter in einer Gruppe.
- Die Gespräche dauerten in der Regel zwei Stunden.

- Pro Tag haben drei Interviewteams jeweils vier Gruppen interviewt, so daß also pro Tag insgesamt 36 bis 48 Mitarbeiter kontaktiert werden konnten.
- Zu Beginn der Gruppengespräche stellten sich die Interviewer vor und erläuterten ausführlich die Zielsetzung der Studie. Es wurde Anonymität zugesichert. Zusätzlich wurde darauf hingewiesen, daß die Geschäftsleitung sich gegenüber dem A.O.-Institut verpflichtet hat, daß die Ergebnisse den Befragten persönlich durch die Externen zurück gespiegelt würden.
- Während der Gespräche wurden die Antworten sinngemäß mitprotokolliert bzw. die Skalen ausgefüllt.
- Nach den Interviews wurde die Transkription der Protokolle in entsprechend vorstrukturierten Auswertungsbögen vorgenommen.
- Die Auswertung erfolgte nach inhaltsanalytischen Methoden. Wichtig ist dabei, durch den systematischen Vergleich der Antworten den roten Faden zu finden: Nicht einzelne u.U. extreme Formulierungen sind interessant, sondern über die Gespräche hinweg immer wiederkehrende Einstellungsmuster. Besonders aufschlußreich sind hierbei systematische Vergleiche und die dabei auftretenden Diskrepanzen zwischen Abteilungen, Bereichen und Hierarchieebenen. Die Qualität einer Auswertung steht und fällt mit der Erfahrung der Interviewer, die gemeinsam diese arbeitsintensive Analysearbeit vornehmen müssen.
- Nach Abschluß der Auswertungsphase wurde dann unter Hinzuziehung der quantitativen Daten ein Ergebnisbericht geschrieben, der neben der Darstellung der Ergebnisse auch eine ausführliche Interpretation enthält. Außerdem wurde für Präsentationszwecke eine thesenartige Zusammenfassung der zentralen Punkte erstellt, die auch den Führungskräften für interne Diskussionsrunden zur Verfügung gestellt wurde.
- Etwa einen Monat nach der Erhebungsphase wurden schließlich die Geschäftsleitung, der Betriebsrat und die befragten Mitarbeiter über die Resultate informiert.
- Bei der Präsentation vor den Mitarbeitern waren Führungskräfte anwesend und es bestand die Möglichkeit, Rückfragen zu stellen oder Kommentare abzugeben. Bei allen Präsentationen bestätigten die Anwesenden immer wieder, daß die (durchaus kritischen) Befunde ihre Meinung gut widerspiegeln würde.
- Mit Hilfe interner Kommunikationsmedien (Hauszeitschrift, TV) wurden schließlich nach der Präsentation die wichtigsten Ergebnisse im gesamten Werk auch denjenigen zugänglich gemacht, die nicht an der Befragung aktiv teilgenommen hatten.

Wenn man die bisherigen Befragungsaktionen zusammenfassend betrachtet, dann ergibt sich bezüglich der Stichprobe folgendes Bild: Insgesamt wurden in den drei Jahren 202 Mitarbeiter befragt. Ca. 85% der Beteiligten waren Werker, 15% Führungskräfte aus der ersten operativen Ebene, also Meister.

3 Darstellung ausgewählter Ergebnisse

Es würde den Umfang dieses Artikels sprengen, wenn man versuchen würde, die Vielzahl der interessanten Ergebnisse darzustellen. Jeder einzelne Jahresbericht umfaßt 80 bis 100 Textseiten. Es liegt außerdem in der Natur solcher qualitativen Befragungen, daß mit den detaillierten Informationen ohnehin nur "Insider" etwas anfangen können, sie eignen sich nicht für eine Veröffentlichung. Hinzu kommt noch, daß in den Befragungen ganz im Sinne der Initiatoren durchaus auch heftige Kritik an einzelnen internen

Abläufen oder Personen artikuliert wurde, und die Publikation solcher Äußerungen würde bei der Porsche AG sicherlich keine große Freude auslösen. Sie entspräche im übrigen auch nicht der "Philosophie" solcher interner Mitarbeiterbefragungen (MAB).

Für den Zweck dieser Publikation ist es statt dessen sinnvoll, einige wenige Befunde exemplarisch zu beschreiben, um die Funktion und Wirkungsweise der MAB bei der Porsche AG nachvollziehen zu können.

Ganz allgemein kann zunächst einmal festgehalten werden, daß von 1993 bis 1994 die Stimmung im Werk nicht allzu gut war. Kritisiert wurde von einer deutlichen Mehrheit der Befragten, daß

- der Führungsstil im Hause zu autoritär sei,
- Mitarbeiter zu wenig Mitsprachemöglichkeiten hätten,
- das betriebliche Vorschlagswesen brach läge,
- Qualität nicht den notwendigen Stellenwert habe und
- die Informationspolitik von oben nach unten im allgemeinen und speziell bezüglich der anstehenden Neanläufe unzureichend sei.

Besonders kritisch wurden die neue Unternehmenskultur (vgl. Abbildung 1) und die verschiedenen neuen Projektaktivitäten beurteilt. Alle diese Stellungnahmen müssen vor dem Hintergrund interpretiert werden, daß die Belegschaft durch den starken Personalabbau, die massiven Veränderungen, die steigenden Anforderungen und der damals noch nicht abzusehenden Marktposition von Porsche erheblich verärgert und verunsichert war. Individuelle Existenzängste und Furcht vor den Neuerungen dominierten das Bild. Es wurde bei den Befragungen deutlich, daß während dieser Phase ein enormer Informationsbedarf bezüglich des Gesamtprojektes bestand, der nur teilweise gedeckt wurde.

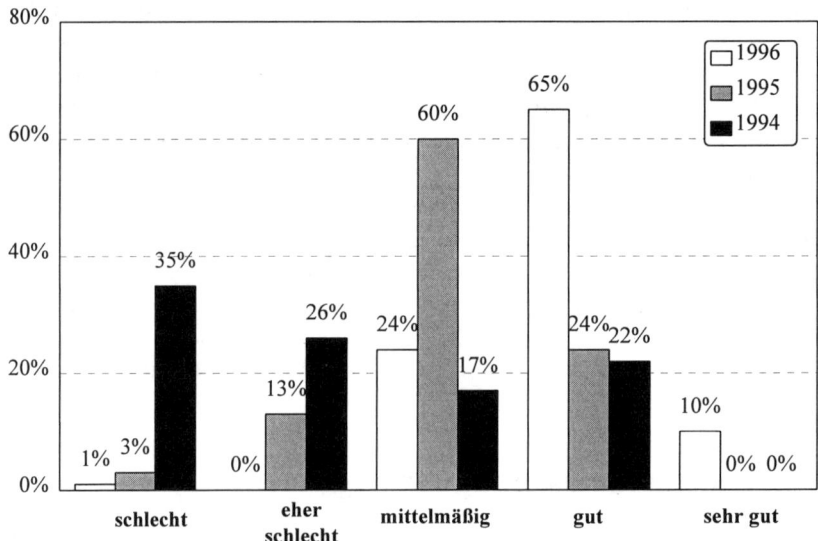

Abbildung 1: Bewertung der neuen Kultur bei der Porsche AG in den Jahren 1994, 1995 und 1996.

Im Jahr 1995 haben sich die Akzente verschoben. Die Erfolge von Porsche im Zuge des Reorganisationsprojektes wurden innerhalb und außerhalb des Hauses transparent. Die unmittelbare Bedrohung des Arbeitsplatzes stand nicht mehr auf der Tagesordnung, dafür werden aber die Konsequenzen der neuen Personalphilosophie spürbar, nämlich stärkere Arbeitsbelastung bzw. Arbeitsverdichtung, Konkurrenz der Cost-Center, extrem hoher Qualitätsstandard u.v.m.

In den Gesprächen wurde außerdem Unmut über die Präsenz der japanischen Experten geäußert. Man möchte den Erfolg auch auf eigene Bemühungen zurückführen und nachweisen, daß man den Umorganisationsprozeß ohne externe Hilfe schaffen kann, insofern wurde auch eine "konstruktive" Rivalität erkennbar.

Kritisiert wurde nach wie vor das Führungsverhalten im Hause. Die neue Kultur habe sich noch nicht in den Köpfen mittlerer Manager niedergeschlagen. Als Folge davon, so der Tenor, sei die neue Porsche-Kultur teilweise noch ein Fremdkörper. Top-down würden zwar gute Strategien in Gang gesetzt, aber dieser Prozeß werde von der berühmten "Lähmschicht" nicht durchgängig getragen und finde zur Zeit noch zu wenig unter Einbeziehung der Mitarbeiter statt. Nicht zuletzt aufgrund derartiger Ergebnisse wurden in der Folgezeit große Anstrengungen in die Qualifikation der Führungskräfte unternommen.

Das Jahr 1996 kann in einigen wichtigen Punkten als das Jahr des Durchbruchs bezeichnet werden. Nach der wirtschaftlichen Konsolidierung 1995 und der deutlich positiven Ergebnisse 1996 - vgl. hierzu die entsprechenden Zahlen in der Einleitung - wird auch die neue Porsche-Kultur von den Mitarbeitern akzeptiert bzw. wesentlich positiver bewertet. 75% der Befragten beurteilten die neue Kultur als gut bzw. sehr gut im Vergleich zu 22% im Jahr 1994 und 24% im Jahr 1995 (vgl. Abbildung 1).

Maßgeblich für diesen "Sprung" war nach Meinung der Befragten ein verändertes Verhalten der Führungskräfte, möglicherweise als Ergebnis der Trainingsaktivitäten, und der zunehmende Erfolg mit Teamarbeit. Der momentane Führungsstil wurde bei der entsprechenden Frage 1996 wesentlich positiver bewertet als vorher (vgl. Abbildung 2).

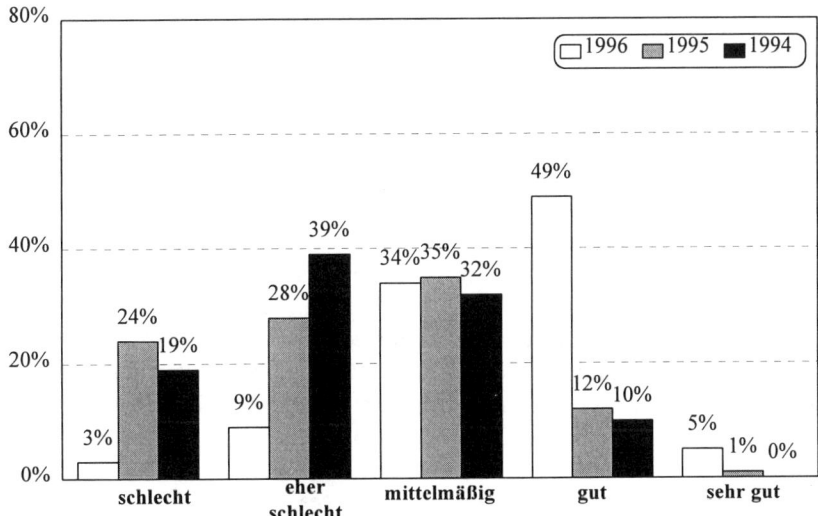

Abbildung 2: Bewertung des momentanen Führungsstils bei der Porsche AG in den Jahren 1994, 1995 und 1996.

Hauptgrund für diese Verbesserung ist aufgrund der Gespräche ein deutlich verbessertes Führungsverhalten in dem Sinne, daß die Meinung von Mitarbeitern jetzt wirklich gehört, aufgegriffen und weiterverarbeitet wird. Aus dem Lippenbekenntnis zur Teamarbeit ist inzwischen ein praktisch gelebter partizipativer Führungsstil erwachsen.

Die neue Kultur manifestierte sich auch in einer neuen Anlaufstrategie bei der Modelleinführung des Boxsters, eine für jedes Automobilwerk besonders kritische Crash-Phase (Bungard & Hofmann, 1995). Durch frühzeitige Information, Qualifikation und Einbindung der Mitarbeiter wurde 1996 der Anlauf des Boxsters im Vergleich zu vorhergehenden Anläufen von Zweidrittel der Befragten besser beurteilt (vgl. Abbildung 3).

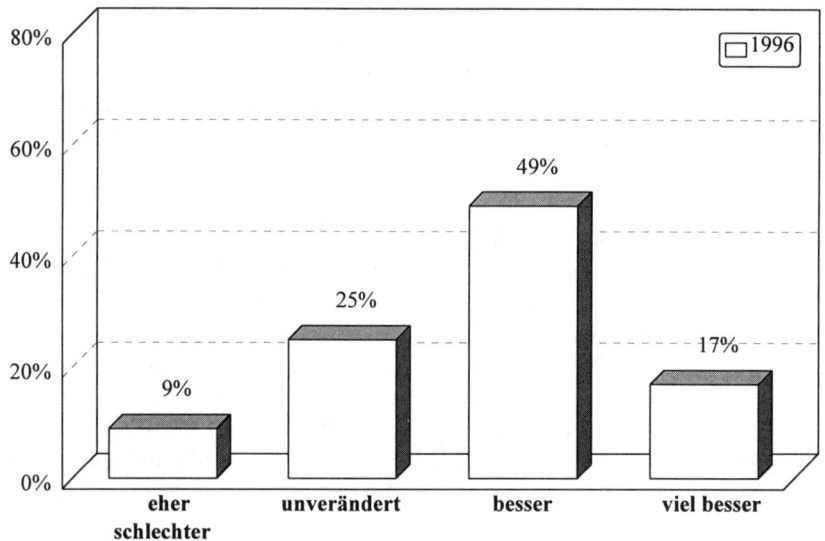

Abbildung 3: Bewertungen der Vorbereitungen für den Neuanlauf des Boxsters im Vergleich zu letztem Neuanlauf.

Positiv wurde hervorgehoben, daß bei der Gestaltung des Anlaufprogramms Ideen und Vorschläge der Mitarbeiter aus den ersten beiden Diagnoseberichten aufgegriffen und realisiert wurden.

Aber trotz dieser Aufbruchstimmung und Euphorie wurden in aller Deutlichkeit Probleme des gesamten Prozesses bei Porsche thematisiert.

Eine Schattenseite der neuen Porsche-Struktur ergibt sich z.B. aus der Etablierung der Profit-Center. Sie fördert eine Konkurrenz der Center untereinander, die nicht immer für das Gesamtunternehmen förderlich ist, so die Meinung vieler Befragter. In diesem Zusammenhang wurde die Zusammenarbeit zwischen den Abteilungen 1996 positiver als 1995, aber dennoch schlechter als noch 1994 gesehen (vgl. Abbildung 4).

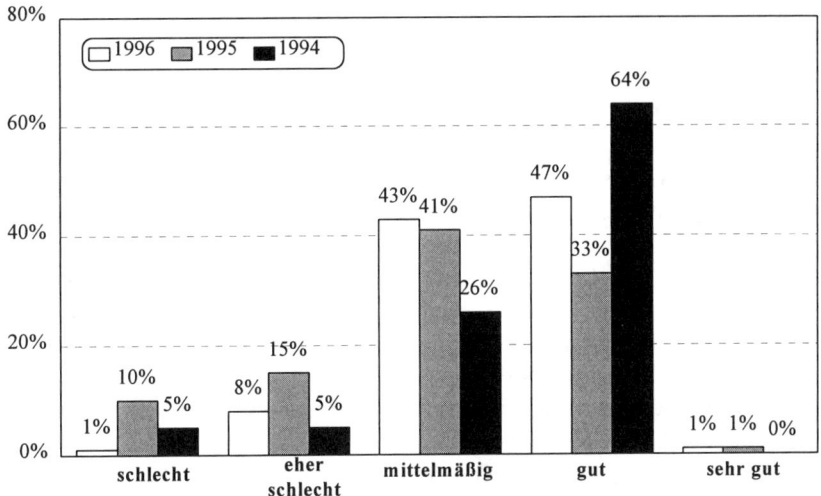

Abbildung 4: Bewertung der Zusammenarbeit zwischen den Abteilungen bei der Porsche AG in den Jahren 1994, 1995 und 1996.

Soweit einige exemplarische Schlaglichter aus den bisherigen Befragungsaktionen.

Legt man die quantitativen Befragungsergebnisse für die drei Jahre zugrunde, so können zur grafischen Veranschaulichung für ausgewählte Variablen Jahresprofile erstellt werden (vgl. Abbildung 5).

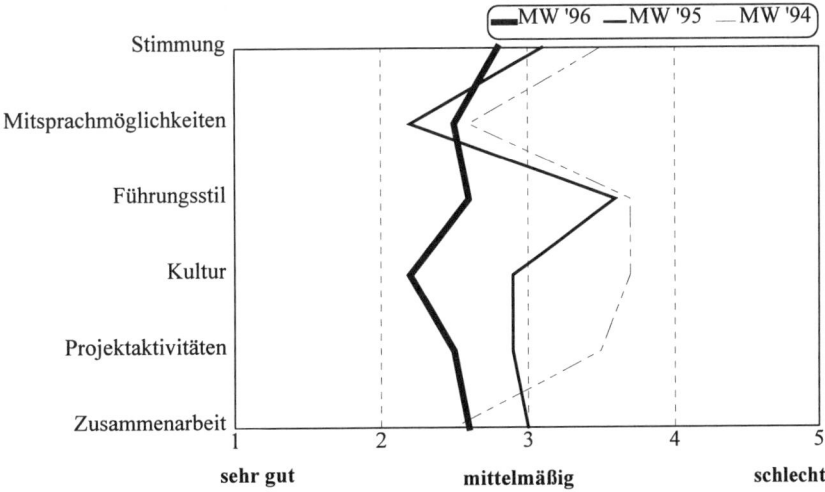

Abbildung 5: Bewertungsprofile für die Jahre 1994, 1995 und 1996.

Wie man sieht, hat sich die Kurve eindeutig nach links zum Positiven hin verlagert. Anhand entsprechender Benchmark-Daten können auf dieser Basis weitere Vergleiche mit anderen Unternehmen, z.B. aus der Automobilbranche, angestellt werden und genau dieses wurde auch in dem Bericht von 1996 getan, um den "Porsche-Standort" noch präziser beschreiben zu können. Dabei schneidet Porsche relativ gesehen sehr gut ab, ohne diesen Punkt hier näher zu vertiefen.

4   Zusammenfassende Bewertung des Vorgehens

Der Fokus der MAB bei der Porsche AG lag nicht, wie die Darstellung des Vorgehens im letzten Abschnitt verdeutlicht hat, in der Erhebung größerer repräsentativer Datenmengen. Es ging vielmehr um die Initiierung eines Dialogs zwischen Management und Mitarbeitern. Es sollten Meinungen und konkrete Verbesserungsideen im Rahmen der Gruppeninterviews gesammelt, aufgegriffen, verarbeitet und zurück gespiegelt werden, um im Kontext anderer Prozesse eine veränderte Porsche-Kultur zu schaffen. Die Handhabung der Befragungsreihe sollte zugleich Ausdruck der neuen Philosophie, ein Symbol für die Einbeziehung der Mitarbeiter und ein Instrument zur Generierung von neuen Ideen sein. Die hohe Akzeptanz und Effektivität aus Sicht der Mitarbeiter, des Betriebsrates, der Führungskräfte und der Geschäftsleitung resultierte dabei vor allem aus dem Umstand, daß die Befragungsaktion im Sinne des Survey-Feedback-Ansatzes der Organisationsentwicklung durchgeführt wurde (vgl. hierzu den Beitrag von Comelli in diesem Band).

Natürlich gab es auch Widerstände, Pannen und mißbräuchlichen Umgang mit einzelnen Ergebnissen, aber es dominiert die Einschätzung, daß solche Panel-Befragungen als flankierende Maßnahmen ein hohes Informations- und Gestaltungspotential haben.

Nicht zuletzt aufgrund dieser positiven Erfahrungen wird zur Zeit überlegt, ob man bei Porsche regelmäßig zusätzlich zu den Gruppeninterviews auch schriftliche Befragungen im Sinne einer Totalerhebung institutionalisieren sollte, um eine noch stärkere Einbindung der Mitarbeiter zu erreichen.

Die Mitarbeiterbefragung als Instrument des Kulturwandels im Bereich Energieerzeugung der Siemens AG

Peter-Michael Still und Harald Bochen

1   Der Unternehmensbereich Energieerzeugung der Siemens AG

Siemens ist eines der führenden Unternehmen der Elektrotechnik und Elektronik auf dem Weltmarkt mit Niederlassungen und Vertretungen in über 180 Ländern. Einer der 14 geschäftsführenden Bereiche ist der Bereich Energieerzeugung (KWU). Er beschäftigte 1994/95 weltweit rund 20.000 Mitarbeiter und erzielte einen Umsatz von 8,4 Mrd. DM, davon 55% im Ausland.

Neben schlüsselfertigen Kraftwerkanlagen zur Strom- und Wärmeerzeugung aus fossilen, nuklearen und regenerativen Energieträgern entwickelt und liefert die KWU Komponenten und Systeme der Kraftwerktechnik.

Der Weltmarkt für Kraftwerktechnik ist heute gekennzeichnet durch eine marktwirtschaftliche Neuorientierung (Deregulierung) der Energiewirtschaft in vielen Ländern, durch Finanzierungsprobleme, besonders in den Entwicklungs- und Schwellenländern, sowie durch wachsenden Wettbewerbsdruck und Preisverfall.

2   Unternehmenspolitischer Hintergrund der Mitarbeiterbefragung

Angesichts der geschilderten Veränderungen auf dem Kraftwerkmarkt, sowie einem steigenden Wettbewerbsdruck, wurden seit Anfang der 90er Jahre verschiedene Restrukturierungs- und Produktivitätsprogramme in allen Geschäftsgebieten der KWU initiiert.

1991 wurden die verschiedenen Aktivitäten in einem unternehmensweiten Programm zur Erzeugung umfassender Qualität zusammengeführt: TQM (Total Quality Management). TQM zielt auf eine ständige Verbesserung aller Arbeitsschritte und -prozesse, vom Angebot über Entwicklung bis zum Service. Entscheidend ist dabei die Einbeziehung sämtlicher Beteiligten: Mitarbeiter wie Führungskräfte ebenso wie Kunden und Lieferanten.

Der TQM-Gedanke ist auch ein wesentlicher Bestandteil der *top*-Bewegung, die das Haus Siemens 1993 gestartet hat, die seitdem das gesamte Unternehmen erfaßt hat und mittlerweile auch außerhalb von Siemens starke Beachtung findet. Das Entscheidende an *top* ist die Mobilisierung des gesamten Unternehmens mit dem Ziel, in allen Bereichen der Elektrotechnik eine Spitzenstellung im internationalen Wettbewerb einzunehmen. Dies soll erreicht werden durch eine Verstärkung der Kundenorientierung, die

Verbesserung der Produktivität, innovativere Produkte und Leistungen sowie der Gewinnung neuer Märkte.

Die Basis hierfür - und darin unterscheidet sich *top* von klassischen Produktivitäts- und Restrukturierungsprogrammen - bildet der Kulturwandel im Unternehmen. Sein Ziel ist es, eine Unternehmenskultur zu schaffen, in der jeder - gleich ob Führungskraft oder Mitarbeiter - seinen optimalen Beitrag zum Unternehmenserfolg leisten kann.

Um den Prozeß des Wandels meßbar und damit transparenter zu machen, und die Position der KWU im internationalen Vergleich zu bestimmen, entschloß sich der Bereichsvorstand 1994 für die Einführung des TQM-Modells der European Foundation for Quality Management (EFQM). Gleichzeitig dient das Modell als Treiber für die Programme zur umfassenden Verbesserung der Unternehmensqualität. Der Vorteil des Modells liegt in seinem ganzheitlichen Ansatz. Das Modell, das auch die Grundlage für die Vergabe des Europäischen Qualitätspreises (EQA) bildet, beruht auf folgenden Prämissen: „Kundenzufriedenheit, Mitarbeiterzufriedenheit und positive Gesellschaftliche Verantwortung/Image werden durch ein Managementkonzept erzielt, welches durch eine spezifische Politik und Strategie, eine geeignete Mitarbeiterorientierung sowie das Management der Ressourcen und Prozesse zu herausragenden Geschäftsergebnissen führt" (vgl. hierzu auch den Beitrag von Becker in diesem Band). Die Elemente des Modells sind in Abbildung 1 grafisch dargestellt.

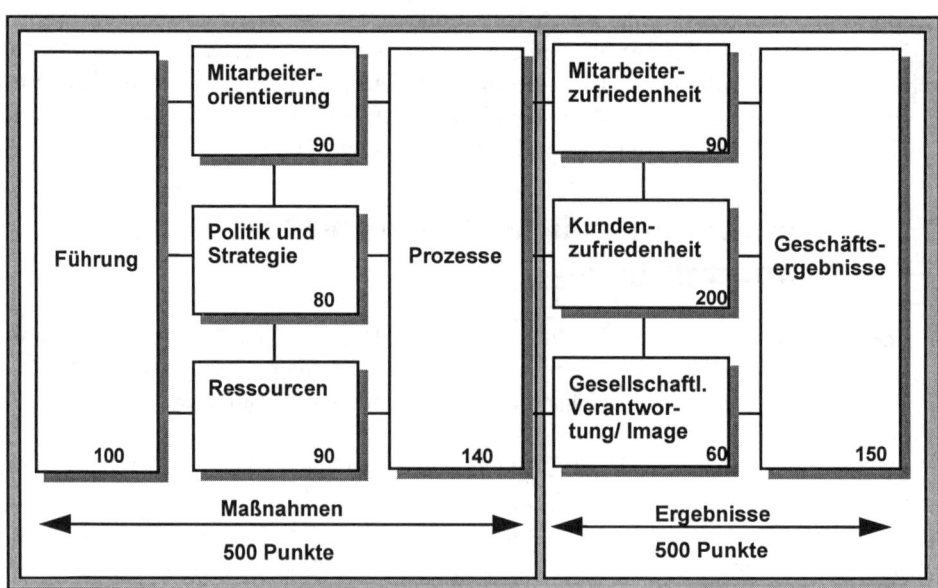

Abbildung 1: Das EFQM-Modell.

Die fünf Maßnahmenkriterien (auch Befähigerkriterien genannt) befassen sich damit, *wie* das Unternehmen bezüglich der Ergebniserreichung vorgeht. Die vier Ergebniskriterien beziehen sich darauf, *was* das Unternehmen erreicht hat bzw. noch erreichen will. Von entscheidender Bedeutung ist, daß das EFQM-Modell nicht nur Geschäftsergebnisse und Kundenzufriedenheit als Unternehmensergebnisse sieht, sondern auch Mitarbeiterzufriedenheit und gesellschaftliche Verantwortung.

Jedes der neun Elemente des Modells kann als Kriterium zur Beurteilung des Fortschritts des Unternehmens auf dem Weg zu Spitzenleistungen dienen. Dabei erfolgt bei jedem Kriterium eine Detaillierung in weitere konkretisierende Unterpunkte. Die Gewichtung der Kriterien findet ihren Ausdruck in Punktzahlen, die in einem Kriterium maximal erreichbar sind.

Das Modell bildet die Basis für Selbstbewertungen zu jedem Kriterium, die bei der KWU zweimal jährlich erfolgen und die Aufschluß über Defizite, Handlungsbedarf und Fortschritte im Unternehmen geben.

Die Bedeutung, die die KWU diesem Modell zumißt, zeigt sich darin, daß sich die Unternehmensziele der KWU nach den vier Ergebniskriterien des EFQM-Modells gliedern (vgl. Abbildung 2).

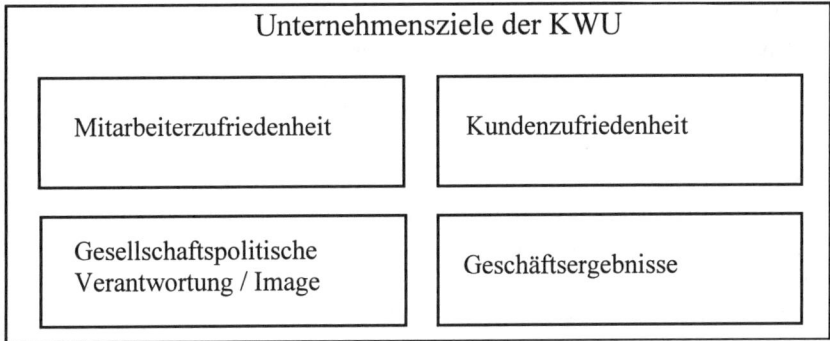

Abbildung 2: Unternehmensziele der KWU.

Der hohe Stellenwert, den die KWU der Mitarbeiterzufriedenheit beimißt, drückt sich damit auch als Unternehmensziel aus. Dabei wirken sich nach dem Modell insbesondere Maßnahmen in den Kriterien *Führung* und *Mitarbeiterorientierung* auf das Unternehmensziel der Mitarbeiterzufriedenheit aus.

3 Der Schritt zur unternehmensweiten Mitarbeiterbefragung

An diesem Punkt setzt das Instrument der Mitarbeiterbefragung (MAB) ein. Es bietet, sofern es regelmäßig angewendet wird, die Möglichkeit der konkreten und verläßlichen Messung der Zufriedenheit der Mitarbeiter.

Erste selbstentwickelte MAB gab es in einzelnen Geschäftszweigen oder Standorten bereits vor 1994. Diese wurden jedoch weder in regelmäßigen Abständen wiederholt, noch zeichneten sie sich durch einen besonders intensiven Feedback- oder Veränderungsprozeß mit den Mitarbeitern aus.

Um eine Vergleichbarkeit über die verschiedenen Organisationseinheiten und Standorte zu erreichen, fiel die Entscheidung für eine einheitliche KWU-weite MAB in Deutschland, die seit 1995 jährlich durchgeführt wird. Mittlerweile wurde im Sommer 1996 bereits die zweite Befragung durchgeführt.

Da die Befragungen in mehreren Betrieben der KWU stattfinden sollten, war der Partner auf der Arbeitnehmerseite der Gesamtbetriebsrat der Siemens AG. Die Beteiligung vollzog sich auf Basis einer für die gesamte Siemens AG geltenden Gesamtbetriebsvereinbarung über MAB. Eine besondere Einbeziehung in die Gestaltung der Befragungsaktion (z.B. Fragebogen) erfolgte dabei nicht. Dem Gesamtbetriebsrat wurden jeweils die Fragebogen zur Information zugeleitet. Darüber hinaus erhielt er eine Darstellung des Ablaufs. Zusätzlich erfolgte an allen Standorten eine Information der örtlichen Betriebsräte. Parallel dazu wurde der Gesamtsprecherausschuß der leitenden Angesellten informiert. Nach Erhalt der Ergebnisse wurden den örtlichen Betriebsräten die Ergebnisse an den Standorten vorgestellt.

4 Die Ziele der KWU-Mitarbeiterbefragung

Der Prozeß der MAB ist eine von drei Schwerpunktmaßnahmen im Rahmen des "Culture Change"-Prozesses der KWU. Sein Ziel ist es, die beiden anderen wesentlichen Prozesse des Kulturwandels - *Vorgesetztenbeurteilung* und *Zielvereinbarungen* - zu ergänzen und zu fördern: Im Rahmen des *Führungsgesprächs* - der KWU spezifischen Vorgesetztenbeurteilung in Form einer moderierten Diskussion - geben die Mitarbeiter ihrem direkten Vorgesetzten konkret Feedback zu dessen Führungsverhalten. Maßnahmen zur Verbesserung des Führungsverhaltens und zur Erhöhung der Mitarbeiterzufriedenheit werden als individuelle oder organisationseinheitenbezogene *Zielvereinbarungen* getroffen und, neben weiteren Zielen, im sog. *Kursbuch* der jeweiligen Einheit dokumentiert, das auch die Ziele aller übergeordneten Organisationseinheiten enthält.

Somit ergaben sich für die KWU-MAB folgende wesentliche Ziele:
- verläßliche Daten über den Stand der Mitarbeiterzufriedenheit zu gewinnen,
- den Dialog zwischen Führungskräften und Mitarbeitern zu verstärken,
- die Ergebnisse in den Verbesserungsprozeß auf allen Ebenen des Unternehmens einfließen zu lassen,
- den Erfolg und den Wirkungsgrad neu eingeführter Prozesse (spezifische Restrukturierungsprogramme) zu messen.

Die Zieldefinition wurde durch eine vom Bereichsvorstand eingesetzte Projektgruppe gestaltet, die aus Führungskräften aller geschäftsführenden Einheiten, je einem Fachberater des Personalbereiches und der koordinierenden Stelle für EQA-Aktivitäten, sowie dem externen Berater, dem Institut für Arbeits- und Organisationspsychologische Forschung der Universität Mannheim, bestand. In einem Kick-Off-Workshop im Februar 1995 wurden die oben genannten Ziele erstmals definiert, die Projektorganisation festgelegt und das Grobkonzept des Vorgehens erarbeitet.

Wesentliches Element dabei war die frühzeitige Einbindung von Führungskräften aus den geschäftsführenden Einheiten, um die MAB von Beginn an als Instrument der Mitarbeiterführung und Organisationsentwicklung zu implementieren. Die Verantwortung für die Durchführung der Befragung lag bei dem Fachberater des Personalbereiches und dem externen Berater.

5 Die Konzentration auf die Schwerpunktthemen der KWU

Um den Fokus auf die aktuell wichtigsten Themen der KWU zu richten, von denen die größte Hebelwirkung für die Kulturveränderung erwartet wurde, wurden im Rahmen der Ergebnisdarstellung zu fünf Schwerpunktthemen Indizes gebildet, die mit Priorität im späteren Feedbackprozeß zu behandeln waren.

Es sind dies:
- der KWU-Zufriedenheitsindex (KWU-ZI)
- Kommunikation
- Delegation von Verantwortung und Zuständigkeit
- Teambildung
- Führung

Der KWU-ZI gibt das Maß der Gesamtzufriedenheit der Mitarbeiter mit der KWU an. Dabei wurden sowohl für den KWU-ZI als solchen, als auch für alle in den Index einge-zogenen Einzelfragen, Benchmarkwerte aus anderen MAB in Deutschland ermittelt, die es erlauben, einen Vergleich mit anderen Unternehmen anzustellen.

Da es sich bei den Schwerpunktthemen um komplexe Themengebiete handelt, die sich aus einer Vielzahl von Facetten zusammensetzen, genügte es nicht, z.B. die Ge-samtzufriedenheit nur unter Verwendung einer Frage zu ermitteln. Die Zusammenfüh-rung mehrerer Fragen zu einem Index erhöht zudem die Genauigkeit der Messung. Die Auswahl der Fragen erfolgte dabei in Zusammenarbeit mit unserem externen Partner, der Universität Mannheim, unter Verwendung der Faktoren- und Trennschärfenanalyse.

6 Die Methoden der Befragung

Der eingesetzte Fragebogen ist voll standardisiert und beinhaltet mehrere Themenkom-plexe (vgl. Tabelle 1).

Tabelle 1: Themen der KWU-Mitarbeiterbefragung.

- Arbeit und Arbeitsbedingungen
- Zusammenarbeit mit dem direkten Vorgesetzten
- Zusammenarbeit zwischen Kollegen und zwischen Abteilungen
- Organisation und Informationsfluß
- Führung
- Übergreifende Gruppenarbeit
- Qualität
- Vorschlagswesen
- Qualifizierung / Weiterbildung
- Einkommen / Sozialleistungen
- Image und Betriebsklima
- Mitarbeiterbefragung
- Umstrukturierung / Restrukturierung (nur in bestimmten Geschäftsgebieten)
- Offene Fragen (nur bei der Befragung 1995)

Während der Fragebogen der Befragung 1995 noch rund 280 Items enthielt, wurde der Fragebogen der zweiten Befragung 1996 auf rund 150 Items gestrafft. Lediglich in einem Geschäftsgebiet wurden darüber hinaus Fragen zu einer gerade laufenden Restrukturierung aufgenommen.

Zusätzlich konnten die Mitarbeiter bei der ersten Befragung ihre selbst formulierten Antworten zu drei offenen Fragen abgeben. Davon wurde 1996 unter anderem deshalb Abstand genommen, weil die Auswertung von offenen Fragen den Auswertungszeitraum bedeutend verlängerte.

Die Befragung wurde als Vollerhebung an weitgehend allen Standorten in Deutschland durchgeführt. Von der KWU-weiten Befragung ausgenommen wurden lediglich einige Standorte, die bereits kurz zuvor eigene Befragungen durchgeführt hatten, sowie ein Standort dessen Schließung anstand. Die Entscheidung für eine Vollerhebung, im Gegensatz zur Befragung einer Stichprobe, erfolgte aus zwei Gründen: Zum einen sollte jeder Mitarbeiter die Möglichkeit haben seine Meinung zu äußern, zum anderen wurde eine höhere Akzeptanz von Befragung und Ergebnissen erwartet.

7   Die Vorgehensweise bei der KWU-Mitarbeiterbefragung

Wesentlich für das Verständnis der Vorgehensweise bei der KWU-MAB ist, daß die MAB kein singulärer Vorgang ist, sondern als Teil eines revolvierenden Gesamtprozesses verstanden wird. Neben der Befragung selbst, sind die Diskussion der Ergebnisse zwischen Mitarbeitern und Führungskräften, die gemeinsame Ableitung von Maßnahmen, die Umsetzung und schließlich das Controlling der Umsetzung, die wesentlichen Schritte des Gesamtprozesses. Dieser Regelkreis (Closed loop) ist in Abbildung 3 dargestellt.

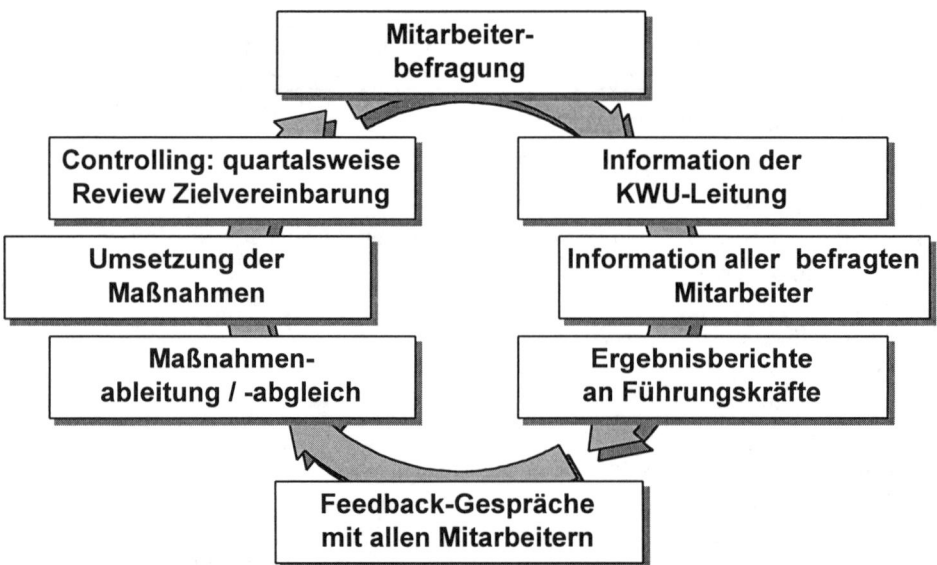

Abbildung 3: Der Prozeß der MAB (Closed Loop).

Vorabdiagnose zur Entwicklung des Fragebogens

In einer ersten Analyse wurden mittels Einzel- und Gruppeninterviews Wünsche und Erwartungen der Mitarbeiter bezüglich Themenschwerpunkten und Methodik der Befragung erhoben. Hierzu wurden etwa 300 Mitarbeiter aller Hierarchieebenen über alle Standorte und geschäftsführenden Einheiten befragt. Darauf basierend wurde ein erster Fragebogen erarbeitet, der nach der Präsentation und Verabschiedung in der Projektgruppe durch Testbefragungen hinsichtlich seiner Verständlichkeit validiert wurde. Die endgültige Fassung wurde bis Ende Juni 1995 erarbeitet.

Durchführung

Bei den beiden Befragungen 1995 und im Sommer 1996 wurden rund 11.000 bzw. 10.000 Mitarbeiter befragt. Zur Motivation wandte sich vor Beginn einer jeden Befragung der Bereichsvorstand per Brief direkt an jeden Mitarbeiter. In diesem Schreiben wurden Ziele und Ablauf der Befragung vermittelt sowie zur Beteiligung aufgerufen.

Der Versand der Fragebögen erfolgte in verschlossenen Umschlägen direkt an die Mitarbeiter. Neben den Fragebögen selbst enthielten die Umschläge Motivationsschreiben der jeweiligen Geschäftsgebietsleitungen mit ergänzenden Hinweisen zur Befragung sowie einen adressierten Rücksendeumschlag. Die Rücksendung der Fragebögen erfolgte anonym an zuvor eingerichtete Sammelstellen in den zuständigen Personalabteilungen. Von dort wurden die Umschläge ungeöffnet an das auswertende Institut weitergeleitet.

Während der Befragung wurden die Mitarbeiter laufend mittels Postern an exponierten Stellen (später auch im Intranet des Hauses) über die aktuelle Rücklaufquote informiert und zur Teilnahme motiviert. Die eigentliche Befragung erstreckte sich 1995 über einen Zeitraum von fünf, 1996 von vier Wochen. Bei der ersten Befragung wurde eine Rücklaufquote von ca. 60% erreicht, die 1996 auf 70% gesteigert werden konnte.

Noch während des Rücklaufs der Fragebögen wurde mit der Auswertung begonnen. Die Auswertung der Fragebögen erfolgte ausschließlich durch das Institut für Arbeits- und Organisationspsychologische Forschung der Universität Mannheim. Die Fragebögen wurden nach der DV-technischen Erfassung vernichtet. Die Erstellung der Ergebnisberichte nahm 1995 ca. drei Monate in Anspruch. Dies war im wesentlichen bedingt durch die manuelle Erfassung der Daten, den engen Terminplan - wodurch der Konzeption der Ergebnisberichte im Vorfeld zu wenig Zeit gewidmet werden konnte - und den erheblichen Aufwand bei der Auswertung der Antworten zu den nicht standardisierten Fragen.

Durch wesentliche Verbesserungen des Prozesses, wie z.B. dem Einsatz maschinenlesbarer Antwortbögen, frühzeitige Verabschiedung der Berichtskonzeption und Sicherstellung der Logistik zur Verteilung, sowie der Beschränkung auf voll standardisierte Fragen, konnte die Zeit zwischen Abschluß der Befragung und Verteilung aller ca. 330 unterschiedlichen Ergebnisberichte 1996 auf 3 Wochen verkürzt werden.

8 Feedback und Ableitung von Maßnahmen

Der entscheidende Teil der MAB ist der Feedbackprozeß. Von seinem Gelingen ist abhängig, ob die Ergebnisse in konkrete Verbesserungsmaßnahmen umgesetzt werden können, deren Ziel wiederum die Erhöhung der Mitarbeiterzufriedenheit ist. Nur dann erfüllt das Instrument seinen Zweck und wird auch bei den Mitarbeitern hinreichend akzeptiert.

Das Feedback begann ca. eine Woche nach Beendigung der Befragung mit der Information des Bereichsvorstands über die ersten Ergebnisse. In einem persönlich adressierten Brief teilte anschließend der Bereichsvorstand jedem Mitarbeiter die Rücklaufquote sowie die ersten wichtigen Ergebnisse mit und forderte zur Diskussion der Ergebnisse mit den Führungskräften auf.

Die Führungskräfte erhielten im Anschluß die ausführlichen Ergebnisberichte für ihre jeweilige Organisationseinheit. Dabei unterschied sich die Struktur der Auswertungen der zweiten Befragung doch in einigen Punkten gegenüber der ersten: 1995 wurden Ergebnisberichte für Einheiten der zweituntersten Organisationsebene (soweit dort mindestens 50 Mitarbeiter beschäftigt waren) sowie aller darüberliegenden Ebenen bis einschließlich KWU-Gesamt erstellt. Darüber hinaus wurden, neben der jeweiligen Gesamtsicht, standortspezifische Auswertungen erstellt. Als generelles Prinzip galt, daß Auswertungen nur dann erstellt wurden, wenn für die jeweilige Auswertungseinheit mindestens 20 eingegangene Fragebögen vorlagen. Diese Einschränkung galt auch für Sonderauswertungen nach bestimmten Mitarbeiterstrukturen (z.B. geschlechtsspezifisch oder aufgabenspezifisch). Wurde die Mindestanzahl eingegangener Fragebögen nicht erreicht, so wurden die Ergebnisse zur nächsthöheren Organisationseinheit verdichtet.

Im Rahmen der Feedbackdiskussionen zeigte die Ergebnisstruktur von 1995 zwei wesentliche Nachteile: Einerseits erwiesen sich die standortspezifischen Unterschiede von Einheiten, die an mehreren Standorten präsent sind, als nicht signifikant, andererseits zeigte sich, daß das Fehlen von Ergebnissen auf der untersten Organisationsebene eine persönliche Identifikation von Mitarbeitern und Führungskräften mit den Resultaten erschwert.

Um den o.g. Problemen zu entgegnen und möglichst organisationsspezifische Ergebnisse zu erhalten, wurden 1996 (in Abstimmung mit dem Betriebsrat) die Auswertungseinheiten auf die unterste Organisationsebene (Abteilungen) bezogen und deren Mindestgröße auf 10 Antworten reduziert. Dafür wurde die standortspezifische Trennung fallengelassen, da es ohnehin kaum Abteilungen mit Sitz an mehreren Standorten gibt. Es konnten somit 1996 für 86% aller befragten Organisationseinheiten spezifische Auswertungen erstellt werden, unter gleichzeitiger Wahrung der Anonymität.

Als zweckmäßig für einen schnellen Überblick erwies sich die 1996 gewählte Berichtsstruktur (vgl. Abbildung 4). Ziel war es, in einer Übersicht je Item oder Index, detailliert über das Resultat der eigenen Einheit, der darüberliegenden Einheit(en) und der Gesamt-KWU zu informieren, und dabei Mittelwerte, Häufigkeitsverteilungen und Veränderungen zu 1995 sowohl grafisch wie tabellarisch darzustellen. Hierdurch konnte nicht nur die Lesbarkeit der Ergebnisse deutlich erhöht werden, sondern auch der Umfang der Berichte um ca. 50% reduziert werden. Allerdings mußten, aufgrund der kleineren Auswerteinheiten, deutlich mehr unterschiedliche Berichte erstellt werden.

Schwerpunktthema Kommunikation

Ergebnisse zum Index mit Vergleichen zu anderen Organisationseinheiten

Schwerpunktthema Kommunikation		Jahr	Anzahl	Mittel-wert	sehr zufrieden 1	zufrieden 2	teils-teils 3	weniger zufrieden 4	unzu-frieden 5
							Angaben in Prozent		
Segment	96	96	64	2,54	5	52	36	6	2
	95	95	47	2,80	6	26	49	19	
Zweig	96	96	148	2,64	3	42	45	9	1
	95	95	111	2,93	1	29	49	20	2
Geschäftsgebiet	96	96	622	2,67	3	40	44	13	
	95	95	586	3,05	1	22	48	26	2
KWU Gesamt	96	96	6706	2,67	3	39	46	11	1
	95	95	5152	2,85	2	31	50	17	1

	95	96	!	0,00 0,05 0,10 0,15 0,20 0,25 0,30 0,35 0,40
Segment	2,80	2,54		
Zweig	2,93	2,64		
Geschäftsgebiet	3,05	2,67	*	
KWU Gesamt	2,85	2,67		

Abbildung 4: Beispiel KWU-Ergebnisbericht.

Die Berichte wurden 1996 nicht nur als Papier, sondern auch in Dateiform auf Disketten und CD-ROM`s verteilt. Ergänzend wurde an alle Führungskräfte ein "Leitfaden zur MAB" verteilt, der die Vorbereitung und Durchführung des Feedbackprozesses unterstützte. In diesem Zusammenhang wurden alle Führungskräfte verpflichtet

- sich intensiv mit den Ergebnissen zu beschäftigen,
- die Ergebnisse mit den Mitarbeitern zu besprechen,
- gemeinsam mit den Mitarbeitern Stärken und Schwächen zu identifizieren,
- gemeinsam Verbesserungsmaßnahmen abzuleiten,
- eine kontinuierliche Überprüfung von Umsetzung und Wirksamkeit der eingeleiteten Maßnahmen sicherzustellen.

Die Information der Mitarbeiter, und somit Diskussion der Ergebnisse, erfolgte für die Befragung 1995 - bedingt durch die lange Auswertezeit - erst ca. 3 bis 4 Monate nach

Abschluß der Befragung. Für die Befragung 1996 begann dieser Prozeß bereits einen Monat nach Ende der Befragung.

Kern des Feedbackprozesses ist eine von Führungskräften und Mitarbeitern gemeinsam durchgeführte Priorisierung von Ergebnissen und Verbesserungsmaßnahmen. Hierzu soll in jeder Organisationseinheit nach einem einheitlichen Schema vorgegangen werden (vgl. Abbildung 5).

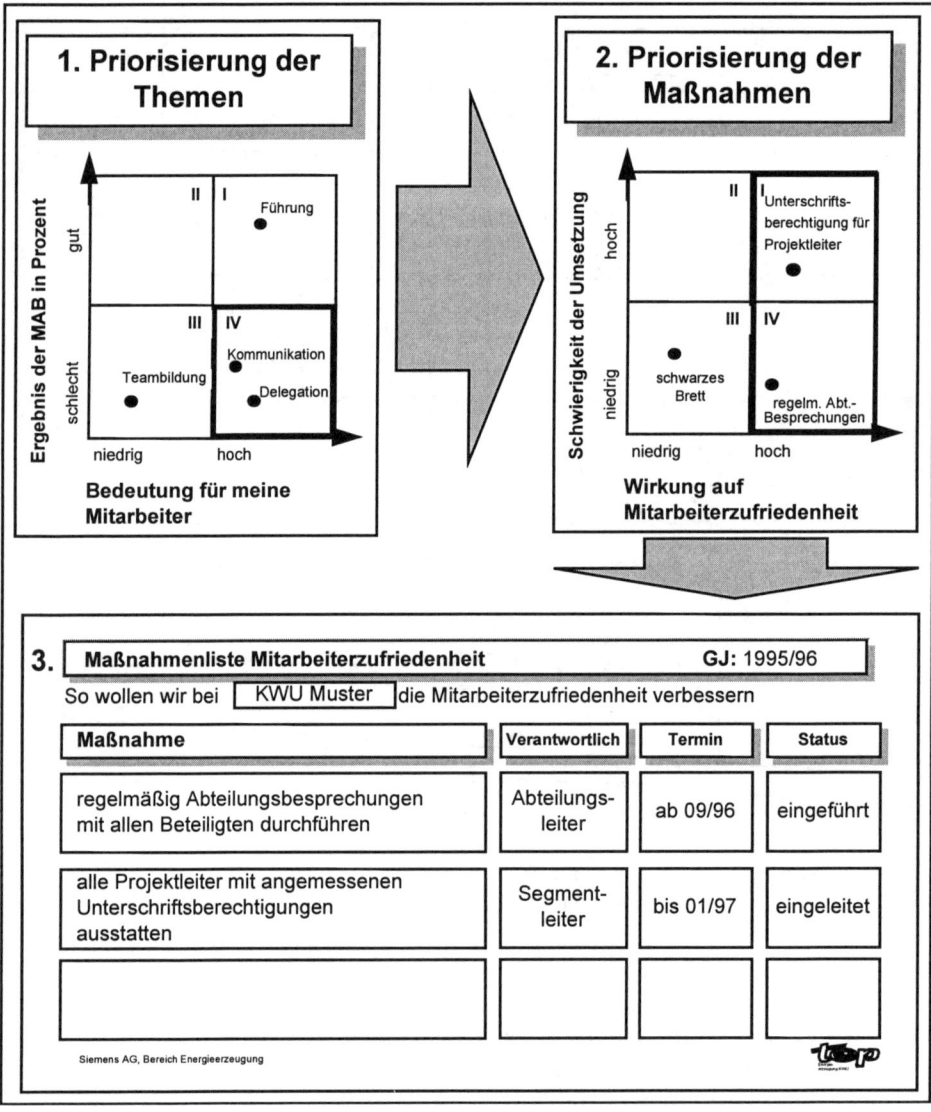

Abbildung 5: Ableitung und Dokumentation von Verbesserungsmaßnahmen.

Im ersten Schritt werden die besten und schlechtesten Ergebnisse der Befragung mit der subjektiven Bedeutung für die Mitarbeiter gewichtet und in einem Portfolio eingetragen. Die anschließende Festlegung von Maßnahmen soll sich auf schlechte Ergebnisse mit hoher Bedeutung konzentrieren. Im abschließenden Schritt werden die Maßnahmen nochmals nach Schwierigkeit der Umsetzung und Wirkung auf die Mitarbeiterzufriedenheit priorisiert. Die so gefundenen Verbesserungsmaßnahmen werden zum Bestandteil der Zielvereinbarung der Organisationseinheit und der Führungskraft, somit als Teil der Führungsaufgabe manifestiert und im *Kursbuch* der jeweiligen Organisationseinheit dokumentiert. Im Kursbuch werden, wie bereits erwähnt, Ziele der jeweiligen Organisationseinheit und Maßnahmen zur Zielerreichung festgehalten, wobei im Rahmen der sog. "reporting line" auch die Ziele aller übergeordneten Organisationseinheiten, einschließlich der Geschäftsgebietsebene, enthalten sind. Das Kursbuch schafft somit eine Transparenz der Ziele über alle Ebenen.

9 Controlling

Das wesentliche Element des Controlling liegt im Prozeß der Zielvereinbarungen. Hierbei werden für die einzelnen Organisationseinheiten und Führungskräfte individuelle Ziele vereinbart, deren Umsetzung einem regelmäßigen Review unterliegt. Die Maßnahmen zur Verbesserung der Mitarbeiterzufriedenheit sind, wie bereits erwähnt, Teil dieses Prozesses. Die direkte Messung der Wirksamkeit der Verbesserungsmaßnahmen erfolgt durch die jeweils im nächsten Jahr folgende MAB. Hierbei wird auch besonderer Wert auf Verbesserungen im Vergleich zur vorhergehenden Befragung gelegt.

10 Kontinuierliche Verbesserung des Prozesses Mitarbeiterbefragung

Auch der Prozeß der MAB selbst unterliegt, wie alle Geschäfts- und Managementprozesse, einer ständigen Verbesserung im Sinne von TQM. Danach ist der Prozeßowner - in diesem Fall der Personalbereich der KWU - gehalten ein regelmäßiges Prozeßreview durchzuführen. Wesentlicher Input hierfür ist:
- Antworten auf die offenen Fragen der ersten Befragung 1995
- Eigene Fragen zum Prozeß der MAB (1996)
- Verbesserungsvorschläge von Mitarbeitern
- Feedback von Führungskräften
- Hinweise externer Berater

Als Ergebnis dieses TQM-Prozesses wurden an der Befragung 1996 im Vergleich zum Vorjahr als Veränderungen vorgenommen:
- Reduzierung des Umfangs der Fragen (von 280 auf 150)
- Einfachere Handhabung des Fragebogens
- Maschinenlesbare Antwortbögen
- Günstigerer Befragungszeitpunkt (außerhalb Ferienzeit)
- Reduzierter Umfang der Ergebnisberichte durch hohe Standardisierung
- Deutlich verbesserte Lesbarkeit der Ergebnisberichte durch standardisierte Grafiken und Tabellen
- Wesentlich verkürzte Auswertungszeit
- Optimierung des Verteilungsprozesses der Berichte
- DV-technische Bereitstellung der Ergebnisse (z.B. als CD-ROM)

- Standardisierung des Feedbackprozesses sowie dessen Koppelung an den Prozeß der Zielvereinbarung

11 Auswirkungen

Die MAB hat im gesamten Unternehmen eine flächendeckende Diskussion des Themas Mitarbeiterzufriedenheit zwischen Führungskräften und Mitarbeitern ausgelöst bzw. wesentlich beschleunigt. Durch die MAB und die Diskussion der Ergebnisse wurde das eigentlich abstrakte Thema Mitarbeiterzufriedenheit sowohl für Führungskräfte wie Mitarbeiter konkretisiert. Erstmals konnte ein wirkliches Bild der Stimmung im Unternehmen gezeichnet werden, wogegen zuvor das Stimmungsbild im wesentlichen durch Einzelaussagen geprägt und damit wenig repräsentativ war. Darüber hinaus konnten erstmals objektive Aussagen zu Umsetzungsgrad und Akzeptanz neu eingeführter bzw. restrukturierter Geschäfts- und Managementprozesse getroffen werden.

Der Bereichsvorstand selbst griff die kritischsten Ergebnisse der ersten MAB auf und machte sie zu einem Schlüsselthema einer Tagung aller Führungskräfte der KWU, indem er alle Führungskräfte verpflichtete, das Führungsverhalten nachhaltig im Sinne einer stärkeren Mitarbeiterorientierung zu verändern. Dabei wurde insbesondere auch der Zusammenhang zu unserem weiteren Unternehmensziel - der Steigerung der Kundenzufriedenheit - aufgezeigt, was der Bereichsvorstand in dem Satz „So wie wir mit unseren Mitarbeitern umgehen, gehen wir auch mit unseren Kunden um" zusammenfaßte.

Der wesentliche Anteil an Konsequenzen aus der MAB wird in den einzelnen Organisationseinheiten selbst dezentral vollzogen. Dies entspricht auch der Philosophie, daß die direkt Betroffenen am besten beurteilen können was zu verändern ist und auf welchem Wege dies zu tun ist. Damit wird eine breite Streuung der Verantwortung für Veränderungen erreicht.

Die Auswirkungen der 1995 eingeleiteten Veränderungen wurden direkt in der Befragung von 1996 gemessen. Dabei ergab sich erwartungsgemäß ein heterogenes Bild: Unternehmensweit ergaben sich bei den Schwerpunktthemen *Kommunikation* und *Delegation von Zuständigkeit und Verantwortung* deutliche positive Tendenzen bei der Zufriedenheit, wogegen beim *Gesamtzufriedenheitsindex* und dem Schwerpunktthema *Führung* nur geringfügige positive Veränderungen auftraten. Einzig beim Thema *Teambildung* zeigte die Zufriedenheitsskala leicht nach unten.

Dieses Bild wird deutlich differenzierter bei der Betrachtung einzelner Organisationseinheiten, da sich hier zum Teil wesentlich signifikantere Veränderungen zum Positiven, aber auch Negativen ergaben. Gerade hierin zeigt sich die Qualität des Instruments, das erlaubt Schwachstellen sehr genau zu lokalisieren. Besonders erfreulich ist der Anstieg der Zufriedenheitswerte zum Thema *Kommunikation*, worin sich der Erfolg einer Reihe von Maßnahmen zeigt, die auf eine offenere Informationspolitik und kürzere, direktere Kommunikationswege abzielen. Neben dem generell offeneren Umgang mit Informationen gehören hierzu beispielsweise regelmäßige Diskussionsforen zwischen höherem Management und Mitarbeitern, aber auch die Vorgesetztenbeurteilung in Form eines offenen Gesprächs zwischen Mitarbeitern und direktem Vorgesetzten.

Trotz der oben genannten positiven Tendenzen zeigten sich die Mitarbeiter selbst mit dem Veränderungsprozeß seit der ersten MAB noch weitgehend unzufrieden. Zwar fühlten sich noch mehr als 80% der Befragten über die Ergebnisse der letzten MAB ausreichend informiert, doch waren nur weniger als 20% mit der Ableitung und Umsetzung der Ergebnisse insgesamt zufrieden. Dagegen genießt das Instrument der flächendeckenden MAB große Akzeptanz, was sich nicht nur in der Rücklaufquote von 70% zeigt, denn 78% der Befragten hielten die Durchführung einer MAB für sehr wichtig oder wichtig.

Bei der Interpretation der Ergebnisse zur Umsetzung abgeleiteter Maßnahmen ist zu berücksichtigen, daß zwischen Einleitung von Maßnahmen aufgrund der ersten Befragung und der zweiten Befragung nur ein knappes Jahr lag. Die Ergebnisse zeigen aber auch, daß Veränderungen der Unternehmenskultur nicht über Nacht erreicht werden können, sondern ein systematischer und über einen längeren Zeitraum angelegter Prozeß notwendig ist. Schließlich erfordert die Veränderung der Unternehmenskultur eine Veränderung des Verhaltens aller Beschäftigten.

12 Zukunft und Stellenwert der Mitarbeiterbefragung innerhalb der KWU

Die MAB findet nicht nur hohe Bedeutung und Akzeptanz bei den Mitarbeitern. Auch Management und Unternehmensleitung verdeutlichen immer wieder ihr Engagement für die MAB als Instrument zur Veränderung der Unternehmenskultur. Der Gesamtprozeß der MAB ist insofern als zentraler, jährlich zu wiederholender Prozeß des Personalmanagements innerhalb der KWU installiert worden. Die 1996 angewandte Form der Befragung hat sich bewährt und wird wohl in absehbarer Zukunft keine wesentlichen Veränderungen erfahren. Gleichwohl unterliegt auch die MAB einem kontinuierlichen Verbesserungsprozeß (begleitet durch laufende Prozeßreviews), so daß eine ständige Optimierung des Instruments, vor allem aber des Prozesses, sichergestellt wird. Ein Schwerpunkt für die Zukunft wird darauf liegen, für alle Schwerpunktthemen und eine Reihe weiterer zentraler Fragen, Benchmarks aus Befragungen anderer Unternehmen zu gewinnen, um weitere externe Vergleiche anstellen zu können, so wie dies 1996 bereits für den Zufriedenheitsindex erreicht werden konnte.

13 Abschließende Bewertung

Wie bereits erwähnt, genießt die MAB bei den Mitarbeitern der KWU eine hohe Bedeutung. Ob sie insgesamt zu einem Erfolg wird, wird entscheidend davon abhängen, wieweit es gelingt Verbesserungsmaßnahmen abzuleiten und diese flächendeckend umzusetzen. In diesem Prozeß befindet sich die KWU derzeit. Zusammenfassend läßt sich jedoch sagen, daß u.E. für Erfolg oder Mißerfolg einer MAB folgende Faktoren verantwortlich sind:

- Die MAB darf kein singuläres Ereignis sein, sondern muß sinnvoll in einen Gesamtprozeß der Kulturveränderung eingebettet sein. In diesem Prozeß muß sie laufend wiederholt werden, da sie nicht nur Ausgangspunkt für Veränderungen sein darf, sondern auch Meßinstrument für das Ausmaß eingeleiteter Veränderungsmaßnahmen sein muß.

- Sie muß vom Management des Unternehmens gewollt sein und in jeder Phase aktive Unterstützung durch die Unternehmensleitung erfahren, denn nur wenn die Mitarbeiter ein hinreichendes Vertrauen in die Veränderungsbereitschaft des Management haben, werden sie sich umfassend in der MAB engagieren.
- Entscheidend für den Erfolg ist ein offener und umfassender Feedbackprozeß. Das heißt, es muß eine offene und umfassende Diskussion über die Ergebnisse in Gang kommen. Führungskräfte und Mitarbeiter müssen gemeinsam und gleichberechtigt aus Schwachstellen Verbesserungsmaßnahmen ableiten, aber auch Stärken würdigen und es muß sichergestellt sein, daß vereinbarte Verbesserungsmaßnahmen auch zeitnah umgesetzt werden.
- Voraussetzung für eine hohe Beteiligung und offene Antworten ist schließlich die absolute Gewährleistung der Anonymität, die auch für die MA nachvollziehbar sein muß. Darüber hinaus erhöht nach unserer Erfahrung eine Gesamterhebung im Gegensatz zur Befragung von Stichproben sowohl die Akzeptanz des Instruments als auch der Ergebnisse.

Zum Schluß bleibt noch die Frage inwieweit MAB dazu geeignet sind, Veränderungen in Unternehmen herbeizuführen. Wir haben dazu folgende Meinung: Die MAB im engeren Sinne ist ein Diagnoseinstrument und kann als solches zuerst einmal keine Veränderung im Unternehmen bewirken. Sie ist jedoch geeignet Schwachstellen aufzudecken und Erfolge aufzuzeigen. Eingebettet in einen Gesamtprozeß mit Feedback, Umsetzung vereinbarter Maßnahmen und Controlling kann sie einen wesentlichen Beitrag zu Veränderungsprozessen im Unternehmen leisten.

Und schließlich setzt die MAB ein Zeichen, ein Zeichen dafür, daß das Management nicht nur Wert auf die Meinung aller Mitarbeiter legt, sondern die Meinung aller als wichtige Ressource im Rahmen des allgemeinen Veränderungsprozesses ansieht und Maßnahmen ergreift, um das Unternehmensziel die Erhöhung der Mitarbeiterzufriedenheit tatsächlich zu erreichen.

Methodische Besonderheiten einer 1995 weltweit durchgeführten Führungskräftebefragung bei der Henkel KGaA

Carmen Klann und Klaus H. Pobel

1   Ausgangslage

Mitarbeiterbefragungen (MAB) haben sich in den letzten 10 Jahren bei der Firma Henkel in Düsseldorf zu einem nützlichen Instrument entwickelt. Sie schaffen Möglichkeiten, Einstellungen von Mitarbeitern zu ihren Arbeitsbereichen und zum Unternehmen in systematischer und objektivierbarer Form zu erforschen.

Bevor die ersten schriftlichen anonymisierten MAB durchgeführt wurden, lagen bereits zu bestimmten Fragestellungen des Betriebsklimas und der Führung einige Befragungserfahrungen mit der Interviewmethode vor. Diese Erfahrungen bildeten eine wichtige Grundlage bei der Entwicklung des ersten Fragebogens.

Seit 1986 werden im Unternehmen im Turnus von 4 bis 5 Jahren Führungskräftebefragungen und MAB durchgeführt. Dadurch ergibt sich eine Erfahrungskette mit dem Meßinstrument Fragebogen im Unternehmen.

Im Laufe der Jahre wurde der Fragebogen modifiziert und stets den sich ändernden Bedingungen angepaßt. Ein weiterer Unterschied zwischen den Befragungen ist der Umfang der Teilnehmer. So beschränkte sich die erste Führungskräftebefragung auf die Führungskräfte der Zentrale in Düsseldorf, die zweite bezog bereits die größten Tochterfirmen mit ein und die aktuelle Führungskräftebefragung umfaßte neben der Zentrale in Düsseldorf alle Tochterfirmen - ca. 78 in In- und Ausland.

Die Untersuchungsergebnisse werden sehr ernst genommen und setzten weitreichende Prozesse in Gang. So war zum Beispiel die Führungskräftebefragung 1990 in Kombination mit Analysen über externe Entwicklungen Auslöser für die Entwicklung einer Vision "Kulturevolution bei Henkel". Die Ergebnisse der Führungskräftebefragung 1990 ergaben objektivierbare Hinweise über Änderungsbedarf, Potentiale und Chancen. Deshalb wurde auf einer Management-Konferenz der leitenden Angestellten mit der Ankündigung der Kulturrevolution ein entscheidender Einschnitt erreicht. Es wurden die Entwicklung und planmäßigen Veränderungen der Henkel Führungskultur angekündigt (vgl. Abbildung 1) und in Projektarbeit umgesetzt.

Die große Zahl der Befragungsteilnehmer und der Umfang der Kulturevolution mit ihren Auswirkungen auf das Unternehmen lieferten weitere Aspekte, die in der Befragung 1995 berücksichtigt werden mußten.

Welche spezifischen Problemstellungen sich durch die umfangreiche internationale Befragungsgruppe ergaben, soll in den folgenden Ausführungen dargestellt werden.

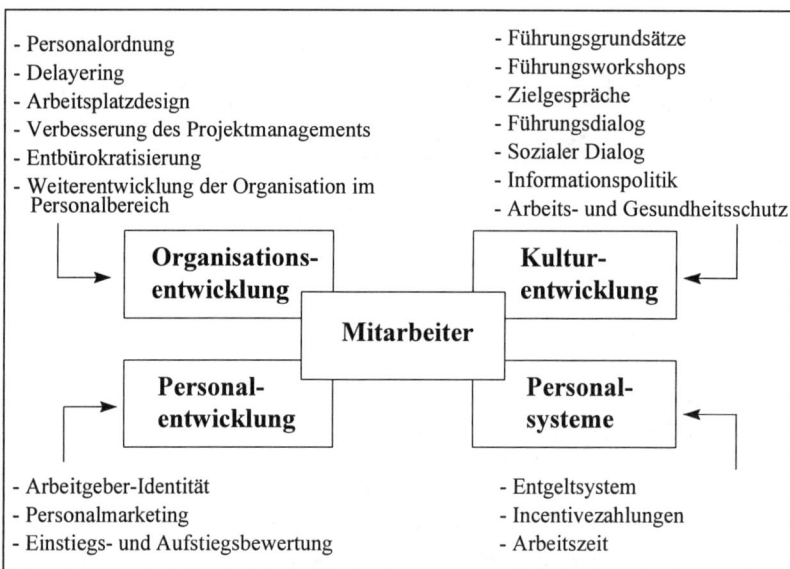

Abbildung 1: Die strategischen Felder der Personalpolitik.

Exkurs über Internationalität und kulturelle Differenzen

In einem international arbeitenden Unternehmen ist es wichtig, den Unterschieden der Mitarbeiter aufgrund unterschiedlicher Persönlichkeiten gerecht zu werden. Es ist eine Erfahrungstatsache, daß Kultur und Landeseinfluß auch ganz spezifische Probleme aufwerfen oder zumindest das Spektrum der Variationsmöglichkeiten der Persönlichkeiten erweitert.

So ist zum Beispiel folgendes nachgewiesen worden: „Bei den für die Berechnung der Punktwerte der Dimension "Individualismus/Kollektivismus" eingesetzten Fragen tendierten amerikanische IBM-Befragte dahingehend, wesentlich stärker individualistisch abzuschneiden als japanische Befragte". (Hofstede, 1991a)

Dies bedeutet nicht, daß jeder Amerikaner individualistischer eingestellt ist als jeder Japaner. Diese Aussagen können nur auf einer kollektiven Ebene getroffen werden. Es macht jedoch deutlich, daß es nachweisliche Unterschiede in den verschiedenen Nationen gibt, die man erkennen und konstruktiv nutzten sollte.

In einem internationalen Unternehmen stellt sich jedoch eine weitere Frage: Was ist der größere Wirkfaktor, die Nationalität als differenzierende Kraft oder aber die Aufgabe und Firmenzugehörigkeit? Kann eine Firmenkultur Homogenität bewirken, wodurch die "Landeseinflüsse" relativiert werden?

Die Beantwortung dieser Fragen ist von großer Bedeutung, da sich für ein internationales Unternehmen, je nachdem wie diese Fragen zu beantworten sind, völlig unterschiedliche Konsequenzen ergeben. Sollte sich herausstellen, daß die nationalen Unterschiede wesentliche Auswirkung haben, so muß man diese herausstellen und dann die kulturellen Unterschiede als Chance für weitere Entwicklungen einsetzen. Sollte sich jedoch herausstellen, daß die Firmenzugehörigkeit eine relative Homogenität in der internationalen Gruppe erzeugt, kann man in Zukunft strategisch anders vorgehen, da bestimmte "vermeintliche Probleme" firmenintern keine tatsächlichen Probleme darstellen.

2 Ziel einer Befragung

Diese aktuelle Befragung 1995 zielte auf zwei Aspekte ab:
- Zum einen sollte erfaßt werden, ob und inwieweit die Führungskräfte die in dieser Erhebung untersuchten Themen anders beurteilen als noch 1990 (Veränderungen in der Längsschnittuntersuchung).
- Des weiteren sollte untersucht werden, wo die Firma auf dem Weg zu einer einheitlichen Firmenkultur steht, wo die kulturellen Unterschiede und Einflüsse liegen, wo Problemkreise systematisch bearbeitet werden sollen und wo die positiven Ausgangspunkte liegen.

3 Befragungsthemen

Da bereits breite praktische Erfahrungen vorlagen, wurden die bisherigen Fragenkataloge mit statistischen Verfahren hinsichtlich Aussagekraft und Trennschärfe untersucht und sortiert. Es wurde darauf geachtet, einen Grundbestand an bewährten Fragen im Sinne eines Zeitreihenvergleiches fortzuführen. Dadurch entstand die Möglichkeit, neue Fragen zu strategischen und aktuellen Themen aufzunehmen.

Die ca. 100 Fragen des Fragebogens zielen auf folgende Themenkreise:
- Firmenimage
- Arbeitsplatz-/bedingungen
- Information
- Gehalt/Entgelt
- Zusammenarbeit
- Führung
- Firmenleitlinien/Führungsleitlinien
- Auswirkungen der letzten Befragung/Trends

Tabelle 1: Beispiel aus dem Fragebogen zum Thema: Firmenimage.

What is your opinion about the image of the company among the employees?	☐	• very good / ein sehr gutes
	☐	• good / ein gutes
("the company" from here on refers to the company for which you work)	☐	• average / ein durchschnittliches
	☐	• poor / ein schlechtes
Welches Ansehen hat Ihrer Meinung nach die Firma bei der Belegschaft?	☐	• very poor / ein sehr schlechtes
("die Firma" meint bei dieser und allen weiteren Fragen das Unternehmen, in dem Sie beschäftigt sind.)		

Tabelle 2. Beispiel aus dem Fragebogen zum Thema: Arbeitsplatz, -bedingungen.

Does your performance or success on the job give you satisfaction? Gibt Ihnen Ihre Arbeit eine Möglichkeit, sich über Ihre Leistung, über Ihren Erfolg zu freuen?	☐ ☐ ☐ ☐ ☐	• very often / sehr häufig • often / häufig • sometimes / manchmal • seldom / selten • never / nie

Tabelle 3. Beispiel aus dem Fragebogen zum Thema: Information.

Do you feel you are informed *in time* about important matters concerning the company? Fühlen Sie sich über die wesentlichen Dinge in Ihrer Firma *rechtzeitig* informiert?	☐ ☐ ☐ ☐ ☐	• always / immer • mostly / meistens • sometimes / manchmal • seldom / selten • never / nie

Tabelle 4: Beispiel aus dem Fragebogen zum Thema: Gehalt/Entgelt.

How do you rate your renumeration (pay, christmas / holiday gratifications, bonus payments) compared with pay packages that you know or believe other companies pay their employees? Wie beurteilen Sie Ihre Bezüge (Entgelt, Weihnachtsgeld, Urlaubsgeld usw.) im Vergleich zu dem, was man über die Entgelte usw. bei anderen Firmen hört oder vermutet?	☐ ☐ ☐ ☐ ☐ ☐	My compensation is... / Meine Bezüge sind ... • much better / viel besser • slightly better / etwas besser • about the same / etwa gleich • somewhat lower / etwas schlechter • considerably lower / viel schlechter • I don´t know / kann ich nicht beurteilen

Tabelle 5: Beispiel aus dem Fragebogen zum Thema: Zusammenarbeit.

How do you rate the cooperation between internal organizations / units you have contact with? Wie zufrieden sind Sie zur Zeit mit der praktischen Zusammenarbeit mit anderen Organisationseinheiten, zu denen Sie Arbeitskontakt haben?	☐ • very good / sehr zufrieden
	☐ • good / zufrieden
	☐ • fair / teils, teils
	☐ • poor / unzufrieden
	☐ • very poor / sehr unzufrieden
	☐ • I have no contact with other departments / ich habe keine Arbeitskontakte zu anderen Organisationseinheiten

Tabelle 6: Beispiel aus dem Fragebogen zum Thema: Führung.

Does your superior foster an open work environment? Sorgt Ihr Vorgesetzter für eine offene Arbeitsatmosphäre?	☐ • yes, I am very satisfied / ja, bin sehr zufrieden
	☐ • yes, I am satisfied / ja, bin zufrieden
	☐ • neither agree nor disagree / teils, teils
	☐ • no, I am dissatisfied / nein, bin unzufrieden
	☐ • no, I am very dissatisfied / nein, bin sehr unzufrieden

Tabelle 7: Beispiel aus dem Fragebogen zum Thema: Firmenleitlinien/Führungsleitlinien.

1. strongly agree / stimmt voll und ganz 2. agree / stimmt überwiegend 3. neither agree nor disagree / teils, teils 4. disagree / stimmt überwiegend nicht 5. strongly disagree / stimmt gar nicht	1	2	3	4	5
Differences in opinions and arguments, deriving from the diversity of employees, thinking and feeling, are constructively used for the benefit of the company. Unterschiedliche Meinungen und Argumente, die aus der Vielfalt im Denken, Fühlen und Wahrnehmen aller Mitarbeiter entstehen, werden in unserer Firma konstruktiv genutzt.	☐	☐	☐	☐	☐

Tabelle 8: Beispiel aus dem Fragebogen zum Thema: Auswirkungen der letzten Befragung /Trends.

In your opinion, what are the critical factors for the future success of your company? *(Maximum 5 answers)* Welches sind Ihrer Meinung nach die kritischen Faktoren für den künftigen Erfolg Ihres Unternehmens? *(Maximal 5 Antworten)*	☐	• Increase in turnover at the expense of profits / Umsatzwachstum auf Kosten des Gewinns
	☐	• Increase in profits at the expense of turnover / Gewinnsteigerung auf Kosten des Umsatzes
	☐	• Better focus on clients / Höhere Kundenorientierung
	☐	• To buy other companies / Zukauf anderer Firmen
	☐	• Concentration on important basic products / Konzentration auf wichtige Basisprodukte
	☐	• To innovate / Innovationen
	☐	• To motivate staff / Motivation der Belegschaft
	☐	• To engage all staff in company objectives / Einbindung der Mitarbeiter in die Erreichung der Unternehmensziele
	☐	• To give more information to staff / Mehr Information für die Belegschaft
	☐	• To experience success / Erfolgserlebnisse
	☐	• To learn from mistakes / Aus Fehlern zu lernen
	☐	• To strengthen the company´s image / Stärkung des Image
	☐	• To achieve leadership in the most important markets / Die Führung in den wichtigsten Märkten zu erreichen
	☐	• To get more involved in ecological issues / Mehr Umweltschutzengagement
	☐	• To extend the business into other markets / Ausweitung der Geschäfte in andere Märkte
	☐	• Ambitious mission which is supported by all Henkel staff / Anspruchsvolle Ziele und Aufgaben, die von der gesamten Belegschaft getragen werden
	☐	• To innovate more leading products, which can not be duplicated by our competitors / Führende Produkte auf den Markt bringen, die von unseren Mitbewerbern nicht kopiert werden können
	☐	• Competent leadership striving for change and challenge / Eine kompetente Führung, die nach Veränderungen strebt und sich Herausforderungen stellt
	☐	Others / Andere: _____

4 Wahrung der Anonymität durch Arbeitsteilung: Unternehmen / externes Institut

Bei MAB zeigt sich erfahrungsgemäß das Problem, daß Mitarbeiter sich scheuen, ihre Meinung über firmeninterne Belange zu äußern. Die Gründe mögen vielfältig sein; echte, vermutete, herbeigeredete. Auch die Sorge vor persönlichen Konsequenzen beim Bekanntwerden von Kritik wird häufiger erwähnt. Somit stellt sich die Frage der Anonymität immer wieder bei schriftlichen Befragungen. Nach unseren Erfahrungen ist es gut möglich, absolute Anonymität zuzusichern und gleichzeitig aussagefähige Ergebnisse zu erhalten. Damit ein möglichst hohes Vertrauen in die Anonymität dieser Erhebung erreicht werden konnte, wurde die Erhebung nicht firmenintern abgewickelt. Bei der Durchführung und der Auswertung wurde ein bewährtes, externes Institut eingeschaltet. Die Koordination erfolgte zentral durch einen Beauftragten des Personalmanagements der Zentrale in Düsseldorf. Die Arbeitsteilung erfolgte wie folgt:

Arbeitsschritte der Firma:
1. Festlegung der Themenkreise und Frageninhalte
2. Abstimmung der Formulierung der Fragen mit den Personalleitern der in- und ausländischen Tochterfirmen sowie mit Repräsentanten der Zielgruppen
3. Festlegung des Kreises der Zielgruppe in der Firmengruppe und der einzelnen Befragungsteilnehmer
4. Erstellung einer abgestimmten deutsch - englischen Version des Fragebogens.
5. Präsentation der Ergebnisse
6. Veranlassung von Zusatzauswertungen. Basis hierfür waren die anonymisierten Ergebnisse der Befragung
7. Bearbeitung zentraler Ergebnis-Themen in Arbeitsgruppen und Projekten

Arbeitsschritte des externen Instituts:
1. Produktion der Fragebogen
2. Versand der Befragungsunterlagen
3. Erfassung der Antworten
4. Statistische Auswertung der Ergebnisse
5. Produktion der Auswertung und des Ergebnismaterials für die Leiter von ausgewerteten Organisationseinheiten und für die Befragungsteilnehmer

5 Befragungsteilnehmer

Bei den MAB im Unternehmen Henkel wird zwischen MAB und Führungskräftebefragungen unterschieden. Diese Unterscheidung macht Sinn, da sich für diese beiden Personengruppen zum Teil unterschiedliche Befragungsthemen ergeben.

Auf der Ebene der Mitarbeiter haben die Belange innerhalb der eigenen Organisationseinheit die höchste Relevanz.

Auf der Ebene der Führungskräftebefragung kommen hingegen stärker multikulturelle, Einzelfirmen übergreifende Aspekte zum tragen.

Zielgruppe der Mitarbeiterbefragung der Firma Henkel KGaA 1995/96

Die Befragung wollte die Führungskräfte des Middle-Managements aufwärts der Henkel KGaA in Düsseldorf und aller Tochterfirmen weltweit einbeziehen. Als konkretes Kriterium für die Zielgruppenbestimmung konnte die konzernweit eingeführte Stellenbewertung herangezogen werden.

Festlegung des Teilnehmerkreises der Befragung

Die Festlegung der Teilnehmer von der Zentrale in Düsseldorf, der Außendienstführungskräfte und der Entsandten und Versetzten war unproblematisch, da diese Personen alle in der Henkel KGaA organisatorisch erfaßt sind und mit einfachsten Verwaltungsmitteln bestimmt werden können.

Komplizierter war hingegen die Bestimmung der Teilnehmer in den Tochterfirmen. Da einigen Tochterfirmen wiederum weitere Unternehmen angeschlossen sind, die ihrerseits keinen direkten Kontakt zu der Zentrale in Düsseldorf haben, wurde die Bestimmung der Teilnahmeberechtigten wie folgt durchgeführt:

Alle Tochterfirmen wurden angeschrieben. In diesem Anschreiben wurden die Leiter der Unternehmen über die anstehende Befragung informiert und gebeten, einen Ansprechpartner im Unternehmen für die weiteren organisatorischen Maßnahmen zu bestimmen. Außerdem lag dem Anschreiben eine Teilnehmerliste bei, die im Unternehmen überprüft und gegebenenfalls korrigiert werden sollte. In den Fällen, in denen keine Informationen über die Mitarbeiter eines Unternehmens vorlagen, wurde eine Blanco - Teilnehmerliste beigefügt mit der Bitte, diese nach dem Kriterium Führungskraft ab einer bestimmten Einstufung auszufüllen.

Die Koordination der Teilnehmer weltweit war ein notwendiger Schritt, um die Definition der Zielgruppe zu gewährleisten, postalische Probleme angesichts der zugesicherten und natürlich eingehaltenen Anonymität klein zu halten und eine zeitgleiche Durchführung in der gesamten Unternehmensgruppe zu gewährleisten.

6   Erhebungsmethode und Konzeption des Fragebogens

Die Konzeption des Fragebogens erfolgte aufgrund der bisherigen Erfahrungen im Headquater. Prinzipiell wurde die Befragung wie ein normaler Geschäftsvorgang behandelt. Der Entwurf des Fragebogens wurde den Personalleitern zur Ansicht und Korrektur vorgelegt. Dadurch sollte das Risiko vermindert werden, die Befragung zu einseitig aus der Sicht der Zentrale in Düsseldorf, zu gestalten.

Wir haben uns für diesen Weg entschieden, da dieses Vorgehen im Unternehmen anerkannt und aufgrund der Gewohnheit sehr praktikabel ist. Wir sind uns darüber im klaren, daß es nicht den höchsten wissenschaftlichen Ansprüchen genügt, aber das war auch nicht unser Ziel. Vielmehr sollte mit der Befragung ein von allen Befragten weitgehend akzeptiertes Meßinstrument praktiziert werden, das es ermöglicht, Stimmungen und Meinungen in allen Unternehmen objektivierbar zu erfassen. Wir wollten vermeiden, daß durch "Pretestbefragungen" in allen Unternehmen eine Art "Befragungsmüdigkeit" vor der eigentlichen Befragung eintritt.

Der Fragebogen umfaßt insgesamt 110 - 121 Fragen. Bei dem Entwurf des Fragebogens wurden folgende Aspekte berücksichtigt:

- Die Befragung 1995 sollte einen Vergleich mit den Ergebnissen der Befragung 1990 ermöglichen. Aus diesem Grund mußten geeignete Fragen aus dem Fragebogen 1990 direkt übernommen werden.
- Die Befragung sollte auch aktuelle Themen erfassen. Es hat sich zum Beispiel gezeigt, daß das Thema Zusammenarbeit zwischen der Zentrale und den Tochterunternehmen ein Thema ist, das mehr Beachtung finden sollte als noch 1990.
- Durch die intensive Zusammenarbeit mit den Tochterfirmen bei der Fragengestaltung wurden zahlreiche Ergänzungen und Erweiterungen im Themenspektrum vorgenommen.
- In den Fällen, in denen die verbundenen Unternehmen die Möglichkeit genutzt haben, ihre firmenspezifischen Fragen einzureichen, erhielt deren Fragebogen noch einen zusätzlichen Fragenteil.
- Die "internationale Abstimmung" wurde durch drei Meetings, die sich aus Personalleitern aus mehreren Ländern zusammensetzte, sichergestellt.

Spezifische Anforderungen an die Inhalte einer internationalen Befragung

Die internationale Befragung hat zwei Intentionen. Zum einen soll versucht werden, die durchgängigen Aspekte, die sich aufgrund der Zugehörigkeit zu ein und demselben Unternehmen ergeben, zu erfassen, zum anderen sollen die für jedes Tochterunternehmen ganz spezifischen Aspekte (unterschiedliche Kultur und geschäftliche Problemstellungen, die sich meist nur in einzelnen Tochterunternehmen ergeben) erfaßt werden.

Sprachliche Barrieren

Bei einer Befragung, die in ca. 60 Ländern durchgeführt werden sollte, liegt es auf der Hand, daß sich sprachliche Probleme ergeben müssen.

Da es zeitlich und organisatorisch unpraktikabel erschien, Fragebögen in der jeweiligen Landessprache zu erstellen, wurde der Fragebogen in deutscher und englischer Sprache angefertigt. Es wurde jedoch den einzelnen Unternehmen freigestellt, eine Übersetzung in die jeweilige Landessprache vorzunehmen. Angesichts der Zielgruppe Führungskräfte reichten die beiden Sprachen jedoch aus, weil Deutsch und Englisch seit einigen Jahren als gleichberechtigte Konzernsprachen gelten und in der Arbeit praktiziert werden.

7   Durchführung der Befragung

Verteilung der Fragebögen

Die Befragungsunterlagen, bestehend aus Fragebogen, Anschreiben und Erläuterungen die, wie bereits erwähnt, von einem externen Institut erstellt worden sind, wurden an die Koordinatoren in den beteiligten Tochter-Unternehmen versandt. Diese waren dann für die Verteilung der Materialien an die einzelnen teilnehmenden Führungskräfte verantwortlich.

Rücklauf der Fragebögen

Jeder Teilnehmer erhielt einen Rückumschlag, der an das Institut in Deutschland adressiert war, welches die Auswertung der Daten durchführte. Es stand den Befragungsteilnehmern frei die Unterlagen separat zurückzuschicken, oder aber die Antworten konnten im jeweiligen Unternehmen gesammelt und dann gebündelt über den "Henkel Postweg" an das auswertende Institut geschickt werden.

Beide Variationen wurden etwa gleich häufig genutzt. Bis auf wenige Ausnahmen funktionierte der Transfer der Unterlagen reibungslos.

Rücklaufquoten 1990 / 1995 im Vergleich

Der Zahlenvergleich der Beteiligung (vgl. Tabelle 9) macht glaubhaft, daß bei der Zielgruppe eine positive Einstellung zu Befragungen besteht und daß darin eine Möglichkeit gesehen wird, die eigene Sicht und Meinung zu äußern. Die Zahlen können auch ausdrücken, daß durch die wiederholte Durchführung keine Befragungsmüdigkeit, sondern eine Steigerung der Beteiligung möglich ist. Ursache könnte auf der einen Seite das starke Vertrauen auf Wahrung der Anonymität sein und auf der anderen Seite die Erfahrung, daß die Ergebnisse in der Vergangenheit kommuniziert wurden und daß Verbesserungsmaßnahmen eingeleitet wurden.

Tabelle 9: Vergleich der Teilnehmerzahlen und Rücklaufquoten der Jahre 1990 und 1995.

	1990	*1995*
Teilnehmer	876	2102
Rücklaufquote	78%	80%

8 Auswertung der Ergebnisse

Die Auswertung der Ergebnisse wurde, wie bereits erwähnt, von einem externen Institut durchgeführt, das auch die vorausgegangenen Befragungen mit Erfolg durchgeführt hat, also bekannt war.

Die Antworten der geschlossenen Fragen wurden erfaßt und dann mittels SPSS-PC statistisch ausgewertet. Die Antworten der offenen Fragen wurden aufgrund der zu geringen Anzahl nur qualitativ ausgewertet.

Auswertungseinheiten

Da die Ergebnisse nicht nur insgesamt, sondern in möglichst aussagekräftigen Einheiten ausgewertet werden sollten, wurde definiert: Auswertungseinheit sollte jede direkt an die Geschäftsführung berichtende Organisationseinheit mit einer Mindestzahl von 5 beantworteten Fragebogen sein. Einheiten, die aufgrund zu geringer Teilnehmerzahlen nicht separat ausgewertet werden konnten, wurden mit der nächsthöheren Organisationseinheit zusammen ausgewertet.

Auswertungsebenen

Bei einer derartigen Datenfülle und einer schlanken, aber differenzierten Firmenstruktur war es nicht möglich, sich nur auf die Auswertung der so definierten Auswertungseinheiten zu beschränken. Dies hätte dazu geführt, daß sich eine relativ große Gruppe "Sonstige" ergeben hätte, die jeweils als Restgröße in "einen Topf" geworfen worden wären. Aus diesem Grunde wurde noch ein weiteres System, das der Auswertungsebenen, hinzugenommen. Die Auswertungsebenen sind an die Berichtsebenen der Firmenorganisation angelehnt. Dadurch ergab sich, daß kleinere, nicht einzeln auswertbare Einheiten nicht nur in die Gesamtergebnisse einer größeren Einheit einflossen, sondern mit der nächsthöheren Auswertungsebene gemeinsam ausgewertet wurden. Dies hat den Vorteil, daß sich der Einzelne in den Ergebnissen einer kleineren, vertikalen Einheit eher wiederfindet als in einer großen Gruppe, in die sehr viele, unterschiedliche Faktoren einwirken.

Ein Kennzeichen der Henkel KGaA ist die organisatorische Grundstruktur, nach der in der Zentralgeschäftsleitung in 5 operativen und 3 funktionalen Geschäftsbereichen weltweit geführt wird. Die Geschäftsbereiche untergliedern sich wiederum in "Organisationseinheiten", die der Leitung des Geschäftsbereichs oft direkt unterstellt sind.

Art der Darstellung der Ergebnisse und Dokumentation

Jedes beteiligte Unternehmen und jede Organisationseinheit der Henkel KGaA erhielt seine eigenen Auswertungsunterlagen. Diese Unterlagen umfaßten einen Graphikband, in dem die signifikanten Ergebnisse dargestellt worden sind, und einen Datenband, in dem alle Zahlenergebnisse dargestellt waren. Diese Unterlagen beinhalteten jeweils die eigene und die nächsthöhere Auswertungseinheit als Vergleichs- und Orientierungswert. Des weiteren waren noch folgende Vergleichsdaten aufgeführt:

Die Ergebnisse der gesamten Henkel Gruppe und bei den Tochterfirmen die Ergebnisse der Gesamtgruppe der Tochterfirmen. Im Falle der Mitarbeiter der Henkel KGaA in Düsseldorf entfiel die Übersicht der Ergebnisse der verbundenen Unternehmen und sie erhielten statt dessen die Ergebnisse der Henkel KGaA.

9   Information über die Ergebnisse

Die Ergebnisse wurden in Präsentationen der Geschäftsführung und den Mitgliedern des oberen Führungskreises vom externen Institut dargestellt. Des weiteren erhielt jede Organisationseinheit ihre eigenen Ergebnisse in Form eines Grafik- (mit farbigen Folien) und eines Datenbandes.

Jeder Leiter einer ausgewerteten Einheit erhielt zwei Ausfertigungen des Materials, so daß die befragten Führungskräfte die Unterlagen einsehen konnten.

Der zuständige Personalleiter erhielt ebenfalls die vollständigen Ergebnisse, um im Informations- und Umsetzungsprozeß eine kooperative Rolle spielen zu können.

Die Abbildungen 2-4 sollen einen Eindruck vermitteln, in welcher Form die Ergebnisse in den Graphik-Bänden dargestellt wurden. Da wir an dieser Stelle keine konkreten Ergebnisse einer Auswertungseinheit veröffentlichen wollen, handelt es sich um exemplarische Darstellungen.

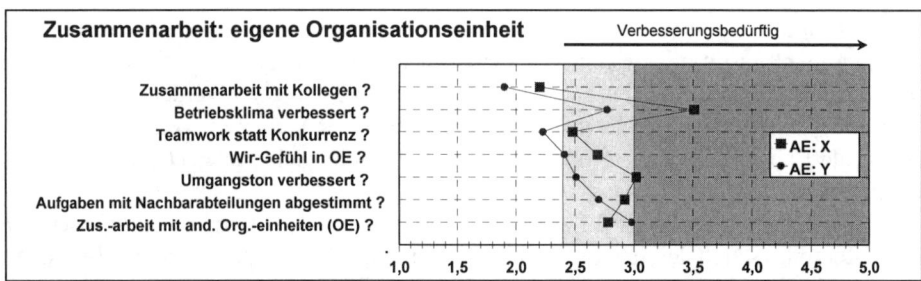

Abbildung 2: Zusammenarbeit in der eigenen Organisationseinheit.

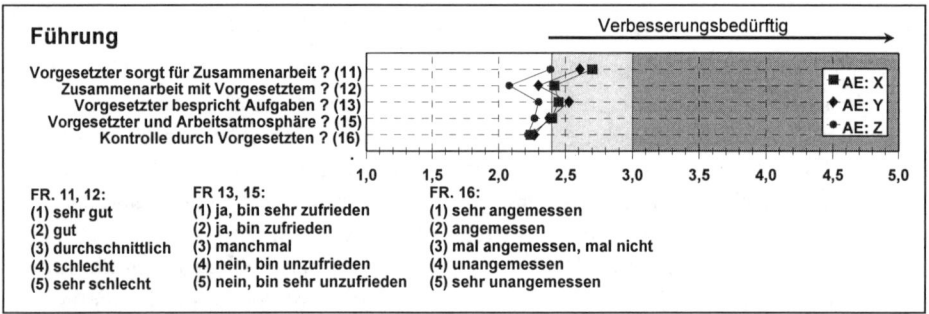

Abbildung 3: Führung.

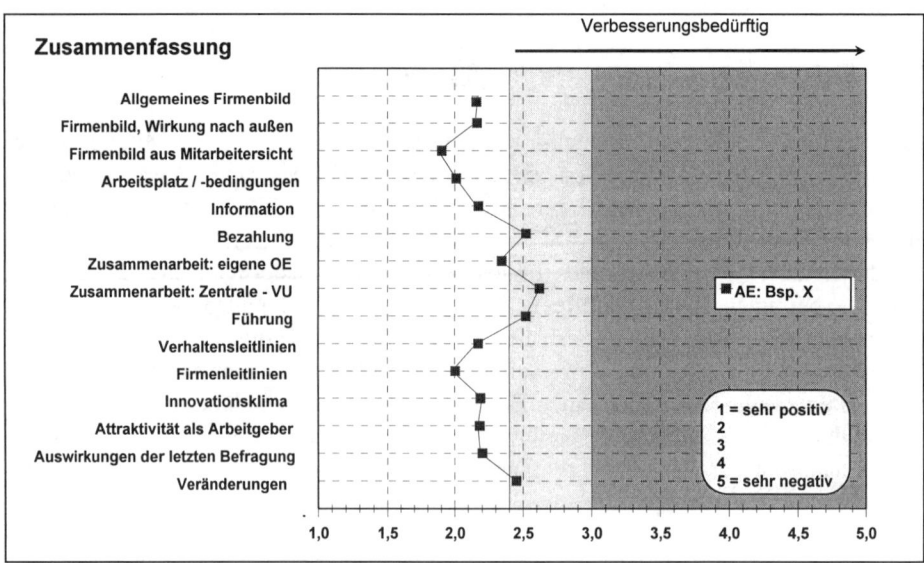

Abbildung 4: Zusammenfassung der Ergebnisse.

Die farbigen Unterlegungen, hier nur Grau - Töne, signalisieren die Bewertung der Ergebnisse von gut (weiß) bis stark verbesserungsbedürftig (dunkelgrau).

Bearbeitung der Ergebnisse

Die Ergebnisse setzten nun unterschiedliche Aktivitäten in Gang. Hier sind die zentral von der Henkel KGaA initiierten Maßnahmen von denen der verbundenen Unternehmen und der Auswertungseinheiten getrennt zu betrachten.

Zentrale Veranlassungen: Zentrale Veranlassungen sind Aktivitäten, die von der Zentrale in Düsseldorf durchgeführt wurden. Es wurden Arbeitsgruppen gebildet, die die Ergebnisse untersuchen sollten, z.B. welchen Einfluß das Alter und die Firmenzugehörigkeit auf die Untersuchungsergebnisse hatten. Dabei wurde deutlich, daß Firmenzugehörigkeit und Alter keinen großen Einfluß auf die Ergebnisse hatten. Es zeigten sich tendenzielle Unterschiede in der Beurteilung der Innovation, der Zusammenarbeit und der Information, jedoch waren die Unterschiede so gering, daß es nicht möglich war, das Alter als einen signifikanten Einflußfaktor auf die Ergebnisse herauszustellen.

In weiteren Zusatzauswertungen wurden drei Themenkreise herauskristallisiert; Innovation, Zusammenarbeit und Bürokratie, an deren Verbesserung in der nächsten Zeit in Form von Projektgruppen weitergearbeitet werden soll.

Dezentrale Veranlassungen: Die einzelnen Tochterunternehmen, in gleicher Weise auch verschiedene Auswertungseinheiten der Henkel KGaA, setzten, basierend auf der Führungskräftebefragung, eigene Aktivitäten auf der Basis der spezifischen Ergebnisse in Gang.

So kam es unter anderem zu
- separaten Zusatzbefragungen
- Besprechungen
- Informationsveranstaltungen
- Großmaßnahmen, die die ganze "Tochtergesellschaft" betrafen.

Es wurden in manchen Bereichen, basierend auf den Untersuchungsergebnissen, Umstrukturierungsmaßnahmen in Gang gesetzt. So nutzte z.B. eine europäische Tochterfirma die Ergebnisse für ihr laufendes Projekt "Weiterentwicklung der Unternehmenskultur".

10 Resümee / Erfahrungen bei Henkel

Kritische Betrachtung zum Wert einer Längsschnittuntersuchung

Bei der Durchführung von Längsschnittuntersuchungen darf nicht außer Acht gelassen werden, daß sich im Laufe der Zeit Haltungen, Ansichten und Einstellungen generell wandeln können, also nicht nur aufgrund einer "Firmenzugehörigkeit" oder firmeninterner Geschehnisse. Es erscheint nicht möglich, mit statistischer Sicherheit zu sagen, daß Ergebnisunterschiede im Zeitvergleich alleine durch Veränderungen im Unternehmen bewirkt werden bzw. diese Veränderungen widerspiegeln. Dies stellt zwar nach allgemeinen Erfahrungen einen Einfluß dar, das Ausmaß aber ist mit Sicherheit nicht in den unterschiedlichen Ergebnissen zu erkennen. Die Frage, ob Ergebnisunterschiede im Zeitvergleich Ausdruck für eine allgemeine Einstellungsänderung im Sinne einer Veränderung des "Zeitgeistes" sind, ließe sich jedoch nur in einem firmenübergreifenden Vergleich beantworten. Dieser allgemeine Vergleich könnte dann eine Meßlatte für jedes Unternehmen darstellen um die Veränderungen im eigenen Unternehmen meßbar zu machen.

Wirkfaktor Nationalität / Kultur

Der Kulturvergleich auf Management-Level lieferte nur wenig signifikant differenzierende Ergebnisse. Daraus läßt sich schließen, daß die Zugehörigkeit zu einer bestimmten Nationalität im Vergleich zu der Firmenzugehörigkeit weniger differenzierende Auswirkung hat. In einem internationalen Unternehmen sollte die Nationalität der Beteiligten dennoch nicht außer Acht gelassen werden, aber es besteht eine relativ hohe Homogenität in der Einstellung zum Unternehmen und in der Beurteilung des Geschehens in der Unternehmensgruppe.

Die Nationalität, Sprache, das Land und die Landsmannschaft scheinen weniger stark zu differenzieren, als in der interkulturellen Diskussion allgemein angenommen wird.

Summary

– Die zweite und erweiterte internationale Führungskräftebefragung zeigte eine hohe Beteiligung, was als Akzeptanz des Instruments und dieser spezifischen Kommunikationsmöglichkeit zwischen Führungskräften und Unternehmen interpretiert wird.

– Der zweisprachige Fragebogen erwies sich bei Führungskräften als tauglich für die Anwendung in 60 Ländern der Henkel-Gruppe.

– Zeitvergleiche über längere Distanzen haben eingeschränkten Erkenntniswert für die Praxis, weil die überindividuellen Veränderungen in Gesellschaft und Wirtschaft schwer von den unternehmensspezifischen Änderungen abgrenzbar sind.

– Die Ergebnisse geben aussagekräftige Hinweise auf spezifische Situationen, Stärken und Schwächen in der Henkel-Gruppe und in einzelnen Organisationseinheiten.

– Die über 2.000 befragten Führungskräfte der Henkel-Gruppe zeigen über Landesgrenzen hinaus, ein ähnliches Verständnis von Werten, Kriterien und Situationsbestimmung. Dies kann als erfolgreiche Konvergenzarbeit zu einer gemeinsamen internationalen Firmenkultur verstanden werden.

– Die Bearbeitung der Ergebnisse generiert weiterhin Gemeinsamkeiten und Kooperation in zentralen Themen des Managements und der Unternehmensführung. Sie gibt erkennbar Impulse für die konstruktive Internationalität des Unternehmens.

– Aufgrund der bisher guten Erfahrungen mit diesem personalstrategischen Instrument gehen wir von einer Fortsetzung im bewährten Zeitintervall von 4 bis 5 Jahren aus.

„Die Umfrage ist das zweitwichtigste ...“ - Mitarbeiterumfrage bei Tropon

Lutz Groh

Tropon, ein Tochterunternehmen der Bayer AG, wollte es endgültig wissen. Nach längerem Überlegen, Zögern, Bedenken und Vertagen behielt schließlich die Neugierde Oberhand und die Geschäftsleitung beschloß, die erste Mitarbeiterumfrage (MU) im Unternehmen mit aller Konsequenz durchzuführen.

Zur Vorgeschichte: Tropon erarbeitete sich im Jahre 1990 - ohne die Mitarbeit von externen Beratern - ein Unternehmensleitbild, das definierte, nach welchen Werten und Zielen die Zusammenarbeit im Unternehmen gestaltet werden soll. Zwei Beispiele der Leitsätze zur Führung und Zusammenarbeit sind in Abschnitt 3 aufgeführt. Nach einem Jahr der Erprobung sollte dann überprüft werden, ob die dort formulierten Zielsetzungen aus Sicht der betroffenen Mitarbeiter richtig waren und, wichtiger noch, auch umgesetzt wurden. Die anfangs erwähnte Verschiebung der Befragung auf das Jahr 1993 läßt sich wohl am ehesten mit der Komplexität bei der Umsetzung solch langfristiger Zielsetzungen erklären.

Das hat der Umfrage aber nicht geschadet. Im Gegenteil, die Konsequenz mit der schließlich doch die Befragung durchgeführt und akzeptiert wurde, belegt schon die außerordentlich hohe Rücklaufquote von 75%.

Die Geschäftsleitung wollte von *allen* Mitarbeitern - also nicht nur einer Stichprobe - zu diesem Zeitpunkt (5/93) wissen, ob sich die 1990 verabschiedeten Leitsätze zur Unternehmenskultur aus der Sicht von Mitarbeitern und Vorgesetzten bewährt haben. Diese gezielte Ansprache von *allen* Mitarbeitern, zeigt schon, daß es um mehr als nur eine statistische Erhebung von qualitativen und quantitativen Daten gehen sollte. Tatsächlich war die MU selbst nur das "zweitwichtigste" und Mitarbeiter, Führungskräfte, Management und Betriebsrat wurden darüber von Anfang an nicht im Unklaren gelassen. Um das "Wichtigste" aber richtig einzuordnen, zunächst noch einige Daten und Informationen zum Unternehmen Tropon.

1 Das Unternehmen Tropon

Tropon ist ein forschendes Pharmaunternehmen im Bayer-Konzern, das zum Zeitpunkt der MU einen Personalstand von ca. 750 Mitarbeitern hatte. Tropon ist seit 1969 in den Bayer-Konzern integriert. Die Produktpalette umfaßte zum damaligen Zeitpunkt (1993):

* Psychopharmaka
* Antirheumatika
* Biologische Produkte
* Antacida

Der Jahresumsatz betrug 1993 ca. 300 Mio. DM.

1994 wurden, insbesondere aufgrund der Auswirkungen der Gesundheitsreform, wesentliche Teile des Unternehmens (u.a. Vertrieb, Medizin) in die Bayer AG überführt. Davon waren ca. 320 Mitarbeiter betroffen. Diese Entwicklung traf das Unternehmen zum damaligen Zeitpunkt überraschend und hat den Charakter der Firma und das Selbstverständnis der Mitarbeiter bis heute entscheidend verändert. Tropon hat 1997 noch ca. 350 Mitarbeiter, deren Aufgabenschwerpunkte sich vor allem auf die Bereiche Forschung, Produktion, Klinische Pharmakologie und Vertrieb Ausland konzentrieren.

2   Vorbereitende Arbeiten

Ein entscheidender Erfolgsfaktor der MU war, nachträglich betrachtet, die intensive, zeitaufwendige und manchmal nervenaufreibende Erarbeitung des Fragebogens in einer "interdisziplinär" besetzten Vorbereitungsgruppe. Mitarbeiter verschiedener Bereiche und Hierarchiestufen wurden damit beauftragt, einen Fragebogen für die geplante MU zu entwickeln. Ein Mitglied des Betriebsrates war von Anfang an als Teilnehmer dabei. Die spätere Zustimmung des Betriebsrates zu der Befragung war deswegen auch unproblematisch, da die eigentlichen "Knackpunkte" bereits im Vorfeld diskutiert und ausgeräumt werden konnten.

Die Tätigkeit der Arbeitsgruppe dauerte allerdings ca. 4 Monate, bis alle 39 Fragen erarbeitet waren.

Einige Beispiele für die damaligen Diskussionspunkte:
- „Nach welchen Kriterien sollen die Bögen ausgewertet werden?" Wir entschieden uns für: Firmenzugehörigkeit, Geschlecht, Arbeitsbereich und Hierarchie.
- „Wie sollen die Ergebnisse gemessen werden?" Antwort: Skalierung von -3 bis +3 (7 Bewertungen waren möglich).
- „Wieviel Fragen sollen gestellt werden?" Antwort: 39.
- „Gliederung": Statistik, Einstellung, Führung, Tropon-Leitsätze, Leistungsfähigkeit, Klarheit, Leistungsanforderung, Anerkennung.
- „Verständlichkeit": Mehrere Testpersonen sollten den Fragebogen vorab erproben.

3   Zielsetzung

Das kurzfristige und damit "zweitwichtigste" Ziel der Umfrage war also eine Bewertung der bisherigen Maßnahmen zur Unternehmenskultur, ein "Stimmungsbarometer". Entscheidend, und damit am "wichtigsten" war aber *die Diskussion, Bewertung und Umsetzung der Ergebnisse in Abteilungsbesprechungen aller Arbeitsbereiche.*

Die Umfrage sollte für die Mitarbeiter zwei Dinge signalisieren:
1. „Eure Meinung ist uns wichtig"
2. „Wir wollen mit Euch die Dinge gemeinsam ändern"

Das Unternehmen sendet damit eine für die meisten Mitarbeiter eher ungewöhnliche Botschaft aus, die bei den Mitarbeitern möglicherweise auf Skepsis, Mißtrauen oder offenen Sarkasmus treffen konnte. Hier war viel geduldige Vorarbeit notwendig, denn von den Mitarbeitern wurde ja einiges verlangt: sie sollen nicht nur ihre "Geheimnisse", ihr informelles Wissen preisgeben (wenn auch in anonymisierter Form), sondern darüber hinaus noch an der Behebung von Mißständen mitarbeiten, an denen nicht "der kleine Mann" sondern meistens die da "oben" schuld seien. Überspitzt gesagt, bittet das Unternehmen via MU um einen (Vertrauens-)Kredit !

Die konkreten Zielsetzungen der Umfrage waren damit sehr vielfältig:

- Meinungserhebung zu den Erfahrungen mit den Zielen der Unternehmenskultur
- Anregungen für neue Projekte sammeln
- Bestehende Schwachstellen ausmachen und abstellen
- Alle Mitarbeiter ermutigen, die Ziele (der Leitsätze) am eigenen Arbeitsplatz umzusetzen. Dazu zwei Beispiele:
  - Leitsatz 11: *„Troponer respektieren sich.* Wir haben uns unsere Kollegen nicht ausgesucht . Wir respektieren sie aber in ihren unterschiedlichen Ansichten, Meinungen und Wertvorstellungen, da uns gemeinsame Ziele verbinden."
  - Leitsatz 13: *„Troponer lernen aus Fehlern.* Fehler machen Schwachstellen offenkundig und verlangen nach neuen Wegen. Nichts ist langfristig aufwendiger und teurer, als einen Fehler zu verschleiern. Für uns ist es deshalb weniger problematisch, einen Fehler zu machen, als einen Fehler nicht eingestehen zu können."
- Die Eigenverantwortung jedes einzelnen Troponers für den Erfolg des Unternehmens stärken. Dies konnte nur durch gemeinsam getragene Ziele erfolgreich gelingen.

Mit der Durchführung der Befragung wurde ein bei Tropon gut bekannter externer Berater beauftragt, der auch schon in anderen Unternehmen entsprechende Befragungen durchgeführt hatte. Gesteuert und koordiniert wurde das Projekt von einem Mitarbeiter der Personalabteilung.

4 Durchführung

Nach der Erarbeitung des Fragebogens durch die Arbeitsgruppe wurde das Vorhaben von Geschäftsleitung, Betriebsrat und Sprecherausschuß (der leitenden Angestellten) befürwortet. Die endgültige Genehmigung zur Durchführung erfolgte durch die Geschäftsleitungsbesprechung, dem obersten Beschlußorgan der Firma. Eine verbindliche Umsetzung "Top - down" war damit gewährleistet.

Es schien uns besonders wichtig, die Mitarbeiter von vornherein auf die MU einzustimmen, resp. mögliche Bedenken bereits im Vorfeld zu klären. Das sollte durch die Vorgesetzten erfolgen. Diese wurden im Rahmen einer Vorbereitungsveranstaltung auf diese Aufgabe eingestimmt. Unausgesprochen, und für den Erfolg vielleicht noch wichtiger, konnten sie hier noch einmal ihre eigenen Bedenken artikulieren, und damit für den Erfolg der MU gewonnen werden.

Die Vorgesetzten informierten alle ihre Mitarbeiter in Abteilungsbesprechungen über die Ziele der Umfrage. Diese vorbereitenden Gespräche wurden durch eine Vielzahl von Maßnahmen betriebsinterner Öffentlichkeitsarbeit begleitet und unterstützt. Dazu gehörten vor allem entsprechende Hinweise durch Geschäftsführer und Betriebsrat auf der Betriebsversammlung sowie Aushänge und Berichte in der Firmenzeitschrift "Tropophil". Die Abteilungsleiter wurden zusätzlich im Rahmen eines für alle verbindlichen Führungsseminars, das ca. 2 Monate vor der Umfrage stattfand, in den Prozeß einbezogen.

Gerade die Gruppe des mittleren Managements, die Gruppen- und Abteilungsleiter, wurde aufgrund von Erfahrungen in anderen Firmen als "kritische" Zielgruppe eingeschätzt, die potentielle Kritik als besonders bedrohlich empfinden und damit das Vorhaben durch offenen - häufiger noch verhaltenen Widerstand - behindern könnte. Im Rahmen des Führungsseminars wurde versucht den Führungskräften, die Vorteile einer offenen "Fehlerkultur" nahezubringen. Fehler und Probleme sind demzufolge kein schuldhaftes Versagen der Führungskraft, sondern die beste Chance, Hinweise zu erhalten, wie die bisher guten Ergebnisse noch weiter verbessert werden können.

Die Gruppe der Mitarbeiter hatte sich mit vergleichbaren Fragestellungen schon in der Vergangenheit mehrfach beschäftigt, z. B. bei
- der Diskussion der Leitsätze zur Unternehmenskultur (5/90)
- Teamarbeitsseminaren
- Jahresgesprächen (1 x jährlich für jeden Mitarbeiter mit dem Vorgesetzten)
- Qualitätszirkeln

Die Fragebögen wurden auf Abteilungsbesprechungen mit entsprechenden Hinweisen der Vorgesetzen verteilt. Dazu wurde ein Briefumschlag ausgegeben, mit der Adresse des externen Beraters versehen. Bis auf wenige Ausnahmen - die Mitarbeiter haben die Umschläge selbst frankiert - wurde das Angebot wahrgenommen, die Fragebögen per Hauspost zu sammeln und an den Berater zu senden. Auch solche scheinbar kleinen Indizien belegen u.E., daß im Unternehmen ein gewisses Grundvertrauen herrschte, daß mit den Informationen sorgsam umgegangen wird.

Die Rückgabe der Bögen sollte innerhalb von 3 Wochen erfolgen. Für Langzeitabwesende (Urlaub, Kur) bestand eine verlängerte Abgabemöglichkeit von 2 Wochen.

Darüber hinaus hatte sich das Unternehmen vorab verpflichtet, allen Mitarbeitern eine schriftliche Rückmeldung spätestens 4 Wochen nach Beendigung der Umfrage, entsprechend ihrem Arbeitsbereich, zu geben. Diese Verpflichtung war im nachhinein betrachtet sehr hilfreich, da es nach dem Vorliegen der Ergebnisse schon Stimmen im oberen Management gab (wo die Ergebnisse als erstes vorlagen), die für einen "vorsichtigen" Umgang mit den Daten plädierten. Aufgrund des vorliegenden Commitments konnte die Zusage aber ohne Verzögerung eingehalten werden.

Die Mitarbeiter erhielten die Ergebnisse, persönlich adressiert, mit einem Hinweis auf das geplante weitere Vorgehen. Die Berichte wurden dabei insgesamt nach 8 funktionalen Zielgruppen differenziert:
- Vertrieb Außendienst
- Vertrieb Innendienst
- Pharma-Produktion
- Technik und Ingenieurwesen
- Forschung
- Medizin
- Geschäftsleitung
- Verwaltung

Alle Auswertungskriterien waren von Anfang an von der Vorbereitungsgruppe erarbeitet und durch die Geschäftsführungsbesprechung festgelegt sowie mit Betriebsrat und Sprecherausschuß abgestimmt worden. Die Auftraggeber wurden schon ca. 1 Woche nach Abschluß der Umfrage als erste über die Ergebnisse informiert. Etwa 4 Wochen nach der schriftlichen Verteilung der Ergebnisse wurde für alle Mitarbeiter eine Informationsveranstaltung durchgeführt entsprechend der 8 Arbeitsbereiche, um die Ergebnisse näher zu erläutern, Fragen zu beantworten und ggf. zu diskutieren.

Wie bereits oben dargestellt, war das zentrale Ziel des Unternehmens nicht die Umfrage selbst, sondern die anschließende Bearbeitung der Ergebnisse in Abteilungsbesprechungen („Trifft das auch auf unsere Abteilung zu, wenn gesagt wird, daß im Bereich Informationen schlecht weitergegeben werden?"). Die Mitarbeiter sollten selbst aktiv werden, resp. ihren eigenen Beitrag an Ursache und Lösung der beschriebenen Problembereiche erkennen. In diesen Abteilungsbesprechungen sollte unter Moderation der Abteilungsleiter von jedem Mitarbeiter erarbeitet werden:

a) Was kann ich selbst ändern?

b) Was kann unsere Gruppe / Abteilung ändern?

c) Was sollte abteilungsübergreifend bei Tropon geändert werden?

Die Führungskräfte wurden im Rahmen einer gesonderten Veranstaltung auf die Moderation dieser Abteilungsbesprechungen nach dem o.g. Schema vorbereitet.

Die internen Fragen (a und b) sollten innerhalb der Abteilung besprochen werden. Alle abteilungsübergreifenden Fragen (c) wurden dagegen von den Bereichsleitern gesammelt und für einen Geschäftsleitungs-Workshop aufgearbeitet.

5 Ergebnisse

Der Fragebogen selbst wurde von 566 der 763 Mitarbeiter zurückgegeben. Das entspricht einer Beteiligungsquote von ca. 75%. Diesen erfreulichen hohen Rücklauf erklären wir uns mit der sorgfältigen und langfristigen Vorbereitung. Zwei der Fragen sind beispielhaft im Anhang aufgeführt.

Die Ergebnisse der Umfrage belegen, daß das Betriebsklima insgesamt gut ist. Positiv bewertet wurden:

- Sehr gute Führungsstruktur zwischen Mitarbeitern und Führungskräften der 1. Ebene (Gruppenleiter)
- Hohe Identifikation mit den Zielen der eigenen Arbeit
- Hohes Vertrauen der Mitarbeiter in die Unternehmensstrategie (Zukunftssicherung)

Bemängelt wurde dagegen von vielen Mitarbeitern:

- Anerkennung, Wertschätzung und Anreize werden oft zu wenig genutzt
- Führungsstil der Abteilungsleiter teilweise nicht zufriedenstellend
- Schnittstellenproblematik zwischen den Abteilungen

Es gab z.T. außerordentlich große Unterschiede zwischen den Ergebnissen der o.g. 8 Arbeitsbereiche im Unternehmen. Neben Genugtuung war aber bei einigen beteiligten Managern auch große Überraschung oder gar tiefe persönliche Betroffenheit zu spüren. Hier gelang es teilweise durch vertrauliche Einzelgespräche ("Coaching"), die Lähmung, die aufgrund von verletzten Gefühlen entstanden ist, wieder in Energie zur Neugestaltung umzuformen.

6 Umsetzung („das Wichtigste")

Das „wichtigste" der MU war von Anfang an die Umsetzung. Verantwortlich für die Verbesserung von problematischen Ergebnissen war jeder Mitarbeiter. Die Lösungen sollten auf den drei o.g. Ebenen erfolgen.

- Beiträge des Einzelnen
- Beiträge der Gruppe
- Fragestellungen für das Unternehmen

Die vereinbarten Lösungsschritte konnten auf jeder Ebene im Rahmen von Zielverein-barungen festgemacht und nachgehalten werden. Dazu galt:

- Abteilungs-/bereichsinterne Probleme werden innerhalb der Abteilungen / Bereiche geklärt.
- Themen zwischen 2 Bereichen direkt mit den Beteiligten über die jeweiligen Be-reichsleiter behandelt.
- Themen mit Beteiligung mehrerer (oder aller) Bereiche im Workshop der Geschäfts-leitung besprochen und weitergeführt.

Bei diesen übergreifenden Themen ging es z.B. um: "Interne Kundenorientierung", "Flexible Arbeitszeiten" oder größere Verantwortung im Team.

7 Nachbefragung

Da die Umsetzung (Transfer) in die betriebliche Praxis das zentrale Anliegen der MU war, beschloß das Unternehmen, nach einem Jahr eine Nachbefragung durchzuführen. Mit dieser Verpflichtung sollten vor allem zwei Botschaften übermittelt werden:

1. An die Mitarbeiter: Wir meinen es ernst und lassen unsere Absichtserklärungen von den Mitarbeitern nach einem Jahr überprüfen.
2. An die Führungskräfte: Jeder Führungskraft bleibt es freigestellt *wie* das angestrebte Ergebnis erreicht wird, nach einem Jahr werden wir aber die Ernsthaftigkeit der Be-mühungen allen Beteiligten wieder zur Diskussion stellen.

Damit sollte

- von vornherein die Ernsthaftigkeit der geplanten Maßnahmen dargelegt,
- der längerfristige Prozeßcharakter von Organisationsproblemen unterstrichen wer-den, da solche Fragestellungen immer komplex sind und sich nur selten mit einmali-gen Maßnahmen schnell lösen lassen und
- eine Verlaufskontrolle der initiierten Prozesse (Aktionsprogramme) erfolgen.

Koordiniert wurden die Maßnahmen über die Personalabteilung.

8 Fazit

Bei der Durchführung einer MU ist auf viele Details zu achten. Sie ist ein sensibles In-strument, das einer sorgfältigen Vorbereitung und des Mutes aller Beteiligten bedarf, die betrieblichen "Wahrheiten" zu erkennen und diese zu verändern. Nicht alle Erwartungen der Mitarbeiter können dabei realisiert werden. Personenbedingtes Fehlverhalten kann z.B. nur in eingeschränktem Maß verbessert werden. Erwartungen, die geweckt und nicht erfüllt werden, sind aber letztlich schädlicher als keine Erwartungen. Dennoch, die MU hat viele Erwartungen geweckt, die zu einem großen Teil auch realisiert werden konnten. Vor allem wurde die *Eigeninitiative* der Mitarbeiter zur Mitgestaltung des Unternehmens im Rahmen der Abteilungsbesprechung nachhaltig gefördert.

Als wichtige Erfahrung wäre nachträglich zu werten, daß wir uns in falsch verstan-dener Selbstkritik auf die genannten Problembereiche konzentrierten und zu wenig die vielfach genannten *positiven* Leistungen und Ergebnisse hervorgehoben haben. Dies müßte in Zukunft besser "verkauft" werden.

Auch die unmittelbaren Vorgesetzten / Abteilungsleiter, die Verantwortlichen für die Organisation der Umsetzung, haben sich trotz der Führungsseminare und der zahlreichen Informationsveranstaltungen teilweise zuwenig angesprochen gefühlt, was von der Sache her sicher nicht nachvollziehbar war. Bei künftigen Umfragen muß diese für den Veränderungsprozeß entscheidende Gruppe noch stärker eingebunden werden, damit sie sich mit den Zielen identifiziert. Möglicherweise wäre hier sogar der Aufwand von vorbereitenden Einzelgesprächen angebracht.

Auch die Moderation der Ergebnisse durch die Führungskräfte war ursprünglich nicht vorgesehen. Vielmehr war daran gedacht worden, diese Veranstaltungen mit Moderatoren aus anderen Abteilungen (i.d.R. keine Abteilungsleiter) durchzuführen. Diese Moderatoren sollten unausgesprochen auch zu Prozeßbegleitern für die Umsetzung werden, d.h. für follow-up Veranstaltungen zur Verlaufs- und Erfolgskontrolle zur Verfügung stehen. Darüber hinaus hatten sie aus Sicht der Vorbereitungsgruppe (VG) die abteilungsübergreifenden Fragestellungen zu sammeln und für die Unternehmensleitung (Auftraggeber) zu bündeln. Dieser Vorschlag der VG war aber für die Mehrheit des Managements nicht akzeptabel, möglicherweise weil er mehr "Transparenz" herstellen würde, als zu diesem Zeitpunkt gewünscht wurde.

Ein kritischer Moment war der Abdruck von Kommentaren in dem Abschlußbericht, der für alle Mitarbeiter in den zentralen Sekretariaten zur Einsicht ausgelegt war. Hier kam es zu Befürchtungen von seiten einzelner Mitarbeiter, die aufgrund von möglicherweise charakteristischen Äußerungen („das kann nur für diesen einen Arbeitsplatz zutreffen") um ihre Anonymität fürchteten. Es wurde vorgeschlagen, diese Kommentare bei künftigen MU durch den neutralen Berater verdichten zu lassen.

Dies halten wir aber für keine sinnvolle Lösung. Die anonymen wörtlichen Kommentare waren beim Lesen "das Salz in der Suppe" und haben die Themen oft viel plastischer, anschaulicher und lebensnäher (qualitativ) beschrieben als dies mit reinen Zahlenwerten erfolgen konnte. Wir schlagen statt dessen vor, die Mitarbeiter schon vorab unmißverständlich darauf hinzuweisen, daß auch die Kommentierungen im Rahmen der Abteilungsbesprechungen zum Gegenstand der Diskussion werden können - und sollen.

MU sind ein Instrument, das die Chance zur Besinnung auf eigene Stärken und Neuorientierung im Unternehmen bietet. Sie sind aber auch nur ein *Instrument*, das denjenigen Mitarbeitern, die die Veränderung wollen, Hinweise gibt, wie der Prozeß zu gestalten ist. *Die Veränderung selbst erfolgt durch sinnvoll geplante Maßnahmen von engagierten Mitarbeitern und deren Vorgesetzten!*

Niemand sollte sich über die z.T. mehrjährige Dauer von Veränderungen im unklaren sein. Organisationskultur und Betriebsklima sind abstrakte und komplexe Begriffe, die sich aus einer Vielzahl voneinander scheinbar unabhängiger Teilfaktoren zusammensetzen, wie z. B. Lob, Kontrolle durch Vorgesetzte, Gestaltung des Arbeitsplatzes oder Qualität des Essens. Die Bedeutung der einzelnen Faktoren kann auch mit fundierten Umfrageergebnissen nicht immer eindeutig abgeschätzt werden, so daß häufig verschiedene Lösungswege erprobt werden müssen, bis das Unternehmen zu zufriedenstellenden Ergebnissen gelangen wird. Das erfordert von allen Beteiligten ein hohes Maß an Geduld und Kontinuität. Veränderungsprozesse müssen deshalb oft auf einen Zeitraum von 3 bis 5 Jahren geplant werden und regelmäßig nachgehalten werden.

Wer aber zu einer konsequenten Durchführung und Umsetzung der Hinweise aus der MU bereit ist, wird Anregungen und Impulse für die Verbesserung der betrieblichen Zusammenarbeit, von innerbetrieblichen Abläufen und Zusammenhängen bekommen, wie er sie in dieser Fülle sonst nirgendwo erhalten könnte.

9   Abschlußbetrachtung: Ist die Mitarbeiterumfrage eine systemische Interventionsstechnik?

Die systemische Beratung arbeitet bewußt mit gezielten Fragen auf die gegebenen Antworten, um in einer Organisation positive Änderungen zu bewirken. Im Gegensatz zu den meisten anderen Methoden, die versuchen dem System "richtige" Antworten auf die gestellten Fragen zu geben - und damit das große Potential zur Selbsthilfe nicht nutzen.

Die MU ist i.d.S. ein *systemisches Interventionsinstrument*, weil es durch Nachfragen bei scheinbar selbstverständlichen Abläufen zum Nachdenken auffordert und damit auch neue Lösungen als zusätzliche reale Verhaltensmöglichkeiten definiert. Verkürzt gesagt, sind MU ein Katalysator, der den Veränderungs- und Wachstumsprozeß beschleunigen und unterstützen kann. Die MU selbst ist weder gut noch schlecht, sondern ein wertvolles und sensibles Instrument, das von der Kunst seines Anwenders lebt.

Wenn wir aus dieser Perspektive das Unternehmen als soziotechnisches System betrachten, werden die Grenzen und Möglichkeiten von Befragungen noch deutlicher sichtbar.

Im Mittelpunkt des systemischen Ansatzes steht, wie bei der MU, die Fragetechnik. Diese aus dem Konstruktivismus abgeleitete Methode unterstellt, daß es keine "objektiven" Wahrheiten gibt sondern, daß die Mitglieder eines Systems die Realitäten so konstruieren, wie sie aus ihrer Sicht sinnvoll und notwendig sind.

Beispiel: Manche Mitarbeiter des Teilsystems "Qualitätskontrolle" bezeichnen die Produktion als überdurchschnittlich nachlässig, verantwortungslos oder schlampig. Mitarbeiter der Produktion dagegen empfinden die Qualitätskontrolle als ihren "Hauptfeind", weil dort fachfremde, realitätsferne Rechthaber ("Klugscheißer") sitzen. Diese Einschätzungen belegen, daß mit einer gewissen Wahrscheinlichkeit, wichtige Teilbereiche des Systems in ihrer Funktion eingeschränkt sind, weil die betriebliche Realität nur teilweise akzeptiert ist. Es heißt nicht, daß die kritische Einschätzung mancher Mitarbeiter *falsch* ist! Natürlich gibt es in jeder Gruppe einzelne Leute an denen sich die o.g. Einschätzung belegen läßt. Entscheidend ist, daß es nicht *die ganze Wahrheit* ist.

Ähnliche Beispiele lassen sich im übrigen leicht auch für die Beziehungen zwischen Mitarbeitern und Führungskräften, Naturwissenschaftlern, Technikern und Kaufleuten oder Management und Betriebsrat konstruieren.

Durch systemische Intervention, insbesondere durch bestimmte Fragetechniken, wird nicht gesagt, daß eine Meinung richtig oder falsch ist. Die zentrale Botschaft ist vielmehr: Es gibt daneben noch andere zusätzliche Wahrheiten, die genauso zutreffen können.

Durch die Ergebnisse der MU werden diese anderen Sichtweisen mit Nachdruck als Realitäten definiert, die, genau wie die eigene Meinung, für das betriebliche System und seine Weiterentwicklung von fundamentaler Bedeutung sind.

Mitarbeiter und Vorgesetzte können über die Instrumente der MU (Nachbefragung) dazu gedrängt werden, diese anderen betrieblichen Realitäten zur Kenntnis zu nehmen - oder besser noch in ihr Handeln einzubeziehen. Ob dies gelingt, hängt aber von der *Qualität der Fragen* ab und dem *betrieblichen Konsens*, sich diesen bisher unbekannten "Wahrheiten" zu stellen.

Das Management hat die schwierige Aufgabe - da es natürlich ein Teil des Systems, und damit selbst betroffen ist - diesen Prozeß zu gewährleisten und umzusetzen.

Ein externer Berater kann hier für einige Teilaufgaben wichtige Mittlerdienste leisten. Als neutraler ("allparteilicher") Beobachter kann er allen Beteiligten regelmäßig Feedback geben, mit dem Ziel die Selbststeuerungskräfte des Unternehmens zu stärken und sich nach entsprechender Zeit aus dem System zurückzuziehen.

Wenn dies gelingt, werden im Unternehmen am Ende nicht nur die "Wahrheiten" von einzelnen oder von Abteilungen Bedeutung haben. Darüber hinaus können alle Mitarbeiter eine ganzheitliche und zusammenhängende Perspektive haben, die das Wohl des ganzen Unternehmens im Auge hat und die wir gemeinhin als "unternehmerisches Denken" bezeichnen.

10   Anhang

Zwei Beispiele für die Gliederung der Fragen:

24. *Wie effektiv werden die Aufgaben und Probleme angegangen und erledigt?*	sehr schlecht		sehr gut
in Ihrer Arbeitsgruppe?	- 3 - 2 - 1	0	+ 1 + 2 + 3
in Ihrer Abteilung?	- 3 - 2 - 1	0	+ 1 + 2 + 3
in Ihrem Bereich?	- 3 - 2 - 1	0	+ 1 + 2 + 3
bei TROPON?	- 3 - 2 - 1	0	+ 1 + 2 + 3
Anmerkungen/Begründungen:			

25. *Wie bereitet sich TROPON auf zukünftige Aufgaben vor?*	sehr schlecht		sehr gut
in Ihrer Arbeitsgruppe?	- 3 - 2 - 1	0	+ 1 + 2 + 3
in Ihrer Abteilung?	- 3 - 2 - 1	0	+ 1 + 2 + 3
in Ihrem Bereich?	- 3 - 2 - 1	0	+ 1 + 2 + 3
bei TROPON?	- 3 - 2 - 1	0	+ 1 + 2 + 3
Anmerkungen/Begründungen?			

Mitarbeiterbefragung - Ein Instrument des Total Quality Managements im Krankenhaus

Elke Lehnert, Bernd H. Mühlbauer und Dietmar Strack

1 Ausgangssituation

In diesem Beitrag wird das Instrument "Mitarbeiterbefragung" (MAB) als eines von mehreren Instrumenten des Qualitätsmanagement-Projekts in zwei unterschiedlichen Krankenhäusern der Bundesrepublik Deutschland vorgestellt. Die Projekte werden von der Bernd H. Mühlbauer Krankenhaus- und Unternehmensberatung Dortmund durchgeführt.

Bei *Krankenhaus A* handelt es sich um Krankenhäuser der Maximalversorgung mit ca. 2.500 Beschäftigten in Rheinland-Pfalz. Hier wird seit 1994 ein langfristiges Total Quality Management (TQM)-Projekt auf allen Ebenen und in allen Bereichen im Sinne einer ganzheitlichen Organisationsentwicklung durchgeführt. Voraus ging die Verselbständigung der Klinikum GmbH aus der kommunalen Trägerschaft zu einem Krankenhaus in der Rechtsform einer gemeinnützigen GmbH. Die Schaffung neuer Organisationseinheiten in Richtung einer Matrixorganisation und grundlegende personelle Veränderungen in wichtigen Verwaltungsbereichen wurde parallel durch die Geschäftsführung betrieben.

Krankenhaus B ist ein Verbund von drei Krankenhäusern, u.a. ein Krankenhaus der Maximalversorgung sowie einiger Tochtereinrichtungen (Seniorenpflegeheime, Dialyse-Einrichtungen etc.) in Nordrhein-Westfalen. Hier erfolgte die Umwandlung zur GmbH bereits 1974. Auch hier liegt eine Unternehmensstruktur als Matrixorganisation vor.

In beiden Fällen ging der Wunsch nach der Einführung von Qualitätsmanagement und hierin eingebettet der Durchführung einer MAB von seiten der Geschäftsführung aus, nachdem die externe Beratungsgesellschaft diese Methode dem jeweiligen Koordinations-Gremium des Projekts (Steuergruppe, unter Beteiligung des Betriebsrates) empfohlen hatte.

2 Qualitätsmanagement im Krankenhaus

2.1 Grundlagen

Qualitätsmanagement hat zum Ziel, das gesamte Krankenhaus mit Hilfe der Mitarbeiter aller Berufsgruppen und Hierarchieebenen in einen kontinuierlichen Veränderungsprozeß zu bringen, in dem Qualität, Kundenzufriedenheit und Effizienz im Mittelpunkt stehen. Der primäre Zweck eines Krankenhauses ist es, kranke Menschen nach ihren Bedürfnissen und Wünschen zu versorgen. Die erbrachte Dienstleistung im Krankenhaus weist dabei einige Besonderheiten in Vergleich zu anderen Sparten, beispielsweise in der Industrie, auf.

Die Aufgabe zur Wiederherstellung von Gesundheit und/oder zur Linderung von Krankheit ist, besonders unter der Annahme eines Paradigmawechsels hin zur Behandlung chronisch-degenerativer Krankheiten, einem zunehmenden Spannungsverhältnis unterworfen. Steigenden Ansprüchen der Kunden (Patienten, einweisenden Ärzten, Angehörigen etc.) steht eine zunehmende Hilflosigkeit und Überforderung des Personals gegenüber. Bei einer "Somatisierung" der Medizin und unter Einsparungsgesichtspunkten geht mehr und mehr der Blick für das "Ganze" und für die Patientenbedürfnisse verloren oder wird weniger wichtig. Behebung eines somatischen Defekts oder das „*Management physischer Risiken*" (Badura & Feuerstein, 1994, S. 28) geht auf Kosten interaktionsintensiver Behandlungsformen und sozialer Unterstützung (Gespräch, Zuwendung, Trost, Beistand etc.). Die Einbeziehung des Patienten ist zwar für den Erfolg der Behandlung und das Wohlbefinden des Patienten eine wesentliche Voraussetzung, die wirklichen Selbstheilungs- und Mitwirkungspotentiale des Patienten werden aber nicht oder nur marginal (im funktionalistischen Sinne) genutzt.

Das Leistungsspektrum der Dienstleistung ist dabei sehr komplex und umfaßt neben medizinisch-pflegerischen Dingen auch sog. sekundäre Dienstleistungen (z.B. sog. "Hotelleistungen", Logistik wie Hol- und Bringdienst etc.). Dieser Service wird rund um die Uhr vorgehalten und muß prinzipiell jederzeit erbracht werden können, kann aber in der Regel nicht irgendwo gespeichert oder "gelagert" werden. Grob vereinfacht heißt dies, daß eine zunehmende Komplexität mit einer zunehmenden Sinnentleerung und Entpersonalisierung einher geht.

Grundprinzipien des Qualitätsmanagements

- ✎ **Qualitätsentwicklung statt Qualitätskontrolle**
- ✎ **Orientierung an der Gesamtheit der Klinik (Ganzheitlichkeit)**
- ✎ **Dezentralisierung von Verantwortung und Entscheidung**
- ✎ **Patientenorientierung (Kundenorientierung i.e.S.)**
- ✎ **Mitarbeiterorientierung und Partizipation (Kundenorientierung i.w.S.)**
- ✎ **Kontinuierliche Prozeßverbesserung**

Abbildung 1: Grundprinzipien des Qualitätsmanagements.

Um eine wirtschaftliche und humane Versorgung von hoher Qualität zu erreichen, bedarf es qualifizierter und engagierter Mitarbeiter, die in einer optimierten, aufeinander abgestimmten Arbeitsorganisation gemeinsam den Bedarfen aller Kunden gerecht werden. Qualitätsmanagement muß also dem Trend der Versäulung der Berufsgruppen und

Bereiche entgegenwirken und hierbei auf Veränderungen in der gesamten Institution ausgelegt sein (keine Insellösungen!). Die Grundprinzipien des Qualitätsmanagements faßt dabei Abbildung 1 zusammen.

Qualitätsmanagement ist mithin der Versuch, innerhalb des Spannungsfeldes Humanität und Wirtschaftlichkeit die Interessen von *Organisation, Patienten* und *Mitarbeiter* zu einer gemeinsamen und erfolgreichen Strategie und Unternehmensphilosophie zu verbinden.

Von der Auffassung geleitet, daß das Krankenhaus als ein offenes soziales System zu betrachten ist, daß es also sowohl Interaktionen innerhalb der Organisation, als auch Schnittstellen der Organisation mit der umgebenden Umwelt, also nach außen, gibt, müssen Struktur-, Prozeß- und Ergebnisqualität gleichermaßen erfaßt werden und die Methoden und Instrumente der Evaluation des TQM-Projektes aufeinander abgestimmt sein. MAB sind dabei nur ein, hierbei aber ein wesentliches Element nicht nur der Evaluation, sondern auch der Systemgestaltung im Sinne der Aktionsforschung.

Entscheidungsdelegation von oben nach unten und die Veränderung der Einstellung zur Qualität hin zu einem veränderten Qualitätsverständnis (kontinuierliche Qualitätsweiterentwicklung) sind im Qualitätsmanagement wesentliche Elemente. Die erfolgreiche Umsetzung der Prinzipien von Qualitätsmanagement ist dabei aber besonders in der Anfangsphase ein ausgesprochener "Top-Down"-Prozeß. Ist die Entscheidung von oben gefallen, eine MAB durchzuführen (i.d.R. in Abstimmung mit dem Betriebsrat, evtl. auf der Basis einer Betriebsvereinbarung), ist es wichtig, die Befragung in den bereits bestehenden und sich entwickelnden Gesamtrahmen einzubetten.

Innerhalb des Qualitätsmanagements ist hierbei die sog. Steuergruppe das wichtigste Koordinations- und Diskussionsforum. Die zahlreichen Projektaktivitäten werden durch dieses Gremium begleitet und koordiniert. Diese Gruppe setzt sich zusammen aus Leitungskräften unterschiedlicher Berufsgruppen und Fachbereichen sowie Mitgliedern des Betriebsrats. Dadurch ist gewährleistet, daß nicht nur Ideen produziert bzw. Ergebnisse zusammengetragen werden sondern, daß sie auch an die Entscheidungsträger gelangen. So kann die Befragung und deren Auswirkungen optimal an die Bedürfnisse der Institution angepaßt werden.

Hierbei erweist sich die Hinzuziehung einer externen Beratungsgesellschaft als wertvoll, da neben der Überwindung einer gewissen Betriebsblindheit auch ein Vergleich mit anderen Projektkrankenhäusern möglich wird. Die höhere Akzeptanz der Mitarbeiter im Hinblick auf Anonymität und Datenschutz gewährleistet eine breitere Beteiligung und eine vorbehaltlose Meinungsdarstellung der Mitarbeiter, da dann die Daten beim Beratungsunternehmen bleiben und Rückschlüsse auf Einzelpersonen vermieden werden.

Hier gilt es frühzeitig, Vorbehalte auszuräumen und umfassend zu informieren, denn die Sorge um den Schutz der freien Meinung wird im Vorfeld intensiv durch die Mitarbeiter begutachtet. Ein beigelegtes Anschreiben zum Fragebogen, Informationen in der Mitarbeiterzeitung etc. sind dabei die eine Seite, weit wichtiger für den weiteren Gesamtprozeß des Qualitätsmanagements sind Glaubwürdigkeit und unbedingte Neutralität der Berater. Hier werden in einem wichtigen Feld erste Grundlagen für die Vertrauenswürdigkeit und die Wichtigkeit des Projektes gelegt.

2.2 Zielsetzung der Mitarbeiterbefragung

Ziel der klinikweiten MAB war es, differenziert die Ausgangsbedingungen zu Beginn des TQM-Projektes zu ermitteln, da es lediglich Vermutungen z.B. über die Zufriedenheit der Mitarbeiter mit ihren Arbeitsbedingungen gab.

Neben diesem expliziten Ziel wurde aber auch implizit beabsichtigt, mit der Befragung die Aufmerksamkeit für das umfassende TQM-Projekt zu wecken. Über die Fragen nach den Zielsetzungen, Methoden und Instrumenten sowie Wirkungsvermutungen soll eine Identifikation der Beschäftigten des Klinikums mit "TQM" erreicht werden.

Das Instrument "MAB" wird i.d.R. von Anfang an als notwendiger Bestandteil des Qualitätsmanagement-Ansatzes von der Steuergruppe akzeptiert. Die Mitglieder der Steuergruppe werden über den Inhalt des Fragebogens sowie die geplante Durchführung zuvor umfassend durch die Qualitätsmanagement-Berater informiert, und sie entscheiden letztlich über den Zeitpunkt der Durchführung. Um Veränderungen messen und erzielte Fortschritte dokumentieren zu können, ist die Durchführung der Befragung in der frühestmöglichen Phase des Treatments anzusetzen. Eine Folgebefragung (Pretest-Posttest-Untersuchung) ist in beiden Projektkrankenhäusern vorgesehen.

Begleitend hierzu können darüber hinaus kontinuierliche Patientenbefragungen in Fachkliniken und Image-Analysen (Befragung entlassener Patienten, Besucher und einweisender Ärzte) weitere Informationen liefern, wie in *Krankenhaus A* geschehen. Die Evaluation des Gesamtprojekts erfolgt somit neben der MAB noch mittels weiterer Informationsquellen. Alle Evaluationsmaßnahmen werden von TQM-Beratern durchgeführt, die nicht Angestellte des Klinikums sind. Durch ständige Präsenz dieser externen Berater im Qualitätsmanagement-Büro der Kliniken wird hier ein ausgewogenes Verhältnis von Eingebundenheit und Neutralität gewahrt.

Mittelfristiges Ziel ist es, die MAB als systematisches Instrument der Personalwirtschaft im Rahmen einer TQM-Philosophie aufzubauen. Die Auswertung der Folgebefragung(en) wird eher nach integrativen Auswertungskonzepten aufzubauen sein, also nicht nach Berufsgruppen, sondern nach Bereichen oder Arbeitsgebieten. Die Kontinuität der Befragung ist durch eine langfristige Bindung an die TQM-Beratung gesichert.

2.3 Instrumente des Fragebogens

Eine MAB im Qualitätsmanagement muß natürlich Inhalte des Qualitätsmanagements abfragen. Hierzu existieren keine standardisierten Fragebögen, schon gar nicht für den Krankenhausbereich in Deutschland.

Anhaltspunkte für einen umfassenden und unternehmensweiten Ansatz bietet das sogenannte „Self-Assessment Tool for Healthcare Organizations Based on Balridge Criteria" (vgl. Gaucher & Coffey, 1993), die speziell für den Gesundheitsbereich gestalteten Kriterien zur Feststellung und Überprüfung von Qualität. Der jährlich zur Ausschreibung kommende "Malcolm Baldrige Award" ist vor allem in der Wirtschaft der USA zur Richtschnur für erfolgreiche Unternehmensführung unter Qualitätsgesichtspunkten geworden. Mittlerweile besitzt er für die TQM-Krankenhäuser in Nordamerika und wegen seines umfassenden Anspruches an Qualität richtungsweisende Wirkung. Die Bewertungskriterien stellt Abbildung 2 dar.

Führung	• Deutliches Bemühen um Unternehmenswerte und Qualitätsziele • Förderung des TQM-Konzeptes durch Unterstützung • Anerkennung und Wertschätzung der Aktivitäten...
Strategische Planung	• Sammlung und Analyse von internen und externen Daten • Unternehmesphilosophie und -leitbild • Zielüberwachung, Rückmeldung und kontinuierliche Verbesserung
Personal-management	• Integriertes Personalmanagement • Zielvereinbarungen / Leistungsbeurteilung • Partizipation von Mitarbeitern...
Ressourcen	• Finanzielle, informatorische, materielle u. personelle Ressourcen • Technologien... • Bewertung und kontinuierliche Verbesserung
Prozeß-management	• Systematische Prozeßlenkung • Prozeßbewertung • Kontinuierliche Prozeßverbesserung
Mitarbeiter-zufriedenheit	• Durchführung von Erhebungen • Verwendung der Daten und Ableitung von Konsequenzen • Vergleiche mit anderen Indikatoren...
Patienten-zufriedenheit	• Durchführung von Erhebungen • Verwendung der Daten und Ableitung von Konsequenzen • Vergleiche mit anderen Indikatoren...
Öffentlichkeits-verantwortung	• Schutz der natürlichen Ressourcen, Mitarbeiter und Umgebung • Aktives Engagement in der Gesellschaft • Analyse des Ansehens der Klinik in der Öffentlichkeit
Geschäfts-ergebnisse	• Auswahl relevanter Daten • Verwendung der Daten und Ableitung von Konsequenzen • Benchmarking...

Abbildung 2: Das Qualitätsmodell des MBNQA (leicht modifiziert).

Die Einzelkriterien für die Evaluierung werden dabei von der Kommission noch genauer differenziert. Die Operationalisierung für den deutschen Krankenhaus-Bereich bereitet dabei dennoch einige Schwierigkeiten. Einmal lassen sich die Kriterien aus dem angelsächsischen nicht 1:1 übertragen, zum anderen lassen sich einige Dinge auch nicht einheitlich messen und abfragen (Mix von qualitativen und quantitativen Verfahren).

Vor allem aber würden sie vermutlich den Rahmen jedes "normalen" Projektes vom Umfang her sprengen. In der Praxis kam demnach ein Mix von standardisierten und selbstentwickelten Fragebögen zum Einsatz, der sich im wesentlichen durch folgende Themenschwerpunkte auszeichnet (vgl. Tabelle 1).

I.   Soziodemographische Daten: Dieser Teil enthält Fragen zu Geschlecht, Alter, Familienstand, Ausbildung und Berufsgruppe des Befragten, nach Dauer und Struktur der wöchentlichen Arbeitszeit und seit wann der Befragte bereits im Krankenhaus arbeitet. Die Vergleichsdaten hierzu stellte die Personalabteilung des jeweiligen Krankenhauses zur Verfügung.

II. Arbeitszufriedenheit: Dieser Teil besteht aus der "Skala zur Arbeitszufriedenheit (SAZ)" von Fischer und Lück (1972) in der Form von Fischer (1985). Benutzt wurde die Langversion mit 36 Einzelvariablen (leicht modifiziert).

III. Bewertung der Leitungsebenen: In diesem Teil sollen die Befragten zunächst angeben, welcher Leitungsebene sie selbst angehören, anschließend sollen sie die Arbeit der oberen, mittleren und unteren Leitungsebene bewerten. Gefragt nach den Schwerpunkten der jeweiligen Leitungsebene (Zusammenarbeit, Information, Vorbildfunktion etc.). mit Hilfe der Likert-Skala von 1 bis 5, zusätzlich "weiß nicht".

IV. Organizational Commitment: Dieser Teil besteht aus dem Fragebogen zum "Organizational Commitment" (OC) von Allen und Meyer (1990). OC, annähernd übersetzt mit "Unternehmensanbindung" der Mitarbeiter, ist dabei im Vergleich zu anderen sozialen Konstrukten wie "Arbeitszufriedenheit" oder "Organisationsklima" globaler, spiegelt also umfassender die Gegebenheiten der Organisation wider. Außerdem ist es zeitlich stabiler: Es entwickelt sich zwar langsamer als Arbeitszufriedenheit, ist dafür aber konsistenter und geringeren Schwankungen unterworfen. OC wird als eine wichtige Voraussetzung für Motivation und Leistungsbereitschaft, sowie als Grundlage einer kontinuierlichen "Kaizen-Philosophie" angesehen, deren Vorhandensein und Veränderung ebenfalls ein Aspekt der MAB ist. (Likert-Skala von 1 bis 5, zusätzlich "weiß nicht"; Original-Skala Likert-Skala von 1 bis 7 wurde aufgrund der Einheitlichkeit des Fragebogens nicht eingesetzt).

V.   Fragen zur Qualitätszirkel-Arbeit: Der auf Krankenhäuser übertragene und teilweise weiterentwickelte Fragebogen integriert in seinem Design die wissenschaftlichen Meßinstrumente zur Überprüfung von Effektivität und Effizienz von Qualitätszirkeln (Antoni, 1990; Meta-Evaluation von Kunzmann, 1991). Er wird in der Folgebefragung auf prozeßhafte Fragen hin erweitert (Likert-Skala von 1 bis 5, zusätzlich "weiß nicht").

VI. Fragen zum TQM-Projekt: Zunächst werden die Mitarbeiter nach ihrem Informationsstand über das Projekt und ihr Interesse daran befragt. Es folgen 29 Items zum Qualitätsverständnis der Mitarbeiter (Kaizen, Einschätzung des Qualitätsniveaus, Patientenorientierung, Kooperation etc.), (Likert-Skala von 1 bis 5, zusätzlich "weiß nicht").

VII. Unternehmensziele: Hier wurde nach der persönlichen Wichtigkeit, der Wahrscheinlichkeit von Verbesserungen in diesen Bereichen sowie der Wichtigkeit der Unternehmensziele für die Geschäftsführung gefragt. Insgesamt handelte es sich um jeweils 22 vorgegebene Ziele aus den Bereichen Patienten-, Mitarbeiter- und Organisationsorientierung. Außerdem war die Möglichkeit gegeben, auf weitere wichti

Tabelle 1: Übersicht über die Untersuchungsinhalte der MAB.

I. Soziodemographische Daten	II. Arbeitszufriedenheit (nach Fischer/Lück)	III. Bewertung der unterschiedlichen Leitungsebenen	IV. Organizational Commitment (nach Allen/Meyer)	V. Fragen zu Qualitätszirkeln	VI. Fragen zum QM-Projekt	VII. Unternehmensziele
• Geschlecht • Alter • Familienstand • Schulbildung • Berufsgruppe • Betriebszugehörigkeit • etc.	• Arbeitszufriedenheit Gesamt (36 Variablen): – Bezahlung – Aufstiegsmöglichkeiten – Führungsstil – Respektierung und Mitbestimmung – Firmenbewertung – Belastung und Arbeitsstreß – Entfaltung und Anwendung eigener Möglichkeiten – Resignation – Wechselbereitschaft – AZ allgemein	• Unterscheidung nach Leitungsebenen • Bewertung obere Leitungsebene • Bewertung mittlere Leitungsebene • Bewertung untere Leitungsebene • Zufriedenheit mit Leitung und Organisation Gesamt	• Commitment Gesamt (23 Variablen): – Affekt-Commitment (MA bleiben, weil sie es wollen) – Kosten-Commitment (MA bleiben, weil sie es müssen) – Norm-Commitment (MA bleiben, weil sie meinen, daß sie es sollten)	• Infostand über QZ • Infowege • Einstellung zu QZ • Bewertung von QZ: - Partizipation - Methode - Kosten/Nutzen - etc. • Erwartungen an QZ • Veränderungen durch QZ • Themenvorschläge für QZ etc.	• Infostand über QM • Infowege • Einstellung zu QM • Einstellung zur Qualität allgemein: - Kundenorientierung - Qualitätsbewußtsein - Motivation - "Wir-Gefühl" - etc. • Erwartungen an QM • Veränderungen durch QM • offene Antworten	• patientenorientiert • mitarbeiterorientiert • organisationsorientiert • offene Antworten

ge Ziele hinzuweisen (offene Antwort mit Bewertung). (Likert-Skala von 1 bis 5, zusätzlich "weiß nicht").

Der Fragebogen endet mit fünf offenen Fragen, wobei sich die Mitarbeiter zu bestimmten Themen ausführlicher äußern können. (Offene Antworten zu Erwartungen, Befürchtungen an Qualitätsmanagement, Kritik allgemein, etc.)

Es galt somit, die unterschiedlichen validen Meßinstrumente aufeinander abzustimmen und in einen sinnvollen Zusammenhang zum Krankenhaus-Setting zu bringen. Ein nicht zu unterschätzendes Problem bildete dabei die "Handhabbarkeit" des Fragebogens: Er durfte keinen zu großen zeitlichen Aufwand darstellen und sollte die zu erforschenden Sachverhalte in klarer und verständlicher Sprache abfragen, damit er wirklich von allen Mitarbeitern verstanden und ausgefüllt werden konnte. Andererseits mußte er natürlich differenzierte Informationen liefern, denn allein die Aussage, daß die Mitarbeiter mit ihrer Arbeit zufrieden sind, sagt nur relativ wenig aus.

In bezug auf die MAB hieß dies im Ergebnis ein Fragebogen von insgesamt 17 Seiten mit mehr als 150 Einzelfragen, die aufgrund der überwiegend anzukreuzenden Likert-Skalen, ergänzt durch offene Fragen, Ratings etc., innerhalb von 30-45 Minuten ausgefüllt werden konnten.

3 Durchführung der Befragung

3.1 Ablauf der wichtigsten Phasen der Mitarbeiterbefragung

Die Durchführung der Befragung erfolgte durch die TQM-Berater. Zunächst wurde ein Musterfragebogen ausgearbeitet. Dieser wurde in einer Steuergruppensitzung allen Mitgliedern und somit auch dem Betriebsrat vorgestellt und ein Pretest durchgeführt. Daraufhin wurde der Fragebogen überarbeitet und bestimmte Inhalte modifiziert. Die Beschäftigten des Krankenhauses wurden in einer von den TQM-Beratern erstellten "Qualitätsmanagement-Zeitung" oder über die Mitarbeiterzeitung und über weitere interne Öffentlichkeitsarbeit (Rundschreiben, Plakate etc.) über die geplante Befragung erstmals in Kenntnis gesetzt.

Je nach den Bedingungen des Hauses wurden dann die Fragebögen an die Mitarbeiter verteilt, in *Krankenhaus A* aufgrund von Defiziten im internen Zustellungs- und Informationssystem erfolgte die Verteilung durch die Qualitätsmanagement-Berater direkt auf den Stationen und Bereichen. In *Krankenhaus B* wurden die Fragebögen per Aufkleber der Personalabteilung mit der Hauspost versandt.

Beigelegt wurde ein Anschreiben, welches über den Sinn und Zweck der Befragung informierte und zur Beteiligung aufforderte. Weiterhin sollte ein Leitfaden Hilfestellung beim Ausfüllen der Fragen geben. Versehen wurden die Fragebögen zusätzlich mit adressierten Rücksende-Umschlägen, um den Befragten die Arbeit zu erleichtern und den Rücklauf zu erhöhen.

Insgesamt wurden in beiden Krankenhäusern je ca. 2.500 Fragebögen ausgeteilt. Die Rückgabefrist wurde auf 6 Wochen begrenzt. An zentralen Stellen der Krankenhäuser wurden hierfür Sammelbehälter aufgestellt. Nach weiteren 4 Wochen wurde nochmals mit einer Mailing- und Plakataktion zur Teilnahme an der Befragung aufgefordert. Eine Übersicht über die Rücklaufquote gibt Tabelle 2.

Tabelle 2: Rücklaufquoten in den Projektkrankenhäusern.

Krankenhaus A			Krankenhaus B		
verteilt	zurück	Quote	verteilt	zurück	Quote
Anzahl (n=)	Anzahl (n=)	Prozent	Anzahl (n=)	Anzahl (n=)	Prozent
2279	501	21,98	2459	853	34,69

Aufgrund des noch geringen Bekanntheitsgrades der Qualitätsmanagement-Projekte und einiger Anfangs-widerstände war dies eine befriedigende Rücklaufquote. Insgesamt entsprach die Stichprobe in beiden Häusern in hohem Maße der Grundgesamtheit, so daß die anhand der Studienpopulation gewonnenen Ergebnisse ohne größere Einschränkungen auf die Gesamtbelegschaft übertragen werden könnten.

Bei der Datenerfassung und -analyse kam das Programm "SPSS für Windows" zum Einsatz. Um die Vertraulichkeit und Anonymität der Ergebnisse zu gewährleisten, erfolgte die Datenerfassung und anschließende Auswertung durch die TQM-Berater. Die Rohdaten liegen ausschließlich den Beratern vor, sie wurden nicht an das Krankenhaus gegeben. In der Erhebung wurden weder Namen verwendet noch Angaben zum genauen Arbeitsort erfaßt. Lediglich die Berufsgruppe sowie ggf. die Leitungsebene wurde erfragt. Zum Zweck eines späteren Vergleichs mit der Nachfolgeuntersuchung wurde eine vierstellige Codierung vorgenommen (Anfangsbuchstabe der Mutter und des Vaters sowie Geburtsmonat).

Vor allem die Anonymität wurde von vielen Mitarbeitern angezweifelt, hier wurden teilweise sogar Sanktionen befürchtet. Die Rolle der Berater war noch unklar, sie wurden teilweise als Erfüllungsgehilfen der Geschäftsführung betrachtet. Vielen war der Fragebogen zu lang und (vor allem in den standardisierten Fragen) zu kompliziert formuliert.

3.2 Festlegung der Auswertungseinheiten

Nach einer ersten Zwischenauswertung durch die TQM-Berater wurden die Ergebnisse der Steuergruppe vorgestellt. In den anschließenden Diskussionen konnten weitere Auswertungswünsche der Steuergruppenmitglieder erfaßt und bearbeitet werden. Auch das weitere Vorgehen wurde gemeinsam mit der Steuergruppe abgestimmt. Die von den Qualitätsmanagement-Beratern im Management Summary dargestellten Ergebnisse sollten zunächst nicht schriftlich veröffentlicht werden, da sie in dieser Deutlichkeit nicht unkommentiert bzw. nur gemeinsam mit entsprechenden Maßnahmen zur Verbesserung schriftlich veröffentlicht werden sollten, um Mißverständnisse und Fehlinformationen zu vermeiden.

Die Auswertungseinheiten orientierten sich im wesentlichen an den in Tabelle 1 aufgeführten Inhalten des Fragebogens. Durchgeführt wurden umfangreiche statistische Verfahren und Auswertungen (Cluster-, Faktorenanalysen, Varianzhomogenitäts-, Signifikanztests je nach Skalenniveau etc.). Diese Tests waren aber hauptsächlich für die interne Überprüfung durch die Berater vorgesehen. In der Präsentation der Ergebnisse (schriftlich und mündlich) ging es hauptsächlich um einfache Häufigkeitsverteilungen. Unterschieden wurden die einzelnen Ausprägungen überwiegend nach Leitungsebenen und Berufsgruppen.

In einem intensiven Dialog innerhalb der Steuergruppe konnte so einerseits die Unabhängigkeit der Berater gewahrt werden und andererseits der Wunsch nach umfassender und spezifischer Information der Steuergruppen-Mitglieder angemessen wahrgenommen werden. Die Ergebnisse wurden nach kurzer Zeit in einem kommentierten Bericht der Steuergruppe vorgelegt. Weiterhin wurden für Präsentationen angefertigte Folien der Steuergruppe zur Verfügung gestellt. Dieser Gesamtband bildete dann die Grundlage für die Veröffentlichung an die Mitarbeiter.

Hier wurde vor allem in Form von Öffentlichkeitsveranstaltungen und mit Hilfe von Artikeln in der Mitarbeiterzeitung ein breites Forum hergestellt. Weiterhin wurde der Moderatorenkreis in seiner Multiplikatorfunktion gezielt angesprochen und umfassend informiert. Die einzelnen Ergebnisse wurden teilweise im *Krankenhaus A* in Arbeitsgruppen weiter bearbeitet, wobei die Berater Detailergebnisse zur Verfügung stellten. Im *Krankenhaus B* wurden die Berater aufgefordert, eine zusammenfassende Problemdarstellung mit problembezogenen Verbesserungsmöglichkeiten vorzustellen. Vorgabe durch die Berater war allerdings, aus Gründen der Anonymität keine Informationen zu veröffentlichen, wenn die Stichprobe kleiner als 5 Personen war.

4   Auswirkungen

4.1   Ergebnisse

Die Ergebnisse der MAB dokumentieren die Situation in den Projektkrankenhäusern, wie sie sich zu Beginn des TQM-Projektes darstellte. Die Befragung trug mit dazu bei, Problembereiche aufzudecken. Einige Tendenzen waren zwar bereits vor der Befragung bekannt, doch in dieser Deutlichkeit war vieles nicht bewußt. Durch die starke Prozeßorientierung der MAB und die Nutzung des Instruments als Element der Organisations- und Personalentwicklung lassen sich meßbare Ergebnisse frühestens nach Durchführung der Folgebefragung vorlegen. Dennoch soll nicht versäumt werden, Tendenzen und Gemeinsamkeiten aus beiden Projektkrankenhäusern kurz anreißen.

Detailliertere Auswertungen der Ergebnisse der MAB lassen die Annahme zu, daß QZ eine wichtige Rolle innerhalb des TQM-Prozesses zukommt (Schießer, 1996).

Insbesondere die Erwartung der Mitarbeiter durch die Teilnahme an QZ über größere Handlungsspielräume zu verfügen und die Wahrnehmung, daß QZ langfristig dazu beitragen, die Arbeitssituation zu verbessern und, daß der Nutzen die Aufwendungen rechtfertigt, lassen dieses Instrument positiv bewerten.

Ein weiteres Ergebnis ist, daß die Wahrscheinlichkeit TQM positiv zu bewerten um so höher ist, je positiver QZ bewertet werden. Dies legt nahe, die Implementierung eines umfassenden Qualitätsmanagement-Konzeptes in einem Unternehmen mit einer erfolgreichen Qualitätsmanagement-Arbeit zu beginnen. Dabei ist es wichtig, daß durch eine interne Öffentlichkeitsarbeit die mittels QZ erzielten Erfolge transparent gemacht werden. Erarbeitete Lösungen sollen möglichst zügig umgesetzt und, wo immer möglich, sollten die Mitarbeiter auch an der Umsetzung beteiligt werden. Damit dürfte sich auch die Wahrscheinlichkeit erhöhen, daß die erzielten Verbesserungen auch von Mitarbeitern, die nicht an QZ teilnehmen, auf die QZ-Arbeit attribuiert werden. Dies gibt den Mitarbeitern gleichzeitig das Bewußtsein, für das Ergebnis ihrer eigenen Arbeit, für die Qualität ihrer Arbeit verantwortlich zu sein.

Interessant ist auch ein weiteres Ergebnis der MAB, wonach die Bewertung von QZ und Qualitätsmanagement um so positiver ist, je größer die Bereitschaft zum Wechsel in ein anderes Krankenhaus ist. Dies kann dahingehend interpretiert werden, daß Mitarbeiter, die zum Arbeitsplatzwechsel bereit sind, in QZ und Qualitätsmanagement eine Chance sehen, das Unternehmen so zu verändern, daß sich ein Bleiben lohnt. Angesichts der hohen Fluktuation v.a. von Pflegekräften weist dieses Ergebnis auf Chancen hin, die mit dem Gelingen des TQM-Projekts verbunden sind - aber auch auf die Gefahren, die ein Scheitern mit sich bringen würden.

Die Leitungsebenen beurteilen die Arbeit der jeweils eigenen Ebene durchweg am positivsten (Zufriedenheit mit Leitung und Organisation). Mit einer gewissen Ironie könnte man anmerken, daß dies eine klare Selbstüberschätzung darstellt. Realistischer erscheint jedoch die Bewertung, daß die eigene Arbeit auf den jeweils anderen Ebenen nicht genügend Anerkennung und Wertschätzung findet. Da der Großteil der Mitarbeiter keine Leitungsaufgaben wahrnimmt, erzielt die untere Leitungsebene generell die höchsten Werte (5-stellige-Likertskala), weil sie vermutlich am leichtesten beurteilt werden kann. Die Bewertung der einzelnen Leitungsebenen fiel im übrigen in beiden Krankenhäusern höchst unterschiedlich aus.

Bei den Unternehmenszielen rangieren von der Tendenz nach der Wichtigkeit her die mitarbeiterorientierten Ziele an erster Stelle, gefolgt von den patientenorientierten. Mit einigem Abstand folgen dann die organisationsorientierten Ziele (Verbesserung der Wettbewerbsfähigkeit, Schaffung eines Unternehmensleitbildes, Verringerung der Kosten etc.). Diese Ziele werden eher der Unternehmensleitung zugeschrieben. Die Mehrheit der Mitarbeiter präferiert andere Teilziele. Hier sind die Ergebnisse für beide Häuser gleich, auf den jeweils vier ersten Plätzen von der Wichtigkeit (auch in dieser Reihenfolge) liegen die Verbesserung der Arbeitszufriedenheit, des Betriebsklimas, des Infoflusses und der Zusammenarbeit der Abteilungen. Am unwichtigsten sind (hier weichen die Häuser voneinander ab) die Schaffung eines Leitbildes, die Verbesserung der Wettbewerbsfähigkeit und die Verringerung der Kosten.

Die Arbeitszufriedenheit fällt in beiden Häusern leicht positiv aus, wie Abbildung 3 verdeutlicht. Positiv auf die Arbeitszufriedenheit in den untersuchten Krankenhäusern wirken sich vor allem Entfaltungs- und Mitbestimmungsmöglichkeiten aus, unzufrieden sind die Mitarbeiter vor allem mit der Bezahlung, wobei diese Werte nach Berufsgruppen und Arbeitsbereichen stark schwanken.

Die Anbindung (Organizational Commitment) an das jeweilige Krankenhaus ist eher schwach ausgeprägt (A=2,7; B=3,0). Die Mitarbeiter bleiben in der Einrichtung, weil sie es wollen (Affective Commitment), weniger weil sie es müssen (Continuance Commitment) und schon gar nicht, weil sie meinen, daß sie es sollten (Normative Commitment).

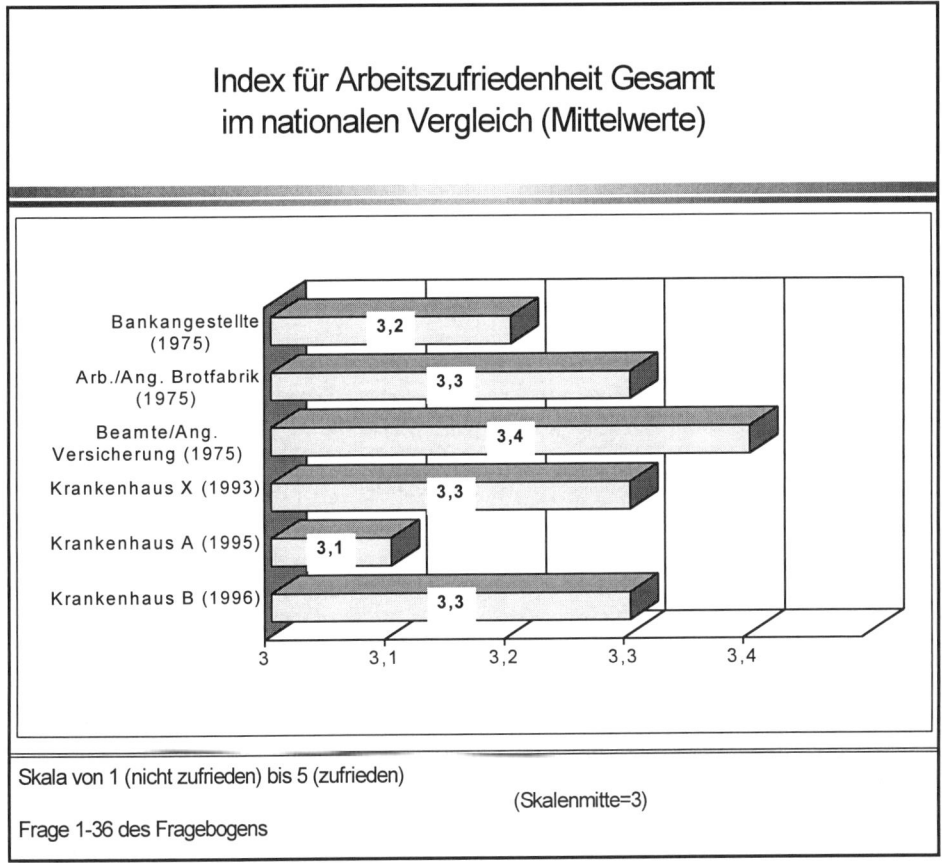

Abbildung 3: Arbeitszufriedenheit in den unterschiedlichen Einrichtungen.

Die Ergebnisse der MAB werden ergänzt durch sog. Cross-Check-Analysen. Hier erarbeiten Mitarbeiter quer durch alle Bereiche und Berufsgruppen an einem Tag unter Anleitung eines geschulten Moderators die Problemfelder der Einrichtung („Welche Probleme gibt es in unserem Krankenhaus"?). Ebenfalls befragt werden die Moderatoren in den Trainings mit derselben Leitfrage. Die Essenz dieser unterschiedlichen Ansätze der Problem- und Ist-Analyse werden in einer ABC-Analyse zusammengefaßt und bewertet. Als Probleme ergaben sich in *Krankenhaus B*:

- Mangelnde Zusammenarbeit der Berufsgruppen   17,0%
- Allgemeine Mängel in den Organisations- und Arbeitsabläufen   14,8%
- Mängel in der Kommunikation und Information   13,6%
- Demotivierender Führungsstil   11,4%

Somit erschließt sich, jeweils durch konkrete Einzelaussagen der Mitarbeiter belegt und durch andere Untersuchungsmethoden flankiert, eine komplexe Problemlandschaft mit diversen Handlungsfeldern auf den unterschiedlichsten Ebenen und Bereichen.

4.2   Veränderung von Strukturen durch die Befragung

Insgesamt war die Stimmung am Anfang der MAB mißtrauisch bis skeptisch („daß sich hier jemand für meine Meinung interessiert, kann doch nichts Gutes bedeuten"), nach Veröffentlichung der Ergebnisse war vorsichtiges Interesse da, teilweise mit einer starken Erwartungshaltung verknüpft. Einige Mitarbeiter haben sich z.T. geärgert, nicht doch an der Befragung teilgenommen zu haben, nachdem sie beobachten konnten, daß mit den Ergebnissen vertraulich, aber doch offen umgegangen wurde.

Dadurch, daß jeder Mitarbeiter einen Fragebogen erhalten hat und ausführlich über das Vorgehen informiert wurde, wurde das Ziel erreicht, Aufmerksamkeit für das Qualitätsmanagement-Projekt zu wecken. Damit war auch von Beginn an klar, daß das Qualitätsmanagement-Projekt hohe Priorität genießt, da sonst wohl kaum ein solcher Aufwand betrieben worden wäre.

Daß im Hinblick viele Hoffnungen auf positive Veränderungen von den Mitarbeitern verbunden werden, zeigt sich insbesondere auch an den Antworten auf die offenen Fragen, die am Ende des Fragebogens eingetragen werden konnten. „Daß man mal gefragt wird und kreativ sein darf" und daß „Probleme bewußt gemacht und somit aktiv angegangen werden können" sind nur zwei von vielen Äußerungen, die die mit dem Qualitätsmanagement-Projekt verbundenen Möglichkeiten und Erwartungen widerspiegeln. Entscheidend für den Erfolg eines so umfassenden Projektes wie die klinikweite Einführung von Qualitätsmanagement ist allerdings auch, daß „realistische Möglichkeiten zur Veränderung gegeben werden": „Wichtig ist die Umsetzung!", so ein weiteres Zitat.

Im *Krankenhaus A* haben Teilnehmer eigens zur MAB einen Arbeitskreis gebildet, der sehr motiviert seine selbstgewählten Ziele in Angriff nimmt: Das Betriebsklima zu verbessern, die Transparenz der Klinikstrukturen zu erhöhen und die Zusammenarbeit zwischen den Abteilungen zu fördern. Er trifft sich regelmäßig, um Lösungsvorschläge zu erarbeiten und setzt bereits erste Maßnahmen um: Workshop-Mitglieder aus Fachkliniken und Instituten beginnen demnächst, Informationveranstaltungen für alle interessierten Mitarbeiter des Krankenhauses in ihren Bereichen durchzuführen. Bei diesen Veranstaltungen geht es darum, Mitarbeitern anderer Bereiche, die eigenen Aufgaben und die Ablauforganisation sowie die Räumlichkeiten und weiteren Arbeitsbedingungen vorzustellen. Zu diesem Zweck wird derzeit auch ein "Hausfest" für und mit Mitarbeitern des Krankenhauses organisiert. Daneben erarbeitet eine Gruppe von Mitarbeitern ein umfassendes und aufeinander abgestimmtes Informationskonzept für das gesamte Krankenhaus.

Im *Krankenhaus B* ist die Informationskampagne gerade angelaufen. Bereits zwei Mal ist in der Mitarbeiterzeitung darüber berichtet worden, es haben zahlreiche Veranstaltungen für etliche Berufsgruppen und Bereiche stattgefunden. Die Steuergruppe hat aufgrund der Empfehlungen der Berater über einen Maßnahmen- und daraus abgeleitet einen Prioritätenplan diskutiert und überlegt erste Schritte. Hier liegen derzeit die Schwerpunkte bei einer verstärkten Konzentration auf Personalentwicklung und Ausweitung eines Führungskräfte-Dialogs. Weiterhin ist die Akzeptanz und Unterstützung für die beginnende QZ-Bewegung größer geworden, weil dadurch der Wunsch nach Partizipation und verstärkter Zusammenarbeit der Berufsgruppen und Abteilungen verwirklicht werden kann. Auch hier verläuft somit der Informations- und Motivationsprozeß Top-down, also zunächst über die Führungskräfte und die Steuergruppe über Multiplikatoren (z.B. Moderatorenkreis, hausinterne Koordinatoren) hin in prinzipiell alle Bereiche und Berufsgruppen.

Eine Veränderung der Organisations- und Führungsstrukturen ausschließlich durch eine MAB ist fraglich, zumal sich innerhalb der hier vorgestellten Projekte der separate Einfluß der MAB nicht isolieren läßt. Nur im Rahmen eines ganzheitlichen Ansatzes kann eine MAB zur Umstrukturierung beitragen, nicht jedoch als einzelnes Instrument.

4.3   Schlußfolgerungen

Die Ergebnisse der MAB machen Probleme sichtbar, an denen sich die Handlungsfähigkeit der Führungskräfte und der Institution allgemein recht gut ablesen läßt. Generell gilt, daß eine Einrichtung nach innen relativ betriebsblind ist und am Anfang hilflos der vermeintlichen Flut von Ergebnissen gegenübersteht. Hier kann es hilfreich sein, die Ergebnisse auch mit denen anderer Krankenhäuser und Dienstleistungsinstitutionen zu vergleichen. Besonders in der Anfangsphase ist es deshalb eher ratsam, in der MAB nicht nach Bereichen und Stationen abzufragen, einmal, weil sonst die Beteiligung sicherlich sinken würde, aber auch, weil die Suche nach sog. "bad apples" für das Qualitätsmanagement kontraproduktiv ist. Vielmehr geht es darum, die produktiven und innovativen Kräfte und Ansätze zu stärken und entsprechende Arbeitsformen zu etablieren (z.B. QZ).

In diesem Sinne ist es deshalb auch notwendig, die Ergebnisse so zu präsentieren, daß damit nicht von vornherein Widerstand von bewerteten Berufsgruppen oder Führungskräften hervorgebracht wird. Dies dient keinem. Schuldzuweisungen sind in diesem Zusammenhang außerordentlich destruktiv, zumal es um "das Lernen aus Fehlern" und nicht um die Suche nach Schuldigen geht. Es gilt, das Interesse der Mitarbeiter aller Berufsgruppen und Hierarchieebenen zu wecken und die Aussicht auf positive Wirkungen von Verbesserungsmaßnahmen darzustellen. Entscheidend ist auch, daß die Ergebnisse gemeinsam mit den einzelnen Bereichen und Unterabteilungen diskutiert werden, um die Problemfelder umfassend zu analysieren und gemeinsam Maßnahmen zu erarbeiten. Diese Maßnahmen sollten dann möglichst bestehende Strukturen verbessern. Ziel sollte es sein, einen Interessenausgleich zwischen den Bedürfnissen der Mitarbeiter und Patienten und den Anforderungen an Effektivität und Effizienz zu schaffen. Die Evaluation - auch mit Hilfe einer MAB - übernimmt dabei eine wichtige Schlüsselstellung innerhalb des Gesamtrahmens einer sich weiter entwickelnden und lernenden Organisation. Sie bildet somit eine wesentliche Grundlage für ein erfolgreiches und bedürfnisgerechtes Qualitätsmanagement.

5   Zukunft der Mitarbeiterbefragung in den Projektkrankenhäusern

Qualitätsmanagement ist insgesamt ein Hoffnungsträger, auch bei denen, die zunächst nicht davon überzeugt sind oder nach außen hin Skepsis äußern. Wenn es gelingt, Organisationen so zu gestalten und verändern zu können, „*wie es den Vorstellungen der Menschen entspricht, die darin arbeiten oder als Kunden und Klienten mit diesen Organisationen zu tun haben*" (Sievers, 1993, S. 34), wird das Krankenhaus zu einem Raum, der allen Mitarbeitern und Patienten gleichermaßen das Recht auf gesunde und selbstbestimmte Arbeits- und Lebensbedingungen bietet. Diesem Ziel hat sich die MAB zu verschreiben, auch und gerade in Zeiten gedeckelter und gekürzter Budgets.

Berater können hierbei eben nur beraten, Vorschläge machen und Hinweise geben. Nicht mehr und nicht weniger. Genau das können Mitarbeiter auch, wenn man sie nur wirklich mitarbeiten läßt. Somit kann von Hilflosigkeit oder Ohnmacht also keine Rede sein.

MAB wecken Hoffnungen, Erwartungen, die es zu erfüllen gilt, die aber vor allem durch alle erfüllt werden müssen. Befragungen sind wichtige Katalysatoren in der Initialphase des Projekts, sie können entscheidende Signale setzen (z.B. „die Meinung der Mitarbeiter ist wichtig, wir lernen aus unseren aufgezeigten Schwächen" etc.).

Wichtigste Voraussetzung ist die Einbettung einer MAB in einen Gesamtprojektrahmen. Die Entscheidung für eine Folgebefragung ist in den hier vorgestellten Projektkrankenhäusern bereits frühzeitig gefallen. Dies alleine darf aber nicht genügen. Es muß das Ziel sein, das Instrument MAB zu einem systematischen und kontinuierlichen Personal- und Organisationsentwicklungsinstrument zu machen, welches nicht gleich bei der ersten Krise auf dem Altar der Kostenknappheit geopfert wird.

Jedes gesunde Unternehmen sollte ein Interesse daran haben, laufend über die Einstellung seiner Mitarbeiter informiert zu sein. Das spart mittelfristig nicht nur Kosten, sondern erhöht auch die Entscheidungs- und Handlungskompetenz, um flexibel und aus eigener Kraft auf Veränderungen erfolgreich zu reagieren. Gerade bei den abzusehenden gravierenden Veränderungen im Gesundheitsbereich ist dies kein zu unterschätzender Faktor.

Wichtig ist die Zusammenführung der Ergebnisse aller Instrumente im TQM-Prozeß. Hier wird die MAB auch weiterhin ein sehr wichtiges Instrument sein, um die Wünsche und Erfahrungen dieser "internen Kunden" zu erfassen.

Mitarbeiterbefragungen an beruflichen Schulen - Erfahrungen im Rahmen von Organisationsentwicklungsprojekten

Ingela Jöns

1 Einleitende Bemerkungen

Wenn man über Mitarbeiterbefragungen (MAB) liest, so handelt es sich zumeist um Befragungen der Beschäftigten in Wirtschaftsunternehmen oder in öffentlichen Betrieben und Verwaltungen. Unter dem Stichwort MAB findet man kaum Literatur zu Schulen. Befragungen im Zusammenhang mit Schulen beziehen sich - abgesehen von Umfragen bei Schülern - auf Lehrer als Berufsgruppe und zumeist nicht als Mitarbeiter einer Schule. Zwei Gründe mögen hier eine Rolle spielen: Erstens stehen im traditionellen, stark hierarchisch und formalistisch geprägten Schulsystem nicht die Schulen als einzelne Organisationseinheiten im Blickpunkt von Veränderungen, sondern Schulreformen werden überwiegend von oben und für alle gleich vorgegeben. Aus diesem Blickwinkel mögen Lehrerbefragungen durchaus die Funktion von Meinungsumfragen bei den Mitarbeitern einnehmen. Zweitens handelt es sich bei den einzelnen Schulen um relativ kleine Organisationen, so daß auf schriftliche MAB als Informationsgrundlage für die jeweilige Schulleitung bisher verzichtet wurde. Gerade hierin bestand traditionell die zentrale Funktion von MAB in Unternehmen.

Vergleichsweise häufig findet man allerdings Studien und Berichte zur Organisationsentwicklung (OE) an Schulen (vgl. Daschner, Rolff & Stryck, 1995; Greber u.a., 1991; Pelikan, Demmer & Hurrelmann, 1993). Am Rande sei hierzu angemerkt, daß die Anwendung und Forschung zur OE im Schulbereich, die in den letzten Jahren an Aktualität gewonnen hat - ja geradezu boomt - eine lange Tradition besitzt. So finden sich in fast allen einschlägigen Publikationen aus den Anfängen der OE-Forschung entsprechende Beispiele und Beiträge aus dem Schulbereich, wobei der Survey-Feedback-Ansatz von Beginn an große Beachtung fand (vgl. z.B. Bulla, 1978; 1982; Glasl, 1975; Klages & Schmidt, 1978; Miles u.a., 1975; Schmuck, Runkel & Langmeyer, 1977; Portele, 1978). Im Sinne des Survey-Feedback-Ansatzes steht am Anfang der OE-Projekte zumeist eine Diagnose zur Situation an der Schule aus Sicht des Kollegiums. Die Diagnose erfolgt dabei häufig in Form einer MAB, wie sie in diesem Reader behandelt wird; es werden aber auch - nicht zuletzt angesichts der vergleichsweise geringen Schulgrößen - alternative Formen einer gemeinsamen Diagnose beispielsweise im Rahmen von Workshops oder Pädagogischen Tagen diskutiert. Insofern kann festgehalten werden, daß MAB in Schulen bislang eher selten als generelles und regelmäßiges Führungsinstrument der Schulleitung, sondern zumeist als fallbezogenes Beteiligungsinstrument im Rahmen konkreter Schulentwicklungsprojekte eingesetzt werden.

So sind auch die Erfahrungen mit MAB an Schulen, über welche in diesem Beitrag berichtet wird, im Rahmen eines OE-Projektes gesammelt worden, d.h. genauer im Rahmen der wissenschaftlichen Begleitforschung zum Modellvorhaben "Organisationsentwicklung an beruflichen Schulen". Dieses Modellvorhaben wird seit Mitte 1995 an einer Schule in Baden-Württemberg mit Unterstützung der Lehrerfortbildungsakademie Esslingen und von erfahrenen Beratern aus der Industrie durchgeführt. Mit der Begleitforschung wurde der Lehrstuhl für Arbeits- und Organisationspsychologie der Universität Mannheim beauftragt. Eine Hauptaufgabe der Begleitforschung bestand in der Unterstützung des Modellvorhabens, im Sinne einer begleitenden Beratung der Projektbeteiligten, durch einzelne Studien im Verlauf des OE-Prozesses. Die Erfahrungen im Rahmen dieses Modellvorhabens, deren Ausgangspunkt also nicht eine MAB, sondern ein OE-Projekt bildete, stehen im Mittelpunkt des folgenden Beitrags.

Darüber hinaus konnten inzwischen an einer weiteren Schule Erfahrungen mit einer MAB gesammelt werden, auf welche ergänzend eingegangen wird. Hier hatte die MAB ihren Ausgangspunkt in der Beschäftigung mit dem Thema Schulkultur und wurde durch eine schulinterne Arbeitsgruppe durchgeführt. Mit der Bitte um Unterstützung wandte man sich im April 1996 an die Universität Mannheim, als die Fragebögen gerade verteilt waren und die konkrete Frage anstand, wie man mit den Ergebnissen weiterarbeiten solle. Im Rahmen der Rückmeldung wurden dann weitere Schritte im Sinne eines OE-Prozesses eingeleitet.

Als eine Besonderheit bei den zwei Projekten ist die wissenschaftliche Begleitung anzusehen, die es sozusagen mit sich brachte, daß neben der MAB als Ausgangsdiagnose weitere Befragungen im Projektverlauf durchgeführt wurden. Im nächsten Abschnitt wird zunächst auf den Hintergrund bzw. den Bedarf von OE-Prozessen an Schulen eingegangen. Anschließend wird der bisherige Ablauf des OE-Projektes im Rahmen des Modellvorhabens (Schule I) und des Projektes zur Schulkultur (Schule II) im Überblick dargestellt und die Einbindung der verschiedenen Befragungen im Projektverlauf kurz erläutert. Im dritten Abschnitt wird im einzelnen auf die Ziele und die Durchführung der Ausgangsdiagnose als MAB im engeren Sinne eingegangen. Anschließend werden im vierten Abschnitt die Erfahrungen mit der MAB anhand von Ergebnissen aus den weiteren Befragungen und aus der Projektbegleitung vorgestellt, bevor abschließend die Bedeutung von MAB an Schulen erörtert wird.

2   Hintergründe und Ablauf der Organisationsentwicklungsprojekte im Überblick

Den Hintergrund für beide Projekte bildet die aktuelle Situation an Schulen und die Notwendigkeit des Wandels von Schulen angesichts der gesellschaftlichen Veränderungen, wie sie heute allgemein unter den Stichworten "Schulentwicklung" und "Innere Schulreform" diskutiert werden (vgl. Aurin, 1991; Buchen, Horster & Rolff, 1994; Daschner, Rolff, & Stryck, 1995; Greber u.a., 1991; Pelikan, Demmer & Hurrelmann, 1993; Rolff, 1995; Wenzel, Wesemann & Bohnsack, 1990) und wie sie nach einer Umfrage an beruflichen Schulen in Baden-Württemberg an vielen Schulen zu verzeichnen sind (vgl. Jöns u.a., 1996; Jöns, 1997b).

Die interne Situation an Schulen kann abgesehen von strukturellen Defiziten mit folgenden Schlagworten umrissen werden: Veränderte Bildungsaufgaben und Bildungsanforderungen, gestiegene pädagogische Belastungen, Verschlechterungen in der Zufriedenheit und der Stimmung im Kollegium, Resignation und Rückzugstendenzen vieler Lehrer, Sozialisation und Alltagssituation der Lehrer als Einzelkämpfer, Defizite in der

Zusammenarbeit im Kollegium, in der Information und Beteiligung der Lehrer sowie in der Führung durch die Schulleitung, Fehlen einer modernen Schulkultur (insbesondere einer Streitkultur), Dominanz der "Lehrer"-Philosophie (Ich und meine Klasse) statt einer "Schul"-Philosophie (Ich und meine Schule), Fehlen moderner Management- und Organisationskonzepte und schließlich die begrenzte Problemlösungs- und Innovationsfähigkeit von Schulen.

Zur Charakterisierung des aktuellen Entwicklungsbedarfs an beruflichen Schulen sind in der Tabelle 1 die Antworten der Schulleiter und Personalräte, die im Rahmen der oben genannten Umfrage auch nach möglichen OE-Zielen an ihrer Schule gefragt wurden, zusammengefaßt (vgl. Jöns u.a., 1996; Jöns, 1997b).

Tabelle 1: Ziele von OE-Projekten an beruflichen Schulen.

- *Ziele im Interesse des Kollegiums*
  - mehr pädagogische, organisatorische und inhaltliche Freiräume
  - eine Entlastung der Lehrer (z.B. durch eine bessere Lehrerversorgung)
  - mehr Mitsprache und größere Eigenverantwortung des Kollegiums
  - eine Verbesserung der internen Kommunikation und Zusammenarbeit
  - die Entwicklung von Problembewußtsein und Problemlösefähigkeiten

- *Ziele im Interesse der Schüler*
  - Veränderung der Rahmenbedingungen (z.B. Klassengröße, Schulordnung)
  - Schule als Lebensraum, angenehmes Lernklima
  - neue Unterrichtsmethoden und -inhalte, moderne Didaktik
  - Verbesserung der Zusammenarbeit zwischen Schülern - Lehrern - Betrieben - Eltern - anderen Schulen

- *Ziele im Interesse der Zukunft der Schule*
  - die Entwicklung eines Schulprofils
  - die Verbesserung der Schulkultur und der Identifikation mit der Schule
  - die Erhöhung der Anpassungs- und Innovationsfähigkeit der Schule
  - mehr Freiräume, Autonomie und Mitsprachemöglichkeiten als Schule
  - Ausbau, Anpassung und Qualitätsverbesserung des Bildungsangebotes

---

Angesichts dieser Situation suchen in letzter Zeit immer mehr Schulen nach Ansätzen und Unterstützungsmöglichkeiten, um sich in Richtung der aufgezeigten Ziele zu entwickeln. So auch in den hier beschriebenen Fällen. Da es sich um einzelne Fallstudien handelt und sich ihre Ausgangssituation in diesen allgemeinen Umfrageergebnissen gut widerspiegelt, wird im folgenden nicht näher auf die konkrete Ausgangssituation an den beiden Schulen eingegangen. Als erstes sei nun der Ablauf des OE-Projektes im Rahmen des Modellvorhabens an der Schule I betrachtet.

OE-Projekt an der Schule I

Die Schule I bewarb sich für das Modellvorhaben bzw. OE-Projekt, um mit externer Hilfe den Veränderungsprozeß bewältigen zu können. Als Schule für das Modellvorhaben wurde sie aus insgesamt sechs Schulen vom Projektträger ausgewählt. Voraussetzung für die Bewerbung war, daß das Kollegium mehrheitlich einer Teilnahme zugestimmt hatte. An der Präsentationsveranstaltung sollte daher die Bewerbung stets von der Schulleitung und zumindest einem Vertreter des Personalrats vorgetragen werden.

Nach der Auswahl als Modellschule von Seiten des Projektträgers erfolgte die Zusage durch die Schule I erst nach einer erneuten Abstimmung auf der Gesamtlehrerkonferenz. Anschließend erfolgte vor Ort eine Informationsveranstaltung durch das Berater- und Forscherteam, auf welcher auch die Durchführung der Ausgangsdiagnose erläutert wurde. Anzumerken ist hierzu, daß die Ausgangsdiagnose erst über die Begleitforschung als Vergleichsgrundlage für eine spätere Evaluation in den OE-Ablauf aufgenommen wurde. Ursprünglich war von dem Beraterteam geplant gewesen, mit der Ausbildung einer Moderatorengruppe zu beginnen, um dann weitere Projekte einzuleiten. Den weiteren Ablauf des OE-Projektes an der Schule I gibt die Tabelle 2 wieder.

Tabelle 2: Ablauf des OE-Projektes an Schule I.

• *Ausgangsdiagnose (Kurzfragebogen, Gruppeninterviews)*	Juli 95
• *Erster Pädagogischer Tag*	Sept. 95
- Rückmeldung und Diskussion der Ergebnisse	
- Zielfindung für den OE-Prozeß	
• *Moderatoren-Ausbildung*	Okt. 95
• *Workshops der Schulleitung u. Fachabteilungen*	Ende 95
- Bereichsspezifische Problemdiskussion und Erarbeitung von Zielvereinbarungen und Aktionsplänen	
- Sammlung von übergreifende Problemen	
• *Bildung einer Koordinierungsgruppe*	Ende 95
• *Zweiter Pädagogischer Tag*	Jan. 96
- Präsentation und Diskussion der Workshop-Ergebnisse	
- Planung von übergreifenden Projekten und Aktionen (z.B.: Schule als Lebensraum, Neue Schularten, Organisation)	
• *Laufende und weitere Projektaktivitäten*	seit Feb. 96
- Seminare, Workshops, Beratung auf Anfrage	
- Abteilungsinterne und -übergreifende Projektbearbeitung	
- Information von Schulträgern, Schulverwaltung sowie	
- Öffentlichkeitsarbeit	
• *Zwischendiagnose (Kurzfragebogen)*	Dez. 96
• *Präsentation und Diskussion der Ergebnisse*	Feb. 97

Im Vergleich zu OE-Projekten in anderen Unternehmen ist der Ablauf vielleicht eher mit Ansätzen zur Entwicklung von kleineren Bereichen vergleichbar, da an der Schule I insgesamt nur ca. 85 Lehrer beschäftigt sind, was für Schulen allerdings bereits relativ groß ist. Diese Größe erlaubte, alle Lehrer im Rahmen von Pädagogischen Tagen durch die Kombination von Plenums- und Kleingruppenarbeit gleichzeitig zu informieren und aktiv einzubinden. Zur Schulorganisation ist weiterhin anzumerken, daß die Schule I in verschiedene Fachabteilungen untergliedert und hierarchisch strukturiert ist: Schulleiter und Stellvertreter, Abteilungsleiter und Kollegen.

Nach der Ausgangsdiagnose, welche die Befragung aller Lehrer der Schule in Gruppendiskussionen und anhand eines Kurzfragebogens umfaßte, wurden alle Veranstaltungen (Pädagogische Tage und Workshops) anhand von Kurzfragebögen evaluiert und der jeweils erlebte Fortschritt des OE-Prozesses erhoben. Die Zwischendiagnose, die ursprünglich in Form von Gruppendiskussionen geplant war, mußte aus organisatorischen Gründen als schriftliche Befragung durchgeführt werden. Aus Sicht der Begleitforschung stellt sie die Abschlußdiagnose dar, doch aus Sicht der Schule bildet sie eine Zwischendiagnose, deren Ergebnisse wiederum in den weiteren Entwicklungsprozeß eingebunden werden.

Projekt zur Schulkultur an der Schule II

Die Schule II leitete verschiedene Aktivitäten zur inneren Schulentwicklung unter dem Oberziel "Stärkung des Selbstwertgefühls im Schulalltag" ein, was sich sowohl auf die Lehrer als auch auf die Schüler bezog. Hierzu zählte auch die Gründung der Arbeitsgruppe Schulkultur, die zunächst die Bedürfnisse und Erwartungen im Hinblick auf Verhaltensnormen, Wertesystem und Führungsstil ermitteln sollte.

Interessant ist, daß auch an dieser Schule - hier durch die Arbeitsgruppe selbst - eine Veränderung in dem Projektkonzept erfolgte. Der Entwurf zu einem "Werte- und Verhaltenskonsens", der von der Gruppe erarbeitet und anschließend auf einem Pädagogischen Tag verabschiedet werden sollte, rückte in den Hintergrund. Das Thema wurde auf die allgemeine Situation der Lehrer an der Schule ausgeweitet, um dann an den zentralen Problemfeldern gemeinsam zu arbeiten.

Das Projekt zur Schulkultur der Schule II hat bisher einen ähnlichen Ablauf, wenn man davon absieht, daß es sich zunächst um ein internes Projekt ohne externe Unterstützung gehandelt hat und die Ausgangsdiagnose ausschließlich in schriftlicher Form erfolgte, wobei der Fragebogen durch die Arbeitsgruppe an der Schule entwickelt worden war. Die Auswertung wurde dann von der Universität Mannheim übernommen.

Die Rückmeldung erfolgte in Schule II ebenso mit externer Unterstützung auf einem Pädagogischen Tag vor dem Gesamtkollegium, welches dann in Kleingruppen verschiedene Themen bearbeitete. Weitere Unterschiede im Ablauf resultieren daraus, daß sich das Kollegium aus ca. 50 Lehrern zusammensetzt und nicht in Fachabteilungen untergliedert ist. Insofern wurden bereits im Anschluß an den ersten Pädagogischen Tag übergreifende Projekte definiert, an welchen zur Zeit weitergearbeitet wird. Ein Thema bildet nach wie vor die Schulkultur, welches dabei aber einen stärker intern fokussierten Akzent erhalten hat.

Die Hintergründe und Ausgangssituationen an beiden Schulen können als vergleichbar gekennzeichnet werden, was sich dann auch in den Diagnoseergebnissen und formulierten Zielen für die OE-Projekte zeigen sollte. Die inhaltsanalytische Auswertung der Antworten auf die offen gestellte Frage ergab in beiden Fällen drei Hauptziele, die sich auch in ihrer Reihenfolge nach der Häufigkeit der Nennungen nicht unterschieden:

- Verbesserung der Kommunikation, der Zusammenarbeit und des Klimas
- Verbesserung der Information, Mitsprache und Transparenz
- Verbesserung der Zusammenarbeit mit der Schulleitung bzw. Fachabteilungsleitung

Im Zentrum der folgenden Darstellung soll nun die Ausgangsdiagnose - als MAB im engeren Sinne - stehen, deren Bedeutung für den weiteren OE-Prozeß dann erörtert werden soll.

3   Zielsetzung und Durchführung der Ausgangsdiagnose

Da die Befragung an der Schule II mittels eines schriftlichen Fragebogens durch die Arbeitsgruppe selbst erfolgte, während an der Schule I eine Ausgangsdiagnose als Kombination von Gruppeninterviews und Kurzfragebogen von der Begleitforschung durchgeführt wurde, soll auf diese Diagnosevariante ausführlicher eingegangen werden.

Ziele und Instrumente der Befragung

Nachdem die Ausgangsdiagnose - wie gesagt - im Rahmen der Begleitforschung angesiedelt war, wurden die Ziele von Seiten der Schule und der Berater primär in der Funktion als Vergleichsgrundlage für die Evaluation gesehen. Aus Sicht der Begleitforschung bestand das Ziel der Ausgangsdiagnose in dieser Phase vor allem darin, zunächst ein Bild von der konkreten Situation an der Schule aus der Sicht des Kollegiums zu gewinnen, um darauf aufbauend die Projektbeteiligten - Schule und Beraterteam - im Sinne eines Survey-Feedback-Ansatzes zu beraten.

Als Vergleichsgrundlage für die Evaluation hätte man sich vielleicht auf eine schriftliche Befragung beschränken können, aber zur Erfassung eines Gesamtbildes aus Sicht der Lehrer als Grundlage für den OE-Prozeß kann die Befragung in Form von Gruppendiskussionen als geeigneter angesehen werden (vgl. hierzu den Beitrag von Schultz-Gambard & Bungard in diesem Band). Als entscheidende Vorteile wurden in diesem Fall angesehen, daß in dieser Anfangsphase der erste Kontakt zwischen dem Kollegium und der wissenschaftlichen Begleitung auf persönlichem Wege erfolgt und daß auf diese Weise eine Beteiligung des gesamten Kollegiums an der Festlegung der relevanten Themen erreicht wird und bereits erste gemeinsame Diskussionen eingeleitet werden. Angesichts der Größe des Kollegiums mußte man sich dabei auch nicht auf eine Stichprobe beschränken, sondern alle Lehrer und Angestellten der Schule konnten in diese mündliche Befragung einbezogen werden.

In Ergänzung der Gruppendiskussionen wurde ein zweiseitiger Kurzfragebogen eingesetzt, der gleichzeitig als Interviewleitfaden diente. Durch den Kurzfragebogen wurden die Einschätzungen jedes einzelnen Lehrers zusätzlich anonym erfaßt. Während im Fragebogen vor allem die verschiedenen Situationsaspekte - bei dieser Zielgruppe naheliegend in Anlehnung an Schulnoten von 1 bis 5 - bewertet werden sollten, dienten die Gruppengespräche der Diskussion von Hintergründen, Ursachen und Wirkungen, möglichen Lösungsansätzen und deren Hemmnissen. Das Themenspektrum umfaßte Fragen zur Belastung und Unterstützung als Lehrer, zur Zusammenarbeit innerhalb und zwischen Fachabteilungen, zur Information, Führung und Organisation an der Schule bis hin zu Fragen zum geplanten OE-Projekt.

Im Kurzfragebogen wurden zum OE-Projekt neben einer Einschätzung der Erfolgsaussichten auch die Ziele und die wichtigsten Probleme, die als erstes angegangen werden sollten, erfaßt. Im Rahmen der Gruppendiskussionen erfolgte nochmals eine genauere Information über OE und das anstehende Projekt, weil trotz der verschiedenen Informationen im Vorfeld noch viele Unklarheiten und Unsicherheiten bestanden.

Ablauf der Befragung und Ergebnisrückmeldung

Nachdem auf der Informationsveranstaltung über die Ausgangsdiagnose informiert und mögliche Bedenken zur Anonymität ausgeräumt worden waren, fanden die Gruppendiskussionen ungefähr eine Woche später statt.

An den Gruppendiskussionen nahmen jeweils ungefähr 4 - 6 Lehrer teil. Bei der Zusammensetzung der Gruppen wurden möglichst homogene Lehrergruppen gebildet - nach Fachabteilungen und nach wissenschaftlichen und technischen Lehrern. Ebenso wurden jeweils getrennte Gespräche mit der Schulleitung, mit den Abteilungsleitern und den Angestellten der Schule (Verwaltung und Hausmeister) geführt.

Der konkrete Ablauf der Gruppendiskussionen, die von einem Interviewer zusammen mit einem Protokollanten durchgeführt wurden, sah wie folgt aus: Nach einer kurzen Einführung erhielten die Teilnehmer zunächst den Kurzfragebogen, der in einer etwa 10 minütigen Pause ausgefüllt wurde. Jeder Teilnehmer behielt seinen Fragebogen bis zum Ende des Gesprächs, da dieser wie gesagt gleichzeitig als Interviewleitfaden diente. So hatten die Teilnehmer einen Überblick über die verschiedenen Themen, was die Strukturierung des Gesprächsverlaufs erleichterte, ohne daß der offene Charakter grundsätzlich verloren ging. Der Fragebogen enthielt zumeist nur eine oder zwei Fragen pro Themenbereich, beispielsweise zur Stimmung oder Zusammenarbeit im Kollegium. Die differenzierte Diskussion zu den Einschätzungen, d.h. zu möglichen Ursachen und Verbesserungen, erfolgte dann in den Gesprächen.

Abgesehen von der statistischen Auswertung der quantitativen Ergebnisse wurden sowohl die offenen Antworten zum OE-Projekt aus dem Fragebogen als auch die stichwortartigen Gesprächsprotokolle inhaltsanalytisch ausgewertet. Für die Dokumentation und Präsentation wurden die Ergebnisse zu Kernaussagen bzw. als zentrale Thesen zusammengefaßt.

Vor dem Hintergrund der Diagnose-Ergebnisse erfolgte zunächst eine Diskussion des bisherigen OE-Konzeptes mit dem Beraterteam, welches daraufhin grundsätzlich überarbeitet wurde. Die Rückmeldung der Ergebnisse an die Schule erfolgte durch die Begleitforscher auf dem ersten Pädagogischen Tag als Einstiegsvortrag. Zudem erhielten alle Lehrer eine schriftliche Kurzzusammenfassung. Im Anschluß an die Ergebnispräsentation sowie nach der Vorstellung des neuen OE-Konzeptes durch die Berater wurden die Ergebnisse dann im Hinblick auf die Zielfindung für den OE-Prozeß in den Kleingruppen diskutiert.

Anmerkungen zu den weiteren Befragungen im OE-Prozeß

Am Ende jeder Veranstaltung, d.h. der Pädagogischen Tage, Workshops und Seminare, erfolgte wie gesagt eine kurze Evaluation. In diesem Rahmen wurden neben Fragen zur konkreten Veranstaltung teilweise auch Einschätzungen zum bisherigen und weiteren Verlauf des OE-Projektes erfaßt. Die Erhebung in Form von zweiseitigen Fragebögen umfaßte, sozusagen analog zum Vorgehen bei der Ausgangsdiagnose, jeweils quantitative Bewertungen sowie Begründungen, Anmerkungen etc. durch offene Fragen.

Auch diese Ergebnisse wurden stets an die Schule zurückgemeldet. Abgesehen von einer kurzen Präsentation auf dem zweiten Pädagogischen Tag erfolgte die Rückmeldung über die Koordinierungsgruppe, welche die Ergebnisse über Aushänge am OE-Informationsbrett veröffentlichte. Dabei dienten die Befragungen, die primär zu übergreifenden Evaluationszielen im Rahmen der Begleitforschung erfolgten, gleichzeitig dem Beraterteam und der Koordinierungsgruppe als Prozeßcontrolling.

In der Zwischendiagnose, die wie erwähnt als schriftliche Umfrage statt in Form von Gruppengesprächen durchgeführt werden mußte, wurden vor allem die Arbeit der Koordinierungsgruppe und Arbeitsgruppen beurteilt sowie Einschätzungen zur momentanen Stimmung und zu möglichen Verbesserungen aufgrund des OE-Prozesses erfaßt. Da diese erneute Bestandsaufnahme im Sinne des Survey-Feedback-Ansatzes wiederum als gemeinsame Diskussionsgrundlage in den OE-Prozeß einfließen sollte, wurde hierzu im Vorfeld bzw. in Vorbereitung des nächsten Pädagogischen Tages eine kurze Veranstaltung durchgeführt, auf welcher die Ergebnisse präsentiert und im Kollegium diskutiert wurden.

4 Bedeutung der Ausgangsdiagnose für den Organisationsentwicklungsprozeß

Zur Bedeutung der MAB werden im folgenden zunächst Einschätzungen der Befragten vorgestellt, die im Rahmen der weiteren Befragungen erhoben wurden. Ergänzend werden auch Einschätzungen zum OE-Prozeß selbst dargestellt, bevor anschließend Erfahrungen aus der Prozeßbegleitung erörtert werden.

4.1 Beurteilung der Befragung und Rückmeldung aus Sicht der Lehrer

Da an den beiden Schulen verschiedene Befragungsmethoden bei der Ausgangsdiagnose eingesetzt wurden, werden im folgenden auch erste Ergebnisse aus der Evaluation an der Schule II im Hinblick auf die Frage herangezogen, ob sich Unterschiede hinsichtlich der Beurteilung von schriftlichen und mündlichen Befragungen zeigen.

Hierzu kann aufgrund der hohen Beteiligung an beiden Schulen zunächst festgestellt werden, daß die Lehrer gegenüber der MAB grundsätzlich positiv eingestellt waren. Nur wenige Lehrer fehlten bei den Gruppengesprächen an der Schule I. Ebenso erreichte die schriftliche Befragung an der Schule II eine Rücklaufquote von fast 100%.

Am Ende des ersten Pädagogischen Tages wurden die Lehrer um eine Beurteilung der Durchführung der MAB bzw. Ausgangsdiagnose gebeten.

Welche Anregungen und Wünsche hätten Sie, wenn man die Befragung im nächsten Schuljahr wiederholen würde? Was würden Sie beibehalten?
Was würden Sie ändern?

Die beiden häufigsten Antworten waren in beiden Schulen, daß man die bisherige Vorgehensweise beibehalten würde, sich aber mehr Vorinformationen wünschen würde. Die Antworten unterscheiden sich in den Kritikpunkten zu den Erhebungsverfahren. Beim Fragebogen der Schule II bezogen sich die Anmerkungen darauf, daß die Fragen klarer und konkreter formuliert werden sollten und lieber weniger Themenbereiche, dafür aber differenzierter erhoben werden sollten. Bei den Gruppendiskussionen der Schule I wünschte man sich mehr Zeit und teilweise kleinere Gruppen.

Inwieweit entsprechen die präsentierten Ergebnisse Ihrem eigenen Eindruck von Ihrer Schule?

Die Einschätzungen zu dieser Frage zeigt die
Abbildung 1. Insgesamt finden die Lehrer in beiden Fällen ihr Bild von ihrer Schule in den Ergebnissen wieder. Als ergänzende Begründung wurde von einzelnen Befragten lediglich angeführt, daß der eigene Eindruck etwas negativer bzw. positiver sei. Die insgesamt etwas positivere Einschätzung an der Schule I spricht dafür, daß durch die Gruppengespräche das Bild noch genauer erhoben bzw. präsentiert werden konnte.

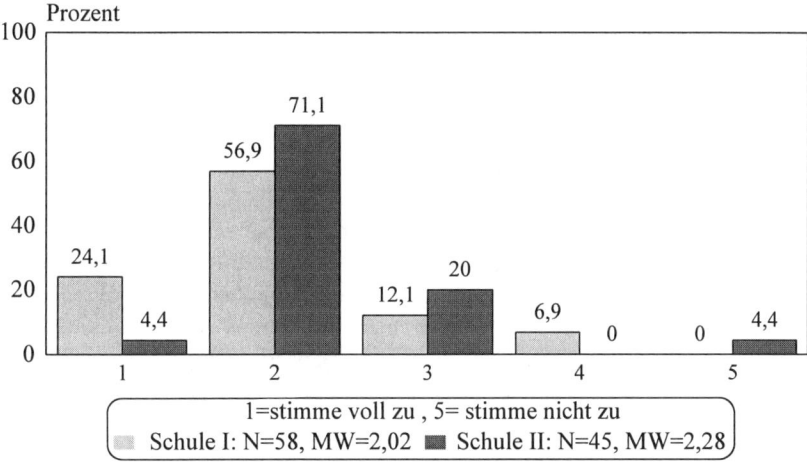

Abbildung 1: Inwieweit entsprechen die präsentierten Ergebnisse Ihrem eigenen Eindruck von Ihrer Schule?

Wie hoch ist Ihre Bereitschaft, sich am OE-Projekt zu beteiligen (Schule I) bzw. bei der Bearbeitung der Probleme / Themen zu engagieren (Schule II)?

Eine wichtige Funktion der Ergebnisrückmeldung und anschließenden Diskussion bestand in beiden Schulen darin, möglichst viele Lehrer für die gemeinsame Arbeit an den Themen bzw. für die Mitwirkung in den Projekten zu gewinnen. Wie aus der Abbildung 2 hervorgeht, ist die Bereitschaft an der Schule II deutlich größer, was aber zu einem großen Teil auf die unterschiedliche Frageformulierung bzw. den unterschiedlichen Projektstand zurückzuführen ist. Während es in der Schule I noch darum ging, sich überhaupt auf den OE-Prozeß einzulassen, wurden in der Schule II bereits konkrete Projekte formuliert.

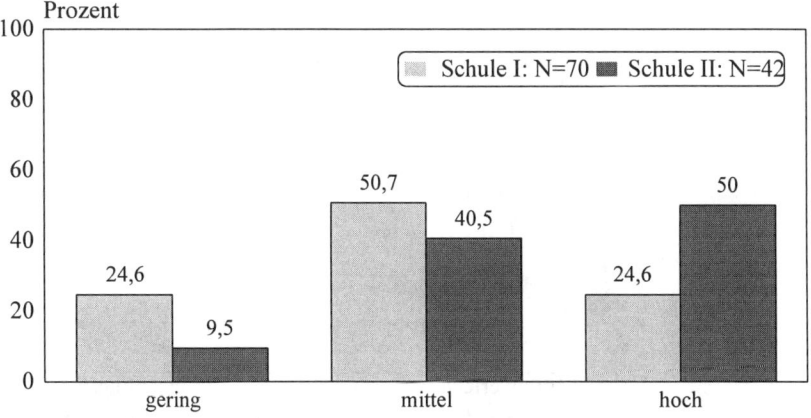

Abbildung 2: Bereitschaft zur Beteiligung am OE-Projekt bzw. an der Problembearbeitung.

Zum Vergleich sei angeführt, daß in der bereits erwähnten Umfrage der geschätzte Anteil der Kollegen, die ein OE-Projekt unterstützen würden, von lediglich knapp einem Viertel der befragten Schulleiter und Personalräte mit über 50% angegeben wurde. Dabei wurde der Anteil nur in einzelnen Fällen auf über 75% geschätzt (vgl. Jöns u.a., 1996).

Insofern kann für beide Schulen angenommen werden, daß die Befragung und Rückmeldung durchaus zur Erhöhung der Motivation für die Projekte beigetragen haben. Zur Beteiligung an der Schule I ist zu ergänzen, daß seit dem zweiten Pädagogischen Tag insgesamt knapp 70% der Kollegen zusätzlich zu den Aktivitäten, die in einzelnen Fachabteilungen laufen, an übergreifenden Projekten aktiv mitwirken. Einen wesentlichen Beitrag haben hierzu die einzelnen Workshops geleistet, in denen mit der konkreten Weiterarbeit aufgrund der Ergebnisse bzw. des angestoßenen Diskussionsprozesses begonnen wurde. Hierzu seien weitere Evaluationsergebnisse zum OE-Projekt an der Schule I betrachtet.

4.2 Beurteilung des Organisationsentwicklungs-Prozesses aus Sicht der Lehrer

Die drei wesentlichen Anfangsschritte im OE-Prozeß an der Schule I bildeten die Ausgangsdiagnose, die Rückmeldung auf dem ersten Pädagogischen Tag und die anschließenden Workshops. Sie entsprechen dem typischen Ablauf bei MAB - Befragung, Rückmeldung und Maßnahmenableitung. Dabei ist nun von Interesse, wie diese einzelnen drei OE-Maßnahmen beurteilt werden.

Bewertung einzelner Maßnahmen und deren Nutzen für das OE-Projekt an der Schule I
Hierzu liegen zwei Befragungsergebnisse vor. Erstens wurden die Teilnehmer um eine Gesamtbeurteilung am Ende der jeweiligen Veranstaltung gebeten. Eine Ausnahme bildete die Ausgangsdiagnose, zu der als Beurteilung die oben angeführte Entsprechung der Ergebnisse mit den eigenen Eindrücken herangezogen werden. Zweitens erfolgte am zweiten Pädagogischen Tag eine rückblickende Beurteilung der bisherigen Maßnahmen im Hinblick auf ihren Nutzen für das OE-Projekt. Die Ergebnisse für die drei Anfangsschritte im OE-Projekt sind in der Abbildung 3 dargestellt.

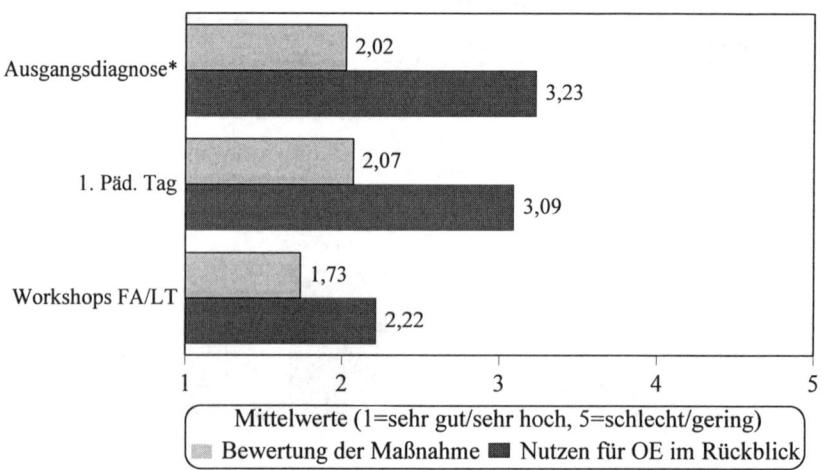

Abbildung 3: Bewertung einzelner Maßnahmen und deren Nutzen für OE (Schule I) (* Zustimmung zu den Ergebnissen der Ausgangsdiagnose).

Demnach werden alle Einzelmaßnahmen von den Lehrern jeweils direkt im Anschluß als gut beurteilt, wobei die Workshops am besten abschneiden. In der rückblickenden Betrachtung wird der Nutzen der Workshops für den OE-Prozeß noch deutlicher bzw. höher eingeschätzt als der Nutzen der Befragung und Rückmeldung. Erst durch die konkrete Weiterarbeit und Maßnahmenableitung wurde sozusagen der Durchbruch für das OE-Projekt erzielt.

Erwartungen und Einschätzungen zum OE-Projekt an der Schule I

Zur Beurteilung aus Sicht der Befragten seien im folgenden noch die Einschätzungen zum OE-Projekt insgesamt, und zwar zu verschiedenen Zeitpunkten, betrachtet (vgl. Tabelle 3).

Tabelle 3: Erwartungen und Beurteilungen zum OE-Projekt (Schule I).

	MW	(eher) gering/ nicht sinnvoll/ trifft nicht zu	teils/teils	(eher) hoch/ sinnvoll/ trifft voll zu
Ausgangsdiagnose (Juli 1995): *Wie hoch schätzen Sie die Möglichkeiten ein, daß sich die Situation ... verbessert?*	3,1	28 %	43 %	29 %
Erster Päd. Tag (Sept. 1995): *Wie sinnvoll erscheint Ihnen der jetzige Vorschlag zur OE-Konzeption?*	2,3	7 %	22 %	71 %
Zweiter Päd. Tag (Jan. 1996): *Wie sinnvoll finden Sie den bisherigen Verlauf des OE-Projektes?*	2,3	5 %	28 %	67 %
Zweiter Päd. Tag (Jan. 1996): *Hat sich aus Ihrer Sicht durch das OE-Projekt etwas an Ihrer Schule verändert?*	2,9	23 %	45 %	32 %
Zwischendiagnose (Dez. 1996): *Ich finde die Arbeit der Koordinierungsgruppe sinnvoll.*	2,4	59 %	31 %	10 %
Zwischendiagnose (Dez. 1996): *Durch den OE-Prozeß hat sich das Klima an unserer Schule verbessert.*	3,0	27 %	50 %	23 %

Im Rahmen der Ausgangsdiagnose herrschte noch bei vielen Lehrern Skepsis, ob sich durch OE überhaupt etwas an der Situation in der Schule verbessern würde. Aufgrund der Diagnose-Ergebnisse wurde wie gesagt die OE-Konzeption überarbeitet.

Statt mit der Ausbildung von Moderatoren zu beginnen, die dann konkrete Einzelprojekte betreuen sollten, wurde der Einstieg über Workshops auf Abteilungsebene vorgeschlagen. Dies bedeutete vor allem, daß nicht mit einer ausgewählten, motivierten Gruppe begonnen werden sollte, sondern daß von Beginn an alle Lehrer in den OE-Prozeß eingebunden werden sollten. Damit einher ging eine Verlagerung der möglichen Themenschwerpunkte, die zur Bearbeitung anstanden. Statt übergreifender Projekte wurden damit abteilungsspezifische Themen an den Anfang gestellt, von welchen die einzelnen Lehrer selbst gleichzeitig stärker "betroffen" waren und zu welchen daher eine höhere Bereitschaft zur Mitarbeit zu erwarten war. Damit konnten sich vor allem die Lehrer, die von OE (noch) nicht überzeugt waren, weder organisatorisch noch persönlich der anstehenden Bearbeitung der Problemfelder entziehen.

Die überarbeitete OE-Konzeption wurde von den meisten Lehrern auf dem ersten Pädagogischen Tag befürwortet. In ihrem Verlauf wurde sie dann anschließend auch auf dem zweiten Tag bestätigt. Ebenso werden bereits (positive) Veränderungen festgestellt, die zu diesem Zeitpunkt im wesentlichen noch auf der atmosphärischen Ebene angesiedelt waren bzw. die persönlichen Beziehungen und Umgangsformen miteinander betrafen. Dies wurde dann auch in den Anmerkungen und Begründungen angeführt. Immerhin geben über Dreiviertel der Lehrer an, daß sich zumindest teilweise schon etwas verändert habe.

Zum Zeitpunkt der Zwischendiagnose Ende 1996 findet die OE-Konzeption, die sich jetzt vor allem in der Arbeit der Koordinierungsgruppe und Arbeitsgruppen niederschlägt, weiterhin die Zustimmung des Kollegiums. Die Einschätzungen zu den Arbeitsgruppen sind in der Tabelle 3 nicht aufgeführt, da 86% der Befragungsteilnehmer angegeben hatten, selbst in mindestens einer Arbeitsgruppe mitzuwirken. Dies spricht zunächst für die hohe Akzeptanz der Arbeit der verschiedenen Gruppen (Unter Berücksichtigung der Rücklaufquote entspricht dies den oben angeführten 70% des Gesamtkollegiums). Zudem stimmen die Beurteilungen zu den Arbeitsgruppen mit denen zur Koordinierungsgruppe in etwa überein, wobei sie sogar etwas (selbst-)kritischer (MW= 2,6) ausfallen.

Zu den erlebten Veränderungen zum Zeitpunkt der Zwischendiagnose, d.h. nach nunmehr eineinhalb Jahren, ist in der Tabelle 3 exemplarisch das Ergebnis zur Verbesserung des Klimas aufgenommen worden, welches stellvertretend für die erfaßten Veränderungsaspekte angesehen werden kann. Abweichend hiervon wurde die Verbesserung in der Zusammenarbeit innerhalb der Fachabteilungen im Mittel etwas besser (MW= 2,8) beurteilt, bezüglich der Zusammenarbeit zwischen den Fachabteilungen wurde hingegen deutlich seltener eine Verbesserung erlebt (MW= 3,5). In diesem Ergebnis spiegelt sich insofern durchaus der bisherige Schwerpunkt des OE-Prozesses wider, dessen Ansatzpunkt wie ausgeführt zunächst in den abteilungsinternen Problemen lag. Insgesamt fällt zur erlebten Veränderung auf, daß sich die Angaben kaum von den Einschätzungen am zweiten Pädagogischen Tag unterscheiden.

Stellt man die Ergebnisse der erlebten Veränderung nach einem halben sowie nach eineinhalb Jahren nun den Erwartungen aus der Ausgangsdiagnose gegenüber, dann scheinen sich auf den ersten Blick die Einstellungen zum OE-Prozeß nur wenig geändert zu haben. Wer Veränderungen erwartet hat, erlebt auch diese, wer OE von Anfang an skeptisch gegenüber stand, stellt auch keine Veränderungen fest. Aufgrund der Anmerkungen in den offenen Fragen und aufgrund der Eindrücke aus der Prozeßbegleitung, auf die im nächsten Abschnitt eingegangen wird, kann davon ausgegangen werden, daß alle Lehrer im Prinzip die atmosphärischen und kulturellen Veränderungen an der Schule erleben, daß sie aber von einem Teil der Kollegen noch nicht als wirkliche Veränderung bewertet werden, da der begonnene Entwicklungsprozeß erst wenige konkrete Maßnahmen umfaßt. Insofern kann zusammenfassend festgestellt werden, daß in der ersten Projektphase bereits viel bewegt wurde, was sich jetzt erst noch manifestieren muß, um auch von allen Lehrern positiv bewertet zu werden.

Veränderungen durch das OE-Projekt an der Schule I

Abschließend sei in Ergänzung dieser Überlegungen zu den erlebten Veränderungen noch ein Vergleich der Ergebnisse zur momentanen Stimmung in der Ausgangsdiagnose und in der Zwischendiagnose angeführt (vgl. Abbildung 4). Nach wie vor wird demnach die Stimmung im Durchschnitt als teils-teils beurteilt. Deutlicher als die leichte Verbesserung im Mittelwert wird die Veränderung, wenn man die Verteilung betrachtet. Demnach schätzen zur Zeit der Zwischendiagnose ca. 20% Lehrer die Stimmung als mittelmäßig bzw. teils-teils ein, die sie vor eineinhalb Jahren noch als eher schlecht beurteilt hatten.

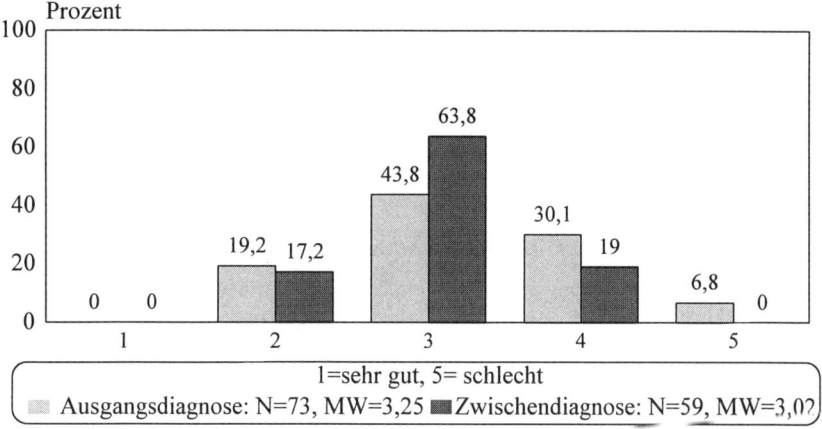

Abbildung 4: Vergleich der Ergebnisse zur momentanen Stimmung im Kollegium zu Beginn und nach eineinhalb Jahren des OE-Projektes an der Schule I.

Insgesamt läßt aber dieser quantitative Vergleich der momentanen Stimmung auf keine großen Veränderungen schließen. Zieht man aber ergänzend die qualitativen Ergebnisse aus den Gesprächen bzw. den offenen Fragen heran, dann kann eine deutliche Veränderung festgestellt werden.

In der Ausgangssituation dominierten als Begründung für eine geteilte bzw. eher schlechte Stimmung vor allem vergangenheitsbezogene Argumente. Neben Neid aufgrund fehlender Transparenz und Vorbehalten zwischen einzelnen Lehrergruppen wurde vor allem angeführt, daß sich alles auf der Beziehungsebene abspiele und man keine Streitkultur habe. Daher würden Altlasten nicht aufgearbeitet und Streitereien nicht vergessen, so daß die Vergangenheit die Gegenwart belaste. Konsequenzen seien Verärgerungen und Verkrustungen, Resignation und Desinteresse bis hin zu Rückzug und Isolation einzelner Lehrer(gruppen).

Hingegen finden sich in den Angaben in der Zwischendiagnose vor allem Argumente, die sich auf das OE-Projekt bzw. auf die Gegenwart beziehen. Die Verbesserungen werden auf eine bessere Streitkultur und mehr Offenheit zurückgeführt, die dabei durchaus mit einer kritischeren Betrachtung des Schullebens einher geht. Zudem werden die strukturellen Veränderungen in einzelnen Bereichen angeführt, die zumindest eine bessere Stimmung innerhalb einzelner Abteilungen bewirkt habe. Neben der Belastung durch das OE-Projekt, die von vielen als zu hoch erlebt wird, wird die geteilte Stimmung vor allem auf die Einstellung und den Umgang mit dem OE-Projekt in Verbindung gebracht. Während die einen das Tempo der Veränderungen für angemessen erachten, wünschen sich andere niedrigere, machbare Ziele und wiederum andere wünschen sich eine stärkere Schülerorientierung in den Projekten. Problematisch wird sowohl von den Promotoren als auch von den Kritikern des OE-Prozesses der Umgang mit Kollegen erlebt, die nicht hinter den Entwicklungsprozessen stehen. Während die Promotoren nach Wegen der stärken Einbindung der Kollegen suchen, erleben sich diese Kollegen selbst als zunehmend ausgegrenzt.

Insgesamt heißt das aber, man setzt sich wieder aktiv mit den aktuellen Problemen bzw. Prozessen an der Schule auseinander, die dabei vor allem nicht mehr so stark personifiziert werden, wie dies in der Ausgangssituation der Fall war.

4.3 Bedeutung der Ausgangsdiagnose aus Sicht der Prozeßbegleitung

Zunächst seien die dargestellten Beurteilungen der Lehrer zur Bedeutung der Ausgangsdiagnose und der anschließenden Schritte des OE-Projektes um einige Eindrücke und Einschätzungen ergänzt, die im Rahmen der Prozeßbegleitung - vor allem in Gesprächen mit der Koordinierungsgruppe - gewonnen wurden.

Bedeutung für die Schule I: Ausgangsdiagnose als Einstieg in den OE-Prozeß

Die Ausgangsdiagnose ist nicht als eine losgelöste Vorstudie, sondern als erste OE-Intervention anzusehen. Ihr kommt zentrale Bedeutung im Sinne des Auftauens (Unfreezing) nach Kurt Lewin zu. In den Gesprächen wurde in kleinen Gruppen - und nicht in den angestammten Grüppchen - relativ offen über die verschiedenen Probleme und Einstellungen zum OE-Prozeß miteinander diskutiert.

Nach dem ersten Schritt zu einer größeren Offenheit im Kollegium, den die Lehrer in den Gesprächen selbst geleistet hatten, erfolgte der zweite Schritt dann durch die Präsentation der Ergebnisse. Jetzt waren die Probleme (durch Externe) öffentlich ausgesprochen, so daß man darüber auch offen mit anderen Kollegen reden konnte. Zum Beispiel zählen hierzu Kritikpunkte an der Zusammenarbeit und Führung, über die man zwar in Einzelgesprächen oder Grüppchen - zumeist anlaßbezogen - spricht, welche man aber nicht im Gesamtkollegium und nicht als gemeinsames Problem bzw. Kulturmerkmal erörtert. Ein weiteres Beispiel ist das für Lehrer typische Tabuthema, daß man Schwierigkeiten im Unterricht bzw. mit einer Klasse oder einzelnen Schüler hat, da dies mit einem Versagen als Pädagoge gleichgesetzt wird.

Mit dieser Veröffentlichung der Ergebnisse bzw. der Probleme eng verbunden war der Effekt, daß hierdurch ein gemeinsames Problembewußtsein im Kollegium geschaffen wurde oder zumindest eine gemeinsame Sicht der Gesamtsituation vermittelt werden konnte. Dabei ergaben sich für die Lehrer im Prinzip keine neuen Einsichten, denn wie oben angeführt, entsprachen die Gesamtergebnisse durchaus ihrem eigenen Eindruck. Vielmehr erhielten sie ein Gesamtbild aus der Vogelperspektive präsentiert, welches ihr eigenes, aus den alltäglichen Einzeleindrücken gewonnenes Bild bestätigte, systematisierte und präzisierte.

Zusammenfassend können die Befragung und Rückmeldung als Wegbereiter für die offene Diskussion in den Workshops angesehen werden, in welchen man dann bezogen auf die eigene Fachabteilung über die Problemfelder und mögliche Verbesserungsansätze im einzelnen sprechen konnte. Vom Gesamtkollegium wurden diese Workshops als zentraler Schritt beurteilt. Von Seiten der Koordinierungsgruppe bzw. der OE-

Promotoren an der Schule, die seit etwa einem Jahr Überzeugungsarbeit im Vorfeld geleistet hatten, wurde die Ausgangsdiagnose als der entscheidende Schritt angesehen, durch welchen der Dialog bzw. die Öffnung für das OE-Vorhaben im Gesamtkollegium eingeleitet wurde.

Eine wesentliche Rolle für die hohe Akzeptanz der Befragung und Rückmeldung spielte die Unabhängigkeit der Begleitforschung. Hervorzuheben ist diesbezüglich, daß nicht nur die Unabhängigkeit vom Schulsystem (Oberschulämter bzw. Ministerium), sondern auch vom Beraterteam als wichtig erachtet wird. So wurde diese doppelte Unabhängigkeit von Seiten der Schule auch als Empfehlung für Folgeprojekte ans Ministerium weitergeleitet. Ein Grund für diese Bedeutung bzw. Empfehlung der Unabhängigkeit mag darin liegen, daß man an Schulen wenig Erfahrung mit externen Beratern hat und insofern zu Beginn eine hohe Skepsis besteht.

Bedeutung für die Prozeßberater: Konzeptionelles Prozeßcontrolling

Indirekt hatte die Ausgangsdiagnose eine möglicherweise entscheidende Bedeutung für den OE-Prozeß, da aufgrund der gewonnenen Erkenntnisse das OE-Konzept grundlegend überarbeitet wurde, welches letztlich ohne genauere Kenntnis der Situation vor Ort zunächst entwickelt worden war bzw. werden mußte.

Trotz der Vergleichbarkeit der aktuellen Situation an beruflichen Schulen, so ist doch jede Schule durch eine spezifische Historie und Situation geprägt. Erst eine Analyse der Situation aus Sicht des Gesamtkollegiums ermöglicht die Entwicklung eines geeigneten Vorgehens für den jeweiligen OE-Prozeß. Im Rahmen der OE wird von diesem Ansatz, der Prozeßkonzeption auf der Basis einer Situationsanalyse, seit langem ausgegangen, der zumeist in Verbindung mit der Survey-Feedback-Methode diskutiert wird (vgl. auch Comelli in diesem Band) Die Problematik, der in diesem Fall die externen Berater gegenüberstanden, bestand darin, daß man im Rahmen des Modellvorhabens einen Vorschlag bzw. ein Konzept von Seiten des Ministeriums ebenso wie von Seiten der Schulen erwartete. Man wollte wissen, worauf man sich einläßt, welche Maßnahmen durchgeführt wurden, mit welchem finanziellen und zeitlichen Aufwand das Projekt verbunden ist, etc.

Abgesehen von der Ausgangsdiagnose bildeten auch alle weiteren Befragungen eine wichtige Informationsgrundlage für das Beraterteam, um den weiteren Unterstützungsbedarf und die methodischen Ansätze für die weitere Prozeßmoderation zu entwickeln.

Bedeutung für die Koordinierungsgruppe: Internes Prozeßcontrolling

Ebenso nutzte die Koordinierungsgruppe die Ergebnisse der verschiedenen Befragungen für ihr eigenes, internes Prozeßcontrolling. Von Seiten der Koordinierungsgruppe wurden diese Zwischenstände, insbesondere hinsichtlich der Einstellungen und Stimmungen im Prozeßverlauf, als eine wichtige Fundierung ihrer Einzeleindrücke angesehen.

Dabei ist aus Sicht der Begleitforschung der Umgang mit den Befragungsergebnissen hervorzuheben. Hier scheint ein Vorteil in der spezifischen Zielgruppe bei OE-Projekten an Schulen zu bestehen. Lehrer sind den Umgang mit "Zwischenzeugnisse" gewohnt und messen den "Noten" eine angemessene Bedeutung bei. Zahlen werden hier nicht überinterpretiert, sondern als Signale in die eine oder andere Richtung aufgefaßt. Ebenso bedurfte es keiner Überzeugungsarbeit, daß grundsätzlich alle Ergebnisse an das Kollegium zurückgemeldet werden sollen, denn "was helfen Noten, wenn Schüler sie nicht erfahren".

Nachdem die verschiedenen Befragungen zunächst als Teil der Begleitforschung, die eine Bedingung für die Bewilligung des Modellvorhabens darstellte, akzeptiert worden waren, wurde von der Koordinierungsgruppe sehr schnell der "pädagogische Nutzen" dieses Survey-Feedback-Ansatzes erkannt. So wurde die zweite Diagnose - die Zwischendiagnose - welche für die Begleitforschung aufgrund der Projektlaufzeit die Abschlußbefragung für den Vorher-Nachher-Vergleich, für den OE-Prozeß an der Schule I aber eine erste Zwischenbilanz darstellte, von der Koordinierungsgruppe aktiv gewünscht.

Hinsichtlich der Befragungsmethode wurde wiederum die Gruppendiskussion, wie in der Ausgangsdiagnose, befürwortet. Neben einer ausschließlichen schriftlichen Befragung standen auch Einzelinterviews zur Diskussion, um den Lehrern in der zweiten Diagnose die Möglichkeit zu bieten, sich anonym - ohne die Anwesenheit anderer Kollegen - äußern zu können. Von der Koordinierungsgruppe wurde aber inzwischen der Vorteil der Gruppendiskussion als eine weitere OE-Intervention höher bewertet. Dennoch konnte die Zwischendiagnose schließlich sogar nur als schriftliche Kurzumfrage durchgeführt werden, was aber primär organisatorische Gründe im Prozeßverlauf hatte, wobei man die Durchführung von Gruppendiskussionen als aufgeschoben und nicht als aufgehoben definierte.

Es wird abzuwarten bzw. zu diskutieren sein, in welcher Form eine regelmäßige Befragung des Kollegiums durchgeführt werden kann, wenn nach dem offiziellen Abschluß des Modellvorhabens keine externen Mittel mehr zur Verfügung stehen. Vielleicht wird man an der extern unterstützten Form der Gruppengespräche festhalten können, wenn man hierfür Mittel aus der Fortbildung erhält, da es sich um eine interne Entwicklungsmaßnahme handelt.

5   Zusammenfassende Diskussion

In den einleitenden Bemerkungen war festgestellt worden, daß MAB an Schulen bislang kaum thematisiert werden. Als Grund war angenommen worden, daß MAB als Informationsgrundlage für Schulleiter aufgrund der kleinen Größe von Kollegien als entbehrlich erachtet werden. OE hingegen wird seit langem und in jüngster Zeit verstärkt als Entwicklungsansatz für Schulen diskutiert, da Schulen sich ebenso wie ihr gesellschaftliches Umfeld wandeln müssen.

Zum einen sprechen die Erfahrungen aus den referierten Fallstudien dafür, daß MAB auch für Schulen ein wichtiger Einstieg in einen OE-Prozeß darstellen. Dabei sollte man dem Aspekt der Schulgröße in dem Sinne Rechnung tragen, daß z.B. Gruppendiskussionen oder Workshops als Erhebungsverfahren eingesetzt werden (vgl. auch Steuer, 1983; zu verschiedenen Diagnoseformen vgl. Dalin, Rolff & Buchen, 1995; Greber u.a. 1991; Philipp, 1992), da sie bei einem angestrebten OE-Prozeß grundsätzlich von Vorteil sind bzw. als erste OE-Intervention anzusehen sind. Die Kombination mit einem Kurzfragebogen hat sich ebenso bewährt, weil die quantitative Bewertung die gemeinsame Reflexion über die Gesamtsituation und das Controlling von Veränderungsprozessen zusätzlich unterstützt. Von Bedeutung ist dabei, daß Lehrer den Umgang mit Durchschnittsnoten und Zwischenzeugnissen - insbesondere auch im Hinblick auf pädagogische Implikationen - gewohnt sind.

Insofern kann zum anderen angenommen werden, daß regelmäßige schriftliche MAB im Sinne eines Survey-Feedback-Prozesses auch einen geeigneten Ansatz für Schulen darstellen, um generell partizipative Führungs- und Veränderungsprozesse zu unterstützen (vgl. Bulla, 1982; Pieper, 1986; Rolff, 1995). Trotz der geringen Größe von Schulen und der potentiellen Nähe der Schulleitung zum Kollegium zeigte sich in den Fallbeispielen, daß der Vorteil von MAB darin liegt, daß hierdurch ein systematischeres Bild von der Schule gewonnen wird, als es sich einzelne Kollegen oder Schulleiter aus der Summe ihrer Einzeleindrücke bilden können. Angesichts der potentiellen Anzahl von auszuwertenden Fragebögen, die im allgemeinen maximal bei 100 Fragebögen liegt, könnte man bei einer schriftlichen Befragung durchaus mehrere offene Fragen aufnehmen, um den Informationsgehalt zu erhöhen.

Als ein zentraler Vorteil der Größe von Schulen ist die Möglichkeit anzusehen, daß bei der Rückmeldung und Diskussion der Ergebnisse, bei der Ableitung und Umsetzung von Maßnahmen das gesamte Kollegium in entsprechenden Veranstaltungen eingebunden werden kann. Diese Chance sollte genutzt werden, damit die eingeleiteten Veränderungsprozesse auch gemeinsam getragen werden, sei es, daß ein konkretes Projekt oder eine allgemeine MAB den Ausgangspunkt bilden.

Führungskräfte im Urteil ihrer Mitarbeiter -
Ein Erfahrungsbericht

Gerd Wiendieck

1   Arbeiter wurden angewiesen, Mitarbeiter berichten ...

Nachdem auf Anregung von Herrn Höhn aus Arbeitern Mitarbeiter und aus Vorgesetzten Führungskräfte wurden, denen niemand unterstellt oder gar untergeben ist, und Mitarbeiter keinen Weisungen folgen, sondern ihren Führungskräften berichten, wird zunehmend interessant, was Mitarbeiter zu sagen haben. Freilich stellt diese Formulierung
nicht nur eine sprachliche Neuetikettierung dar, sondern ist zugleich Ausdruck einer
arbeitsorganisatorischen Entwicklung, die durch eine Erweiterung der Handlungsspielräume und damit durch eine Bedeutungszunahme individueller Mitarbeiter-Perspektiven
gekennzeichnet ist. Wenn wir dies als Abnahme der technisch-organisatorischen
Fremdbestimmung deuten, die im Spättaylorismus ihren Höhepunkt erreichte, so ergibt
sich daraus, daß der Anteil reaktiver Verhaltensweisen im Arbeitsprozeß zugunsten
selbstbestimmter Handlungen zurückgeht. Mitarbeiter sind zwar überwiegend abhängig
Beschäftigte, aber deswegen keine willfähigen Werkzeuge im Dienste anderer, sondern
ebenso "eigen-sinnige" und "eigen-willige" Personen wie andere Menschen auch. Dies
begrenzt die organisatorische Steuerung und Prognose des Mitarbeiterverhaltens und
begünstigt die Suche nach Zugängen zu den Sichtweisen der Mitarbeiter. Die Mitarbeiterbefragung (MAB) ist ein Weg zu diesem Ziel.

Mit der Entwicklung der Arbeitsorganisation von eher fremd- zu mehr selbstbe-
stimmten Formen wandelt sich auch das Bild vom Mitarbeiter. Borg (1995a, S. 13ff)
illustriert diese Entwicklung mit anschaulichen Metaphern und spricht im Hinblick auf
tayloristische Organisationen von Mitarbeitern als "Maschine", die sich allmählich auf
dem Umweg über "Kind", "Roboter" und "Individuum" zum "Geschäftspartner" eman-
zipieren konnten. Diesen Bildern entsprechen nicht nur unterschiedliche Befragungs-
formen - mit einem Kind spricht man eben anders als mit einem Geschäftspartner - sondern auch unterschiedliche Befragungsziele und -funktionen. Während bei der
"Maschine" nur einzelne "Meßdaten" erhoben werden, und dem "Kind" Gelegenheit
zum "stöhnen und jammern" gegeben wird, geht es beim "Geschäftspartner" darum, ihn
ernst zu nehmen und einzubinden, um das organisationale Gesamtsystem strategisch
auszurichten und zu optimieren. (vgl. Borg, 1995a, S. 24).

Auch die Gegenstände der Befragungen entsprechen diesen Entwicklungsstufen, die
freilich nicht präzise voneinander getrennt werden können, sondern jeweils nur Akzen-
tuierungen der dominanten Perspektive darstellen. Die Bandbreite der Befragungsthemen ist prinzipiell unbegrenzt. Sie reicht von Messungen der Lohnzufriedenheit über
Untersuchungen zur Arbeits- und Aufgabengestaltung bis hin zur Analyse der Organisationskultur. Mit der Mündigkeit der Mitarbeiter korrespondiert die Bedeutung der
Untersuchungsobjekte. Wenn Mitarbeitern im Rahmen einer MAB Gelegenheit gegeben

wird, ihre eigenen Führungskräfte zu beurteilen, so ist dieser Mitarbeiterbericht von besonderer Brisanz und Relevanz. Hiervon soll hier die Rede sein.

Watzlawick, Beavin und Jackson (1975) hatten darauf hingewiesen, daß man nicht nicht kommunizieren könne, womit ausgesagt ist, daß jede Verhaltensweise kommunikativ ist. Demnach drücken nicht nur Aussagen, sondern auch Fragen etwas aus, also auch MAB. Ihre Bedeutung ergibt sich aus ihren Funktionen.

Mitarbeiterumfragen liefern nicht nur Antworten auf gestellte Fragen, sondern machen selbst Aussagen, etwa die, daß die Meinung der Mitarbeiter interessiert und ernst genommen wird. Domsch (1985, S. 110) führt drei Funktionen an: Die Informationsgewinnung, die Partizipation und die Kontrolle (vgl. Abbildung 1).

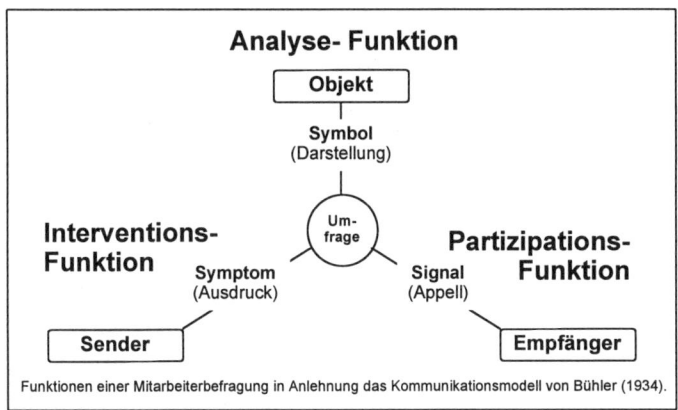

Funktionen einer Mitarbeiterbefragung in Anlehnung das Kommunikationsmodell von Bühler (1934).

Abbildung 1: Die Funktionen der MAB.

Neben dem selbstverständlichen Aspekt der Informationsgewinnung steht die Partizipation als Ausdruck der Beteiligung von Mitarbeitern. Mit Kontrolle ist hier gemeint, daß so die Wirkung von Entscheidungen und Maßnahmen aus Mitarbeitersicht überprüft und als Ausgangspunkt für notwendige Korrekturen genommen werden kann. Anders formuliert ließe sich auch sagen, MAB haben eine Analyse-, eine Partizipations- und eine Interventionsfunktion. Diese letzte Funktion ist unvermeidbar, jedenfalls bei reaktiven Meßverfahren. Die Umfrage selbst stellt einen Eingriff dar. Sie wird von den Mitarbeitern diskutiert und interpretiert. Sie weckt Erwartungen, Hoffnungen und Befürchtungen. Damit ändert sich auch die Führungssituation für die Führungskräfte. Der diagnostische Aspekt solcher Studien kann nicht losgelöst von ihrer Interaktions- und Interventionswirkung gesehen werden (Wiendieck & Maas, 1991).

Dies erinnert an Bühler, der bereits 1934 drei Funktionen der Kommunikation differenziert hat, nämlich die Darstellungs-, Ausdrucks- und Appellfunktion. MAB liefern Informationen, drücken Wertschätzung aus und wirken als Steuerungsinstrumente. Wer fragt, der führt, so lautet eine Alltagsweisheit, und sei es nur, um Führungskräften zu signalisieren, daß ihre Position nicht sakrosankt ist, sondern hinterfragt werden kann. Das Urteilsprivileg steht damit nicht nur Führungskräften, sondern auch ihren "Geschäftspartnern", den Mitarbeitern zu.

2   Beurteilungen sind unvermeidlich ...

Beurteilungen sind normal, allgegenwärtig und nützlich. Sie finden statt, sobald sich Menschen begegnen und einander wahrnehmen. Urteile sind Einteilungen und Bewertungen anderer Menschen. Sie folgen einem Muster, das dem Urteilenden meist nicht bewußt ist, jedoch seine Aufmerksamkeit ausrichtet, die Interpretation des selektiv Wahrgenommenen lenkt und so bereits Leitlinien des interaktiven Verhaltens nahelegt.

Dieser Mechanismus funktioniert zuverlässig, aber mit zweifelhafter Gültigkeit. Vermutlich war der Evolution die Schnelligkeit wichtiger als die Genauigkeit, als sie die Personenwahrnehmung verfeinerte. Erste Eindrücke entstehen rasch und wirken fort. Sofern sie nur dem Wahrnehmenden dienen, sich in einer komplexen Welt zurechtzufinden, brauchen wir uns um den Wahrgenommenen keine großen Gedanken zu machen. Dies ist jedoch nicht so: Beurteilungen beeinflussen auch den Beurteilten, denn wir begegnen ihm nicht vorurteilsfrei, sondern urteilsgesteuert.

Dies ist sogar ausdrückliche Zielsetzung, wenn es um Mitarbeiterbeurteilung geht. Denn Mitarbeiterbeurteilungen finden nicht im privaten Bereich, sondern innerhalb eines organisierten Feldes von Spielregeln und Abhängigkeiten statt. Die betrieblich genutzten Verfahren zur Mitarbeiterbeurteilung sind Kinder ihrer Zeit: Aus früher üblichen Personenbeurteilungen entwickelten sich Verhaltensbeschreibungen, speziell Leistungseinschätzungen, die in jüngster Zeit zunehmend durch "Beitragsbewertungen" ergänzt, wenn nicht ersetzt werden. So können Mitarbeiter durchaus fleißig und effizient gearbeitet haben, ohne daß ihr Beitrag zum Gesamtziel nennenswert gewesen wäre. Es reicht also nicht, die Dinge richtig zu machen, es sollten auch die richtigen Dinge sein.

Die Beurteilung von Mitarbeitern ist "ein alter Hut". Führungskräfte dagegen waren nur selten Gegenstand der Beurteilung, jedenfalls soweit es um ihre Rolle als Führungskraft ging. Viele Führungskräfte tragen jedoch "zwei Hüte", den des Vorgesetzten und den des Mitarbeiters. Wenn sie nur aus der Sicht ihres Chefs beurteilt werden, der sie damit als Mitarbeiter anspricht, handelt es sich um eine ganz normale Mitarbeiterbeurteilung. So sind Mitarbeiterbeurteilungen asymmetrische top-down-Perspektiven und in diesem Sinne Privilegien der Macht.

Sie dienen unterschiedlichen Zielen, wie z.B. dem qualifikationsgemäßen Einsatz, der gerechten Entgeltfindung oder der zukunftsgerichteten Potentialentfaltung. Sie sind damit Führungssysteme zur Steuerung des Mitarbeiterverhaltens. Daß sie zugleich auch das Verhalten der Vorgesetzten steuern wird weniger deutlich wahrgenommen, obgleich auch dies eine wesentliche Funktion ist.

Die Existenz von Beurteilungssystemen und die Notwendigkeit ihrer Anwendung soll Führungskräfte nämlich zu einem wiederholten, sorgfältigen und gezielten Blick auf ihre Mitarbeiter veranlassen. Da die Beurteilung nicht nur durchgeführt, sondern auch erläutert und begründet wird, werden Führungskräfte durch diese Verfahren aufgefordert, intensive Mitarbeitergespräche zu führen, die manch einer sonst gern vermieden hätte, vor allem dann, wenn unangenehme Botschaften übermittelt werden müssen. So sind Beurteilungssysteme auch Kraftverstärker für zögerliche Chefs, die so daran erinnert werden, ihrer Führungsfunktion gerecht zu werden.

3 Führungskräfte im Visier ...

Die Führungskräfte rücken noch stärker ins Blickfeld, wenn sie selbst zum Gegenstand der Beurteilung gemacht und die ansonsten beurteilten Mitarbeiter zur Abgabe ihrer Urteile aufgefordert werden. Obgleich wir uns in der Demokratie daran gewöhnt haben, daß Führer gewählt und hiermit legitimiert werden, die ihnen verliehene Macht zeitlich und funktional begrenzt auszuüben, scheint auch nur die ansatzweise Übertragung dieses in der Politik bewährten Prinzips auf die Privatwirtschaft ungewöhnlich, auf jeden Fall jedoch begründungsbedürftig zu sein.

Die Selbstverständlichkeit, mit der in den Betrieben Mitarbeiterbeurteilungen durchgeführt werden, verflüchtigt sich, wenn es um Vorgesetztenbeurteilungen geht. Plötzlich tauchen Fragen, Bedenken und Widerstände auf, die ebenso gut bei der Mitarbeiterbeurteilung diskutiert werden könnten, dort aber kaum thematisiert werden: Also die Fragen, ob man solchen Aussagen trauen könne, wie weit Mitarbeiter überhaupt den Überblick hätten, und ob sie nicht dazu neigten persönlich motivierte Urteile abzugeben, vielleicht gar, um den Chefs "eins auszuwischen" und ob dies alles nicht mehr schade als nütze, etwa weil die Autorität der Chefs untergraben und ihnen so hinderliche Fesseln angelegt würden. Hier sei nicht bestritten, daß dies berechtigte Fragen sind, sondern nur auf den bemerkenswerten Umstand der selektiven Wahrnehmung verwiesen. Das, was bei der Mitarbeiterbeurteilung selbstverständlich nützlich und gewollt war, wird jetzt problematisiert, nämlich die Tatsache, daß Beurteilungen auch Konsequenzen haben, und sei es nur die Transparenz eines Bildes, das vorher verborgen war.

Die Vehemenz, mit der einzelne Chefs diese Verfahren ablehnen, und der Einfallsreichtum ihrer Begründungen scheint mindestens ebenso persönlich motiviert zu sein, wie das befürchtete Urteil. Das Urteilsprivileg verleiht Macht. Während es im direkten Mitarbeitergespräch des Mitarbeitermutes bedarf, um Kritik auszusprechen und Erwartungen zu formulieren, bedarf es hier des Vorgesetztenmutes, dies nicht nur zuzulassen, sondern geradezu zu stimulieren.

Der Umgang mit Widerständen wurde meist im Zusammenhang mit technischen und organisatorischen Änderungen diskutiert, wobei die Empfehlung seit der klassischen Studie von Lawrence (1954) lautet „Beteilige die Betroffenen". Der Ratschlag dient dabei nicht so sehr der inhaltlichen Verbesserung von Entscheidungen, sondern vor allem der Vermeidung des demotivierenden Eindrucks, wer nicht gehört, gefragt, beteiligt wird, sei unwichtig und könne daher getrost übergangen werden. Dies wäre für Führungskräfte eine besonders schmerzliche Erfahrung. Daher gilt auch hier, die Führungskräfte frühzeitig über die Idee einer MAB zu informieren und sie an der Planung der Maßnahme zu beteiligen, wobei vor allem die Frage im Vordergrund steht, mit welchem Ziel dies betrieben wird und wer Zugang zu den Informationen erhält und welche Schlußfolgerungen aus ihnen gezogen werden (können). Aber auch sorgfältige Vorbereitungen und Beteiligungen sind keine Gewähr für Akzeptanz. Reinecke (1985, S. 93) warnt vor allzu großem Optimismus und erinnert daran, daß sich partnerschaftliches Vertrauen nur allmählich entwickelt.

4   Das Unternehmen

Hier sei von einem Unternehmen berichtet, das nun seit mehreren Jahren das Instrument der MAB u.a. vor allem dazu einsetzt, um Führungskräfte aufzufordern, einen Blick in den Spiegel zu werfen, den ihnen die Mitarbeiter vorhalten. Dieser Anwendungsbereich der Befragung als Vorgesetztenbeurteilung soll hier im Vordergrund stehen, weshalb auf die weiteren Themen und Funktionen der MAB in dem Unternehmen nur am Rande eingegangen wird.

Das Unternehmen, hier "Logserv" getauft, beschäftigt 800 Mitarbeiter. 60 von ihnen haben Führungsfunktionen, die in drei unterschiedlichen Hierarchieebenen eingeordnet werden können. Das Unternehmen existiert seit etwa 20 Jahren und erfreut sich einer ökonomisch erfolgreichen Entwicklung, die insbesondere in den letzten Jahren geradezu stürmisch war. Man schaut mit Hoffnung in die Zukunft, die Branche boomt und alles deutet darauf hin, daß dies auch in den nächsten Jahren so bleiben wird.

Da Dienstleistungen eher von Menschen als von Maschinen erbracht werden, war der Führungsstil und die Art der Zusammenarbeit relativ früh zum Gegenstand der generellen Optimierungsbemühungen gemacht worden. Der Qualitätsbegriff wurde umfassend definiert und erfaßte nicht nur das Kundenurteil über die erstellten Leistungen, sondern auch die internen Abläufe und vor allem die Kooperation zwischen Führungskräften und Mitarbeitern.

Im Rahmen der Qualitätsbemühungen wurden umfangreiche Kundenbefragungen durchgeführt. Den Kritikpunkten und Anregungen wurde mit akribischer Sorgfalt nachgegangen. Es waren Qualitätszirkel eingerichtet worden, um den Mitarbeitern mehr Gelegenheit zur eigeninitiativen Gestaltung ihrer Arbeitsbedingungen und Arbeitsprozesse zu geben.

Es gab Workshops, die dem Ziel dienten, die gegenwärtige Unternehmenskultur bewußt werden zu lassen, um sie daraufhin zu analysieren, wie weit sie im Unternehmen verbreitet und verankert ist, und ferner, ob sie für die Aufgabenerledigung förderlich oder hinderlich sei. Weiterhin gab es vielfältige und kontinuierliche Anstrengungen der Unternehmensleitung, die Umrisse einer wünschenswerten Unternehmenskultur zu beschreiben, zu begründen und vorzuleben.

Von all diesen Maßnahmen soll hier nicht die Rede sein. Sie werden auch nur erwähnt um darzutun, daß die Beschäftigung mit den sog. "soft facts" eine gewisse Tradition im Unternehmen hatte, so daß die Einführung der Mitarbeiterumfrage mit dem Schwerpunkt Führungsverhalten nicht als ungewöhnlich oder gar ungebührlich erlebt wurde.

Gleichwohl war der Vorschlag einer MAB, die eine Vorgesetztenbeurteilung umfaßt, anfangs mit Skepsis aufgenommen worden, wobei die Sorge sehr klar an der Frage festgemacht wurde, wozu der Aufwand diene, wozu die Befragung ge- oder gar mißbraucht werden könnte, welche Nebenwirkungen von ihr ausgingen und vor allem, wer welche Ergebnisse erhalte. In verschiedenen Diskussionen erzielte der Führungskreis Einvernehmen über die Struktur des Fragebogens einschließlich aller Frageformulierungen sowie über vier Prinzipien und ein abgestuftes Verfahren der Informationsnutzung.

Die vier Prinzipien waren:
1. Freiwilligkeit,
2. Anonymität,
3. Offenheit, sowie
4. Ernsthaftigkeit.

Die Freiwilligkeit bezieht sich auf die Mitwirkung der Mitarbeiter, nicht der Führungskräfte. Alle Führungskräfte sollten sich dem Urteil ihrer jeweiligen Mitarbeiter stellen, während diese lediglich um das Urteil gebeten wurden. Die Anonymität dient dem Schutz des Mitarbeiters und soll sowohl die Bereitschaft zur Mitwirkung als auch die Ehrlichkeit der Antwort erhöhen. Unter dem Prinzip der Offenheit wird erwartet, daß die beurteilten Führungskräfte die jeweils erhaltenen Urteile sowohl mit ihren Mitarbeitern, als auch mit ihren Chefs besprechen. Die Ernsthaftigkeit verweist darauf, daß diese Rückmeldegespräche in einem konstruktiven Klima und mit dem Ziel geführt werden sollen, Mißverständnisse und Irritationen auszuräumen, wechselseitiges Lernen und Verstehen zu fördern sowie als notwendig erachtete Verhaltensänderungen anzuregen.

Nach Abschluß der Untersuchung wurden die Gesamtergebnisse allen Führungskräften in einem Workshop vorgestellt, auf dem die Untersucher Rede und Antwort standen. Hier konnten nochmals die Ziele verdeutlicht werden, aber auch die Aussagemöglichkeiten und -grenzen der Studie. Darüber hinaus wurde der weitere konkrete Umgang mit den Daten geklärt. Hier wurden wiederum einvernehmlich vier Verfahrensschritte verabredet:
1. Jede Führungskraft erhält die über sie abgegebenen Urteile als statistische Zusammenfassung der Einzelurteile.
2. Führungskräfte erhalten darüber hinaus die zusammengefaßten Urteile über jene Führungskräfte die zugleich ihre Mitarbeiter sind.
3. Die Führungskräfte besprechen ihre Beurteilungen mit ihren Führungskräften.
4. Die Führungskräfte besprechen ihre Beurteilungen mit ihren Mitarbeitern.

Die Einhaltung und Umsetzung dieser Prinzipien erhöht die Transparenz und unterstreicht das ernsthafte Bemühen, die Mitarbeiterumfrage als Instrument zur Verbesserung der Zusammenarbeit im Unternehmen zu nutzen.

5 Die Umfrage

Die Mitarbeiter wurden im Rahmen der MAB aufgefordert, ihre unmittelbaren Führungskräfte anhand von etwa 100 Fragen des umfassenden, weitgehend standardisierten Fragebogens zu beurteilen.

Die Studie bezog sich schwerpunktmäßig auf das Verhalten der Führungskräfte, wobei sowohl die Erfüllung von Führungsfunktionen, als auch die Art des Führungsstils erfaßt werden sollten. Die Erfüllung der Führungsfunktionen betrifft Fragen des Mitarbeitereinsatzes, der Mitarbeiterentwicklung, des Informationsverhaltens, während sich die Fragen des Stils auf die Art und Weise beziehen, in der diese Funktionen erfüllt werden.

Die geschlossenen Fragen bezogen sich jeweils unmittelbar auf das Verhalten des Vorgesetzten, wie z.B.: „Er/Sie gibt mir Arbeitsaufgaben, die meinen Fähigkeiten entsprechen", „Er/Sie kontrolliert jeden Schritt meiner Arbeit", „Er/Sie fördert das Gespräch mit mir und ermutigt mich zu Rückmeldungen", „Er/Sie betont seine Machtposition" usw. Auf diese Weise sollte jeweils daran erinnert werden, daß der unmittelbare Vorgesetzte und nicht generell die Führung des Unternehmens beurteilt werden sollte.

Die allgemeinen Fragen bezogen sich auf verschiedene Aspekte der Arbeitszufriedenheit sowie auf die Bewertung dieser MAB. Den Fragen war jeweils die gleiche 5-stufige Antwortskala von "trifft nicht zu" bis "trifft voll zu" beigefügt.

Die geschlossenen Fragen waren in 7 Themenbereiche gegliedert und auch so überschrieben worden, um jeweils den Bedeutungshintergrund anzugeben, in den die jeweiligen Fragen eingeordnet sind (vgl. Tabelle 1).

Tabelle 1: Themenbereiche der Mitarbeiterbefragung.

I.	Mitarbeitereinsatz und Aufgabengestaltung
II.	Information und Rückmeldung
III.	Motivation und Arbeitsklima
IV.	Offenheit für Verbesserungen
V.	Arbeitsziele
VI.	Führungsstil
VII.	Unternehmenskultur
VIII.	Reaktionen zur letzten Umfrage

Neben diesen geschlossenen und mit einer 5-stufigen Antwortskala versehenen Fragen gab es zwei Prozentschätzungen: „Wenn unser Vorgesetzter/unsere Vorgesetzte zur Wahl stehen würde, erhielte er/sie sicherlich ...% der Stimmen" und „Er/Sie erreicht ...% einer idealen Führungskraft".

Darüber hinaus enthielt der Fragebogen eine Reihe offener Fragen, die zu direkten Anregungen und Rückmeldungen aufforderten, wie z.B. „Seine/Ihre besonderen Stärken sind: ...", „Seine/Ihre Schwächen sehe ich in: ...", „Ich würde gern folgendes Thema mit ihm/ihr besprechen: ...", „Ich möchte ihm/ihr folgenden Rat geben: ...", oder „Ich wünsche mir, er/sie würde künftig folgendes tun: ...". Von dieser Antwortmöglichkeit wurde rege und konstruktiv Gebrauch gemacht. Es gab so gut wie keine despektierlichen oder unflätigen Bemerkungen, was insgesamt für die Ernsthaftigkeit spricht, mit der diese Befragungen von den Mitarbeitern aufgenommen wurden.

Die Mitarbeiter erhielten die Fragebögen mit einem Anschreiben der Unternehmensleitung und wurden gebeten, die ausgefüllten Bögen direkt an das auswertende Institut zu senden. Die Anonymität der Befragten wurde strikt gewahrt.

Um den Anreiz zur Mitwirkung zu erhöhen, wurden zwei Preise im Werte von DM 1.000,-- und DM 500,-- ausgelobt, die unter den Einsendern verlost wurden. Um gleichwohl die Anonymität wahren zu können, wurde folgendes Verfahren gewählt: Die Mitarbeiter erhielten Losnummern in doppelter Ausfertigung. Eine Nummer wurde dem ausgefüllten Fragebogen beigelegt, die andere wurde behalten. Das auswertende Institut sammelte die eingehenden Losnummern getrennt von den Fragebögen und ließ hieraus unter Aufsicht zwei Gewinner-Nummern ziehen, die sich dann durch die zurückbehaltene zweite Losnummer "ausweisen" konnten. Dies Verfahren war voll akzeptiert. Nahezu alle Fragebögen enthielten die Losnummern und signalisierten so die Bereitschaft zur Mitwirkung an der Preisverlosung.

Die Rückläufe bei den beiden hier besprochenen Umfragen, die im Abstand von zwei Jahren durchgeführt wurden, lag jeweils nahe bei ungewöhnlich hohen Werten von 75 %. Vermutlich hatte auch das Losverfahren zu dieser guten Rücklaufquote beigetragen.

6   Die Skalen

Die jeweils themenbezogenen Einzelfragen wurden als Items einer Likertskala betrachtet und einer Itemanalyse sowie einer Faktorenanalyse unterzogen. Dabei konnten die Skalen verkürzt und verbessert werden. Zwei Themenbereiche, nämlich "Motivation" und "Führungsverhalten" erwiesen sich als mehrdimensional. Die Tabelle 2 gibt die Einzelskalen und ihre inhaltliche Bedeutung wieder.

Tabelle 2: Beschreibung der Einzelskalen und ihrer inhaltlichen Bedeutung.

Dimension	Subskala (LEGENDE)	Items	Kurzbeschreibung der Skala
Mitarbeiter-Einsatz	(MA_EINS)	18	Die Skala erfaßt den Grad des mitarbeiter- und aufgabengerechten Personaleinsatzes. Je höher der Wert, desto eher wird die Führungskraft als jemand gesehen, der seinen Mitarbeitern Aufgaben zuweist, die ihren Fähigkeiten und Belastbarkeiten entsprechen, und ihnen die Möglichkeit der Entwicklung einräumt.
Information und Rückmeldung	(INFO_RUE)	16	Die Skala erfaßt die Offenheit der Kommunikation. Hohe Werte signalisieren, daß Führungskräfte aktiv das Gespräch mit den Mitarbeitern suchen und hierbei auch die Förderung der Leistungsfähigkeit der Mitarbeiter anstreben.
Motivation	Motivation (MOTIVAT)	18	Die Skala erfaßt die Fähigkeit der Führungskraft die Mitarbeiter zu motivieren, wobei dies nicht durch Druck oder die Erzeugung von Angst geschieht, sondern durch die Vermittlung von Anerkennung und die Aussicht auf Erfolg. Hohe Werte signalisieren, daß die Mitarbeiter für die Arbeitsziele gewonnen werden konnten.
Motivation	Irritation (IRRITAT)	7	Die Skala erfaßt einen Motivationsstil, der auf Druck basiert und die Gunst im Sinne des "divide et impera" mal hier mal dort verteilt. Führungskräfte mit hohen Werten sind für die Mitarbeiter schwer kalkulierbar. Gefühle von Abhängigkeit und Angst entstehen.
Offenheit für Verbesserungen	(OFF_VERB)	16	Die Skala erfaßt einen Verhaltensstil, der auf eine offene und sachliche Fehlersuche gerichtet ist. Diese Offenheit umfaßt auch den Einbezug der Mitarbeiter. Damit wird ein Verhaltensstil beschrieben, der einen kontinuierlichen Verbesserungsprozeß begünstigt.
Führung	Zielorientiertes Führungsverhalten (ZIEL_FV)	11	Die Skala erfaßt einen Führungsstil, der die Ziele und Erfolge in den Vordergrund stellt. Hohe Werte signalisieren Persistenz und Klarheit der Ziele. Diese Führungskräfte werden als sachlich kompetent und aktiv erlebt und respektiert.

Führung	Wertschätzendes Führungs-verhalten (**WERT_FV**)	10	Die Skala erfaßt einen Führungsstil, der die Verantwortung gegenüber den Menschen betont und die Achtung und Wertschätzung des Mitarbeiters hervorhebt. Führungskräfte mit hohen Werten vermitteln Bindung und Geborgenheit.
Führung	Selbstfixiertes Führungs-verhalten (**SELB_FV**)	9	Diese Skala erfaßt einen Führungsstil, der die Verteidigung und Sicherung der eigenen Person und Position betont. Hierbei geht es um eine Fixierung auf die eigene Person bei gleichzeitige Insensibilität gegenüber den Bedürfnissen der Mitarbeiter.
Kulturpräsenz	(**UKULTUR**)	12	Diese Skala erfaßt, wie weit die Führungskräfte glaubwürdige Repräsentanten der als wünschenswert propagierten Unternehmenskultur sind. Hohe Werte drücken aus, daß sich die Führungskräfte im Einklang mit den Werten befinden.
Umfrage-bewertung	(**UMFRAGE**)	8	Die Skala erfaßt die umfragebedingten Reaktionen. Hohe Werte signalisieren, daß sich die Führungskräfte aktiv mit den Ergebnissen auseinandergesetzt und sie mit den Mitarbeitern besprochen und positiv auf Anregungen der Mitarbeiter reagiert haben.

Hier sei insbesondere auf die Führungsstilfragen eingegangen, die eine dreidimensionale Struktur aufwiesen. Einerseits zeigten sich die beiden bekannten Dimensionen "consideration" und "initiating structure", die hier als wertschätzendes und zielorientiertes Führungsverhalten bezeichnet wurden. Die Ziel- oder Aufgabenorientierung entspricht der Steuerungsfunktion der Führung: Hier wird die Richtung geklärt, womit nicht gesagt wird, daß dies direktiv geschieht. Dies ergibt sich aus der zweiten Dimension, die den Grad der Partizipation und Einbindung erfaßt.

Daneben und unabhängig von diesen beiden ließ sich eine dritte Dimension isolieren, die als "status- bzw. selbstfixiertes Führungsverhalten" beschrieben werden kann. Diese Dimension enthielt Items wie „Er betont seine Position und achtet auf Statussymbole", „Er übt permanente Kontrolle aus", „Er hat vor allem das eigene Wohl im Auge" oder auch „Er bauscht sich auf und gibt mehr vor, als er in Wahrheit ist".

Damit wird eine Dimension sichtbar, die in der psychologischen Führungsforschung selten behandelt wurde: Das Streben nach Macht, Prestige und Privilegien. Möglicherweise hat die Selbstverständlichkeit, daß Führen den Gebrauch von Macht impliziert ebenso wie die Anrüchigkeit des Machtgebrauchs dazu beigetragen, die Thematik zumindest im Rahmen der Arbeits- und Organisationspsychologie nur randständig zu behandeln.

Interessanterweise kommt die Machtthematik eher im Zusammenhang mit ihrem Mißbrauch zur Sprache, so als sei ein vernünftiger, legitimer und sinnvoller Einsatz ungleich seltener oder schwerer vorstellbar. Macht ist offensichtlich so Tabu besetzt, daß diejenigen, die über Macht verfügen, genau dies gern leugnen. Im Rahmen eines Symposiums zum Thema "Führen im Wandel", das die Universität Köln anläßlich ihrer 600-Jahr-Feier durchführte, bestritt Daniel Gouedevert, der damalige Ford-Vorstandsvorsitzende, ebenso energisch wie beredt, daß er über Macht verfüge. Allenfalls könne von behutsamer Einflußnahme und Appellen an mündige Mitarbeiter gesprochen werden. Sein Kontrahent in der Diskussion, der streitbare Kölner Regierungspräsident Josef Antwerpes, bekundete dagegen ohne Umschweife ein offenes und positives Verhältnis zur Macht. Führung und Macht seien nicht zu trennen, wolle man die Führenden nicht zu "Papiertigern" degradieren (Wiswede, 1990, S. 272).

Offensichtlich geht es nicht um die deskriptive Frage des Machthabens, sondern die wertende Beurteilung des Machteinsatzes, insbesondere ob Macht ge- oder mißbraucht wird. Auch McClelland und Burnham (1982) betonen die Notwendigkeit des Machtwillens als Führungsvoraussetzung, und differenzieren dann zwischen einem institutionsorientierten und selbstkontrollierten Stil einerseits und einem Machtverhalten, das der persönlichen Befriedigung und Bereicherung dient andererseits. Auch wenn diese Trennungslinie in der Praxis nur schwer gezogen werden kann, bleibt doch die deutliche Aussage, daß zur Führung auch Macht gehört und Führungskräfte ohne den Willen zur Macht erfolglos bleiben.

Auch Kurt Lewin u.a. (1939) hatten in ihren klassischen Studien zum Führungsstil und ihren Auswirkungen auf die sozialen Gruppenklimata, der Machtthematik einen eigenen Stil, allerdings in seiner inversen Form, als Laissez-Faire, gewidmet. Dieser zeichnet sich geradezu durch Machtabstinenz aus. Der Führer tut nichts, was seinen Einfluß sichern und erhöhen könnte. Der Effekt war klar, der Führer verlor seinen Einfluß und hörte auf, Führer zu sein.

Die Strategien zur Sicherung und Ausdehnung des Einflusses sind unterschiedlich. Erst in jüngster Zeit ist die Thematik systematisch empirisch untersucht worden, wobei drei Dimensionen sichtbar werden, die als "harte", "weiche" und "rationale" Strategien benannt wurden (vgl. Kipnis und Schmidt, 1985). Die "harten" Strategien sind machtbezogen: Die Bestimmtheit des Vorgehens oder die Androhung von Sanktionen sind Beispiele dieses Wegs. "Weiche" Strategien setzen auf Freundlichkeit und Verständnis, während die rationalen Strategien auf die Überzeugungskraft des Arguments und die Richtigkeit der Richtung vertrauen.

Es fällt auf, daß diese Strategien nicht unter dem Thema "Führung", sondern dem des "intraorganisationalen Einflusses" behandelt werden, obgleich ihr Bezug zur Führung offenkundig ist. Blickle (1997) hat diese dreidimensionale Struktur faktorenanalytisch bestätigen können, wobei er sich auf die ursprünglich von Kipnis, Schmidt und Wilkinson (1980) vorgelegten Skalen und Daten stützt. Auch wenn diese Skalen und die sie tragenden Items nicht mit den alten consideration und initiating structure Skalen des LBDQ identisch sind, liegt doch die Vermutung nahe, daß die "weichen" Strategien dem "consideration" entsprechen, hier als wertschätzendes Führungsverhalten bezeichnet, daß die "rationalen" Strategien Ähnlichkeit mit dem "initiating structure" haben, hier als "zielorientiertes" Führungsverhalten klassifiziert, und daß die "harten" Strategien einen eigenständigen dritten Faktor darstellen, der sich in unserer Studie als "status- und selbstfixierter Stil" manifestierte.

Die Tatsache, daß diese drei Stile faktorenanalytisch extrahiert werden konnten, zeigt ihre Eigenständigkeit und belegt damit, daß sich diese Stile nicht ausschließen, sondern ergänzen lassen. So wie Blake und Mouton (1968, S. 33) bereits die Kombination von hoher Mitarbeiter- und hoher Zielorientierung als sog. 9,9-Stil hervorhoben, ließe sich in Weiterführung dieses Gedankens auch ein 9,9,9-Stil ausmachen, der zusätzlich dadurch gekennzeichnet ist, daß die Führungskraft ihre Position sichert und ausbaut, allerdings nicht zur eigenen Glorifizierung, sondern zur Sicherung der Gruppe und der Zielerreichung. Dies wäre genau der Machtgebrauch, den McClelland und Burnham (1982) bei erfolgreichen Führungskräften gefunden haben.

7   Querschnitt und Längsschnitt

Empirische Daten gelten zwar als "hart", sprechen aber dennoch nicht für sich selbst, sondern bedürfen der Interpretation. Ein arithmetisches Mittel, etwa 3,673 ist - allein betrachtet - noch nicht sehr aussagekräftig. Erst im Vergleich zu anderen Werten erschließt sich seine Bedeutung.

In dieser Studie boten sich zwei Vergleichsmöglichkeiten an: Der Querschnittsvergleich, sei es als individueller Vergleich zwischen verschiedenen Führungskräften oder die aggregierte Form zwischen verschiedenen Standorten oder Abteilungen. Zum zweiten gab es die Gelegenheit zum Längsschnittvergleich, mit den jeweils vor zwei Jahren erhobenen Daten.

Obgleich der individuelle Vergleich besonders aufschlußreich ist, war seine Verwendung in dieser Studie nur eingeschränkt möglich. Die Führungskräfte erhielten jeweils nur ihre eigenen Daten sowie die der Führungskräfte, die zugleich ihre Mitarbeiter waren. Aber alle erhielten die über alle Urteile ermittelten Durchschnittswerte, so daß sie sich jeweils mit dem "Mittelmaß" vergleichen konnten.

Zur Illustration sind hier die authentischen Daten von zwei sehr unterschiedlich bewerteten Führungskräften in einer Graphik zusammengefügt (vgl. Abbildung 2). Während Herr "A" außerordentlich hohe Werte auf allen positiv gepolten Dimensionen und minimale Werte auf den beiden Negativ-Dimensionen "Irritation" sowie "selbstfixiertes Führungsverhalten" erreichte, kann "B" geradezu als Gegenbeispiel herangezogen werden. Sein Führungsstil zeichnet sich durch mittlere Werte der Zielorientierung, niedrige Wertschätzung, aber hohe Selbstfixierung aus. Die freien Kommentare der befragten Mitarbeiter ergänzen dies mit deutlichen Worten. Von Egoismus, Chauvinismus und Unbeherrschtheit ist die Rede. Ganz anders im Falle des Herrn "A", bei dem Ehrlichkeit, Lernbereitschaft und Gleichberechtigung als Charakteristika betont wurden.

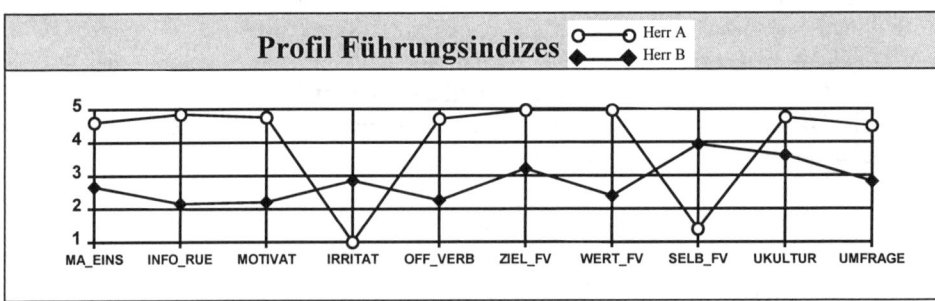

Abbildung 2: Graphische Darstellung von zwei sehr unterschiedlich beurteilten Führungskräften.

Es ist klar, daß sich bei solchen individuellen Vergleichen die größten Differenzen finden lassen. Hier sind auch die Stichproben kleiner und schwächen die Aussagekraft der Daten. Daher ist Vorsicht geboten, vor allem dann, wenn eine ohnehin kleine Grundgesamtheit noch durch eine schlechte Rücklaufquote weiter verkürzt wird, und sich das Urteil am Ende nur noch auf drei oder vier Personen stützt.

Der Längsschnittvergleich erlaubt Aussagen über Veränderungen. Auch hier zeigen die individuellen Datenblätter zum Teil deutliche Verschiebungen, zum positiven, wie zum negativen. Obgleich es sich hier im Grunde um eine Panel-Studie handelt, bei der die Daten von den gleichen Befragten stammen und nur zu unterschiedlichen Zeitpunkten erhoben werden, kann jedoch nicht in jedem Fall von identischen Stichproben ausgegangen werden. Führungskräfte und Mitarbeiter wechseln ihre Arbeitsplätze, verlassen das Unternehmen oder kommen neu hinzu. In einem Fall waren die Veränderungen auffallend positiv. Die Erklärung hierfür konnte nicht in der Führungskraft allein gesucht werden. Sie war nämlich vor etwa einem Jahr neu mit der Führung eines Betriebes beauftragt worden und wurde nun zum ersten Mal von den Mitarbeitern dieses Betriebes eingestuft. Diese hatten als Vergleich lediglich ihren alten Chef. Und auf diesem Hintergrund konnte sich der Neue sehr positiv positionieren.

Der gesamte Längsschnittvergleich zeigte übrigens, daß sich die über alle Führungskräfte berechneten Durchschnittswerte zwar nur minimal, aber durchgängig in positiver Weise verändert hatten. Es ist zwar unmöglich hierfür eindeutige Ursachen auszumachen. Aber es ist auch nicht abwegig, dies als Effekt der steten Bemühungen um eine Verbesserung der Unternehmenskultur zu deuten.

Diese Bemühungen haben vermutlich einen doppelten Effekt: Sie verändern Erfahrungen und Erwartungen gleichermaßen. Faktisch eingetretene Verbesserungen werden dann auf dem Hintergrund höherer Ansprüche kaum noch wahrgenommen. Diese Problematik ist aus der Zufriedenheitsforschung wohl bekannt: Ulich (1992) gibt ein anschauliches Beispiel: Nachdem vielfältige Humanisierungsmaßnahmen die Arbeitsbedingungen und -inhalte von Automobilwerkern deutlich verbessert hatten, sanken die quantitativ erfaßten Zufriedenheitswerte: Aus einer resignativen Zufriedenheit hatte sich eine konstruktive Unzufriedenheit entwickelt (vgl. Ulich, 1992, S. 512), weil das Anspruchsniveau der Mitarbeiter noch stärker gestiegen war. Dies kann dann aber als künftig treibende Kraft für eigeninitiativ entwickelte weitere Humanisierungen gesehen werden.

In gleicher Weise kann auch für das Unternehmen "Logserv" argumentiert werden. Der wiederkehrende Bericht der Mitarbeiter stärkt ihren Einfluß und entwickelt die Kultur des partnerschaftlichen Umgangs. Sicherlich haben die nicht immer einfachen Gespräche, die Führungskräfte im Anschluß an die Umfrage mit ihren Mitarbeitern und mit ihren Chefs führen, hierbei große Bedeutung. Mitarbeiter und Führungskräfte haben diese Gespräche jedenfalls ganz überwiegend als erhellend, nützlich und bereichernd interpretiert.

8 Sind im Rahmen von Mitarbeiterbefragungen gut beurteilte Führungskräfte wirklich gut?

Führungskräfte haben unterschiedliche Funktionen zu erfüllen. Hierzu gehört zunächst, daß sie ihre eigenen Aufgaben mit Kompetenz und Engagement anpacken und damit Vorbild für ihre Mitarbeiterinnen und Mitarbeiter sind. Führungskräfte müssen ihre Mitarbeiter gewinnen. Dies gilt insbesondere für Dienstleistungsunternehmen, da hier die eigentliche Leistung eher von Menschen als von Maschinen erbracht wird. Daher ist das Bild, das Mitarbeiter von ihren Führungskräften zeichnen ein wichtiger, aber nicht der einzige Indikator ihrer Führungsleistung.

Führungskräfte tragen selbstverständlich auch Verantwortung für die Erreichung der Ergebnisziele ihrer Bereiche, seien es Umsatzziele, Entwicklungsziele oder Qualitätsziele. Diese Ziele haben oft den Vorzug präzise definierbar und meßbar zu sein. Dies erhöht noch ihre Bedeutung und rückt sie in den Vordergrund. Selbstverständlich ist der Grad dieser Zielerreichung ebenfalls ein wichtiger Indikator der Führungsleistung.

Schließlich gehört zur Führungsleistung hinzu, daß Führungskräfte ihre "Operationsbasis" stärken, z.B. dadurch daß sie sich um das Vertrauen ihrer eigenen Vorgesetzten bemühen. Vertrauen aufzubauen ist freilich eine wechselseitige Aufgabe. Wenn hier gleichwohl gesagt wird, daß Führungskräfte sich um das Vertrauen ihrer Chefs bemühen sollten, so wird damit ausgedrückt, daß sie eine eigenständige Haltung entwickeln und argumentativ vertreten und so Akzeptanz und Glaubwürdigkeit erringen.

Die Präsentation der Untersuchungsergebnisse hatte bei "Logserv" eine lebhafte Diskussion über ihre Bedeutung und Aussagekraft ausgelöst. Hierbei wurde häufig auf Beispiele verwiesen, bei denen das Bild der Mitarbeiter mit anderen Erfahrungen kontrastierte. In einem Fall war die Führung eines Bereichs sehr positiv beurteilt worden, zugleich gab es in diesem Bereich eine Reihe von "Schlampereien" und "Unregelmäßigkeiten". Vermutlich war gerade die duldsam nachlässige Haltung der Vorgesetzten Ursache für beides.

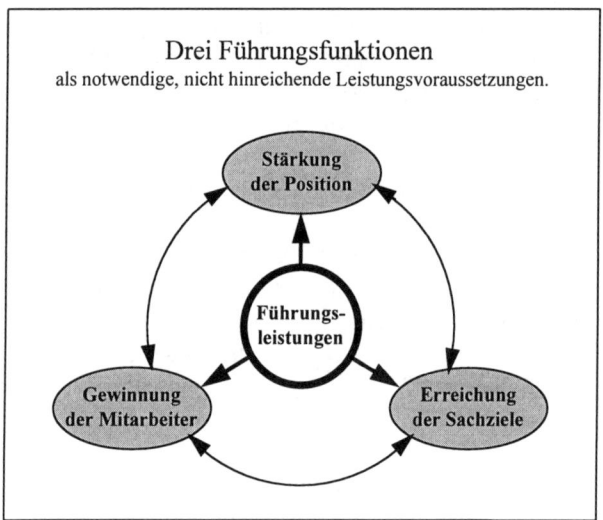

Abbildung 3: Die drei Führungsfunktionen der Vorgesetzten.

Keine dieser hier nur knapp skizzierten Einzelfunktionen, der Mitarbeitergewinnung, der Sachzielerreichung sowie der Positionsstärkung, kann für sich allein genommen die Führungsleistung beschreiben (vgl. Abbildung 3). Dazu bedarf es einer umfassenderen Analyse und Bewertung. Über einen Punkt kann man allerdings rasch Einigkeit erzielen: Führungskräfte die in einer dieser Funktionen versagen, dürften auf Dauer Schwierigkeiten haben die anderen zu erfüllen. So betrachtet handelt es sich hierbei jeweils um notwendige, aber nicht hinreichende Bedingungen des Führungserfolgs.

IV. Mitarbeiterbefragungen im Kulturvergleich

Die Zufriedenheit deutscher Mitarbeiter in europäischer Perspektive

Helmut E. Lück

Stellen Sie sich vor, bei einer Mitarbeiterbefragung (MAB) hätten 73% der Befragten auf die Aussage „Mit meiner Arbeit bin ich im großen und ganzen zufrieden" zustimmend geantwortet. Ist dies ein gutes oder ein schlechtes Ergebnis? Die Antwort auf diese Frage hängt ganz vom Beurteilungsmaßstab des oder der Antwortenden ab. Ist mehr als 50% gut? Ist alles schlecht, was unter 100% liegt? Was wäre zu erwarten gewesen? Wer Befragungsergebnisse interpretieren und bewerten möchte, muß diese vergleichen. Dies ist eine Trivialität. Für die Ergebnisse von MAB gilt aber in vielen Fällen, daß die Vergleichsmöglichkeiten beschränkt sind.

Welche Vergleichsmöglichkeiten sind denkbar? Zunächst liegt der *interne* Vergleich verschiedener Befragtengruppen (Tätigkeit, Geschlecht, Betriebszugehörigkeit, Standort usw.) nahe, vorausgesetzt, diese Gruppen sind nicht zu klein. Bei wiederholten Befragungen mit gleichen Fragen ist auch die Möglichkeit des Vergleichs zu zwei Zeitpunkten gegeben. Hierbei geschieht der Vergleich natürlich nicht für einzelne Personen, sondern auf der Ebene aggregierter Daten. Selten haben aber Unternehmen die Möglichkeit des *externen* Vergleichs. Dieser ist aber oft besonders aufschlußreich: Wie sehen vergleichbare Befragungsergebnisse in Deutschland allgemein aus? Wie wird in der Branche geurteilt? Wie sehen Befragungsergebnisse bei Wettbewerbern aus? Vergleichsdaten zur Beantwortung dieser Fragen stehen meist nicht ohne weiteres zur Verfügung.

Auch einige weitere Probleme und Fragen kommen bei Umfragen und Vergleichsvorgängen in größeren Unternehmen auf: Können Fragebogenantworten für ausländische Arbeitnehmer mit denen von deutschen Arbeitnehmern verglichen werden? Lassen sich z.B. die in Deutschland und in Spanien gewonnenen Daten für Befragtengruppen mit vergleichbarer Tätigkeit vergleichen? Kann man überhaupt Fragebögen für MAB ohne weiteres übersetzen und verwenden?

In diesem kurzen Beitrag möchte ich auf einige dieser Fragen eingehen, daran anschließend auf Vergleiche zu sprechen kommen, die die Zufriedenheit von Mitarbeitern in verschiedenen europäischen Ländern betreffen. Die Unterschiede sind zum Teil erheblich und rühren an die Frage nach kulturellen Unterschieden und Werten.

Die Aktualität des Themas braucht nicht weiter herausgestellt zu werden: Viele Unternehmen haben ausländische Mitarbeiter und in der Zeit der Internationalisierung auch mittlerer deutscher Unternehmen, stellen sich diese Fragen der europäischen Perspektive von MAB besonders. Auffällig ist allerdings, daß die bislang veröffentlichten deutschsprachigen Arbeiten zum Thema MAB eine derartige Perspektive fast ganz ignorieren.

1   Kultur und Werte

Die Erschließung internationaler Märkte, die Verlagerung der Produktion ins Ausland und die Bildung eines europäischen Arbeitsmarktes lassen die Frage aufkommen, wie die Mitarbeiter in verschiedenen Ländern ihre Arbeit bewerten. Vergleichende wissenschaftliche Untersuchungen sind bislang meist nur auf der Grundlage von Befragungen in einzelnen multinationalen Unternehmen durchgeführt worden, wie z.b. in der inzwischen klassischen Studie an IBM-Managern und -Mitarbeitern aus dem Jahr 1970. Diese Studie veranlaßte den Verfasser Geert Hofstede (1980, 1991b), die verschiedenen Kulturen auf vier verschiedenen Dimensionen einzuordnen:

1. Power distance,
2. Uncertainty avoidance,
3. Individualism vs. collectivism und
4. Feminism vs. masculinity.

Der Machtabstand zwischen Vorgesetzten und Mitarbeitern war bei dänischen, niederländischen, aber auch bei deutschen Mitarbeitern gering; Griechische Arbeitnehmer etwa erwiesen sich als Unsicherheiten vermeidend und maskulin - im Sinne der Hofstede-Studien. Nachfolgeuntersuchungen haben diese faktorenanalytisch gewonnenen Dimensionen bestätigen, verfeinern und auf andere Kulturen ausdehnen können (z.b. Hofstede, 1994). Die Dimension Individualismus versus Kollektivismus hat sich als besonders stabil erwiesen. Hofstede und andere Autoren haben vermutet, daß Arbeitnehmer, die in sehr verschiedenartigen Kulturen tätig sind bzw. Wertvorstellungen dieser Kulturen teilen, u.U. schlecht miteinander arbeiten können.

Die Arbeiten von Hofstede und anderen gaben den Anstoß zum systematischen empirischen Wertevergleich verschiedener Kulturen; von Bedeutung wurde vor allem die *European Value System Study Group* (EVSSG), eine Forschergruppe, die in regelmäßigen Abständen Daten zu Wertvorstellungen europäischer Arbeitnehmer erfaßt hat - vergleichbar etwa dem *Eurobarometer*. Diese Daten bildeten und bilden die Grundlage für weitgehende Auswertungen zur Frage, wie und in welcher Richtung die europäischen Gesellschaften einen Wertewandel zu *postmaterialistischen* Gesellschaften durchmachen, in denen die Arbeit möglicherweise einen geringeren Stellenwert hat als in den ersten Jahrzehnten nach dem Zweiten Weltkrieg. In jedem Fall wird man annehmen können, daß sich Komponenten der Einstellungen zur Arbeit ändern und daß möglicherweise die Arbeitszufriedenheit für die Lebenszufriedenheit der Berufstätigen weniger wichtig wird.

2   Sprache

Natürlich ist die Sprache ein elementarer Bestandteil der Kultur. Forschungsmethodisch gesehen wäre es wünschenswert, das Verhältnis der Arbeitnehmer zu ihrer Arbeit und Arbeitsumgebung mit ein und demselben Instrument - sozusagen losgelöst von der jeweiligen Sprache - zu erfassen, doch sind sprachfreie Verfahren praktisch nicht denkbar - wenn man einmal von der grobschlächtigen sog. Kunin-Skala zur Messung allgemeiner Arbeitszufriedenheit ausgeht. Diese 1955 entwickelte Skala arbeitet mit sechs gezeichneten Gesichtern mit unterschiedlichen Gesichtsausdrücken, von denen eins anzukreuzen ist. (Später ist die Skala durch "Smily"-Gesicher noch weiter vereinfacht worden.) Natürlich ist auch dieses Verfahren nicht sprachfrei, denn es muß eine Instruktion gegeben werden, was angekreuzt werden soll.

Üblich ist also, die Entwicklung von Fragebögen und die anschließende Übersetzung in eine andere Sprache. Die Probleme bei der vergleichenden Durchführung von MAB dürfen nicht unterschätzt werden. Exemplarisch seien nur drei Probleme genannt, die bei Übersetzungen auftauchen können:

- Das deutsche Wort „Arbeitssicherheit" kann im Sinne der Arbeitsvorschriften zur Unfallverhütung verstanden werden (engl.: safety), aber auch im Sinne der Erhaltung des Arbeitsplatzes (engl.: security).
- Im Deutschen ist die doppelte Verneinung eine Bejahung. Im Spanischen ist die doppelte Verneinung dagegen eine verstärkte Verneinung. Wie übersetzt man adäquat?
- Manche heute in Unternehmen häufig verwendeten englischsprachigen Begriffe wie empowerment, benchmarking, quality network usw. lassen sich manchmal nur durch längere Umschreibungen übersetzen. Läßt man diese Begriffe in MAB unübersetzt stehen, werden sie möglicherweise nicht von allen Befragten verstanden.

Die jahrzehntelangen Erfahrungen aus dem Bereich der Adaptation fremdsprachiger psychologischer Tests und kulturpsychologische Erkenntnisse können bei der Übersetzung von Fragebogen in Mitarbeiterumfragen genutzt werden (vgl. z.B. Thomas, 1993). Praktikabel ist die Übersetzung durch einen kompetenten Übersetzer und die anschließende Rückübersetzung (ohne Kenntnis des Originals) durch einen weiteren Übersetzer. Der dritte Vorgang in diesem Prozeß hat das Ziel der Überarbeitung und Anpassung derjenigen Items, die nach Einschätzung von Kennern der Kultur und Sprache vom Original zu weit entfernt sind. Der vorletzte, in jedem Fall aber der letztgenannte Arbeitsgang sollte durch Mitarbeiter des Unternehmens erfolgen, um sicherzustellen, daß der Sprachgebrauch der im Unternehmen üblichen Ausdrucksweise entspricht. Eine solche, qualitativ hochwertige Übersetzung ist logischerweise nicht in wenigen Tagen zu erstellen; MAB in multinationalen Unternehmen erfordern allein aus diesen Gründen schon mehr Zeit als nationale Befragungen.

Schließlich ist auch eine noch so sorgfältige Übersetzung nicht problemlos anzuwenden. Es wird immer sinnvoll sein, die jeweiligen landes- oder standortspezifischen Probleme in der Befragung zu berücksichtigen. Dies kann nur durch Interviews und Entwicklung spezifischer Fragen geschehen. Für diese Fragen ist allerdings der Vergleich mit Daten aus der Hauptbefragung im Mutterland nicht möglich.

Man sieht: MAB in multinationalen (und daher: multikulturellen) Unternehmen werfen eine Reihe von Problemen auf und laufen immer auf einen Kompromiß hinaus.

Praktisch lassen sich nun mit der fertigen Übersetzung bei Befragungen innerhalb eines Unternehmens drei verschiedene Wege beschreiten:

1. Es gibt eine fremdsprachige Fassung des vollständigen Fragebogens. Diese tritt an die Stelle des deutschen Fragebogens. Ein solcher Fragebogen erhält - bis auf die Sprache - das gleiche Erscheinungsbild (Titel, Anschreiben der Geschäftsleitung, usw.). Es ist für die Vermeidung von Reaktionstendenzen und für die spätere Datenauswertung wichtig, das alle Items in gleicher Nummerierung enthalten sind und daß auch der Seitenumbruch gleich ist.

2. Es gibt einen zweisprachigen Fragebogen. Hierbei kann eine der beiden Sprachen durchgängig typographisch (z.B. durch Kursivdruck) von der anderen Sprache abgehoben werden. Auch kann ein Fragebogen so gestaltet werden, daß er von der einen

Seite aufgeblättert in einer Sprache erscheint und von der anderen Seite (umgedreht) in einer zweiten Sprachen. (Für eine Befragung in Belgien könnte diese Methode mit der französischen und flämischen Fassung des Fragebogens angewendet werden.)

3. Es gibt eine Übersetzung, die dem deutschen Fragebogen beigelegt wird, so daß die Befragten bezüglich der Bedeutung in der muttersprachlichen Fassung nachschlagen können, aber den deutschen Fragebogen ausfüllen. Dieses Verfahren ist nur anwendbar, wenn man von gewissen Grundkenntnissen der deutschen Sprache ausgehen kann.

Soweit erkennbar, wird die erst genannte Methode in multinationalen Unternehmen üblicherweise angewandt.

3 Die Datenbasis

Grundlage der folgenden Darstellungen sind Ergebnisberichte des m.W. größten, ausschließlich auf MAB spezialisierten Befragungs- und Beratungsunternehmens International Survey Research (ISR). Dieses amerikanisch-britische Unternehmen untersuchte mehr als 27 Millionen Arbeitnehmern für 1.800 Unternehmen in über 90 Ländern (ISR, 1997, S. 2). Zu den Kunden zählen vor allem internationale Unternehmen, wie Philips, General Motors, IBM, Grundig, Shell, BSHG, Nokia usw. Das hier anfallende Datenmaterial wird vertraulich behandelt, es ist in anonymisierter und aggregierter Form aber in besonderer Weise für interkulturelle Vergleiche geeignet und gelegentlich auch für kulturvergleichende Untersuchungen genutzt worden (z.B. Foley, 1992; Harding & Hikspoors, 1995).

Das von ISR verwendete Erhebungsinstrument ist ein strukturierter Fragebogen mit meist mehr als 100 Fragen, die 14 oder mehr verschiedenen Themen ("Kategorien") zugeordnet werden.

Diese Themen (Kategorien) können sein:
- Arbeitsorganisation
- Effizienz des Arbeitsablaufs
- Management
- Direkter Vorgesetzter
- Arbeitskollegen
- Kommunikation
- Aus- und Weiterbildung
- Leistungsbeurteilung und Aufstiegsmöglichkeiten
- Bezahlung
- Sozialleistungen
- Arbeitszufriedenheit
- Sicherheit des Arbeitsplatzes
- Identifikation mit dem Unternehmen

Zu jedem dieser Themenbereiche werden eine Reihe von Fragen gestellt - mindestens drei, meist jedoch mehr. Die Themen der Fragebögen umfassen also eine Vielzahl von Aspekten der Arbeit, nicht nur Fragen zur Arbeitszufriedenheit. Vorinterviews dienen dazu, unternehmens- und ggf. standortspezifische Fragen zu entwickeln, die dann (nach der Bewährung in Pretests) einen Teil des Fragebogens ausmachen. Neben diesen Fragen sind im Fragebogen bewährte Fragen enthalten, die mehr oder weniger in allen Umfragen Verwendung finden. Diese vergleichbaren Fragen bilden die Grundlage des internationalen Vergleichs.

Inzwischen erhebt ISR für über dreißig verschiedene Länder, darunter alle west- und mehrere osteuropäischen Länder, regelmäßig Daten, die als Durchschnittswerte ("Normen") für Vergleichszwecke herangezogen werden können. Diese Normen beruhen zu einem Teil auf eigenen Befragungsdaten, d.h. Daten von ISR-Kunden. Wo erforderlich, werden diese Daten durch Repäsentativumfragen ergänzt, um ein für alle Branchen ausgewogenes Bild eines Landes zu erhalten. ISR hat in den letzten Jahren verschiedene Berichte über diese Vergleiche als Broschüren veröffentlicht (1995, 1995a, 1995b, 1995c, 1996, 1997)[1]. Eine Broschüre, die sich besonders mit den Einstellungen deutscher Mitarbeiter zu Aspekten ihrer Arbeit befaßt, ist in Vorbereitung.

4   Europäische Vergleiche

Die Normwerte für 1995 (ISR, 1995, S. 2) zeigen zunächst deutlich, daß im europäischen Durchschnitt Themen wie Allgemeine Arbeitszufriedenheit, Zufriedenheit mit Kollegen, Effizienz der Arbeit und Identifikation mit dem Unternehmen recht wohlwollend beurteilt werden. Besonders kritisch ist man bei der Beurteilung der Kommunikation, der Sozialleistungen und der Bezahlung, wie der folgende Auszug der Ergebnisse zeigt:

- Job Satisfaction   70%
- Working Relationships   71%
- Operating Efficiency   69%
- Company Identification   69%
- Safety and Working Conditions   67%
- Immediate Supervision   64%
- Company Management   57%
- Communications   48%
- Benefits   47%
- Pay   42%

Die Gründe für die verschieden positive Bewertung der Themen können unterschiedlich sein. Eine hohe Zufriedenheit mit der Bezahlung oder mit den (in den letzten Jahren wohl in ganz Europa eher reduzierten) Sozialleistungen dürfte wohl aus "taktischen" Gründen auf seiten der Befragten kaum zu erwarten sein. Die Streuung der Durchschnittswerte ist für die verschiedenen Themen nicht gleich. Während sich die europäischen Mitarbeiter bezüglich der Beurteilung des Vorgesetzten, der Arbeitsorganisation und z.B. bezüglich der Sicherheit am Arbeitsplatz relativ einig sind, gibt es große Unterschiede in Europa bei der Bewertung der Sozialleistungen, aber auch bezüglich anderer Themen.

Wie unterscheiden sich nun die Länder-Durchschnittswerte? Verglichen mit anderen europäischen Ländern liegen die Werte für deutsche Mitarbeiter mit 61% im mittleren Bereich (ISR, 1995, S. 5). Angeführt wird die Gesamtzufriedenheit von Mitarbeitern in der Schweiz (69%), Dänemark (66%), Norwegen (65%), Österreich (65%) und den Nie-

---

[1] Autor der Broschüren ist in den meisten Fällen der Londoner ISR-Geschäftsführer Roger P. Maitland.

derlanden (61%). Schlußlichter bilden Italien (54%) Großbritannien (53%) und Ungarn (49%).

Fast scheint es so, als gäbe es ein europäisches Nord-Süd-Gefälle bezüglich der Zufriedenheit, denn spanische, italienische und französische Arbeitnehmer liegen zwar höher als Ungarn und Großbritannien, jedoch unterhalb der BRD. Diese These vom Nord-Süd-Gefälle ließe sich mit Max Webers Theorie der Arbeitsmoral in protestantischen Ländern in Übereinstimmung bringen. Dagegen spricht die Struktur der Antworten englischer Berufstätiger, die in mancher Hinsicht den südeuropäischen Arbeitnehmern gleicht, so daß man denken könnte, das englische Königreich sei eine Insel im Mittelmeer.

Es wäre eine eigene Untersuchung wert, die allgemeine Zufriedenheit mit der Arbeit und der Arbeitsumgebung daraufhin zu untersuchen, welche Faktoren bestimmend sein können. Naheliegend ist die Annahme, daß Arbeitszufriedenheit und Wirtschaftslage korrelieren. In der Tat ergibt sich nach überschlägigen Berechnungen eine Korrelation von etwa r = +.60 zwischen dem Bruttosozialprodukt pro Kopf und der durchschnittlichen Gesamt-Arbeitszufriedenheit der europäischen Länder. Noch eindeutigere Zusammenhänge ergeben sich aber vielleicht, wenn man den ökonomischen Aufschwung in den allerletzten Jahren berücksichtigt. Hierdurch könnte die hohe Zufriedenheit in Österreich (65%) und Irland (64%) vielleicht erklärt werden. Andere Wirtschaftsindikatoren, wie z.B. die Arbeitslosenquote, das Lohnniveau, die Vermögensbildung, der Stand der Gewerkschaften, sozialpolitische Daten usw. könnten als mögliche unabhängige Variablen herangezogen werden, um die beträchtlichen Unterschiede in den Einstellungen zwischen den europäischen Ländern zu erklären. Schließlich kann man auch auf die Arbeiten von Hofstede und anderen zurückgreifen, die auf unterschiedliche "Nationalcharakterzüge" verwiesen haben, und Zusammenhänge zwischen diesen Charakterzügen und Zufriedenheitsdaten ermitteln.

Vielleicht ist es aber auch nicht sinnvoll, nach nur einer (unabhängigen) Variablen zu suchen, welche die Gesamtzufriedenheit (als abhängige Variable) erklären soll. Man sollte wohl auf der Seite der unabhängigen als auch auf der Seite der abhängigen Variablen von einem Zusammenspiel verschiedener Faktoren ausgehen. Schließlich ist die Gesamtzufriedenheit ein Resultat verschiedener heterogener Teilaspekte.

5   Einzelne Themen im internationalen Vergleich

Zufriedenheit mit der Zusammenarbeit mit den Kollegen, mit der Kommunikation und den Ausbildungsmöglichkeiten kennzeichnen den deutschen Arbeitnehmer im Vergleich zu seinen europäischen Kollegen. Nicht so zufrieden sind die befragten Deutschen bezüglich der unmittelbaren Arbeitsbedingungen (Helligkeit, Belüftung, Geräte, Möbel usw.). Niederländische und Schweizer Arbeitnehmer weisen ähnliche, überwiegend positive Einstellungsstrukturen auf: Sie finden, daß ihre Arbeitsbedingungen gut sind und daß die Arbeit gut organisiert ist.

Schweizer und niederländische Arbeitnehmer haben viele Gemeinsamkeiten. Beide haben sehr viel Vertrauen in ihre Geschäftsleitung, zu ihrem direkten Chef und sie beurteilen die Aufstiegsentwicklung und Leistungsbeurteilung positiv. Sie sind mit ihrem Gehalt und mit den Sozialleistungen zufrieden. Zudem finden die Schweizer, daß ihr

Unternehmen zweckmäßig funktioniert; sie sind daher insgesamt besonders zufrieden und wohl auch motiviert.

6 Trends

Die Bedeutung von zeitlichen Veränderungen (Trends) der Mitarbeiterzufriedenheit ist erst in letzter Zeit erkannt worden, nachdem sich in den neunziger Jahren die Arbeitssituation in Europa beträchtlich geändert hat (Personalabbau, Abbau der Sozialleistungen, Betonung von Qualität und Kundenzufriedenheit usw.). Ein größeres Unternehmen, das in der Vergangenheit zwei oder mehrere Befragungsergebnisse verglichen hat, um Veränderungen festzustellen, ist möglicherweise von der Annahme eines „unveränderten Hintergrundes" ausgegangen. Diese Annahme ist aber unzutreffend.

Die Notwendigkeit der Beachtung von Trends wird besonders deutlich, wenn man z.B. erkennt, daß die Zufriedenheit mit der Sicherheit des Arbeitsplatzes in Europa von 68% im Jahr 1985 auf 56% im Jahr 1995 gesunken ist. Die Themenbereiche Leistungsbeurteilung und Aufstiegschancen, Training und Entwicklung, Sozialleistungen, Bezahlung und Identifikation weisen ebenfalls einen markanten negativen 10-Jahres-Trend auf. Dem stehen vergleichsweise geringfügige Beurteilungsanstiege bei den Themen Sicherheit am Arbeitsplatz und Beurteilung des Vorgesetzten gegenüber. In der Tat ist im Bereich der Sicherheitsbedingungen europaweit viel geschehen. Die leicht gestiegene Zufriedenheit mit dem Vorgesetzten läßt sich ebenfalls erklären: Zum Teil mag es heute ein besseres Führungsverhalten geben als vor 10 Jahren, wirkungsvoll war aber vermutlich die Reduzierung der Hierarchieebenen und die Einführung der Matrixorganisationen, die zu diesem Beurteilungsanstieg geführt haben.

In Großbritannien ist die Zufriedenheit mit der Sicherheit des Arbeitsplatzes von 76% im Jahr 1990 auf 43% im Jahr 1996 gesunken, also mehr als 30 Prozentpunkte. Im gleichen Zeitraum ist die Zufriedenheit mit den Aufstiegsmöglichkeiten um mehr als 20 Prozentpunkte gesunken, die Identifikation mit dem Unternehmen um 16 Prozentpunkte. Die Zufriedenheit mit der Bezahlung, mit dem Vorgesetzen und mit den Kollegen hat sich im gleichen Zeitraum in England dagegen kaum verändert (ISR, 1997).

Noch liegen derart umfassende, aktuelle Trendbeschreibungen für Deutschland nicht vor. Doch kann man schon jetzt ähnliche Trends vermuten, die sich im Zehn-Jahres-Vergleich 1985-1995 bereits andeuten: Insgesamt sank in diesem Zeitraum in Deutschland die Zufriedenheit insgesamt (alle Themen) von 67% auf 61% (ISR, 1995, S. 11). Besonders drastisch ist die sinkende Zufriedenheit mit der Arbeitsplatzsicherheit (-18%), den Aufstiegsmöglichkeiten (-19%), mit Training und Weiterbildung (-16%) und mit der Leistungsbeurteilung (-19%).

Derartige Veränderungen waren noch vor kurzer Zeit kaum im Blickfeld der Forscher oder Unternehmensberater, die MAB durchgeführt haben. Da die Veränderungen aber inzwischen beträchtlich sind, bedarf es keiner besonderen prognostischen Fähigkeiten, um vorherzusagen, daß Trendstudien im Bereich der MAB immer wichtiger und häufiger werden (vgl. auch Fischer, 1996). Die Zeit einer einmaligen eindrucksvollen "Momentaufnahme" geht zu Ende. Die Erfassung von Veränderungen des Unternehmens vor dem Hintergrund kulturell bestimmter und gleichzeitig in stetiger Bewegung befindlicher Einstellungen wird die Zukunft bestimmen.

7   Fazit

Die Daten des Unternehmens ISR verweisen auf erhebliche kulturelle Unterschiede in Form von sehr verschiedenen durchschnittlichen Einstellungen von Mitarbeitern verschiedener europäischer Länder zu ihrer Arbeit. Die allgemeine Arbeitszufriedenheit der bundesdeutschen Arbeitnehmer liegt im europäischen Vergleich im "guten Durchschnitt". Die Unterschiede zwischen den untersuchten Ländern sind zum Teil gering (Beispiel: Identifikation mit dem Unternehmen), bei vielen Themenbereichen sind sie jedoch beträchtlich (vor allem bei der Zufriedenheit mit den Sozialleistungen und der Bezahlung). Die Befragungen in der Schweiz und den Niederlanden erzielten im allgemeinen weit günstigere Ergebnisse als z.B. in Italien und Spanien. Deutschland liegt im europäischen Vergleich bei fast allen Vergleichen im mittleren oder im oberen Bereich.

Der 10-Jahres-Trendvergleich zeigt für Deutschland ein Absinken der Zufriedenheit in vielen Bereichen. Dies gilt auch für die meisten europäischen Länder, nicht jedoch für die Schweiz, deren Arbeitnehmer sich Mitte der neunziger Jahre noch zufriedener zeigten als ein Jahrzehnt zuvor, obwohl sie schon damals an der europäischen Spitze lagen.

Die Gründe für kulturelle Unterschiede und verschieden verlaufende Trends können zum Teil in ökonomischen Faktoren gesehen werden, zum Teil in "Charakter"-Unterschieden verschiedener Nationalitäten i.S. der neueren kulturpsychologischen Forschung.

In wenigen Jahren wird sich leicht zeigen lassen, ob der europäische Einigungsprozeß nicht nur zu einer stärkeren Integration von Wirtschaft, Recht und Kultur geführt hat, sondern auch zur Annäherung der Einstellungen der Arbeitnehmer beigetragen hat.

Mitarbeiterbefragungen in den neuen Bundesländern

Walter Bungard

1 Einleitende Bemerkungen

Wenn man die Ergebnisse von Mitarbeiterbefragungen (MAB) aus verschiedenen Kulturbereichen miteinander vergleichen möchte, stößt man unmittelbar auf zwei zentrale Schwierigkeiten: Zum einen sind derartige Gegenüberstellungen nur dann sinnvoll, wenn wirklich die gleichen Fragen gestellt werden, und genau diese semantische Äquivalenz kann eben nicht immer unterstellt werden. Ein "Test" kann dies sofort unter Beweis stellen: Ein Fragebogen, der von einem Dolmetscher in eine andere Sprache übersetzt worden ist, wird von einem anderen Dolmetscher ohne Kenntnis des Originals in die ursprüngliche Sprache zurückübersetzt. Das Ergebnis ist oft frappierend. Gelegentlich hat man Zweifel, ob es sich tatsächlich um ein und denselben Fragebogen handelt.

Zum anderen setzen die Vergleiche weiterhin voraus, daß bei identischen Fragen auch die kulturellen Rahmenbedingungen insofern vergleichbar sind, daß die Befragten bei gleicher Einstellung eine identische Reaktion zeigen, indem sie z.B. die selbe Antwortkategorie ankreuzen. Auch diese Prämisse wird oft nicht erfüllt. Ein japanischer Mitarbeiter wird z.B. bei gleicher Einstellung zu einem Vorgesetzten wie sein deutscher Kollege - wie immer man dies messen kann - seine Kritik in wesentlich abgeschwächterer Form im Rahmen einer Befragung zum Besten geben. Denn selbst bei semantischer Identität der Fragen gehört es zu einer kulturellen "Selbstverständlichkeit" in japanischen Organisationen, daß man Kritik an einem Manager nicht öffentlich kundtut. Dies geschieht möglicherweise nach Dienstende im Kontext informeller "Sitzungen", aber nicht im Zuge institutionalisierter Befragungen.

Vor dem Hintergrund dieser beiden Problembereiche sollte man konsequenterweise Befragungen aus verschiedenen Kultur- und Sprachbereichen nur mit aller größter Vorsicht vergleichen und markante Differenzen nicht monokausal im Sinne von Einstellungsunterschieden überinterpretieren. Bei MAB in größeren Unternehmen, die Standorte in verschiedenen Ländern der Welt haben, sollten deshalb auch interne, grenzüberschreitende Benchmarks nur unter Berücksichtigung der oben genannten Probleme, und dann auch nur als grobe Indikatoren für mögliche Divergenzen gehandelt werden.

Die hier angesprochene Problematik ist im Bereich der empirischen Sozialforschung schon seit vielen Jahrzehnten bestens bekannt (Esser, 1975; Bungard, 1984) auch wenn man in der Praxis diese Phänomene bei MAB gelegentlich ignoriert, weil andernfalls die Existenzberechtigung einer dafür verantwortlichen Abteilung in einem Unternehmen in Frage gestellt werden könnte.

Wie sieht nun die Situation in Deutschland bei Befragungen in den alten und neuen Bundesländern aus? Auf den ersten Blick scheinen die zuvor dargestellten Aspekte nicht relevant zu sein, denn "man" spricht die gleiche Sprache und bewegt sich sozusagen im gleichen kulturellen Kontext. Bei näherer Betrachtung stimmt aber eine solche Diagnose nicht, denn die unterschiedliche Sozialisierung in den beiden Teilen Deutschlands in

den Jahrzehnten nach dem zweiten Weltkrieg haben ihre Spuren hinterlassen. Sozialwissenschaftliche Studien vor und insbesondere nach der "Wende" haben eindrucksvoll
belegt, daß in der Tat durch die Wiedervereinigung zwei partiell durchaus verschiedene
Kulturen zusammengeführt worden sind, die erst allmählich wieder zu einem relativ
homogenen Kulturbereich zusammenwachsen müssen (Schmeling, 1991; Heyse &
Metzler, 1995). Man spricht zwar "hüben wie drüben" deutsch, aber dennoch nicht immer die gleiche Sprache. Man kann sich zwar auf einer oberflächlichen Ebene verständigen, aber darunter werden bei vielen Gelegenheiten kulturelle Eigenarten, Persönlich-
keitsunterschiede und inkompatible Wertestrukturen sichtbar (Becker, Hänsgen & Lindinger, 1991). Hinzu kommt noch, daß die innerbetrieblichen Sozialisationsprozesse in
beiden Teilen Deutschlands offensichtlich unterschiedlich gewesen sind, wie einige
Studien gezeigt haben (Adler, 1991; Hofmann & Bungard, 1994; Schormair, 1985;
Hackel u.a., 1992; Ladensack, 1990; Hacker, Iwanova & Richter, 1983; Icks, 1992,
Maaz, 1992). Vereint und doch gespalten, so der vielzitierte Zustand in den 90er Jahren.
Zu Beginn des Wiedervereinigungsprozesses mußte man deshalb auch vermuten, daß
die „Trennung über die Dauer von zwei Generationen, politische Sozialisation in konträ-
ren politischen Systemen, berufliche Anpassung und Eingliederung in unterschiedliche
Wirtschaftssysteme, Teilhabe an politischen Entscheidungen auf der einen, politische
Bevormundung auf der anderen Seite ... zu unterschiedlichen Mentalitäten der Deutschen geführt" hat (Feist, 1991, S. 21).

Insofern stellt sich also sehr wohl die Frage, ob Umfrageergebnisse in den neuen
Bundesländern mit denen in den alten Bundesländern ohne Probleme vergleichbar sind.
Inzwischen liegen auch vielfältige Erfahrungen mit derartigen Vergleichsstudien vor,
auf die wir im folgenden noch näher eingehen, um diese Frage zu beantworten. Um das
Ergebnis vorwegzunehmen: Es liegen bei MAB offensichtlich tatsächlich signifikante
Kulturunterschiede vor, so daß die Ergebnisse nur bedingt vergleichbar sind.

Es gehört sicherlich zu den zentralen Zielen der Wiedervereinigung, nicht ständig
durch den empirischen Nachweis von irgendwelchen deutsch-deutschen Unterschieden
den status quo festzuzementieren. Insofern wäre die Diskussion über die Unterschied-
lichkeit von MAB-Befunden u.U. eine günstige Gelegenheit, derartige Divergenzen zu
vernachlässigen und statt dessen eher die Parallelen bzw. Äquivalenzen herauszustellen.
Wir wollen dies in diesem Beitrag aber nicht tun, weil die Problemstellung in der Praxis
zu ernst ist: Aus den MAB-Ergebnissen werden in der Regel konkrete Maßnahmen abgeleitet. Fehlinterpretationen und falsche Vergleiche zwischen ost- und westdeutschen
Mitarbeitern können u.U. zu erheblichen Benachteiligungen oder ungerechtfertigten
Bevorteilungen führen, die ihrerseits Frust, Aggressionen und letztlich fehlende Akzeptanz für das Instrument der MAB zur Folge haben. Von daher ist also die Problematik
eines Vergleichs von west- und ostdeutschen Ergebnissen angesichts der Tatsache, daß
sehr viele Unternehmen Standorte sowohl in den neuen als auch in den alten Bundesländern haben, zumindest vorläufig von unmittelbar praktischer Relevanz.

Wir werden in diesem Beitrag versuchen, die wichtigsten Unterschiede herauszustellen. Im folgenden Abschnitt wird zunächst über die Erfahrungen bei mündlichen
Befragungen in den neuen Bundesländern berichtet, um auf der Basis dieser Eindrücke
qualitative Aussagen über Kulturunterschiede machen zu können. Im dritten Abschnitt
wird über konkrete Vergleiche bei schriftlichen, quantitativen Umfragen berichtet. Im

vierten Abschnitt werden schließlich die Ergebnisse zusammenfassend diskutiert und mögliche Konsequenzen erörtert.

2 Erfahrungen bei der Durchführung mündlicher Interviews

Im Rahmen verschiedener Organisationsentwicklungsprojekte, die in den letzten Jahren in den neuen Bundesländern vom Mannheimer Institut für A.O.-Psychologische Forschung durchgeführt wurden, konnten während der Diagnosephase vielfältige Erfahrungen mit dem Instrument der MAB gemacht werden. Insbesondere bei persönlichen Einzel- oder Gruppeninterviews traten dabei einige markante Unterschiede hervor.

In Anlehnung an die beiden im Einleitungsartikel angesprochenen Aspekte können diese Eindrücke wie folgt zusammengefaßt werden:

Die Interviewer berichteten als erstes übereinstimmend von gewissen sprachlichen Verständigungsproblemen. Der Begriff "Betriebliches Vorschlagswesen" war z.B. einem Teil der Befragten nicht bekannt, weil man zu DDR-Zeiten vom "Neuererwesen" gesprochen hat. Fertigungsinseln sind "eigentlich" Produktionsnester, Vertrauensleute sind vom Terminus her alles andere als vertrauenswürdig, weil sie mit früheren Stasi-Spitzeln gleichgesetzt werden. Nach der Wende mußten die Ostdeutschen zwischen 2000 und 3000 Wörter neu lernen, so eine Analyse des Instituts für Deutsche Sprache in Mannheim, während die Westler nur mit einem Dutzend neuer Begriffe konfrontiert wurden. Es dürfte klar sein, daß sich diese "ungerechte Folge der Einheit" (Der Spiegel, 1997) auf jegliche Kommunikation und insbesondere auch auf MAB auswirken muß. Die westdeutschen Interviewer tun sich schwer, genau nachzuvollziehen, was zu DDR-Zeiten genau "Kader", "Kollektive", "Planwirtschaft", "Plansoll", "Brigadetagebuch", "Schöpfertum" usw. gewesen sind. Beide Seiten sprechen von Teams oder Solidarität, meinen aber nicht das gleiche. Es ist also offensichtlich, daß zwar alle Beteiligten "deutsch" reden, daß aber insbesondere die innerbetriebliche Sprache divergiert. Im Zuge der "Kolonalisierung" ostdeutscher Betriebe durch westdeutsche Manager (Bungard, 1992b) ist zwar sukzessive die betriebliche Nomenklatur der alten Bundesländer in die ostdeutschen Betriebe eingezogen, aber zumindest in der Übergangsphase waren die Mißverständnisse, wenn auch oft nur sehr subtil, vorprogrammiert. Hilfreich war da u.a. ein dreibändiges Konvolut "Wörter und Wörtergebrauch in Ost und West", wie es 1992 vom Mannheimer Institut für Deutsche Sprache herausgegeben wurde, oder ein vom Germanistischen Institut der Universität Halle eingerichtetes "Sprachberatungstelefon", über das Betroffene ihre linguistische Not lindern können (Der Spiegel, 1997).

Dem zweiten Aspekt kommt in diesem Zusammenhang die größere Bedeutung zu. Die "Befragungskultur" war zumindest in den ersten Jahren nach der Wiedervereinigung deutlich anders. Die Unterschiede resultierten bereits im Vorfeld der Befragung aus einer unterschiedlichen Wahrnehmung und Interpretation der Funktion dieses Instrumentes.

Die angebliche Zufallsauswahl der Probanden wurde allzu oft als plumper Täuschungsversuch angesehen, um die wahren Hintergründe der Aktion zu kaschieren. An die zugesicherte Anonymität haben nur wenige geglaubt, zu gut waren die früheren Denunziationen noch im Gedächtnis. Bei den Gruppengesprächen merkte man nicht zuletzt aufgrund des nonverbalen Verhaltens, daß die Gesprächsteilnehmer sich gegenseitig kritisch beäugten, zu tief steckte die Angst vor den Konsequenzen von "öffentlicher" Kritik in den Knochen.

Diese weitverbreitete Skepsis vor Umfragen ist fatalerweise durch publik gewordene mißbräuchliche Handhabungen in einigen Fällen zusätzlich noch verstärkt worden. Inkompetente und/oder unseriöse Berater - die in den alten Bundesländern gerade deshalb vielleicht nicht überbeschäftigt waren - haben offenbar unter dem Deckmantel von harmlosen Befragungen in negativer "Gebrauchtwagen-Händler-Manier" die Mitarbeiter hintergangen, indem auf der Basis von sog. Mitarbeiter-Gesprächen an die Vorgesetzten Weiterbeschäftigungsempfehlungen bzw. Entlassungsvorschläge gemacht wurden. Das ohnehin nur begrenzt vorhandene Vertrauenspotential ist natürlich durch das Bekanntwerden derartiger Machenschaften oft restlos zerstört worden.

Aber auch manche Vorgesetzten haben in diesem Prozeß der Mißtrauensspirale das ihre dazu beigetragen. Nach den Befragungen wurden uns zahlreiche Fälle berichtet, in denen die Führungskräfte mit allen möglichen, fast schon dedektivischen Methoden versucht haben herauszufinden, wer sich in den Interviews als "Nestbeschmutzer" betätigt hatte. Auch hier also das Symptom, vor dem Hintergrund früherer Erfahrungen, die eigentliche Intention solcher MAB zu unterlaufen. In Antizipation der "Neugier" von Vorgesetzten haben Befragte oft auffallend leise gesprochen, den Raum nach Mikrofonen abgesucht oder sogar während der Interviews spontan nachgeschaut, ob nicht gerade zufällig jemand vor der Tür gelauscht hat.

Alles in allem also nicht gerade eine Atmosphäre der Offenheit, des Dialogs oder der konstruktiven Kritik. Angesichts der eigenen Geschichte und der dramatischen Existenzängste eine allzu gut nachvollziehbare Ausgangssituation. Die "paranoide" Persönlichkeitsstruktur wird so erneut revitalisiert: Die persönliche Meinung wird im geschützten Raum des engen Freundes- und Familienkreises geäußert, in der Öffentlichkeit wird jedes Risiko durch stromlinienförmige, systemunterstützende Verlautbarungen vermieden.

Interessant ist in diesem Zusammenhang folgende Verlagerung der Tabuthemen: Früher, so berichteten viele Befragte in der informellen Verabschiedungsphase nach dem offiziellen Teil des Interviews, durfte man sich öffentlich keine negativen Äußerungen zu politischen Themen bzw. Personen leisten. Andernfalls mußte man sehr schnell mit drastischen Sanktionen rechnen. Kritik an Vorgesetzten oder am Management innerhalb eines Werkes waren zwar sicherlich nicht erwünscht, aber dennoch relativ gefahrlos möglich. Heute, so ihre Erfahrung, kann man öffentlich jeden Politiker in schamlosester Art lächerlich machen, Kritik am Vorgesetzten dagegen ist höchst problematisch. Man habe sehr oft erlebt, daß westdeutsche Führungskräfte auf kritische Äußerungen empfindlich reagieren und die Betroffenen unmittelbar mit Sanktionen belegen. „Wem das hier nicht paßt", so ein stereotyper Drohsatz in diesem Zusammenhang, „der kann gerne seinen Platz für einen aus der langen Warteschlange der Arbeitslosen vor dem Werkstor" frei machen.

Solche Machtdemonstrationen verfehlen ihre Wirkung nicht, nur darf man sich nicht wundern, daß zu befragende Mitarbeiter dementsprechend präpariert, sensibilisiert und zugleich gedemütigt an die Erfüllung der Interviewten-Rolle herangehen.

Wenn diese Diagnose zumindest bei einem relativ großen Teil der Befragungsaktionen in den neuen Bundesländern zutreffend ist, dann stellt sich die naheliegende Frage, wie sich denn nun die Befragten in der Befragungssituation überwiegend aus der "Affäre" ziehen. Aus der Interviewforschung sind ganz allgemein zwei Strategien bekannt, die das Verhalten von Probanden in der Interviewsituation charakterisieren (Esser, 1975; Bungard, 1984), und diese sogenannten Antworttendenzen werden bei Befragungen in den neuen Bundesländern offenbar besonders stark aktiviert.

Es handelt sich dabei einmal um die Tendenz, sozial erwünschte Antworten zu geben. Man antizipiert die Erwartungshaltung des Auftraggebers, also bei MAB die der Geschäftsleitung, und versucht entsprechend bestätigende Meinungen zu äußern. Als Arbeitnehmer wird man dabei "Impression-Management" betreiben, um die eigene Funktionsfähigkeit unter Beweis zu stellen. Eine solche Strategie impliziert, daß man tendenziell dem "neuen Herrn im Hause" willfährig die Überlegenheit westlichen Management-Know-Hows attestiert, die Kompetenz der Führungsriege nicht in Frage stellt und bestenfalls den eigenen Kollegen vorwirft, die neue erfolgreiche Philosophie noch nicht internalisiert zu haben. Die damit verbundene "ideologische Selbstverzwergung" wird erst nach dem Interview unter vorgehaltener Hand spitzbübisch aufgehoben. Diese Beschreibung mag überzogen sein, sie trifft sicherlich nicht überall zu, und sie galt wahrscheinlich primär nur für die Situation Anfang der 90er Jahre. Aber die hier berichteten Symptome sind unabhängig voneinander immer wieder aufgetaucht und von den Interviewern kolportiert worden, so daß eine gewisse Reliabilität gegeben sein muß.

Eine zweite typische Antwortstrategie kommt bei Befragungen dann zum Zuge, wenn die Erwartungshaltungen des Interviewers mangels Kenntnisse und Erfahrungen durch den Interviewten nicht dechiffriert werden können. In solchen Fällen neigen Befragte zur Risikominimierung durch ein sog. Deffenzverhalten. Bekannt ist in diesem Zusammenhang z.B. der "Ja-Sager-Effekt". Man hat gelernt, daß man im Zweifelsfalle, wenn man ein Risiko minimieren möchte, unabhängig vom Inhalt einer Frage "blind" zustimmt. Bei Verneinung droht eine Rückfrage, eine Begründungsverpflichtung. Ein solcher response-set kann auch darin bestehen, daß sich das Deffenzverhalten in der Auswahl von Mittelkategorien manifestiert. Wer nicht weiß, welche Folgen ein unbedachtes "Ja" oder "Nein" haben kann, rettet sich in eine "teils-teils" -Antwort, weil man dann vielleicht später durch entsprechende "Nachbesserungen" nochmals den Hals aus der Schlinge ziehen kann.

Welche Strategie auch immer appliziert wird, beide Antworttendenzen haben die Zielsetzung, unbeschadet über die Runden zu kommen. Die naheliegende Lösung des Rollenkonflikts durch Verweigerung der Teilnahme an einer Befragung wird meistens als unsolidarischer und nicht systemkonformer Akt antizipiert, also muß die innere Verweigerung möglichst unauffällig durch die oben beschriebenen Wege realisiert werden. Verblüffend waren bei manchen Befragungen die sarkastischen Bemerkungen gegenüber den Interviewern, wenn man sich später in der Kantine oder abends in einer Kneipe getroffen hat. „Haben Sie wirklich ernsthaft geglaubt", so eine fast schon rituelle Formulierung, „daß irgend jemand in dieser Situation die Wahrheit sagen würde?"

Die Konsequenzen sind zusammenfassend betrachtet evident: West- und ostdeutsche Befragte divergieren in dem Ausmaß der Reaktivitätseffekte aufgrund der unterschiedlichen "kulturellen Rahmenbedingungen". Von daher ist es also höchst problematisch, Ost-West-Differenzen in Tabellen leichtfertig als Meinungsunterschiede oder Zufriedenheitsdiskrepanzen zu interpretieren. Das Gebot der Stunde ist es vielmehr, den spezifischen Kontext mit einzubeziehen. Wir werden im vierten Abschnitt auf diesen Punkt zurückkommen.

3   Unterschiede bei schriftlichen Umfragen

Im letzten Abschnitt wurden zusammenfassend die Erfahrungen von Interviewern bei der Durchführung von mündlichen Befragungen in den neuen Bundesländern dargestellt. Die Eindrücke basieren auf unsystematischen Beobachtungen vor, während und nach den Gesprächen und sind insofern keine empirischen Beweise für die vorgebrachten Thesen. Aber von den Tendenzen her konnten in verschiedenen Branchen von relativ vielen Interviewern unabhängig voneinander diese Aussagen immer wieder bestätigt werden, so daß sie trotz des Anekdotencharakters nicht völlig falsch sein dürften.

Die entscheidende Frage ist aber, ob sich die zuvor beschriebenen Reaktionsmuster auch tatsächlich in den konkreten Antworten niedergeschlagen haben. Für eine derartige Überprüfung eignen sich natürlich solche Einzel- und Gruppengespräche weniger, weil systematische Vergleiche mit den Ergebnissen bei anderen Gesprächen (in den alten Bundesländern) nur bedingt möglich sind. Dennoch ist von der Tendenz her die "Richtung" der Unterschiede erkennbar.

Vom Mannheimer Institut wurden z.B. mit einem nahezu identischen Leitfaden Gruppengespräche in verschiedenen Werken eines deutschen Automobilherstellers sowohl im Westen als auch in einem neuen Werk in Ostdeutschland durchgeführt. Die Ergebnisse sahen so aus, daß im Sinne unserer Vermutung die Antworten bei nahezu allen Fragen deutlich positiver ausfielen, insbesondere, wenn es um die Bewertung der westdeutschen Führungskräfte ging. Aber es kann durchaus sein, daß die dorthin "entsendeten" Manager tatsächlich hoch signifikant "besser" waren als in den anderen Werken, so daß die MAB-Unterschiede insofern begründet waren.

Überzeugender sind in diesem Zusammenhang aber sicherlich direkte Vergleiche zwischen ost- und westdeutschen Standorten auf der Grundlage völlig identischer Fragebögen, die zum gleichen Zeitpunkt ausgefüllt worden sind. Im Rahmen einer größeren MAB-Studie, die vom Mannheimer Institut 1996 bei einem größeren Unternehmen der Elektro- und Energiebranche durchgeführt wurde, konnte ein solcher systematischer Vergleich exemplarisch vorgenommen werden. Wir haben zu diesem Zweck zwei Werke ausgesucht, die in den wichtigsten Rahmenbedingungen übereinstimmen: Gleiche Produktpalette, ähnliche Größenordnung, gleiche Organisationsstruktur usw. Die Werke gehören zum selben Konzern, beide haben zum gleichen Zeitpunkt an der MAB-Aktion unter identischen Voraussetzungen teilgenommen. Der Hauptunterschied bestand darin, daß sich das eine Werk im Westen, das andere im Osten befindet.

Wie sehen nun im direkten Vergleich die Antworten der MAB aus? In der Tabelle 1 haben wir die Unterschiede für eine Auswahl von Items zusammengestellt. Die Tabelle enthält jeweils die Mittelwerte auf einer 5-stufigen Skala (1 = positive Meinung, 5 = negative Meinung) für die beiden Werke.

Alle in der Tabelle 1 enthaltenen Differenzen sind hoch signifikant, wobei der Unterschied insgesamt bei nahezu allen Items des Fragebogens darauf hinausläuft, daß die Bewertungen in dem Ost-Werk positiver ausfallen.

Tabelle 1: Mittelwertvergleiche des Ost- und West-Werkes.

	Ost-Werk	*West-Werk*
Wenn Sie heute noch einmal zu entscheiden hätten, würden Sie dann wieder zur XYZ gehen ?	1,53	2,13
Wie hoch ist Ihr Vertrauen in die Entscheidungen der XYZ, die vom Vorstand getroffen werden?	2,45	3,02
Wie gut kennen Sie die geschäftspolitische Strategie Ihres Geschäftsgebietes?	3,16	3,71
In den Abteilungs- und/oder Gruppenbesprechungen kommen alle Beteiligten gleichberechtigt zu Wort.	2,32	2,84
Meine Aufgaben entsprechen meinen Qualifikationen.	2,01	2,48
Wie zufrieden sind Sie mit den äußeren Bedingungen an Ihrem Arbeitsplatz (z.B. Raum, Temperatur, Sauberkeit)?	2,73	3,19
Mein direkter Vorgesetzter unterstützt Mitarbeiter bei ihrer persönlichen Weiterbildung.	2,75	3,19
Wie zufrieden sind Sie mit Ihren Möglichkeiten, bei der XYZ weiterzukommen?	3,11	3,55
Wie sehen Sie die Zukunft der XYZ insgesamt?	2,28	2,71

In der Abbildung 1 haben wir alle Mittelwerte, bei den Items zur Bewertung des Vorgesetztenverhaltens in Form eines Profils jeweils für die beiden Werke dargestellt. Wie man sieht, ist das Ostprofil mehr oder weniger um eine halbe "Note" auf der 5er-Skala zum positiven Ende verschoben. All diese Differenzen sind durch objektive Unterschiede nicht zu erklären, dafür sind die organisatorischen Rahmenbedingungen zu ähnlich.

Wir haben in einem weiteren Analyseschritt auf der Grundlage von insgesamt acht Werken (davon drei in den neuen Bundesländern und fünf in den alten Bundesländern aus dem gleichen Unternehmen) auf der Basis von zwei typischen Fragen aus der MAB eine zweifaktorielle Varianzanalyse berechnet, um die Wirkung verschiedener Geschäftsbereiche innerhalb des Unternehmens und den Ost-West-Faktor überprüfen zu können. Die Ergebnisse enthält die Tabelle 2.

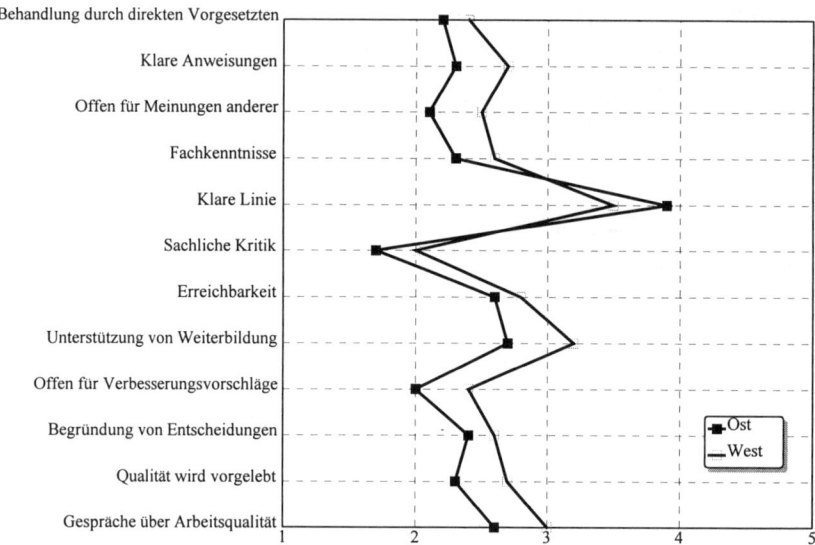

Abbildung 1: Vergleich des Vorgesetztenverhaltens im Ost- und West-Werk.

Wie man sieht, ist die Varianz aufgrund der verschiedenen Geschäftsbereiche (also Branchen bzw. Produkte) mit einem F-Wert von 0,047 bzw. 0,861 eher gering, während der Ost-West-Faktor sozusagen unabhängig von dem jeweiligen Geschäftsbereich "durchschlägt" (F-Wert von 24,36 bzw. 15,73), und zwar in der Weise, daß die Bewertungen in den Ost-Werken systematisch positiver sind. Ein Interaktionseffekt konnte ebenfalls nicht festgestellt werden. Andere Varianzanalysen mit anderen Fragebogenabschnitten ergaben durchweg das gleiche Ergebnis. Auch dieser Befund erhärtet unsere These, daß sich das Antwortverhalten der ostdeutschen Mitarbeiter deutlich von dem der Westdeutschen unterscheidet und direkte Vergleiche von daher problematisch sind.

Tabelle 2: Varianzanalyse.

	Haupteffekt Ost-West		*Haupteffekt Geschäftsbereich*		*Wechselwirkung*	
Variable	F	P	F	P	F	P
Vorgesetzter ist jederzeit erreichbar	24,363	,000	,047	,829	,058	,810
Vorgesetzter gibt klare Anweisungen	15,723	,000	,861	,354	,058	,809

Interessant sind in diesem Zusammenhang die Ergebnisse von überbetrieblichen repräsentativen Befragungen bei west- und ostdeutschen Mitarbeitern.

Infas hat z.B. im Auftrag des Bundesverbandes der Betriebskrankenkassen 1995 eine Betriebsklima-Studie durchgeführt, die u.a. folgende Befunde erbrachte:

Bei der Frage nach den Ursachen für ein schlechteres Betriebsklima nannten 38% der ostdeutschen, aber nur 28% der westdeutschen Mitarbeiter, die Angst um den Arbeitsplatz als Grund. Dies bestätigt unsere Vermutung und spricht für die "defensiven" Reaktionen der Befragten bei Interviews. Wäre ein schlechtes Betriebsklima ein Kündigungsgrund? 56% der Westdeutschen, aber nur 35% der Ostdeutschen bejahten diese Frage!

Symptomatisch auch die Äußerungen zu den Reaktionen bei Ärger am Arbeitsplatz: Westdeutsche würden eher kurz entspannen, mit Kollegen reden oder sich abreagieren. Die ostdeutschen Kollegen dagegen reden eher mit dem Partner oder mit Freunden außerhalb der Betriebe oder tun gar nichts, so die Antworten bei 36% der ostdeutschen Mitarbeitern.

4 Zusammenfassende Diskussion

Wie bereits im ersten Abschnitt vorwegnehmend unterstellt wurde, müssen bei innerdeutschen Vergleichen von MAB-Ergebnissen deutliche intrakulturelle Unterschiede beachtet werden. Befragte in den neuen Bundesländern antworten bzw. haben zumindest in den ersten Jahren nach der Wiedervereinigung anders geantwortet als Befragte in den alten Bundesländern. Sie sind höchstwahrscheinlich nicht zufriedener als ihre Westkollegen, sondern sie definieren ihre Probanden-Rolle unter spezifischen Rahmenbedingungen anders als vergleichbare Stichproben aus Westdeutschland. Sie unterscheiden sich offensichtlich auf der Reaktivitätsdimension (Bungard, 1984), indem sie auf den Meßprozeß als solchen anders oder stärker reagieren.

Angesichts dieses Phänomens stellt sich die weitergehende Frage, in welchem übergeordneten Kontext dies interpretiert bzw. erklärt werden kann.

Die offensichtlich stark ausgeprägte Tendenz, sozial erwünschte Aussagen (im Sinne des antizipierten westlichen Bewertungsrasters) zu machen, könnte man sicherlich in Verbindung mit der gesamtgesellschaftlich-politischen Situation sehen. Eine zentrale Variable im Sinne einer maßgeblichen Orientierungsart gegenüber einem politischen System ist dabei z.B. das generelle Vertrauen der Bevölkerung in Institutionen als Teil der politischen Ordnung (Easton, 1975; Gabriel, 1993; Walz, 1996). Vertrauen ist eine Einstellung, die mit der Erwartung verbunden ist, daß öffentliche Einrichtungen und Institutionen die ihnen übertragenen Aufgaben im Sinne von Ehrlichkeit, Kompetenz und Gemeinwohlorientiertheit zufriedenstellend ausführen (Coleman, 1982; Walz, 1996, S. 74). Für die Zeit von 1990 bis 1995 liegen gerade zu diesem Aspekt ca. 30 Studien vor, in denen das Vertrauen der Bevölkerung in den alten und neuen Bundesländern analysiert wurde (Terwey, 1996; Walz, 1996). Die Ergebnisse sprechen eine deutliche Sprache: Das Bild in den neuen Bundesländern war insbesondere am Anfang von Mißtrauen und Ratlosigkeit geprägt (Feist, 1991). Nur das Fernsehen hatte zu Beginn des Vereinigungsprozesses in den neuen Bundesländern einen gewissen Vertrauensbonus, Parteien, öffentliche Institutionen und der komplette Institutionen- und Strukturtransfer im Wirtschaftsbereich eher nicht. Allerdings kann insgesamt eine schrittweise Annäherung der Werte in Ost und West beobachtet werden, wobei diese Kongruenz durch einen kontinuierlichen Vertrauensverlust im Westen begünstigt wird.

Vor dem Hintergrund dieser Ergebnisse können u.U. die oben beschriebenen Unterschiede bei Befragungen in einem anderen Licht gesehen werden. In den spezifischen Reaktionsformen der Befragten in den neuen Bundesländern manifestiert sich u.U. eine generelle Skepsis gegenüber den öffentlichen Institutionen im allgemeinen und den neuen "Kolonialherren" in den Betrieben im speziellen. Reaktivität und Reaktanz als Ausdruck fehlenden Vertrauens und Ängstlichkeit.

Es gibt andere Spekulationen, die für unsere Fragestellung von Interesse sein könnten. "Denkpsychologen" sind der Frage nachgegangen, ob sich Ost- und Westbürger möglicherweise in ihren Denk- und Entscheidungsstilen unterscheiden. Strohschneider (1997) berichtet in seinem Beitrag "Eine Nation, zwei Arten des Denkens" über eine breit angelegte Untersuchungsreihe, die folgende Hauptergebnisse erbracht hat: Anhand verschiedener Problemstellungen konnte ein typisch ostdeutscher Denkstil identifiziert werden, der als deduktiv-analytisch bezeichnet wird. Er ist Ausdruck eines deterministisch-hierarchisch strukturierten Weltbildes. Die gesamte Vorgehensweise ist sorgfältig, geräuschlos und behutsam. Ost-Probanden argumentieren geschlossener und logisch konsistenter. Demgegenüber ist der westliche Stil eher induktiv-essayistisch. Grundlage des Denkens ist ein pluralistisches Weltbild. Pläne werden situativ ausgedacht, die Vorgehensweise ist einfallsreicher, aber auch oberflächlicher. West-Probanden waren in dem Experiment verspielter, weniger tiefgründig, Ost-Probanden dachten konsequenter, waren gründlicher.

Inwieweit solche Ergebnisse noch weitergehend empirisch belegt werden müssen, und ob die Befunde generalisierbar sind, sei an dieser Stelle dahin gestellt. Auffallend ist die Übereinstimmung mit unseren Beobachtungen im Zusammenhang mit MAB. Kommt nicht gerade ein flottes Ausfüllen ohne allzuviele "Hintergedanken" dem induktiv-essayistischen Denkstil der West-Mitarbeiter eher entgegen als den Ost-Mitarbeitern? Ist die stärkere Ost-Reaktivität beim Ausfüllen der Bögen oder beim Beantworten der Fragen u.U. Ausdruck der intensiven Reflexion über den Sinn und die Konsequenzen solcher Umfragen? Oder umgekehrt, ist das fließbandartige Ankreuzen isolierter Fragen nicht eher mit einem spielerisch-oberflächlichem Denkstil vereinbar, als mit einem eher analytisch-deterministischem? Die scheinbare Unbeholfenheit oder Angepaßtheit östlicher Interviewpartner kann sich auf der Basis solcher Überlegungen schnell in eine ungeahnte Offenlegung bzw. Entlarvung westlicher Schlichtheit in Kombination mit Arroganz "wenden".

Die kulturelle Spaltung, trotz politischer Vereinigung, scheint also zusammenfassend betrachtet nachweislich erhebliche Auswirkungen in verschiedenen Lebensbereichen zu haben. In der Arbeitswelt schlägt sich diese Diskrepanz allem Anschein nach massiv in dem unterschiedlichen Befragungsverhalten nieder, ganz davon abgesehen, daß natürlich auch die tatsächlichen Einstellungen und Bewertungen aufgrund unterschiedlicher Erwartungen nicht übereinstimmen dürften. Die Problematik betrifft aber neben den MAB sicherlich auch andere Bereiche.

Es wurde z.B. in einer Studie der Deutschen Gesellschaft für Personalwesen (DGfP) festgestellt, daß ostdeutsche Bewerber bei Eingangstests im Schnitt deutlich schlechter abschneiden als Westbewerber. Die Symptome sind ähnlich: Ostdeutsche bearbeiten die Tests genauer aber langsamer und büßen damit Punkte ein. Ihr Auftreten bei persönlichen Präsentationen weißt aus westlicher Sicht Schwächen auf (Paulus, 1996): Die potentiellen Führungskräfte mochten sich im Interview nur knapp und defensiv äußern!

Es liegt nahe, einige der weiter oben angeführten Punkte auch auf derartige Testsituationen zu übertragen. Im Unterschied zu Test-Fairness-Debatten in den USA anhand der signifikanten Unterschiede zwischen Weißen und Schwarzen behauptet in Deutschland wohl kaum jemand, daß Westdeutsche intelligenter geboren werden. Testunterschiede müßten von daher ebenfalls in den Rahmenbedingungen und kulturellen Eigenarten begründet sein. Ob offensichtliche Selbstinszenierungen bei Bewerbungsgesprächen nach westlichem Strickmuster auch langfristig das Maß aller Dinge sein müssen, soll an dieser Stelle nicht weiter thematisiert werden.

Ein anderes dankbares Themenfeld, um innerbetriebliche Kulturunterschiede in Deutschland offen zu legen, ist schließlich das Gebiet der Aus- und Weiterbildung. Die Beschreibungen von Trainingsteilnehmern aus Ost- und Westdeutschland passen genau in das oben bereits entworfene Bild. Selter (1997) beschreibt die typische Situation bei Seminaren wie folgt: „In Anforderungssituationen, die im Training Spontanität, Entscheidung und Risikofreude verlangen, z.B. bei Sofort-Präsentationen und Stegreif-Rollenspielen meldet sich häufig zuerst ein Teilnehmer mit Westsozialisation. Es gehörte dort offenbar zum Selbstkonzept von Führung, an erster Stelle zu sein, einen Wettbewerb zu bestreiten, größere Vorteile aus der Interaktion zu ziehen als andere und um Einflußpotentiale zu konkurrieren. Dem Mutigen winkt dann im Gruppengeschehen meist eine positive Verstärkung: erfüllen seine Leistungen die gesetzten oder antizipierten Maßstäbe, bekommt er gute Bewertungen für Führungskompetenz und Einfluß (auch soziometrisch nachweisbar), erfüllt er sie nicht, wird wenigstens das Risikoverhalten belohnt oder es gibt Sympathiepunkte. Der im System des Wettbewerbs aufgewachsene Westler hat hier die Nase vorn. In solchen Situationen gibt es oft ehrliche Bewunderungen von östlicher Seite. Andere Lernsituationen im Training begünstigen wiederum die Ost-Führungskräfte. Als Beispiel möchte ich Aufgaben nennen, bei denen in relativ unstrukturierten Gruppensituationen unter Zeitdruck Problemlösungen erarbeitet werden müssen. Hier geht es um Arbeitsteilung, um aufgabenbezogene und gruppenorientierte Führung, hervorragende Einzelleistung ist nicht so sehr gefragt. In solchen Prozessen haben häufiger die Führungskräfte aus dem Osten die Nase vorn, was auch von den Kollegen aus dem Westen als Fuhrungsstärke reflektiert wird." Soweit dieses Zitat aus der "Weiterbildungs-Szene".

Fazit: Die in diesem Beitrag aufgeworfenen Fragen bezüglich der Vergleichbarkeit von Befragungsergebnissen in Ost- und Westdeutschland müssen vor dem Hintergrund des langsamen Zusammenwachsens zweier deutscher Kulturen interpretiert werden. Solange dieser Prozeß noch nicht abgeschlossen ist, sollten divergierende MAB-Befragungsergebnisse mit großer Vorsicht interpretiert werden. Die praktische Konsequenz aus dieser Erkenntnis besteht sicherlich nicht darin, ost- und westspezifische Fragebogenvarianten zu entwickeln, denn dies würde den status quo eher festzementieren. Man sollte schon gleiche Instrumente verwenden, um in Longitudinalvergleichen Prozesse vergleichen und interpretieren zu können. Und man sollte unterschiedliche Ergebnisse zum Anlaß nehmen, mögliche Hintergründe im Rahmen der Feedbackphase zu hinterfragen. Im Vordergrund sollte dabei die Diskussion über die Ursachen von Meinungsäußerungen und die Ableitung von Maßnahmen stehen, so daß bei dieser Gelegenheit die ost- und westspezifischen Rahmenbedingungen in den Focus der Aufmerksamkeit geraten. D.h. also mit anderen Worten, wenn MAB im Organisationsentwicklungs- und Personalentwicklungsprozeß sinnvoll eingebettet werden, bieten MAB in Ost und West gerade eine Chance zum gegenseitigen Verständnis im Zuge des Wiedervereinigungsprozesses auch in den Betrieben. Probleme und Interpretationsfehler treten offenbar vor allem dann auf, wenn bei der "Abwicklung" einer MAB eine technokratische Zahlengläubigkeit und eine blinde Benchmark-Euphorie dominieren und das MAB-Instrument mit seinen Potentialen nicht wirklich verstanden worden ist.

Gefragt-Sein des Mitarbeiters im konfuzianischen Kontext Japans

Volker Zotz

Die Leitung eines europäischen Unternehmens wünscht durch Befragen von Beschäftigten Aufschlüsse über interne Vorgänge oder mögliche Strategien zur Verbesserung von Qualität und Produktionsablauf. Externe Interviewer erscheinen im Betrieb, oder man ergreift eigene Maßnahmen zur Erhebung. Der Mitarbeiter ist plötzlich gefragt. So fortschrittlich den Initiatoren dieser Weg erscheint und wie effektiv er sich erweisen mag, er deutet vor allem auf einen Mangel: Die obere Ebene weiß nicht, was "unten" gedacht wird.

Die Art, wie sie es herausfinden möchte, die formelle "Befragung", schafft eine Situation, die sich vom alltäglichen Berufsleben deutlich abhebt. Dadurch nimmt sie leicht einen gezwungen und künstlichen Charakter an. Die Aufforderung „Sag' jetzt einmal deine Meinung!" zeigt oft ähnliche Wirkung wie das Kommando „Nun laßt uns alle fröhlich sein!" Die Echtheit der Reaktion darf bezweifelt werden.

Ist das Befragen ein solcher Ausnahmezustand, kann man den Schluß ableiten, der Mitarbeiter sei im Normalfall nicht gefragt: Die obere Ebene nimmt in Kauf, in der Regel nicht zu wissen, was man "unten" denkt. Sich damit zu beschäftigen, bleibt dem Beheben akuter oder chronischer Schwierigkeiten vorbehalten und wird ohne Problemfall als möglicher aber keineswegs notwendiger Impuls zur Entscheidungsfindung der Unternehmensleitung betrachtet.

Im deutlichen Unterschied hierzu wollen japanische Unternehmen eine Atmosphäre herzustellen, in der sich Mitarbeiter ständig gefragt fühlen und den oberen Ebenen das Denken an der Basis immer vertraut ist. Gefragt-Sein soll so selbstverständlich sein, daß es des Begriffs und der Formalität der "Befragung" nicht bedarf.

Die Wurzeln solcher "permanenten Mitarbeiterbefragung" liegen in der spezifischen ostasiatischen Organisationskultur, die zum großen Teil im Konfuzianismus gründet. Kenntnisse seiner Prinzipien und Werte liefern einen wesentlichen Schlüssel zum Verständnis japanischer Unternehmensführung und sie können darüber hinaus als Anregung für westliche Praktiker gelesen werden, statt oder zusätzlich zur gelegentlichen oder regelmäßigen "Befragung" über grundsätzliche Verbesserungen der Kommunikationsstrukturen nachzudenken.

Der Konfuzianismus besitzt in Europa weitgehend das Image, starre hierarchische Strukturen zu propagieren, die einer effektiven Betriebsorganisation widerstreiten. In der Tat tritt der Konfuzianismus für eine klare Trennung der Rollen ein, die Leitenden und Untergebenen unterschiedliche Pflichten zuweist. Zudem betont er die Loyalität des einzelnen zur Gruppe und ihren Führenden. Doch ist dies nur eine Seite der Wirklichkeit. Darüber hinaus fordert der klassische Konfuzianismus zum Nutzen des Ganzen vom Untergebenen den Widerspruch gegenüber Führenden und von letzteren Vorbildhaftigkeit, Selbstkritik und Korrekturfähigkeit (Zotz, in Vorbereitung).

Das westliche Vorurteil beruht zum großen Teil auf der Meinung, Hierarchie und offener Widerspruch schlössen einander aus. Doch nach konfuzianischer Haltung bedingen sie einander. Gerade durch klar definierte Verhältnisse der Wechselseitigkeit von

Leitung und Mitarbeitern, in der Kritik zu den selbstverständlichen Regeln gehört, entsteht eine Gruppe mit jener Geborgenheit und Sicherheit, die das Äußern abweichender Ansichten ermöglicht.

Wie dies in japanischen Organisationen zum Herstellen eines permanenten Gefragts-Seins des Mitarbeiters wirkt, soll nachfolgend an beispielhaften Aspekten skizziert werden. Zuvor sind einige grundsätzliche Bemerkungen zum Konfuzianismus und seiner Bedeutung in Japan notwendig.

Der in Europa als "Konfuzius" bekannte Kongzi (551-479 v.u.Z.) lebte in China in einer Umbruchszeit, in der alte Stammestraditionen, die das Zusammenleben regelten, nicht mehr fraglos galten. Die Subjektivität des einzelnen wurde zum neuen Problem. Chinesische Denker erwogen das Verhältnis des einzelnen zur Gruppe, die sich im kleinen als Familie, Sippe und Dorf, im großen als Gesellschaft und Staat zeigten. Im Unterschied zum Daoismus, der einen Individualismus propagierte, in dem der einzelne sich aus der Gesellschaft zurückzieht, betonte Kongzi die Verantwortung des Menschen für die Gruppe. Der einzelne soll weder den überlieferten Regeln des Zusammenlebens blind folgen, noch sich egozentrisch von Familie und Staat abheben. Vielmehr geht es darum, individuelles Reflektieren zur bewußten "Selbstüberwindung" einzusetzen, in welcher der einzelne immer wieder seine Egozentrik übersteigt, um Harmonie in der Gruppe zu verwirklichen. (Zotz, in Vorbereitung)

Schon als sich im Japan des sechsten Jahrhunderts autonome Sippenverbände unter Führung der kaiserlichen Familie zum Staat fügten, führte man den Konfuzianismus aus China als integrierendes Element ein. Fürst Shotoku (574-622) gab Japan seine erste "Verfassung in siebzehn Artikeln" (jushichijokempo). Ihr erster Artikel proklamiert in konfuzianischem Sinn Harmonie als zentralen sozialen Wert. Der zehnte Artikel mahnt, unterschiedliche Meinungen zuzugestehen. (Zotz, 1996, S. 202 f). Prototypisch drückt diese frühe Verfassung damit einen wesentlichen Aspekt konfuzianischer Organisationskultur aus, der bis heute wirksam ist: Verschiedene Standpunkte werden bejaht, doch miteinander in Einklang gebracht, indem man den eigenen kritisch betrachtet und den anderen wahrnimmt.

Während der zweieinhalb Jahrhunderte der Herrschaft der Familie Tokugawa (1603-1868) war der Konfuzianismus die Ideologie des Staates. Das Tokugawa-Shogunat verwaltete das Land über führende Samurai-Sippen, in deren Dienst andere Samurai-Familien standen. Indem Samurais, also Krieger, zu Interpreten konfuzianischer Lehren wurden, erhielt die Loyalität zur Gruppe und ihrer Leitung eine neue Deutung. Die Treue des Samurai zur führenden Sippe, der bereits Generationen seiner Vorfahren dienten, galt als unkündbar und über den Tod hinaus. Sehr populär sind bis ins heutige Japan Erzählungen wie "Chushingura", in der Samurais den Tod ihres Herrn am Schuldigen rächen und dafür willig die Todesstrafe auf sich nehmen. Solche Beispiele der Loyalität sind nicht nur Gegenstand klassischer Kultur und Bildung. Die Samurai-Geschichten werden gerne gelesen und bilden einen beliebten Bestandteil des Fernsehprogramms. Im Unterschied zum amerikanischen Western ist nicht der einsame Held gefragt, der seine individuelle Freiheit verteidigt, sondern das Team, das unter allen Umständen zusammenhält.

Als man in der Meiji-Zeit (ab 1868) den Samurai-Stand aufhob, wurde im Übergang von der Agrar- zur Industriegesellschaft die Wirtschaft zum Träger der konfuzianischen Werte. Loyalität, Pflicht und Selbstkritik sowie ein Bewußtsein der Verantwortlichkeit für das Ganze waren wesentliche Faktoren auf Japans Weg an die Spitze der ökonomisch entwickelten Länder. Der japanische Regelfall, den Arbeitgeber nicht zu wechseln, hat im konfuzianischen Verständnis von Loyalität seine Wurzel. 1890 schrieb ein Erlaß des Kaisers Meiji ("Kyuikuchokugo"), der erst 1948 auf Druck der amerikanischen Besatzungsmacht aufgehoben wurde, konfuzianische Werte für die schulische Erziehung fest.

Obwohl heute kaum ein Japaner explizit sagen würde, er sei Konfuzianer, prägt die japanische Gesellschaft ihre Mitglieder nach konfuzianischen Werten. In China waren gelehrte Beamte Träger des Konfuzianismus, weshalb konfuzianische Denker immer wieder hervorhoben, Widerspruch sei ein unverzichtbarer Aspekt der Loyalität. Widerspruch, der im gelehrten Disput oder bei politischer Entscheidungsfindung voranbringt, kann auf dem Schlachtfeld tödlich sein. Loyalität wurde von den Samurai-Interpreten daher vornehmlich als Gehorsam gedeutet. Eine Gruppe ist nur stark, wenn ihre Mitglieder an einem Strang ziehen. Auf der anderen Seite ist zur Stärke notwendig, daß jedes Mitglied sich mit ihr und dem Leiter identifizieren kann. Er muß dazu gehören und in Prozesse der Entscheidung einbezogen werden. Statt des offenen Widerspruchs entwickelten sich Methoden des permanenten Gefragts-Seins, die sich bis heute in der Betriebsorganisation fortsetzen. Wichtige Aspekte dabei sind

- die physische Nähe der Leitenden zur Basis,
- ständige Beratung und
- das Vermeiden von Fraktionierungen in Kommunikation von Leitung und Basis,

die folgend am Beispiel angedeutet werden.

Die physische Nähe der Leitenden zur Basis

Eine wesentliches Element japanischer Betriebsorganisation ist der direkte Kontakt der Führungsebene mit dem Verwaltungs- und Produktionsbereich. Der Leitende ist in hohem Maß physisch in seinen Bereich integriert. Außer Mitgliedern oberster Gremien arbeitet er stets im Großraumbüro oder derselben Werkstatt mit den ihm Unterstellten. Es gibt Beispiele, daß der Schreibtisch des Konzernchefs im Großraumbüro steht. Beim den Weltmarkt beherrschenden Reißverschluß-Produzenten YKK vereint ein Büroraum vom Vorsitzenden des Vorstandes abwärts die gesamte Verwaltung. Durch seine Präsenz sieht der Leitende, was seine Mitarbeiter tun; umgekehrt weiß der Mitarbeiter, was und wie der Führende arbeitet, hört dessen Telefonate, sieht die Besucher. Das jeweilige Tun ist transparent; man ist im Sinn konfuzianischer Wechselseitigkeit voreinander und miteinander in der Bewährung. Das räumliche Miteinander von "oben" und "unten" dient wesentlich einer offenen Kommunikation zwischen beiden Ebenen. Es fließen Informationen durch die Atmosphäre automatisch weiter, die durch formelles Befragen nur zäh zutage treten würden.

Mit der physischen Nähe hängt das Hören des anderen zusammen. Ein Leiter muß, bevor er etwas vorgibt, vor allem zuhören können. Bei einer Methode der Entscheidungsfindung, ringisei, beginnen die Mitarbeiter der untersten Ebene die Diskussion und legen ihren Standpunkt dar. Man schreitet allmählich bis zum Ranghöchsten fort. Jeder hat in seiner Stellungnahme die Standpunkte der Vorhergehenden positiv zu berücksichtigen, bis der Leiter schließlich einen generellen Konsens formuliert (vgl. Doi, 1992, S. 55). Auf diese Weise sprechen die Mitarbeiter unbeeinflußt von der Meinung des Vorgesetzten. Sie legen ihre Meinung dar, ohne nach einer Entscheidung offen widersprechen zu müssen. Ihre Loyalität zur Entscheidung des Leiters basiert auf dem Bewußtsein, nach eigenem Vermögen zu dieser beizutragen.

Wie ständige Beratung hilft, sich als gefragt zu erleben

Wie ständige Beratung dazu hilft, daß der Mitarbeiter sich durch die Leitung als gefragt erlebt, zeigt das Vorschlagssystem in japanischen Konzernen. Mitarbeiter um Vorschläge zu bitten, begann in den USA 1889 bei der Firma Eastman Kodak. Nach einem Studienaufenthalt in Amerika führten es leitende Manager der Firma Kanebo bereits 1905 in Japan ein, beschränkten es jedoch auf das Verwaltungspersonal. Bis in die fünfziger Jahre setzte sich in japanischen Unternehmen schließlich durch, alle Mitarbeiter um Vorschläge zur Verbesserung zu bitten. Doch waren die Ergebnisse anfänglich bescheiden. Den einzelnen um Verbesserungsideen zu bitten, entsprach nicht der konfuzianischen Betonung der Gruppe.

So begriff man, daß die Frage nach Verbesserungsvorschlägen mit Gruppenaktivitäten verbunden werden mußte. Entsprechend verband man in den sechziger Jahren die Aufforderung zu Vorschlägen mit Kleingruppenaktivitäten wie den bekannten Qualitätszirkeln; Gruppen von zehn bis zwölf Mitarbeitern, die sich regelmäßig treffen, um Ideen zur Verbesserung der Produkte und Produktionsvorgänge zu diskutieren. Obwohl es vordergründig darum geht, die Qualität des Produkts zu steigern, wird das in diesen Kleingruppen vor allem über die intensivierte Kommunikation erreicht (Ross & Ross, 1982, S. 19). Indem man solche Gruppen animierte, nach Vorschlägen zu fragen und sie zu diskutieren, stiegen diese kontinuierlich und beachtlich.

Im Matsushita Elektronik-Konzern (Panasonic) pendelten sich die Vorschläge auf jährlich durchschnittlich zehn pro Mitarbeiter ein, was den Ziffern vergleichbarer japanischer Unternehmen entspricht. Hitachi gab bei einer Umfrage der Japanischen Gesellschaft für Vorschlagswesen 1982 durchschnittlich mehr als 100 Vorschläge pro Mitarbeiter im Jahr an, wobei einige Unternehmen noch weit darüber lagen. Wie die Umfrage erwies, entfallen 35 Prozent auf Verbesserungen im Arbeitsprozeß, mehr als zehn Prozent jeweils auf Vorschläge zum Sparen von Rohstoffen und Energie sowie Verbesserungen am Arbeitsplatz. Etwa zehn Prozent der eingehenden Verbesserungen werden umgesetzt (Whitehill, 1993, S. 236 f).

Indem das aus dem Westen adaptierte Vorschlagswesen im konfuzianischen Sinn an Gruppenaktivitäten gebunden wurde, erwies es sich so als ein wesentlicher Faktor, daß Mitarbeiter sich permanent gefragt fühlen.

Das Vermeiden von Fraktionierungen in Kommunikation von Leitung und Basis

Daß sich ein Unternehmen als eine Gruppe erleben kann, deren Mitglieder unbedingt an einem Strang ziehen, erfuhr durch die Einführung der Gewerkschaften nach westlichem Muster eine Herausforderung. Dies erfolgte in Japan erst nach 1945 unter der amerikanischen Besatzung. Was von den Besatzungsbehörden als Element einer Verwestlichung und als Relativierung der Schlagkraft der großen japanischen Konzerne kalkuliert war, nahm unter der starken konfuzianischen Vorprägung jedoch eigene Formen an. Die Gewerkschaften verstanden sich von Anfang an nicht als Interessenvertretung der Arbeitnehmer gegenüber dem Unternehmen, sondern als loyaler Teil der Firma. Daher sind die Gewerkschaften, was Entscheidungskompetenzen angeht, in der Firma organisiert. Es bestehen eher lockere Zusammenschlüsse in regionalen und fachgebundenen Dachorganisationen. Man will jedoch von Seiten der Gewerkschaftsvertreter einer Firma keine

Einmischung von außen. Die Gewerkschaft des Unternehmens verhandelt autonom mit dem Unternehmen und versteht sich dabei vor allem als Gewerkschaft des Unternehmens, dessen Interessen als untrennbar von denen des Arbeitnehmers gesehen werden.

Umgekehrt bejahen die Konzernleitungen die Gewerkschaften und versuchen, die in deren Gremien vollzogenen Meinungsbildungen wahrzunehmen und sich nutzbar zu machen. Führungskräfte, die nach westlichem Verständnis als Vertreter der Unternehmerseite keine Gewerkschaftsmitglieder wären oder überhaupt werden könnten, gehören in Japan selbstverständlich der Gewerkschaft an. In einigen Unternehmen gilt Erfahrung in der aktiven Gewerkschaftsarbeit als eine der Voraussetzungen für verantwortliche Führungstätigkeiten.

Panasonic-Gründer Konosuke Matsushita, der eine eigene stark konfuzianisch bestimmte Unternehmensphilosophie entwickelte, betrachtete Konzern und Gewerkschaft im Licht der Lehre von "yin und yang", die im Konfuzianismus nach Kongzi zunehmend eine Rolle spielte. Danach trägt naturgesetzlich alles den Keim seines Gegensatzes in sich. Diese Idee bejaht den schöpferischen Widerspruch, der zugleich Harmonie ist: Das kapitalistische Unternehmen ist erfolgreich, weil es in sich seinen Gegensatz birgt und annimmt, den freien Zusammenschluß seiner Arbeitnehmer und deren unabhängige und zugleich loyale Meinungsbildung.

Durch Elemente wie den engen Kontakt von Leitungsebene und Basis, das effektive Vorschlagswesen und das weitgehende Akzeptieren von Vorstellungen der Gewerkschaft, empfindet sich der japanische Mitarbeiter in der Regel nicht nur gefragt, sondern auch gehört. Die formelle Ausnahmesituation "Befragung" kann vor diesem Hintergrund leicht als Symptom für einen Mangel an Kommunikation gedeutet werden.

V. Perspektiven und Kritik

Mitarbeiterbefragungen als symbolische Politik

Oswald Neuberger

Vorbemerkung: Wenn ich im folgenden von Mitarbeiterbefragung (MAB) rede, dann meine ich damit im Regelfall den Einsatz von Fragebögen mit vorformulierten Fragen und Antworten. Um Kontraste herauszuarbeiten, werde ich jedoch ab und zu auf alternative Vorgehensweisen Bezug nehmen.

1   Einleitung

Im Begriff MAB schwingt eine eigenartige Ambivalenz mit, weil die "Befragung der Mitarbeiter" offenhält, ob der Genitivus subjectivus oder objectivus gemeint ist. Die Praxis läßt wenig Zweifel: die Mitarbeiter sind die Objekte der Fragen. Unter "MitarbeiterInnen" sind selbstredend (?) nicht alle Unternehmensmitglieder, sondern meist nur die unteren Unterstellten zu verstehen. Und wer ist das fragende Subjekt? Die Firma? Die Personalabteilung, Beratungsunternehmen, WissenschaftlerInnen, Vorgesetzte, Betriebsrat? In den meisten Inhouse-Befragungen sind es die MitarbeiterInnen selbst, die sich bzw. einander befragen; sie erarbeiten in Projektgruppen die konkreten Fragen, erstellen die Fragebögen oder führen die Interviews durch [siehe das Beispiel aus der LBS, über das Karr und Kura (1995) berichten]. MAB wird es meist nicht genannt, wenn im Rahmen von Qualitätszirkeln Bestandsaufnahmen gemacht werden. Das Frage-Antwort-Geschehen entwickelt sich nicht aus dem Interesse an einer konkreten anderen Person, sondern zwischen typisiertem und nicht selten sogar anonymisiertem Personal; das Persönliche wird häufig als das Idiosynkratische herausgerechnet und abgetan. Es geht um die "gemeinsame" Sache: die bessere Erreichung "der" Organisationsziele. Die klassische Testtheorie und ihr Abbildmodell sind nach wie vor Richtschnur (s. auch Martin, 1988): Es gibt einen wahren Wert und Fehlervarianz; fragt man genügend viele Leute, kann man bei unkorrelierter Fehlervarianz diese (her)ausrechnen. Ein unbequemeres Denkmodell ist es, von einer Repräsentationstheorie auszugehen: Die wahre oder objektive Wirklichkeit gibt es nicht, die Subjekte fertigen Beschreibungen an, bei denen sie sich sozialer Schablonen bedienen. Sozial steht dabei für die Tatsache, daß Hinsichten und Rahmungen (Ein- und Ausgrenzungen), Benennungen und Bedeutungen weniger individuelle Leistungen sind, als vielmehr gesellschaftlich-historischen Vorgaben folgen. In MAB wird die Organisationswirklichkeit (re-)präsent(iert). Dieses gestückelte Wort soll daran erinnern,

- daß es nicht um erstmalige Sinnschöpfung, sondern wiederholende Ausfüllung von Formen geht, die für ein anderes steht, das nicht als solches, sondern eben nur in Repräsentationen verfügbar ist; zum anderen kann man unter "repräsentativ" verstehen, daß die antwortende Person nicht als solche, sondern als Stellvertreterin einer in sich homogenen Mehrheit zählt;
- daß etwas vergegenwärtigt (präsent) wird und somit als Momentaufnahme aus seinen zeitlichen Bezügen herausgeschnitten wird;
- daß eine Beschreibung nicht für sich steht, sondern einer Adressatin (der fragenden Person oder Institution) dargeboten (präsentiert) wird, und daß dabei deren erwartete

Erwartungen und die eigenen Interessen verschmolzen werden, also gerade nicht die fotorealistische Wiedergabe der eigenen Wahrnehmungen erfolgt.

Eine solche Sichtweise richtet sich gegen die Verallensbacherung des Befragens, die vorgibt zu zeigen, wie es sich verhält und dies in Balken- oder Kuchendiagrammen visualisiert. Aus repräsentationstheoretischer Perspektive kann man die Antworten nicht mehr prima facie lesen, sondern muß ihnen systematisch mißtrauen oder positiver gesagt: man muß sie sachlich, zeitlich und sozial kontextualisieren. Das ist kein Problem, wenn die Befragung als offenes Gespräch (assoziationsträchtig: Inter-view) abläuft, wohl aber, wenn die schriftlichen Antworten vieler auf schriftliche Fragen in Zahlenwerte übersetzt und agreggiert werden zu Mittelwerten: dann fällt heraus, welche Vorgeschichte, Einbettung in die jeweiligen Sachumstände und Beziehungsnetze stillschweigend oder explizit mitgemeint waren. Die Aussagen werden unbedingt. Weil aber nichts in Organisationen bedingungslos ist, werden die Bedingungen entweder nachträglich als ebenfalls durchschnittliche hinzumontiert (klassisches Beispiel: die Kontingenztheorien der Organisation oder Führung) oder der ceteris-paribus-Klausel geopfert und damit für beliebige Konstellationen freigestellt. Die Folgerung: Es geht nicht so sehr um Bestandsaufnahme, Ist-Analyse der Situation der Organisation oder der Wahrnehmungen der MitarbeiterInnen, sondern um die Profilierung der Personalabteilungen. Sie denken an sich, wenn sie die folgenreiche Intervention "MAB" lancieren und sie treiben mit ihr ihre symbolische Politik. Das ist nicht verwerflich, im Gegenteil: es ist für viele recht nützlich. Darauf werde ich unten noch ausführlich eingehen. Zunächst aber werde ich, um für die spätere Analyse materielle Grundlagen zu haben, die MAB als organisationalen Kommunikations- und Problemlöseprozeß beschreiben.

2   Mitarbeiterbefragung als organisationaler Kommunikations- und Problemlösungsprozeß

Betrachtet man MAB als Kommunikationsprozeß, dann erlaubt eine Reflexion der Phasen und Inhalte dieses Prozesses eine Ent-Deckung von Vorbedingungen und unausgesprochenen Annahmen. Wichtig ist dabei, nicht das Modell der dyadischen offenen Kommunikation zugrundezulegen, sondern organisationale Kommunikation zu thematisieren. Das bringt eine Reihe von Differenzierungen mit sich, die im folgenden erörtert werden sollen.

2.1   Die Beteiligten

Wer fragt? Grundsätzlich nicht der Prinzipal, sondern seine Agenten oder deutsch: nicht der Herr, sondern seine Beauftragten. Und diese handeln nicht auf Einzelweisung, sondern im Rahmen ihrer Vollmacht, ihrer Rollen und ihrer Sonderinteressen. Als es noch funktional spezialisierte Personalabteilungen gab, ging die Initiative von ihnen aus. Natürlich mindert es Widerstände (siehe unten), wenn ein allgemeines Interesse suggeriert und die Belegschaftsvertretung als Mitinitiator gewonnen werden kann (siehe auch BetrVerfG) oder wenn das Interesse als "wissenschaftliches" neutralisiert und externalisiert werden kann und DoktorandInnen oder Forschungsinstitute als Akteure auftreten oder wenn es verallgemeinert werden kann (wenn z.B. Consultingfirmen branchenweite Vergleichserhebungen durchführen). Organisationale Kommunikation bringt es mit sich, daß man auf der Frager-Seite unterscheiden muß zwischen "Herr", Auftraggeber, Auftragnehmer und Ausführendem. Der die Hierarchie idealisierende, aber praxisferne typische Ablauf: In der Unternehmensleitung wird ein Problem diagnostiziert, die Personalabteilung soll es klären, sie gewinnt einen externen Experten für dieses Projekt und der läßt die Befragung von einer Projektgruppe aus Firmenmitgliedern und Externen durchführen. Daß es hier zuweilen - was Ziele, Probleme, Erwartungen, Methoden usw. anlangt - wie bei der "Stillen Post" zugeht, ist Erfahrungswissen.

Wer wird befragt? Alle, einige, eine Person? Wenn alle befragt werden sollen, erübrigt sich ein zu rechtfertigendes Selektionskriterium, aber es ist mit "Ausfällen", zu rechnen, die bei der Ergebnisinterpretation zum Problem werden können. Fragt man aber nur einige, taucht das berühmte Problem der "Repräsentativität" auf, dessen hochgespielte Bedeutung klar macht, daß man an individualisierten Äußerungen eigentlich nicht interessiert ist. Jede Auswahlstrategie außer Zufallsstichproben ist fragwürdig, nämlich manipulationsverdächtig, willkürlich, annahmenbefrachtet, unbedacht. Wenn die Teilnahme an der Befragung "freiwillig" ist, wie können dann Verweigerungen und Ausfälle minimiert werden? Daß dies ein reales Problem ist, zeigt sich daran, daß bei organisationalen Befragungen im Vorfeld Informations- und Motivationskampagnen laufen, z.B. Ankündigungen in Betriebsversammlungen; Artikel in der Werkszeitung, Poster, Flugblätter, PR-Aktionen (die alle als eye catcher ein bestimmtes Logo oder einen gleichbleibenden Slogan haben); motivierende Instruktionen oder Anweisungen auf den Befragungsformularen; Schulung der Instruktoren oder Administratoren ... Es ist kein "natürliches Bedürfnis der Befragten, sich zu äußern: Sie müssen zum Reden (meist: Ankreuzen) gebracht werden.

Das Nachdenken über Fragende und Befragte soll im folgenden ausgeweitet werden, indem die MAB als Kommunikationsprozeß betrachtet wird.

2.2 Der Prozeß der Mitarbeiterbefragung

Im folgenden sollen einige der wichtigsten Phasen dieses Prozesses skizziert werden, um zu zeigen, daß jede Befragung einmalig ist, daß es keine technisch beste Lösung gibt, daß mit jedem Schritt eine Mehrzahl von z.B. widersprüchlichen Zielen verfolgt wird.

Als erster Schritt in einem rationalen Problemlösungsmodell wird meist die Wahrnehmung von Problemen genannt. Es kommt zur Sensibilisierung entscheidungsbefugter Stellen und zum Problemmarketing: Auch andere müssen davon überzeugt werden, daß Aufklärungs- und Handlungsbedarf besteht. Die Definition der Probleme ist weichenstellend.

Dies ist die Stunde der Personaler (die Unternehmensleitung wird erst später gewonnen, um die projektierten Vorhaben zu ratifizieren und ihnen das nötige Gewicht zu geben). Gerade in Zeiten, in denen auch Personalabteilungen "geleant" und Personalfunktionen an die Linie zurückgegeben oder durch "outsourcing" verlorengehen, ist es sinnvoll, Probleme zu identifizieren, deren Lösung mit professioneller Kompetenz organisiert werden kann und bei denen Anschlußprojekte fast sicher sind. Je mehr die organisierte Gegnerschaft geschwächt ist (Gewerkschaften, Betriebsrat), desto wichtiger ist es für Personalabteilungen, Unruheherde ins Gespräch zu bringen, die (nur) mit der selbstverständlich in Anspruch genommenen personalwirtschaftlichen Professionalität zu beseitigen sind.

Ist das Problem bezeichnet, wird nach möglichen Lösungen gesucht (eines unter vielen funktionalen äquivalenten: die MAB). Um die präferierte Lösung zu plazieren, müssen Bewertungsmaßstäbe vorgeschlagen werden, die innerorgansatorisch anerkannt sind und von der favorisierten Lösung auch erfüllt werden, z.B. Schnelligkeit, Wirksamkeit, Verfügbarkeit, Sicherheit, Beherrschbarkeit, Kostengünstigkeit, Akzeptanz ...

Wenn sich die Promotoren in der Personalabteilung für die MAB als (Teil einer) Lösung entschieden haben, tritt die Bewältigung der Umsetzungsprobleme in den Vordergrund. Zunächst muß das Plazet der wichtigsten Stakeholders eingeholt werden: allen voran die Unternehmensleitung, dann die Belegschaftsvertretung; evtl. müssen noch einige wichtige "Territorialfürsten" wegen ihrer Blockademacht oder Modellwirkung gewonnen werden. Grundlage dieser Akquisitionsarbeit ist zum einen die Formulierung offizieller und unstrittig hochbewerteter Ziele. Dazu gehören: Im Sinne eines effektiven Controllings eine gründliche Istanalyse (Bestandsaufnahme, Personal-Inventur); Ansatzpunkte und Vorschläge für Lösungen finden; der Belegschaft Gelegenheit bieten, Dampf abzulassen, verfügbare Ressourcen effektiv einsetzen ...

Gleichzeitig aber muß es möglich sein, in einer vorgeschlagenen Lösung auch private, latente und partikuläre Ziele sowohl unterzubringen wie zu kaschieren (z.B. Beschäftigungsmöglichkeit für die eigenen MitarbeiterInnen; eindrucksvoller Aktionismus, der organisationsweit beachtet wird; Tätigkeitsnachweis für fällige Rechenschaftsberichte; Legitimation für ohnehin geplante Maßnahmen; Demonstration von goodwill; Alibi für Untätigkeit in der Sache; vorsorgliche Beschaffung eines Sündenbocks beim möglichen Scheitern; Zeitgewinn, Klimaverbesserung, (Pseudo-)Partizipation; Beziehungspflege zu externen Instituten ...).

Weil das Projekt das Mitmachen vieler erfordert, müssen Kommunikationsstrategien entwickelt werden, durch die explizite und implizite Erwartungen vermittelt, Ängste abgebaut, Kooperation gesichert und mögliche GegnerInnen im Vorfeld neutralisiert werden.

Gleichlaufend muß nach internen und externen ExpertInnen für Konzeption, Marketing, Durchführung und Auswertung gesucht werden. Es sind Kontrakte oder Abmachungen zu schließen, in denen Leistungen, Termine, Kosten, Geheimhaltung, Informationspflichten etc. festgelegt werden.

Um Engagement und Akzeptanz zu erhöhen, werden andere ins Boot geholt; üblicherweise werden Projektgruppen gebildet, in denen man sich das Commitment besonders tatendurstiger Nachwuchsleute aus allen Bereichen sichert. Mit ihnen bzw. durch sie wird die konkrete Konzeption entwickelt. Es geht zunächst um Inhalte und Zielgruppen (was/wer soll gefragt werden, was/wer muß ausgespart bleiben). Dann werden Methoden, Erhebungsdesign, Material, Termine, Gütekriterien, Auswertungsverfahren etc. festgelegt; Vorformen werden unter Einbeziehung von Stakeholders entwickelt und in Probeläufen getestet; dabei lassen sich mit dosiertem Aufwand und wenig Gesichtsverlust bestimmte Probleme (z.B. Sonderwünsche, Vetos oder Tabus für bestimmte Fragen, Auswertungen oder Publikationen) meistern.

Schließlich kommt es zur endgültigen Festlegung von Inhalt, Medium und Form der Befragung (z.B. schriftlich, hochstrukturiert, in Gruppen, am Arbeitsplatz, während der Arbeitszeit, anonym, freiwillig, unter Anwesenheit der Vorgesetzten ...). Auch die Logistik der Befragung ist zu klären (grafische Gestaltung der Endform, Druck, Transport zu den Befragungsorten, Vorbereitung der Befragungsorte, Urnen, Rücktransport). Dazu gehören auch die Schulung der Befragenden oder Instrukteure, die Ankündigung der Befragung, die Reservierung von Terminen, die Einrichtung von hot lines bei Problemen und Störungen, das Entwickeln und Testen der Auswertungssoftware, das Freihalten von Rechner- und Druckerkapazitäten, Nachfaßaktionen, Druck auf Verweigerer oder Verzögerer ...

Darauf folgen Kodierung, Transkription, Eingabe in Belegleser und Rechner und Datenverarbeitung.

Der nächste Schritt: Auswertung, Zusatzanalysen, Interpretation, Zusammenfassung, Handlungsvorschläge. All das muß schließlich dokumentiert werden (Formulierung des Ergebnisberichts, Layout, Grafiken, Tabellen, Erstellung von Folien, Posters ...).

Ein Höhepunkt ist die Präsentation vor bestimmten Gremien, wobei die innerbetriebliche Rangordnung streng einzuhalten ist (Vorstand, BelegschaftsvertreterInnen, Belegschaft, evtl. dann noch Fach- oder Wissenschafts-Öffentlichkeit); Diskussion über Ergebnisse; Rechtfertigung; Überarbeitung (Zensur), Veröffentlichung (z.B. als Zeitschriftenartikel, Doktorarbeit).

In der Rhetorik der Problemlösungsmodelle fehlt nie, daß es nun zu Entscheidungen über Maßnahmen kommen muß. Projekte und Verantwortliche werden benannt; die Maßnahmen werden durchgeführt; über erste positive Ergebnisse wird berichtet, die Ergebnisse werden evaluiert und es wird versprochen, daß man der Sache auf der Spur bleiben wird.

Die nächsten Probleme werden identifiziert und ein neues Projekt beginnt wie gehabt.

Bedenkt man, daß die hier differenzierten Phasen inhaltlich sehr unterschiedlich ausgestaltet werden können, daß sie nicht alle und nicht in dieser Reihenfolge bearbeitet werden müssen und, daß sich die anfänglichen Problemdefinitionen, Interessen und Beteiligten während des Prozesses ändern können, dann wird (vermutlich) klar, daß MAB keine technischen Routinen mit festgelegten Prüfwerten (Objektivität, Reliabilität, Validität ...) sind, sondern politische und symbolische Aktionen, die eher aus der Perspektive eines Modells organisierter Anarchie zu analysieren sind. MAB sind Entscheidungs- oder vielmehr Handlungsgelegenheiten (Mülleimer), in die unterschiedlichste Lösungen, heterogene Probleme und eine inhomogene Teilnehmerschar (mit mehrdeutigen, instabilen, widersprüchlichen Zielen, Interessen und Erwartungen) geworfen werden. Und was aus der Mülltonne "MAB" herausgeholt wird, ist genauso: gigo (garbage in, garbage out). Das ist nicht schlecht; man muß sich nur von optimierenden Rationalmodellen verabschieden und sich mit Problem- und Lösungsrecycling, Durchwursteln und bricolage anfreunden. Allerdings bedeutet es für die meisten betrieblichen Entscheidungsträger wohl eine narzißtische Kränkung, als Mülltonnenwühler etikettiert zu werden.

Wenn ich MAB als kommunikative organisationale Problemlöseprozesse bezeichnet habe, dann war damit die Beschränkung auf "rein sachliches" Vorgehen aufgegeben worden. Daß MAB vielmehr politische und symbolische Inszenierungen sind, soll nun näher erläutert werden.

3   Mitarbeiterbefragungen als (symbolische) Politik

3.1   Politik

Das Attribut "politisch" läßt sich in mehrere Bestimmungsstücke zerlegen. Es bezeichnet

- absichtsvolles und zielgerichtetes Handeln
- zur Durchsetzung eigener Interessen
- im Rahmen antagonistischer sozialer Beziehungen,
- die durch Macht strukturiert und
- (asymmetrisch) voneinander abhängig sind;
- dieses Handeln ist zielbewußt,
- nutzt und erzeugt Ambiguitäten bzw. Spielräume und
- sichert sich gegen Infragestellung durch die Berufung auf gesellschaftliche Legitimation.

Sieht man MAB aus dieser Perspektive, dann wird einem die Naivität des quantitativen Methodenideals geraubt, das glauben macht, durch immer raffiniertere Verfahren der reinen Wahrheit auf die Spur kommen zu können. MAB sind Instrumente der Interessendurchsetzung in antagonistisch strukturierten, machtdurchtränkten Sozialbeziehungen. Proklamierte Ziele wie Offenheit, Aufklärung, Kooperation, Mitsprache können zwar mit gesellschaftlicher Billigung rechnen, sind aber nicht die ganze Wahrheit: es geht auch um die "interessierte" Erweiterung des jeweils eigenen und die Kontrolle des jeweils anderen Handlungsspielraums unter Nutzung der Chancen, die sich - zuweilen unverhofft - im Zeitablauf bieten.

Die Kernidee der MAB ist politisch: Informationen zu erhalten, die das Handeln der MitarbeiterInnen berechenbar machen, ohne daß man in gleicher Weise die eigenen Pläne, Bewertungen und Kenntnisse offenlegt. Man müßte schon die Leerformel vom "Gesamtwohl" beschwören, wenn man die Asymmetrie der Aufklärungs- und Einflußchancen rechtfertigen möchte. Politisch wird aber nicht nur auf der Seite der Fragenden, sondern genauso auf der der Antwortenden agiert: auch sie sind bemüht, nicht alles, was sie wissen, wollen und können, ungefiltert der anderen Seite auszuliefern, weil sie nur zu gut wissen, daß Controlling (Kontrolle & Steuerung) um so besser gelingt, je bekannter und vorhersehbarer die Zustände, Aktionen und Potentiale der Controllingobjekte sind. Werden sie sich rückhaltlos erklären, würden sie machtlos, sofern man - wie Crozier & Friedberg (1979) - Macht als die Fähigkeit versteht, das eigene Handeln unvorhersehbar zu machen.

Politik bezieht sich aber nicht nur auf geschicktes Taktieren in und mit antagonistischen Interessen und Verhältnissen, es geht ihr auch um die Schaffung von Institutionen, Weltbildern und Normen, die Handeln vorstrukturieren, so daß sichtbare machtvolle Eingriffe - und der Widerstand, den sie provozieren - entbehrlich werden.

Die Erzeugung des Individuums, das sich beobachten, bewerten, prüfen und behandeln läßt, ist eine solche politische Leistung. Insbesondere Foucault (1979) hat mit umfangreichem   historischen   Material   belegt,   daß   die   Herstellung   des "Disziplinarindividuums" Voraussetzung moderner Herrschaft ist. Um es beherrschen zu können, muß es bekannt, durchschaut sein. Dazu wird zunächst kategorisiert (jung/alt, Mann/Frau, gesund/krank, normal/wahnsinnig). Jeder wird zugeordnet und die

Kategorien werden bewertet als besser oder schlechter; entsprechend werden die so Typisierten dann behandelt, so daß ihre Einordnung bestätigt und stabilisiert wird. Foucault zeigt für die Moderne die universelle Verbreitung und Hinnahme von Formen des Kategorisierens, Erfassens und Beurteilens: diagnostische Verfahren, Tests, Überwachungen, Verhöre, Geständnisse, Gutachten, Befragungen, Prüfungen sind Voraussetzungen für Etikettierungen, Zertifizierungen und die Zuweisung gesellschaftlicher Plätze und Chancen. Der Endeffekt ist, wie Foucault am Beispiel des panoptischen Gefängnisses illustriert, daß nicht mehr wichtig ist, ob einer zu einem bestimmten Zeitpunkt beobachtet wird, weil jeder den taxierenden Blick des Beobachters schon in sein Selbstbild integriert hat und von sich aus tut, fühlt und denkt, was von ihm erwartet wird.

MAB sind Teil der Überwachungsmaschinerie; als Mitglied von Organisationen ist man daran gewöhnt, befragt, getestet, interviewt zu werden, rechenschaftspflichtig und verantwortlich zu sein. So ist verständlich, wenn auf die eigenartigsten Fragen - und seien sie noch so abstrakt, kontextfrei und hypothetisch - gehorsam geantwortet wird, meist ohne innere Beteiligung, achselzuckend - und inhaltlich so, wie es sich gehört, weil man über Alternativen nachzudenken nicht angehalten wurde. Man hat gelernt, die eigenen Erwartungen und Bedürfnisse auf das Machbare abzustimmen - nur so gilt man als normal, realistisch und brauchbar.

Die überwachend-strafenden Machttechniken der Disziplinierung werden im Laufe der gesellschaftlichen Entwicklung zunehmend erweitert durch Strategien der "Bio-Macht", die Bedürfnisse und Begehren in Dienst nimmt. Strukturen und Institutionen werden so konzipiert, daß - wer mitspielt - in den Genuß zahlreicher Belohnungen kommt. Es lohnt sich (buchstäblich), kreativ konform zu sein, weil und wenn die eigenen Wünsche so konditioniert worden sind, daß sie (nur) durch aktives Mitmachen erfüllt werden können.

3.2 Symbolisierungen

Eine symbolisch-interaktionistische Perspektive nimmt die Dinge nicht wie sie sind (als objektive Daten), sondern fragt danach, wie ihre Bedeutung gesellschaftlich (re-)produziert und zur Handlungslenkung genutzt wird. Wenn Gesellschaft nicht als monolithisches Gebilde gilt, sondern als Vielzahl locker verbundener Gruppierungen mit unterschiedlichen Leitdifferenzen, dann muß offiziellen Bekundungen des Sinns eines gesellschaftlichen oder organisationalen Artefakts (wie z.B. der MAB) mißtraut werden. Ein symbolischer Ansatz fordert vielmehr dazu auf, auf der Rückseite des proklamierten Sinns nach weiteren latenten, exkommunizierten, tabuisierten, verdrängten Bedeutungen zu suchen. Diese Suche folgt nicht dem paradoxen Diktat der Beliebigkeit ("anything goes"), sondern orientiert sich an verräterischen Indizien: Warum gibt es bestimmte Praktiken, Vorschriften, Kontrollen etc., die bei rationaler Verfolgung des offiziellen Ziels entbehrlich oder gar widersinnig sind? Welche unausgesprochenen Grundannahmen, Werte und Maximen stehen hinter den profanen Artefakten, sozusagen als ideologischer Flankenschutz? MAB plakatieren z.B. hohe gesellschaftliche Werte (z.B. Offenheit, Partizipation, Selbstbestimmung, Mitverantwortung, Autonomie, Freiheit); es besteht der Verdacht, daß hinter dieser hehren Fassade dann ganz andere Interessen verfolgt werden.

Symbolische Politik bedient sich eingelebter kultureller Muster. Für die MAB könnte
z.B. an die Wiederaufführung des Stücks "Von Volk und Herren" gedacht werden: Der
Herr (die Herrschaft) tritt wie sein Vorbild (Gott) nicht in Erscheinung. Nur seine guten
und schlechten Verwalter agieren und es gibt Streit darüber, wer den Willen des Herrn
besser liest. Die Guten rufen das Volk zu Hilfe. Normalerweise ist es dumpf, träge,
gutmütig, verführbar, gewalttätig. Wenn man aber seine Liebe gewinnt, ist es zu Groß-
taten fähig. Der gute Führer mischt sich - zunächst noch unerkannt - unters Volk, hilft
den Armen, bestraft die Korrupten, erfährt, wie es wirklich steht ums Reich. Und im
Bund mit den Erniedrigten, deren Treue und Fähigkeiten er zu schützen lernt, überwindet er alle Gegner und bringt Glück und Segen.

Viele Elemente dieser uralten Geschichte finden sich in den Erzählungen der Geschichte MAB. Es ist von "Aufbruchstimmung" die Rede, wobei sich mit der Doppel-
deutigkeit dieses Worts spielen läßt: Verkrustete Strukturen aufbrechen und zu einer
besseren Zukunft aufbrechen. Dem Volk wird aufs Maul geschaut, es darf sagen, was es
denkt - auch über die Herren. Es wird mit ihm "in einen Dialog getreten" (Karr & Kura,
1995). Erwartungen werden geweckt, aber damit auch schlafende Hunde, so daß die
Erwartungen realistisch sein müssen und vor allem müssen die Leute bereit sein, selbst
hart zu arbeiten, um ihre Erwartungen zu erfüllen. Im Untertitel von Ingwer Borgs Buch
über MAB ("Strategisches Auftau- und Einbindungsmanagement", 1995a) kommt das
Aufbrechen und Neu-Binden sehr schön zum Ausdruck. An der Herrschaft wird nicht
gerüttelt, es geht nur um ihre Reinigung, die periodisch erfolgen muß, und um die kon-
trollierte Entfesselung der Kräfte der Basis, die man vorübergehend nutzt, um das
Schlechte und die Bösen hinwegzufegen.

Für diejenigen, die es weniger lyrisch mögen, werde ich den symbolischen Ansatz an
einigen Beispielen illustrieren, indem ich Fakten, offizielle (rationale) Begründungen
und alternative Deutungen (oder ausgeschlossene Möglichkeiten) aufeinander beziehe.

Vorformulierte Fragen

Dafür spricht (offiziell), daß aufgrund von Voruntersuchungen bekannt ist, daß immer
wieder dieselben Themen angesprochen werden, daß bei freien Fragen nicht alle Problembereiche spontan angesprochen werden, daß alle Befragten zu allen Themen gleichermaßen Stellung nehmen sollen, daß Personen mit Formulierungsschwierigkeiten
nicht benachteiligt werden sollen, daß es schneller geht, daß die Antworten besser vergleichbar sind usw.

Unausgesprochen bleibt: Der gleiche Wortlaut bürgt noch lange nicht für das gleiche
Verständnis; wegen fehlender sachlicher, zeitlicher und sozialer Verankerung liegen den
Antworten oft sehr unterschiedliche Referenzsituationen zugrunde (die Frage muß erst
in nie ganz passende eigene Erfahrungen "übersetzt" und diese in die vorformulierte
Antwort dann "rückübersetzt" werden); obwohl fast immer dazu aufgefordert wird, etwaige Ergänzungen vorzunehmen, wird das durch den Aufbau implizit als Ausnahme
deklariert und zur "unvergleichlichen" Randnotiz; es wird vermittelt, daß Zeitersparnis
und Ökonomie wichtiger sind als das Eingehen auf den Einzelfall; alle werden letztlich
über den gleichen Leisten geschlagen und damit verrät die Art der Fragen und der Umgang mit den Antworten, daß man ohnehin schon weiß, was der Fall ist und nur noch an
Verteilungen oder Schwerpunkten interessiert ist.

Quantifizierung

Eines der Herzstücke von MAB ist die zahlenförmige Aufbereitung nicht nur der Auswertungen, sondern schon der Antwortvorgaben ("nie ... immer", "sehr wichtig ...völlig unwichtig" etc. werden auf einem Zahlenstrahl abgebildet). Die Gründe liegen auf der Hand: Schnelligkeit, Ökonomie, bewährte Rechenverfahren, eingängige Darstellbarkeit etc.

Es ginge anders. Man könnte Problembeschreibungen auch nach weiteren Gesichtspunkten einstufen, z.B. nach der Gewichtung (wichtig - unwichtig), der Strukturiertheit (wirr - gut gegliedert), der Integration (unzusammenhängend - stimmig), der Prägnanz (diffus - konturiert), der Zentralität (zentral -marginal), der Ambivalenz (eindeutig - widersprüchlich), der Verhaltensnähe (konkret - abstrakt), der Stabilität (dauerhaft - vorübergehend), der Einbettung (isoliert - verbunden), dem Bewußtheitsgrad (intuitiv - bewußt), der affektiven Erregung (cool - aufwühlend), dem Realitätsgehalt (hypothetisch - real) usw. usw. Wenn nur der Ausprägungsgrad erfragt wird, gilt alles andere als uninteressant: welch ein Informationsverlust!

Aber selbst wenn man sich mit Ausprägungsgraden bescheidet, wird die Normierung der einzelnen vorausgesetzt ("manchmal" bedeutet für alle dasselbe und für alle ist der Abstand zwischen "oft" und "manchmal" gleich); Qualifizierungen (Vorbehalte, Einschränkungen, Zusätze) erscheinen als unerwünscht, dafür ist selten Raum vorgesehen; der einzelne ist interessant nur als Teil einer Gruppe oder Kategorie, der er zugewiesen wird, und erhält nur als solcher (evtl.) eine Rückmeldung ...

Verschriftlichung

Die Künstlichkeit der beiden vorgenannten Aspekte wird um so deutlicher, wenn man sich vorstellte, in einem "normalen" Gespräch würde ein Partner nur vorbereitete Fragen ablesen, nur vorbereitete Antwortalternativen zulassen, sofort alles quantifizieren und alles mitschreiben. In der "Werksfamilie" wird das hingenommen, in einer echten Familie wäre es - bislang noch - grotesk. Ein jahrhundertelanger Zivilisationsprozeß sorgt dafür, daß eine schriftliche Befragung nicht als bizarr und verrückt erlebt wird. Die Spontanität einer "natürlichen" Unterhaltung, ihre Ungesteuertheit, Mehrdeutigkeit, Inkohärenz, Unwiederholbarkeit - all das wird ersetzt durch Exaktheit, Gleichheit, Zerstückelung, Fixierung, Dokumentation ... Und genau das sind die unausgesprochenen latenten Bestimmungen des Organisationsindividuums, das in der Anweisung(!) dazu eingeladen wird, frei und ungehemmt seine Meinung zu sagen und nicht lange zu grübeln, sondern der ersten Reaktion zu folgen!

Karr & Kura ist zuzustimmen, wenn sie feststellen, daß die Methode die Botschaft ist (1995, S. 742). Hochstrukturierte schriftliche Befragungen, von externen Experten "betreut" und ökonomisch realisiert, zeigen auch, was Sache ist: die Befragten. Ihnen wird buchstäblich vorgeschrieben, was sie zu antworten haben, ihre bestellten vorformatierten Aussagen werden komprimiert, aufs Wesentliche verdichtet, in beziehungslose Zahlen übersetzt, verglichen, selektiert und in konkrete machbare Aktionen (Readjustierungen der Maschine) umgesetzt, die die Befragten selbst - sie wollten es ja - auszuführen haben. Beispiele für diese technokratische Strategie finden sich in praktisch allen Praxisberichten der Zeitschrift "Personalführung" (Karr & Kura, 1995). Die Sache wird kaum anders, wenn man die standardisierte MAB durch "Mitarbeitergespräche" (mit einer Führungskraft oder einer Vertreterin der Personalabteilung) ersetzt. Das Spiel bleibt das gleiche, nur einige der Spielzüge und Spielmaterialien ändern sich.

Die übliche Frage, die an dieser Stelle kommt, ist: Was statt dessen? Schlagen Sie doch etwas Besseres vor! Das übliche Gegenargument: Kritik würde selbstwidersprüchlich, wenn sie positiv würde. Sie müßte ihre eigenen Vorschläge wiederum kritisieren. Gerade dann, wenn Vorschläge brauchbar, realistisch, praxisnah etc. sind, sind sie affirmativ, d.h. gehen von den Bedingungen, so wie sie sind aus, und reproduzieren sie damit. Man braucht allerdings Kritik nicht so hoch (oder tiefgründig) anzusetzen, daß sie alle Alternativen daran mißt, ob sie vernünftig begründet sind, d.h. von allen Einsichtigen und Aufgeklärten bejaht werden, weil sie langfristig den objektiven Interessen aller dienen. Diese aber werden in der Zeit von Interessierten in irdischen Kommunikationsprozessen definiert. Dem unabschließbaren Projekt der Moderne läßt sich das postmoderne Plädoyer für Vielfalt, Differenz und Selbstentwicklung entgegenhalten. Nicht was für alle in letzter Instanz richtig ist, sondern was die Benachteiligten jetzt besserstellt, soll getan werden. Jeder kleine Schritt in diese Richtung ist gut. Das hindert aber nicht, ihn an anderen Möglichkeiten zu messen und seine Bedingungen und Folgen zu bedenken. Das Dilemma ist unauflöslich: Wer handelt, wird durch Kritik gelähmt, aber man kann zeitbedingt nicht nicht handeln. Wer kritisiert, weiß nicht alles, aber durch Kritik erfährt er mehr. Handeln kann nur, wer nicht alles weiß und berücksichtigt. Handeln kann gut und weh tun, da unterscheidet es sich nicht von Kritik, die selbstverständlich Handeln ist.

4   Schluß

Die Notwendigkeit (?) von MAB entsteht aus der Entfernung und Abtrennung der Entscheidungsträger von der Basis, aus Hierarchie, Zentralisierung, Spezialisierung, Differenzierung, Formalisierung. Die "Basis", die Entscheidungen zu exekutieren hat, hat Eigensinn, Eigeninteressen und Spielraum. Durch eine Palette von Maßnahmen wird versucht, ihr Handeln berechenbar zu machen. Eine dieser Maßnahmen ist die MAB. Sie ist eine Gelegenheit, Wünsche, Klagen, Spannungen, Konfliktpotentiale, Bedürfnisse, Wahrnehmungen, Vorschläge, Kenntnisse etc. "nach oben" zu melden. Dort wird dann entschieden. Solange diese Kluft zwischen Informanden und Entscheidern besteht, sind MAB künstliche und asymmetrische Kommunikations-Inszenierungen, die besser sind als nichts, aber auch nicht bessergeredet werden sollten. Sie sind - im Gegensatz zur landläufigen Meinung - das Eingeständnis, daß die innerbetriebliche Kommunikation über die vertikalen und horizontalen Grenzen hinweg nicht funktioniert. Ich habe in meinen Betriebsuntersuchungen (Neuberger & Allerbeck, 1978) immer wieder erfahren, daß große Hoffnungen geweckt wurden und daß - symbolische oder kosmetische Handlungen abgerechnet - selten etwas geschah, was nicht ohnehin schon "in der pipeline" war. Das ist nicht etwa der Verlogenheit oder dem Zynismus der Initiatoren geschuldet. Ich bin immer wieder beeindruckt vom ehrlichen Engagement der Akteure und erlebe genauso regelmäßig ihre Frustration und Resignation; und manche versuchen es sisyphushaft noch ein-, zweimal. Es wäre zu kurz gegriffen, würde man das Problem personalisieren. MAB werden als Wirklichkeitsabbildungen "verkauft", sind aber nur repräsentationstheoretisch zu verstehen; sie können als Verfahren symbolischer Politik gesehen werden, die vor allem den Interessen der Personalabteilungen dienen. MAB passen gut zu den bestehenden Organisationen. Anders als Volksbefragung und Bürgerbegehren haben MAB keine verbindlichen prozeduralen oder inhaltlichen Entscheidungen zur Folge. Zirkelkonzepte, in denen dem mehr oder weniger offenen Meinungsaustausch unmittelbar Handlungsvorschläge und (zuweilen) Realisierungen folgen, sind nur unter der Bedingung lokaler Autonomie funktionale äquivalente. Analoges gilt für Interventionstechniken der Organisationsentwicklung [Intergruppenarbeit, Konfrontationssitzungen, organisationales Spiegeln (3-D-Analysen), Rollenverhandeln, Prozeßberatung, Gruppencoaching etc.]. Sie alle sind Krücken, um unter strukturellen Behinderungen voranzukommen.

5   Zusammenfassung in Thesen

- Für MAB gilt eine Art Parzival-Effekt: Nicht, was geantwortet, sondern daß gefragt wurde, ist wichtig.
- MAB liefern eher Befunde als Erfindungen und präsentieren eher Bekenntnisse als Erkenntnisse. In mancher Hinsicht "ähneln MAB den Verfahren der Mantik, die im Altertum praktiziert wurden (z.B. aus Eingeweiden und Vogelflug lesen, Orakel befragen). Hier wie dort sind nicht die Daten entscheidend, sondern die Interpretationen.
- MAB sind in Anlage und Inhalt schnörkelos einfach, direkt und ökonomisch. Selten macht man sich die Mühe nachzufragen, zu differenzieren und zu kontextualisieren (davor schützt die magische Anonymität, siehe unten).
- Regelmäßig wird - und zwar von allen Seiten - betont, daß die Befragung keine grundsätzlich neuen Ergebnisse gebracht hat. Das braucht niemanden zu wundern, weil die Fragenden die Fragen vorgegeben haben und die Antwortenden ihre eigenen Antworten (wiederer-)kennen. Dennoch werden "interessante" Einzelergebnisse zur weiteren Diskussion herausgegriffen und weiterbehandelt.
- Damit wird auch eine wichtige Vorannahme offengelegt, daß man nämlich um so bessere Entscheidungen treffen kann, je mehr man weiß. Entscheidungen reduzieren Komplexität und im Regelfall weiß "man" genug, um entscheiden zu können. Im Trilemma von decision - action - talk (Brunsson, 1985) wird - auch durch MAB - organisationale Heuchelei produziert, die für das Funktionieren der Organisation unverzichtbar ist.
- Fast immer wird gefunden, daß sich der weit überwiegende Teil der Befragten in den meisten Fragen positiv geäußert hat. Es bleibt offen, ob sie sich mit den Umständen zufriedengegeben haben oder ob sie sich zufrieden gegeben haben.
- Die Ergebnisse sind ein Puzzle ohne Vorlage: die Einzelteile werden so collagiert, daß sie für die verschiedenen Adressaten Sinn machen.
- Die Initiative für MAB geht im Regelfall von den Personalabteilungen aus; sie schaffen damit Bedarf für ihre Dienstleistungen und sorgen so dafür, daß Probleme wahrgenommen werden, die (ihr) Handeln nötig machen.
- Gerade in Lean- und Reengineering-Zeiten, in denen die Notwendigkeit von Personalabteilungen in Frage gestellt wird, ist es hilfreich, sich als Spezialist zu profilieren, der Unruhe, Probleme, Frühwarnsignale diagnostiziert und für beide Seiten (Belegschaft wie Unternehmensleitung) Garant dafür ist, daß die Umbrüche nicht außer Kontrolle geraten.

- Die Lösungen für die identifizierten Probleme haben Personalfachleute im Repertoire und sie werden gebraucht bei ihrer Realisierung. Es werden für die vorhandenen Lösungen die nötigen und passenden Probleme gefunden.
- Wohl keine wirklich gravierende Organisationsinnovation wurde per MAB eingeführt.
- Die typischen Konsequenzen sind: Führungstrainings, Versprechen einer neuen Informationspolitik, Rubriken in der Werkszeitung und organisatorische Veränderungen (die man ohnehin erwogen hatte, für die es jetzt aber eine willkommen oder unterlegte Rechtfertigung gibt). Der Berg kreißt und gebiert eine Maus oder zwei.
- Fast immer wird ein hohes Interesse der Belegschaft nach oben gemeldet, ja sogar eine große Dankbarkeit, daß "man" sich endlich mal um ihre Sorgen kümmert. Durch intensive Promotion wird sicherheitshalber dafür gesorgt, daß der Rücklauf so groß ist (jede Zahl zwischen 40 und 100% ist "groß"), daß man nicht mehr von Einzelmeinungen reden kann.
- Es wird nicht versäumt, deutlich zu machen, daß die Umfrage Erwartungen geweckt hat und, daß Handlungsbedarf besteht. Auch das beschäftigt die Personalabteilung und sichert Anschlußaufträge.
- Die auffällige und nachdrückliche Betonung der Wahrung der Anonymität ist das Eingeständnis, daß Angst und Rückgratlosigkeit der Belegschaft als endemisch akzeptiert werden.
- Eine besonders prekäre Rolle spielen die mittleren und unteren Vorgesetzten. Es dürfte nämlich im Betrieb keine Probleme geben, weil sie dazu da sind, sie zu lösen. MAB sind Mißtrauenserklärungen der Unternehmensleitungen und ihrer Agenten, die sich aus anderen Quellen (von den MitarbeiterInnen, ungefiltert) Informationen verschaffen und damit die Lähmschicht unter Druck setzen können. Jede MAB ist auch eine Vorgesetztenbeurteilung. Die Kontrollfunktion, normalerweise ihr Vorrecht, sehen die Vorgesetzten plötzlich gegen sich gekehrt. Die Aktionen, die auf die MAB folgen, bringen Mehrarbeit für sie, und sei es nur an Rechtfertigungen.
- MAB sind Mehrzweckwerkzeuge, die zur Reparatur vieler Störungen eingesetzt werden können. Den Personalabteilungen nutzen sie am meisten. Das ist in Ordnung, denn wenn die anderen sich für ihre Klientel stark machen (Kundenbefragungen) - warum sollten die internen Kunden nicht mit guten Gründen von der Notwendigkeit überzeugt werden, die guten Dienste der Personalleute in Anspruch zu nehmen?

Wie geht's ?

Reinhard K. Sprenger

Ich habe mein Handwerk bei der 3M gelernt, ohne Zweifel ein Welt-Unternehmen mit einer langen Tradition in der Befragung seiner Mitarbeiter. Es fragte schon, als in Deutschland noch kaum jemand sich dafür interessierte „was das Volk denkt". Seit jeher gilt dort die Legitimität der Mitarbeiterbefragung (MAB) als gesichertes Wissen, ihre Methodik als bewährtes Vorgehen.

Heute ist das Messen des Stimmungsbildes zum Boulevard geworden. Standard-Fragebögen kauft man an der Ecke. Und ich anerkenne, daß viele Gutmeinende (gerade auch im obengenannten Unternehmen) glauben, man könne Mitarbeiter auf diese Weise ernstnehmen. Ich anerkenne, daß der gute Wille dominiert.

Aber das Gegenteil von gut ist bekanntlich gut gemeint. Die Sachverwalter der guten Absicht in den Personalabteilungen übersehen in ihrem instrumentellen Aktionismus wie sooft die versteckten Botschaften sowie die Spät- und Nebenfolgen ihres Edelmenschtums. Bringen wir etwas Licht in die dunklere Seite dieses angestrengten Moralismus.

1   Kind der Krise

Ich habe mich gewundert, daß die MAB immer noch aktuell genug ist, um den Titel eines Readers zu zieren. Denn aus meiner Perspektive ist sie eine eher frühindustrielle Sumpfblüte, Signum tiefgestaffelter Hierarchien. Bei flachen Organisationen müßte sich doch - dachte ich - das Thema und mithin das System erledigt haben.

Aber offensichtlich ist es mit offener Kommunikation, Vertrauenskultur, hierarchiefreiem Dialog etc. etc. noch nicht so weit her, um die atavistischen Spielzeuge der Personaler endgültig obsolet werden zu lassen. Der Blick in die Kugel der Wahrsagerin reizt offenbar nach wie vor. Warum? *„Da ist doch was im Busch!"* Man spürt, jemand ist unzufrieden. Ein oberflächliches Gefühl des Unwohlseins. Man hat das amorphe Gefühl, daß der Haussegen irgendwie schief hängt ... und schwärmt nun aus, um Genaueres zu erfahren, die Quellen des Unmuts dingfest zu machen.

Ist der Blinde Fleck der Selbstwahrnehmung so groß, daß da etwas aufzuhellen ist? Um es ganz deutlich zu machen: Abgesehen von rituellen Wiederholungszwängen oder Personalermoden erlebe ich die MAB nahezu ausschließlich als Kind der Krise. Das Kind liegt im Brunnen, und jetzt soll Rettendes wachsen. Die MAB artikuliert also vor allem eine spezifische Reparatur-Intelligenz ..., was per se noch nichts Schlechtes ist. Aber es verweist doch auf Versäumnisse, auf kommunikative Defizite. Selbst wenn man sie als „Frühwarnsystem" präventiv beschönigt - wer eine MAB braucht, hat den Kontakt verloren. Es offenbart sich eine defizitäre Führungskultur, die mit interrogativen Vorstößen kompensiert und schonungsvoll umwölkt werden soll. Kurz: Der Rückgriff auf das Instrument der MAB ist ein Offenbarungseid der Führung.

2   Das Spiel des Sokrates

Wer fragt, glaubt scheinbar an Informationen, die er nicht kennt. Aber die kann er nicht bekommen, weil man, um Fragen überhaupt kreieren zu können, über die Information schon verfügen muß. Man kann nicht fragen, ohne zu wissen.

Wonach man fragt, muß man mithin schon kennen. Deshalb *erhebt* sich die Frage. Sie drängt sich auf. Was man *vorher* weiß, wird *nachher* erfragt.

Und was man *nicht* kennt, wird auch nicht befragt. Meiner Erfahrung nach fragen Unternehmensleitungen, weil man *ahnt*, - aber nicht zahlenmäßig belegen kann. Normalerweise will man etwas beweisen. Zahlen, Kurven, Diagramme haben dabei in ihrer scheinobjektiven Wirkung für Manager eher Beweiskraft als Intuition.

Deshalb ist auch kein „überraschendes" Ergebnis möglich. Bei der Ergebnisbesprechung in der Vorstandssitzung werden positive, im Vergleich zu Vorbefragung verbesserte Ergebnisse wohlgefällig abgenickt. Negative Entwicklungen werden tendenziell wegrelativiert und auf alle möglichen Einflüsse zurückgeführt, nur nicht auf die selbstverantworteten. Die Suche nach den Ursachen wird hier fast zwangsläufig zur Suche nach Entschuldigung.

Wenn aber einmal etwas wirklich Unvorhergesehenes zu Tage tritt, wird es uminterpretiert und in das Erwartete eingebaut. Und wenn bei offenen Fragestellungen tatsächlich entschieden vom Hauptmeinungsstrom abgewichen wird, dann werden die fragenotwendig singulären Stellungnahmen dem Großkonsens der Nörgler zugeordnet: „Should we care?"

Es ist also umgekehrt: Die Antwort kommt vor der Frage. Denn die Befragung erfolgt vor dem Hintergrund eines ganz bestimmten Entwurfes vom Unternehmen, hat ein bestimmtes Bild von richtig und falsch zur Basis, - und ist insofern realitäts*erzeugend*, wo sie nur zu beobachten meint. Was wichtig ist, entscheiden die gewählten Kriterien. Ähnlich wie Wissenschaftler, die nicht ihre Instrumente und Theorien, sondern die Kriterien für die Vergabe von Nobelpreisen betrachten, berichtet der Mitarbeiter nicht das, was geschieht, sondern das, was andere für wichtig halten. Er konstruiert Wirklichkeit entlang der Kriterien, die andere für ihn ausgewählt haben. Entsprechend erwartet man anschließend nicht, was möglich ist, sondern man orientiert seine Erwartungen daran, was andere erwarten könnten. - Und ist ihn der Regel enttäuscht. Es sei denn, man erwartet mit fortgeschrittener Befragungsroutine, daß nichts zu erwarten ist.

Wenn Fragen die Wirklichkeit von den antizipierten Antworten her konstruieren, dann kann man das vom psychologischen Gefechtstand aus auch steuern: Denn Fragen - v.a. die wegen der computergestützten Auswertbarkeit bevorzugten sog. „geschlossenen" - können gewisse Bereiche auch ausblenden. Jede Frage engt ein, verengt den Blickwinkel auf das Befragte. Lenkt ab von Delikatessen und Tabus. Wenn z.B. der ungeeignete Sohn des Unternehmensgründers als Kapitaleigner und jetziger Vorstandvorsitzender das eigentliche Führungsproblem darstellt, können Sie fragen, bis sie schwarz werden.

Wer fragt, der führt ... den anderen dann an der Nase herum. Das Manipulative des Fragens ist von Sokrates perfekt vorgeführt worden. Nie hat er etwas wissen wollen, immer hat er schon gewußt und den Befragten zum Stichwortgeber degradiert. Die Fragen sind so aus- und eingerichtet, daß sich die vorausberechneten Antworten von selber einstellen. Dann hatte er sein Ziel erreicht. Antworte niemandem, der lauert!

3 Aufschlußarme Blicke

Erreicht nun, wer tiefer gräbt, in jeder Wüste die brunnenführende Schicht?

Die MAB ist eben keine Wahl, sondern eine Frage-Stellung. Kein Wahlzettel, sondern ein Fragebogen. Will die Wahl reine Zahlenverhältnisse feststellen und ist vom Gefühl der Sicherheit begleitet, die im Rechtsraum den Wahlakt schützt, so ist der Mitarbeiter, der den Fragebogen abgibt, weit entfernt von solcher Sicherheit. Fällt die Antwort auf ihn zurück? Ist er identifizierbar?

Wo der Fingerabdruck, gar der genetische Code oder durchtriebene statistische Verfahren drohen, wird die Anonymität öffentlich zu Markte und damit zu Grabe getragen. Auch die Antwort könnte folgenschwer sein ... für den Antwortenden. Und in Zeiten, in denen ganze Unternehmensteile ausgegliedert, verkauft oder dichtgemacht werden, könnte er in die Lage kommen, die Urkunde seines Untergangs zu unterzeichnen.

Zu schwarz gemalt? Die Befragung findet unter Macht-Bedingungen statt.

Der Befragte steckt mindestens in der Klemme, daß er vom Frager eingeladen ist, sich frei zu entscheiden, bei einem Spiel mitzuspielen, daß der Frager beenden kann. Darf ihm jemand ernstlich den Vorwurf machen, daß er sein Nein verschweigt und sich in die Phalanx der müden Claqueure einreiht? Daß er die Wacht am jein hält?

Denn sogar Schweigen ist ja eine Antwort. Von der Beteiligung wird die Moral der Mitarbeiter abgelesen. Wenn sie schweigen, wird man sie zu ihrem Schweigen kritisch befragen - und möglichlicherweise die Quittung dafür geben. So wird sicher mancher der Befragung gerne fernbleiben, wenn er nicht gerade dadurch unmißverständlich antworten würde. Ein Saboteur der Firmenkultur - was liegt da näher als der Gedanke, er könnte auch noch zu anderen Formen der Sabotage greifen. Nicht nur zur freizeitorientierten Schonhaltung.

Dem Befragten wird also Gelegenheit geboten, sich am Beifall zu beteiligen, - ja, seine Antwort *ist* Beifall. Die Kunst der Führung besteht also hier darin, die richtigen Fragen und die Fragen richtig zu stellen.

Die Antworten sind - weil anonym und hochaggregiert - in der Regel von höchster Allgemeinheit. Dahinter kann man sich wunderschön verstecken: Auf der Mitarbeiterseite (falls die Anonymität gesichert scheint): „Ich werde nicht weiter auffallen." Auf der Führungsseite: „Mich können die gar nicht meinen." Und wählt man, um ein scharfes bereichsspezifisches Röntgenbild zu erhalten, eine kleinere Gruppe oder Abteilung, so ist das prekäre Gut der Anonymität noch massiver bedroht.

Also doch eher aufschlußarme Blicke auf Termitenhügel.

4 Hidden agenda

Die impliziten, die unausgesprochenen Botschaften dieses Versteckspiels sind die wichtigen. Und die sagen auf der Mitarbeiter-Seite: Du da oben mußt Dich ändern, damit es mir besser geht! Hannemann, geh' Du voran! Das habe ich an anderer Stelle "Organisierte Unverantwortlichkeit" genannt.

Der eigene Anteil am Phänomen wird über das externalisierende Antworten überlagert; daß ich auch etwas zum Status quo beitrage ... als Antwortender bin ich das Opfer der Situation, ein Erleidender. Der hartnäckige Willen zur Ohnmacht wird hier noch symbolisch abgebildet.

Die hidden agenda auf der Führungs-Seite: Wir trauen Dir nicht zu, daß Du zu Deinem Wort stehst! Wir erkennen in Dir nicht den mündigen, erwachsenen Wahlbürger an! Du bist auch eigentlich kein Individuum, kein einzelner, kein Mündiger, - nein, Du bist Kollektivsingular: Belegschaft, Personal, Masse, eben: anonym.

Damit werden die Fehlhaltungen unterstützt, die Abhängigkeit, das Oben-Unten-Muster noch aufgetürmt, was die MAB doch so ambitiös untertunneln wollte. Das kommunikative Defizit, dessen Geburt sie ist, wird *durch* sie auf verdeckte Weise perpetuiert.

5   Inszenierung des Scheins

Bei jeder MAB schießen die Erwartungen durch die Decke. Anfangs. Nach einigen Befragungs-Gewittern verdursten auch die letzten Vorfreuden: „Schon wieder eine Befragung." Im Erleben der Mitarbeiter sind MAB Berge papierener Vergeblichkeit: eben völlig konsequenzlos.

Eine Befragung ohne Konsequenzen ist die Inszenierung des Scheins. Sie alimentiert nur den grassierenden Zynismus. Zynismus ist das Resultat von Konsequenzlosigkeit.

Und die ist im System angelegt. Von Anfängerfehlern wie das Nicht-Kommunizieren der Ergebnisse will ich hier gar nicht reden. Aber selten wird vorher erörtert: Was, wenn es nachher Geld kostet? Da Konsequenzen, wenn überhaupt, mit z.T. erheblicher Zeitverzögerung gezogen werden, werden sie kaum mehr der Befragung zugerechnet. Dem könnte man abhelfen, indem man den Zusammenhang der Aktion mit der Befragung deutlich macht.

Aber auch das hilft selten aus der Klemme. Die Krux ist die Differenz zwischen *mikro*kosmotischem Erleben und *makro*kosmotischer Reaktion.

Die Erwartungen des Mitarbeiters sind im Regelfall punktuell problembezogen und beziehen sich auf einen spezifischen Mißstand. Die Reaktionsweise des Unternehmens ist jedoch meistens flächig-allgemein.

Bei derart hochaggregierten Ergebnissen kann man ja auch kaum anders, als die Schrotflinte herauszuholen und auf *alle* zu schießen: Alle Führungskräfte geschlossen in die chemische Reinigung! Sprich: ins Führungsseminar. Dort sitzt man dann schuldbewußt und mit Leichenbittermiene respektive Trotzhaltung seine Strafzeit ab und macht anschließend weiter wie bisher. Der Mitarbeiter konstatiert, daß sich mal wieder nichts geändert hat.

6   Entlastungsarrangement

Und auch das ist im System angelegt. Denn: Wer hat etwas von der Befragung? Die Frager. Sonst würden sie nicht fragen. Das ist scheinbar banal, wenn nicht immer wieder behauptet würde, die Befragung läge vor allem im Interesse der Befragten.

Aber was? Das Fragen verbirgt die eigene Verantwortung. Alle kennen das Überspielen durch Fragen als einen alten Gaunertrick. Damit kann man den anderen beschäftigen, irritieren, lenken. Mangel an Interesse kann man uns ja nicht vorwerfen - uns, die wir durch MAB fortwährend belegen, wie wichtig uns die Meinung der Mitarbeiter ist. Oder belegen wir vielmehr, wie wichtig uns das *Eindringen* in die Mitarbeitermeinung ist? Um Sie besser unter Kontrolle zu haben? Nichts anbrennen zu lassen? Das Fragen beschützt nur den Frager. Das Antworten gibt den Antwortenden frei und läßt ihn fallen.

„Aber es interessiert mich doch, was die Leute sagen!" Ja, es interessiert Sie deshalb, weil alles so bleiben soll, wie es ist. Das Management ist am Gleichbleiben interessiert. Deshalb fragt es. Durch Fragen bewahrt es sich vor Veränderung. Es frage nach, um den Veränderungswillen zu kanalisieren. In Zeiten des Change Management ist die MAB eines der veränderungsfeindlichsten Instrumente. Ein Ritual zur Aufrechterhaltung des Status Quo. Auswurf der Alles-im-Griff-Mentalität. Ein partizipatorischer Appetitzügler: „Seht her, wir wollen wissen, wie Ihr uns seht." Damit alles so bleiben kann, wie es ist.

Wie das Prinzipat des Augustus, der den Senat als römisch-republikanische Zentralgewalt ausschaltete, symbolisch aber weiter unterhielt, indem er ihm Ersatz-Handlungen anbot: Bei den circensischen Spielen, die z.T. wochenlang dauerten, waren die Senatoren gleichsam Dauer-Schiedsrichter, waren sie auf öffentlich wirksame Weise Herrscher über Leben und Tod. Eine Inszenierung des Scheins. (Immerhin hat Augustus auf diese Weise dem römischen Reich die längste Friedenszeit des Imperiums geschenkt.)

Wie die römischen Sentoren, die, entmachtet, vor lauter Daumenheben und -senken ins Keuchen kamen, mit banalen, aber symbolisch hochaufgeladenen Entscheidungen „beschäftigt" wurden, so wie man Kinder beschäftigt, - so beschäftigt man Mitarbeiter. Die Entfernung von der Macht wird mit einem Kompensations-Ritual optisch verkürzt. Hinter auftrumpfender Belanglosigkeit verbirgt sich Ohnmacht. Wer nichts zu sagen hat, wird befragt.

Abermals: Der Fragebogen ist kein Wahlzettel. Eine Abwahl ist nicht möglich. Das erzeugt die Illusion der Freiheit; des demokratischen Scheins. Wir lernen Rechnen, Schreiben und Lesen, indem wir rechnen, schreiben und lesen. Wir lernen Demokratie, indem wir Vorträge darüber hören.

Haben aber ausschließlich die Frager etwas davon? Der Mitarbeiter öffnet seinen DenkZettelKasten: Worüber könnte man sich denn mal beschweren? Über die anderen! Über den Chef! Da kann man auch ruhig mal ein bißchen überzeichnen, um zu verdeutlichen!

In den Rückmeldungen ist deshalb immer ein pädagogisches Element enthalten. Weil man für die Konsequenzen der Rückmeldung nicht verantwortlich sein muß! Das ist billig. Das muß man nicht erklären, nicht rechtfertigen. Nein, die MAB fungiert auch als Entlastungs-Ritual für Antworter. Sie können im Schutz der Anonymität ihr Mütchen kühlen, ansonsten aber im Sessel bleiben. Sie müssen nicht Flagge zeigen. Die Datenberge bergen. Denen da oben hat man mal so richtig die Meinung gesagt.

7   Fragesteller, Fallensteller

Wir leben in Zeiten, in denen ununterbrochen Fragesteller an uns herantreten. Diese sind jedoch nicht nur von Neugier erfüllt. Indem sie sich uns mit ihren Fragen nähern, erwarten Sie von uns nicht notwendig, daß wir zur Lösung von Problemen beitragen. Sie legen nicht auf unsere Lösung, sie legen auf unsere Antwort Wert.

Ein wichtiger Unterschied. Er nähert die Fragen den Verhören an. Ich habe es schon immer auf meinem Konsum an Historienfilmen zurückgeführt, daß mir bei dem Wort

„Befragung" immer das Attribut „hochnotpeinlich" einfällt. Das hochnotpeinliche Ver-
hör der heiligen Inquisition. Gestehe!

Der eine oder andere mag sich noch an die 1983 in Deutschland heftig geführte Diskussion über die geplante Volkszählung erinnern. Der hartnäckige Widerstand war für
viele überraschend. Aber die Bevölkerung wehrte sich gegen die Methode der Selbst-
entblößung: Wie geht es Dir? - Und Warum? - Was denkst Du? - Wie denkst Du? -
Und Warum? - Warum tust Du dies und unterläßt Du das?

Die MAB teilt das Unternehmen in Frager und Befragte. Die Frage wird oben gestellt
und unten beantwortet. „Noblesse oblige" - der freie Herr befragt den Sklaven, damit
dieser danach wisse. Die Frage wird niemals unten gestellt und oben beantwortet. Daß
nämlich der Sklave seinen Herrn befragt, gar noch *aus*fragt - Undenkbar.

Der Frager macht sich durch die Frage zum Herrn; das Befragtwerden macht aus dem
anderen einen Knecht. In der *Einseitigkeit* der MAB liegt die Obszönität des Vorgangs.
Das Asymmetrische macht aus der MAB eine Besichtigung. So wie man Tiere im Zoo,
die schöne Aussicht und das Betriebsklima besichtigt. Das Recht zu fragen hat der Be-
sichtigende. Im englischen opinion- „survey" ist es erhalten geblieben: betrachten, ver-
messen, begutachten. Man stelle sich das vor: „Und wie hoch würden *Sie* denn Ihre Arbeitsmoral einschätzen, Herr Vorstandsvorsitzender?" Unmöglich, Protokollfehler
schlimmster Sorte!

Die verdeckte Wirkung der MAB ist also letztlich die Fortführung und Stabilisierung
des hierarchischen Denkrahmens. Der stechende Blick des Fragers zielt nicht auf Ver-
änderndes, sondern auf Bleibendes: „Wir müssen viel ändern, damit alles beim alten
bleibt." Schlimmer noch: Die Wirkung des kollektiven Ausgefragtwerdens ist des Belä-
cheltwerdens.

„Ja, darf man denn keine MAB mehr durchführen?" Da ist sie wieder, die nötigende
Umformung einer Aussage in eine Frage. Und die wirksamste Frage ist die (jeder Ver-
käufer weiß das), auf die man nicht mit Nein antworten kann. „Aber ich *frage* doch
nur." Genau das ist der Punkt! Sie sagen nicht, was zu sagen ist, fordern nicht, was zu
fordern ist, verhandeln nicht , was zu verhandeln ist. Wenn Sie etwas verändern wollen,
ist *Sagen* angesagt. Ein unbefragtes Sagen, daß sich nicht unter der Frage antwortend
duckt. Nur das Sagen hat die Kraft des Ändernwollens. Nur dem Sagen geht selbstge-
wählte Entschiedenheit voraus. Nur das Sagen ist Resultat explosiven Veränderungswillens jenseits ubiqitärer Fundamentalverdrossenheit. Nur wer sagt, will ändern.

8   Blinde und Lahme

„Wie geht's" - das ist das Kernparadigma der MAB. Wie im wirklichen Leben gibt die
Frage nur vor, in Erfahrung bringen zu wollen, wie sich das Befinden befindet. Die
Antwort - meist vielsagend, daher nichtssagend - interessiert nicht. Und wiederum wie
im wirklichen Leben fragen auch bei der MAB die am penetrantesten nach dem Erge-
hen, die am meisten dazu beigetragen haben, daß es schlecht geht.

So spielen denn beide, Befrager und Befragter, im Spiel der Desinteressierten mit
Formel des Interesses. G. Ch. Lichtenberg brachte das schon vor zweihundert Jahren auf
den Punkt: „Wie geht's, sagte ein Blinder zu einem Lahmen. Wie Sie sehen, antwortete
der Lahme."

Sünden bei Mitarbeiterbefragungen - Zusammenfassung der wichtigsten Fehler und Fallgruben

Walter Bungard, Ingela Jöns und Jürgen Schultz-Gambard

In den verschiedenen Beiträgen dieses Readers sind die Möglichkeiten und Grenzen von Mitarbeiterbefragungen (MAB) anhand zahlreicher Beispiele deutlich vor Augen geführt worden. Dabei wurde dargelegt, daß eine MAB ein personalpolitisches Instrument darstellt, dessen Qualität von der kompetenten Entwicklung und Anwendung durch die Beteiligten abhängt. Richtig eingesetzt kann eine MAB zu einem Schlüsselelement im Zuge eines Veränderungsprozesses werden, falsch verwendet hinterläßt sie u.U. Mißtrauen, Zynismus und weitere Verhärtung mikropolitischer Grabenkämpfe. Lieber keine MAB als eine schlecht durchgeführte, so unser eindringlicher Ratschlag.

Wie man eine optimale MAB plant und durchführt läßt sich natürlich nicht präzise festlegen, aber es gibt eine Fülle von Regeln, die man beachten sollte, so das Plädoyer der Autoren in diesem Band. Zum Abschluß dieses Readers wollen wir deshalb diese MAB-Prinzipien nicht nochmals wiederholen. Statt dessen soll ein Negativ-Katalog der wichtigsten Sünden bei MAB aufgestellt werden, mit der Hoffnung, auf diese Art und Weise die "Botschaften" in den vorherigen Artikeln prägnant und einprägsam zusammenzufassen.

Um Sünden im eigentlichen Sinne handelt es sich dabei nicht, denn es gibt ja keine "göttlichen Gebote der Mitarbeiterbefragung", gegen die verstoßen werden könnte. Es gibt aber eine "Anwendungslehre der Mitarbeiterbefragung", die sich auf methodische Aspekte der Instrumentenentwicklung, auf organisatorische Aspekte der Durchführung der Befragung sowie auf strategische Aspekte des Befragungsansatzes, der Rückmeldung und Verwertung der Ergebnisse bezieht. Teil dieser Anwendungslehre sind also methodische, organisatorische und strategische Regeln. Gegen diese Regeln kann man verstoßen. Dabei gibt es sicherlich leichtere und schwerere Regelverstöße. Die ganz schweren Verstöße stellen das Ziel einer Befragung insgesamt in Frage oder sogar auf den Kopf, indem sie kontraproduktive Nebeneffekte erzeugen. Das sind die Regelverstöße, die wir hier als Sünden bezeichnen wollen.

Diese Sünden werden in den wenigsten Fällen absichtlich begangen, sondern meistens aus Bequemlichkeit, falscher Sparsamkeit oder mangelnder Kenntnis der negativen Nebenwirkungen irgendwelcher eigentlich gut gemeinter Durchführungsmodifikationen. So können vermeintlich "preiswerte oder billige" Befragungen (z.B. kurzer Fragebogen, keine statistische Auswertung, wenig Organisation, keine aufwendigen Informationsmaßnahmen) sehr teuer werden, weil sie bestenfalls informationsleere Ergebnisse (d.h., die Maßnahme selbst war eine verlorene Investition), schlimmstenfalls aber falsche Ergebnisse produzieren (die Folgekosten von falschen - auf falschen Ergebnissen beruhenden - Maßnahmen, sind oft kaum noch abschätzbar) und neben den Ergebnissen negative Nebeneffekte wie Motivationseinbußen, Ärger oder innere Kündigung bei den Mitarbeitern produzieren.

Absichtliche Sünden gibt es in Einzelfällen auch, z.B. gezielte Versuche, die Anonymität aufzudecken. Dies sind die wirklichen Todsünden, für die es gar keine Entschuldigungen gibt, und die direkt in das unternehmenspolitische Fegefeuer eines grundlegend zerstörten Betriebsklimas führen.

Die Identifikation der Sünden erfolgte in diesem Beitrag nicht aufgrund von Lehrbuchwissen oder theoretischen Überlegungen, sondern ist das Produkt langjähriger Erfahrungen mit der oft großen Diskrepanz von Anspruch und Wirklichkeit bei der Durchführung betrieblicher MAB. Daher handelt es sich bei vielen Regeln eigentlich um Selbstverständlichkeiten, deren Anführung fast schon peinlich ist. Wir haben die Verstöße gegen diese Regeln aber dennoch aufgenommen, weil derartige Sünden wider besseren Wissens in der Praxis dennoch immer wieder begangen werden.

Die Anwendungsregeln beziehen sich, wie gesagt, jeweils primär auf verschiedene Aspekte der MAB, doch hat die Verletzung einzelner Regeln zumeist weitreichendere Konsequenzen. So haben zum Beispiel methodische Sünden strategische Konsequenzen und strategische Verstöße wirken sich wiederum auf die methodische Güte der Ergebnisse aus. Im folgenden werden daher die Sünden und Fallgruben entlang der Planungs- und Durchführungsphasen einer MAB aufgeführt und um einige Grundsatzfragen ergänzt. Beginnen wir mit der Frage nach dem Zeitpunkt, wann eine MAB durchgeführt werden sollte - bzw. wann nicht.

1. Mitarbeiterbefragungen nur einmal und nur in Schönwetterperioden

In der allerersten Phase, wenn in Unternehmen darüber diskutiert wird, ob eine MAB zum aktuellen Zeitpunkt durchgeführt werden soll, taucht immer wieder das Argument auf, daß gerade jetzt die Atmosphäre im Betrieb nicht so günstig sei, um eine Befragung zu machen, man würde nur negative Ergebnisse einsammeln, und schließlich solle man keine schlafenden Hunde wecken. Daraus wird die Konsequenz gezogen, die Befragung dann zu planen, wenn man gerade in eine Schönwetterperiode hineingerät. Aber das ist möglicherweise ein ganz gravierenden Fehler. Denn wer das tut, degradiert eine MAB zu einem Instrument, daß dann eingesetzt wird, wenn man es gerade nicht nötig hat. Denn besonders in schwierigen Phasen sollte es ein zentrales Ziel sein, Mitarbeiter wieder ins Boot zu holen, sie durch Befragungen für laufende Prozesse zu sensibilisieren usw.

Insofern kommen MAB einerseits nie zum richtigen Zeitpunkt. Andererseits ergibt sich aus dem Sinn von MAB, daß zumindest eine gezielte Verschiebung in Schönwetterperioden nicht zweckdienlich ist. MAB erlangen gerade dadurch ihre strategische Bedeutung für Veränderungsprozesse, daß sie in der Startphase richtungsweisende Ausgangsdaten und in späteren Phasen Vergleichsdaten für eine mögliche Richtungskontrolle liefern. Eine erste Konsequenz ist, daß häufig MAB gerade während eines Stimmungstiefs zum ersten Mal erhoben werden (müssen), um die Ergebnisse für die Einleitung des Veränderungsprozesses nutzen zu können.

Eine zweite Konsequenz ist, daß MAB nicht als einmalige Aktion angelegt werden sollten, denn ihren eigentlichen Wert gewinnen sie aus der Wiederholung und dem Vergleich der Ergebnisse über die Zeit. Nur so werden sie zu einem diagnostischen Element eines kontinuierlichen Veränderungsprozesses. Und dabei ist wiederum das Timing wichtig, welches sich nicht am "Wetter" orientieren darf: MAB sollten nicht zu selten, aber auch nicht zu oft erfolgen. Zumindest sollte für die Befragten zwischen den Befragungen erkennbar sein, daß die Ergebnisse der letzten Befragung wirklich zu Konsequenzen in Form von Maßnahmen geführt haben. Wenn das nicht gegeben ist, sollte man die geplante Befragung lieber etwas verschieben oder besser noch von vornherein später einplanen.

Zusammenfassend ergibt sich daraus, daß die Befragungszeitpunkte nach den Phasen des Veränderungsprozesses geplant werden sollten, für welche die Ergebnisse auch genutzt werden sollen.

2. Invasion von verschiedenen Mitarbeiterbefragungsaktionen

Ein häufiger Fehler besteht darin, MAB losgelöst von anderen Aktivitäten in einem Betrieb durchzuführen. Dies läuft in der Praxis häufig darauf hinaus, daß möglicherweise die Mitarbeiter geradezu von einer Welle verschiedenster Befragungen überrollt werden.

Gerade in Zeiten, in denen sich möglicherweise eine Vielzahl von Beratern gleichzeitig in einem Haus befinden und in diesem Zusammenhang geradezu eine Invasion von Projektgruppenaktivitäten stattfinden, gerade in solchen Phasen kann es leicht sein, daß alle diese Projektgruppen ihrerseits wieder mit einem Absolutheitsanspruch antreten und deshalb auch eigene Diagnosen durchführen. Da kann es schnell vorkommen, daß parallel zueinander eine Vielzahl von Diagnoseaktivitäten eingerichtet werden. So gibt es z.B. eine TQM-Projektgruppe, welche die Qualität eines Unternehmens messen möchte, daneben versucht eine "Coporate-Identity-Truppe" mit Hilfe einer Befragung ebenfalls das Selbstverständnis eines Unternehmens zu erfassen. Eine Personalabteilung hat unabhängig davon wiederum möglicherweise eine Vorgesetztenbefragung oder Organisationskultur-Analyse geplant und führt diese durch usw. Ein solches Unterfangen führt notgedrungen zu einer Befragungsmüdigkeit und Aversion bei den Befragten, und damit ist keiner dieser Projektgruppen gedient.

Von daher muß die Devise lauten, die Befragungsaktionen möglichst aufeinander abzustimmen, wobei man im Einzelfalle entscheiden muß, welche Befragungsarten miteinander kombiniert werden können. Jöns hat in ihrem Beitrag dargelegt, daß bspw. die Erhebung von Vorgesetztenbeurteilungen und MAB möglicherweise in der Erhebungsphase kombiniert werden können, daß aber bei dem Feedback aus verschiedenen Gründen eine Trennung vorgesehen sein muß. Es gibt jedoch viele andere "Projektbefragungen", die durchaus im Rahmen einer umfassenden MAB durchgeführt werden können. Und man sollte in jedem Falle eine Optimierung in dieser Richtung erzielen, um Befragungsfrust zu vermeiden.

3. Unklare Ziele: Mitarbeiterbefragung für Alles und Nichts

Bei der angeführten Abstimmung verschiedener Projekt- und Befragungsinteressen gilt es gleichzeitig einen anderen Fehler zu vermeiden, daß nämlich die Ziele und Funktionen der MAB nicht verschwimmen. Noch gravierender ist die Fallgrube, daß die Ziele der MAB überhaupt unklar sind. Gerade mit der Orientierung an dem EFQM-Modell und der quasi normativen Einforderung von MAB liegt die Gefahr besonders nahe, daß diese durchgeführt werden, ohne daß klar ist, welche genauen Funktionen sie eigentlich haben sollen. Häufig führt dies in der Konsequenz dazu, daß die Ergebnisse solcher Befragungen nicht zurückgemeldet und nicht in Maßnahmen umgesetzt werden.

Auch sollten Funktionen und Ziele vorab genau geklärt werden, damit das Meßinstrument darauf hin konstruiert werden kann. Man will ja in einem Unternehmen nicht irgend etwas fragen, sondern nur das, wozu man auch etwas wissen und gegebenenfalls verändern will. Insofern sollte mit den Machtpromotoren, der Unternehmensleitung, usw. vorab z.B. in speziellen Gründungsworkshops geklärt werden, was eigentlich die Ziele der Befragung sein sollen.

Positive Konsequenz solcher Zielklärungen kann bereits sein, daß Unklarheiten, widersprüchliche Zielvorstellungen oder gar Konflikte innerhalb der Leitung deutlich werden, die nahelegen, besser erst einmal keine Befragung durchzuführen, sondern vorab die Unklarheiten, Widersprüche und Konflikte zu klären; eine Erkenntnis, die auf diese Weise billig gewonnen wird und mehr Erfolg bringen kann, als eine aufwendig, aber vorschnell durchgeführte große Befragungsaktion.

4. Projektmanagement: Mitarbeiterbefragungen ohne Kompetenz

Gesagt - getan, so der Traum auch bei Mitarbeiterbefragungen. Schließlich handelt es sich doch nur um eine Datensammlung, d.h. Fragebogen verschicken, Rücklauf abwarten und Auswertung per PC. Der Fehler besteht nun nicht nur darin, daß der organisatorische Aufwand zumeist vollkommen unterschätzt wird, die Anforderungen an die methodischen Kompetenzen auf Statistik und Computerprogramme reduziert werden und die Notwendigkeit einer sozial-kompetenten Umsetzung mit der Zusicherung von Anonymität abgehakt wird, sondern daß die macht- und mikropolitische Dimension einer MAB kaum berücksichtigt wird.

Zu den ersten Punkten läßt sich leicht darüber Konsens erzielen, daß eine MAB mehr ist als eine schnelle Datensammlung und von daher eines professionellen Projektmanagements bedarf, welches über ausreichend Ressourcen und Kompetenzen in organisatorischer, psychologischer und methodischer Hinsicht verfügt. Schwächen im Projektmanagement führen in der Praxis zu Chaos und Fehlern bei der Befragung. Im schlimmsten Fall bedeutet dies, daß die Befragungsaktion als Fehlinvestition abgeschrieben werden muß, die dabei aber immer auch negative Spuren bei der Belegschaft hinterlassen wird.

Noch gravierender für den Erfolg oder Mißerfolg einer MAB im Hinblick auf die angestrebten Veränderungsprozesse, ist die Unterschätzung oder Ausnutzung der macht- und mikropolitischen Seite, und hier bereits im Rahmen der Einrichtung des Projektmanagements. Will man eigentlich keine Befragung oder zumindest keine anschließenden Veränderungsprozesse, dann sollte man einen netten, damit es nicht auffällt, aber machtlosen Mitarbeiter zum Projektleiter ernennen und fachkompetente, aber ebenso machtlose Mitarbeiter um ihn scharen. Damit hat man eine (wirkungslose) Projektstruktur geschaffen, den Anschein gewahrt. Wenn es sich dann doch nicht vermeiden läßt, einen Lenkungsausschuß als übergeordnetes Entscheidungsgremium einzurichten, gewinne man Führungskräfte, die auch kein Interesse oder keine Zeit haben, sich wirklich mit der MAB auseinanderzusetzen. Sie sollten hierarchisch hoch angesiedelt sein, damit man die ausreichende Rückendeckung dafür erhält, daß nichts passiert. Dieses Gedankenspiel läßt sich analog für die Situation fortführen, daß man die Befragung in eine bestimmte Richtung lenken will oder mögliche Erfolge für die eigene Karriere nutzen will, aber einen schwarzen Peter für mögliche Mißerfolge bereit hält, usw.

Die Konsequenz zur Vermeidung dieser Fallgruben ist, daß MAB ein professionelles Projektmanagement erfordern und die Zusammensetzung von Projektgruppen und Entscheidungsgremien nicht nur nach fachlicher, sondern auch nach hierarchischer und persönlicher Kompetenz erfolgen sollte. Dabei ist anzustreben, daß Führungskräfte aller Unternehmensbereiche vertreten sind. Es mag in manchen Situationen durchaus opportun sein, auch Skeptiker oder Gegner mit ins Boot zu holen, wobei aber die Promotoren der Veränderungsprozesse in der Mehrzahl sein sollten. Zudem hat sich bewährt, eine Projektorganisation bzw. Infrastruktur für die MAB nicht nur zentral, sondern auch dezentral zu etablieren.

5. Das Mittlere Management unter Druck setzen

Diese Strategie dominiert immer dann, wenn die Geschäftsführung sich vordergründig mit den Mitarbeitern solidarisiert, um auf diesem Weg Druck auf das Mittlere Management auszuüben. Und die Durchführung einer MAB ist eine willkommene Gelegenheit, dieses Ritual zu wiederholen. Die effektivste Methode besteht darin, den Managern im Mittleren Bereich unmittelbar damit zu drohen, daß aus den Ergebnissen der MAB ernsthafte Konsequenzen abgeleitet werden. Nun ist die Aussage, daß aus den Befragungsergebnissen Konsequenzen gezogen werden, nicht falsch. Aber der Sinn besteht ja gerade darin, daß die Führungskräfte insbesondere im operativen Bereich mit den Mitarbeitern über die Ergebnisse diskutieren sollen, um gemeinsam nach Ursachen zu forschen und Abstellmaßnahmen einzuleiten. Und es ist sicher auch nicht im Sinne des Erfinders, wenn Vorgesetzte sich diesem Prozeß entziehen wollen.

Aber Voraussetzung ist natürlich, daß die Führungskräfte eben nicht Angst vor Verlust ihrer Machtposition haben oder im Extremfall sogar befürchten müssen, daß sie ihren Arbeitsplatz verlieren, sondern alle Führungskräfte müssen statt dessen von vornherein in die Zielsetzung einer MAB eingebunden werden. Sie müssen im Zweifelsfalle auf ihre Präsentationsrolle vorbereitet werden. Und sie müssen lernen, je nach Kultur natürlich, daß MAB eine willkommene Gelegenheit sind, sich tatsächlich mit den "Geschäftsberichten von unten" auseinanderzusetzen, und damit eine Chance zur Verbesserung darstellen. Die Vorgesetzten der Vorgesetzten müssen wiederum darauf vorbereitet werden, eine Coaching-Funktion dergestalt zu übernehmen, daß sie die unter ihnen situierten Vorgesetzten gerade in dieser Rolle verstärken. D.h. sie sollen nicht schadenfreudig herausfinden, welcher Vorgesetzte schlecht bewertet worden ist, um ohnehin eine alte Rechnung begleichen zu können, sondern Zielsetzung ist es, sich aus den konkreten inhaltlichen Punkten rauszuhalten und statt dessen eher die Führungskräfte darin zu unterstützen, daß sie ihrer Rolle im Rahmen der MAB gerecht werden.

In der Praxis läuft das Ganze darauf hinaus, daß in der Feedback-Phase die Vorgesetzten nicht wie Gladiatoren in eine Arena geschubst werden, um sie dem Fraß der Mitarbeiterbefunde auszusetzen, sondern mit ihnen ein Training im Sinne eines begleitenden Personalentwicklungsprozesses durchzuführen - das ist das Gebot der Stunde. Und hierzu dienen dann nicht nur Instruktionssitzungen und Handouts, sondern vor allem zu diesem Zweck, möglicherweise vor- und nachgelagert, durchgeführte Workshops, um Führungskräfte von Beginn an und über den ganzen Prozeß hinweg einzubinden und zu unterstützen.

6. Ausklammerung des Betriebsrates

Ein typischer Fehler, der bei MAB immer wieder zu beobachten ist, besteht in der systematischen Ausklammerung des Betriebsrates aus der Vorbereitungs- und Planungsphase. Es ist zwar hinlänglich bekannt, daß der Betriebsrat grundsätzlich seine Erlaubnis zu einer MAB geben muß, so daß rein formal eine Beteiligung erfolgt. Man versucht aber ansonsten die Zusammenarbeit auf ein Minimum zu reduzieren. Wahrscheinlich mit der Absicht, um später in Abhängigkeit von den Ergebnissen der Befragung größere Handlungsspielräume zu haben.

Nun ist es weiterhin eine bekannte Tatsache, daß grundsätzlich bei Veränderungsprozessen und damit auch bei MAB eine Mitarbeit der Betriebsratsmitglieder unumgänglich ist. Es ist z.B. wichtig, daß im Vorfeld der Betriebsrat bei den Mitarbeitern signalisiert, daß er selbst sich auch mit den Zielen einer solchen Befragungsaktion identifiziert. Häufig wenden sich Mitarbeiter auch in der Vorphase direkt an den Betriebsrat, um weitere Informationen zu erhalten. Vor dem Hintergrund dieser Tatsache dürfte es klar sein, daß ein Betriebsrat, der nicht hinter der Aktion steht, sehr leicht eine solche Befragung z.B. durch Negativwerbung, aber auch durch Zustimmungsverweigerung bei Folgemaßnahmen torpedieren kann. Ergebnis ist dann nicht nur eine niedrige Rücklaufquote bei der Befragung, sondern eine geringe Maßnahmenumsetzung im Anschluß, die dann letztlich die Akzeptanz einer MAB insgesamt in Frage stellt.

Von daher kann nur die Empfehlung ausgesprochen werden, den Betriebsrat möglichst von Anfang an in die Projektgruppe zu integrieren und PR-Maßnahmen gemeinsam mit dem Betriebsrat zu starten. Wenn auf der Basis einer MAB Veränderungsprozesse geplant werden, dann ist zu berücksichtigen, daß auch in der Nachbereitungsphase die Unterstützung des Betriebsrates wichtig ist. Im übrigen sollte man bei der Gestaltung des Fragebogens darauf achten, daß die Belange aus Sicht der Mitarbeiter abgefragt werden, und auch hier liegt es auf der Hand, daß gerade der Betriebsrat diese Perspektiven sehr gut kennt und sich von daher wertvolle Hinweise für die Gestaltung eines Fragebogens ergeben können.

Fazit zu diesem Punkt: Der Betriebsrat sollte nicht nur nicht ausgeklammert, sondern so weit wie möglich in den gesamten Prozeß als Gesprächspartner einbezogen werden.

7. Standardfragebogen ohne direkten Bezug zur Lebensrealität

Es liegt in der Natur der Sache, daß diejenigen, die MAB konkret durchzuführen haben, auf bewährte Instrumente zurückgreifen und bei außerbetrieblichen Institutionen ist ein solches Verhalten sicherlich auch sehr ökonomisch. Aber je mehr ein Standardinstrument eingesetzt wird, desto weniger können spezifische Fragen in einem Fragebogen auftauchen. Das bedeutet, daß z.B. notgedrungen keine Fragen in dem Instrument enthalten sind, in denen der Bezug zu den tatsächlichen konkreten Rahmenbedingungen eines Unternehmens gegeben ist und auch zu aktuellen Strategien nicht hergestellt werden kann.

Ein solches Verfahren ohne Bezug zur Lebensrealität der Befragten wird die Akzeptanz bei den Mitarbeitern reduzieren und erfüllt von daher nicht die Diagnosefunktion. Zudem werden die Fragen auch als nicht besonders relevant angesehen und vor allem, dies ist der wichtige Punkt, solche Fragen eignen sich nur bedingt, um ganz konkrete Maßnahmen aus den Befragungsdaten zu entnehmen.

In der Praxis sollte man von daher einen Kompromiß dergestalt schließen, daß einerseits standardmäßig ein Pool von Fragen gestellt wird, um auf der Basis von Benchmarks Vergleiche mit anderen Betrieben herstellen zu können. Aber auf der anderen Seite sollte der Fragebogen auch ganz konkrete Inhalte enthalten, die mit der augenblicklichen Situation und mit den Anforderungen solcher Instrumente im Hinblick eines Veränderungsprozesses etwas zu tun haben. Die Befragten sollten sich in den Fragen wiedererkennen können, da sie sich ansonsten nicht ernst genommen oder falsch eingeschätzt vorkommen werden. Nur so wird neben der Akzeptanz auch tatsächlich ein Veränderungsprozeß in Gang kommen.

8. Konstruktion des Fragebogens - Sparen am falschen Platz

Unternehmen neigen dazu, die Fragebögen möglichst kurz halten, sowie schnell und ohne viel Aufwand entwickeln zu wollen. Diese Sparphilosophie führt nicht nur zu unbrauchbaren Ergebnissen, sondern stellt auch die Ernsthaftigkeit der ganzen Aktion aus Sicht der Mitarbeiter in Frage. Abgesehen von der angesprochenen Problematik beim Einsatz von Standardfragebögen, wird im einzelnen bei der Konstruktion von Fragebögen an drei falschen Ecken gespart: ein zu kurzer Fragebogen, ein schlampig konstruierter Fragebogen und eine ungenügende Überprüfung des Fragebogens.

Erste Sparsamkeit: ein zu kurzer Fragebogen

Am besten mit nur 15 Items auf einer DIN A 4 - Seite. Solche Fragebögen können nicht so valide und reliabel, d.h. gültig und verläßlich, sein, wie ein ausreichend langer Fragebogen, bei dem die zu erfragenden Sachverhalte mit mehreren Items erfaßt werden. Multiple Indikatoren verleihen mehr Informationssicherheit und Informationsdifferenziertheit. Besonders schlimm wird es, wenn die Reduzierung auf einen möglichst kurzen Fragebogen mit dem Wunsch nach möglichst genauer und differenzierter Information einhergeht, weil man dann versucht, mit den wenigen Fragen möglichst viele Einzelinformationen zu erfassen. In der Regel führt das zu uneindeutigen Fragen und damit auch zu uneindeutigen Antworten und uneindeutigen, d.h. in ihrem Wert reduzierten, eigentlich unbrauchbaren Informationen.

Grund für das Bestreben, Fragebögen möglichst kurz zu halten, ist in der Regel das Bemühen, die Befragungskosten klein zu halten. Vorgeschoben wird aber oft, daß man die Mitarbeiter schonen möchte, indem man den Beantwortungsaufwand möglichst gering hält. Richtig ist sicherlich, daß die Mitarbeiter nicht begeistert Fragebögen ausfüllen und viele schon ziemlich fragebogenmüde sind. Aber ein oberflächlicher, die Probleme nicht wirklich erfassender, weil zu kurzer Fragebogen demotiviert die Mitarbeiter dadurch, daß er signalisiert, daß man an genauen, differenzierten Antworten eigentlich gar nicht interessiert ist, man den Sachen nicht wirklich auf den Grund gehen will, d.h. die Mitarbeitermeinung einem eigentlich gar nicht so wichtig ist.

Zweite Sparsamkeit: ein schlampig konstruierter Fragebogen

Ein Fragebogen, bei dem durch schlechte Frageformulierungen, unübersichtliche Anordnungen, widersprüchliche Fragen, unverständliche Fragen, uneindeutige Skalierungsvorgaben usw. bereits dem Laien deutlich wird, daß er unprofessionell gemacht wurde, führt nicht nur zu inhaltsleeren und u.U. falschen Ergebnissen, sondern signalisiert den Befragten, ähnlich wie vorab beschrieben, daß man nicht wirklich ernsthaft an ihren Antworten interessiert ist. Ein echtes Interesse an der Mitarbeitermeinung nämlich zeigt sich auch in der Ernsthaftigkeit des Bemühens um eine handwerklich einwandfreie Erstellung der Meßinstrumente.

Dritte Sparsamkeit: ungenügende Überprüfung des Fragebogens

In der Meßtechnik muß jedes neue Meßinstrument kalibriert werden. Das gilt auch für psychologische Meßinstrumente. So muß jeder Fragebogen am besten unter "Ernstfall-bedingungen" erprobt und vorgetestet werden, ob die Fragen alle verstanden werden, ob es bei den Antworten unterschiedliche Bedeutungszuweisungen gibt, ob die Beantwortung einzelner Fragen u.U. zu schwierig ist oder auch zu leicht (wenn nämlich bei bestimmten Fragen alle oder fast alle Befragten die gleiche Antwort geben, "produziert diese Frage keine Varianz" und das Ergebnis ist informationslos), ob der Bogen nutzerfreundlich ist (übersichtlich, klar gegliedert, Fragen zu gleichen Sachverhalten in Fragenkomplexen zusammengefaßt usw.), ob der Fragebogen die Teilnehmer überhaupt anspricht oder an ihrer Realität vorbeigeht usw. und ob er gültig und verläßlich ist.

Dazu sollte er nicht nur probeausgefüllt werden, sondern auch die Meinungen der Mitarbeiter zur MAB selbst sollten bereits im Vorfeld erhoben werden, um Schwachstellen genau zu identifizieren und Optimierungshinweise zu sammeln.

Fazit: Investitionen, die sich rentieren

An der Entwicklung eines Fragebogens zu sparen, heißt Sparen am falschen Platz.

Dabei gibt es keine optimale Länge aber "möglichst kurz", kann auch nicht die Devise sein. Ein Kurzfragebogen, z.B. zur Arbeitszufriedenheit, kann eigentlich nur für eine Grobmessung eingesetzt werden, die dann durch weitere Interviews, Workshops usw. ergänzt werden muß.

Um zu gewährleisten, daß Meßinstrumente wirklich professionell erstellt werden, sollten deswegen Experten herangezogen werden und nicht Fragebögen von Laien irgendwie selbst zusammengebastelt werden.

Fragebögen müssen immer auf die Befragten abgestimmt werden. Das gilt auch für Standardinstrumente, auch diese sollten vor ihrem Einsatz nochmals an der spezifischen Zielgruppe vorgetestet werden; z.B. gibt es manchmal Verständnisschwierigkeiten, die man als Außenstehender gar nicht abschätzen kann.

9. Versuch der heimlichen Indoktrination durch die Befragung

Der Sinn einer Befragung ist es, etwas zu erfahren, nicht etwas zu vermitteln. Wenn man etwas vermitteln will, z.B. Unternehmensziele, sollte man eine Informationsmaßnahme oder Schulung durchführen, aber keine Befragung. Der Versuch, durch die Vorgabe bestimmter Fragen, durch Jubelfragen oder durch eingeschränkte Antwortmöglichkeiten, so daß nur noch positive Antworten gegeben werden können, auf die Ergebnisse Einfluß zu nehmen, ist eindeutig Manipulation, wird meistens durchschaut und führt dann zur Belastung des Betriebsklimas.

Wenn man die verschiedenen Sünden miteinander vergleichen würde, dann ist der Versuch der heimlichen Indoktrination im Vergleich zu einer falschen Sparsamkeit sicherlich als eine Todsünde einzustufen. Dasselbe gilt selbstverständlich auch bei der Verwendung der Ergebnisse, wenn z.B. nur positive Ergebnisse selektiv rückgemeldet werden.

Fragen sollten Fragen bleiben und nicht heimlich Botschaften vermitteln wollen. Fragen sollten so formuliert sein und Antworten so skaliert werden können, daß Bedarf und Wünsche nach Veränderung und Verbesserung sich auch wirklich artikulieren können.

10. Mitarbeiterbefragung als Überraschungsangriff

Die Akzeptanz von MAB steht und fällt mit den Vorinformationen und der Organisation. Der Fehler besteht darin, ohne Vorbereitung, sozusagen über Nacht, Fragebögen auszuteilen und dann hinterher über die Befunde auch nichts mehr verlautbaren zu lassen.

Typische Fehler sind: Mitarbeiter werden über die Ziele, Gründe und Modalitäten der MAB vorab nicht hinreichend informiert. Die Befragung ist intransparent organisiert, es ist nicht klar, wer die Daten bekommt und wie sie weiterverwendet werden. Es ist kein erklärendes und akzeptanzförderndes Anschreiben dabei, es steht nicht genügend Zeit zur Verfügung. Die Anonymität ist nicht gewährleistet bzw. wird nicht richtig deutlich gemacht. Bei Problemen ist nicht klar, bei wem nachgefragt werden kann usw.

Unzureichende Vorinformation und Organisation hat nicht nur negative Konsequenzen für die Akzeptanz der Befragung und damit für die Güte der Antworten, sondern auch für das Unternehmensklima allgemein. Im Sinne symbolischer Führung verdeutlicht ja eine Befragung, daß die Mitarbeiter ernst genommen werden, ihre Meinung für wichtig befunden wird usw. Diese Möglichkeit wird konterkariert, wenn die Befragten bei der MAB wie unmündige Personen behandelt werden. Darüber hinaus kocht bei fehlender Vorinformation die Gerüchteküche: Jeder formt seine eigenen Hypothesen, was zu nicht kontrollierbaren Reaktionstendenzen und u.U. auch zu starker Reaktanz bei den Antworten führen kann. Nach unseren Erfahrungen können solche Befragungsaktivitäten mehr Schaden anrichten, als daß sie helfen, und von daher sollte man solche Überraschungsangriffe unterbinden.

Folgerung: Rechtzeitig und ausführlich informieren, begründen, Ziele aufzeigen, Mitarbeiter einbinden, Akzeptanz schaffen, Commitment der Leitung verdeutlichen. Dazu gehört auch die Offenlegung der Kriterien, d.h. absolute Anonymität, Freiwilligkeit, offene Prozesse und Konsequenzen anzukündigen.

11. Ergebnisse als Geheim- und Chefsache behandeln

Die Rückmeldung ist ein unverzichtbarer Teil der Befragung. Ergebnisse für die Schublade oder nur für die Postkörbe des Vorstands bzw. der Geschäftsleitung können nicht den eigentlichen Zweck von Befragungen erfüllen, nämlich Ausgangspunkt eines mitarbeiterorientierten Veränderungs- und Innovationsmanagements zu sein.

Befragungen muß man sich als Teil eines Dialogs vorstellen, eines Gespräches zwischen Mitarbeitern und Leitung, der nur deswegen über eine Befragung teilabgewickelt wird, weil das direkte Gespräch so schwer zu führen ist bzw. gar nicht geführt werden kann. Insofern sind die Rückmeldung der Ergebnisse an die Befragten und die Diskussion der Ergebnisse unverzichtbare Teile des Dialoges, wenn daraus wirklich eine Veränderungs- und Verbesserungsdynamik entstehen soll.

Die Rückmeldung muß unbedingt an alle Befragten erfolgen. Eine Rückmeldung nur an die Linienvorgesetzten verstärkt die Hierarchie - die Informationsmacht der Vorgesetzten - statt den Dialog zwischen den Ebenen zu fördern. Dabei gilt zudem, daß die Rückmeldung möglichst schnell - ohne lange Wartezeiten - über die verschiedenen Ebenen hinweg erfolgen soll.

12. Ergebnisinterpretation: Ist das Glas halb voll - oder halb leer?

Bei der Interpretation und Präsentation der Ergebnisse lassen sich ähnlich wie bei der Entwicklung des Fragebogens zwei Arten von Sünden unterscheiden: Erstens, ungewollte Fehlinterpretationen aufgrund einer unzureichenden Auswertung und unzureichenden Methodenkompetenz und zweitens, die bewußte Fehlinterpretation, sei es durch Beschönigung oder durch eine Negativselektion bei der Ergebnispräsentation.

Keine statistische Auswertung

Die erste Gefahr liegt bei den modernen Computerprogrammen besonders nahe, denn Excel wird in den Unternehmen von deutlich mehr Leuten beherrscht als SPSS und unter Excel ist eine Auswertung der Daten mit Angaben über deskriptive statistische Kennzahlen mit Mittelwert, Median, Streuung usw. sehr schön und schnell möglich, und man hat eigentlich alle Angaben, die man für eine brauchbare Ergebnispräsentation braucht, meint man.

Was in Excel nicht möglich ist, ist die Prüfung der Überzufälligkeit von Mittelwertsunterschieden oder auch der Zusammenhänge von Variablen. Nicht alle optisch deutlichen Mittelwertsunterschiede sind wirklich überzufällig und bedeutsam. So werden dann möglicherweise Unterschiede, die sich in Wirklichkeit rein zufällig ergeben haben, diskutiert, interpretiert und Maßnahmen zu ihrer Reduktion eingeleitet.

Da es entsprechender Statistikprogramme und Methodenkompetenzen bedarf, empfiehlt es sich, daß die Auswertung durch professionelle Experten erfolgt.

Gezielte Auswahl und Verzerrung von Ergebnissen

Die zweite Sünde - und diese würde man im Vergleich dann wieder als Todsünde einstufen - ist die Manipulation im Rahmen der Ergebnisrückmeldung. Diese Versuchung wird dadurch begünstigt, daß für die Rückmeldung zumeist Ergebnisse ausgewählt und Schwerpunkte gesetzt werden müssen, zu welchen dann auch nicht alle statistischen Kennzahlen präsentiert werden können.

Die Skepsis von Mitarbeitern - gerade bei Schönfärberei in Firmenzeitschriften - ist allseits bekannt. Doch es ist verblüffend, wie einfallsreich manche Führungskräfte sind, wenn es um die Interpretation und Vermittlung von Ergebnissen geht. Und da geht es nicht immer nur um Schönfärberei, sondern auch um Ablenken vom Wesentlichen oder gar darum, Druck auszuüben und Angst zu verbreiten. Da viele Mitarbeiter nicht über ausgefeilte Statistikkenntnisse verfügen, braucht man dann nur noch dicke Zahlenwerke als Ergebnisberichte, um diese als für jeden zugänglich ankündigen zu können und damit doppelt sicher zu sein, daß kein Mitarbeiter auf die Idee kommt, nachzusehen. Aber wehe, wenn dann doch: Durch eine gezielte Verzerrung von Ergebnissen, wenn sie von den Mitarbeitern durchschaut wird - denn so naiv sind die Mitarbeiter dann doch nicht - fühlen sich die Mitarbeiter belogen und betrogen. Hier geht es nicht nur um den Verlust der Glaubwürdigkeit und des Vertrauens, sondern hier wird Mißtrauen aufgebaut.

Konsequenz ist neben der Offenlegung der Berichte daher auch, daß diese für jeden Mitarbeiter verständlich sein sollten. Zudem sollten die Kriterien der Ergebnisauswahl nicht nur solide sein, sondern ebenso dargestellt und erläutert werden.

13. Benchmarks über alles

Es ist in vielen Organisationen Routine geworden, sich an Benchmarks zu orientieren, d.h. man vergleicht Parameter der einen Organisation mit den anderen Unternehmen bzw. mit dem "best-in-class" und versucht dann im Einzelfall zu analysieren, warum der Beste besser ist als die eigene Organisation. Die Zielsetzung besteht dann darin, entsprechende Strategien nachzuahmen bzw. im eigenen Bereich einzuführen. Dies sollte man beim Benchmarking von Mitarbeiterzufriedenheitserhebungen, wie es z.B. im EFQM-Modell vorgesehen ist, nur ganz vorsichtig betreiben.

Generelle Problematik: Über- und Fehlinterpretation von Benchmarks

Es soll an dieser Stelle die Problematik eines solchen Benchmark-Ansatzes nicht erneut diskutiert werden, aber es sei hier nochmals klar herausgestellt, daß solche Benchmarks gerade bei MAB höchst problematisch sind. Das hängt einmal damit zusammen, daß der Kontext aller Fragen gesehen werden muß und insofern Benchmarks auf der Basis einzelner Fragen zu möglicherweise sehr unsinnigen Ergebnissen führen. Außerdem kann die Verschlechterung eines Wertes dennoch ein sehr positives Indiz sein, so daß es auch von daher sehr schwierig sein dürfte, Benchmarks richtig zu interpretieren.

Außerdem würde die Logik des Benchmarks gerade darin bestehen, daß man beim Besten in seiner Klasse nachschaut, was dieser anders gemacht hat, aber man wird in so einem Fall an die Grenzen von Kausalanalysen kommen. Wenn insgesamt die Zufriedenheitsmaße in einer Organisation sehr hoch sind, dann dürfte es wohl sehr problematisch sein, im Detail nun die Strategien herauszufinden, die zu diesen Zufriedenheitsdaten geführt haben, um dann sozusagen dieses Konzept in der eigenen Organisation zu übernehmen. Bei näherem Hinsehen wird das ganze Benchmarkprocedere so komplex werden, daß der Wert solcher Angaben als gering eingestuft werden muß.

Konkurrenz durch Benchmarks, aber keine Verbesserung durch Benchmarking

In der Praxis werden beim Benchmarking häufig zwei Fehler gemacht: Erstens nicht den gesamten Benchmarking-Prozeß durchzugehen und zweitens Konkurrenz zu erzeugen.

Seinen eigentlichen Gewinn erzielt Benchmarking ja dadurch, daß man über den Vergleich und die Identifikation derjenigen mit der "best practice" auch deren Praktiken analysieren, kopieren und übernehmen und sich dadurch verbessern kann. So weit gehen leider die meisten Benchmarkingbemühungen nicht, denn sie scheuen den Aufwand der genauen Analyse der Praktiken des Besten und bleiben meistens beim Vergleich stehen.

Wenn der Vergleich, der generell bei subjektiven Zufriedenheitsdaten höchst problematisch ist, dann noch mit Konkurrenz hinsichtlich der Mitarbeiterzufriedenheit verbunden wird, und das nicht nur auf der Gesamtunternehmensebene, sondern innerhalb des Unternehmens, dann erwächst hieraus ein Konkurrenzkampf, der nicht nur dem Klima schadet, sondern auch den gemeinsamen, d.h. kooperativen, übergreifenden Verbesserungsprozessen diametral entgegen steht. Zudem können diese Prozesse in vollkommen falsche Richtungen gehen. Abteilungen mit anscheinend schlechteren Ergebnissen, welche aber in Wirklichkeit aus einer konstruktiven Unruhe infolge bereits eingeleiteter Verbesserungen resultieren, geraten unter Druck, was dazu führen kann, daß begonnene, vernünftige Veränderungsprozesse eingestellt werden, damit wieder Ruhe einkehrt. Abteilungen mit vergleichsweise besseren Ergebnissen, die auf die Resignation der Mitarbeiter zurückzuführen sind, werden hingegen in Ruhe gelassen, so daß sich hier auch in Zukunft nichts ändern bzw. verbessern wird.

Fazit: Vorsicht beim Umgang mit Benchmarks

Es bleibt dabei, was bereits in dem Beitrag von Schmitt & Fies genannt worden ist, daß Benchmarks bei MAB zwar interessante Orientierungshilfen geben können, insofern sind solche Daten nicht völlig überflüssig, aber man sollte deren Wert sehr begrenzt sehen, zumal MAB eine Vielzahl von spezifischen Daten enthalten, bei denen ohnehin ein Benchmark-Ansatz keinen Sinn ergibt. In erster Linie sollte nicht der Vergleich sondern stärker die Identifikation und Analyse der "best practices" betont werden. Und vor allem beim internen Benchmarking, bei welchem noch größere Vorsicht geboten ist, sollte das Ganze möglichst transparent für alle Beteiligten gehandhabt werden.

14. Mitarbeiterbefragungen gegen Befragte verwenden

Befragungen sollen erkunden, wo Handlungsbedarf für das Abstellen von Mißständen und für Verbesserungen gegeben ist. Insofern sind Befragungen inhärent so angelegt, daß ihre Ergebnisse für die Befragten verwendet werden sollen. Dabei besteht ein Spezifikum von MAB in der Anonymität des Vorgehens. Man mag diese Art der Datenerfassung als nicht zeitgemäß aburteilen, aber zumindest in den gegenwärtigen Situationen wäre es eine Illusion dies auf eine andere Art und Weise bewerkstelligen zu wollen. Insofern ist im Sinne einer Eisbrecherfunktion tatsächlich eine Erhebung unter Zusicherung der Anonymität ein sinnvolles Vorgehen. Das Vertrauen der Befragten bei MAB bezieht sich also im ersten Schritt auf die Gewährleistung dieser zugesicherten Anonymität und im zweiten Schritt auf den sinnvollen Gebrauch der Ergebnisse. Betrachten wir erst diese beiden Möglichkeiten des Vertrauensbruchs, bevor die Konsequenzen aufgezeigt werden.

Suche von Tätern und Nestbeschmutzern

Insbesondere bei kritischen Äußerungen liegt die Versuchung nahe, die Nestbeschmutzer in den eigenen Reihen identifizieren zu wollen. Es ist erstaunlich, welche Kreativität einzelne Führungskräfte bei der Suche von Tätern entfalten können. So wird versucht, z.B. durch Schriftvergleich, durch Kombination von Einzeldaten bis hin zur geschickten Nachfrage und Beobachtung der Reaktion, bestimmte Antworten einzelnen Personen (-gruppen) zuzuordnen. Man würde sich ein Bruchteil dieser freigesetzten Motivation manchmal im Alltag bei der Lösung von konkreten Problemen wünschen.

Abgesehen davon, daß dies ein schwerer Verstoß gegen den Datenschutz ist, muß deutlich gesagt werden, daß solche detektivistischen Methoden, um einzelne "Übeltäter" identifizieren zu können, im Falle eines Publikwerdens solcher Aktivitäten katastrophale Folgen für das Betriebsklima und für alle weiteren Befragungen und Aktionen haben. Denn die Konsequenz wird notgedrungen sein, daß in Zukunft sich Befragte weigern werden, an solchen Aktivitäten teilzunehmen oder was vielleicht noch schlimmer ist, sie werden sozial erwünschte Antworten geben, um Denunziationen oder Entlarvungen zu vermeiden.

Druck ausüben und Wettbewerb schüren

Der zweite Vertrauensbruch besteht darin, daß die Ergebnisse dazu genutzt werden, um Befragte unter Druck zu setzen, Gruppen zu vergleichen, gegeneinander auszuspielen und in einen "Arbeitszufriedenheitswettbewerb" zu schicken. (Und dabei gilt intern die gleiche Problematik des Vergleichs subjektiver Daten wie bei externen Benchmarks.)

Einerseits widerspricht dies nicht nur dem eigentlichen Zweck von Befragungen, sondern hat, wie die Anonymitätsverletzung, ernste methodische Konsequenzen für die nächste MAB. Das Meßinstrument wird nicht mehr valide sein, d.h., die Befragten werden positiver antworten, einfach um negative Konsequenzen zu vermeiden.

Andererseits werden aber auch Konsequenzen, und zwar personelle bzw. personenbezogene, in manchen Fällen erforderlich bzw. von den Befragten erwartet. Diese Problematik stellt sich insbesondere, wenn die Befragungsergebnisse eindeutig Führungsprobleme oder -schwächen einzelner Personen (z.B. Fachabteilungsleiter) signalisieren. Wie soll man hieraus Konsequenzen ziehen, selbst wenn dies im Einzelfall richtig wäre, aber damit setzt man zum einen das Vertrauen bei allen anderen Führungskräften aufs Spiel. Und zum anderen: Wenn die Mitarbeiter erst einmal gelernt haben, daß sie mittels MAB Vorgesetzte "abschießen" können, führt das erstens zu einer Unterminierung der Führung im Unternehmen und zweitens zu nicht validen zukünftigen Ergebnissen, d.h. die Befragten werden gegebenenfalls negativer antworten - oder auch positiver, um den eigenen Vorgesetzten zu schützen, wodurch dann aber Verbesserungsbedarf verschleiert wird.

Fazit: Anonymität wahren und positive Konsequenzen ziehen.

Wenn die Zusicherung der Anonymität heutzutage noch das sinnvolle Vorgehen darstellt, dann muß die Gewährleistung einer zugesicherten Anonymität auch sichergestellt werden.

Angesichts der Versuchungen sollten sich die (Projekt-)Verantwortlichen auf ein Vorgehen einigen, das es Vorgesetzten oder sonstigen Interessenten unmöglich macht, die Anonymität zu "knacken". Eine Konsequenz daraus wäre, niemals zu viele demographische Daten zu erfassen, nach dem Motto „vielleicht kann man sie ja brauchen", sondern nur die analytisch wirklich nötigen, damit sie nicht zur Durchbrechung der Anonymität mißbraucht werden. Und in der Praxis kann man sowieso auf die meisten Angaben verzichten, denn sie werden oft nicht ausgewertet oder aber, wenn sie ausgewertet werden, ist die Interpretation häufig sehr irreführend.

Es soll auch schon Befragungen gegeben haben, bei denen die Fragebögen numeriert wurden, um so über einen Verteilungsschlüssel jeden einzelnen Befragten im nachhinein genau identifizieren zu können. Eine "Straf-Tat", welche keiner weiterer Worte bedarf, und nach den Tätern muß man auch nicht suchen, denn das sind die jeweils Projektverantwortlichen.

Hinsichtlich der Verwertung der Ergebnisse kann nur nochmals betont werden, daß beim Vergleich von Ergebnissen und bei der Ableitung personenbezogener, vor allem negativer Konsequenzen ein sehr behutsames Vorgehen geboten ist. Auf keinen Fall sollten aus den Ergebnissen direkte personalpolitische Konsequenzen gezogen werden. Die Philosophie der Verwendung der Ergebnisse für die Befragten wird vor allem vorgelebt werden müssen, d.h. nach Verbesserungsmöglichkeiten mit Nachdruck, aber nicht mit Druck gemeinsam suchen. Statt durch negative Sanktionen Druck zu erzeugen, die Motivation durch positive Anreize zu fördern, ist sicherlich ein geeigneterer Weg, aber nicht unbedingt, wenn dies in Form monetärer Incentiveverträge erfolgt.

15. Belohnung ausgesetzt: 50.000,- DM für 10 % Zufriedenheit

Im Zuge der neuen Managementstrategien ist es Mode geworden, neue Motivationskonzepte zu entwickeln, um insbesondere auch Vorgesetzte zu einem veränderten Verhalten zu motivieren. Im Rahmen dieser Überlegungen ist auch versucht worden, MAB mit Incentiveverträgen dergestalt zu verbinden, daß Vorgesetzte bei Erlangung besserer Befragungsergebnisse bei den Mitarbeitern am Ende eines Jahres mit einer entsprechenden Tantieme belohnt werden.

Der Grundgedanke ist möglicherweise nicht falsch, aber in der Praxis ist er dennoch, wenn man sich die bisherigen Erfahrungen vor Augen führt, als höchst problematisch einzuschätzen. Das liegt einmal daran, daß es außerordentlich schwierig ist, einzelne Befragungsergebnisse so eindeutig zu interpretieren, daß man genau angeben könnte, in welchem Falle eine finanzielle Belohnung der Vorgesetzten gerechtfertigt wäre. Nimmt man z.B. den Fall typischer Zufriedenheitsitems, so könnte es durchaus sein, daß es in einer Organisation bzw. in einem Bereich bisher nicht üblich war, Kritik offen zu äußern, und von daher hohe Zufriedenheit geäußert wurde, die der Realität aber nicht entsprochen hat. Durch entsprechende Erfahrungsaustauschtreffen und Diskussionen wird sozusagen die Zunge gelockert und bei einer späteren Befragung trauen sich nun die Befragten, zu bestimmten Punkten auch kritisch Stellung zu beziehen. Ein solcher Prozeß kann durchaus als positiv bezeichnet werden, aber er wird wahrscheinlich durch das Rost einer solchen Incentive-Strategie fallen. Denn im Zweifelsfalle ist doch vereinbart worden, daß nur bei einer Verbesserung der Punkte ein Betrag ausbezahlt wird.

Hinzukommt noch, daß die Vereinbarung solcher Incentives für Vorgesetzte auch zu Aktivitäten führen kann, die letztendlich auf Manipulationen hinaus laufen. Im Extremfall werden die Vorgesetzten mit ihren Mitarbeitern einen Solidaritätspakt vereinbaren und im Sinne eines solchen Vorgehens dann gegen bessere Befragungsergebnisse ein Entgegenkommen auf anderen Gebieten zeigen. MAB werden so zum Gegenstand mikropolitischer Verhandlungen und das ist mit solchen Incentive-Vereinbarungen gerade nicht gemeint gewesen.

16. Mitarbeiterbefragungen ohne Controlling

Wenn MAB wie dargelegt als begleitendes Instrument im Rahmen eines OE- und PE-Prozesses eingesetzt werden, und von daher möglicherweise verschiedene Befragungsaktionen gestartet werden, dann ist ein sehr wesentlicher Aspekt dieser Befragung darin zu sehen, daß tatsächlich auch nachgeschaut wird, was sich denn nun aufgrund der Ergebnisse und der Diskussionen in der Feedback-Phasen ergeben hat. Ein großer Fehler, den eine Organisation machen kann, besteht darin, diese Feedback-Phase und die Ableitung von Maßnahmen nicht selbst wiederum einem Controlling zu unterwerfen.

Wer kein Controlling durchführt, hat auch keine Information darüber, welche Wirkungen MAB haben. Im übrigen wird es im Rahmen der mikropolitischen Auseinandersetzungen, die mit solchen MAB immer verbunden sind, den Vorgesetzten, die sich gerade diesem Denken verschließen, leicht gemacht Befragungsdaten in einer Schublade verschwinden zu lassen. Die nachhaltigen Wirkungen sind aber die, daß sich die Mitar-

beiter bei weiteren Befragungen frustriert zurückziehen, was sich dann in einer reduzierten Rücklaufquote manifestiert.

Es gibt verschiedene Möglichkeiten für eine Controlling: Eine Möglichkeit besteht
darin, daß obere Vorgesetzte im Rahmen ihrer Coaching-Funktion sich damit beschäftigen, wie ihre untergebenen Führungskräfte in der Funktion als Vorgesetzte mit diesen
Befragungsdaten umgehen. Eine weitere wichtige Möglichkeit besteht darin, bei Wiederholungsmessungen, gerade diesen Controlling-Aspekt in spezifischen Fragen zum
Ausdruck kommen zu lassen. Indem man z.B. die Mitarbeiter direkt fragt, was aufgrund
der letzten Befragung sich ergeben hat.

Soweit der Sündenkatalog bei MAB, der sicherlich nicht vollständig ist. Er soll aber
niemanden davor abschrecken, eine eigene MAB zu wagen, denn wenn die zentralen
Zielsetzungen von MAB im Rahmen eines Qualitätsverbesserungs- und Innovationspro-
zesses verstanden worden sind und wenn die Durchführung im Sinne der Organisations-
entwicklungs- und Personalentwicklungs-Philosophie praktiziert wird, dann ist der Weg
der Tugend breit genug, um die hier aufgeführten Fallgruben problemlos vermeiden zu
können.

Literaturverzeichnis

Adler, F. (1991). Ansätze zur Rekonstruktion der Sozialstruktur des DDR-Realsozialismus. *Berliner Journal für Soziologie, 2,* 157-175.

Allen, P. & Meyer, J. (1990). The measurement and antecendents of affective, continuance and normative commitment to the organization. *Journal of occupational Psychology,* 1-8.

Anderson, J. R. (1988). *Kognitive Psychologie. Eine Einführung.* Heidelberg: Spektrum der Wissenschaft.

Antoni, C. (1990). *Qualitätszirkel als Modell partizipativer Gruppenarbeit. Analyse der Möglichkeiten und Grenzen aus der Sicht Betroffener.* Bern u.a.: Huber.

Aurin, K. (Hrsg.). (1991). *Gute Schulen - worauf beruht ihre Wirksamkeit?* Bad Heilbrunn/Obb.: Klinkhardt.

Backhaus, K., Erichson, B., Plinke, W. & Weiber, R. (1994). *Multivariate Analysemethoden.* Berlin: Springer.

Badura, B. & Feuerstein, G. (1994). *Systemgestaltung im Gesundheitswesen. Zur Versorgungskrise in der hochtechnisierten Medizin und den Möglichkeiten ihrer Bewältigung.* Weinheim, München: Juventa.

BASYS (Hrsg.). (1993). *Wirtschaftlichkeit und Leistungsniveau der deutschen Krankenhausversorgung im internationalen Vergleich.* Eigenverlag.

Bauske, F. (1984). Einstellungen und Erwartungen des Interviewers. Eine experimentelle Untersuchung über interpersonelle Beeinflussung im Interview. In M. Meulemann & K. H. Reuband (Hrsg.), *Soziale Realität im Interview.* Frankfurt, New York: Campus.

Becker, F. G. & Martin, A. (Hrsg.). (1993). *Empirische Personalforschung: Methoden und Beispiele.* München, Mering: Hampp.

Becker, P., Hänsgen, K.-D. & Lindinger, E. (1991). Ostdeutsche und Westdeutsche im Spiegel dreier Fragebogentests. *Trierer Psychologische Berichte, 18,* 3.

Beimel, J. (1990). *Qualitative und quantitative Analysen von Fragebogenkommentaren zur Arbeitszufriedenheit.* Unveröffentlichte Diplomarbeit, Fachbereich Psychologie, Universität Gießen.

Bergermaier, R. (1993). *Selbst- und Fremdbild von Mitarbeitern.* München.

Bishop, G. F., Tuchfarber, A. J. & Oldendick, R. W. (1986). Opinions on fictious issues. The pressure to answer survey questions. *Public Opinion Quarterly, 50,* 240-250.

Blake, R. R. & Mouton, J. S. (1968). *Verhaltenspsychologie im Betrieb.* Wien: Econ. (Amerikanische Erstfassung (1964). The managerial grid. Houston)

Blickle, G. (1997). Dimensionen intraorganisationaler Einflußstrategien. *Zeitschrift für Arbeits- und Organisationspsychologie, 41* (N.F.15).

Bögel, R. & Rosenstiel, L. v. (1992). Das Bild vom Menschen in den Köpfen der Macher. In B. Strümpel & M. Dierkes (Hrsg.), *Innovation und Beharrung in der Arbeitspolitik* (S. 243-276). Stuttgart: Schäffer-Poeschel.

Bolte, S. (1995). "Was sagen Sie dazu?" Commerzbank: Mitarbeiterbefragung in einem Filialunternehmen. *Personalführung,* (9), 756-762.

Borg, I. (1995a). *Mitarbeiterbefragung: Strategisches Aufbau- und Einbindungsmanagement.* Göttingen: Verl. für Angewandte Psychologie.

Borg, I. (1995b). *Facet Theory: Form and Content.* Newbury Park: Sage.

Borg, I. & Bergermaier, R. (1995). Mitarbeiterbefragungen und Modelle des Mitarbeiters: Vom mechanistischen Ansätzen zur strategischen Einbindung. In J. Freimuth & B.-U. Kiefer (Hrsg.), *Geschäftsberichte von unten. Konzepte für Mitarbeiterbefragungen* (S. 3-36). Göttingen: Verl. für Angewandte Psychologie.

Borg, I. & Braun, M. (1995). Trust in organizations. In J. J. Hox, G. J. Mellenbergh & P. G. Swanborn (Hrsg.), *Facet Theory: Analysis and Design* (S. 47-53). Zeist, Holland: Setos.

Borg, I. & Mohler, P. Ph. (1994). Zur Konstruktion von Indizes in der Facettentheorie. *ZUMA-Nachrichten, 33,* 10-24.

Borg, I. (im Druck). *Items, Facetten und Facettentheorie. Planung und Analyse.*

Bouchard, T. J. (1976). Field research methods. In M. D. Dunette (Ed.), *Handbook of industrial and organizational psychology* (S. 363-413). Chicago: Rand McNally.

Bowers, D. G. (1973). OD Techniques and their results in 23 organizations: The Michigan ICL study. *Journal of Applied Behavioral Science, 9* (1), 21-43.

Bowers, D. G. & Hausser, D. L. (1977). Work group types and intervention effects in organizational development. *Administrative Science Quarterly,* 76-94.

Brandstätter, H. (1978). Organisationsdiagnose. In A. Mayer (Hrsg.), *Organisationspsychologie* (S. 43-71). Stuttgart: Schäffer-Poeschel.

Brown, D. R. (1953). Stimulus similarity and the anchoring of subjective scale. *American Journal of Psychology, 66,* 199-214.

Bruggemann, A. (1974). Zur Unterscheidung verschiedener Formen der Arbeitszufriedenheit. *Arbeit und Leistung, 28,* 281-284.

Bruggemann, A. (1975). Messung der Arbeitszufriedenheit. *Psychologie heute, 8,* 47-51.

Bruggemann, A., Groskurth, P. & Ulich, E. (1975). *Arbeitszufriedenheit.* Bern u.a.: Huber.

Brunsson, N. (1985). *The organization of hypocrisy. Talk, decisions and actions in organizations.* Chichester u.a.: Wiley.

Buchen, H., Horster, L. & Rolff, H.-G. (Hrsg.). (1994). *Schulleitung und Schulentwicklung. Erfahrungen, Konzepte, Strategien.* Stuttgart: Raabe.

Bühler, K. (1934). *Sprachtheorie.* Jena: Fischer.

Bulla, H. G. (1978). Survey-Feedback und Organisationsentwicklung in der Schule. In K. Trebesch (Hrsg.), *Organisationsentwicklung in Europa. Beiträge zum 1. Europäischen Forum über Organisationsentwicklung in Aachen 1978,* 1A, (S. 541-561). Bern, Stuttgart: Haupt.

Bulla, H. G. (1982). *Probleme einer Organisationsentwicklung in der Schule. Analyse, Konzepte und ein Rahmenmodell: Zur Strategie des Survey-Feedback.* Frankfurt/Main, Bern: Peter Lang.

Bundesminister für Gesundheit (Hrsg.). (1992). *Strategie zur Umsetzung des Modellprogramms Qualitätssicherung.* Bonn.

Bungard, W. (1979). Methodische Probleme der Befragung älterer Menschen. *Zeitschrift für angewandte und experimentelle Psychologie, 26* (2), 211-237.

Bungard, W. (1984). *Sozialpsychologische Forschung im Labor: Ergebnisse, Konzeptualisierungen und Konsequenzen der sogenannten Artefaktforschung.* Göttingen: Hogrefe.

Bungard, W. (1987). Artefakte. In D. Frey & S. Greif (Hrsg.), *Sozialpsychologie* (S. 375-380). München: Psychologie Verlags Union.

Bungard, W. (1988b). Qualitätszirkel als Gegenstand der Arbeits- und Organisationspsychologie. *Qualitätszirkel. Sonderheft der Zeitschrift für Arbeits- und Organisationspsychologie,* 54-63.

Bungard, W. (Hrsg.). (1992a). *Qualitätszirkel in der Arbeitswelt.* Göttingen: Hogrefe.

Bungard, W. (1992b). Westdeutsches Management in ostdeutschen Unternehmen. Diskussion arbeits- und organisationspsychologischer Aspekte anhand einer Fallstudie. *Mannheimer Beiträge zur Wirtschafts- und Organisationspsychologie, 2,* 1-18.

Bungard, W. (1993). Probleme anwendungsbezogener organisationspsychologischer Forschung. In H. Schuler (Hrsg.), *Lehrbuch Organisationspsychologie* (S. 107-128). Bern u.a.: Huber.

Bungard, W. (Hrsg.). (1995). *Lean Management auf dem Prüfstand.* Weinheim: Psychologie Verlags Union.

Bungard, W. (1996). Zur Implementierungproblematik bei Business Reengineering Projekten. In M. Perlitz et al. (Hrsg.), *Reengineering zwischen Anspruch und Wirklichkeit* (S. 253-273). Wiesbaden: Gabler.

Bungard, W. & Hofmann, K. (1995). *Innovationsmanagement in der Automobilindustrie.* Weinheim: Psychologie Verlags Union.

Bungard, W. & Lück H. E. (1974). Forschungsartefakte und nicht-reaktive Meßverfahren. In E. Scheuch & H. Sahner (Hrsg.), *Studienskripten zur Soziologie.* Teubner: Stuttgart.

Bungard, W., Holling, H. & Schultz-Gambard, J. (1996). *Methoden der Arbeits- und Organisationspsychologie.* Weinheim: Psychologie Verlags Union.

Burkhardt, M (1992). Die Meinungsumfrage als Teil des Management-Systems in der IBM. *Personalführung, 2,* 80-86.

Büschges, G. (1978). Organisationsdiagnose. In A. Mayer (Hrsg.), *Organisationspsychologie* (S. 43-71). Stuttgart: Kohlhammer.

Camp, C. R. (1989). *Benchmarking: The Search For Industry Best Practices That Lead to Superior Performance.* Milwaukee/Wis.: ASQC Quality Press.

Camp, C. R. (1994). *Benchmarking.* Wien, München: Hanser.

Cappelli, P. & Sherer P. D. (1991). The missing role of context in OB: the need for a meso-level approach. *Res. Organ. Behav, 13,* 55-110.

Cascio, W. F. (1982). *Costing Human Resources: The Financial Impact of Behavior in Organizations.* New York: Russel Sage.

Coleman, J. S. (1982). Systems of Trust. A rough theoretical framework. *Angewandte Sozialforschung, 10/1-2,* 277-299.

Comelli, G. (1985). *Training als Beitrag zur Organisationsentwicklung. Handbuch der Weiterbildung für die Praxis in Wirtschaft und Verwaltung, Band 4.* München: Hanser.

Comelli, G. (1991a). Organisationsentwicklung. In L. v. Rosenstiel, E. Regnet & M. Domsch (Hrsg.), *Führung von Mitarbeitern, Handbuch für erfolgreiches Personalmanagement, Band 20* (S. 454-474). Stuttgart: Schäffer-Poeschel (3. überarb. und erw. Aufl. 1995. 587-607).

Comelli, G. (1991b). Qualifikation für Gruppenarbeit: Teamentwicklungstraining. In L. v. Rosenstiel, E. Regnet & M. Domsch (Hrsg.), *Führung von Mitarbeitern, Handbuch für erfolgreiches Personalmanagement, Band 20* (S. 295-316). Stuttgart: Schäffer-Poeschel (3. überarb. und erw. Aufl. 1995. 387-409).

Comelli, G. (1994). Teamentwicklung - Training von "family groups". In L. M. Hofmann & E. Regnet (Hrsg.), *Innovative Weiterbildungskonzepte* (S. 61-84). Göttingen: Verl. für Angewandte Psychologie.

Comelli, G. & Rosenstiel, L. v. (1995). *Führung durch Motivation.* München: Beck.

Conger, J. A. & Kanungo, R. N. (1988). The empowerment process: integrating theory and practice. *Academy of Management Review, 13,* 471-482.

Conti, T. (1993*). Building Total Quality: A Guide for Management.* London: Chapman & Hall.

Cook, T. D. & Campbell, D. T. (1979). *Quasi-Experimentation: design and analysis issues for field settings.* Chicago: Rand McNally.

Crown, D. & Marlowe, D. (1964). *The Approval Motive.* New York: John Wiley and Sons.

Crozier, M. & Friedberg, E. (1979). *Macht und Organisation.* Königstein: Athenum.

Dalin, P., Rolff, H.-G. & Buchen, H. (1995). *Institutioneller Schulentwicklungsprozeß. Ein Handbuch* (2. überarb. Auflage). Soest: Verlag für Schule und Weiterbildung.

Daschner, P., Rolff, H.-G. & Stryck, T. (Hrsg.). (1995). *Schulautonomie - Chancen und Grenzen. Impulse für die Schulentwicklung.* Weinheim, München: Juventa.

Der Betrieb (DB). Wochenschrift. Verlagsgruppe Handelsblatt.

DeMaio, T. J. (1984). Social Desirability and survey measurement: A review. In F. Turner & E. Martin (Eds.), *Surveying Subjective Phenomena, 2,* (S. 257-282). New York: Russel Sage Foundation.

Der Spiegel (1997). *Mauerspecht und Wendehals.*12, 88.

Doi, T. (1992). *The Anatomy of Self. The Individual versus Society.* Tokyo: 41992.

Domsch, M. (1985). Das Konzept der Arbeitsgruppe "Mitarbeiterbefragungen". In A. Töpfer & E. Zander (Hrsg.), *Mitarbeiterbefragungen. Ein Handbuch* (S. 109-126). Frankfurt, New York: Campus.

Domsch, M. (1992). Personalmanagement in den 90er Jahren. In G. Bihl et al. (Hrsg.), *Personalmanagement: Zentrale Fragen und zukünftige Herausforderungen für das Krankenhaus* (S. 11-39). Osnabrück: Fachhochschule, Fachbereich Wirtschaft.

Domsch, M. (1992). Vorgesetztenbeurteilung. In R. Selbach & K. Pullig (Hrsg.), *Handbuch Mitarbeiterbeurteilung* (S. 255-298). Wiesbaden: Gabler.

Domsch, M. E. & Ladwig, D. H. (1994). Joint Venture Development Training - Entscheidungen über die Personalentwicklung bei osteuropäischen Joint Ventures auf der Basis eines Kultur-Markt-Modells. In L. M. Hofmann & E. Regnet (Hrsg.), *Innovative Weiterbildungskonzepte.Trends, Inhalte und Methoden der Personalentwicklung in Unternehmen* (S. 97-113). Göttingen: Verl. für angewandte Psychologie.

Domsch, M. E. & Ladwig, D. H. (1995). Mitarbeiterbefragungen als marktorientiertes Instrument einer professionellen Personalarbeit. In M. Bruhn (Hrsg.), *Internes Marketing. Integration der Kunden- und Mitarbeiterorientierung. Grundlagen-Implementierung- Praxisbeispiele* (S. 415-432). Wiesbaden: Gabler.

Domsch, M. & Ladwig, D. (1995). Zielbildungs- und Konzeptionsphase. In K. Hofmann, F. Köhler & V. Steinhoff (Hrsg.), *Vorgesetztenbeurteilung in der Praxis* (S. 23-36). Weinheim: Psychologie Verlags Union.

Domsch, M. E. & Ladwig, D. H. (1996). Orientierungsrahmen eines internationalen Führungskräfte-Trainings am Beispiel des I.P.A. Marktpotential-Modells. Internationales Führungskräftetraining - Konzepte und Methoden. In K. Macharzina & J. Wolf (Hrsg.), *Handbuch Internationales Führungskräfte-Management* (S. 299-322). Stuttgart: Raabe.

Domsch, M. & Reinecke, P. (1982). Mitarbeiterbefragung als Führungsinstrument. In H. Schuler & W. Stehle (Hrsg.), *Psychologie in Wirtschaft und Verwaltung.* 127-148. Stuttgart: Poeschel.

Domsch, M. & Schneble, A. (Hrsg.). (1991). *Mitarbeiterbefragungen.* Heidelberg: Physica.

Domsch, M. & Schneble, A (1991). Mitarbeiterbefragungen. In L. v. Rosenstiel, E. Regnet & M. Domsch (Hrsg.), *Führung von Mitarbeitern, Handbuch für erfolgreiches Personalmanagement,* Band 20 (S. 440-453). Stuttgart: Schäffer-Poeschel (3. überarb. und erw. Aufl. 1995. 635-648).

Domsch, M. & Schneble, A. (Hrsg.). (1992). *Mitarbeiterbefragungen* (2. Aufl.). Heidelberg: Physica.

Domsch, M. & Schneble, A. (1993). Mitarbeiterbefragungen. In L. v. Rosenstiel, E. Regnet & M. Domsch (Hrsg.), *Führung von Mitarbeitern. Handbuch für erfolgreiches Personalmanagement* (3. Aufl.) (S. 515-529). Stuttgart: Schäffer-Poeschel.

Domsch, M. & Schneble, A. (1995). Mitarbeiterbefragungen. In L. v. Rosenstiel & E. Regnet & M. Domsch (Hrsg.), *Führung von Mitarbeitern* (S. 515-529). Stuttgart: Schäffer-Poeschel.

Domsch, M. & Schneble, A. (Hrsg.). (1995*). Mitarbeiterbefragungen* (3. Aufl.). Heidelberg: Physica.

Domsch, M. & Siemers, S. (1994). Mitarbeiterbefragungen und Betriebsverfassungsrecht. In H. Glaubrecht & G. Halberstadt & E. Zander (Hrsg.), *Betriebsverfassung in Recht und Praxis* (S. 319-348). Freiburg: Haufe.

Domsch, M. & Siemers, S. (1995). Mitarbeiterbefragungen. In J. Freimuth & B.-U. Kiefer (Hrsg.), *Geschäftsberichte von unten: Konzepte für Mitarbeiterbefragungen* (S. 39-72). Göttingen: Verl. für Angewandte Psychologie.

Doppler, K. (1986). Organisationsentwicklung als Führungsaufgabe - eine kritische Bestandsaufnahme. Anregungen und Perspektiven. *Organisationsentwicklung, 2.*

Easterlin, R. A. (1974). Does economic growth improve the human lot? In P. A. David & M. W. Reder (Eds.), *Nations and households in economic growth. Essay in honor of Moses Abramovitz.* New York: Academic Press.

Easton, D. (1975). A Re-Assessment of the Concept of Political Support. *British Journal of Political Science, 5,* 435-457.

EFQM (1995). *Selbstbewertung 1996 - Richtlinien.* Brüssel: Eigenverlag.

EFQM (1996). *Selbstbewertung 1996 - Richtlinien für Unternehmen.* Brüssel: Eigenverlag.

Emery, F. E. & Thorsrud, E. (1982). *Industrielle Demokratie.* Bern u.a.: Huber.

Esser, H. (1975). *Soziale Regelmäßigkeiten des Befragtenverhaltens.* Meisenheim: Hain.

Esser, H. (1986). Können Befragte lügen? Zum Konzept des "wahren Wertes" im Rahmen der handlungstheoretischen Erklärung von Situationseinflüssen bei der Befragung. *Kölner Zeitschrift für Soziologie und Sozialpsychologie, 38,* 314-336.

Feist, U. (1991). Zur politischen Akkulturation der vereinten Deutschen. Eine Analyse aus Anlaß der ersten gesamtdeutschen Bundestagswahl. *Aus Politik und Zeitgeschichte, B 11-12,* 21-32.

Fengler, J. (1978). Editorial zum Schwerpunktthema 'Aktionsforschung'. *Gruppendynamik, 9,* 337-379.

Fischer, G. (1996). Klimastörung. *Manager magazin, 26* (6), 256-259.

Fischer, L. (1985). *Strukturen der Arbeitszufriedenheit und die Bedeutung des individuellen Bezugssystems.* Habilitationsschrift, Universität Köln.

Fischer, L. (Hrsg.). (1991). *Arbeitszufriedenheit.* Stuttgart: Verl. für angewandte Psychologie.

Fischer, L. & Lück, H. E. (1972). Entwicklung einer Skala zur Messung der Arbeitszufriedenheit. *Psychologie und Praxis, 16,* 64-76.

Foley, P. J. (1992). *An examination of the dimensions of cross-cultural differences in work-related attitudes.* Dissertation. Athens, Georgia: University of Georgia.

Fornell, C. (1995). *Management of Customer and Employee Assets: Creating Value for Future Growth.* Ann Arbor, Mich.: Anjoy Research.

Foucault, M. (1979). *Überwachen und Strafen. Die Geburt des Gefängnisses.* Frankfurt: Suhrkamp.

Freimuth, J. & Kiefer, B.-U. (Hrsg.). (1995). *Geschäftsberichte von unten: Konzepte für Mitarbeiterbefragungen.* Göttingen: Verl. für Angewandte Psychologie.

French, W. L. & Bell C. H. (1977). *Organisationsentwicklung.* Bern: Haupt.

French, W. L. & Bell, C. H. (1990). *Organisationsentwicklung* (3. Aufl.). Stuttgart: Haupt.

Fried, Y. & Ferries, G. (1987). The validity of job characteristics model: A review and meta-analysis. *Personnel Psychology, 40,* 287-426.

Friedrichs, J. (1982). *Methoden empirischer Sozialforschung* (10. Aufl.). Opladen: Westdeutscher Verlag.

Friedrichs, J. (1984). *Methoden empirischer Sozialforschung.* Reinbek: Rowohlt.

Gabriel, O. W. (1993). Institutionenvertrauen im vereinigten Deutschland. *Aus Politik und Zeitgeschichte, 43,* 3-12.

Ganserer, J. & Große-Peclum, K.-H. (1995). Mitarbeiter-Meinungsumfrage als Bestandteil der Organisationsentwicklung. In J. Freimuth & B.-U. Kiefer (Hrsg.), *Geschäftsberichte von unten. Konzepte für Mitarbeiterbefragungen* (S. 95-123). Göttingen: Verl. für Angewandte Psychologie.

Gaucher, E. J. & Coffey, R. J. (1993). *Total Quality in Health Care.* San Franzisco: Jossey-Bass Publishers.

Glasl, F. (1975). Selbstdiagnose einer Schule. In F. Glasl & L. de la Houssaye (Hrsg.), *Organisationsentwicklung. Das Modell des Niederländischen Instituts für Organisationsentwicklung und seine praktische Bewährung* (S. 107-120). Bern, Stuttgart: Haupt.

Greber, U., Maybaum, J., Priebe, B. & Wenzel, W. (Hrsg.). (1991). *Auf dem Weg zur „Guten Schule": Schulinterne Lehrerfortbildung. Bestandsaufnahme, Konzepte, Perspektiven.* Weinheim: Beltz.

Greiner, L. E. (1972). Red flags in organization development. *Business Horizons, 15,* 17-24.

Griffin, R. W. (1987). *The long-term effects of work redesign on employee Atitudes and behaviors.* Paper presented at the Academy of Management National Convention, New Orleans.

Hackel, S., Zilske, G., Witte, E.-H. & Raum, H. (1992). *Eine empirische Studie zur beruflichen Sozialisation von ost- und westdeutschen Arbeitnehmern.* Unveröffentlichtes Manuskript.

Hacker, W., Iwanova, A. & Richter, P. (1983). *Tätigkeitsbewertungssystem (TBS).* Berlin (DDR): Psychodiagnostisches Zentrum der Humboldt Universität.

Haeberlin, F. & Labinschus, J. (1995). Schwächenanalyse als Basis für Veränderungen. Mitarbeiterbefragung in der VDS. *Personalführung, 9,* 764-766.

Hammer, M. & Champy, I. (1994). *Business Reengineering: Die Radikalkur für das Unternehmen.* Frankfurt/M.: Campus.

Hansen, W., Jansen, H. H. & Kamiske, G. F. (Hrsg.). (1994). *Qualitätsmanagement im Unternehmen. Grundlagen, Methoden und Werkzeuge, Praxisbeispiele* (Loseblattsammlung Stand: August '94). Berlin u.a.: Springer.

Harding, S. & Hikspoors, F. J. (1995). *New work values: in theory and in practice.* UNESCO, Sept. 1995, 145, 441-455. London: Blackwell.

Harrison, E. L. & Pietri, P. H. (1991). Achieving cultural change through management training & survey feedback: A case study. *Organization Development Journal 9* (4), 66-73.

Hartmann, H. (1997). *Ansatzpunkte für eine mitarbeiterorientierte Teamentwicklung im Rahmen eines Organisationsentwicklungsprozesses.* Diplomarbeit am Lehrstuhl Psychologie I der Universität Mannheim.

Hauschildt, J. (1993). *Innovationsmanagement.* München: Vahlen.

Helson, H. (1964). *Adaption-Level Theory.* New York: Harper & Row.

Herder-Dorneich, P. (1994). *Ökonomische Theorie des Gesundheitswesens. Problemgeschichte, Problembereiche, Theoretische Grundlagen.* Baden-Baden: Nomos.

Herter, R. N. (1992). Weltklasse mit Benchmarking. *Fortschrittliche Betriebsführung und Industrial Engineering, 41,* 254-258.

Herter, R. N (1994). Benchmarking: Nur die Besten als Maßstab. *Datenverarbeitung, Steuer, Wirtschaft, Recht, 1-2,* 10-13.

Heyse, V. & Metzler, H. (1995). *Die Veränderung managen, das Management verändern. Personal- und Organisationsentwicklung im Übergang zu neuen betrieblichen Strukturen - Trainingskonzepte zur Erhöhung von Kompetenzen.* Münster: Waxmann.

Hill, C. W. & Jones, G. R. (1992). *Strategic Management: an integrated approach.* Boston: Houghton Mifflin Comp.

Hippler, H.-J., Schwarz, N., & Sudman, S. (Eds.). (1987). *Social information processing and survey methodology.* New York: Springer.

Hofmann, K. (1995). Rückmeldung an die Beurteilten. In K. Hofmann, F. Köhler & V. Steinhoff (Hrsg.), *Vorgesetztenbeurteilung in der Praxis* (S. 75-85). Weinheim: Psychologie Verlags Union.

Hofmann, K. & Bungard, W. (1994*).* Gruppenarbeit in ostdeutschen Unternehmen: Ein neues Organisationsparadigma? In L. v. Rosenstiel (Hrsg.), *Führung im Systemwandel - Unter-*

suchungen zum Führungsverhalten beim Übergang von der Plan- in die Marktwirschaft.
München: Hampp-Verlag.

Hofmann, K., Köhler, F. & Steinhoff, V. (Hrsg.). (1995). *Vorgesetztenbeurteilung in der Praxis.* Weinheim: Psychologie Verlags Union.

Hofstede, G. (1980). *Culture's consequences: International differences in work-related values.* Beverly Hills: Sage.

Hofstede, G. (1991). *Cultures and organizations: Software of the mind.* London: McGraw Hill.

Hofstede, G. (1991). *Interkulturelle Zusammenarbeit.* Wiesbaden: Gabler.

Hofstede, G. (1994). Images of Europe. *The Netherlands'Journal of Social Sciences, 30* (1), 63-82.

Holm, K. F. (1982). *Die Mitarbeiterbefragung.* Hamburg: Sample.

Holz-Ebeling, F. (1995). Faktorenanalyse und was dann? Zur Frage der Validität von Dimensionsinterpretationen. *Psychologische Rundschau, 46,* 18-35.

Hunter, J. E. & Schmidt, F. L. (1990). *Methods of metaanalysis.* Newbury Park: Sage.

Icks, A. (1992). *Mittelständische Unternehmen als Qualifizierungspaten.* Stuttgart: Schäffer-Poeschel.

Imai, M. (1992). *Kaizen.* München: Wirtschaftsverlag Langen Müller/Herbig.

International Survey Research (Hrsg.). (1995). *Employee satisfaction: Tracking European trends.* London: ISR.

International Survey Research (Hrsg.). (1995a). *Employee opinion surveys: The 7 pillars of wisdom.* London: ISR.

International Survey Research (Hrsg.). (1995b). *Mitarbeiterzufriedenheit. Eine Untersuchung der europäischen Trends 1994/1995.* London: ISR.

International Survey Research (Hrsg.). (1995c). *Employee saticfaction in the nordic region.* London: ISR.

International Survey Research (Hrsg.). (1996). *Employee attitudes towards their employers: A European perspective 1995/96.* London: ISR.

International Survey Research (Hrsg.). (1997). *Transition and transformation: Employee satisfaction in the '90s.* London: ISR.

Jeserich, W. & Opgenoorth, W. (1977). *Führungsstilanalyse.* Königstein: Hanstein.

Jesske-Müller, B. (1995). Die Auswertung betriebsinterner Fragebogenaktionen - Der Weg vom Kreuz zur Erkenntnis. In J. Freimuth & B.-U. Kiefer (Hrsg.), *Geschäftsberichte von unten. Konzepte für Mitarbeiterbefragungen* (S. 73-91). Göttingen: Verl. für Angewandte Psychologie.

Jöns, I. (1995). Entwicklung der Beurteilungsinstrumente. In K. Hofmann, F. Köhler & V. Steinhoff V. (Hrsg.), *Vorgesetztenbeurteilung in der Praxis: Konzepte, Analysen, Erfahrungen.* Weinheim: Psychologie Verlags Union.

Jöns, I. (1997a). Rückmeldung von Befragungsergebnissen. Konzepte und Erfahrungen am Beispiel von Vorgesetztenbeurteilungen. *ABO aktuell, 4* (1), 2-9.

Jöns, I. (1997b). *Organisationsentwicklung als Ansatz für berufliche Schulen.* Vortrag auf der 12. Bundeskonferenz für Schulpsychologie der Sektion Schulpsychologie im BDP vom 7.-11.10.1996 Münster. Erscheint im Kongreßbericht, Bonn: Deutscher Psychologen Verlag.

Jöns, I., Bried, St., Heil, H. & Schout, D. (1996). *Entwicklungsbedarf und -maßnahmen an beruflichen Schulen in Baden-Württemberg. Eine Bestandsaufnahme zur aktuellen Situation und zu laufenden Maßnahmen aus der Sicht der Schulleitung und Personalvertretung.* Unveröffentlichter Ergebnisbericht, Universität Mannheim.

Kahn, R. L. (1974). Organization development: Some problems and proposals. *Journal of Applied Behavioral Science, 10,* 485-502.

Karlöf, B. & Östblom, S. (1994). *Das Benchmarking-Konzept: Wegweiser zur Spitzenleistung in Qualität und Produktivität*. Müchen: Vahlen.

Karr, B. & Kura, R. (1995). Mitarbeiter befragen Mitarbeiter. Das Projekt 'Perspektiven' bei der LBS. *Personalführung* (9), 742-751.

Kintsch, W. (1982). *Gedächtnis und Kognition*. Berlin u.a.: Springer.

Kipnis, D. & Schmidt, S. M. (1985). The language of persuasion. *Psychology Today. 4*, 40-46.

Kipnis, D., Schmidt, S. M. & Wilkinson, I. (1980). Intraorganisational influence tactics: Explorations in getting one`s way. *Journal of Applied Psychology. 65*, 440-452.

Kirsch, W., Esser, W.-M. & Gabele, E. (1979). *Das Management des geplanten Wandels von Organisationen*. Stuttgart: Schäffer-Poeschel.

Klages, H. & Schmidt, R. W. (1978). Organisationsanalyse als Vorbedingungen der Organisationsentwicklung. In K. Trebesch (Hrsg.), *Organisationsentwicklung in Europa. Beiträge zum 1. Europäischen Forum über Organisationsentwicklung in Aachen 1978* (Band 1A) (S. 563-589). Bern, Stuttgart: Haupt.

Klebert, K., Schrader, E. & Straub, W. G. (1987). *Kurzmoderation* (2. Aufl.). Hamburg: Windmühle.

Körschges, A. (1995). Implementierung von Benchmarking in Unternehmen. In K. Mertins, G. Siebert, & S. Kempf (Hrsg.), *Benchmarking. Praxis in deutschen Unternehmen*. Berlin: Springer.

Kromrey, H. (1982). Gruppendiskussionen. Erfahrungen mit einer weniger häufigen Methode empirischer Sozialforschung. In J. Hoffmeyer-Zlotnik (Hrsg.), *Qualitative Methoden der Datenerhebung in der Arbeitsmigrantenforschung*. Mannheim: Forschung, Raum und Gesellschaft e.V.

Krüger, H. (1983). Gruppendiskussionen. Überlegungen zur Rekonstruktion sozialer Wirklichkeit aus der Sicht der Betroffenen. *Soziale Welt, 34*, 90-109.

Kryl, I. (1995). Benchmarking von Verhalten - Ziele für erfolgsorientiertes Handeln entwickeln. In W. Kreuz (Hrsg.), *Mit Benchmarking zur Weltspitze aufsteigen* (S. 139-161). Landsberg/Lech: Verlag Moderne Industrie.

Küchler, M. (1980). Qualitative Sozialforschung. Modetrend oder Neuanfang? *Kölner Zeitschrift für Soziologie und Sozialpsychologie, 32*, 373-386.

Kühlmann, T. M. & Franke, J. (1989). Organisationsdiagnose. In E. Roth (Hrsg.), *Enzyklopädie der Psychologie, Organisationspsychologie* (Bd. 3) (S. 631-651). Göttingen: Hogrefe.

Kunzmann, E. M (1991). *Zirkelarbeit - Evaluation von Kleingruppen in der Praxis*. München/Mering: Hampp.

Ladensack, K. (1990). Motivierung, Leiterleistungen und Leiterentwicklung untersucht vor der Wende in der DDR. In D. v. Eckardstein u.a. (Hrsg.), *Personalwirtschaftliche Probleme in DDR-Betrieben* (S. 85-95). Mering: Hampp-Verlag.

Lamnek, S. (1988). *Qualitative Sozialforschung, Band 1: Methodologie*. München: Psychologie Verlags Union.

Lamnek, S. (1993). *Qualitative Sozialforschung. Band 2: Methoden und Techniken* (2. Aufl.). München: Psychologie Verlags Union.

Lauterburg, Ch. (1995). Die Stimme der Basis: Mitarbeiter befragen 600 Kollegen im Betrieb. In J. Freimuth & B.-U. Kiefer (Hrsg.), *Geschäftsberichte von unten. Konzepte für Mitarbeiterbefragungen* (S. 153-171). Göttingen: Verl. für Angewandte Psychologie. (Erstmalig abgedruckt in der Zeitschrift Organisationsentwicklung 1/1991)

Lawrence, P. A. (1954). How to deal with resistance to change. Harvard Business Review. Wiederabgedruckt in 1982 deutsch: Wie man Widerstände gegen Neuerungen abbaut. *Harvard Manager: Sammelband 1. Führung und Organisaton* (S. 119-130).

Ledford, G. (1995). *Memo auf dem Research Methods Network der Academy of Management*.

Leibfried, K. & McNair, C. J. (1993). *Benchmarking: Von der Konkurrenz lernen, die Konkurrenz überholen.* Freiburg: Rudolf Haufe.

Lessler, J. T. & Forsyth, B. H. (1996). A coding system for appraising questionaires. In N. Schwarz & S. Sudman (Eds.), *Answering Questions* (pp. 259-291). San Francisco: Jossey-Bass.

LeVois, M., Nguyen, T. D. & Atkisson, C. C. (1981). Artifact in client satisfaction assessment. Experience in community mental health settings. *Evaluation and Programm Planning, 4,* 139-150.

Lewin, K. (1947). Frontiers in group dynamics I. Concept of group life: Social action and planning research. *Human Relations, 1,* 5-41.

Lewin, K., Lippitt, R. & White, R. K. (1939). Patterns of aggressive behavior in experimentally created "social climates". *Journal of Social Psdychology, 10,* 271-299.

Leyens, J.-P. & Codol, J.-P. (1990). Soziale Informationsverarbeitung. In W. Stroebe, M. Hewstone, J.-P. Codol & G. M. Stephenson (Hrsg.), *Sozialpsychologie. Eine Einführung* (S. 89-111). Berlin u.a.: Springer.

Lienert, G. (1989). *Testaufbau und Testanalyse.* München: Psychologie Verlags Union.

Lindsey, P. H. & Norman, D. A. (1977). *Human Information Processing* (2. Aufl.). New York: Academic Press.

Lipp, U. & Will, H. (1996). *Das große Workshop-Buch.* Weinheim: Beltz.

Love, A. J. (1991). *Internal evaluation: Building organizations from within.* Newbury Park: Sage.

Maaz, H.-J. (1992). *Der Gefühlsstau. Ein Psychogramm der DDR.* Berlin: Argon.

Madauss, B.-J. (1994). *Handbuch Projektmanagement* (5. Auflage). Stuttgart: Schäffer Poeschel.

Makridou, M. (in Vorbereitung). *Die Mitarbeiterbefragung als Instrument der Organisations- und Personalentwicklung am Beispiel der Hewlett-Packard GmbH.* Diplomarbeit, FB Soziologie, Universität Frankfurt.

Mangold, W. (1973). Gruppendiskussionen. In R. König (Hrsg.), *Handbuch der empirischen Sozialforschung Bd. 2: Grundlegende Methoden und Techniken* (S. 228-259). Stuttgart: Enke.

Marr, R. (1979). *Das Sozialpotential betriebswirtschaftlicher Organisationen. Zur Entwicklung eines Personalinformationssystems auf der Grundlage der innerbetrieblichen Einstellungsforschung.* Berlin, München: Duncker und Humbolt.

Martin, A. (1988). *Personalforschung.* München, Wien: Oldenbourg.

Mayring, P. (1990). *Einführung in die qualitative Sozialforschung.* München: Psychologie Verlags Union.

Mayring, P. (1993). *Qualitative Inhaltsanalyse. Grundlagen und Techniken* (4. Aufl.). Weinheim: Beltz.

Mayring, P. (1995). *Qualitative Inhaltsanalyse: Grundlagen und Technik* (5. Aufl.). Weinheim: Deutscher Studien Verlag.

McClelland, D. C. & Burnham, D. H. (1982). Macht motiviert. *Harvard Manager: Sammelband 1. Führung und Organisation,* 38-47.

McNemar, (1962). *Psychological statistics.* New York: Wiley.

Menon, S. T. & Borg, I. (1995). Subjective empowerment in organizations: a facet-theoretical analysis of the empowerment scale. In J. J. Hox, G. J. Mellenbergh & P. G. Swanborn (Hrsg.), *Facet Theory: Analysis and Design* (pp. 179-186). Zeist, Holland: Setos.

Mertins, K., Siebert, G. & Kempf, S. (Hrsg.). (1995). *Benchmarking. Praxis in deutschen Unternehmen.* Berlin u.a.: Springer.

Merz, J. (1979). *Berufszufriedenheit von Lehrern.* Weinheim: Beltz.

Miles, M. B., Hornstein, H. A., Callahan, D. M., Calder, P. H. & Schiavo, R. S. (1975). Feedback von Befragungsergebnissen: Theorie und Bewertung. In W. G. Bennis, K. D Benne & R. Chin (Hrsg.), *Änderung des Sozialverhaltens* (S.374-389). Stuttgart: Ernst Klett.

Mirvis, P. H. & Lawler, E. E. (1977). Measuring the financial impact of employee attitudes. *Journal of Applied Psychology, 62,* 1-8.

Muchinsky, P. M. (1987). *Psychology Applied to Work.* Chicago, Ill.: The Dorsey Press.

Mühlbauer, B. H. & Nierhoff, G. (1994). Qualitätszirkel in der Krankenhauspraxis. Erfahrungen im St. Johannes-Hospital Dortmund. *f&w, 1,* 43-46.

Mühlbauer, B. H., Reinardt, J., Süllwold, G. & Strack, D. (1995). *Patientenorientierung und Arbeitszufriedenheit im Krankenhaus.* Internes Arbeitspapier.

Müller-Böling, D. (1991). Anforderungen an Tests zur Messung der Arbeitszufriedenheit für die Anwendung in der betrieblichen Praxis. In L. Fischer (Hrsg.), *Arbeitszufriedenheit.* Stuttgart: Verl. für angewandte Psychologie.

Mummendey, H. D. (1995). *Die Fragebogen-Methode. Grundlagen und Anwendungen in Persönlichkeitseinstellung- und Selbstkonzeptforschung* (2. Aufl.). Göttingen: Hogrefe.

Nadler, P. (1977). *Feedback and organization development: Using data-bsaed methods.* Reading/Mass.: Addison-Wesley.

Neuberger, O. (1974). *Messung der Arbeitszufriedenheit.* Stuttgart: Kohlhammer.

Neuberger, O. (1985). *Arbeit.* Stuttgart: Enke.

Neuberger, O. (1991). *Personalentwicklung, Basistexte Personalwesen* (2. Aufl.). Stuttgart: Enke-Verlag.

Neuberger, O. (1996). Die wundersame Verwandlung der Belegschaft in Unternehmerschaft mittels der Kundschaft. *Augsburger Beiträge zur Organisationspsychologie und Personalwesen, 18.*

Neuberger, O. & Allerbeck, M. (1978). *Messung und Analyse von Arbeitszufriedenheit. Erfahrungen mit dem "Arbeitsbeschreibungs-Bogen (ABB)".* Bern: Huber.

Neumeier, W. (1995). Mehr als nur Statistik. Die Mitarbeitermeinungsumfrage als strategisches Führungsinstrument. *Personalführung, 3,* 214-218.

Nieder, P. (1991). Das Instrument "Mitarbeiterbefragung" oder: Wie man "schlafende Hunde" richtig weckt. *Organisationsentwicklung, 10* (3), 56-60.

Niessen, M. (1977). *Gruppendiskussionen: Interpretation, Methodologie, Modellbegründung, Anwendung.* München: Wilhelm Fink.

Neue Zeitschrift für Arbeitsrecht (NZA). Verlag: C.H. Beck.

Ostrom, T. M. & Upshaw, H. S. (1968). Psychological perspective and attitude change. In A. C. Greenwald, T. C. Brook & T. M. Ostrom (Eds.), *Psychological foundation of attitudes.* New York: Academic Press.

PA-Consulting (1996). *Studie zum Status Quo von TQM in westeuropäischen Unternehmen.* Frankfurt/M.: Eigenverlag.

Pasmore, W. A. (1976). The Michigan ICL study revisited: An alternative explanation of the results. *Journal of Applied Behavioral Science, 12* (2), 245-250.

Pasmore, W. A & King, D. C. (1978). Understanding organizational change: A comparative study of multifaceted interventions. *Journal of Applied Behavioral Science, 14* (4), 455-468.

Pauli, O. (1992). *Thema 'Mitarbeiterbefragungen': Ohne den Betriebsrat geht gar nichts.* Vortragspapier zum Workshop "Mitarbeiterbefragungen" am Institute for International Research, Darmstadt.

Paulus, J. (1996). Ein Stück hinterher. *Wirtschaftswoche, 43,* 150.

Payne, R., Fineman, S. & Wall, T. A. (1976). Organizational climate and job satisfaction: a conceptual synthesis. *Organizational Behavior and Human Performance, 16,* 45-62.

Pelikan, J. M., Demmer, H. & Hurrelmann, K. (Hrsg.). (1993). *Gesundheitsförderung durch Organisationsentwicklung. Konzepte, Strategien und Projekte für Betriebe, Krankenhäuser und Schulen.* Weinheim, München: Juventa.

Pfaller, P. (1993). Feedback im 360°-Radius. *Management & Seminar, 20* (10), 16.

Philipp, E. (1992). *Gute Schule verwirklichen. Ein Arbeitsbuch mit Methoden, Übungen und Beispielen der Organisationsentwicklung.* Weinheim: Beltz.

Picot, A. (1984). Organisation. In *Vahlens Kompendium der Betriebswirtschaftslehre* (S. 95-158). München: Vahlen.

Picot, A. & Schwarz, A. (1995). Lean Management und prozeßorientierte Organisation. *f & w, 6.*

Pieper, A. (1986). *Verbesserung der Zusammenarbeit im Lehrerkollegium als Aufgabe einer systembezogenen schulpsychologischen Beratung. Entwicklung und Erprobung praktischer Formen von Organisationsentwicklung in der Schule.* Frankfurt/Main u.a.: Peter Lang.

Pierce, J. L., Donald, G. G., Cummings, L. L. & Dunham, R. B. (1989). Organization-based self-esteem: Construct definition, measurement and validation. *Academy of Management Journal, 32,* 622-647.

Pieske, R. (1994). Benchmarking: das Lernen von anderen und seine Begrenzungen. *io-management, 6,* 19-23.

Pobel, K. (1992). *DGFP, 2/92 Personalführung.*

Pollock, F. (1955). *Gruppenexperiment. Ein Studienbericht.* Frankfurt: Europäische Verlagsanstalt.

Porsche AG (1996a). *Aktualisierung der Betriebsvereinbarung über die Rahmenbedingungen des Porsche-Verbesserungs-Prozesses (PVP).* Stuttgart: Eigenverlag.

Porsche AG (1996b). *Das PVP-Team. Unsere Formel für Teamarbeit.* Unveröffentlichtes Manuskript.

Porsche AG (1996c). *Geschäftsbericht 1995/96.* Stuttgart: Eigenverlag.

Portele, G. (1978). Fortbildung und Organisationsanalyse mit einem Lehrerkollegium. In K. Trebesch (Hrsg.), *Organisationsentwicklung in Europa. Beiträge zum 1. Europäischen Forum über Organisationsentwicklung in Aachen 1978* (Band 1A.) (S. 697-716). Bern, Stuttgart: Haupt.

Porter, L. W. & Lawler, E. E. (1968). *Managerial attitudes and performance.* Homewood: Irwin.

Pritchard, R. D. (Hrsg.). (1995). *Productivity Measurement and Improvement.* Westport, CN: Prager.

Probst, G. J. & Büchel, B. S. T. (1994). *Organisationales Lernen : Wettbewerbsvorteil der Zukunft.* Wiesbaden: Gabler.

Projektgruppe Mitarbeiterbefragung (Hrsg.). (1987). *Die Mitarbeiterbefragung.* Hamburg.

Putti, J. M. (1989). Organization development scene in Asia. The case of Singapore. *Group and Organization Studies, 14* (3), 262-270.

Rathje, E. (1996). Führungsanspruch im Krankenhaus. *f & w, 6.*

Reichardt, H. (1973). *Statistische Methodenlehre für Wirtschaftswissenschaftler.* Gütersloh: Mohn.

Reinecke, P. (1985). Vorgesetztenbeurteilung - Ein zeitgemäßes Instrument zur Unterstützung partnerschaftlicher Führung. In A. Töpfer & E. Zander (Hrsg), *Mitarbeiterbefragungen. Ein Handbuch* (S. 79-106). Frankfurt, New York: Campus.

Reiß, M. (1995). Implementierung. In H. Corsten & M. Reiß (Hrsg.), *Handbuch Unternehmungsführung. Konzepte, Instrumente, Schnittstellen.* Wiesbaden: Gabler.

Richter, H. J. (1970). *Die Strategie wissenschaftlicher Massenbefragungen.* Bad Harzburg: Verlag für Wissenschaft, Wirtschaft und Technik.

Roberts, K. & Glick, W. (1981). The job characteristics approach to job design: A critical review. *Journal of Applied Psychology, 66.* 193-217.

Rolff, H.-G. (Hrsg.). (1995). *Zukunftsfelder von Schulforschung.* Weinheim: Deutscher Studien Verlag.

Rosenstiel, L. v. (1992). *Grundlagen der Organisationspsychologie.* Stuttgart: Schäffer-Poeschel.

Rosenstiel, L. v. & Bögel, R. (1992). *Betriebsklima geht jeden an!* München: Bayrisches Staatsministerium für Arbeit, Familie und Sozialordnung.

Rosenstiel, L. v., Falkenberg, T., Hehn, W., Henschel, E. & Warns, I. (1982). *Betriebsklima heute.* Forschungsbericht herausgegeben vom Bayerischen Staatsministerium für Arbeit und Sozialordnung, München.

Rosenstiel, L. v., Falkenberg, T., Hehn, W., Henschel, E. & Warns, I. (1983). *Betriebsklima heute.* Ludwigshafen: Kiel.

Ross, J. E. und Ross, W. C. (1982). *Japanese Quality Circles and Productivity.* Reston/Virginia: Reston Public Co.

Rossi, P. H., Freeman, H. E. & Hofmann, G. (1988). *Programm-Evaluation. Einführung in die Methoden angewandter Sozialforschung.* Stuttgart: Enke.

Rühli, E. (1994). Die Resource-based View of Strategy. In P. Gomez, D. Hahn, G. Müller-Stewens & R. Wunderer (Hrsg.), *Unternehmerischer Wandel - Konzepte zur organisatorischen Erneuerung* (S. 31-57). Wiesbaden: Gabler.

Rush, H. M. F. (1973). *Organization Development: A Reconnaissance.* New York: The Conference Board Inc., Report No. 605.

Saar, G. W. (1995). Von Familien und größeren Unternehmen - Parallelen und Grenzen einer gemeinsamen systemischen Betrachtung. In R. H. Wagner (Hrgs.), *Praxis der Veränderung in Organisationen* (S. 89-124). Göttingen: Verl. für Angewandte Psychologie.

Schäfer, W. (1996). Die Umwandlung eines Großkrankenhauses in moderne Dienstleistungs unternehmen. *f & w, 2.*

Scheele, B. & Groeben, N. (1984). *Die Heidelberger Struktur-Lege-Technik (SLT). Eine Dialog-Konsens-Methode zur Erhebung subjektiver Theorien mittlerer Reichweite.* Weinheim: Beltz.

Schein, E. H. (1985). *Organizational culture and leadership.* San Francisco: Jossey-Bass.

Schein, E. H. (1988). *Process Consulting: Its Role in Organization Development.* Band I. Cambridge, Mass.: Addison Wesley.

Schein, E. H. (1995). *Unternehmenskultur.* Frankfurt/M.: Campus.

Scheuch, E. K. (1973). Das Interview in der empirischen Sozialforschung. In R. König (Hrsg.), *Handbuch der empirischen Sozialforschung, Bd. 2* (S. 66-190). Stuttgart: Enke.

Scheuch, E. K. (1974). Auswahlverfahren in der Sozialforschung. In R. König (Hrsg.), *Handbuch der empirischen Sozialforschung. Band 3a: Grundlegende Methoden und Techniken* (Zweiter Teil). Stuttgart: Enke.

Schießer, S. C. (1996). *Qualitätsmanagement im Krankenhaus - Zur Rolle von Qualitätszirkeln im Einführungsprozeß.* Diplomarbeit. Universität Mannheim.

Schmeling, D. (1991). DDR-Betriebe: Betriebe mit spezifischer Unternehmenskultur. In G. Assmann, K. Backhaus & J. Hilker (Hrsg.), *Deutsch-deutsche Unternehmen: Ein unternehmenskulturelles Anpassungsproblem* (S. 65-78). Stuttgart: Poeschel.

Schmuck, R. A., Runkel, P. J. & Langmeyer, D. (1977). Die Verbesserung des Problemlösungspotentials von Organisationen im Lehrerkollegium einer Schule. In B. Sievers (Hrsg.), *Organisationsentwicklung als Problem* (S. 205-235). Stuttgart: Klett-Cotta.

Schnell, R., Hill, P. B. & Esser, E. (1992). *Methoden der empirischen Sozialforschung.* München: Oldenbourg.

Scholz, Chr. & Scholz, M. (1995). Mitarbeiterbefragungen: Mehr als nur einfach Meinungsumfragen. *Personalführung, 9,* 728-740.

Schönpflug, R. (1995). Rückmeldung an die Beurteilten. In K. Hofmann, F. Köhler & V. Steinhoff (Hrsg.), *Vorgesetztenbeurteilung in der Praxis* (S. 67-73). Weinheim: Psychologie Verlags Union.

Schormair, T. (1985). *Mitwirkung im zentralistischen Sozialismus.* Erlangen: Verlag Deutsche Gesellschaft für zeitgeschichtliche Fragen.

Schubert, H.-J. & Zink, K. J. (1990). Partizipation - Psychologische Grundlagen eines Leitprinzips von Arbeits- und Organisationsgestaltungsmaßnahmen. *Zeitschrift für Arbeitswissenschaften, 2,* 82-88.

Schuler, H. (Hrsg.). (1993). *Lehrbuch Organisationspsychologie.* Bern u.a.: Huber.

Schulz, R. (1993). Verantwortung und Bewußtsein - Wie wir unsere Unternehmenskultur evolutionieren. In D. Schuppert & A. Lukas (Hrsg.), *„Lust auf Leistung" - Die neue Legitimation der Führung* (S. 169-194). Wiesbaden: Gabler.

Schuman, H. & Ludwig, J. (1983). The norm of even-handedness in surveys as in life. *American Sociological Review, 48,* 112-120.

Schuman, H., & Presser, S. (1996). *Questions and answers in attitude surveys. Experiments on question form, wording and context* (2nd ed.). New York: Academic Press.

Schwartz, F. W. (1993). Evaluation und Qualitätssicherung im Gesundheitswesen. In K. Hurrelmann et al. (Hrsg.), *Gesundheitswissenschaften: Handbuch für Lehre, Forschung und Praxis* (S. 399-420). Weinheim: Beltz.

Schwarz, N. & Sudman, S. (Eds.). (1992). *Context Effects in Social and Psychological Research.* New York: Springer.

Schwarz, N. & Sudman, S. (1994). *Autobiographical memory and the validity of retrospective reports.* New York: Springer.

Schwarz, N. & Sudman, S. (1995). *Answering Questions. Methodology for Determining Cognitive and Communicative Processes in Survey Research.* San Francisco: Jossey-Bass.

Schwarz, N., Strack, F., & Mai, H. P. (1991). Assimilation and contrast effects in part-whole question sequence. A conversational logic analysis. *Public Opinion Quarterly, 55,* 3-23.

Schwarz, N., Hippler, H.-J., Deutsch, B., & Strack, F. (1985). Response categories: Effects on behavioral reports and comparative judgements. *Public Opinion Quarterly, 49,* 388-395.

Schwarz, N., Strack, F., Müller, G., & Chassein, B. (1988). The range of response alternatives may determine the meaning of question: Further evidence on informative function. *Social Cognition, 6,* 107-117.

Scott-Morgan, P. (1994). *Die heimlichen Spielregeln. Die Macht der ungeschriebenen Gesetze in Unternehmen.* Frankfurt/M.: Campus.

Seghezzi, H. D. (1994). *Qualitätsmanagement. Ansätze eines St. Galler Konzepts Integriertes Qualitätsmanagement.* Stuttgart: Schäffer-Poeschel.

Selter, J. (1997). Wer führt? Gemeinsamkeiten und Unterschiede bei Ost- und West-Führungskräften im Managementtraining. *Gruppendynamik, 2.*

Sievers, B. (1993). Theorie und Praxis der Organisationsentwicklung. In J. M. Pelikan & H. Demmer & K. Hurrelmann (Hrsg.), *Gesundheitsförderung durch Organisationsentwicklung: Konzepte, Strategien, Projekte für Betriebe, Krankenhäuser und Schulen* (S. 34-42). Weinheim, München: Juventa.

Sievers, B. & Trebesch, K. (1980). Bessere Arbeit durch Organisationsentwicklung: Offenheit und Effizienz. *Psychologie Heute, 7,* 49-56.

Simmat, K. (1995). Mehr Transparenz durch Mitarbeiterbefragung. Aussagekräftige Ergebnisse bei der GAD. *Personalführung,* (9), 752-755.

Simon, H. A. (1981). *Entscheidungsverhalten in Organisationen. Eine Untersuchung von Entscheidungsprozessen in Management und Verwaltung.* Landsberg a. L.: Verlag Moderne Industrie.

Smith, T. W. (1984). Nonattitudes: A review and evaluation. In F. Turner & E. Martin (Eds.), *Surveying Subjective Phenomena* (vol. 2, pp. 215-255). New York: Russel Sage.

Sonntag, K. H. (1996). *Lernen im Unternehmen.* München: C.H. Beck.

Sorensen, P. F. jr. & Baum, B. H. (1977). The measurement of intraorganizational power: The application of the Control Graph to organization development. *Group and Organization Studies 2* (1), 61-74.

Spector, P. (1992). A consideration of validity and meaning of self-report measures of job conditions. In C. Cooper & I. Robertson (Eds.), *International Review of Industrial and Organizational Psychology, Volume 7* (pp. 123-151). Chichester: Wiley.

Sprenger, R. K. (1995). *Das Prinzip Selbstverantwortung: Wege zur Motivation.* Frankfurt/M.: Campus.

Staehle, W. H. (1990). *Management* (5. Aufl.). München: Vahlen.

Steuer, E. (1983). *Organisationsentwicklung für die Schule. Leitbild, Strategie und Verwirklichung schulinterner OE.* Frankfurt/M. u.a.: Peter Lang.

Strack, F. (1994). *Zur Psychologie der standardisierten Befragung: Kognitive und kommunikative Prozesse.* Berlin u.a.: Springer.

Strack, F. & Martin, L. L. (1987). Priming , judging and communication: A process account of context effects in attitude surveys. In H.-J. Hippler, N. Schwarz & S. Sudman (Eds.), *Social Information Processing and Survey Methodology* (pp. 123-148). New York: Springer.

Strack, F., Schwarz, N. & Gschneidinger, E. (1985). Happines and reminiscing: The role of time perspective, affect, and mode of thinking. *Journal of Personality and Social Psychology, 49,* 1460-1469.

Strohschneider, S. (1997). Eine Nation, zwei Arten des Denkens. *Psychologie Heute, 3,* 30-35.

Studie der Deutschen Gesellschaft für Personalwesen (DGfP).

Sudman, S. & Bradburn, N. (1974). *Response effects in surveys: A review and synthesis.* Chicago: Aldine.

Sudman, S. & Bradburn, N. M. (1982). *Asking Questions.* San Francisco: Jossey-Bass.

Sudman, S; Bradburn, N. M. & Schwarz, N. (1996). *Thinking about Answers. The Application of Cognitive Processes to Survey Methodology.* San Francisco: Jossey-Bass.

Taylor, S. E. (1981). The interface of cognitive and social psychology. In J. Harvey (Ed.), *Cognition, social behavior, and the environment* (pp. 189-211). Hillsdale, NJ: Erlbaum.

Terwey, M. (1996). Demokratiezufriedenheit und Vertrauen: Politische Unterstützung in Westeuropa und im vereinten Deutschland. *ZA-Information, 39,* 94-129.

Thill, K. D. (1995). Kundenzufriedenheitsmanagement als strategisches Entwicklungsinstrument für Krankenhäuser. *f & w, 6.*

Thomas, A. (1993). *Kulturvergleichende Psychologie: eine Einführung.* Göttingen: Hogrefe.

Töpfer, A. (1984). Mitarbeiterbefragungen. In *Management-Enzyklopädie* (2. Aufl., Bd.6, S. 892-911). Landsberg/Lech: Verl. Moderne Industrie.

Töpfer, A. & Funke (1985). Mitarbeiterbefragung als Analyseinstrument und Grundlage der Organisationsentwicklung. In A. Töpfer & E. Zander (Hrsg.), *Mitarbeiterbefragungen. Ein Handbuch* (S. 9-42). Frankfurt, New York: Campus.

Töpfer, A. & Zander, E. (Hrsg.). (1985). *Mitarbeiter-Befragungen - Ein Handbuch.* Frankfurt: Campus.

Tourangeau, R. & Rasinski, K. A. (1988). Cognitive Processes underlying context effects in attitude measurement. *Psycholocigal Bulletin, 103,* 299-314.

Turner, C. F. & Martin, E. (1984). *Surveying subjective Phenomena.* New York: Russell Sage Foundation.

Udris, I. & Alioth, A. (1980). Fragebogen zur "subjektiven Arbeitsanalyse" (SAA). In E. Martin, I. Udris, U. Ackermann, & K. Oegerli (Hrsg.), *Monotonie in der Industrie* (S. 61-68). Bern: Huber.

Ulich, E. (1992). *Arbeitspsychologie* (3. Aufl.). Stuttgart: Schäfer Poeschel.

Walsh, I. & Weber, G. F. (Hrsg.). (1996). *Management Audit. Anforderungen und Profile im Zeitalter der schlanken Führung.* Göttingen: Hogrefe.

Walz, D. (1996). Vertrauen in Institutionen in Deutschland zwischen 1991 und 1995. *ZUMA-Nachrichten, 38,* 70-89.

Walz, H. & Bertels, T. (1995). *Das intelligente Unternehmen. Schneller lernen als der Wettbewerb.* Landsberg/Lech: Verlag moderne Industrie.

Watzlawick, P., Beavin, J. H. und Jackson, D. (1975). *Menschliche Kommunikation. Formen, Störungen, Paradoxien.* Bern: Huber Verlag.

Weider, P. (1995). Das 360° Feedback in einem europäischen Versicherungsunternehmen. In K. Hofmann, F. Köhler & V. Steinhoff (Hrsg.), *Vorgesetztenbeurteilung in der Praxis* (S. 159-166). Weinheim: Psychologie Verlags Union.

Wenzel, H., Wesemann, M. & Bohnsack, F. (Hrsg.). (1990). *Schulinterne Lehrerfortbildung. Ihr Beitrag zu schulischer Selbstentwicklung.* Weinheim: Beltz.

Whitehill, A. M. (1993). *Japanese Management. Tradition and Transition.* London/New York: Routledge.

Wiemann, J. M. & Giles, H. (1990). Interpersonale Kommunikation. In W. Stroebe, M. Hewstone, J. P. Codol. & G. M. Stephenson (Hrsg.), *Sozialpsychologie.* Berlin u.a.: Springer.

Wiendieck, G. & Maas, P. (1991). Analyse und Intervention - Arbeitszufriedenheitsforschung als sozialer Prozeß. In L. Fischer (Hrsg.), *Arbeitszufriedenheit - Beiträge zur theoretischen und praxeologischen Fortentwicklung eines umstrittenen Konzepts* (S. 199-212). Stuttgart: Verlag für angewandte Psychologie.

Wilson, T. P. (1973). Theorien der Integration und Modelle soziologischer Erklärung. In Arbeitsgruppe Bielefelder Soziologen (Hrsg.), *Alltagswissen, Interaktionen und gesellschaftliche Wirklichkeit* (S. 54-79). Reinbek: Rowohlt.

Wiswede, G. (1990). Führung und Macht - Nachlese zu einer Podiumsdiskussion. In G. Wiendieck & G. Wiswede (Hrsg.), *Führung im Wandel. Neue Perspektiven für Führungsforschung und Führungspraxis* (S. 271-287). Stuttgart: Enke.

Witte, E. (1973). *Organisation für Innovationsentscheidungen: Das Promotoren-Modell.* Göttingen: Schwartz.

Wohlgemuth, A. C. (1989). Erfolgreich eine neue Struktur einführen. *Management Zeitschrift, 7/8,* 39-44.

Womack, J. P. (1996). Neues von Hammer und Champy. *Harvard Business Review. 1,* 15-17.

Wottawa, H. & Thierau, H. (1990). *Lehrbuch Evaluation.* Bern u.a.: Huber.

Zink, K. J. & Schubert, H.-J. & Fuchs, A. E. (1994). Umfassendes Qualitätsmanagement im Krankenhaus. *führen & wirtschaften im Krankenhaus, 1,* 26-30.

Zotz, V. (1996). *Geschichte der buddhistischen Philosophie.* Reinbek: Rowohlt.

Zotz, V. (in Vorbereitung). *Konfuzius.* Reinbek: Rowohlt.

Autorenverzeichnis

Gereon Becker, Dipl.-Psych.
Seit 1996 Prozeßbegleiter im FORD Aus- und Weiterbildung e.V., Werk Wülfrath. Arbeitsschwerpunkte: Ganzheitliche Qualitätsinitiativen und Gruppenarbeit. Lehrbeauftragter der Justus Liebig Universität Gießen und Trainer für die EFQM-Assessorenausbildung der Siemens AG.

Harald Bochen, Dipl.-Psych.
Seit 1985 im Bereich Energieerzeugung der Siemens AG mit den Aufgaben Personalstatistik, Softwareentwicklung, Systemanalyse und Projektleitung von Softwareprojekten tätig. Weitere Aufgabenschwerpunkte: Projekte zur Forcierung des Kulturwandels im Unternehmen wie Mitarbeiterbefragungen, neue Konzepte der Personalentwicklung und EQA-Bewerbung.

Rudolf Bögel, Dipl.-Soz.
Wissenschaftlicher Mitarbeiter am Lehrstuhl für Organisations- und Wirtschaftspsychologie der Ludwig-Maximilian-Universität München.

Wolfgang Böhm, Prof. Dr.
Professur für Arbeitsrecht an der Sozialakademie Dortmund sowie Referent für Arbeitsrecht am Universitätsseminar der Wirtschaft (USW), Schloß Gracht und Lehrbeauftragter für Europäisches Arbeitsrecht am Europa-Institut der Universität des Saarlandes in Saarbrücken.

Klaus-Dieter Böttcher
Selbständiger Berater für Personal- und Organisationsentwicklung. Bis 1995 Mitarbeiter der IBM Deutschland, dort Leiter der Personalentwicklung im Produktionsbereich und zuständig für internationale Personalprojekte und Aufbau neuer Arbeitsstrukturen in den Produktionsstätten.

Ingwer Borg, Prof. Dr.
Wissenschaftlicher Leiter beim Zentrum für Umfragen, Methoden und Analysen (ZUMA) in Mannheim sowie Professor für Psychologie an der Universität Gießen und Research Director bei Human Ressources Consulting in München. Forschungsschwerpunkte: Datenanalyse, Skalierung, Facettentheorie und verschiedene Gebiete der empirischen Sozialforschung. Neueste Publikation: Modern Multidimensional Scaling: Theory and Applications (1997), New York: Springer.

Walter Bungard, Prof. Dr.
Inhaber des Lehrstuhls für Wirtschafts- und Organisationspsychologie an der Universität Mannheim.

Gerhard Comelli, Prof. Dipl.-Psych.
Seit 1969 freiberufliche Tätigkeit als Organisationspsychologe in den Bereichen Management-Diagnostik und Training (Führung/Führungstechniken, Kommunikation und Kooperation, Konfliktmanagement). Seit 1977 Professor für Organisationspsychologie an der Fachhochschule Niederrhein, Abteilung Mönchengladbach. Jetzige Tätigkeitsschwerpunkte: Organisationsentwicklung und Veränderungsmanagement, Personal- und Teamentwicklung, Prozeßberatung.

Michael E. Domsch, Prof. Dr.
Leiter des Instituts für Personalwesen und Arbeitswissenschaften (I.P.A) der Universität der Bundeswehr Hamburg. Geschäftsführer der Forschungsgruppe Hamburg (F.G.H.).

Andrea Fettel, Dipl.-Psych.
Wissenschaftliche Mitarbeiterin am Lehrstuhl für Wirtschafts- und Organisations-psychologie der Universität Mannheim. Arbeitsschwerpunkte: Organisations-entwicklung, Personalentwicklung, Gruppenarbeit und Mitarbeiterbefragungen.

Nicole Fies, Dipl.-Psych.
Wissenschaftliche Mitarbeiterin am Lehrstuhl für Wirtschafts- und Organisations-psychologie der Universität Mannheim. Zuvor mehrjährige Beratertätigkeit in Restrukturierungsprojekten. Arbeitsschwerpunkte: Gestaltung von Veränderungs-prozessen, Organisationsdiagnosen und Mitarbeiterbefragungen, Einstellungsforschung.

Jürgen Ganserer, Dipl.-Psych.
Leiter Personalentwicklungs-Instrumente, Bayerische Vereinsbank AG. Arbeits-schwerpunkte: Potentialerkennung und -analyse, Eignungsdiagnostik, Teamdiagnose und Teamentwicklung, Projekte Organisationsentwicklung. Aktuelle Projekte: Mitarbeiter-Meinungsumfrage, Führungskräftequalifikation im Privatkundengeschäft, 360° Feedback.

Lutz Groh, Dr.
Seit 1988 Mitarbeiter im Bayer-Konzern. Derzeitige Aufgabenschwerpunkte im Rahmen der Führungskräftefortbildung der Bayer AG: Innovationsmanagement, innerbetriebliche Kommunikation und Kooperation.

Eberhard Hübbe, Dipl. Psych.
Nach mehrjähriger Tätigkeit als Berater am Institut für Wirtschaftspsychologie GmbH in Dortmund seit 1995 Fachberater bei der Kienbaum Personalberatung GmbH in Gummersbach, seit November 1996 Seniorberater. Arbeitsschwerpunkte: Konzeption, Begleitung, Moderation und Training innerhalb der Einführung neuer Steuermodelle in öffentlichen Verwaltungen, Potentialermittlung auf allen Hierarchieebenen.

Ingela Jöns, Dr. phil., Dipl. Kffr.
Wissenschaftliche Assistentin am Lehrstuhl für Wirtschafts- und Organisations-psychologie der Universität Mannheim. Arbeitsschwerpunkte: Vorgesetztenbeurteilung und Mitarbeiterbefragungen, Team- und Organisationsentwicklung, Gruppen-arbeitskonzepte. Buchveröffentlichung: Managementstrategien und Organisationswandel (1995), Weinheim: Beltz Verlag.

Carmen Klann, Dipl.-Psych.
Freiberufliche Tätigkeit in der Marktforschung, derzeit im Rahmen des Projektes "Führungskräftebefragung" freiberuflich bei der Fima Henkel tätig.

Desiree H. Ladwig, Dr. rer. pol., Dipl. Kffr., Dipl. Volksw.
Leiterin des van. delph. Internationalen Instituts für Wirschaftsforschung und -beratung (r.d.i.). Arbeitsschwerpunkte: Technologiemanagement, Internationales Management, Arbeitszeitflexibilisierung, Organisationsentwicklung und Mitarbeiterbefragungen.

Elke Lehnert, Dipl.-Soz.
Nach mehreren Jahren wissenschaftlicher Mitarbeit am Lehrstuhl für Wirtschafts- und Organisationspsychologie der Universität Mannheim seit 1995 Beraterin der Bernd H. Mühlbauer Krankenhaus- und Unternehmensberatung Dortmund. Arbeitsschwerpunkt: Projektleitung des Total Quality Management-Projekts im Klinikum Ludwigshafen.

Helmut E. Lück, Prof. Dr.
Professor am Institut für Psychologie, Schwerpunkt: Psychologie sozialer Prozesse an der FernUniversität Hagen. Geschäftsführender Herausgeber der Zeitschriften "Gruppendynamik" und "Geschichte der Psychologie". Forschungsinteressen und zahlreiche Veröffentlichungen zur Geschichte der Sozialpsychologie, zu Gruppenprozessen und zu Methodenfragen.

Bernd H. Mühlbauer, Dipl.-Ökonom
Professor für Management im Gesundheitswesen, Fachbereich Wirtschaft an der Fachhochschule Gelsenkirchen. Direktor der Bernd H. Mühlbauer Krankenhaus- und Unternehmensberatung Dortmund. Zahlreiche Veröffentlichungen zu den Themen Krankenhausmanagement, neue Technologien, Organisationsentwicklung, Total Quality Management im Krankenhaus. Arbeitsschwerpunkte bilden Fragen des Qualitätsmanagements sowie der Leitbildentwicklung und Unternehmenskultur im Krankenhaus.

Oswald Neuberger, Prof. Dr.
Inhaber des Lehrstuhl für Psychologie I an der Wirschafts- und Sozialwissenschaftlichen Fakultät der Universität Augsburg. Forschungsschwerpunkt: Personalwesen, Führung, Mikropolitik. Zahlreiche Veröffentlichungen zu organisationspsychologischen und personalwirtschaftlichen Themen (z.B. "Führen und geführt werden", "Personalentwicklung", "Arbeit", "Mikropolitik", "Mobbing" usw.).

Peter M. Pittner, Dr. rer. nat., Dipl.-Math., Dipl.-Psych.
Referent der Abteilung "Grundsatzfragen Personalpolitik" der Deutschen Lufthansa AG in Köln. Arbeitsschwerpunkte: Organisationsentwicklung, Personalführung.

Klaus H. Pobel, Dipl.-Psych.
Mitarbeiter im Personalbereich der Firma Henkel in Düsseldorf und dort derzeit verantwortlich für Führungskräftefortbildung und Personalforschung.

Eckart Reimers
Direktor IBM Info-Systeme Stuttgart, Leiter der Abteilung Personal Stab, verantwortlich für personalpolitische Grundsatzfragen.

Lutz von Rosenstiel, Prof. Dr.
Inhaber des Lehrstuhls für Organisations- und Wirtschaftspsychologie an der Ludwig-Maximilian-Universität München.

Vivien Schmitt, Dipl.-Psych.
Wissenschaftliche Mitarbeiterin am Lehrstuhl für Arbeits- und Organisationspsychologie der Universität Trier. Arbeitsschwerpunkte: Projekte zur Einführung von Gruppenarbeit, Arbeitszufriedenheit, Benchmarking.

Jürgen Schultz-Gambard, Prof. Dr.
Professor für Organisations- und Wirtschaftspsychologie an der Ludwig-Maximilian-Universität München. Arbeitsschwerpunkte: Qualitätsmanagement, Führung, Organisationsentwicklung, Wissensmanagement.

Reinhard K. Sprenger, Dr. phil.
Trainer und Berater für Personalentwicklung und Publizist (Mythos Motivation, 12. Aufl. 1996; Das Prinzip Selbstverantwortung, 5. Aufl. 1996). Er lebt in Essen und Santa Fe, New Mexico.

Peter-M. Still, Rechtsanwalt

Studium der Rechtswissenschaften an den Universitäten Göttingen und Regensburg. Assistent am Lehrstuhl für Straf-,Strafprozeß- und Ostrecht an der Universität Regensburg. Eintritt in die Siemens AG 1991, Zentralabteilung Personal, Arbeits- und Betriebsverfassungsrecht. Seit 1995 Mitarbeiter im Referat Personal im Bereich Energieerzeugung der Siemens (KWU) AG, Erlangen. Arbeitsschwerpunkte: Arbeits- und Betriebsverfassungsrecht, EQA-Prozesse und Kulturwandel, Fachberater Mitarbeiterzufriedenheit.

Dietmar Strack, Dipl.-Gesundheitswissenschaftler

Berater der Bernd H. Mühlbauer Krankenhaus- und Unternehmensberatung Dortmund. Arbeitsschwerpunkte: Qualitätsmanagement, Moderatorenschulung, externe Projektkoordination, Evaluation. Derzeit Projektleiter des Landesprojektes (MAGS NW) "Beschäftigungswirksame und sozialverträgliche Arbeitszeitmodelle im Krankenhaus: Nachtschicht und Schichtarbeit".

Erwin Süssenguth, Dipl.-Psych.

Seit 1973 in der BASF tätig. Zuerst mit der Auswahl von Bewerbern betraut. Jetzt zuständig für Umfragen bei Mitarbeitern im Unternehmen und den damit verbundenen Beratungs- und Coachingaktivitäten. Veröffentlichungen zu Mitarbeiterbefragungen.

Armin Trost, Dipl.-Psych.

Wissenschaftlicher Mitarbeiter am Lehrstuhl für Wirtschafts- und Organisationspsychologie der Universität Mannheim.

Gerhard Wiendieck, Prof. Dr.

Seit 1991 Professor für Arbeits- und Organisationspsychologie an der FernUniversität in Hagen. Forschungsschwerpunkte: Arbeitsmotivation und Arbeitszufriedenheit, Gruppenarbeit und Führung, Personal- und Organisationsentwicklung, Organisationskulturforschung. Publikationen zu sozialpsychologischen, organisationspsychologischen und methodischen Fragestellungen.

Volker Zotz, Dr.

Lehr- und Forschungstätigkeit an der Universität Wien und der Ryukoku-Universität Kyoto. Veröffentlichungen zur Kultur Ostasiens, Beratung und Training für Unternehmen in Fragen interkultureller Kommunikation.